萨弗兰斯基传记作品

恶,或自由的戏剧
尼采思想传记
歌德——生命的杰作

Goethe:
Kunstwerk des Lebens

歌德——生命的杰作

[德] 吕迪格尔·萨弗兰斯基（Rüdiger Safranski） 著

卫茂平 译

上 册

生活·讀書·新知 三联书店

Title of the original German edition:
Author: Rüdiger Safranski
Title: Goethe-Kunstwerk des Lebens:Biografie
©Carl Hanser Verlag München 2013
Chinese language edition arranged through HERCULES Business & Culture GmbH, Germany
Simplified Chinese Copyright © 2019 by SDX Joint Publishing Company.
All Rights Reserved.
本作品中文简体版权由生活·读书·新知三联书店所有。
未经许可，不得翻印。
The translation of this work was supported by a grant from the Goethe-Institut which is funded by the German Ministry of Foreign Affairs.

图书在版编目（CIP）数据

歌德——生命的杰作／（德）吕迪格尔·萨弗兰斯基（Rüdiger Safranski）著；卫茂平译．—北京：生活·读书·新知三联书店，2019.5
 ISBN 978-7-108-06191-1

Ⅰ.①歌…　Ⅱ.①吕…②卫…　Ⅲ.①歌德（Goethe, Johann Wolfgang Von 1749-1832）－传记　Ⅳ.① K835.165.6

中国版本图书馆 CIP 数据核字（2018）第 016901 号

责任编辑	李静韬
装帧设计	蔡立国
责任印制	徐　方

出版发行　生活·讀書·新知 三联书店
　　　　　（北京市东城区美术馆东街 22 号 100010）
网　　址　www.sdxjpc.com
图　　字　01-2017-5776
经　　销　新华书店
印　　刷　河北鹏润印刷有限公司
版　　次　2019 年 5 月北京第 1 版
　　　　　2019 年 5 月北京第 1 次印刷
开　　本　889 毫米 × 1092 毫米　1/32　印张 28.5
字　　数　590 千字
印　　数　0,001-8,000 册
定　　价　88.00 元
（印装查询：01064002715；邮购查询：01084010542）

献 词

将我此在的金字塔——其根基我生来就有,为我建立——尽可能高地插入云端,这个欲望压倒一切其他,不允许哪怕是片刻的遗忘。我不该犹豫,我业已年长,也许命运让我中途夭折,而这通天塔依旧慵懒未成。人们至少该说,规划大胆。

歌德致拉法特尔
约1780年9月20日

目 录

序　言 ·············· 1
代译序　歌德如何铸就生命杰作 ·············· 5

第一章 ·············· 14

有令人欣慰之结果的难产。家庭纽带。在学究气和快活天性之间。妹妹。自由的直辖市之子。写作训练。诗句锻造者和初次的格蕾琴丑闻。被动摇的自信。记录紧急事件。从普通的对象中赢得一种诗意的特点。

第二章 ·············· 34

莱比锡。奢侈生活。昨日的伟大人物。卡辛的历史。为一篇书信体小说的预习。贝里施。治疗虚荣的药方：《恋爱者的情绪》。实际的艺术练习。德累斯顿。消失在图像中。崩溃。

第三章 ·············· 58

来自莱比锡的回声。《同谋》。疾病。通向宗教之路。尝试虔诚。两位良师：朗格尔和苏珊娜·封·克勒滕贝格。缺少原罪意识。虔诚的魔术师。病房成为实验室。寻找化学的启示。

第四章 ·············· 74

虔诚和淡忘卡辛。斯特拉斯堡。兴高采烈。当地的精神。大教堂作为勇气测验。《论德国的建筑艺术》。萨尔茨曼。莱尔泽。与赫尔德的持续相遇。新价值：生命，创造力，个性，表达。与赫尔德玩牌。

第五章 ································· 87

荣格-施蒂林。概览或者灵机。唤醒和创造的心理学。弗里德丽克和塞森海姆的爱情小说。不去巴黎。莎士比亚演讲。减价的博士。斯特拉斯堡的结束。

第六章 ································· 104

律师。律师的法律论争，作为写作《葛茨》的练习和前奏。葛茨作为西部英雄。武力自卫权。独立人反对现代。为了妹妹的缘故坚持工作。作家作为自助者。最初的反应。

第七章 ································· 119

歌德的生活风格：忙碌的懒惰。非专业的创作。约翰·格奥尔格·施洛瑟。儿童谋杀审判和《浮士德》中的格蕾琴悲剧。约翰·海因里希·默尔克。在达姆施塔特与感伤主义者在一起。漫游者。评论家。歌德的早期美学。在韦茨拉尔的夏日之爱。

第八章 ································· 142

青年歌德的一幅肖像。与凯斯特纳一家的通信。耶路撒冷的自杀。《葛茨》出版。秘密指点成为开导。兴高采烈。普罗米修斯。诗人，或者先知？穆罕默德。反对伪善先知的讥讽的战役。

第九章 ································· 159

"自己的生命使用诗。"通向《维特》的道路。哪类狂飙？厌恶生命。维特的爱和想象力的命运。倘若说我们缺少自己，我们实际上缺少什么？维特的影响。

第十章 ································· 176

科尔内利娅的不幸。《克拉维戈》，不忠诚者。拉法特尔和巴泽多。"右边先知，左边先知／中间俗人。"夏日的莱茵河之旅。庆祝友谊。弗里德里希·海因里希·雅各比。去魏玛的邀请。丽莉和奥古丝特，一个情爱的游戏房。两种速度。瑞士之旅。魏玛，几乎是一次逃亡。

阶段观察：难以忍受的轻率 …………………… 198

第十一章 ………………………………… 204

宫廷的错综复杂。与维兰德的丑闻。第一次接近夏洛特·封·施泰因。起初的愚蠢。克洛普施托克的指责和拒绝。赫尔德的召唤。

第十二章 ………………………………… 225

"我的写作生涯服从生命。"天才无法避免对生命的一知半解。反对文学工匠。与失败者伦茨的故事。

第十三章 ………………………………… 241

克林格尔，考夫曼。"狂飙突进"的探访者。受保护者。行为学。珀伽索斯和文牍主义。《威廉·迈斯特的戏剧使命》，口授而非"搜寻"。1777年12月：《冬游哈尔茨山》以及神的判定。

第十四章 ………………………………… 259

关于崇高的嬉闹：《感伤主义的胜利》。拉斯贝尔格的自杀。政治的使命。魏玛的自我维护和贵族联盟。在柏林。"统治！"混杂和纯净。征募士兵和《伊菲几妮》。艺术的神庙区域。

第十五章 ………………………………… 280

纯洁的观念。歌德的"道"。雅各比被钉上十字架。雅各比的侮辱。第二次瑞士之旅。弗里德丽克和丽莉：两次调整。漂亮的布兰科尼和迷茫："群峰一片／沉寂……"歌德和拉法特尔。宗教受到检验。

第十六章 · 302

安静和花岗岩。同雅各比和好。阅读斯宾诺莎。斯宾诺莎、莱辛、雅各比和《普罗米修斯》诗:"一次爆炸的导火索。"自然主义和理想主义:冷酷或者统一。雅各比的信仰哲学和歌德的动植物学。颌间骨。与赫尔德重建友谊。

第十七章 · 323

留在魏玛?双重生存的困难。《塔索》的诞生。无成果的职务。危机。全集:残篇的一个墓地?歌德想改变生活。作为自我检验,逃亡意大利。冒险。启程的秘密事件。

第十八章 · 343

意大利之旅。匿名。无地址。首次放松。帕拉第奥。"我研究的远比享受的多。"罗马。《伊菲几妮》脱稿。在艺术家中间。莫里茨。那不勒斯和西西里。无忧无虑者的魔力。第二次在罗马逗留。《埃格蒙特》脱稿。福斯蒂娜。告别罗马。

第十九章 · 369

返回魏玛。夏洛特·封·施泰因和克里斯蒂安娜·符尔皮乌斯。情欲。《罗马哀歌》。与席勒首次相见。与莫里茨一起重新理解艺术的独立性。艺术和其他生命的力量。回到《塔索》和安东尼奥。猎屋中的家庭幸福。

第二十章 · 388

革命——"一切事件中最可怕的事件"。反抗普遍的政治化。歌德赞扬限制。战争中。歌德新的现实主义。返回魏玛。革命作为滑稽插曲:《市民将军》和《被煽动者》。美因茨的暴行和《列纳狐》。

第二十一章 · 406

歌德身边人气聚集。爱情、友谊、科学和艺术形成生命的形式。费希特在耶拿。歌德接近哲学。与席勒友谊的强力开端,"幸运的事件"。首次"观念交换"。

第二十二章 ·················· 423

为《季节女神》投稿。反对时代野蛮思想的两个规划：席勒的审美教育和歌德的社交修养。"半人半马怪。"反对文学活动的共同的战役：《克赛尼恩》。席勒助产《戏剧使命》。一部反浪漫主义的著作？平淡无奇的《季节女神》的结束。

第二十三章 ·················· 439

《赫尔曼和多罗特娅》。生命抵抗历史。在寻找根据和基础的途中。掘宝人。叙事谣曲之夏。在"雾途"上。写作《浮士德》。旅行准备。一次焚书。与荷尔德林的一段插曲。第三次瑞士之旅。面对"经验的世界范围"的恐惧和克服。

序 言

歌德是德国精神史中的一个事件——尼采说，一个无效果的事件。但歌德并非无效果。德国历史虽然没有因为他的缘故而实现更有利的进程，但从另一方面讲，他富有成果，而且被当作一种成功的生命的例子，这个生命将精神的富足、创造的力量和生命的智慧集于一身。一个充满张力的生命，虽然生来拥有某些东西，但依旧不得不为自身奋争，曾内外遇险，受到攻击的威胁。总让人着迷的，是这个生命的个性形象。这并非理所当然。

今天，时代并不有利于个性的产生。一切与一切的交联，是顺应时势主义的伟大时刻。歌德与其时代的社会和文化生活关系至深，但他懂得，保持自身为个体。他为自己树立的原则是，接受他所能应付的世界。他无法用某种方式进行回答的东西，就与他无关。换言之：他能巧妙地否定。当然，他也不得不参与他宁愿免除的许多事务。但只要能取决于他自己，他就会自己决定生活圈的范围。

在此期间，我们仅在某种程度上了解生理学的物质代谢，但人们可自歌德身上，学习一种于世界中的、成功的精神和灵魂的物质代谢。而且，除了肉体的，我们还需要一种精神和灵魂的免疫系统。人们得知道，自己能够和不能够收纳什么。歌德知道这一点，而这属于其生命智慧。

由此，歌德不仅以其著作，而且也以其生命而令人振奋。他不仅是个伟大的作家，而且是个生命的大师。两者合一，让他对后世来说，成为取之不尽的源泉。他预感到这一点，即使他在给策尔特最后的几封信中也曾写道，他与一个时代完全相连，而这个时代将不再返回。尽管如此，较之某些人们平时遇到的生者，歌德可能更加生动，活在当下。

每个时代的人都有机会，以歌德为镜，更好地理解自身和自己的时代。此书是这样一种尝试，意欲通过描写一个世纪天才的生平及创作，同时以他为例探究一种生命艺术的可能性和界限。

一个出身于美因河畔法兰克福的富裕家庭的年轻人，在莱比锡和斯特拉斯堡学习，没有真正毕业，最后还是成了律师，不停地恋爱，身边有一大群年轻姑娘和成熟女子。他以《铁手骑士葛茨·封·贝利欣根》（以下简称《葛茨》）在德国成名，发表《青年维特的痛苦》（以下简称《维特》）后，欧洲文学界谈论他：据说拿破仑声称，这部小说他读了七遍。访客拥入法兰克福，想见这位天才的年轻人，听他说话。先于洛特·拜伦一代人，他感觉自己是众神的宠儿，也像这个宠儿那样，与魔鬼进行诗的交往。还在法兰克福的时候，他已开始其毕生之作《浮士德》，这是一部近代圣典般的剧作。经过法兰克福的天才时代后，歌德对文学生涯感到厌倦，冒险进行彻底了断，并于1775年迁往小小的萨克森—

魏玛公国，在那里作为公爵之友，升任大臣。他涉猎自然研究，逃亡意大利，与人未婚同居，还写下令人无法忘怀的情诗，与朋友兼同事——作家席勒进行体面的竞争，写小说，从事政治，与艺术和科学领域的大人物保持往来。歌德在世时已成为某类名人。他成为自己的历史，写下——继奥古斯丁的《忏悔录》和让-雅克·卢梭的《忏悔录》之后——对古老的欧洲来说也许是最重要的作家自传——《诗与真》。不过，尽管他不时表现得拘谨和威严，但在其晚年著作中也展示了大胆和讥讽的、破除一切传统的靡菲斯特。

但他始终明白，文学著作是一回事，生命自身是另一回事。他也想将一本著作的特征赋予生命。什么是一本著作？它溢出时代进程，有着开端和结尾，中间是一个轮廓清晰的形象。一个意义重大的孤岛，处在偶然事件和无形状者的大洋中。而歌德令人惊异地让这个大洋变得充溢。对他来讲，一切都必须有个形状。他或者发现它，或者创造它——在与人的日常交往中，在友谊中，在信札和交谈中。他是一个作为仪式、象征和隐喻的人，一个暗指和影射的朋友——但他也总是获得一种结果、一个形象，即成就一部作品。在处理公务时尤其是这样。街道该变得更好，农民该解除徭役，贫穷和勤奋之人该得到报酬和面包，矿山该带来利润，观众在剧院中每天晚上该尽可能地欢笑或哭泣。

一方面是生命在其中赢得的形象，另一方面是生命在其中得到注意的作品。注意力是世人能赋予自己和他人生命的最美妙的恭维。自然也理应被人亲切地感知。歌德通过留意观察来探究自然。他相信，人们只要足够仔细地探察，最重要者和真实者最终都会显现。别无其他,不要故弄玄虚。他喜欢一种不会让人失去听觉和视力的科学。他所发现的大多是他喜欢的东西。他也喜欢自己的成功。倘若成功不让别人喜欢,就终究对他来说也无所谓。生命的时间于他太宝贵,他不愿将它浪费在批评者身上。对手不在考虑之内。他有一次说。

歌德是收藏家,不仅收藏物件,而且收集印象。如在私人的会见中,他总是自问,这些会见是否或者如何提升了他——一如他偏爱的表达方式。歌德喜爱生气勃勃,愿意尽可能地把握它并给予它某种形式。被赋予一种形式的瞬间由此得到拯救。去世的半年前,他再次登上基克尔汉峰,重读他以前在猎人小屋的内墙上所刻的诗:*群峰一片/沉寂……*

近代史中没有哪个作家,其生平资料如此丰富,本人又被如此多的观点、假设及解释所遮盖。本书仅仅依靠一手资料和作品、信件、谈话以及同时代人的记录,接近这个也许是最后的广博天才。歌德因此将变得生动,犹如首次登台亮相。

随同歌德,他的时代也靠近了我们。此人经历过多次历史的间歇和断裂。他成长于轻快的洛可可时代和一种僵化、老派的城市文化中。法国革命及其精神的后果曾驱赶并挑战他;他经历了拿破仑统治下欧洲的新秩序、皇帝被推翻及无法阻挡时代行进的复辟时期;几乎没人像他那样如此敏感,以沉思的方式记录现代的启动,其生命的张力波及铁路时代的冷静和加速,还有其早期的社会主义梦想。他是这样一个人,后人以其名字指称具有这些巨大变革的整个时代:歌德时代。

代译序　歌德如何铸就生命杰作

有"诗人王侯"之美称的歌德（1749—1832）长久以来堪称世界文苑的冲天"金字塔"（参本书献词），引人注目。德国哲学家、传记作家萨弗兰斯基的新作《歌德——生命的杰作》是对歌德的再次致敬。德文原书有护封，上设修辞反问："以这部辉煌清晰的传记，深入一个成就自身之完美和谐的人物，还有什么比这更具创意？"封面、勒口上的介绍，首句即是答案，"犹如初写歌德"。

"犹如"暗含限定，即此非"初写"。的确，有关歌德其人其作之书，以海因茨·金德曼《20世纪歌德图像》[1]中参考书目的统计为例，仅在1952年至1964年的十二年中，就有约二百二十种（德、英语），即平均每年出版约十八种，其中不乏传记类著作。萨氏此书成于歌德逝世一百八十年后。由此推知，他面对的前贤之作数以千计，绝对可称"汗牛充栋"。尽管如此，此书如同"初写"，定有过人之处。它不仅在学界脱颖而出，甚至登上畅销书榜，大多应归功于此书

---

1 Hans Kindermann, *Das Goethebild des 20. Jahrhunderts*, Wissenschaftliche Buchgesellschaft, Darmstadt 1966.

副标题所及视角:"生命的杰作"。萨氏为其歌德传记捕捉的第一要素是"生命",即向读者讲述,作为个人,歌德如何规划并完成自己的一生;作为作家和官员,他又怎样将写作与理政融为一体:"他不仅是个伟大的作家,而且是个生命的大师。两者合一,让他对后世来说,成为取之不尽的源泉。"(序言)

年轻的歌德,在生活中既是行动者,又是记录人。他天赋颖异,才情超迈,早年已通过书信,以文采飞扬之笔描摹自己"心理的起伏,嫉妒的狂热,平静的瞬间"(第二章);他尤其具有跳出身外,拉开距离,似从幕后观察自己的独特能力。而他本人也发现,"我的信具有一种成为一部小书的相当不错的潜质"(第二章)。歌德成名作《维特》(1774年)的题材风格,乃至某些情景,由此生成。

大学毕业后,作为律师的歌德打过二十多场官司。当时没有口头审讯,争讼由律师代理的各方通过文字磋商进行。歌德惬意地利用机会,锤炼文字生命。萨氏翻出当年的诉讼记录,其中歌德将对方的应诉称为"一个热衷吵架的怒妇……她那发热的头脑无法用理性和理由争辩,在辱骂声中精疲力竭"(第六章)。律师实践几成文字训练。工作与创作,也在此契合。

正是在律师生涯中,确切地说,是在卡尔斯鲁厄的帝国最高法院当实习生时,歌德偶遇婚约在身的姑娘夏洛特·布夫,受到强烈吸引,几乎不能自拔。顽强的生命意志和洞察世事的聪颖,终究让他克服恋情欲念,脱身而出,并以对此的哲理思考,凝合成《维特》一书。

人们经常以为，这是一本失恋小说，因涉等级歧视，掺入社会批评。萨氏则指出，此书是以爱情为中心的、歌德对于生命哲学的思考。一般说来，初恋往往表现为偶然、命定和无法预计，因而时常显得神秘、让人敬畏。但初恋失败，或者当人们经历第二次、第三次乃至更多次恋情时，爱情那崇高的意义将被其易逝性销蚀；提升和承负它的永恒及无限的概念丰碑将轰然倒塌。

《维特》的读者，容易忽视作者在小说开头意味深长的交代，即男主人公爱上洛特之前，刚刚经历了一次爱情的挫折。爱情的再次失败，成为他的噩梦。他悲观厌世，最后令自身凋零。回顾旧作时，歌德称此为"厌恶生命"的一种疾病。而它并非源自周围环境，主要来自主体本身，源于世人对于爱情重复失败的绝望。

其实，歌德书中着墨较多、较为清晰的爱情故事有三个。除了维特与洛特，另有两处可疑的伏笔。维特曾在冬日的荒野，见到一个为自己的女王寻找鲜花的男子。真相令人吃惊：他原为洛特父亲的秘书，因暗恋洛特而被解雇，导致精神错乱；还有一名年轻农夫，爱上了一位漂亮寡妇，可恋情结束于农夫妒杀情敌的血腥场面。本该给人带来幸福的爱情，在这部小说中，最后分别造成疯狂、杀人和自戕这样的悲剧。这令人唏嘘，也颇值玩味。"问世间情为何物？直教人生死相许。"二十五岁的歌德，难道已洞悉爱情的隐秘，探明情爱的实相？

不过对于维特的灾难，当时流行的文学作品也难辞其咎。歌德时代，是个"墨迹斑斑的时代"（席勒语），文学已成时尚。"俭朴生活的图像借助荷马,官员家庭的田园风光借助哥尔德斯密斯,春日暴雨则借助克洛普施托克。在与洛特的最后一次见面时,他读了《莪相集》。"(第九章)这是小说《维特》的成书背景。这种纸上现实,极易误导世人,尤其会让年轻人对社会现实有过高要求。而失望后的空虚和折磨,更容易置人于死地。萨氏引《维特》中的一段话为此作注:"你问,是否需要寄书给我?亲爱的,求你看在上帝的分儿上,别拿书来烦我!我不愿再被引导、鼓舞和激励,我这颗心已经翻腾得够了。"(第九章)一部表面上讲个人爱情悲剧的小说,揭出这种悲剧的社会成因:即读了太多流行文学的年轻人,其感情更多地来自阅读而非实际生活。他们似乎恋上别人,其实恋上恋爱。这种所谓的"爱情",经常是纸上的虚构,或是自说自话的想象,因而极易破碎。

如何走出自身或书本的虚幻世界,克服爱情的失望、悲辛?药方是克服私情,积极入世。萨氏用歌德1814年在叔本华贵宾留言簿上的题词,指出歌德生命哲学的一个要点:"你若想享受世界的价值,你就得赋予世界价值!"(第九章)

歌德身体力行。《维特》发表后,他暴得大名。仰慕者纷至沓来,登门拜访。每当出门,他甚至受到孩子们的前呼后拥。可聪慧如他,很快厌倦了享受成功荣耀,有意摆脱自我陶醉,随即接受奥古斯特公爵之邀,去魏玛从政。这无疑是对高估文学的一种异议,是从文人的夸夸其谈转向政治实用主义的一种皈依。在成功的想象力之自由的游戏后,他尝试在世间事务中考验自己。

1775年，二十六岁的歌德，开始导演自己此后一生的官员和诗人的双重生存。三十岁时，他升任公国枢密顾问，"踏入一个市民在德国所能达到的最高荣誉等级"（第十五章）。他临朝当政，曾任采矿、筑路、财政和军事大臣；负责过大学事务，当过剧院经理、画院院长；也参加外交巡访，战争期间上过前线。但他同时未忘创作。"我在这个世界里安排自己，不从内在保存我，不让我自幸福的本质从那里离开半分。"（第十三章）这种处世的颖悟，集中体现在其剧本《托夸多·塔索》（1789年，以下简称《塔索》）中。诗人塔索和官员安东尼奥，分别代表感性和理性的一方。他们泾渭分明，又互相依存。歌德通过对其冲突及和解的描绘，肯定了诗人和官员各自的存在理由。"诗既美又善，但它无法引导生命。谁若仅懂得文学，就对生活知之甚少。"这也是萨氏对歌德的点评。歌德明显理解诗歌与散文的对立，但又不受这种对立的撕裂，尝试将其融于一身。

歌德的生命艺术，还表现在他与旁人的关系中。根据萨氏介绍，歌德一生既与人为善，慷慨大度，知恩图报；又爱憎分明，不容异己，特立独行。他曾长年资助多人，其中既有文人墨客，也有无助少年。甫到魏玛公国，就将自己的文学领路人、在别处怀才不遇的赫尔德，请来担任教区总监。为了报答公爵的知遇之恩，他不惧枪林弹雨，随军远征法兰西，围攻美因茨。被他排斥的也有多位。除了以《狂飙突进》一剧闻名剧坛、被他贬为"粗汉"的克林格尔，还有伦茨、荷尔德林及克莱斯特。对于伦茨，他虽曾有"我爱他犹如爱我的灵魂"（第十二章）这样的告白，但最后还是怒而将他赶出魏玛，让人惊讶。对于荷尔德林的诗作，他给出苛评，让诗人的自信心备受打击。至于克莱斯特，他感到其剧本《彭特西丽亚》片面偏激，进而在沙龙中将作者当成贬损对象。细检三人的命运，结局耐人寻味：他们均无善终。伦茨癫狂，冻死莫斯科街头；荷尔德林发疯，身居塔楼，孤独而亡；克莱斯特自杀，临了还拖上女友。这似与歌德"道不同不相为谋"的生活姿态，尤其对过敏偏激者的本能抵触有关。"终结一切的狂妄，美的力量才能保存"（第十三章），这是歌德的生命准则。他热爱文学，但讨厌文学上的激愤者，尤其不喜那些尚且无法照顾自己，就以为能用观念治理世界的文人。

由此观之，每当世事淆乱之际、心绪不宁之时，歌德往往闭门谢客，专注自然科学研究，也能获得解脱：他不愿受外部世界裹挟。当世人狂热地想改变世界的时候，歌德在不忘责任和使命的同时，努力保持自己的纯净。他追求的是保存自己个性生命的艺术。

而他的自然科学研究（包括他的色彩学研究）也独具特点：他自限于对作用世界，即对世界现象的观察，拒绝对本质的询问，即放弃形而上学的推想。"因为一个事物的本质无法表达，我们这样做其实是徒劳的。我们察觉其作用，而这类作用的一部完整的历史，或许包含那个事物的本质。"（第二十七章）这是他《色彩学·前言》中的话。歌德带着开放的感官，让现象作用于自身，保持对于本质，即对世界最后隐秘的敬畏，从而抵制脱离直观的诱惑。"理论通常是一种不耐烦的、喜欢摆脱现象的知性的匆忙"（第二十七章）——这是歌德面对逻辑思辨的姿态。这一方面彰显着歌德消弭理性科学所带来的负面惶惑的努力；另一方面又何尝不是他生命艺术的再次表达。在世界本质之前撤身，这是捍卫自身安全的要求。他之前的范例是康德，康德虽然一生追寻世界的本原和人类的真谛，但在"头顶的星空"和"心中的道德法则"前止步，以无法探究的"物自体"为人类理性设限，成功自保。之后的典型是尼采，尼采以抉心自食之勇气，探究人世终极真理，最后陷入疯狂，毁灭自身。

分析的知性和创造的幻想，抽象的概念和感性的直观，逻辑的思辨和诗意的想象，它们分别组成了对应的紧张关系。而在理性变得越来越强大的时代，歌德对理论科学持保留态度，把住感性诗学的隘口，催人深思。

歌德生命智慧的另一著名例子，是他晚年极力强调的"断念"。《威廉·迈斯特的漫游时代》1821年及1829年的两个版本，其副标题都是"断念者"，这在今天常被忽略。何为断念？简单地说，就是"放弃去实现什么，尽管人们原本希望这个……这可能是一种关系、一种行动、一种占有"（第三十一章）。"断念"就是克制或拒绝欲念。为何要"断念"？因为"我们肉体和社会的生命……一切都号召我们该断念"（第三十一章）。而萨氏对此的解读是："为什么？为了防止一种更大的损失。倘若有人不断追求新事物，依恋最后会夺走他的时间的事物，他就会不断地感到失望。"（第三十一章）通过断念，世人得以抵抗失望，保持独立。而断念最炽热的核心乃是色情的断念。歌德虽然曾用"爱情唤起生机"（Lieben belebt）这样的名言，张扬爱情的魔力，但是也以《威廉·迈斯特的漫游时代》中的迈斯特和女主人公玛卡莉为例树立断念的典范。在实际生活中，他努力实践这种理念。1816年，他原本坐车去拜访《西东合集》的合作者、女友玛丽安娜·维勒默，但路遇车祸，即视之为要求他断念的信号，放弃此行。两人之后不曾再见。

同属歌德生命艺术的，还有其创作中反讽方法的运用。萨氏通过分析歌德的《浮士德》予以说明。关于此剧的通常解读，往往强调高扬不断追求理想的人类精神。萨氏则摆脱陈见，将目光投向剧作最后两个场景。一是临终前的浮士德，将海边传来的叮当声当作建设的嘈杂，因而沉湎于自己事业成功的喜悦；可真相是有人在为他掘墓。这对浮士德这个所谓的正面形象形成尖刻讥讽。若再往深处思考，难道歌德早在19世纪初已凭借想象与事实间的巨大差异，对圣西门主义的工业宗教对人类世界的危害提出了警诫？二是上帝毁约，派天使携浮士德升天的场景。剧中的魔鬼靡菲斯特，似有机会根据协议夺回本该属于他的浮士德。可他在关键时刻突然变得好色，垂涎天使迷人的屁股，神魂颠倒，不能自持而耽误大事。此后的寓意也许是，浮士德升天的庄严场景，其实由低俗的色情相助才有可能。这种一头庄严、一头游戏的讥讽写法，展现歌德作品中几乎无时不在的反讽手段。联想歌德的自传，题目也是戏谑的《虚构与真实》（目前通行的译名是《诗与真》），这同样凸显传主身处真理和谎言之彼岸、身处现实又超越现实的生命艺术。

凡有始者，莫不有终。俯仰之间，歌德早已成为古人。

但时至今日，关于他的论著、评传问世不迭。记得我曾在德国大学图书馆徜徉，面对浩瀚满架的歌德研究专著，想到今天依旧有人不断书写歌德，着实生发出"一部二十四史，不知从何说起"的感慨。萨弗兰斯基显然不畏艰险，勇于挑战。他从生命哲学入手，依歌德的生平创作展示其生活睿智，引人耽读，收效甚佳。因为任凭历史的沧桑、主义的兴替、社会的骤变、政局的更迭，人的生命始终不变，依旧只有一次。如何安顿这唯一的生命，盱衡今昔，始终是每个人面临的重大课题。歌德一生，足可为后世师范。

卫茂平
2016年1月于上海

第一章

有令人欣慰之结果的难产。家庭纽带。在学究气和快活天性之间。妹妹。自由的直辖市之子。写作训练。诗句锻造者和初次的格蕾琴丑闻。被动摇的自信。记录紧急事件。从普通的对象中赢得一种诗意的特点。

歌德在其自传《诗与真》的开头,在为公众描绘他出生困难时,提及令人欣慰的结果,这也许是反讽。

这个新生儿由于助产士的一次疏忽,几乎被脐带勒死。他的脸色已经变青,有人以为孩子已亡。被晃动和拍打后,他重又呼吸。外祖父约翰·沃尔夫冈·特克斯托市长,以这次有生命危险的分娩为契机,在城市中更好地组织了接生之事。他为助产士引入了一门课程,这也许给以后出生的一些人带来好处。自传作者就此首次强调。

外祖父特克斯托,这个新生儿的取名人,曾拒绝被升为贵族。他担心无法将女儿们,其中包括歌德的母亲卡塔琳娜·伊丽莎白,体面地嫁出去。就贵族来说,他不足够富裕,而对市民阶层来讲,他也许过于高贵。于是他保持原有身份:一个受尊敬的市民,而作为市长他有足够的权力,来支持助产事业。

市长不仅是市民阶层的最高官员，也是皇帝在直辖市中的代表，而这个直辖市拥有特权，是皇帝选举和加冕的现场。市长属于有权为皇帝撑起御座天盖的人。他的外孙充分享受着这同样落在他身上的光环，这让小伙伴们感到恼怒。但他们还是通过他，获得进入罗马人广场中皇帝大厅的机会，在那里戏仿伟大的事件。外祖父向他描述，自己如何在花园中护理果木花卉，为蔷薇剪枝，穿着一件法衣似的睡袍，头戴一顶有褶的黑天鹅绒帽，给外孙带来一种牢不可破的平和及永恒的持续感。

也许这是一幅过于宁静和谐的图像。根据一个同时代人的报告，当时在法兰克福有这样的传言，说歌德的父亲在1759—1760年间的一次家庭聚会中——那时七年战争中的法国军队在法兰克福驻扎——对其岳父提出严重指责：他作为市长，因为钱的缘故将外国军队让进城里，据说翁婿还曾各抽宝剑。这样的场景在《诗与真》中没有出现。对于外祖父特克斯托，书中说他从不露出丝毫暴躁的痕迹；我记不得曾见到他生气。

歌德的祖父是移居法兰克福的一名裁缝，通过勤奋工作成为上流社会妇女时装店的老板，娶上了有钱的魏登霍夫旅店的寡妇。裁缝成了旅店店主和葡萄酒商，事业成功，1730年去世时留下两座房屋，还有其他地产和一笔十万塔勒银币的现金。

旅店店主的儿子约翰·卡斯帕尔想成为更出色的人。因为出得起钱，他被送往昂贵和享有盛誉的科堡文理中学学习，然后去了莱比锡和基森，经过在韦茨拉尔的法院实习之后，约翰·卡斯帕尔获得法学博士学位。他本该在法兰克福的市政厅取得事业上的成功。但约翰·卡斯帕尔并不着急，想先去认识世界。他用一年时间长途旅行，穿越雷根斯堡和维也纳去意大利，返程时经过巴黎和阿姆斯特丹。他用意大利语描述了他在威尼斯、米兰和罗马的停留，而这成为他长达十年的主业。他有足够的闲暇，因为1740年回家后他未能在市政厅就业。歌德这样描述，似乎父亲想要，不经选拔，也就是说不经挑选，由此至少能无报酬地获得一个下级职位。当要求被拒绝后，他带着受辱的自信发誓，再也不寻求和接受任何一个职位。但他抓住机会，在卡尔七世在法兰克福的统治时期（1741—1744），自帝国宫廷议会买到一个"皇家顾问"的头衔，而这个头衔通常只作为特别的荣誉头衔，颁给市长和最年长的市议员。歌德写道，由此，他让自己和最高职位者平起平坐，无法再从下僚出仕。其实他也不想这样。于是，约翰·卡斯帕尔1742年被皇帝任命为顾问。而大约同时，以后成为他妻子的卡塔琳娜·伊丽莎白，在羞怯地暗恋皇帝。

卡塔琳娜·伊丽莎白是特克斯托的长女。有人称她"公主"，因为她不愿做家务，更喜欢在沙发上读小说。1742年，作为少女，她经历了卡尔七世的加冕。她以后曾对贝蒂娜·封·阿尔尼姆说，这对她来讲就像个小说场景。女孩跟着皇帝走进教堂，看见这个英俊的年轻人带着忧伤的目光祈祷，抬起长长的黑睫毛。她无法忘记预告他到来的邮车号角。她相信，皇帝甚至从马上望下，向她颔首。她觉得自己被选中了。所以六年后,十八岁的她与二十一岁的约翰·卡斯帕尔结婚,对她来说并非特别的大事。她"缺少某种倾慕"地结婚了,尽管约翰·卡斯帕尔也是一个"俊男"。

约翰·卡斯帕尔·歌德1748年与市长千金的婚姻,对他进入议会产生了另一阻碍。因为当时城市里有着严格的规定,反对裙带风。所以约翰·卡斯帕尔一直是"以食利为生者"。他赋闲在家,管理财产,撰写游记,收集书籍,画像,养蚕,教育孩子,特别关照大有希望的约翰·沃尔夫冈。

这个皇家顾问的生平是否真是这样,犹如歌德指出的,我们并不知情。他是否缺少熟悉业务的虚荣心,他的法律知识是否过于学术化而无法面向实践,是否存在针对一个也许表现过于骄傲的旅店店主儿子的保留,他对魏特巴赫的卡尔七世、哈布斯堡的继承人的依恋,对他来说是否会产生不利——也许这些合在一起,妨碍了他职业的成功。不管怎样,倘若人们相信儿子的叙述,那么,父亲对自己的地位是十分满足的。我父亲对自己到这时的生涯还是感到相当惬意。

不过,也许曾有问题。在通常更倾向和谐、平滑的《诗与真》的叙述中,甚至也有暗示。比如,男孩如何从游戏伙伴那里听到关于其出身的轻蔑用词。说父亲并非婚生,而是被那个魏登霍夫旅店店主收养的。一个贵族让店主愿意对外代替他的父亲身份。但歌德继续说,他没去揪诽谤者的头发或者为此感到羞愧,相反的是,这种传言还逢迎了他的自信:成为某个贵族的孙子,我根本不会不高兴。男孩从此在贵族的幻象中寻找相似处，为自己的贵族出身构想了一部完整的小说。他像是染上了某种精神病，歌德写道，并以一种自我批评的道德反思结束对这段插曲的描述，事实上是，一切足以加强世人内心的自负、迎合他私下的虚荣心的事，就会受他如此欢迎，以至于他不再发问，这是否会以某种方式给他带来荣誉或者耻辱。这个男孩的不受干扰的自我感觉引人注目。他有一次这么说，我无法应付那种让其他人感到满足的事。那时沃尔夫冈七岁。

这段情节不仅展现了一个虚荣的男孩，而且也暗示，父亲的社会地位并非无可争议。而他带着自己年轻的家庭，住在他的妈妈、即魏登霍夫旅店女主人的家里，也不利于其声誉。一直到祖母去世之前，歌德回忆她是个美丽、瘦削，总是穿一袭白衣，打扮整洁的女人，父亲还不是在牡鹿沟的房屋的主人，并且不得不等待去实现自己伟大的计划。这对他当然不是很难，因为他平时也行事稳重，深思熟虑。

房子的改建是在1755年。毗邻的屋子被推倒，在空地上，为出自魏登霍夫时代的存酒建了一座酒窖。其中有让人垂涎之年份的陈酒。歌德曾让人把其中的存货送到魏玛，而克里斯蒂安娜·符尔皮乌斯在1806年曾面对法国的散兵游勇保护它们。

最简单的是，把主建筑也推倒重来，不过要是这样，新建筑就得严格遵守规定，比如禁止在上层楼加建会减少外部空间的凸出部。所以人们用繁复的方式大胆地支撑起上层楼房，以便能在底层进行重建。尽管有噪声和灰尘，全家一直住在房子里，直到最后几周。这一切给男孩留下了深刻印象。一篇《父子间的对话》——沃尔夫冈最早的文章之一——就与此有关。父亲说：工匠们面临的许多危险，如你在此所见，特别出现在建造主楼梯时，因为整个拱顶几乎是被无数柱子撑住的。对此儿子回答：尽管有这些危险，我们还是留下住着。不知道一切，这是好事，否则我肯定不会睡得如此安稳。

改建和由此产生的宽大的楼梯，是父亲的全部骄傲，是一个男人的"作品"，而他除此以外很少能展现什么作品。儿子1768年年底从莱比锡返回时，在一次争论中，触及这个荣誉点。父亲对儿子的学习成绩表示不满，后者反过来批评父亲的改建设想。为了扩建楼梯占用了过多的空间，更合适的是将空间用于扩大房间。他恶意地提醒父亲回忆，在法国占领时期（1759—1761），父亲与驻扎在房子里的法国城防司令托朗克伯爵的冲突，而这恰恰发生在宽敞的、让这次不受欢迎的相遇成为可能的楼道中。得知了法国人战胜普鲁士军队的消息，有"德国佬"脾气的父亲在楼梯上遇到托朗克伯爵时，没表示祝贺，仅恼怒地咕噜：我宁愿他们将阁下赶去见鬼。为此他几乎进了监狱。

歌德出于对父亲的理解，讲述了这个事件，但对托朗克表示出了更多的同情。他把他描述为一个高贵、礼貌、谨慎，特别有艺术修养的人。托朗克在法兰克福建立了一座法国剧院，而且让男孩有权进入。托朗克还资助造型艺术，雇用当地画家，让他们出入于牡鹿沟旁的房子。而男孩则被允许观看他们工作，不久后他还主动提供建议。托朗克一定很喜欢这个好管闲事、少年老成的男孩。由于驻军，父亲在家的权威受损，所以不喜欢见到儿子站在托朗克一边。

也就是说，父子之间关系紧张。但为了培养这个天才的儿子，父亲没有吝啬金钱和关照。他雇用家庭教师，他们不仅要求他儿子掌握传统的课业——拉丁语、圣经学等，而且引领他进入艺术领域，学习绘画、写诗、作曲。父亲自己也亲自授课，尤其是城市历史、法律和地理。我父亲，歌德写道，生性好为人师，加上无所事事，就很想把自己了解的知识和拥有的能力，传给别人。他和儿子一起读自己写的意大利游记，早年就让儿子熟悉他收藏的书和画。他高兴地关注儿子文学创作上的进步，把他认为的成功之作，仔细装订成册。这持续到以后的年月。约翰·卡斯帕尔把古七弦琴这个缪斯和艺术的符号，选为家庭纹章，并非偶然。

他当然希望，儿子像他一样成为律师，也许甚至经历同样的历程——莱比锡、韦茨拉尔、雷根斯堡，但艺术的感受在此不能受到干扰。在歌德的律师时期，他替儿子雇用了一个书记员来减轻他的负担，以便儿子能继续献身艺术。他非常高兴地记录下儿子最初值得称赞的文学成就。他希望，儿子沿着他的足迹去意大利旅行。歌德写道，我该走同样的路，但它该更舒适、更远大。他看重我的天资，原因是他自己这方面有所欠缺：因为他的一切都是通过极度的勤勉、坚忍和重复劳作得来的。他经常让我确信，在早年和晚年，以一种既严肃又诙谐的语调，说若他有我的天资，会别样地行事，不会如此轻率地滥用这种天资。

当歌德1773年和父亲一起经营一个律师事务所的时候，通常的等级制度完全颠倒。因为缓慢地构思和执行、像某个神秘的候补官员一样工作的是父亲，他把宗卷提交给在法律事务中也天生快捷的儿子。歌德写道，我如此轻松地拟就文件，这成为父亲最高等级的快乐，有一次他忍不住说："倘若我是个陌生人，他会嫉妒我。"

父亲对儿子当然是受尊敬的，但并非是一个得花大力才能反抗的权威。一种象征性的弑父并无必要。在歌德身上找不到"狂飙突进"运动中"打倒暴君"的激情。他以后的普罗米修斯式的反抗应该有其他的渊源和指向。

也就是说，儿子几乎不需要从父亲那里得到解放，而在某些方面儿子还接受了父亲的特点。父亲起初的确让人讨厌地拘泥细节和谨小慎微，以后这些特点也出现在儿子身上。歌德明确赞扬父亲的执拗和坚定——他起先没有将此归于自己的性格。但歌德还是通过游戏，学会了坚定和认真。父亲的坚定也有某种游戏因素，因为对他来说，这种坚定不是由外在职业赋予的。那是他的业余爱好，他以所有的严肃和过分认真的坚定，投身于这些业余爱好。在儿子身上也一样，他凭自己的兴趣和心境，开始了许多事情，后来他将有些事束之高阁，但最后完成了大部分事情，比如《浮士德》的写作持续了整整一生。

从父亲那里我得到形体／严肃对待生命／从母亲那里是快活的天性／有兴趣虚构故事。较之丈夫，母亲与沃尔夫冈和科尔内利娅从年龄上讲更接近。在家里上课时，她同样坐在儿童房的角落里。她自己也有许多东西要学。她从未学过正确的正字法。以后她甚至以此开玩笑，并提醒儿子，别折磨他自己的儿子。"别用书写折磨孩子——也许他拥有祖母的书写特点,"她坚持像说话和聆听那样书写,"我们自己是被拿破仑替我们声明中立的。"她在1806年的一封信中这么说,但她也知道,她能选用恰当的字眼,拥有直观的能力。"上帝赋予我的天分,是让我对一切进入我的知性的事物——不分大小、真实或虚幻等等,犹如我进入一个马戏场那样——进行生动描述,一切都会明朗快活,因为由我叙述。"

情况就是这样。她给孩子们讲童话故事。在一个美丽的夏日,沃尔夫冈将她的软椅,一张童话椅子,搬进院子,饰以花环。母亲享受着进入儿童世界并一起思考的快乐,因为她自己还存有一丝童趣。再就是她的叙述天才,她对虚构的兴趣。她自己"高度地好奇",尽可能每天晚上坚持讲故事,而她的沃尔夫冈会坐在她跟前,对她忽闪着自己的"黑色大眼睛",倘若有什么不合他意,他的额上就会现出青筋。第二天他会告诉祖母,故事一定会怎样继续。祖母又告诉母亲,而她在同日晚上,会根据孩子的愿望续讲。"以炽热的目光见证他设计大胆的计划的实现",这让人感到幸福。

母亲将童话的魅力带进家里,有必要的话,她也促成和平。当托朗克事件在家里导致严重的紧张时,是她抚平波浪。当儿子同父亲发生冲突时,她会调和。她看重快活的社交,在"狂飙突进"时期,儿子那新获的荣誉将许多朋友吸引到家里时——克林格尔,伦茨,瓦格纳——她称他们是自己的"儿子们",按民间故事《海蒙的儿子们》中母亲的称呼,让他们叫她"母亲阿雅"。她给出智慧处世的建议。比如当克林格尔抱怨他的学习所在地——无聊的基森时,她给他写道："我总是认为对你们这些诗人来说,一切都微不足道,包括将糟糕的地方理想化,你们既然可以从无中造有,却无法将基森变成一座仙女之城,但在我们这里可以做到。至少在这方面我有强大的优势。"歌德懂得珍惜母亲诗化现实的优势。她的特点防止他受到这样的诱惑,用虚假的严肃去实现诗。在《诗与真》中他写道:她将现实变为诗,我因此感到轻松和开明,而我的朋友们则为此颇感困惑,他们以为,必须把诗变为现实。

母亲的现实感是诗意地开放的,因此并不狭隘。她喜欢遇到意外,抓住每个开心的机会。她可以对当下的事物打开心扉,不让忧愁破坏生命。她曾"神圣地发誓",她有一次对魏玛公爵的母亲安娜·阿玛丽娅写道,"天天告诉别人,抓住每个微小快乐,但不去解剖它们——一言以蔽之,每天更多地进入儿童的意识"。她不排斥提高情绪的辅助手段。虽然她以后把酒窖里最好的酒给儿子送到魏玛,但她会"为了节省运费,把那些不那么好的葡萄酒,喝尽最后一滴"。有人劝她戒除吸鼻烟,但她一直到高龄也不愿放弃,面对儿媳妇她这么替自己辩解:"缺了烟草,我的信读起来就像稻草——像提货单,可现在!它们变得顺理成章。"

她也乐意对别人说些什么。在给儿子的一封信中,她称克里斯蒂安娜·符尔皮乌斯是"床上宝贝",而在1803年给她本人的信中写道:"您也许胖了,变得漂亮丰满,这让我喜欢,因为这是健康的标志——这在我们家司空见惯。"她不回避谈肉体,在艺术中也同样。儿子收集的古代雕像,被她无礼地称为"光屁股"。

她很享受自己的天然性，还不时炫耀自身。有一次她写信给演员格罗斯曼："因为上帝的仁慈，我的灵魂从青年时代开始就没受到紧身胸衣的束缚，它尽情地生长繁衍，广阔地展其枝杈，而不像无聊的装饰花园里的树木，被修剪和弄残；所以我觉得一切真实的都是好的和正当的。"她喜爱戏剧氛围，因为那里发生的事无拘无束。当歌德迁往魏玛、他父亲也去世之后，牡鹿沟旁的房子开始变得空荡，她就把一群演员吸引到自己身边。她和一些人保持密切往来，互通信件，但这没持续多久。来去匆匆，过眼即忘。她其实生活于瞬间，让时间的流逝承负自己。她把对于当下性的意志遗传给了儿子。因此对他来说执着于瞬间是自然的。他必须费力地培养自己的责任意识，为未来操心。在这方面他父亲更是榜样。

歌德母亲尽管本能地着眼于当下去生活，可她从未不顾自己的儿子；至少避免成为他的负担。她很想去魏玛见他，但歌德从没发出邀请，除了一次在革命战争时期——当战争中的法兰克福可能对她造成危险时。当时他建议她去魏玛，也开始为此准备。但她坚持留在法兰克福，反正法国军队已数次驻扎于他们牡鹿沟旁的家里。她习惯了这种烦恼，也能很好地安排自己的生活。

歌德从未直接谈到，他不想让母亲在自己身旁。也许他担心，她以自己的天然性，在高贵和拘泥形式的魏玛世界里，会让人讨厌，所以他想替母亲避免这样的不快。另一方面他也知道，在他的圈子里人们敬重她。比如她同安娜·阿玛丽娅保持着一种亲切的、几乎是热烈的信件往来。

不管怎样，儿子离家后，不愿意母亲再在自己身边。他不想继续是"娇生惯养的汉斯"——她就这么称呼他。从1775年到她去世的1808年之间，他仅看望过她四次。她没有因此而责怪他，但面对亲近者她还是表示出失望。每当他到来，对她来说就是节日。银行家亚伯拉罕·门德尔松，那位作曲家的父亲，1797年在剧院附近遇到两人。"看完喜剧后他领着母亲走，一个涂脂抹粉、自命不凡的老妇。"

儿子是母亲的宠儿，一直是。他之后还有五个弟妹快速出生，其中只有比他小一岁半的科尔内利娅活到成年。她和沃尔夫冈联系密切。那是一种棘手的关系，在歌德身上留下了重要痕迹。童年时代他已亲身经历四个弟妹相继夭折。当七岁的海尔曼·雅各布死后，母亲非常惊讶——她这样告诉贝蒂内，沃尔夫冈"没落泪"，反而显示出某种恼怒。有人问他，是否不爱弟弟，他逃进自己的房间，从床下拿出一摞上面写满课文的纸，解释说："他写下这一切，为的是给弟弟上课。"

他已无法教导弟弟，但他给比自己小一岁半的科尔内利娅上课。他必须马上将自己所学、所读或不管怎样获得的东西，继续传下去。寓学于教，始终伴随着他。科尔内利娅是个崇拜哥哥的听话女生。她也参加由沃尔夫冈和邻居孩子一起组织的一些短剧演出。早年青春期的经历，兄妹俩手拉手地分享和经受，《诗与真》中这么说。

歌德在那里还讲述了一个故事，它并非由他本人，而是由以后的阐释人，特别是西格蒙特·弗洛伊德，置于兄妹关系的关联中。男孩在面街的窗前玩厨房用具，他开始将餐具扔出去，对悦耳的响声高兴地拍手。邻居还鼓励他，所以他归拢自己能拿到的所有餐具，接二连三地将它们扔到街上，直到回家的父母亲制止了胡闹。歌德写道，不幸发生了，因为有太多被摔碎的陶瓷用品，但人们至少获得了一个有趣的故事。

可父母亲并不觉得事情有趣，西格蒙特·弗洛伊德也是一样，他在其中发现了一个孩子下意识的侵略性，他不愿与弟妹们分享母亲的注意力。他把瓷器的破碎解释为替代行动，一种杀戮幻想的表达：为了得到母亲的关注，讨厌的竞争者应该消失。弟弟去世时沃尔夫冈并不怎么悲伤，原因在此。歌德讲述了这个瓷器故事，弗洛伊德以为，是为了事后再次无意识地尽情享受他的胜利——一直是母亲唯一的宠儿。"若能成为母亲无可争议的宠儿，就能终生怀有对生命的征服感，拥有成功的信心，而这常会为自己带来成功。"歌德当然是母亲的宠儿，能从中发展出一种强烈的自信。但在这个故事里，这点显然并非他关心的事。他清楚地将这个故事置入另一种关联。他描述了儿童的生活方式，这些孩子未受闭锁地在家里成长，相反以多种方式直接与街道和自由的空气联系。特别是在夏天，厨房仅由一道栏栅与街上的日常生活隔开。通过熟悉公众生活，人们感到自由。瓷器爆裂的小故事应该仅是一个例子，说明美好的自由会导向何方。邻居也许是真正的主角——观众，为了他们的缘故，小孩将餐具扔到街上。歌德以后会不断警告，别让自己太受观众兴趣的误导和决定。公众带来自由和刺激，但它也会让人臣服于强迫。在此背景下，这段逸事也可被理解为歌德生命主题的某种原始场景：公众的双重性——人们需要它，但面对它又得保护自身。

沃尔夫冈作为城里孩子长大，所获的深刻印象，不是孤独和静谧的自然生活，而是麇集的人群，因为在像法兰克福这样一座有三万居民、三千座房屋、紧密交织的街巷、广场、教堂、港口设施、桥梁和城门的城市，情况不可能是别样。歌德有说服力地描绘在这个像迷宫一样的城市中散步的经历，来自小商铺的味道，其中有调料、皮革、鱼味儿；手工作坊的嘈杂声，有织工、铁匠、小贩的叫卖；蚊蝇乱飞的屠夫的货摊。男孩恐惧地看着一切。杂乱无章，一切看上去仅由偶然和任意，而非由制定规则的精神促成。但不管怎样它们相互合拍。在当下的这种扰攘中，古老之物突出，让人敬畏、神秘莫测——教堂、修道院、市政厅、钟楼、壁垒、堑壕。年轻人喜欢陪伴父亲，后者站在书架旁，仔细端详古老的图画、文件和旧书。孩子们在旧货商人那里发现他们心爱之书的残本，那是以后受浪漫主义作家高度评价的《海蒙的儿子们》《欧伦斯皮格尔》以及民间故事书《美丽的马格洛涅》《美卢塞娜》和《浮士德博士的故事》。歌德写道：对于古风的某种倾慕在男孩身上固定下来。所以他和父亲一起穿越古代编年史，对当地皇帝加冕的描述特别吸引他。他不久就针对其来源和意义，熟悉了古代的礼俗和仪式，甚至能骄傲地对同伴们解释它们。

那是个令人迷惑地就在当前的、喧闹的、神秘地飒飒作响的、来自过去的城市世界。大家被人和人群包围，大自然在彼岸，是远足的目的地。城市的孩子得自己去寻找它或者将渴望的目光投向远方，比如从房屋的三楼望出去。男孩就在那里做功课，临窗眺望，越过屋顶、花园和城墙，望入一片美丽肥沃的平原；正是它，引人追求着至高无上者。夕阳西下时，他尽情享受这一景象。

沃尔夫冈是个天分很高的年轻人，但不是莫扎特一样的神童。他曾经历一次后者的奇妙演出。沃尔夫冈立刻领会，尤其是轻易地理解了那些语言。他从小就相当熟练地掌握意大利语、法语、英语、拉丁语和希腊语，至少能阅读希伯来语。他和同样具有语言天赋的科尔内利娅一起，在幼儿时期就筹谋计划，用六种语言写一部小说，事情未果。但在莱比锡时期，两人轻松地用法语和英语通信。他所阅读的《圣经》是拉丁语和希腊语的，特别让男孩着迷的是出自父权统治时代的《旧约》故事。在《诗与真》中他复述了约瑟夫的故事，一如他在青年时代感受和记录下的那样。回顾往事时，歌德说自己在此找到内在的专心和平静，尽管外面发生的事还是如此疯狂和奇怪。

歌德渐渐写满笔记本，而能向克劳尔博士口授、由后者记录，也给歌德带来好处。克劳尔是个无助的、抑郁症严重的人，被父亲当作受监护者收留在家，他喜欢做听写和誊录，这让他安心。在糟糕的日子里，人们可以听见克劳尔在自己屋里咆哮。歌德的隔壁蛰居着疯狂。

年轻的歌德翻阅他所有能得到的文学著作，从他在父亲图书馆里找到的法律的旧书，到克洛普施托克的《救世主》、施纳贝尔的《弗尔森堡岛》，一直到拉辛或伏尔泰时而庄严、时而猥亵的法国戏剧；他不停阅读的是《圣经》，它对他来说是魅力无穷的故事——犹如以后的《一千零一夜》。他总是努力，对这些赢得的和熟读的东西，进行消化、重复和再创作。由此产生了许多小剧本、诗歌和叙事残篇，这一切成果又被他以处理流行形式和主题的出色技巧，弃置一旁。他显然能轻松地移情于不同的风格要素，比如进入《关于基督地狱之旅的诗的思想》中新教和正教的激情，一幅十六岁年轻人的涂鸦，以可怕的图像召唤地狱的沼泽，并喜悦地委身于受惩罚的幻觉，以便和庆贺胜利的基督一起腾身而起：闪电炽热。/ 雷鸣攫住违规者，/ 将他推入深渊 // 上帝关上地狱入口，/ 他从冥界跃身而出，/ 返回他的壮丽。几年以后在莱比锡，这首诗让他感到难堪，他后悔没像对待某些少作那样销毁它。

早年的写作训练大多是模范学生式的，但时而也是莽撞的，犹如与一个叫马克西米利安的同学的对话，最初用拉丁语写就，由他自己译成德语。老师到来前，我们该如何打发时间，马克西米利安问。沃尔夫冈回答：用语法。马克西米利安觉得语法太无聊，建议互顶脑袋，看这能坚持多久。这我没想过，沃尔夫冈回答，至少我的脑袋不适合。……我们还是把这样的游戏让给山羊。但通过这样的练习至少可让脑袋变硬，马克西米利安反驳。沃尔夫冈对此回答：这对我们恰恰不是荣誉。我宁愿让自己的保持柔软。

这样的"对话"属于需要演练的修辞学范畴。同样的当然还有押韵。这对年轻人来讲也轻而易举。他坚信，不久他就能写出最出色的诗句。他喜欢朗诵这些诗句，在家，也在朋友之间。那时他们有规律地举行星期天聚会，每个人朗诵自己的诗句，而让年轻人感到惊讶的是，其他人，那些拿出非常无味的东西的人，显然也觉得自己的东西很棒，并对此感到骄傲，即使那是家庭教师替他们所写。同学们那显然是愚蠢的自我评判让他感到不安。也许他对自己诗句的评价，同样缺乏根据？他真的像自己感觉的那样棒？他写道，这种不确定性，长时间地让我感到非常不安：因为对我来说，完全不可能找到真理的外在标记；我甚至停顿在自己的创作中，直到无忧无虑和自信最终还是让我……平静。他再次回到非同一般的不变的自信。

写诗的技能，将年轻人卷入一个令人疑惑的故事和他的首次"格蕾琴丑闻"。人们可以怀疑，事情是否是这样发生的，因为对此没有其他的信息来源。但这是一个关于词语之权力的美丽故事。

几个年轻人听说了他勤勉写诗的事，就来找他，希望试着将一封可爱的情书改成诗，似乎那是一个害羞的姑娘写给一个年轻人的。他转眼就满足了别人的愿望。他不断接到委托，他的艺术能力显然被用于他无法洞察的目的。通过自以为是地愚弄别人，我蒙蔽了自己，由此给我带来某些欢乐和某些不幸。不幸在于，伙伴中有几个人说服了市长的外孙，在外祖父那里为他们说话。他最后发觉自己被卷入由腐败、造假和侵吞织就的网络中——而这个身处其中的天才诗匠，是个毫不知情的帮手。此时他首次瞥见社会的深渊，歌德认为这意义重大。

起先，事情让人高兴的一面，是认识一个漂亮、稍年长的姑娘，也许是个女招待。他爱上了这个叫"格蕾琴"的姑娘。《诗与真》的第五卷,整部书的一个高潮,叙述了两个充满艺术性地互相缠绕的故事:他所陷入的一个令人疑惑的神秘故事,以及年轻人和格蕾琴手拉手地共同经历的、辉煌的加冕庆典,它仿佛是为两人安排的爱情馈赠。

由于那可疑的阴谋被发现,格蕾琴不得不离开法兰克福。据说她这么讲:我不否认,我曾经常也很喜欢见到他;但我一直把他当成孩子,而我对他的喜爱确实是姐弟般的。热恋中的他,把这当成一种侮辱,为此还病了。他几乎不思茶饭,陷入一种痛哭和狂怒的状态。同时他觉得这有失体面,我为了一个姑娘牺牲睡眠、平静和健康,而她却喜欢把我当作一个乳儿,面对我俨然乳母般地自命不凡。

他尝试摆脱这种感情境况。一个家庭教师推荐他学哲学。可他觉得事物在哲学中不像他所理解的那样,在一种关联中得到描述。他想替自己保留神秘和不可解释的感觉。宗教和诗更合适,而哲学以其咄咄逼人的解释让他觉得讨厌。不管怎样,他想证明自己有能力进入哲学的傲气受到了挑战。眼下他需要这种自我证实。

格蕾琴的故事将他抛出自身,半大孩子式的、天真的自我信任已经成为过去。他痛苦地注意到别人的评判。现在他从外部观察自己。他感到,自己从前即使在最拥挤的人群中也没想到旁观者,可现在一种多疑病的阴霾折磨着他,似乎所有的目光集中到我身上,确定它、探究它和指摘它。

存在着直接性、对异者及自我观察之迫切体验的缺失,属于这种关联的还有一个独特的事件。它在《诗与真》中未被提及,但在信件中留有证明。

这个十五岁未到的年轻人写信给一个道德协会的主席。一些出身高贵的年轻人以某种秘密社会的形式与他保持联系。他请求入会。这封写给十六岁的路德维希·伊森布格·封·布里的信，是歌德保存下的第一封信。他在信中承认自己的错误。他知道：自我反省属于仪式。他提到三个错误。首先是他那暴躁的性情，他易怒但不记仇。其次是他喜欢发号施令，但一旦我没什么要说，我也可以听之任之。最后是他的不谦虚，他和陌生人交谈，似乎他认识他们已数百年。

申请没有成功。人们不想要这个如此自信地强求的年轻人。协会会员之间互相往来的几封信件，被保存下来。有人说："天呀，您可别招惹他。"另有人讲："我听说，他放荡不羁，犯有许多令我不舒服，但我不想讲述的错误。"还有人指出："此外他不具备彻底性，反而废话连篇。"

十五岁的歌德寻求加入青年团体，因为它会让他来到年长者，即所谓的成熟者身旁。他觉得自己胜于同龄人，而他们马上让他感到厌烦。他有过几个朋友：路德维希·莫尔斯，陪审员和市长的儿子；亚当·霍恩，市政厅一个小官员的儿子；约翰·雅各布·里泽，也出自富裕家庭。他们几人结伴去郊外出游，形成一个读书和讨论的圈子。歌德是无可争议的首领。"我们一直是随从。"莫尔斯以后这样回忆。而跟随朋友去莱比锡的霍恩，从那里给莫尔斯写信说，别人一直无法对付歌德，"他喜欢一个派别，他要的他都能得到，因为你知道，他总能为一件事提出看似合理的理由"。

人们发觉，年轻的歌德引发赞叹，但也让人嫉妒。人们完全可以想象，这样一个年轻人并非到处都受欢迎：母亲每天早晨要为他准备三套服装：一套居家便服，一套为日常的出门和访客穿着，另一套是礼服，即包括发袋、丝袜和装饰用剑。

年轻的歌德在朋友圈中总是中心，大多游戏和行动的主意出自他，不过那个"情侣游戏"也许不是他的主意。为了防止自发产生的结对，太早地固定关系，抽签决定限时替换情侣，即练习一种并非完全当真的亲密关系。这迎合歌德那好奇而贪玩的精神。由此，在令人不快的格蕾琴丑闻之后，他还能有一阵子尽情游戏，将紧急事件移入情爱之事，不仅如此，如他所称，他还要：从普通的对象中赢得一种诗意的特点。

第二章

莱比锡。奢侈生活。昨日的伟大人物。卡辛的历史。为一篇书信体小说的预习。贝里施。治疗虚荣的药方:《恋爱者的情绪》。实际的艺术练习。德累斯顿。消失在图像中。崩溃。

经过难堪的格蕾琴故事、被青年协会拒绝,十六岁的歌德对家乡法兰克福的反感渐长。同过去不一样,他在穿越街道漫游时,感觉不到多少快乐。旧日的围墙和钟楼,还有人,特别是那些了解其不幸的人,目之所及,一切突然变得暗淡无光,包括父亲。经过那么些研究、努力、旅行和丰富多样的教育,难道我不是看见他最终仍在隔墙之间,过着一种孤寂的、自己无法渴望的生活?歌德想离去,上大学。父亲也是这样的意见,这个有天分的、在此之前游戏般地学了许多的儿子,现在该开始一种严肃的学业了。哥廷根吸引着他,那里有古代文化研究最著名的老师,海尼和米歇尔斯。他想通过完整地学习"古代文化",赋予自己快速的文学创作更多的分量和实质内容。他寻找纪律和严格性,寻求在"艺术科学"领域中的一个大学教职。但父亲要求他在自己曾经就学的莱比锡大学主修法律。他在那里还有一些能利用的关系。他连续几小时地讲述他在那里的经历和学业。儿子听任父亲唠叨，但对此满不在乎，暗地里坚持自己文学和哲学的计划。回顾往事时，他称此为背道而驰。

1765年秋，青年伙伴们替他举行了告别仪式。就连他们也无法去自己希望的地方学习。约翰·雅各布·里泽去了马尔堡，路德维希·莫尔斯去了哥廷根；约翰·亚当·霍恩不得不在法兰克福多留半年，直到能在莱比锡开始学习。所以被称为"小霍恩"的他，该为即将分手的朋友们组织告别庆典。他也写诗，因为知道歌德心思不在法律，就送给歌德以下笨拙的诗句作为告别："开心地迁往你期待长久的欢快的萨克森。/ 去那人们制作最美最佳诗句的地方/ ……你自蹒跚学步起就追求诗歌艺术，/ 由此告诉我们，这比法律给你带来更多生机/ ……请展示出缪斯对你一直心怀善意，/ 你在莱比锡，如在这里，仍将是个诗人。"

作为一个被裹在被子和大衣里的男孩，歌德这么描绘自己，他坐着一名书商的马车去莱比锡，带着庞杂的行李，因为这个未来的大学生带着他心爱的书籍、他的手稿和众多衣物。路上花了六天，在奥尔施泰特附近马车陷入泥泞。我不乏主动，费力帮忙，也许因过度用力而拉伤了胸肌；因为我一会儿就感到一阵疼痛，它时来时去，多年后才真正离开我。

作为城市，莱比锡当时和法兰克福一样大，约有三万居民。但与法兰克福不同的是，它的布局并非老式的曲曲弯弯，相反拥有一种新面貌：宽敞的道路，统一的街面，在绘图板上设计出的住宅区，带有著名的、封闭式庭院，起到广场的作用，那里有热闹的商业和社会活动。大学生的住宅也坐落在这样一个庭院旁；它舒适明亮，由两套房子组成，离"奥尔巴赫酒窖"仅几步远。年轻的大学生不久就成了那里的常客。莱比锡当时和法兰克福一样，是个商业集市城市，吸引各色混杂的欧洲人。可以在此目睹如画般炫目的衣着，耳闻国际化的各式语言。一切都比法兰克福更加丰富多彩、喧哗嘈杂，歌德在给科尔内利娅的信中骄傲地写道。特别让他喜欢的是那些希腊人，一个他仅从书本中认识的古老民族的后裔。商业集市期间，大学生们不得不将自己的房间和住宅让给那些商人，包括歌德，他得临时蜗居在城市边缘的建筑中一个局促的阁楼里。在莱比锡，人们住得不像在法兰克福那么舒适，那里有很多房子和街道，能挡风避雨。所以歌德不停地受感冒的折磨。有人对他的红鼻头打趣。

城市的外墙建于18世纪初，边上植有菩提树。人们穿戴整齐在此散步，会面，即使大学生也是一样，尽管他们平时由于其粗鲁的举止而让人侧目。他们漫游于此，只要能够负担，都是脚着皮鞋丝袜，头发抹粉，臂夹礼帽，腰挂宝剑。莱比锡以其时髦闻名，歌德认识的当地诗人加斯特·弗里德里希·扎哈里亚曾以这样的诗句颂扬："但愿是个莱比锡人，扔掉褴褛衣装，/它们让你在此可笑，让俊美成为可怕。/让辫子装入一个黑色布袋；/不再有帽子遮盖精心梳理的头发；……你的宝剑变得小巧并绕有一根系带/这是你认可我的王国的标记。/从此憎恶粗鲁的争吵；/说话温柔高贵，散发薰衣草香味。"

青年歌德为了能奢侈地生活而准备充分。父亲给他准备了每月一百古尔登金币的钱款（相当于一个勤劳的手工业者的年收入）。这个大学生在一个昂贵的饭店里享用丰盛的正餐。在1765年10月致朋友里泽的信中，他炫耀说：母鸡，鹅，火鸡，鸭子，鹧鸪，山鹬，山鸫，鳟鱼，兔子，野味，梭子鱼，野鸡，牡蛎，等等，每天出现。昂贵的还有剧院戏票，倘若想要得到好座位的话。歌德还邀请同学一起看戏。他确实非常大方，即使在郊游中、在客栈里。他的服装使用优质衣料，而为了省钱，父亲则把缝制委托给家庭裁缝。由此的结果是，样式过时，僵硬，不自然地华丽，见笑于人。于是沃尔夫冈把这些外套、燕尾服、衬衫、背心和围巾等所有的一切，都去换成最新式的莱比锡样式。当霍恩再次见到朋友时，他几乎已认不出他。1766年8月他写信给他们共同的朋友莫尔斯："要是你见到他，要么你会愤怒得暴跳如雷，要么笑破肚子。……不仅骄傲自大，他还是个穿戴时髦的人。可他所有的服装，尽管很漂亮，都具有一种滑稽可笑的品位，而这让他在全校引人注目。"歌德自己写信给里泽，朋友圈中的第四人，我在这里大出风头，并补充说：但我目前还不是穿戴时髦的人。

但歌德还是成了时髦的人——对被吓坏的小霍恩来说肯定是这样。他重视给人印象深刻的场面，他炫耀自身，因为在陌生和奢华的莱比锡，他必须战胜自身的恐惧：人们处处让他感到，他缺少高贵、社交的优雅以及轻柔的谈话语调。他以自己的地方口音引起萨克森人的反感，他们奇怪地将自己的方言视为美的集中体现。又因为他不喜欢打牌，人们把他视为无趣之人。这让他感到恼怒。对于美,我比那些媚态十足之人更有鉴赏力、更会认识,我不得不常常在大的社交场合,指出他们判断的不足取处。他在给妹妹科尔内利娅的信中写道。几次起初的成功之后,他很少受邀去上流人家做客。不过在大学生中间,人们仍惊叹他是个知识的怪物,而他凭借自己尚属笨拙的魅力,深受年轻及成熟女人的宠爱。一些人愿意和他调情,另一些人愿意对他施以母爱。从法兰克福刚到莱比锡时,他被推荐给枢密顾问、历史学和公法学教授伯麦,伯麦夫人特别喜欢他,在服饰和社交礼仪方面给他提供了建议,尝试抑制他冒失的天性。他也给她诵读自己的诗,后者对此做出谨慎评判。她以温柔的方式,提出他在其他教授那里很少能听到的有约束力的建议:他该保持谦逊,勤奋地投入专业学习。但专业学习让他感到无聊。半年来,法律学折磨了我的记忆力,事实上我没有记住什么特别的东西。他向科尔内利娅抱怨道。也许法律史会让他感兴趣,但教授停在了第二次古罗马与迦太基之战。这里没有完整的知识。我意志消沉,我一无所知。学习没长进,责任不在他这里。这是对父亲的嘲弄,是父亲将学习地点强加给他。

在莱比锡的最初几个星期里,尽管有局促和陌生感,他还是有着骄傲和兴高采烈的瞬间。在给里泽的一封信里,他附上自己的一首诗。他十分轻快地写出这些诗,因为那是他随便且并无特别奢望地写下的,所以完成得特别顺利。犹如一只鸟儿,晃动在枝杈上 / 在最美丽的森林里,呼吸着自由。/ 它平静地享受柔和的空气。/ 欢唱着展翅飞跃 / 从这棵树飞向那棵,从一丛灌木跃到另一丛。半年后他向同一位朋友抱怨他的苦闷。他孤独,孤独,完全孤独。又有一首小诗描绘他的心灵状态:这是我唯一的乐趣,/每当我远离众人,/卧于溪边,灌木丛旁,/能思念我的所爱。他用散文描绘,让他感到压抑、将他驱入孤独的事物,但几句话后又转入叙事的诗歌。你知道,我如何倾慕诗艺,/我心中跳动着多大的仇恨/我以此追踪那些/仅献身于法律及其圣地的人/……我如此相信(显然无理),/缪斯爱我并常给我/一首歌……不过我几乎刚到这里,雾霭快速/在我眼前落下,/这时我看见大人物的荣耀,听闻/要获荣耀,需要做出多少。/这时我才看见,我那自以为的崇高飞翔,/仅是尘土中虫子的努力而非其他/虫子瞧见鹰隼,/朝着太阳振翅并如何渴望/腾身而起……

在抱怨变得空洞之前,作者幸运地想起一则幽默的成语。嫉妒地看着鹰隼高飞的虫子,突然被一阵狂风攫住,连同尘土带上高空。它在那里也可感觉崇高——暂时地,直到风儿屏住气息。尘土落地,/虫子随它而落。现在它和之前一样爬动。

年轻的作者表现出的悔恨当然远过于他自身所感受到的,因为他还在继续快活地写诗。那是些他在其中对自己的诗作表示不满、提出自我怀疑的诗歌。1766年9月,他在给妹妹的信中说,他暂时只想将他的诗作为书信中修饰的附加物。

他还受到在莱比锡发号施令的文学大人物的震慑。他根本不敢在最重要的人物——莱辛跟前露面。当莱辛由于《密娜·封·巴尔赫姆》的演出来访莱比锡的时候，曾经出现与之碰面的机会。

当地的另一权威是盖勒特教授。由于其寓言、喜剧和小说《瑞典伯爵夫人封·G的生活》，他也许是当时德国最著名和最受欢迎的作家。克洛普施托克受人尊敬，但盖勒特更常被人阅读。启蒙的思想通过充满激情的诵读，所以受人喜爱，而闲聊口吻中隐藏的是教育意图。盖勒特不让读者犯难，避免任何极端，并以理性的方式表现得虔诚，比如他这样附和对创世的赞扬："谁开启大地的怀抱，/将储存赐予我们？"他的诗歌适合唱本，而他的寓言适合学生课本。盖勒特不回避道德的使用手册和实际生活的建议。他警告诗人："你们的笑话若该让世界欢喜，/就歌唱，只要你们如火般热烈。"可在盖勒特去世前的几年，当歌德在报告厅里听他主讲有关道德之事时，他已经失去往日的幽默，也不再写诗，且表现得病态，谦恭，声音细小，动作迟缓。他仍然获得听众的承认，受到人们高度的尊敬。他骑着一匹白马，那是选帝侯的一件礼物，从容地策马来到课堂。学生们可以向他提交书面作业。他将此带回家，用红墨水批改，并在下一堂课有选择地评讲。他的行事准则是，青年人首先要学会用清晰的散文表达自己。他不喜欢收到诗歌。在《诗与真》中人们可感觉，盖勒特较少关注青年歌德，这让后者感觉受伤。歌德曾把为舅舅特克斯托所作的庆婚诗交给盖勒特。可他立即转给他的代课人、继任科洛迪乌斯。科洛迪乌斯用红笔画出许多处，虽然歌德在诗中引用了半座奥林匹斯山，自然带着讥讽的意图，而科洛迪乌斯没看出这一点。

盖勒特是逐渐走下坡路的权威。更加处于低落时期的是约翰·克里斯多夫·戈特舍德，他体形庞大，普鲁士军队的征兵人想必很愿意将这样的男人抓来，充实国王的"大个子士兵卫队"。戈特舍德在1730年和1750年之间建立了一个有品位的文学协会，将丑角赶下舞台，致力于通过向法国范例看齐，让文学变得严谨纯净。他想让文学承担高尚的模仿、道德的教益和或然性的义务。他解释道，比如荷马就摈斥一切接近现实的文学形式，荷马在《伊利亚特》中，"让两个勇敢的民族，为了一个美女的缘故，长达十年地互相残杀"。由此，荷马"无论如何也是无可救药的"。兴奋地阅读荷马的年轻歌德，必定反感这样的训导。他明白，或然性和接近自然不能被这样定义，导向这样平庸的见解。对他来说，戈特舍德完全不再适应时代。他在《诗与真》中将与戈特舍德的邂逅描述为喜剧场面。他受邀进入接见大厅。正在这时戈特舍德迈步而入，这个大个子身着红色衬里的绿色睡衣，光着脑袋。仆人从一个边门跃入，急急递给他浓密的长而鬈曲的假发。戈特舍德用一只手将它戴上脑袋，用另一只手扇了迟到的仆人一个耳光，后者旋转着身体被打出门。紧接着，这个有名望的老人严肃地执意请我们坐下，很客气地同我们做了一次长谈。

在此期间，莱比锡的文学魁首对歌德来讲，已不再像在致里泽的悔罪诗中那样，显得如此伟大。不过，这也可能成为问题。在《诗与真》中这样写道：如此的时刻逐渐来到，所有权威在我跟前消失，我对自己认识或想到的最伟大和最出色的名人，都感到怀疑甚至绝望。

当歌德于1767年秋庄严地将其青年时代的大部分作品付之一炬时——这股浓烟让家庭女仆惊慌失措——他不再因那些伟大的男人而气馁，相反听任自己高要求的引导，而他至今所作所为还无法满足这些要求。对于计划中的作家自传，他于1767年记录了如下提示语：通过将所经历者转变为一幅图像的自我教育。他以这寥寥数字暗示他当时的诗学：与通常的现实保持一致，已不再足够，对内在生命的纯粹表达同样不够。所经历者应该转变为一幅图像。经历转瞬即逝，艺术的创作保存一种持久的痕迹，即一幅图像成为经历的形式。青年歌德已经通晓对形式的把握，但他同时也知道，人们必须用自己的生命去实现这类形式。他称此为依据自然工作，这对他也意味着，自由发挥自己，让事物能够萌发和生长。他拥有当一名诗人所要求的……特性，人们只需要听他自便，不用过早的批评妨碍他。只有这样，他的自然才能展现。该让我走自己的路，我有天分；这样我将成为诗人，没人纠正我，我也没什么需要纠正；一切批评无济于事。

青年歌德在此明确认可不受干扰地自我表达的权利，在此期间，他还发现书信是主体写作的首选练习场。人们注意到，他如何享受着借助语言向妹妹复现他新的现实：他睁开双眸，瞧！——这是我的床！这是我的书！那里放着一张桌子，而你的洗手间永远不会这样……我正在思考。你们这些小女孩，无法像我们诗人那样看得远。不过，一种当下化的有力语言还不够，必须有一种经历作为素材加入，而它对语言的表达艺术提出挑战。

1766年年初，歌德与大他三岁的安娜·卡塔琳娜·舍恩科普夫的爱情故事开始,伟大的经历和书信洪流的素材,此刻出现。舍恩科普夫小姐人称"卡辛",被歌德称为"安辛"或者"安内特",是葡萄酒商人和旅店店主的女儿。约翰·格奥尔格·施洛瑟,来自法兰克福的律师和作家,歌德以后的妹夫,在旅店为了参加复活节集市落脚。还有朋友霍恩,他现在也到了莱比锡,开始上大学。这让歌德有理由和两人一起在旅店用午餐。他就这样认识了店主的女儿。几天后他热情爆发。卡辛被一致描绘成漂亮、略微卖俏的聪明的年轻女子,举止大方但又保持距离。歌德起先隐藏自己的倾慕。甚至霍恩开始也没有发觉,甚至被引入歧途:歌德面对他佯装同一个贵族小姐调情,而霍恩上当了。当歌德半年后向他坦白这真正的关系时,霍恩很开心。他写信给莫尔斯说:"倘若歌德不是我的朋友,我自己会爱上她。"霍恩也报告,说他知道,歌德"非常温柔地"爱着这个店主的女儿,但"带着一个善良人完全正直的意图,虽然他马上知道她永远不可能成为他的妻子"。歌德事实上在给莫尔斯的信中强调,他并非通过礼物,或者通过利用自己社会的优势地位,赢得姑娘的欢心。我仅仅依靠我的心得到她,他骄傲地写道。姑娘那优秀的心灵对他来说是保证,她将永远不会离开我,即使我们有义务、有必要分手。

这听起来过于理性。不存在有力地超越一切边界的爱情。不是维特之爱,更是维特的对手、那个众所周知的在小说中未受待见的阿尔贝特那种少年老成的谨慎。歌德知道,倘若与一个店主女儿的关系长久持续,父亲大概不会接受。所以他对父亲只字未提,仅妹妹知情,但也是顺便提及,轻描淡写。他用法语写信给科尔内利娅说，在他的熟人中，这个小舍恩科普夫值得一提。她是个女招待，为洗涤和衣物操心；对此她是行家，能在这些事情上面帮助他，给他带来许多欢乐，他为此爱她。他不想让妹妹感到嫉妒，所以发明了这么个说法；较之给他莱比锡时代最亲密的朋友贝里施的信件，这段爱情显得多么不同！

歌德在认识卡辛的同时，也在舍恩科普夫的饭店里认识了大他十一岁的恩斯特·沃尔夫冈·贝里施，并和他结交。贝里施成为他的朋友和心灵导师。年轻的歌德，面对同龄人大多感到享有优势，在随后几年中寻找更年长的、在经验和深思熟虑上胜过他的朋友。他从他们那里有把握获得理解和对其惶惑不定的内心生活的引导，比如斯特拉斯堡的萨尔茨曼或者达姆施塔特的默尔克。

贝里施作为十二岁的林德瑙伯爵的家庭教师来到莱比锡，同他的学生一起，入住离歌德住所几步远的奥尔巴赫庄园。贝里施是奇特的怪人，一个棱角分明的人物，高个，瘦削，鼻子既长又尖。他举止高贵，倘若他不讨厌色彩，完全可以表现为洛可可风格的殷勤有礼的男人。他身着灰色衣服，但又从中找到众多色调，蓝灰，绿灰，深灰。他带着自己给予的某种庄严姿态，表现出一种狡黠的性格，喜欢有违常态。比如他蔑视让人印出自己作品的诗人。最美之物该仅以漂亮的手迹流传。因而他亲笔誊写他喜欢的青年歌德的诗篇，并将它们收入名叫《安内特》的集子，作为给朋友的礼物和警醒。他建议朋友，将来就这么做。他的总体要求是：人们不该让自己流于俗世，应该既不谄上也不媚下。他讥讽人们的举止和写作中的空洞乏味、矫揉造作。他的幽默让人害怕。他将其外在形象的狡黠与对自然的意识联系起来，但不像以后的"狂飙突进"运动的参与者那样，蜕变为粗野。他领着歌德去城外的游乐园，在那里找姑娘玩，而她们，如歌德在《诗与真》中抱愧地写道，不像她们的名声那样坏。贝里施有时也带他的学生去那里，这让他在1767年10月丢了家庭教师的职位，但并未给他造成损失，因为他之后被聘往德绍任宫廷教师。对歌德这可是一个辛酸的损失。在为贝里施作的颂歌中，他发泄了他的愤怒：正直的人，/ 逃离这片国土。// 死寂的沼泽，/ 蒸腾的十月迷雾，/ 编织着它们的分泌物 / 在此经久不散。// 害虫的 / 滋生地，/ 它们恶毒的 / 刽子手外壳。

从一开始，歌德就把自己和卡辛的关系对贝里施如实相告。首先是胜利消息的报告。他从多方面征服了被追求的姑娘的心。他用法语写道。之后，当热情迸发和随之而来的嫉妒产生后，他开始用德语写。非常愉快地去经历，看别人如何费力讨好，而他自己不动声色地待在角落，不说献媚之话，不去调情，以至于别人把他当成不懂生活的傻瓜——而最终这个傻瓜获得礼物，而别人为此不得不径直去罗马旅行。

这种自信没持续多久。由于职业的原因，卡辛一直与年轻男子打交道。1767年10月，来自波罗的海地区的一名大学生、某个叫里登的男人来住店。这个德裔俄罗斯人身材魁伟，举止自信，是女人的宠儿。歌德变得不安，猜忌萌生。在此期间卡辛已看出这一点，试图安抚他：她以最热烈的爱抚请求我，别用嫉妒折磨她，她向我发誓永远是我的。倘若爱着，有什么会不相信。不过，她能发什么誓？难道她能发誓，永远不会有别于现在？她能发誓，她的心不会再萌动？可我愿意相信，她能。

歌德向他的朋友描绘了让他发怒的一个场景。里登走进房间，向卡辛的母亲要一副杜洛克牌。卡辛在场。她揉着眼睛，似乎有东西掉了进去。歌德看到了，以为能正确地解读。一旦她想掩饰某种迷惑和脸上的红晕，她就会这么做。她为何感到迷惑，为什么脸红？对他来说答案清楚。在里登和卡辛之间有什么事。恋爱之眼看得真切，他给贝里施写道，但经常过于真切。给我建议……安慰我吧……只是别嘲弄我，即使我该被嘲弄。

我们不知道，贝里施给了他什么建议，因为他的信没留下。但他也许没感到特别惊慌，因为在下一封信里他已能读出，这个嫉妒的情人不管怎样还保持着足够的冷静，还能写下（致我的朋友的）《婚礼曲》这样的诗歌，其中享受地描绘了对一个女人的占有。在远离庆典的卧室，/坐着你忠实的爱神，照看着/不让肆意之客的诡计，/破坏你婚床的安全。

贝里施10月离开莱比锡。从此，真正的信件洪流开启。歌德细致入微地描绘他心理的起伏，嫉妒的狂热，平静的瞬间。引人注目的是，这些描绘大多具有某种刻意为之的文学性，写信人似乎成为一篇书信体小说中的人物。比如他整页地抱怨爱情的痛苦，描绘引起他嫉妒心的场景，描绘和解及舍身的时刻，然后又是让人烦恼的事情，叹息着，抱怨着。

重获距离感后,他写得聪明和深思熟虑,好像他从幕后观察着自身:爱情是悲叹,但每种悲叹会成为快感,倘若我们借助抱怨,缓和让我们的心感到害怕、压抑和刺人的感觉,并将悲叹转变为一种轻柔的快感。这些激动的瞬间是特别的,信札的书写人喜欢这些文字。该将它们保存起来,并用于自己以后的小说,他想。我别无他法,我有太多的好主意,除了为你,我无处可用。我若是作家,就会节制些,以便能将这些主意花在读者身上。

这个写信的情人确实被自己的感情征服;他既是行动者又是记录人。他并非寻找经历,并进入这些经历,然后再将它们化为语言。他并没有为了能书写它们而沉湎于爱的感情。但通过书写这些感情,它们获得一种附加的快感。他在书信中将自己爱情的痛苦写出,对其进行导演、延长和强化,在写作中创造出一个虚拟的舞台:它们不仅仅针对收信人贝里施,也指向他自己,这个未来的作家。他自己置身于读者中间,为自己上演他所写之事。这是一个错综复杂的过程:他经历一个故事,属于这个故事,但它仅在有趣的语言化中,才获得其完全的真实性。

1767年11月2日开始,直到月底,致贝里施的、类似日记的报告系列,几乎已是类似《维特》的书信体小说。他想如此写作,以致对爱情经历和对朋友的书信之间的距离,同时消失。现在触摸纸张来给你写信的手,这只幸福的手将她拥到我胸前。爱抚的手同时也是写作的手。他将爱人的触摸,转移到阅读的朋友身上。写作促成一种亲密的联系。11月10日晚7点他记录下,甚至呼唤:啊,贝里施,这个瞬间，你离去了，纸张仅是一种冷漠的逃避，向着你的手臂。现在我们可以注视写信人了（他自己也在一边注视着），他如何借助语言和句子点燃这把火：我的血流得更平静，与你交谈让我变得更缓和。这是否是理性的？上帝知道。不，这不理性。他持续地插话，停顿，重新开始。我替自己削了一支鹅毛笔，以便休息。走着瞧，我们是否继续……安内特造成——不是造成——安静，安静，我要有序地向你讲述一切。

接着是一个嫉妒的场景。卡辛去看戏，没带他。他跟踪她。我找到她的包厢。她坐在角落……里登先生坐在她椅后，以一种非常温柔的姿态。啊！想一下我吧！在顶层楼座上！手拿望远镜——看着这一切！该死！哦，贝里施，由于愤怒我感到脑袋就要炸了。演出的是《萨拉·萨姆逊小姐》……我的目光留在包厢，我的心在跳动。他一会儿俯身向前……他一会儿仰身向后，他一会儿靠到椅背上对她说什么，我咬牙切齿地看着。我泪水盈眶，但因为目不转睛，整个夜晚无法哭泣。他的第一个念头是，赶回家向朋友描述这个经历。但他还是留了片刻，怀疑他是否亲见、看到了什么或者相信自己看到了什么。我见到她十分冷淡地对待他，她对他扭过头去，几乎没回应他……啊，我的望远镜没像我的心灵那样逢迎我，我希望见到的是这个！他带着这样的绝望狂奔回家，坐到桌旁写信。又一支新的鹅毛笔。又是几个安静的片刻。啊，我的朋友。已是第三张纸。我可以不知疲倦地给你写上千页。但他还是累了，在椅子上睡着，重新醒来，振作自己：不过今晚得写满这张纸。我还有许多话要说。

实际上这次经历已被尽情体验，想象力得助上一臂之力。几天前他以高昂的笔调称赞过这种想象力：在图像那神秘莫测的领域，想象力喜欢四处游荡，寻找各种表达方式，倘若事实无法开辟下一条路。因为经历已被榨干，他让自己任凭想象力支配，而后者给他变幻出将来的时日。明天我该怎么办？我知道。我会保持平静，直到走进饭店。那时我的心会开始怦然乱跳。一旦我听见她的脚步或说话声，心会跳得更猛，我会走到桌旁。当我见到她时，我会热泪盈眶，会想上帝会原谅你，正如我原谅你那样，会赠予你所有这些你从我身上夺去的年月。我会这样想，注视着她，高兴自己能部分地相信，她还爱我，然后重新离去。明天，后天，直到永远，都会这样。

接着他还写了一会儿，然后终于上床睡觉。次日他重读此信，感到满意。这种强烈的欲求，几乎又是同样强烈的憎恶，这种狂怒和极乐，会让你认识这个年轻人，你会对他感到惋惜。然后是这句在《维特》中重新出现的名句：昨日把世界变为我的地狱，今天让世界成为我的天堂。在此我们成为一种过程的见证人，如何从排除障碍的写作洪流中，腾起一个意义重大和闪光发亮的句子，尔后，为将来的文学用途被保存在内心档案中。两天后，这封长信尚未寄走，再读一遍后他记录道：我的信具有一种成为一部小书的相当不错的潜质。

经过扫掠这篇小文的首次的嫉妒风暴，他冷静地思考自己。逐渐减弱的嫉妒让人放松，但这也意味着，一如他自己平静地确定的那样：爱情的猛烈较之往常会减弱许多。嫉妒显然照料着热情那必要的运行温度。他也记录下，卡辛看来也享受着自己对他的掌控。看见一个像我这样骄傲的人跪倒在她石榴裙下，这让她高兴。只要他静静地待在她脚凳旁，她不会怎么注意他。一旦他想挣脱自身，她会再次想起他，爱情随同注意力重新苏醒。现在他尝试让卡辛嫉妒他，这也许是最好的办法。在他与之有往来的奥伯曼和布赖特科普夫家，他找到了机会。两家都有漂亮的女孩，可以同她们调情。卡辛真的心生嫉妒，对他大发脾气。

事情来来回回，直到1768年年初。两人终于友好地分手，一如歌德在给贝里施的一封信中所写的那样：我们从爱情开始，以友谊结束。

在同一封信里，他寄给朋友一部喜剧《恋人的脾气》。剧本是他在法兰克福时作为传统的洛可可式田园剧开始构思的，后来经过多次修改，越来越接近自己的爱情的痛苦，最后成为一部嫉妒的喜剧。它如此让作者喜欢，以至于未毁于几年后的焚稿行动。他对妹妹称这部喜剧是出色的小剧本……因为它被细心地根据自然仿制。

两对恋人互相交织，同时互相比对。拉蒙和艾格莱以一种轻松、闲适、优雅和轻浮的方式开展他们的爱情游戏。

拉蒙：还觉得别人漂亮，这难道不值得痛骂？/ 我不会阻挡你说，他多么漂亮，/ 他彬彬有礼，他诙谐幽默，我会承认，/ 不生气。

艾格莱：你若不是这样，我也不会这样。/ 我们两人都有错。我曾用友好的姿势 / 倾听别人说话……/ 可我的嫉妒心比你要少。

艾利唐及安米妮则不同。他们之间有问题，因为艾利唐想完全占有他的恋人，多疑地监视安米妮，用潜伏着的嫉妒对待靠近或者接近她的一切。艾格莱对安米妮就恋人的嫉妒这样说：毫不奇怪，他不能忍受你参加任何节庆，／因为他对你迈过的绿地小草都嫉妒，／对你爱的小鸟都当作情敌来憎恨。艾利唐的嫉妒折磨着安米妮，但她足够诚实地承认，她的骄傲还是得到了满足：通过这妒忌，我看出，我的恋人多么看重我／而我那小小的骄傲将取代一切痛苦。而她的女友认为这是自我欺骗：孩子，我替你惋惜，你已无可救药，／因为你爱你的不幸，你晃动你的锁链，叮当作响／并说服自己，那是音乐。

歌德将自己的嫉妒编到艾利唐身上，更值得一提的是，这个人物表现得多么不讨人喜欢，他让别人，尤其让他的恋人，觉得无法忍受。安米妮抱怨艾利唐，这个有权势欲、患疑心病、经常喜怒无常的家伙：他对我强加指责，开始折磨我，／我只要说一句话，一句好话，／他马上幡然悔悟，粗野的拌嘴欲望消失，／要是见我流泪，他常常与我同哭，／温柔地跪在我身前，恳求我的原谅。

有经验的女友艾格莱给安米妮一个悖谬的建议，她不该通过突出自己的无辜来克服艾利唐的嫉妒，相反该让自己表现得模棱两可。也就是说，让艾利唐陷入他的嫉妒而不能自拔，因为他并无充足理由。因为他没有痛苦，他就要替自己制造痛苦。所以人们得采用顺势疗法的药方，给他注射能替他治病的毒药。艾利唐对自己过于自信,所以他必须变得不自信:这样对待他,让他相信你可以没有他,/他虽然会暴跳如雷,但这不会持久,/然后对他的一瞥,比现在的一个吻更让他开心,/让他不得不感到害怕,这样他会觉得幸福。

对安米妮来说,这是个过于巧妙的计策,艾格莱最终也承认这一点,所以她挑选了另一个药方。面对艾利唐,她发挥自己那诱惑人的魅力。当他最后忍不住搂住她的脖子并吻她时,她先是顺其自然,然后用这样的问题羞辱他:你爱安米妮吗?……那你还可以吻我吗?啊,请等着,你该为对我的欺诈受罚!他该亲身体验,爱情和这里或那里的一个小小的亲吻,两者互相联系,或用艾利唐的话说:这样一点小小的乐趣不会把我的心从你那里夺走。

不过,事情并非如此无足轻重。这里其实涉及一个母题,而它以后在歌德那里——只要想一下《亲合力》——获得重大意义:幻想的不忠。拥抱一个女人,心想另一个女人。指的是谁?欲望的匿名性深不可测。人物看来可以替换。对一个洛可可式剧本来说,如此的观点,意义几乎过于沉重。歌德自己在回忆录中谈到了这一点,指出侮辱人的、让人气馁的经验,而这个幻影产生于此。我不知疲倦地思考人类的无常、倾向、可变性,以及习俗的感性,思考一切的崇高和幽深,而它们在我们天性中的联结,可被视为人生的谜团。

这个关于治疗嫉妒的剧本欢快地结束。但他与卡辛的故事结束得并不怎么欢快,尽管在给贝里施的信中有这样的话:我们分手了,但我们是幸福的。在信中,紧接着这个似乎冷静的断言的，即从爱情开始，以友谊结束，是语调的突然转变。但不是我，信中继续说。我还如此爱她，就像爱上帝。歌德同她还远没结束。他不想离开这个姑娘，但也无法给她任何希望。他感到愧疚，所以希望让自己解脱，但愿她能找到一个正直的男人——对此，他不知道自己会多么开心！他许诺，他不会和另一个女子建立关系，由此让她痛苦。他会等待，直到他看见她在别人怀中，然后他才会感到自由，迎接另一次爱。

致贝里施的信给人如此印象，对于最终的分手，似乎是年轻的歌德采取了主动。如若追踪《诗与真》中其后的描写，则会见到另一幅图像。歌德在那里表现为艾利唐式的纠缠不休者，受一种恶癖的侵袭，而它误导我们，从折磨恋人中寻找乐趣，以任性和专横的狂想来制服一个姑娘，并使她顺服。比如他将自己因为几次诗作失败而产生的坏脾气，撒在恋人身上，因为他感到自己对她很有信心。这种坏脾气将自身打扮成荒唐的妒忌，而姑娘长时间地以难以置信的耐心承受了它。但他最终发现，也出于自我保护，她在内心中已离开他。到现在，她才真的给了他一个之前缺乏根据的嫉妒的起因。他们之间发生了可怕的争吵。从此刻起，他真的必须为了追求她而斗争。但事已太迟，他已失去她。

当时他可没看得如此清晰——无论如何他没向贝里施这样描绘。如前所述，歌德选择了对自己有利的说法，是他主动分手的。

在爱情喧嚣的那几个星期中，歌德在寻找平衡点的时候，投身于实际的艺术训练，在亚当·弗里德里希·厄泽尔的艺术科学院学习素描和绘画,在约翰·米夏埃尔·施托克那儿学铜版雕刻和蚀刻。他在大学的第三学期已认识并敬重着厄泽尔。他在普莱森堡新建的莱比锡科学院担任院长,是一位理论修养很高,有多方实践经验的画家,也因为他平易近人和富于幽默感的才能,深受大学生和顾客的欢迎。他根本无法摆脱各种订单。他既创作圣坛画像和剧院幕布,也完成书籍插图和小装饰画,还为王公贵族布置他们的宫殿和花园提供咨询。在德累斯顿,厄泽尔起先在那里工作,约翰·约阿希姆·温克尔曼曾是他最亲近的朋友和邻居,1768年夏等着他从意大利返回。厄泽尔带着无限的崇敬将温克尔曼的著作给歌德看,而后者则热情并带着几分虔诚地研读它们。他渴望亲自认识这个业已成名的男人。这时温克尔曼在特里斯特被谋杀的消息传来。厄泽尔几天不和别人说话,青年歌德为此感到惋惜,继莱辛之后,他曾出于腼腆的缘故躲开了一次与他见面的机会,也和另一个思想大家失之交臂。

在温克尔曼之前,厄泽尔已开始倾向于一种理想化的古代风格——在温克尔曼那里叫"高贵的质朴,静穆的伟大"——而非巴洛克风格。和温克尔曼不同的是,对于绝对者,厄泽尔没有任何布道的意图和热情。他游戏般地从事艺术,很少关心后世的评价,服务于他的订单委托人,就像他们该接受的那样周到。厄泽尔那自由的、不矫揉造作和思想上原创的方式,让年轻的歌德颇感惬意,厄泽尔鼓励他练习绘画,激励他思考艺术。返回法兰克福后,歌德写了一封详细的感谢信。较之在大学的所有年月,他在厄泽尔身上学到的更多。我对美的鉴赏力、我的知识、我的洞察力,这一切不都是通过您才获得的吗？这个奇特的、几乎令人难以理解的句子，如今令我觉得多么确凿，我蓦然醒悟，伟大艺术家的工场所培养的萌芽中的哲学家、萌芽中的诗人，比世界上的智者和批评家培养的要多。

在尝试写作方面，盖勒特、科洛迪乌斯和一些其他人曾对歌德吹毛求疵，但厄泽尔显然正确地对待他：或者全是责备，或者都是表扬，没有什么会如此地损害能力。责备后的鼓励，犹如雨后的太阳，带来富有成果的生长。教授先生，倘若您没有搀扶我，去爱艺术女神，我也许已经绝望。不过在《诗与真》的回顾中，歌德对他的评判不那么有利：他的理论影响我们的精神和我们的鉴赏力；但他自己的绘画太不明确，以至于不能引导对艺术和自然的对象只有朦胧之感的我进行严格和果断的练习。

歌德在厄泽尔身边，特别在与卡辛纠缠之时，找到了镇静和一个支撑点。也是厄泽尔给他建议，去附近的德累斯顿旅行，去参观那里的绘画收藏。1768年2月，在与卡辛分手的时候，歌德启程去那里。他住在一个有修养的、奇特的鞋匠家里。在《诗与真》中，这个鞋匠被描写为集萨克斯大师和雅各·布伯麦的特点于一身的人物。歌德整天盘桓在画廊中。他看不上古代意大利人的作品，其中有拉斐尔的《西斯廷圣母》，更吸引他的是荷兰的奥斯塔德兄弟的风俗画。他突然觉得，他的房东就像出自奥斯塔德画中的一个人物。他在《诗与真》中写道，我首次以这样的高度，发觉我具有这样的才能，以这个或那个艺术家的眼光去观察自然，而我恰恰特别关注这些作家的作品。以后我将带着更多的意识训练这种才能。

德累斯顿之行是艺术的朝圣之旅,他住在鞋匠家里,犹如住在一幅画中。这给他带来奇妙感觉。这种自我神秘化完全符合他面对莱比锡的朋友和熟人,将德累斯顿之旅描画成一个秘密的方式。他有此感觉,自己曾在画像中消逝,眼下迈出画像进入现实,被别人当作一个已消失的人。从中产生的新的距离,也许让他同卡辛的分手变得轻松。不过,这种分离显然是困难和痛苦的。在自传的回忆中,他将自己的重病归溯于爱情的痛苦:我真的失去她了,因为我的过错,我疯狂地报复自身,以各种愚妄的方式攻击自己的身体,以便给自己的德行造成一些损害。这大大加重了我身体的疾病,让我在此浪费了自己生命的几个最好的年头。

此外还有一件事情发生。歌德在莱比锡已经三年,未完成学业。这个法律专业的大学生不得不觉得自己是暂时失败的学生。即使他以轻佻的口吻报告此事,其实他心里也有压力。面对贝里施他表达了自己的绝望:我天天走下坡路。三个月,贝里施,然后事情了结。

他身体虚弱。人们在莱比锡喝的浓烈的梅泽堡啤酒,以及在任何场合都会去喝的咖啡,造成了他的消化系统疾病。在铜版雕刻家施托克那里,他吸入了有毒的蒸汽。他不知道,胸痛是否与此有关,或者这始终是三年前莱比锡之行的事故中,拉伤给他带来的后遗症。

1768年7月底的某一夜晚,一阵猛烈的大咯血让他醒来。医生被叫来了,他的诊断是危及生命的肺部疾病。歌德脖子左边出现了一个肿瘤。有几天他与死神争斗,但他得到了悉心照料。情况表明,这个年轻人在此期间,受到几个家庭的喜爱:布赖特科普夫一家、奥伯曼一家、施托克一家和厄泽尔一家,都来看望病人,当然还有小霍恩和他的同桌伙伴。特别引人注目的是恩斯特·特奥多尔·朗格尔。他是贝里施的后任,在年轻的林德瑙伯爵那里当家庭教师。朗格尔是个虔诚的人,投身于神秘的玄思,但固执己见,没加入任何一个虔敬派的或者亨胡特兄弟会的圈子。他经常出现在病房里,他不是一个狂热者,也不想诱导他人改变信仰,但他努力争取,为耶稣赢得这个眼下如此病重,也许马上要死的青年男子的心。在《诗与真》中,歌德非常友好地谈论病重期间的这个伴侣。他的讲话令人愉快,又一以贯之,很容易受到一个年轻人的喜欢,而他由于一次讨厌的疾病与尘世的事务隔离,觉得更值得将其精神的活力转向天堂的事务。与朗格尔的私人交往以及随之而来的书信往来,在年轻的歌德以后对虔诚的研讨中,还会发挥后续影响。

歌德的情况得到改善。1768年8月,他终于鼓起勇气,来到户外。他憔悴,瘦弱,脸色苍白,像一个幽灵四处闲逛。离去后的几个星期,他在给画家的女儿弗里德丽克·厄泽尔的信中,这样描绘自己。正是她相当果敢的尝试,让这个病人重新振作。她高声欢呼着迎接我,笑得前仰后合,一个人怎能有这样可笑的念头,二十岁就死于肺病!

1768年8月28日,适逢自己的十九岁生日,歌德离开了。他站在卡辛的门前,没有进去,没有告别。病体尚且虚弱,带着朗格尔给予的少许天堂的慰藉,他离开了莱比锡。一个肄业的、悲凉的大学生。

第三章

来自莱比锡的回声。《同谋》。疾病。通向宗教之路。尝试虔诚。两位良师:朗格尔和苏珊娜·封·克勒滕贝格。缺少原罪意识。虔诚的魔术师。病房成为实验室。寻找化学的启示。

六十岁的歌德曾在一段未收入自传的话中,反思他青年时代在诗歌、修辞和戏剧上掌握法则及范式的轻而易举,以及尝试让生命进入一种成功的形式时所遇困难之间所产生的不协调。他在此说,我缺少对我来说如此必要的磁针,因为我在风向有利时总是满帆而行,也就是说,时刻有搁浅的危险。命运虽然给他送来杰出的导师,遗憾的是他们给他指出了不同的方向。有人将生命的要则设定为舒适和柔和,还有人设定为灵活,第三人设定为无关紧要和轻快,第四人设定为虔诚,第五人设定为勤奋和按部就班的劳作,另外有人设定为一种沉着冷静的快活,如此等等,不一而足。以至于我二十岁之前几乎见识了所有道德哲学的流派。

他先后或同时接触到的理论和思想——尤其当它们被提升为主要原则,而他其时又缺少正确尺度之时——一定会产生矛盾。"而这些理论和思想最好能互相平衡。"他写道。在青年时代他总是全力投身于某事，开朗、自由和活泼。他还不关心克制和过滤。那是以后的事。

1769年对年轻的歌德意味着一次延期清偿。这一年的导师们，一如我们马上见到的那样，是宗教的导师。他不清楚的是，外在的生命停滞是否能完全康复。有一段时间，他感觉自己濒临死亡。1768年年底他曾写信给卡辛·舍恩科普夫，他有可能在复活节前死去。该将他葬在莱比锡，这样的话，卡辛就可以在他的命名日，拜访这个已逝的以施洗者圣约翰命名的年轻男人。要是歌德还在世，他不知道自己该如何继续生活。他希望去巴黎，去看一下法国人如何过日子。他只字不提继续法律学习——尽管父亲坚持，并且无法掩盖自己对此的失望，父亲见到的不是个博士毕业、走上预定生命轨道、精力充沛、勤奋工作的儿子，而是个病人。

不仅父亲，歌德本人对自己也不满意。他再次阅读写自莱比锡的被父亲仔细装订好的信。他在其中发觉某种沾沾自喜的自恋，以及对高贵语调的机械模仿。他觉得随信附加的众多诗歌过于浅薄。他寻找着自己的语调，他寻找着自身。

羸弱瘦削地躺在床上或者裹着被子，他对自己从莱比锡带回的诗歌进行修饰。有几篇发表在《贝里施书信汇编》中，其他几篇被他作为告别礼物送给了弗里德丽克·厄泽尔。1769年他把这些诗歌汇编成集，而来自莱比锡的一个朋友——特奥多尔·布赖特科普夫，为它们谱曲。整部集子以《新诗集——由伯恩哈特·特奥多尔·布赖特科普夫谱曲》之名出版。这是歌德未署名的第一部出版物。

歌德在病床上写剧本《同谋犯》。这个念头出自莱比锡岁月。起先是单幕的小喜剧，被他改编成一部直线条的三幕戏剧。他对它如此喜欢，最终将它收入以后的作品集。在《诗与真》中他评价说，它是在昏暗的家庭背景上的一部快活的滑稽戏。一个生活富裕的旅行者，阿尔赛斯特，在一家旅店被盗。作案人是泽勒，一个无能且挥霍无度的人，依靠岳父即旅店店主生活，他不得不眼见他的妻子，旅店店主的女儿索菲，来与阿尔赛斯特幽会。出于好奇，也想查看客人行李的旅店店主本人，也悄然来到。由此，他们大家，泽勒、旅店店主和索菲，在阿尔赛斯特的房间里相见。人人都把偷盗之事归于他人。即使最后泽勒被揭露为作案人，大家都不得不背负上某种罪恶感。外在的秩序似乎重新建立。这次总算过去了，小偷松了一口气宣称，宁愿被戴绿帽子而不愿被当作小偷吊死。歌德之后的解读是，这部剧本以某种酸涩和粗俗的线条，游戏般描绘了那个典型的基督教的句子：谁觉得自己无罪，就请拿起第一块石头。

这种道德的使用说明，适合此阶段在年轻的歌德身上发生的转变。他在寻找方向的途中以虔诚作为尝试。当然，歌德并非首次求助于天堂的事物。在自传中，他讲述了自己陶醉于《旧约》的事。在一个老师的引导下，还是孩子的他，尝试阅读希伯来语的《摩西五经》。对他来说，这是关于信仰英雄的痛苦和欢乐的奇妙故事。这些英雄出于信仰坚定地生活，最后一个上帝来到他们身边，探视他们，同情他们，引导和拯救他们。上帝在这些故事中是一个为人熟悉的、超越人类的存在，因其愤怒和嫉妒而又是一个非常人性化的人，而那些信仰英雄们则习惯同他交往。要是有人阅读这些故事，他也会同他们一样，熟悉上帝。这个生活在故事中的上帝，犹如一个小说人物，而只要人们阅读这些来自宗法社会的美丽故事，人们就会相信这个沙漠之父的上帝，犹如相信施特尔特贝克尔，海蒙的儿子们，欧伦斯皮格尔或者幸福的汉斯。那完全是些美丽的故事。男孩早就逃到那里，在广袤的游牧部族，同时在极度的孤寂和最庞大的人群里发现自身。

这是对一个童话世界的迷恋。男孩从其他老师们那里了解的普通的、自然的宗教，或许还有父亲的宗教，则很不一样。它在于以下信念，即一个伟大的、创造的，制定秩序的和引导的生灵，似乎隐藏在自然之后。而他补充的见解是：每个人的心中都会自然地产生这样一种信念。在此并未讨论，这种信念是否正当。至少对歌德来说，这个在自然之后，非同寻常。一般他总是强调，人们不该在自然之后，而该在自然之中寻找上帝。不过歌德也清楚，通常的和儿童的知性，喜欢将自然想象为一种由大师制作和控制的工件。他称之为自然的宗教，属于人们能够学习，作为儿童应该学习的课程。不过，来自宗法社会的故事则是诗歌。

男孩尝试，赋予这种枯燥的自然宗教一种个人的、仪式的及诗学的内容。在《诗与真》中，歌德讲述，他在父亲那圆筒形的红漆金花的乐谱架上，摆上水果、树叶和花朵，作为献给神的祭品，而他只能把这个神想象为自然神，因为他无法赋予他任何形态，只好在其作品中对他表示敬意。自然产物该于比喻中表现世界，在此之上该点燃一盏灯，而这意味着人仰望其造物主的情感。在太阳升起时，他借助一个取火镜点燃熏烛。起先这非常顺利，香味四溢，但最后蜡烛烧到红漆，开始发出臭味。尝试给予仰望的情感一个适当的表达方式时，父亲的家具受损。他就这样结束了对自己儿时献祭仪式的描写：几乎可以把这个意外事件当作一种征兆或者警告，即要想以这种方式接近上帝有多么危险。

尽管如此，这种接近并非完全颠倒。他在自己的作品中表示对不可见的上帝的尊敬，这符合偶像禁令。对他来讲，这个与自然有直接联系的上帝，是萌发和生长的上帝，日出的上帝。对光的谢意，男孩游戏般地认真导演的太阳崇拜，对歌德来讲，一生都始终起着一切作用中最归于宗教的作用。作为老人，他在《更好地理解〈西东合集〉的笔记和论文》中，以古代波斯人为例，描绘太阳崇拜的特征：他们向造物主朝拜着，转向升起的太阳这个触目的最壮丽的景象……包括最微末之人，人人都能每天替自己形象地再现这种弥撒之扣人心弦的辉煌。他觉得那些能把祈祷当作每日礼物来接受的人，是最受上帝眷顾的人，他们不允许虔诚的无聊来扼杀自己崇高的感情。

男孩的上帝崇拜，也针对这类虔诚的无聊，针对新教的宗教课程，它仅介绍了一种枯燥的道德，是一种既不对灵魂也不对心灵做出允诺的学说。正因为如此，通过转向创造自然的而非道德的上帝，通过敬畏地针对上帝和针对自身，男孩发明了他个人的上帝崇拜。

与宗教的下一次重要接触，发生在搬往莱比锡之前。歌德那时被卷入牵涉官职交易和贪污的可疑的丑闻，结果是同格蕾琴分手。年轻人感到市民对他投来多疑的目光。我失去了无忧无虑的幸福感，无法再没人指摘地偷偷到处闲逛。众人那关注的目光跟踪着他。为了躲避，他逃进一个受保护的领域，逃进美丽和繁茂的密林。以后他意识到，他借此找到了一个圣地，它以自然的方式被遮蔽，以至于一颗可怜和受伤的心能在里面隐藏自己。

这个神圣的地方给他提供保护，不让他卷入心怀恶意的社会。他相信，这个社会的严惩在此无法够着他。这是一个圣地，一种宗教的关联，它明确针对社会，允诺减除罪责。面对一个将他重新引入社会的朋友，他这样为自己辩护：为什么不该让人用一道栅栏将这个地方围起来，以便让自己变得神圣和与世界隔绝呢！肯定的是，更美丽的上帝崇拜，它不需要偶像，仅产生于我们同心中的自然的对话！

不过，将一个圣地从日常生活中切割出去，以便针对社会的地平线，捍卫灵魂的垂直线，这种努力是防御性的。人们在此感到瞬间的幸福，事实上却受到了限制，因为目光停留于空间和时间的界限上。犹如祈祷，在关于《更好地理解〈西东合集〉的笔记和论文》中，歌德写道，这种祈祷大多不能渗透整个人生。紧接着一种瞬间的热烈和幸福的感情的，通常是清醒，而此刻这个被送回自身的且未被满足的……人退回到无尽的无聊中。无聊是常态。

一种强烈的感情如何才能持续，圣地的魔力如何才能战胜平常的空间？男孩歌德也许没有对自己这样提问。但自传的作者歌德这样自问了，并给出一个双重的答案：从平常中赢得某种持续的神圣的，是艺术；教会则凭借其礼拜仪式的秩序，将神圣引入日常生活。

涉及艺术，则与神圣的美的观点类似，在此观点下，一个瞬间或者一个地方持续地在图像中、在语言中被赋予形态，被庆贺和固定。在《诗与真》中有这样的话，神圣者对我们的感知会消失，倘若没有足够的幸运，就无法逃向美，无法内在地与美结为一体，由此两者同时成为不朽的和稳固的。紧接着这一段话，犹如在神圣的树丛中寻找逃匿所后开始学习绘画的男孩，他的自传使用图像和语言进行描绘。恰恰因为体验中的神圣者如此易逝，男孩才感到有以下的冲动，用语言和图像将相似者固定。他那直观的审美的宗教由此形成。眼睛主要是我把握世界的器官。

在莱比锡，这个大学生甚至进行着一种真正的图像狩猎。但在孤独地散步时，观察者常常既没遇到美丽的，更没遇到崇高的物体，而是着实受到蚊子的折磨，他的努力转向自然的小生物，逐渐习惯于在其中发现意义，而它时而倾向象征的，时而倾向比喻的方面，依直观、感情或者反思取得的优势而定。面向自然的寻求意义的目光，作为借助审美手段的宗教的延续，或者作为对神圣者的艺术培养，在歌德的一生中发挥着影响。自然世界的主显节在其艺术描绘中彰显，而这也是一种启示的方式。

持续的神圣者的其他形式，除了审美的，还有仪式和圣礼的，比如在教堂里，特别是在天主教教堂里，也得到了维护。在《诗与真》中，有关的充满理解甚至是赞美的段落，效果突兀，因为一直到1812年歌德的自传第二卷发表时为止，人们认识的歌德，还只是个天主教教会无情的批评者，他把其教条——从原罪学说一直到魔鬼信仰——讽刺为糟糕的迷信。比如歌德把信奉天主教的卡尔德隆的命运描绘成一个天才作家的最悲哀的事件，他被迫将荒谬神化，而歌德幸福地赞美莎士比亚，因为他替自己免去了对天主教盲从的疯狂。

映衬新教之贫穷的，关于天主教教会仪式和圣礼的丰富生活的段落，出现在描绘莱比锡年月的相关文本中。那时，歌德几乎没像在自传中那样，如此根本性地思考过天主教教会的本质，但他早年已对新教教会的贫乏的道德主义产生反感。那不是符合他趣味的宗教，这种宗教缺少直观和隆重的充溢。对他来讲，正统的基督教新教其实根本不是宗教，相反只是道德学说。

回顾往事时歌德补充道，他儿童时代的献祭礼拜、在一片神圣丛林栅栏旁凝神于自然、忠于自然的图像狩猎以及审美的仪式——最终是对一种缺乏宗教安排的生命的宗教补偿。这样一种生命看上去究竟该怎样，他在《诗与真》的第七卷中有所涉及。那里写道，一个属于教会和宗教的人，必须习惯于把心中内在的宗教和外部教会的宗教，视为完全同一，视为伟大和普遍的圣礼，这个圣礼再细分为小圣礼，又将它的神圣性、稳定性和永恒性赋予这些部分。他继续写道：通过一个同样可敬的神圣行为的光环⋯⋯摇篮和坟墓，纵然意外地相隔甚远，却在一个持续不绝的环中相连。

这样一种生命很容易想象，可他没经历过这样的生命。他写道，他早就开始形成他自己的宗教，远离教会及其宗教上有序的生命。不过，他将给予他的生命自身以一种类似于宗教的秩序。他从日常事务中创造出仪式,并重视仪式般的出场和行为。维特根斯坦曾经将文化称为一种"秩序的规则"。无论如何,对歌德来说也是这样,年龄越大,越是如此。

在基督教新教中,歌德没找到下榻处。有人尝试,他在回忆时说,把他和对罪行的恐惧联系起来。这在有些时候是有效的。昏暗的疑虑折磨着他。在莱比锡年代他得以脱身。在快活的时刻,他甚至为自己感到羞愧,饱受这种疑虑的侵袭。可他现在远离了它。对教会和祭坛的奇特的出于良心的恐惧已被他抛在身后。

对虔诚的尝试,事实上与教会和祭坛少有干系。有段时间,他觉得亨胡特兄弟会和虔敬派的精神世界颇有吸引力,但这是爱的感情而非心灵悔悟所致。

在这个生命阶段,恩斯特·特奥多尔·朗格尔曾短暂地成为他的导师,后者也是他在莱比锡最后几个月里的朋友。朗格尔自己不属于亨胡特兄弟会,但在法兰克福有亨胡特兄弟会的朋友,而他们试图将年轻的歌德拉入这个兄弟会。在长时间地散步时,朗格尔激情洋溢地向年轻的歌德解释《福音书》,以至于他为此牺牲了本该与恋人一起度过的某些时光。我最感激地回应他的好意,歌德这样写道,并承认此后我将自己有一段时间在人性上看重的东西视为神圣。这个见解涉及《福音书》的基督图像。之前,对他来说耶稣显现为智慧老师,现在他尝试将其当作常人的上帝,视为一种启示的体现。一如通常在虔敬派教徒那里,启示该直接诉诸心灵,它更该被感知而非被领会。

这种心灵虔诚的社会的作用范围，有段时间吸引着歌德。因为那时他母亲也在接近亨胡特兄弟会，根据她的愿望，在牡鹿沟的房子里组织过这类聚会。他父亲则对此犹豫地容忍。在给朗格尔的信中，歌德轻松地表明，当地的亨胡特兄弟会成员在衣着打扮上不怎么严格，而且他说：他加入聚会，真的觉得有趣。但他并没被蒙在鼓里，他知道人们只是小心地允许他在场，犹如面对阿巴顿[1]，那个坠落天使。人们有理由多疑。因为尽管他诚实地努力以爱对待宗教，以友好对待《福音书》，以崇拜对待圣言，可他终究不是一个基督徒。但他也许能成为基督徒。

在给朗格尔的信中，歌德从虔敬派的角度出发分析这些阻碍。根据虔敬派的教诲，人们得摆脱自爱，因为它妨碍上帝对灵魂的影响。但恰恰是这种自爱，歌德写道，成为他的问题，在他身上还过于强大。他无法放弃这种自爱，因为它属于自己本真的激情，而它更指向他的作者身份而非上帝。这个自我分析的关键句子是：我那火热的头脑、我的幽默、我的努力和随着时间的推移很有可能成为一个好作家的希望，容我诚实地说，现在是我彻底改变看法的最重要的阻碍。活跃的强大理解力和创造欲，让他在虔敬派眼中成为一个还过于依恋世界而心神散落之人。

可他不愿弃绝对世界的依恋。他知道，这让他成为一个符合他的趣味的诗人。他爱光，但虔敬主义者宁愿要朦胧时

---

[1] 《新约·启示录》中记载的破坏者。当天使的号角吹响时，阿巴顿就会为害人间。——译者注

光。在父亲房子里举行的一个聚会上,他打断祷告:这里怎么一片黑暗!我说着,点燃我们头顶上的一盏枝形吊灯,顿时房间中充满一片美丽的亮光。

歌德接近虔敬主义,这促进了他疑虑重重的自我观察。在心灵与上帝之亲密关系中探查微妙活动,是虔敬主义的方式。为此形成了一套术语,而年轻的歌德接受了这些词语,并在其中活动自如,不久还将其作为无虔诚之意图的一种对心灵事物的可能的弹性表达。比如当他谈论坦诚时,他并非仅在虔敬主义的意义上指对上帝敞开心扉,还指人与人之间衷心的坦率。在给朗格尔的信中,他还借助虔敬主义的"心灵—耶稣—爱"的语言游戏,描绘了他情色的心事——与卡辛分手的后续影响。此刻他觉得自己如此冷静,似乎已彻底忘记卡辛;灵魂安静,无欲。虔敬派信徒通常这样描写面对耶稣时灵魂的冥顽,而歌德以这样的话描写他对卡辛的爱的隐灭。面对朋友,歌德将他信中的供词称为我心灵的故事,在爱情事物上有时意指卡辛,有时意指耶稣。失去了卡辛,也许耶稣赢了。1769年年初,有份成功的宣告:您瞧,亲爱的朗格尔……救世主终于将我揪住,对他来说我跑得太久、太迅速,这时他抓住我的头发。但歌德还没有把握。在同一行中有这样的叹息:可是忧虑!忧虑!信仰越来越弱。

虔敬主义意义上的真正的皈依经历没有发生在歌德身上。不过,倘若他有这么一次该多好。即使,缺少这个,他也能描述。他体验自身,可以让自己的语言适应"心灵—耶稣—情调"。根本用不着考虑耶稣,只要考虑自己的心灵。对他来说,重要的是其所有的注意力,犹如以后在《维特》

中所言：我对待我的心犹如对待一个病弱的孩子，任其所欲，随其所为。

在歌德尝试虔诚时，朗格尔是远处的心灵导师。苏珊娜·封·克勒滕贝格，一位女性朋友和他母亲的远亲，则是近处的导师。她四十五岁左右，住在城里的高档区域，未婚，由仆人照顾，受到亨胡特兄弟会的青睐。她感到称心如意，但依旧宁愿按自己的兴趣过一种虔诚的生活。她曾与市陪审官奥伦施拉格尔订婚，但又与他分手，因为她过于宗教化，而未婚夫又过于世俗地思考。她将耶稣作为内心的未婚夫，用一种爱的仪式环绕他，同她平时接近的男人们，保持一种兄妹般的关系，或者比如对年轻的歌德，她就像慈母。在《诗与真》中有这样的话：她最喜爱的，甚至是唯一的话题，就是人能够反躬自问而从自身所获的道德体验；与此相连的是宗教的信念，而它们在她身上以一种非常优雅，甚至天才的方式，显现为自然的和超自然的。

在《威廉·迈斯特的学习时代》的第六卷里，歌德以《一个美丽灵魂的自白》为题，替这个女子画出了一幅肖像画。在此篇文章中使用了她的笔记和信件，并赋予文章整体一种作家自传的形式。在这份文本中人们能感到，当时何种类型的虔诚对歌德具有吸引力。

克勒滕贝格夫人并非出于良心的恐惧，找到她的救世主，并接受他。宗教的微妙性同样不起作用。她对自然科学和宗教的玄思当然感兴趣，但认为没有必要为她的上帝寻找任何理由。上帝对她来说就是某种显而易见的东西，一种幸福的感觉、一种心灵的启示。耶稣在她身上作为内心的朋友活着，她带着一种有情色意味的爱与他紧密相连。在《一个美丽灵魂的自白》中有这样的文字：我几乎想不起一条戒律，也没什么东西以法律的形式出现在我面前；总是正确引导我带领我的是一种本能；我自由自在地跟随我的信念行进，不论是限制，还是后悔，我都知之甚少。

在苏珊娜·封·克勒滕贝格身上，歌德发现一种优雅的虔诚，没有假仁假义，而是自由地随性生活，没有感情和道德理性之间、直接的体验和教条主义的准则之间的压抑人的二元论。克勒滕贝格夫人不相信一种外在的神的现实，而相信她的自我，而这个自我在与耶稣的统一中成为一个特别的自我，得到升华，由此赢得自发性、生命的乐趣和表达的可能性。这颗心灵是美丽的，因为她未受任何外界的强迫，因为她也无须强迫自己。道德在她身上显现为优雅。

对这样美丽的心灵来说，与对亨胡特兄弟会成员不一样，"十字架、死亡和墓穴"（尼采语）只有一种微末的作用。所以她将自己描述为亨胡特兄弟会的一个自力更生的姐妹。她当然相信十字架上的基督的殉道，但是，什么是信仰？她自问自答，视某个事件的叙述为真实，这于我何助，我必须有能力将其作用和后果归于自己。她谈到某种吸引力，通过它，她的灵魂被带到一个不在场的情人身边。她几乎在自己身上感受到一种解放的作用，而这成为她的真理，随后这条真理就能被浇铸成信条的形式。倘若什么也没感受到，人们就不该为了信条的真实性争论不休，即使那是《福音书》的圣言。在这类教条主义的争论不休中，即使那些虔诚者也会陷入不公正，他们为了捍卫一种外在的形式，几乎会去摧毁他们最宝贵和最内在的东西。

克勒滕贝格夫人经常谈到快活,尽管生着病,她还是带着这种心情生活,在信仰中生活。在小说中,威廉观察到,这种快活与她的此在的纯洁性相互联系。这部作品中最使我受到启发的是,我可以这样说,就是此在的纯洁性,不仅仅是她自己的此在,还有环绕在她身边一切的此在,还有她天性中的这种独立性,以及接纳与高贵及温和情调不和谐之事物的不可能性。

歌德在回顾往事时自问,在克勒滕贝格夫人的心目中,究竟觉得他身上有什么吸引人。她为自然赋予我的东西,也为我自己获得的某些东西感到高兴。他的骚动不安、他的追求和寻找没让她觉得反感,相反她认为,这表示他尚未拥有一个和解的上帝。他还得寻找这样一个上帝。对她来说,重要的是,每个人与自己保持一致。她根本不愿意有人为了她的缘故做什么事。她在年轻的歌德身上感到和看重的,就是这种果断的独立意志。她不想让他改变信仰,信仰应该出自他自身。倘若他有时在她面前表现为一个无神论者,于她来说,也比我以前使用基督教的术语,但从来无法成功地应用它们要好。

歌德缺少悔罪的原罪意识——而这让他不是对克勒滕贝格夫人,而是对亨胡特兄弟会保持距离。他认可贝拉基主义,它在基督教的教条主义历史中,采取对人类自然的善意评价,不以为它内核已烂,背负罪孽。这符合歌德的趣味,而对他来说,外在的和内在的自然,因其辉煌壮丽并非是负担,而成为一种乐趣。他不知道,他该向上帝祈求什么,有一次他对克勒滕贝格夫人这么说，他没意识到任何有意的罪责，而对那些并非出自他意愿的东西，也并不感到有责任。

面对克勒滕贝格夫人，歌德有时允许自己任性而为，尽管如此，她也对他悉心照料。对他的疾病，她有所了解，因为她自己也有过结核性的肺出血。她暂时的痊愈，要感谢梅茨医生的技艺，而他是个严格遵守戒律的亨胡特兄弟会成员，是个很难理解、目光狡黠的男人，他说话友好但让人费解。他身边环绕着某种神秘的东西，享有掌握近乎魔术般的手段的声誉。梅茨医生，一个虔诚的、在自然科学和魔术之间的边界区域进行实验的男人。

1769年年初，当歌德因为脖子上的一个让人恐惧不安地增大的结核性肿瘤，而忍受病痛时，梅茨带着他的神药深夜来访。那是一小瓶结晶化的干盐，有碱味，但它立刻奏效了。肿瘤消退，怀有谢意的病人沉迷于神秘的化学和炼金术的书籍。医生带着鼓励的提示向他推荐，人们通过自己的研究可以学会亲手做成能治愈疾病的灵丹妙药。年轻人勤奋研读被推荐的著作。它们不仅给他带来化学知识，也让他熟悉了一个当时几乎已失传的、看似可疑的、博学多识的宇宙，他熟悉了新柏拉图主义和犹太教神秘教义的思想宝库，炼金术的和魔幻的药方，以及关于世界产生自物质和光线，关于生命细胞及其配置的自然哲学的玄思。在他首次接触的作家们那里——包括韦林、帕拉塞尔苏斯、巴西里乌斯·瓦伦廷纳斯、阿唐纳修斯·基歇尔、赫尔蒙特和斯塔基——他发现了自然，即使或许它是以幻想的方式，在一种美妙的连接中被描绘出来的。超越直接的治疗目的，他理论的好奇心被打动了。即使那炼金术的奇妙梦幻也产生了诱人的作用。这一切不久以后汇入《浮士德》的最初构思。

当歌德与克勒滕贝格夫人进行着有教益的谈话时,梅茨还帮助他建立了一个小实验室,来生产神奇和特别的要素。就连这个虔诚的女子也拥有风炉、大烧瓶、蒸馏瓶以及一小部分据说很有效的矿物质收藏。由此,歌德的病房变成了一个实验室。那里进行的事非常有趣,我们……从这种神秘活动中所得到的乐趣,远比其启示能做的更多。

化学的启示也会让人期待。人们加热来自美因河的白卵石,希望由此产生的液体同某种盐结合一起,能成为一种少有的物质,即成为从无机体到有机体的被寻找的神秘过渡物。不过卵石粉重新分解,没有显示出任何创造性的东西,使人相信能见证那"处女土"进入结胎状态。但人们曾渴望化学配置的力量,而这种力量以后在《浮士德》中被称为"土地神"。

尽管有些失望,病人在尝试虔诚中,犹如在化学和炼金术的实践中,心情变得不错。新的世界在他眼前敞开:一个美丽心灵的虔诚和一种有神秘气息的博物学。

歌德对博物学保持忠诚,思索着虔诚和与基督教的内在关系,这种思考持续到1769年下半年。

第四章

> 虔诚和淡忘卡辛。斯特拉斯堡。兴高采烈。当地的精神。大教堂作为勇气测验。《论德国的建筑艺术》。萨尔茨曼。莱尔泽。与赫尔德的持续相遇。新价值：生命，创造力，个性，表达。与赫尔德玩牌。

1769年9月，歌德在邻近的马林博恩，参加了亨胡特兄弟会的一个宗教会议。聚会让他感到失望。"国内静谧"的教派精神让他感到反感。一年后他还在给克勒滕贝格夫人的信中写道，当有人把自己恼怒的事同上帝的事混淆时，他感到生气。他发觉，他不属于他们，不想属于他们。这些虔诚的人心里如此无聊，以至于他的活跃性格无法忍受这点，他对自己精神上的导师坦言。如前所说，此外他缺少罪孽意识，所以他把自己情感的内在性，更强烈地用在世俗事务上，在给虔诚的朗格尔的信中，关于耶稣的后继话题甚至消失不见了。

但同样，卡辛·舍恩科普夫也开始在歌德生命中消失。有一封信中这么说，他有一夜梦到她，所以再次给她写信，但请她别再回复。他仅模糊地回忆起她，带着如此少的情感，似乎我想到了别人。回忆的淡出也许与此有关，即卡辛在此期间已同律师克里斯蒂安·卡尔·坎内订婚。最初是歌德自己将他引荐给舍恩科普夫一家。在这封1769年年底的信中，歌德暗示他不久就要搬家。

一个月后，去斯特拉斯堡的决定已下。这是父亲的愿望，他毕竟在大学待了一段时间。有违自己不再给卡辛写信的打算，歌德立刻将此决定告诉她。他不仅将去斯特拉斯堡，而且还要进入大世界，去巴黎。倘若他其后找到一位女子并结婚，他将把家庭建立在父母亲身边，我会在法兰克福拥有十个房间，一切根据法兰克福的趣味，配以漂亮和舒适的家具……我有一栋房子，我有钱。心儿啊，你还欲求什么？一个妻子！

身体大体恢复健康的歌德，轻松愉快地于1770年4月初来到斯特拉斯堡，先在"精灵"旅馆住下，然后在"老鱼"市场边上租房。母亲的亨胡特兄弟会的世交朋友莫里茨参事，告别时给了他一本祈祷书。歌德在到达的那天打开书，在那里发现一首《圣经》诗歌，深受打动，马上给母亲写信。三十年后，母亲还回忆道："大大敞开你小屋的空间，铺展你住房的地毯！别吝啬！拉长你的绳索，钉牢你的钉子！因为你将左突右冲！"

歌德自己的解释是，这些句子是对他力量和成功之预感的证实。就是他也要突破、溢出，他这么想。他感到自己在扩展空间。一种不同于当时在莱比锡的感觉。在那里他开始时相当腼腆。他送给来自莱比锡的极其贫困的同学，由于阅读过多而半失明的神学家约翰·克里斯蒂安·林普雷希特一个法国金币,并说,他眼下过度充溢地生气勃勃,他想从中送走一些。

处于这样的情绪中,那些预示"维特风格"的句子,在他的信中大获成功。以那些大肆铺展的段落,他尝试着捕捉那些攫住某人的东西。他曾对妹妹的一个女友卡塔琳娜·法布里丘斯这样描绘他在附近的一次漫游:当我望向右边碧绿的山谷时,朦胧中的河水如此令人恐惧地静静流淌,而左边是山毛榉树林映衬的沉重夜色从山上朝我垂下,羽翅闪亮的小鸟,悄无声息又神秘莫测地飞越树丛,绕过山岩;此刻我心中静谧一片。在《维特》中则是:每当雾霭从我心爱的山谷升起……我感到自己的心……更贴近叶茎间这个喧嚷的小世界……当我眼前朦胧一片,周围的世界和天空完全在我灵魂中静息。

和维特不同,这个写信人眼下还没恋爱。心灵安静,他写道,因为它还自由,拥有一颗轻松、自由的心,是多么幸福!但若恋爱了,就会被绑上花的锁链,害怕扯碎它,就不敢动弹。他把爱情比作一匹摇动木马,不断运动,不断工作,但永远不动地方。可他想前进。首先在法学方面。

他没毕业就离开了莱比锡。被耽误的应该在斯特拉斯堡补上,包括毕业考试和博士论文。他在那里上复习课,补习考试材料。这没费他多少力气,特别是因为他童年时和父亲练习过这些东西。给朗格尔的信中他写道:我学习什么?首先是特征和细节,由此人们将法和非法弄得很相似。这就是说,我为两种法的博士学位学习。

1770年9月27日,歌德通过候选人资格考试,成功地完成第一门大学考试。从此他成为法学博士候选人，被免除参加法学讲座。下一步是写博士论文。为此他又不慌不忙起来。他想做更要紧的事，而现在向他袭来的，是更重要的事。

这座城市本身起初并未让他有什么特别的印象。它与法兰克福一般大，同样古色古香，街角弯曲。与带有辉煌的新建城区的莱比锡全然不同，斯特拉斯堡几乎一个世纪以来都属于法国。歌德在到达时立刻明白了这点。他经历了玛丽·安托妮瓦特作为国王的新娘受到迎接的场面。那时她带着随从在去巴黎时路经此地。那天成了一个民间节日，人们在莱茵河岸的草地上搭建带有展品的帐篷，其中有一件出自西克斯塔斯礼拜堂的拉斐尔《雅典学院》的复制品。他给朗格尔写道，对此根本无法述说，但我知道，从我首次见它的那刻起，我将开始计数我知识的一个新时代。这样一件作品是艺术的一个深渊。节日般的气氛，喧哗的人声，街巷中和广场上汹涌的人潮，窗口的旗帜和彩巾—— 一切让歌德想起他几年前在法兰克福经历过的皇帝加冕仪式，但这里不是一种感伤的回忆，而是法兰西王朝，一个最具当下性的权势的辉煌灿烂的自我描绘。但欢乐不是没有阴影。歌德感到自己，在一个欲念和荒谬的圈子里被拉扯和旋转。他得费力地重新返回自身。现在我才重新思考，我也同人们一样。面对权势犹如身处爱情，人们被迷惑，失去理智，不再知道自己是谁。一旦我们被感动，我们的骄傲就将失效，我们的君主们和姑娘们知道这一点，就对我们为所欲为。

在此驻军的军官们是法国人，那些职位较高的国王的官员们也同样是法国人。但大部分居民说德语，可他们的方言不太好懂。在歌德到达后的几年，在斯特拉斯堡逗留的作家弗里德里希·克里斯蒂安·劳克哈特这样评判："人们能听到的，是以最粗野的、最可憎的和最令人反感的发音说出来的最蹩脚的德语。"而歌德喜欢方言，他当然最喜欢牧师的女儿弗里德丽克·布里翁讲的方言。城里满是客人和旅行者。从南部或者中部德国去巴黎的人，都在这里逗留，以便在两个文化圈的边境之间，或者对德国的，或者对法国的方式有所准备。歌德也想去巴黎，斯特拉斯堡对他也只是一个过渡。没过多久，他就学会去欣赏这个城市及其兴高采烈、无拘无束的生活方式。因为到处有人跳舞，在广场上、在旅店里、在郊游酒店的花园中，他参加了舞蹈课。就是骑马也让他开心。他有钱租马，骑游四周。这匹马以后也载他去见了恋人。

在城里，他的第一站是去大教堂，当时它已属名胜古迹。但首先挑战他勇气的，是教堂高高的塔楼。他爬上三百三十个台阶，为的是在上面庆贺自己战胜眩晕的感觉，就像他晚上在吹点名号时靠近大鼓，为的是治疗他的噪声敏感。我独自一人登上大教堂顶端，坐在所谓的颈部，在被人称作顶冠的下面，待了足有一刻钟之久，直到我敢于重新走到外面，来到一个不到两尺见方的平台，没有什么其他的支撑，站在那里面对无尽的大地，然而，身边的景物和装饰物将教堂及我立足之处和所超越的一切，都遮盖起来。完全就像发现自己坐在一个气球上，升入空中。我反复碰到类似的恐惧和折磨，直到这种景象对我完全变得无所谓。

锻炼身体，考验勇气，克服自我——这些以后对他也起到了重要作用，比如在高山漫游或在攀爬罗马废墟时，为了接近某些艺术品，必须在悬浮空中的梁架上保持平衡。在意识到其艺术重要性之前，斯特拉斯堡的大教堂对他来讲是个运动方面的挑战。在关于埃尔文·封·施泰因巴赫，这个充满传奇色彩的大教堂建筑师的文章《论德意志建筑艺术》中，也提到了这点。歌德在到达斯特拉斯堡之后不久写下这篇文章，后被赫尔德收入自己的论著《论德意志风格和艺术》，帮助此文获得了一些名气。

康德宣称，面对崇高，人会意识到自己的微末性并学会谦逊。但只需要一个小小的转变，然后就会显现，人自己也是伟大的，倘若人借此让自己明白，是人类的伟力创造出这种伟大。年轻的歌德将人类的伟大称为创造的力量，伴随他的时代则称为天才时代。人类在其天才中达到真实的高度。这里有抗拒，也有傲慢。很少有人能在心中产生建造通天塔的念头，歌德关于斯特拉斯堡及其建筑主人的文章中这么说。大教堂是实现通天塔这个念头的一块石头，人们只是在之后登上它时，才真的接受其挑战。然后人们就不再是在其周围爬来爬去的蚂蚁，或是羸弱的欣赏者。对他们来说，在这样的庞然大物旁总感到眩晕。一名天才必须摆脱眩晕，即使是接近这样一个庞然大物时。

此外，歌德决心享受斯特拉斯堡给他提供的自由、愉快和灵活的生活方式。他新近加入了一个熟人圈，"老鱼"市场附近劳特小姐的同桌客人。同在莱比锡的舍恩科普夫旅店里一样，这里也聚集着一些大学生和成熟男子，大多是单身汉。聚会的时间会延长到下午，人们谈学问和爱情，也议论政治。年轻的歌德觉得，这是法国的方式。他不怎么喜欢政治，同样不怎么喜欢当地大量供应的、酸涩的埃尔萨斯葡萄酒。这个圈子的权威人物是四十八岁的约翰·达尼埃尔·萨尔茨曼，是监护法院的书记官和作家，具有启蒙的倾向，聪慧、友好，与斯特拉斯堡的上流社会有着紧密联系。歌德通过他建立上流社会的人脉关系，还常常和他就哲学、宗教展开深入对话。面对虔诚的世人，歌德曾对封·克勒滕贝格夫人描述，这是个让他有好感的、清醒的相反类型。这里指的就是萨尔茨曼：一个男人，带着许多知性，有过许多经历；他极其冷静地观察世界，相信自己发现了，我们被放置到这个世界上，主要为了对它有用，我们能让自己有这样的能力，而宗教为此提供帮助。

犹如莱比锡的贝里施和朗格尔，斯特拉斯堡的萨尔茨曼是歌德年长的导师，面对他，歌德将自己描绘为一个虽然有天分，但也需要深思熟虑地引导的人。他称自己是一个随风飘摇的风信标。歌德之后从塞森海姆就他对弗里德丽克·布里翁的爱情给萨尔茨曼写信。那是这段爱情故事为数不多的直接证明。在斯特拉斯堡时代之后，歌德还与萨尔茨曼保持了一段时间的联系。最后是那个年长者逐渐停止了这种关系。年轻人天才的闹腾，对这个监护法院里寡妇孤儿的冷静的保护人来说，也许相隔太远。请您近日给我写信并相信，常给我写信不是罪孽。歌德致萨尔茨曼的最后一封信中这么说。

在劳特小姐的午餐桌旁，歌德还找到了第二位朋友，同年龄的神学大学生弗朗茨·莱尔泽，《葛茨·封·贝利欣根》中那个好样的莱尔泽的同名人。在剧本中莱尔泽是信守不渝的朋友，忠实和正直的信念的一个典范。歌德之后在《诗与真》中，还描写了这个通常带着乡音写字和表达自己的（听上去不怎么好的）真实的莱尔泽。莱尔泽在那里是这样一个人，他以其一贯幽默的单调口吻，让我们总是记住，一个人对己对人有何责任，要怎样立身行己，以便做到尽可能长久地与人和睦相处。歌德当时需要这种提醒，因为他经历了病痛后身上留有某种敏感习性。莱尔泽帮助他重新找到平衡。莱尔泽是个敏捷的击剑手，也是个体力和智力竞赛的出色裁判员。他不偏不倚，若有不公平现象出现，会插手干涉。他也是个让人害怕的辩论者：善于应对，诡计多端，善于试验并以论点和论据做游戏。尽管自己不是律师，他宣称，愿意在歌德博士论文答辩时，扮演反方角色，将朋友几乎逼入了窘境。

特别具有持久影响力的是歌德与赫尔德的会面。赫尔德虽然仅比歌德大五岁，但已是名人，喜欢以高高在上的出场方式表现他的优越地位。年轻的歌德起先也把他当成无可置疑的权威。歌德称，与赫尔德的相识——他避免"友谊"这个表达方式——为斯特拉斯堡时代最重要的事件。第一个场面让他尤其印象深刻。他在《诗与真》的第十卷里，描绘了他如何在"精灵"旅店的入口，见到一个准备上楼的男人。让人难忘的是，见他如何随意地将自己黑缎大衣的下摆塞入裤袋。一个穿着考究的形象，容易被人视为一个高贵的僧侣。赫尔德表现友好，但就是这第一个微不足道的机会，已将歌德置于他在斯特拉斯堡的几个月里将无法摆脱的该受指责的学生角色。这是新鲜事，因为迄至那时，人们都尝试用仁慈教育他，甚至用迁就纵容他。但他在赫尔德那里遇到的情况不一样，在后者那里，不管歌德如何行事，就是无法获得一声赞许。歌德容忍了这点，因为赫尔德给他重新洗脑。

赫尔德来到斯特拉斯堡，是为了找有名的外科医生洛布施泰因做泪囊手术。泪囊的底部必须切开，后面的骨头必须打穿，植入一根马毛，防止缝隙的扩大，形成一根新的泪管。歌德鼓足勇气，旁观手术，以便能对这样一位可敬之人提供某种服务和帮助。对这个勇敢地忍受折磨的赫尔德，歌德原谅了他通常的坏脾气和吹毛求疵。

通过其文学史、哲学和神学的论著成名且树敌的赫尔德，1769年5月放弃了他在里加主教座堂布道者的职位，乘坐一条商船航海，以逃避官职和文学事业带来的烦恼。他带着"麻木不仁的意识"生活，最终等来伟大的"狂飙突进"运动，当狂风暴雨向船袭来时，他这样记录，他怀揣规划和打算在法国上岸，继续向巴黎旅行，在那里与疑虑重重的狄德罗相遇。人们怀着尊敬在沙龙中接待他，但觉得他的观念过于模糊和偏激。返回德国后他接到聘请，为吕贝克侯爵主教的情绪抑郁的儿子当教育向导，陪他做一次欧洲旅行。这个任务远在他勃勃雄心的预期之下，但报酬丰厚。他违心地接受了这个职务。正是在思想迸发又情绪恶劣的状态下，赫尔德遇到了年轻的歌德。

赫尔德当然能感受这个年轻人的迷人魅力，他真诚坦率，富求知欲，自信，无拘无束，具丰富的想象力和即兴天赋，轻快，无忧无虑。但他对歌德的评价还是存在保留："歌德确实是个好人，只是外表柔和，过于柔和，弱不禁风。"赫尔德对他在达姆施塔特的未婚妻卡洛利妮·弗拉克斯兰德这么写道。

当歌德的第一批重要作品，首先是《葛茨》和《维特》出版后，赫尔德面对歌德主要持批评和贬低的态度，最多以恩人自居，但面对他人，他表示了对歌德的认可，甚至是欣赏。歌德之前对赫尔德只字不提自己的作品，因而不断让赫尔德感到吃惊。在《诗与真》中，他解释了原因。每当他就确定的题目和对象产生倾向，他就不愿意让其受到赫尔德的喜好挑剔的影响，因为没有一种倾向是……如此牢固，乃至可以长久地面对我所认定的优秀人物的诽谤而保全自身。歌德指的是《葛茨》，尤其是指《浮士德》——早在斯特拉斯堡时代的后期，这个故事的各个声部已在他心中鸣响和震荡。

不过，目前我们还身处赫尔德在斯特拉斯堡的病房里。歌德每天早晚探访他。倘若说赫尔德处在内心的矛盾中——受歌德天才的激情吸引，但又吹毛求疵——那么歌德的情况也没什么不同。他一方面对赫尔德怀着很大的倾慕和尊敬，另一方面对他居高临下的批评，感到不快。尽管如此，歌德整天待在赫尔德身边，每一天都更加珍视他那广博的知识，他那深刻的洞见，最终学会更好地习惯他的指责和非难。

哪些洞见？那是在世纪的最后四分之一时光里，促成一种新思维的洞见。

启蒙运动的人类图像由理性发展而来。理性似乎是最强大、最为决定性的力量。其结果是有用性观点之下的一种唯理智论和社会道德的标准化。赫尔德，一个德国的卢梭，对此奋起反抗。他想解除僵化的制度和概念体系，将生命领会和理解为精神和自然、理性和感情、理智的标准和创造的自由的统一体。赫尔德有一次这么写道，理性，总是一种"迟到的理性"。它与因果关系的概念打交道，所以无法领会创造性的过程，因为后者的行进恰恰没有原因。赫尔德寻找一种紧贴生命那神秘莫测的运动和多义的语言。它更是比喻而非概念，更是移情而非构思。有些东西保持模糊状态，被暗示，被预感。在讲究概念的时代同人那里，比如在康德那里，赫尔德以其思维和语言的漂浮和游荡会引起反感。但在歌德那里不是，赫尔德的生命哲学最终还激发了"狂飙突进"运动的天才的崇拜。

在天才的群像中，一个时代的人，针对市民和宫廷阶层之正派的、等级制的、僵化的和受限制的世界，表述他们新觉醒的自信。唉，我的朋友！《维特》中说，天才的急流为什么难得涌现，难得汹涌奔腾。小市民的臣服意愿、谋生，社会整体的机械论，人感到在其中只是齿轮和螺丝钉，加上枯燥的、不尊重任何秘密的理性主义——这一切让喜欢自由精神，尤其是审美精神的年轻人感到愤怒，而他们又以自由抵抗日常困境。歌德解释，赫尔德介绍他认识的莎士比亚克服了这种麻痹，因为他具有勇气，将一切高贵的灵魂从所谓高雅趣味的仙境中驱赶出去，而他们在懒散的蒙眬中……打着哈欠，消磨一种影子般的生命。

在德国的"狂飙突进"运动中，艺术家是天才们偏爱的类型。这和在英、法等国不一样。在那里，只有政治家、自然科学家和社会权威人士才能被视为天才。赫尔德发展的艺术家群体的天才象征，直到今天还有着持续的影响。

伴随着高估非理性的创造力，对艺术的理解脱离对现有的具有普遍约束力之现实的模仿原则，并成为一种个性表达。从此刻起，艺术不该仅仅模仿生活，而本身就该是个体生命的表达。现在创造代替模仿，与此相关的是形式的转换。现在重要的不是适应现存者、有效的典范和传统，而是展现原创性。谁有些本事，就要当原创的天才，或至少被当作这样一个人。

柔弱的艺术帝国，被赋予了一种巨大的自信，而这一点在歌德的诗作《普罗米修斯》中——我坐在这里造人/照我的样子——得到了大胆表达。这里有效的是一种强大的个人主义，一种有力的自我感觉。但赫尔德也把他的生命哲学运用到集体中。将自己培养成个体的个人，是且一直是意义的中心。不过，个人感觉到的生命，也存活于一个共同体中，而共同体被赫尔德想象为某种放大的个体。对赫尔德来说，生命在集中的圈子里——从家庭开始，经过部落、民族和国家一直到整个人类——安排自身。赫尔德谈到"民族精神"，它们在人类的园圃里犹如不同的植物，和平地共同生长，为人类的精神财富做出贡献。所谓民族精神的统一点，不处在知性中，而在更深处，在感情中。即使对整个民族的文化来说，对文化有效的也是对个人有效的东西：文化的表达是自身的目的，是进入一种更高层次的、被提升的生命的苏醒。赫尔德宣称，没有理由俯视"诗的民族"的能力，原创的天才应该向民族学习，学习民族的歌曲和童话。所以当时有人倾听、收集和传播以前罕为人知的古代的民族财富。在"狂飙突进"运动中受到器重的史诗《莪相集》，被人们归于古代的一个苏格兰诗人，可它其实源自麦克弗森当时的一名作家。赫尔德在自己的一部民歌集中，发表了歌德的《野玫瑰》。歌德没什么理由反对，因为他自己起兴，在埃尔萨斯收集民歌，提供给赫尔德。

歌德从赫尔德那里获得大量启发。但回顾往事时，歌德强调，有些念头在他心中早已存在，并处于萌芽阶段。无论如何，他进入一种幸福的情境……将我至今所思、所学和所吸收的加以完备，并与较高级的东西联结。歌德以此描写了一个过程，自己的直觉和顽念在客观精神的领域里获得权利，那时他被要求什么，又取得了什么样的成功。

歌德与赫尔德的故事还将受到严重冲突的干扰，二人在赫尔德去世前不久彻底绝交。所以歌德对这个生命伙伴的回顾并非明朗欢快的，他也承认，有时仅在和赫尔德玩牌时，才能忍受他。

第五章

荣格-施蒂林。概览或者灵机。唤醒和创造的心理学。弗里德丽克和塞森海姆的爱情小说。不去巴黎。莎士比亚演讲。减价的博士。斯特拉斯堡的结束。

赫尔德身为神学家,给年轻的歌德打开了一个世界,可在这个世界里,真正的宗教的东西几乎不起作用。对赫尔德来讲,人是一个富有精神的生灵,而这个精神于他来说,是人的内在自然,同时是其余自然的生动的原则。较之虔敬主义的人与上帝的关系以及亨胡特兄弟会的耶稣虔敬,这让年轻的歌德更加喜欢。即使这种虔敬在此期间不再是他的关切,但那些受强烈的宗教体验引导的人,还是让他印象深刻:那些已皈依的,但并非为了确信自己的信仰而一定要改变他人信仰的人,那些虔诚但无传教热情和教条主义的自以为是的人。即使在信仰事务中,他也看重有灵性的个人主义,带着同情与那些依靠自己的力量寻找自己幸福的人相遇。

1770年夏,这样一个虔诚的人也出现在斯特拉斯堡。他是年长九岁的约翰·海因里希·荣格,做过裁缝和小学教师,来到斯特拉斯堡,为的是学习医学,目的是完善自己之前已十分熟练的眼部白内障手术。歌德很快被这个既柔和又冲动的人所吸引，让荣格对自己讲述他的生活历史，并为此感到着迷，鼓励荣格将此录下。这部自传的多卷本发表于1777年和1817年之间，而作者给自己的名字添加了后缀"施蒂林"（Stilling），以此暗示，他将自己归于乡村中的所谓静穆者（Stillen），尽管他与虔敬派和亨胡特兄弟会的圈子保持距离。荣格-施蒂林通过勤奋工作在最微末的环境中——父亲是烧炭工，自己是威斯特法伦的乡村教师和裁缝——自学成才。他没有钱，受到不同赞助人的帮助，但内心一直持有一种几乎是孩童般的对上帝的信仰。这让年轻的歌德想起他的导师苏珊娜·封·克勒滕贝格，只是那个有钱的贵族小姐，不像这个贫穷的荣格-施蒂林那么相信上帝的帮助。信仰上帝以如此奇妙的方式帮助了他，以至于歌德几十年之后写到荣格的时候，还记忆犹新：他的活力的根基是一种对上帝和直接从那里流淌而来的帮助的信仰；这种帮助在一种永不间断的人为预谋中，在一种从不失误、将人从一切困苦和所有灾难中拯救出来的行动里清晰地得到证实。

荣格-施蒂林对歌德是个范例，说明可以通过信仰上帝，动员自身的力量，进而表现一种更高的自信的类型，因为这里不仅事关经验的自我，还事关一种更高层次的、升华的、在上帝那里消解的自我。荣格-施蒂林全身心地投入，姿态积极，但他就像一个梦游人，一如歌德所写，别人不能叫醒他，因为否则他会从为其生命提供安全感的信仰顶峰摔下。

荣格-施蒂林描述，青年歌德尽管属于"野蛮人"，毫不在意其"自由的本质"，放荡不羁地生活，但会在餐桌旁留意，不让荣格-施蒂林受到别人对他这个虔诚者的讥讽。当然，荣格-施蒂林也保持克制，避免惹人厌烦，所以并未受到打扰，"除了歌德有时把他的目光移过来"——歌德总是毫无争议地拥有"桌旁的领导权，尽管他并不追求它"。

荣格-施蒂林身上有什么让歌德着迷？他笃信自己生命旅途所遇的一切好坏，均为上帝所赐——这种神的教育学让他，歌德，觉得有些自以为是。年轻的歌德那时已无法再相信这样一个引导和监管个人的上帝。他写道，这样一种信念对歌德来讲，既非可喜也非有益。吸引歌德的一定是别的什么。歌德在荣格身上发现一种被置于宗教领域的精神的体验，他称其为省悟（Aperçu）。这是歌德晚期哲学中的一个重要概念。在《诗与真》里，在刻画荣格-施蒂林的词句中，歌德这样定义：这是对一种伟大准则的觉察，而它总是一种天才的精神运作。接着还有：这样一种省悟给予发现者最大的快乐，因为它以原创的方式暗指无限，它不需要任何时间顺序就能获得确信，它突然出现并在瞬间完成。

倘若一种灵机、一种迅速而至的想法、一种突然的直觉，能即刻让一种至今神秘莫测和朦胧暧昧的关联变得可见——一种瞬间的澄明——它就被歌德称为省悟，首先和主要在涉及自然认识的时候。科学中的一切都取决于人们称为省悟的东西，取决于对真正是现象之原因的觉察。《色彩学的历史》中这么说。省悟这个概念来自法语，意指一种快速的首次觉察。

省悟的三种视角作为非同一般的认识事件出现：

真正的客体不是一种偶然或者无关紧要的现象，而是提供了对整体的关联、对无限的洞察的现象。客体虽然是单个的和具体的，但对此在之永恒的和谐来讲，客体也是象征性地透明的。歌德将在这个意义上描述人的颌间骨的发现。此外他也将此描述为一种突然的洞见，解释为对自然的整体关联的了解，因为人们尚未在人身上发现在动物身上的这块骨头，对他意味着一种证明，即在人和动物之间有一种滑动的过渡，亦即自然恰恰不做跳跃。颌间骨由此成为一种省悟的对象。就客体的一方看，省悟指向一种突然显露在个体中的总体。

就主体一方看，省悟意味着认识者感到自己起了变化，犹如脱离个别化，得到提升，去分享整体的意义。这是某种认识的类型，它让认识者预感到与上帝的类似。认识者受到一种启示的召唤，但那不是如在基督教中的脱俗的上帝的启示，而是一种由于受到神灵激励的自然认识的启示。可它与上帝的关联类似，以不同音调和形态起作用。

第三个视角涉及突然性，整个过程的瞬间性。人们突然重新看见事物，用另一种眼光看世界。与此相关的是生命中的一个断面。从此刻起，一切已经不同。生命被切割，在庄严的意义上有了一个之前和往后。省悟通常可能仅仅指称语言上确切的转变，但在歌德那里指的是一种灵感结果中的生存转折。

省悟以这样三种视角——整体的体验、主体的转变和突然性——被歌德称为一种天才的精神运作。

倘若说青年歌德拒绝荣格-施蒂林幼稚的上帝关联，但后者那神的教育学依旧吸引着歌德，原因则是，他在这个虔诚的人身上，感到这种天才的精神运作：荣格-施蒂林体验到某种整体，即《圣经》的上帝，由此，他的内在也已彻底转变，而这一切是突然发生的。一切就像省悟。

于自身感到某种天才的要素，以后也经历了自己天才崇拜阶段的青年歌德，在荣格-施蒂林身上看见某种宗教的天才。荣格-施蒂林自己也依靠一种省悟生活，只不过那种省悟由精神转入宗教。人们在虔诚者的圈子里称为唤醒、皈依或者重生的东西，之所以让歌德着迷，不是因为他自己虔诚，而是因为这帮助他理解了天才的心理学，即领会他自己受到什么驱赶——这种让生命重新显现并改变内在的、突如其来的灵感。

作为一个经历了自己那促成变化的省悟的人，荣格-施蒂林在斯特拉斯堡的朋友和熟人中走动，在获得同情和理解的时候坦率又健谈，在不被别人认可的时候独守自身。一旦有人开他玩笑，歌德会对他出手相助。荣格-施蒂林写道，歌德拜访他，"赢得了他的喜爱，与他结下了兄弟之谊，在一切场合对施蒂林表明他的爱"。对那些不相信歌德这样的友谊的人，荣格-施蒂林补充道："可惜，这么少的人认识这个杰出者的心灵！"

1770年，荣格-施蒂林匆忙离开斯特拉斯堡，去探望在威斯特法伦病入膏肓的未婚妻，歌德借给他钱，还在其他的实际事务中提供帮助。返回后他最先拜访的还是歌德。歌德热烈欢迎他，重新将他引入自己的朋友圈，其中自从1771年夏开始，除了莱尔泽和萨尔茨曼，还有雅各布·米夏埃尔·莱因霍德·伦茨。"施蒂林对宗教的热情没有妨碍他（歌德），"在对荣格-施蒂林的生平描写中有这样的话，"也去衷心地爱戴那些比他更自由地思想的男人，只要他们不是嘲讽者。"

在劳特小姐饭店里共同进餐的，还有约翰·康拉德·恩格尔巴赫和弗里德里希·利奥波特·魏兰。歌德和他们一同骑马郊游。恩格尔巴赫来到斯特拉斯堡，和歌德一样，为的是尽快完成一个有待通过的法学毕业考试。和歌德不一样的是，他五个星期之后，即在1770年6月就了结了此事，将他的课程笔记留给小几岁的年轻同学去强记硬背。歌德和魏兰陪伴恩格尔巴赫返回萨尔布吕肯。这次旅行将歌德带到塞森海姆，而他同弗里德丽克·布里翁的爱情就在那里发生。魏兰同男主人约翰·布里翁有远亲关系，把歌德带到那里。魏兰学医学，之后在法兰克福实习。他后来从未原谅歌德对弗里德丽克的所作所为，断绝了同歌德的所有联系。

塞森海姆的田园风光，歌德在《诗与真》中，将它作为一个完整的传奇故事讲述。故事让人预感到，如此的田园风光不会是真的，恰恰因为它有个不和谐的结尾。求爱者离开恋人，这一告别也许同1771年年初的诗中所写不一样——你走了，我站在那里，眼望地下，/泪汪汪地目送你；或是别样，比如在以后的文本里——我走了，你站在那里，眼望地下/泪汪汪地目送我。《诗与真》简单地记下这段田园风光的结束：那是些令人难堪的日子，我心中未久留对此的回忆。

没必要详细重复歌德在《诗与真》中讲述的这个美丽故事，只有几点可确定。歌德打扮成一个贫穷的神学大学生，和魏兰在一个明朗的夏日来到塞森海姆。他喜欢化装舞会，隐姓埋名，捉迷藏游戏，以后在哈尔茨山之旅或者在意大利之游时也一样。

在布里翁家，他甚至乔装打扮地出现，起先扮成贫穷的神学大学生。首次与弗里德丽克在月光下散步后，他发觉了自己的恋情，次日早晨便逃出房子，在邻村把自己打扮成农村小伙，自称格奥尔格。这引起了其他的混乱。同弗里德丽克的罗曼蒂克开始发展，惩罚游戏，快活的聚会，散步，闷热的夏日和星光闪烁的夜晚推波助澜。她的父母亲发觉事有蹊跷，有意将两人暂时置于悬而未决的状态。愉快的日子就这么延续着。弗里德丽克的首次现身如下：恰在此刻，她走进门来，这个乡间的天上真的升起一颗最最可爱的星。爱慕者这样描绘弗里德丽克：当她登上高坡的时候，她的天性、她的身材，从来没这样诱人地显现；她优美的体态，像是与繁花似锦的大地争艳；她爽朗的容姿，像是与湛蓝的碧空竞丽。可结局已露痕迹：这样一种青年的随意怀有的倾慕，可以比作黑夜里发射的炮弹，它循着一条柔光闪烁的线条上升，挤入星辰之间，看上去似乎还在那里短暂停留，然后划出一条相同的轨迹落下，只是以相反的方向，最后在它结束运行的地方，带来灾难。

结局为何是这样，情人为何没有信守他即使并非明确但看来已经许下的诺言？《诗与真》中这么说：一个姑娘撒身的理由，总被视为正当，但男子的情况从来不是这样。

歌德在回顾往事时这样描写这个故事，似乎他一开始就清楚，不能指望过早的倾慕获得持续的成功。这难道不是他以后所思考的，进入年轻爱情萌发期的投影？年轻的歌德在写给同学莫尔斯的一封信中，就他对卡辛·舍恩科普夫的爱情写道：我心上人那高贵的心灵是我的保证，她将永远不会离开我，即使我们有义务和责任必须分离。就连当时恋爱的感情风暴也屈服于清醒的、现实的意识：我刚刚经历的和进入的历史，将无法经受现实的考验。事物那通常的进展将把我们分离，这样也许更好……这个青年人似乎完全清楚这一点，不想长久地受到约束。与卡辛的情况如此，与弗里德丽克的关系显然也是一样。

对这个爱情故事只有很少的直接的证明材料。歌德给弗里德丽克的一份书信草稿得以留存，还有几封写于1771年初夏的萨尔茨曼的信，包括写给弗里德丽克的诗歌，这就是一切。

这些证明材料，表现出恋人强烈的感情起伏。有一次他把自己比作一个风信标，根据风向转动。世界于他如此美妙……似乎我长久没有见它。然后是急速转折。他觉得，人们一旦得到想要的东西，就不再会感到一丝一毫的快乐。他征服了弗里德丽克，但这不再让他满意。弗里德丽克也许觉察到这一点，小女孩病恹恹地离去，整个人的外表都走样了。接着是歌德对背叛的说明：没考虑坦然的心（conscia mens），可惜随我转悠的不是战胜（recti）。这是对维吉尔《埃涅阿斯行记》中的一处征引。那里描述，埃涅阿斯如何让狄多爱上自己，但心里明白，他将离她而去，所以不可能有坦然的心。歌德此刻显然也知道，他会离开弗里德丽克，可她还不知道。两年后，歌德将把他的《葛茨》寄给萨尔茨曼，请他转交给弗里德丽克，并指出，剧本中魏斯林因为背叛玛丽亚而受惩罚的情节，对她也许是个安慰。

在乔装打扮的假面舞会中，歌德显示出他扮演一个真实的和一个臆想的，即双重角色的本领。这是一种愿望，根据比生命自身内容更丰富、意义更重大的文学，去演绎生命。这种将生命文学化的过程，这种青年人的、将自身比作小说人物的冲动，对歌德来说可归于让自己赢获某种更崇高事物的最轻率的尝试。在《诗与真》中他承认，他不仅根据奥利弗·哥尔德斯密斯的小说《威克菲尔德牧师传》描写了整个塞森海姆的插曲，而且当时他就在这本小说的光影中，在赫尔德和其他朋友对他动人心弦地朗读这部小说之时，经历了某些情境。当他认识塞森海姆和牧师家庭时，他感觉自己似乎从这个虚构的世界被置入一个类似的真实世界。他觉得，这个牧师家庭及其内在的凝聚力，尤其是家中的母亲和女儿都犹如小说人物，同样正直、开朗、质朴和聪明，即使幸运地未受磨难的严酷考验。小说中也有一个假面游戏。家庭的行善者，那个无耻的地主叔叔，藏身于伯谢尔先生的怪异形象之后。歌德有可能因此而想到化装喜剧。作为这个家庭的行善者，他也许很想让人瞧见自己。可是当他离开弗里德丽克之后，事实上他已消失不见。只有他的诗歌作为无声的闪光留下，被弗里德丽克忠实地保存。

在这些诗歌中，歌德首次真正作为诗人来到世界中，摆脱了洛可可和莱比锡年月的阿纳克里翁诗派的影响，没有调笑和传统的情调，没有卖弄聪明的箴言和说教，没有多情和打趣者的老套。由此可以感到赫尔德的影响：自然，主观的表现力，唱出无拘无束的欲念，沉思而无单调的思想，以及质朴、天然的象征性。在《塞森海姆之歌》里，其中有些1775年5月首发在约翰·格奥尔格·雅各比的杂志《伊利斯》上，较之以前出自莱比锡岁月的诗歌，歌德显得更年轻。那是一组带着激情的即兴诗。它们起先确实仅为弗里德丽克而写。他从斯特拉斯堡寄出诗歌，其中有些是他在塞森海姆以自己通常即兴创作的方式随手写下的。有些确为即兴歌唱所用，比如《五月节》：自然照耀着我／多么美妙！／太阳多么明亮！／田野在欢笑！／／葱绿的田野／你美妙的祝福，／烂漫花丛中／是完满的世界！／／啊，姑娘，姑娘，／我是如何爱你！／你的双眸如何闪烁！／你又如何爱我！

1770年到1771年冬分手。恋人回顾两人第一次见面，最初的惩罚游戏：现在是天使般的感觉，／我所感到的，／游戏中我赢得了她的芳心／此刻她真心属我／你啊命运，给我这样的欢乐／请让明天也如今日／并教导我与她般配。1771年年初他预告自己下次的探访，弗里德丽克以后将多次提醒他有这样的预告。我很快就来，你们黄金般的孩子，／冬天徒劳地将我们／禁闭在我们温暖的小屋里／我们要坐到炉旁／用各种方式欢愉消遣／犹如天使般相亲相爱／我们要编织小小的花环／我们要捆扎小小的花束／犹如小小的孩子。春天来临时，他给她寄去一本绘有图画的小书，附有一首听上去好像阿纳克里翁诗派的诗歌：小小花朵，小小树叶／年轻的春之善神／轻轻用手替我／多情地献上一条轻柔的缎带／／微风请用翅膀将它托起／绕上我最爱之人的衣裙。

人们很愿意知道，这首以后在1789年、1810年以《欢迎与离别》为题的诗,究竟于何时写出,因为它将相遇和离别如此紧密地连在一起。

> 我的心儿狂跳;敏捷地,上马,
> 离去,狂奔,犹如英雄上战场!
> 黄昏摇晃着大地入睡,
> 夜幕降临自山峰;
> 橡树裹着雾衣已站那里,
> 一个被惊起的巨人,
> 黑暗从灌木丛中
> 用千百只黑眼珠窥视。
>
> 月亮从其云峰,
> 从迷雾中惨淡露出;
> 风儿轻振羽翼,
> 在我耳旁可怕地呼啸;
> 黑夜造出千种可怕怪物——
> 可我的勇气万倍增长;
> 我的精神是团吞噬的火焰,
> 我那整个心灵在炽热中化解。
>
> 我瞧见你,温柔的欢快
> 以甜蜜的目光注入我身。
> 我的心儿紧偎你身旁,
> 每次呼吸都为你。

一抹玫瑰色的春光
展现在你可爱的脸庞上，
还有对我的温柔，你们啊众神！
我希望这个，我不配获得这个。

离别，多么催逼，多么悲哀！
你的心儿从你的目光中说话。
你的吻中，是怎样的爱，
啊，怎样的欢愉，怎样的痛苦！
你走了，我站在那里，眼望地下，
泪汪汪地目送你；
不过，被爱，是何种幸福，
爱，神啊，是何样的幸福。

几乎两年以后，在歌德进行第二次瑞士之旅时，他将在1779年9月底，在塞森海姆拜访布里翁一家。他见到他当时不怎么成功地重新描绘的马车，见到他馈赠的诗歌的副本，邻居们被叫来，还有一直替他修脸的理发师。他带着几分惬意写道，他在这一切事情中，发现了一种生动的纪念。在这第二次访问后，他带着一种感情离开塞森海姆，他现在重新满意地让思绪进入世界的这个角落，能同在我心中和解的精灵们和平相处。事实是否真的如此，只能搁置一旁。弗里德丽克终身未嫁，在生命的最后年月住在姐姐那里，弗里德丽克去世后她姐姐销毁了歌德的信。

和在莱比锡一样，歌德没打算尽快结束学业。他喜欢斯特拉斯堡。不仅是由于塞森海姆的爱情故事，不仅是由于赫尔德，还有美丽的景色和舒适的生活方式，把他拉住。起先他想过，仅把斯特拉斯堡当作去巴黎这个文化的世界之都的跳板。对父母他只字不提此事，但最后放弃了这个计划，恰恰是由于在两种文化的边界处所得到的体验。在《诗与真》中，人们还能觉察，他当时因为某些法国人傲慢的拒绝和责难，而感到被抑制的恼怒和屈辱。歌德能流利地说和写法语，即使如他自己承认的那样，那是由阅读心得和惯用语组成，是他从戏剧演员、仆人和官员那里偷听而得，他的法语也比任何别人更加色彩斑斓。他相信自己对这种语言得心应手，只是必须去经历，四处获得开导。斯特拉斯堡的法国人大多是军官和高级官员，起先对他非常客气，可当他们发觉，歌德在一种陌生文化中不满足于客人的角色，就开始不停地指出错误，纠正他。这让他感到屈辱。倘若歌德在晤谈中提出某些有趣的话题，希望的是，别人会对此进一步讨论，而非对他的表达方式进行挑剔。他断定，人们虽会得到法国人的忍耐，但绝对不会被纳入这语言之乐的唯一教堂的怀抱。受辱的骄傲让他变得不满。法国文化也许被高估了，它这段时间难道不是变得老迈和僵硬，在其形式传统中变得顽固不化了吗？赫尔德支持他的这个观点，而这个观点早在十年前就由莱辛在其对法国戏剧的批评中发展而出。在《诗与真》中有这样的话：这样，我们在法国的边界忽然摆脱了一切法国的东西。我们觉得法国人的生活方式太刻板、太高雅，他们的诗过于冷漠，他们的批评偏于否定，他们的哲学晦涩而又不充分，因而我们取如下立场，至少尝试着委身于粗犷的自然。

歌德在他塞森海姆的诗歌中已创造相当合宜的自然氛围。在赫尔德的鼓励下,他现在也开始在埃尔萨斯周围的乡间收集民歌。他把它们寄给赫尔德并指出:可我至今一直把它们当作一个宝藏揣在心间;想到在我眼前受宠的所有姑娘,我就必须学习和吟唱它们。

为了不让诗歌中的自然在一个人身上过于陷入粗野,人们拥有莎士比亚。歌德身上的星光就在这些年里升腾而起。当他首次在莱比锡时,在维兰德的散文翻译中读到了莎士比亚,而在斯特拉斯堡,他(和朋友们)开始在赫尔德羽翼的护佑下,推进真正的莎士比亚崇拜活动。

在斯特拉斯堡时,歌德心生念头,在这位可敬的戏剧家的命名日举办了一场庆典,由此继承1769年在埃文河畔斯特拉特福首次发起这一庆典的演员加里克的创举。歌德在斯特拉斯堡草拟了庆典演讲词。1771年10月14日,原定的庆典到来时,歌德已经重返法兰克福。他聚集起一些朋友,让父亲招待,给大家诵读了自己对莎士比亚的赞美词。

这篇演讲,恰恰因为它几乎未提莎士比亚其人其作,为歌德热爱这个英国剧作家的方式提供了线索。莎士比亚于他,是一种新的创作和思想的象征。他在莎士比亚身上,看见自己抱负的映射:对我们懂得珍重的业绩,我们在自己身上培育其萌芽。

在这篇满是惊叹号的演讲里,对生命的向往,在不断更新的用语中受到召唤。隶属于此的有对过于明智之人——那些给自己和他人的生活平添烦恼的人——的批评。对此,莎士比亚,这个迈着巨人般的步子衡量生命那巨大财富的人得到了升华。追随这个最伟大的漫游者,认识的不仅是世界,还有自身,而且以提升的形式:我最强烈地感到,我的生存向无限扩展。

首先涉及此在感觉的升华,然后也涉及艺术,比如由法国戏剧展示的三一律,但莎士比亚置之不顾。地点的一致——监狱般地可怕。情节和时间的统一——对我们想象力是最讨厌的束缚。摆脱这些规则的压迫,将在《葛茨·封·贝利欣根》中继续产生强大影响。歌德在写这篇演说时,已经有此意识。可在尚武的、鸣响武器撞击声的语言上看出这一点。他宣告自己与传统戏剧的争论,斥责法国对古希腊的改编:法国人,你想穿着希腊的盔甲干什么,它对你来说过大又太重。他指出莎士比亚充满活力的特性,以此反对矫揉造作的人物:我呼唤自然!自然!没有什么比莎士比亚的人物更加自然。普罗米修斯,他的保护神,已在这篇演讲中出现。他(莎士比亚)与普罗米修斯比赛,一步一步地学他塑造人类,只是这些人体形巨大。

演讲人用强烈、野性和含糊的语句颂扬和论争。只有一处,他如此简洁精确地描绘莎士比亚戏剧艺术的特征,以至于他以后也乐于回溯这段话。莎士比亚的戏剧是美丽的西洋景,世界的历史在其中被拴在一根看不见的时间线上,从我们眼前滚滚而过。……他的剧本都围绕着一个秘密点运转(这个点还没有一位哲学家看到和确定过)。在这个点上,我们的自我所特有的东西,我们的意愿所要求的自由,与整体的必然进程相撞。半个世纪后,黑格尔也无法对此做出更好的表达。

歌德创作《莎士比亚演讲》，首先是想为自己打气，激励自己的创造性的行动，为一直尚未完成的法律博士考试鼓起劲来，这个考试让他感到困难：我缺少真正的知识，没有任何内在的志向催逼我朝向这些事物。

倘若没有内在的志向，那么就得有外在的动力：父亲的催逼。1771年夏，歌德终于完成他的博士论文。他选取国家和教会之间的正确关系为题，他想针对以下的问题作答：国家是否能将宗教确定为其奴仆。答案可以从他在《诗与真》中的暗示中读出，而博士论文自身没有存留下来。对此歌德给出了双重回答。他论述道，国家可以确定宗教社团的公共事务，并让其对有关的教会人士和普通教徒有约束力，但不能去控制，每个人自己想什么，感觉或思考什么。也就是说，国家有权统治外在的生命，但无权统治内在的宗教的生命。主体的笃信应该处于自由状态。而在这一点上他得益于自己虔诚的朋友们，苏珊娜·封·克勒滕贝格、朗格尔和荣格-施蒂林等人。即使对自己最新的虔诚的尝试，他也允许其有一种自由权利，不过在这篇文章中，他没让人发觉任何此类笃信的蛛丝马迹。他虽然就宗教那居家的、真诚的和情志的事务为关怀空间辩护，但他似乎没怎么接受基督教真诚和情志的观点，这导致他的博士论文让斯特拉斯堡的神学家们感到愤慨。埃利阿斯·施特贝尔，其中的一位，写信给朋友说："歌德先生在这里扮演这样的角色，像是一个过于可笑的半吊子学者和疯狂的宗教叛徒，不仅令人生疑，而且他还有了相当的名气。几乎所有人相信，他的脑袋多少有些不正常。"系里另一名成员猜测,这个年轻人带着"伏尔泰先生的几分恶作剧",如此骄傲自大,他甚至这样宣称,"耶稣基督不是我们宗教的创立者",也许有"学者以耶稣的名义"建立了宗教,为的是开创一种"健康的政治"。

系主任请歌德或者撤回博士论文,或者不经大学同意交付出版。大学不可能为此担责印刷。歌德在《诗与真》中断言,这恰恰让他觉得合适,因为他一直在抗拒将某种印刷物公之于众。他把文章寄给父亲,后者让人誊写了一份,仔细装订成册。可它还是遗失了。父亲对这件事的过程感到失望。儿子在博士论文失败后满足于硕士学位的考试,这当然也不能让父亲满意。为了这样的降低程度的考试,歌德只需提交几份提纲并参加答辩。这对他来说显然轻而易举。歌德有机会另外花钱,买一个博士头衔。可他拒绝这样做,因为在公众场合,硕士学位和博士学位具有同等地位。但在法兰克福的法律人士那里不一样,他们坚持二者的区别。所以歌德以后在那里的业务交往中无法使用博士这个头衔。除此以外他到处被人称为"博士"。

1771年8月,这个新出炉的"博士"离开斯特拉斯堡,返回法兰克福父亲的家里。没有任何证据表明,他再次拜访了弗里德丽克,同她做了最后道别。

第六章

律师。律师的法律论争,作为写作《葛茨》的练习和前奏。葛茨作为西部英雄。武力自卫权。独立人反对现代。为了妹妹的缘故坚持工作。作家作为自助者。最初的反应。

1771年8月歌德回到父亲家里。他立刻使用那个年月毕恭毕敬的官方德语,在舍芬法院申请律师资格:以至今为止所获的知识和学问,作为律师为我的祖国服务,我觉得没什么比这更迫切和更值得希望……以便我由此为以前被寄予厚望交付给我的事业做好准备,为统帅和值得尊敬的执政者效劳。他在此暗示了自己今后的志向,而这符合父亲的愿望。对他来说,在通向更高职位的路上,律师纯粹是一种过渡职位。儿子也该成为市长,犹如其外祖父特克斯托,后者到1770年一直担任自由直辖市最高的市民职位,在歌德从斯特拉斯堡返回前不久去世。1771年9月3日,歌德获得职业许可。虽然由于众多长短不同的旅行和返回写作而中断,他起先确实履行了律师职责,但其后这一职业仅仅剩下了形式,直至1775年。而在这个时间段里他一共打了二十八场官司。

在这个职业领域,歌德找到了自己的位置,这对他来说不难。家庭的声望和关系有助于此。虽然律师过剩,律师行业里成功的、富有影响力的朋友和熟人,比如施洛瑟兄弟,让给他某些法律业务和诉讼。父亲也插手帮助,但这不是完全没有私心的,因为对父亲来说,这是个让歌德走出作为靠财产生活者状态、找到接触实际律师事务的机会。

法兰克福由于其大量的诉讼闻名天下又臭名昭著。在这样一个城市里,律师的声誉并不好。歌德在《葛茨·封·贝利欣根》中影射了这一点,其中有个名叫奥莱阿里乌斯的宗教法和民法博士这样谈论法兰克福:贱民听说我是个律师,差点儿拿石头砸死我。但是若有人像歌德那样出身显赫,当然就不会遭受一个小律师的命运。当然他得像其他新手一样,首先从小市民、手工业者和犹太人居住区那里寻找顾客。他几乎仅同民事案件打交道。

在法兰克福通行的司法实践中,没有口头审讯的规定。争讼在由律师代理的各方之间通过文字磋商。在年轻的歌德承担的第一场诉讼中,就出现了一个奇特的局面。对方的辩护人、他的同学莫尔斯,早歌德半年在法兰克福开始其律师生涯。双方也许带着几分悒意进入话题,但不满足于代表他们的当事人,而转入"游戏",以他们当事人的名义互相谩骂。他们的文字如此失去了克制,以至于法庭因为其"不端正的,仅仅使原本已被激起的情绪变得痛苦而起作用的书写方式",对双方提出训斥。约翰·格奥尔格·施洛瑟也对歌德提出警告。当歌德有一次为他朗读自己的一篇文字,并骄傲地宣称当事人对此非常满意时,施洛瑟这样回答:"你在这个案件中更证明了你是作家而非律师；人们永远不该问，一篇文字该如何让当事人喜欢，而是该问，它能如何让法官喜欢。"在同莫尔斯的诉讼中，歌德那过于投入的文字惹恼了法庭，仅仅因为对方的应诉出于同样的原因也不让法庭喜欢，歌德的当事人最后获得了胜利。

那次诉讼事关一桩错综复杂的财产继承。这里有趣的只是歌德的律师风格。他将对方的应诉称为一个热衷吵架的怒妇……她那发热的头脑无法用理性和理由争辩，在辱骂声中精疲力竭。他形象而粗俗地否定了诉讼另一方当事人的律师能力：当那被掩盖的深奥的法律学识，在分娩的痛苦中长期蜷缩之后，从纲要定义中跳出几只可笑的老鼠（Mäuse），并证明它们的母亲是谁。但愿它们能跑！这些句子明显指向对方代表莫尔斯（Moors）。莫尔斯应该也粗鲁地进行了回答，因为在歌德的第二篇诉讼辩护书中有：这篇登记在册的骂人的话恰好表明了先前那篇文字的特征，同样的特征也在这篇文字中得到炫耀……无礼和卑劣在这篇文字中到处叮当作响……对这样一个对手还能希望什么？说服他？我感到幸运的是，事情并不取决于此。帮助先天的盲人恢复视力，属于超乎人类的力量，而将疯子禁闭起来，则是警察的事。

对歌德来说，这种律师的角色游戏，是一种文学游戏的辅助练习。因为同时，1771年11月和12月，他在写历史剧《铁手骑士葛茨·封·贝利欣根》。那是一年半后发表的剧本的第一个版本，剧本将让他在德国作为剧作家立刻暴得大名。在诉讼中他不得不扮演唯一的一个角色，即他的当事人的角色。可剧本里有多个角色，他要为他们设想，使自己游走于他们之间。他必须从自己身上分给每个角色一些东西，当然他尤其亲近葛茨。

在斯特拉斯堡的时间里，他读了葛茨的历史传记，于是打算写一个关于葛茨的剧本。葛茨是来自宗教改革和农民战争时期被卷入无尽论争的骑士。狂野的、自由的同时是掠夺性的骑士制度，当时已处于没落阶段。历史中的葛茨在此并非杰出人物。但歌德将他创造成英雄。他领会到，在葛茨身上可以表现一个彻底走向没落的世界。那是歌德在1769年生病时，通过炼金术和犹太教神秘教义的漫游所认识的、与16世纪一致的精神世界。赫尔德也热情洋溢地向他介绍这个伟大人物辈出的时代，比如路德、乌尔里希·封·胡腾和丢勒。对歌德来说，浮士德这个传奇人物也属于这个伟人圈。他们出现的时候，古老的帝国分崩离析，精神的统一四分五裂，对有力的、原创性的和极具个性的人物来说，一个空间再次敞开。他觉得葛茨也是这样一个人物。比如他在回顾往事时写道，狂野的无政府主义时代中一个粗鲁和善良的自救者的例子。

《葛茨·封·贝利欣根》让歌德着迷的东西，几乎与今天美国西部片让人着迷的一样：投向一个往日世界的浪漫的目光。在这个世界里，个人尚有价值，孔武有力的汉子能捍卫自身及其独立性，尚未将自己交给虽然让人赢得安全、但同时也让人侏儒化的机构。葛茨被歌德作为现代的对立面而构建，对此席勒曾准确地说，现代让人缩小，然后再借助人实现伟大：种类获胜，个体失败。葛茨即是这个伟大的个体，但他注定走向没落。

在尤斯图斯·默泽尔的《爱国主义的幻想》中，歌德找到了对于古老的武力自卫权的捍卫，这让他即刻明白，因为这种捍卫允诺他摆脱困扰法学学子的法律灌木丛。在歌德感到让人如释重负的武力自卫权这一点上，他走向葛茨。后者之所以让他有好感，因为他尚未屈服于这种侏儒化，相反，犹如剧本所说，除了皇帝不臣服于任何人。让人恼怒也许同时无法避免的是：在最高的机构——上帝、皇帝——和自己的个体之间，渗入的社会机制及其所带来的全新的错综复杂和漫无头绪。葛茨蔑视这种胡作非为，然后又在此失败——但在失败中，他觉得自己是独立的。社会可以摧毁他，但无法让他变形。他忠实自身。歌德这样看待他的铁手骑士，也许他自己也想成为这样的人。

阅读莎士比亚，犹如与《葛茨·封·贝利欣根》同时写下的莎士比亚演讲所证明的那样，唤醒了歌德对巨像般伟大的独来独往者，以及对独断独行之失败的英雄的同情。和莎士比亚一样，他想用自己的葛茨作品击中那个神秘点，在这个点上，我们的自我所特有的东西，我们的意愿所要求的自由，与整体的必然进程相撞。

同以后席勒《唐·卡洛斯》中的波沙侯爵不一样，葛茨不是出现在舞台上的那种自由的英雄类型。那里没有要求自由的人物，现身的反而是经历过自由的人。在葛茨那里，自由首先并不是一件意识的事情，而是一件存在的事情。

年轻的作者想参与这个自由的存在，并对此这么写道：对于我们懂得珍重的业绩，我们在自己身上培育萌芽。通过写作，他心中展开一个世界，而他则陷入这个世界的旋涡。

他让自己所希望的自我，伴随着一种无可比拟地扩展的感情，在一个虚幻的空间进行表演：我最切身地感到我的生存无限地展开。没有其他的可能性，因为让葛茨失败的那个对立世界，同样是作者出自绝对权力的一个设计。属于这个对立世界的有阿德贝尔特·封·魏斯林根，他离开葛茨的妹妹玛丽亚，换了阵营。至于对葛茨搞阴谋的充满魅力的阿德尔海特，歌德承认，他自己几乎爱上了她。如若生存对他无限地展开，那么同样无限展开的也包括对葛茨怀有敌意的现实。作者的幻想存于葛茨身上，同时越过限制他的界限。作为渺小的世界剧院的作者，他也掌握葛茨所臣服的整体那必然的进程。年轻的歌德在莎士比亚身上明白，是什么让一个伟大剧作家脱颖而出：他不仅将自己认同于其主要人物，而且让所有人物拥有生命的权力。那些对手并不仅仅因为对照的缘故在场。只有这样，戏剧才能成为那个西洋景，世界的历史在其中被拴在一根看不见的时间线上，从我们眼前滚滚而过。

继承莎士比亚是个雄心勃勃的打算。青年歌德相信自己有几分能力。在给斯特拉斯堡的萨尔茨曼的信中，他这样写道：为了不让他的作用力被迫仅在自己身上发出声响，他将自己的天资投入这个剧本的写作。在此他能享受，我感到自己所拥有的全部实力。闲散的斯特拉斯堡的生活该结束了。

尚无细致的规划，歌德就果断地投入了创作。在这几周里，妹妹对他十分重要。他事先对她如此详细地叙述自己的打算，以至于科尔内利娅最后变得不耐烦，催促他，别总是对我空话连篇，请最终将我如此熟悉的东西，落实到纸上。

于是他带着激情和速度开始创作。晚上他把写好的东西读给她听。她报以掌声，但也对哥哥是否能持之以恒表示怀疑。他真能把剧本写到最后吗？这样的怀疑进一步鞭策他。现在他必须对她——同样对自己——证明些什么，途径是推进《葛茨·封·贝利欣根》的写作；我这样不间断地写作，径直追寻，既不向后回溯，也不左右顾盼，大约六个星期后，我高兴地见到手稿被装订成册。

他既不向后回溯，也不左右顾盼，这意味着除了写作热情，他也不顾及地点、时间和情节之统一的传统审美规则：客店、森林、葛茨的城堡、班贝克的伯爵宫廷、军营、海尔布隆的市政厅、奥格斯堡的议会、吉卜赛人营地、王室法庭。时间是非延续性的，时而压缩，时而扩展，时而跳跃。倘若有人将真实的葛茨的生命阶段为基点，剧中描绘的事件要绵延数十年。这表现在格奥尔格身上，他在剧本的进程中从一个男孩成为青年男子，继而当上了葛茨的侍从。主要情节，葛茨和魏斯林根的对立，与众多次要情节被编织在一起，而这些次要情节部分得到表演，部分仅被叙述。歌德首先委身于自己的想象力，而它在单个场景和人物中展开自身，不顾整体的统一。结果是，故事有多个重点，但无真正的高潮。

在葛茨和魏斯林根之间有三个同等的转折点：开始于阿德贝尔特·封·魏斯林根——葛茨以前的青年友人，现在是在班贝克伯爵宫廷里的一个对手——被葛茨的手下俘虏。葛茨善待并争取他，获得成功。魏斯林根改换门庭，结识葛茨的妹妹玛丽亚，这是第一个转折。魏斯林根返回班贝克，跪倒在迷人的阿德尔海特的石榴裙下，这是第二个转折。当葛茨与暴动的农民共同起事时，魏斯林根是煽动者，要执行针对葛茨的死刑判决。但在与玛丽亚的谈话后，他又撕毁判决书，这是第三个转折。但这个转折对魏斯林根来说到得太晚，因为在此期间觊觎王位继承人的阿德尔海特让人给他下了毒。她说出对他的评判：你是这样的一个可怜虫，既无力量作恶，也无力量行善。

阿德尔海特可并不适用这样的评判。她依靠来自性爱吸引力的魔力生活，并毫无顾忌地为自己的政治权力和经济目的使用这种吸引力。这个漂亮的寡妇捕获男人。起先是魏斯林根。然后是其仆人弗朗茨。甚至济金根，葛茨的战友，也屈服于她的魅力，至少有一夜：一个错误让我成为一个神。最后她受到王室法庭判决。刽子手用以下的话将她杀死：你啊，上帝将她造得如此美丽，可你无法让她变善。

人们第二眼才能发觉的是：推进剧本情节的其实是互相转换的对偶。魏斯林根通过玛丽亚被带回到葛茨身边。这个关系的解体，是因为魏斯林根屈服于阿德尔海特更强大的魅力。被遗弃的玛丽亚吸引了济金根，但时间不长，因为当阿德尔海特对魏斯林根产生厌恶感时，济金根却又被她迷住了。在这个互相转换的对偶游戏中，玛丽亚是失败者。她既无法抓住魏斯林根，也无法留住济金根，由于阿德尔海特而失去了两人。

歌德偏偏将葛茨的妹妹玛丽亚，写成性爱的失败者，这也许并非毫无缘由。因为给予他在写此剧本时莫大帮助的妹妹，在他眼里同样是个性爱的失败者。

他之后在作家自传中暗示，他思考科尔内利娅为何在肉体上对男人世界没多少吸引力。他提到,她的肤色并不纯净,她那过分凸起的额头给人一种不舒服的感觉,在她体内根本就不存在最起码的性感。所以她无法成功将她非常喜欢的男孩吸引到自己身边。这是她的不幸,她深深地感到这点,因为此外她完全明白自己的价值。"我怎能争取一种幸福,因为我不具备激起温情的魅力?"当时她在自己秘密的日记中这样写下。可她的哥哥感到受她吸引,犹如被一块磁石所吸引。他的内心与她休戚相关。在发展生理和道德力量上,她是值得信赖的。经常有人提及这样的怀疑,说歌德对比自己年轻一岁的妹妹怀有一种乱伦的倾慕,当然可以想见,因为他自己做过如此暗示:那种青春期的兴趣,那种性欲的本能觉醒时的惊异……以及由此发生的某些迷惘和混乱,兄妹俩手拉手地分享和经受;而当他们彼此更接近一点,近亲的神圣的羞耻之心,愈加生硬地把他们互相分开时,他们对自己奇特的状况则更觉不解了。在此背景上,歌德将妹妹视为无性欲的生灵,就不让人感到惊异了。他写道,我正直地承认,在自己心中,倘若我就她的命运进行幻想,不喜欢将她当作家庭主妇,但也许更愿意把她当作女修道院院长来思考。

这个妹妹性爱上可能不怎么成功,恰恰因为他看到从她身上散发出乐善好施的影响力。在葛茨的妹妹玛丽亚身上,情况同样如此。她无法长久地将魏斯林根和济金根拴在自己身上,但她的道德影响力足够强大,能让魏斯林根改变主意,促使他收回对葛茨的死亡判决。

剧本打开了一个性爱的张力场,那里有人为胜利而战并承受失败。阿德尔海特是真正的胜利者。爱上了自己的创造物的歌德，不得不强迫自己，阻止她的胜利。她最后受到惩罚，定是因为对身处不幸的妹妹的诸多同情心。玛丽亚——同她一样还有科尔内利娅——一定会觉得受到了补偿。

弗兰茨，魏斯林根的仆人，游弋于爱情争斗之间。他是自己欲求的软弱的牺牲品。他也爱上了阿德尔海特，可他失去了任何独立意志。在奴性十足的卑躬屈膝中，他作践自己，直至受阿德尔海特的指使，阴险地对自己的主人下毒。他体现了一种反常的爱情。歌德自己在斯特拉斯堡时期的一封信中，这样提醒自己：有人说它（爱情）让人勇敢。永远不。只要我们的心是柔软的，它就是软弱的。弗兰茨是个变得疯狂的恋爱中的懦弱者。

葛茨周围的环境发生着变化。背叛，阴谋，变换的联盟关系。整个世界起誓反对他，只有他自己岿然不动。他与自己的妻子伊丽莎白信守不渝地紧密相连，除了死亡，没有任何东西和任何人，能拆散这一对。

歌德描绘的葛茨也并非一个无可指摘的骑士。他所策划的武力自卫，完全是可疑的。一个来自海尔布隆的裁缝在科隆的一次射箭比赛中赢得了奖金，而那里的商会违反法律拒绝付奖。葛茨接手此事，去了科隆，一如伊丽莎白所说，长时间折磨那几个商人，直到他们拿出钱为止。但玛丽亚提醒说，由于这样一件鸡毛蒜皮的小事，总有几个无辜者被屠杀，并问：我们以恶治恶，难道普遍的不幸会由此不再增长？伊丽莎白平时是个善良的家庭主妇，突然转变成一个精巧地陈述理由的女律师，而人们得到的印象是，歌德在此作为新鲜出炉的法学硕士和律师表达了自己的观点：谁虐待陌生的市民，就损害了对自己臣民的责任，因为他赋予他们重新复仇的权利。歌德发觉，这样的话不适合伊丽莎白，在《葛茨》第二版中将其删除。

在这种几乎无法辩白的处境中的，还有葛茨策划的其他争斗行动。因为班贝克的主教抓了他的一个下属，葛茨紧接着袭击了主教的货物运输队。这是真实的葛茨在其生平描写中确实炫耀过的一次抢劫。尽管这个骑士的真实生命史同这只铁腕一起闪现，但即使是从歌德时代的视角出发，也存在一种辩护的困难。他只有指出骑士对帝国的忠诚才有助于为其辩护。王侯和君主追逐他们的领土利益，只有葛茨忠实和规矩地宣告，愿意为皇帝对抗土耳其，捍卫帝国的边界。真实的和歌德的葛茨，都没有将此付诸行动。但这种表示意愿的声明，足以激发皇帝的好感，所以他愿意在帝国行刑决议上反对对葛茨（以及塞尔比次）的判决，不愿他们发生什么不幸。

歌德在给萨尔茨曼的信中，称葛茨是最高贵的德国人，他指的不是真实的暴徒，而是那幅他为自己从葛茨身上得到的图像：与其说在他的举动中，不如说在后世的评判中，葛茨展示为一个成功的、孔武有力者的典范。

对伊丽莎白来说，葛茨好善乐施，但不是出于软弱和谦让。乐善好施是一种高贵的德行，但它仅是拥有强大灵魂的人的特权。那些出于柔弱，行事总是行善的人，并不好于那些无法憋住自己小便的人。这样的一个人希望自己生活得好，但也希望让别人活，不怨恨，也不嫉妒。他可以发泄自己的愤怒，无须将它隐忍心中。在同一个暴动的农民首领的争辩中，他表示出对懦夫的蔑视,其胆囊犹如一个恶性肿瘤在内部四处蔓延,因为他的天性中没有足够的力量,一下子将其逐出。他为自己的荣誉担保,他能捍卫自身,不必向律师求救。复杂的社会斡旋,经过机构和外交官之诡计的绕行,是他厌恶的事。在信仰事务中同样如此,葛茨不需要任何中介和教士,他直接面对自己的上帝。要是觉得自己强大,这是最佳选择。只有当我们全部的力量被动员起来,上帝才会考虑我们的祈祷。从中让人隐隐想起路德的一个人物——由马丁修士的视角出发,葛茨表现为完整无损的自然。马丁修士控诉人类天性的三种伤残:贫穷、贞洁和顺从,而葛茨对他来讲是完美的对象:他生活优裕,有所爱之人,是自己的主人。他不必卑躬屈膝,因为他能战斗。见到葛茨时,马丁叫出:见到一个伟大的男人,这是一种极大的快乐。

因为这一切,葛茨是自由的体现。他经历自由,但他不要求它,他接受它。阿德贝尔特(魏斯林根)对葛茨说:唯独你是自由的,伟大的灵魂自给自足,既不需要服从,也不需要为了什么去统治。但这种伟大恰恰对嫉妒的生灵来说——忍受阿德贝尔特就是一个——是难以长期忍受的。葛茨的自由让他想起自己内在的不自由。他无法忍受一个强大的对手的成功。所以他人身上伟大的全部感情成为他的痛苦。也正因为如此,他背叛了自己往日的朋友。

葛茨被帝国军队赶出他受到包围的城堡之前,他沉湎于幻象,这些幻象过于心软,无法适应他,因为他梦见那些大人物,他们将幸福地处在自己的臣仆中感到无上欢愉。这些幻象要记到将自己托付给创造心软氛围的作者的账上。伟大的和解的时刻临近,葛茨,来自农民战争时代的武士,堕入1770年左右感伤的文学语言:如若他们那建造妥帖的被赐福的国土,对他们而言成了毫不僵硬死板的一个遁世花园般的天堂……那么邻居会赐予邻居安宁,因为他自己是幸福的。这样没人会尝试扩展他的边界。人们宁愿让太阳留在自己的圈子里——倘若一颗彗星穿越其间,划出它那可怕的和飘忽的线条。

对葛茨的侍从格奥尔格来说,这类远景过于诗化。他担心地问,到那时究竟是否还能获准骑马。葛茨安慰他,有足够的机会骑马和出击。我们要除尽崇山峻岭的恶狼,要给我们与世无争的农夫邻居从森林里带回野味,和他一起喝汤。此外,还得去对付土耳其人和法国人,保卫帝国:格奥尔格,这才是生活——倘若能为普遍的幸福献身。

在这种良好的秩序中,骑士不再是莽汉,而是祖国的捍卫者。在剧本的第二版中,这种幻象虽然保留下来,但为了不让它显得过于不现实,歌德加强了其中的现实联系。葛茨宣告:要是我没在诸侯中发现杰出人物,那么人类就该死光了!接着他讲述了哈瑙的侯爵怎样举办狩猎节,人们如何在露天聚餐,而民众如何跑来观看……全都是欢乐的笑脸,他们同享主人的美味,而主人在上帝的土地上和他们一起感到轻松愉快。

歌德让葛茨梦想一个更好的将来,由此他没有全部放弃比如由戈特舍德和莱辛提出的启蒙的要求,在道德方面教育和改善读者。可最后葛茨自己宣称——读者早就预感到这一点——他的时代已经过去。伟大的人物在一个狭隘地管辖的市民世界里已经没有机会。葛茨临死前激昂的瞻望预示了将来的不祥:欺诈的时代就要到来……弱者将借助阴谋实行统治，而强者将堕入卑鄙用来挡路而织就的罗网。

1771年12月剧本完成。歌德起先很满意，因为他向自己和妹妹证明了，他坚持到了最后。一段时间以来在他脑海里挥之不去的东西，落到了纸上。副本在朋友和熟人中间流传不止。他还不知道，是否要将剧本付印；他根本没想到，剧本能在舞台上演出。他没考虑过剧本要适应舞台。对他来讲，剧本为想象力的内在舞台所创作。不过，同每个作者一样，他设想过观众和评论家的反应。他们将会如何感受！他们将会如何惊叫出声，因为戏剧规则和迄至那时关于习俗和礼节的规则在剧中受到了冲击！

他也将剧本寄给达姆施塔特年长他八岁的陆军参议约翰·海因里希·默尔克，并附上一首诗，将其语调调整到文学修养极高的新朋友那讥讽和挖苦的类型上。诗中有，即使新的果汁会撕破旧的软管，有时也会发生相反的事，即让旧的材料爆破脆弱的当下：*所有戴假发者和假面人／所有文学作品中的好斗女人／还有参事、书记官，少女、孩子／还有英俊的科学上坏蛋／这里被致以违逆和讥讽／还有永远和永远的憎恶和愤怒。／让我们将这样的庸人／吹毛求疵者及其兄弟姐妹／把这样的人都逐出屋外／让他们臀部着地，被抛出窗外。*

赫尔德也收到寄来的剧本，附有歌德的说明，他将不会对此进行修改，*直到我听见您的声音；因为我知道，倘若要它允诺生命，就得出现极端的重生。*赫尔德的评判让他等了半年。在此期间，他有了新的规划，他计划写一部关于恺撒和一部关于苏格拉底的剧本。他为此收集了材料并做了笔记。他停留在伟大人物身上。赫尔德关于《葛茨》的评价终于来到。书信没能保存下，但从歌德的回信中可以看出，赫尔德好好地教训了他。和在斯特拉斯堡时代不同，歌德对此做出了反抗。赫尔德贬低了葛茨，他的回答是：我比您更加贬低他。他用自我批评超越批评，即使他避免了在细节上表述这种批评。赫尔德写道，这个剧本虚构过度。歌德回答：这足够让我恼怒。他提到《爱米利雅·迦洛蒂》，一部赫尔德的心爱之作，这也全然是虚构的！面对别人，赫尔德关于这个剧本的评判更有善意。他对自己的未婚妻卡洛利妮·弗拉克斯兰德透露，她将在读《葛茨》的时候，获得"一些美妙的欢愉时刻"。"其中有着许多非同一般的德意志的强大、深邃和真理，尽管有时仅是想象。"赫尔德总是这样。他无法自由不羁地进行表扬和赞美。话里总是带有几分恶毒。

当这个剧本还在朋友中间流传时，歌德已经准备对此进行修改和完善。对立刻喜欢上这个剧本的默尔克来说，改编拖得太长。他催促歌德公开发表。东西在改编后会不一样，但很难改得更好。"适时放到篱笆上，尿布这样就干了！"他说。

歌德在《诗与真》中宣称，他大大改写了《葛茨》，以至于我眼前出现一部全新的剧本。他能够这样宣称，因为那时原始的文本根本就没发表。不过，若有人将两个文本拿来比较，就会发觉它们本质上是同一个文本，仅在语言上有所润色或缩减；少数几个场景被挪动或删除，特别在最后一幕中。在第一版中，围绕阿德尔海特和吉卜赛人的情节过于宽泛。

1773年年初剧本自费印出，反响巨大。歌德一夜之间征服了德国的读者。作者创作了一部作品后，就开始了其他故事的创作：发表的作品改变了作者。

第七章

歌德的生活风格：忙碌的懒惰。非专业的创作。约翰·格奥尔格·施洛瑟。儿童谋杀审判和《浮士德》中的格蕾琴悲剧。约翰·海因里希·默尔克。在达姆施塔特与感伤主义者在一起。漫游者。评论家。歌德的早期美学。在韦茨拉尔的夏日之爱。

歌德在其律师业务中没有显示出特别的进取心。即使是在绘画、素描和他悉心投入的写作中，他觉得自己离杰出还十分遥远。1772年，他怀着自我批评写信给赫尔德说，他仅仅四处闲逛，没在任何地方真正地用心投入，但这是每种高超技能的本质。根据他自己的评判，他缺少耐力和彻底性。他没有工作的感觉，因为一切对他而言来得过于容易。写诗时如此，似乎诗歌向他吹拂。他不时地将其记录下来，如此匆忙，以至于他根本没时间整齐地铺展纸张，将其真正放上书桌。在欢快的人群中，他能即席作诗，这是一种游戏，一种具有爱恋色彩的游戏，开始没想到发表。就连《葛茨·封·贝利欣根》的写作，他也是一气呵成，在短时间内写下，随即流传于朋友之间，他开始完全不清楚，是否以及何时会发表它。

不管怎样，文学首先是歌德的秘密暗示。其实他没觉得自己是作家。他非常清楚地感到自己的力量，可他知道，这些力量还得受到严格训练。在给赫尔德的一封信中，他首次使用驾车人的比喻：倘若你大胆地站在马车上，四匹新马狂放不羁地在你的缰绳下腾跃，你驾驭它们的力量，把跑出队的赶回，把腾跃而起的用鞭子抽下，边赶边引导，转向，甩鞭，停住，继续往前赶，直到十六条腿以同样的节奏奔向目标——这是高超的技能。他还将经常使用这个比喻，特别集中地体现在《埃格蒙特》中、在《诗与真》的结尾处。

在法兰克福，人们感到惊讶，这个天分极高的年轻男子，一直还想为市民的事业工作。可他骄傲地四处奔走，喜欢出头露面，衣着高贵，不管在哪里出现，总是人们关注的中心。人们渴望接近他，而他渴望社交。朋友的数量在增加；而他所写的东西，其实总是首先为他们所写。这些作品是为了友谊的效劳和心爱的赠品。

他无须为生计操心。艺术的创作对他来说与此无关。这是一种经济上的补贴业务。他觉得这样更好。因为书写和创作出自他的一种内在的丰盈。这是否也是多余的？他有时会暗示这一点，让自己笔下的葛茨这么说道：写作是忙碌的懒惰。它让我感到恼怒；我写下我所做之事，我就对时间的流逝感到恼怒，而在这段时间里我能做些什么呢？在一封给贝蒂·雅各比的信中他有类似的表达：虽然已经写下，您会从其成果上认出。不过我们胡乱抹在、写在或印在纸上的东西是我们的成果吗？

这样的表达，泄露了出自所谓行动果断之人的视角的自我怀疑。不过，这样的怀疑在歌德身上只是偶尔出现，并未掌控他。通常他被自己的艺术家气质攫住。在他关于斯特拉斯堡大教堂的文字中有：人身上有一种造型的天性，一旦人的生存得到保证，天性立刻会证明自己的活力。只要人没什么可担心和害怕的，这个半神就会在平静中活跃，四处找寻材料，令它注入自己的精神。

这样的表达业已暗指普罗米修斯的形象，歌德给予普罗米修斯以艺术家之全能情感的保护神的冠冕。在出自这个时期的歌德书信中，经常涉及创造性的天才，与父亲将他以市民的方式束缚起来的轻蔑话语形成对照。歌德顺其自然，因为他对自己的力量有把握，有一次他这么写道：一条裂痕！所有这些七倍粗的丝胶绳索就会断裂。他身上藏有这样一种力量，别人也觉察得到。人们对此的反应各有不同，不可能形成一致的意见。对有些人来说，这个天才的青年人是个无足轻重的人，另一些人任凭自己受到感染。特别是女人们——不管是卡洛利妮·弗拉克斯兰德，赫尔德在达姆施塔特的未婚妻，或者她的女友们，宫廷女子亨丽埃特·封·鲁希隆以及露易丝·封·齐格勒，还是索菲·封·拉罗舍以及她的女儿、以后嫁给彼得·布伦塔诺的马克西米利安娜，都崇拜这个充满智慧的、为她们写下大量诗歌的年轻男子。即使是男人们，不仅仅是年轻人，也被他吸引。歌德表现得大有前途。约翰·格奥尔格·施洛瑟，青年时代就和歌德相识，有段时间他们还是朋友（直到和科尔内利娅结婚），写信给同样争取歌德友谊的拉瓦特尔："若他（歌德）最终在世界上得到幸福，他将让千百人幸福，要是他永远不幸福，他将始终是颗流星，我们这些同时代的人会对他目瞪口呆，直到疲倦，而我们的孩子会靠他取暖……始终做他的朋友，要具备灵魂的某种力量。"

约翰·格奥尔格·施洛瑟同歌德一样出身于法兰克福一个颇有名望的律师家庭。他的父亲曾是议员和陪审员。当歌德从1771年秋起尝试这个职业时，他已是个有经验的和成功的律师。施洛瑟认真和灵活地履行律师的责任，可他不满足于此。他并不完全是个公职人员。对真理的爱对他来说超过一切，所以他不时地在律师职业中感到不快："一个狡诈的无赖在此通过秘密途径，将我那无辜的舌头变成隐秘的不公正的工具。"

施洛瑟的文学天分很高，是英语、法语和意大利语文学的行家，也做翻译。他以流行风格写英语诗，模仿伏尔泰写法语箴言诗，以梅塔斯塔齐奥的手法写意大利咏叹调，还尝试用德语翻译《伊利阿斯》。他是一个多才多艺的文艺爱好者，也是一名具有务实的现实意识的开明伦理学家，是一部让他在政治圈内小有名气之著作的作者，那是《给农民的道德学说问答手册》，其中有对改善农村生活环境的建议。让人想到一种鼓励人们摆脱吹毛求疵的神学教条，代之以在实际的人际关系中训练自己的教士担当的、教育的主张。

歌德重视施洛瑟的这本著作，受此启发1773年他写下了《某地教士写给某地新教士的信》。在施洛瑟身上，歌德还欣赏他为了美的艺术和科学，将卓越的现实感和激情联系起来。可歌德并不希望施洛瑟成为妹妹的丈夫。对这个角色歌德觉得施洛瑟过于保守、冷淡和清醒,而在宗教事务中他又过于热心,但如歌德在《诗与真》中承认的那样,首要原因其实就是嫉妒。对此以后再谈。

作为地位稳固的律师,施洛瑟最初曾把数项诉讼让给歌德这个职业新人。但更重要的是:通过施洛瑟,歌德获得了机会,了解谋害儿童的女凶手苏珊娜·玛格丽塔·布兰特案的背景。她在1772年1月14日被公开用剑处死——一个震动全城的事件,因为在此时期,处决已很少见。

这个事件构成了歌德70年代初已动笔写的《浮士德》中格蕾琴悲剧的个人经验背景。歌德与此事件有近距离的接触,因为直接参与这一刑事诉讼的,有几个他的亲戚和熟人,一如恩斯特·博伊特勒发现的那样。除了施洛瑟作为律师参与诉讼,还有他的舅舅约翰·约斯特·特克斯托,作为法庭成员,他因公询问刽子手,是否有能力一剑处决被判刑者,而施洛瑟受刽子手的委托,提交申请,最好让他儿子来行刑。出具通缉令的市政厅秘书,曾是歌德一家孩子们的家庭教师。关照女凶手直至她被处死的医生,是约翰·弗里德里希·梅茨,他是歌德一家的朋友,曾于1769年给生病的歌德治疗,还曾鼓励他进行炼金术的实验。歌德还十分熟悉仪式中在女凶手头顶上方象征性折断小棍的最高法官,他曾在歌德本人的"格蕾琴丑闻"中,与他打过交道。那时,针对他的第一个女朋友及其令人生疑的朋友们,有过法院调查。

人们在歌德的物品中找到诉讼记录的部分文件。歌德熟悉出自女凶手的供词中的细节。这一切都在格蕾琴悲剧中留下痕迹。勃兰特称一个远去俄国的金匠伙计,是遇难孩子的父亲。一个伶俐的青年/在别处尚有足够的空气。他也已离去。在《浮士德》的早期文本中有这样的话。这个男人用一种魔法让她就范,她声明。浮士德引诱格蕾琴时,同样有毒药作祟。谋害儿童的女凶手强调,她的行为是在魔鬼的迫使下发生的。犹如在歌德的剧本中出现的靡菲斯特。

人们长久以来猜测,《浮士德》中哪些场景首先形成。也许恩斯特·博伊特勒的推测是对的,在这场诉讼和女凶手被处决的新鲜印象之下,歌德自监狱场景着手。这个真实的监狱,勃兰特在那里等待自己的死亡,古老的带卡塔琳妮门洞的钟楼就在近处,距离歌德牡鹿沟的家仅两百米。

歌德经历了行刑的阴暗仪式:身披红袍的最高法官,由刽子手和他的随从陪同,唤来被判刑者,她被带入"执行死刑的小屋"。当钟楼的钟声敲响时,死刑前的最后一餐被端上,此刻法官、刽子手及其助手、守卫和教士大吃一顿,而被判刑者仅喝了一口水。接着她就在由士兵和教士领头的队列中,伴着人们持续的吟唱和祈祷声,被带着穿过城市。人们将她绑在行刑柱上,露出头颈,"在教士先生们不停的呼唤声中",她"脑袋幸运地被一下砍掉"。几乎全城百姓都跑来出席这场惩罚剧。《浮士德》中相应的场景是:你听到吗?市民拖着脚步穿过小巷!你听到吗?没人大声说话。钟声响起!——小棍折断!——人人的颈部震颤着利刃,朝着我震颤!——钟声可闻。

歌德之前在斯特拉斯堡的学位考试中,一如当时所通行的,第55道试题是为死刑犯进行辩护。但在这第55道试题中,他避免回答一个杀害新生儿的女子,是否该判死刑的问题，他仅仅指出，这里涉及博士学位的有争议问题。我们不知道歌德答辩时主张什么，但在格蕾琴悲剧中，浮士德想把情人从执行惩罚的司法机构中解救出来。浮士德骂靡菲斯特这个恶毒的精灵，把所有罪责推给他。作为罪人被关进牢狱，忍受着可怕的痛苦，这个可爱的不幸的姑娘！……可你却引诱我去做无聊的消遣，对我隐瞒她那与日俱增的痛苦，让她孤独无助地毁灭。靡菲斯特回答：她不是第一个！浮士德说：不是第一个！——可悲啊！可悲！……这个唯一的姑娘的苦难让我痛彻骨髓；而你却无动于衷地对千万人的命运狞笑！不过，对浮士德来说这与千万人的命运无关；他想解救，他唯一负有罪责的人，让她免除惩罚。可格蕾琴想通过惩罚得到拯救：主的裁判向我落下！我是你的！救我，她转向浮士德恳求：你们神圣的天使们保护我的灵魂——海因里希，我对你感到害怕。即使惩罚本身不成问题，而随着靡菲斯特的话"她被审判了！"，惩罚也成定局，同样值得指出，作者从被判决的格蕾琴的角度出发，将目光投向安然逃脱的情人。他虽然叫出"我不丢下你！"，但立刻就被靡菲斯特拖走——是否进行新的冒险或者坠入毁灭，在早期文本中尚不确定。一路狂奔，没有回顾！这种生命的感觉当时也驱动年轻的歌德。他曾写信给萨尔茨曼：我的朋友们必须原谅我，我如此使劲地向前，以至于我几乎不能强迫自己喘息并回顾。

围绕着诉讼和处死女凶手所产生的骚动的一个后果是，歌德拒绝了斯特拉斯堡法律系的提议，花钱获得正式的法律博士头衔。成为博士，这对他来说已是往事，他写信给萨尔茨曼说，他已厌倦一切实习，我最多只是佯装履行我的职责。

1771年12月底，歌德通过格奥尔格·施洛瑟认识了达姆施塔特的政府官员约翰·海因里希·默尔克，在《诗与真》中歌德称默尔克为一个独特的男人，对他的生命产生了最大的影响。

和施洛瑟一样，默尔克是地方官员，同时也是文学家。默尔克主动联系歌德，因为他想让歌德成为《法兰克福学者通讯》的作者。这是一份书评报，1772年由他接手领导。这份报纸每周三期，是以前《法兰克福学报》的续刊，在此期间由于其枯燥无味的学院式的风格变得无足轻重。默尔克想重新激活它，挖掘新的书评作者，打动更广泛的对文学有兴趣的读者群。默尔克利用他与文学界的良好关系，成功地赢得例如赫尔德这样的知名撰稿人。他还在寻找新的才俊。通过施洛瑟，他注意到了歌德。

就1771年12月底与默尔克共同度过的首个夜晚，歌德写信给赫尔德说：我如此开心，又找到一个人，在与他的交往中，感情得到发展，思想获得肯定。对于建立这段新的友谊，默尔克的高兴程度不亚于歌德。"这是一个合我心意的人，我还很少发现这样一个人。"他开始"爱上"歌德，他写信给妻子这么说。

第一次见面时，歌德就把刚完成的《葛茨·封·贝利欣根》的手稿交给了这个新朋友。默尔克请求歌德把手稿给他，因为他在歌德身上感受到"激情和天才"，让他对这部作品产生好奇。

默尔克比歌德大八岁。他出生于达姆施塔特,也住在那里,在黑森—达姆施塔特侯爵的宫廷享有盛誉。他担任的职务,官方名称是军需官,事实上他是这个小公国的财政部长。他对政府的生意有一定影响力。他为宫廷购买艺术品提供咨询。一如人们当时猜测的那样,据说他由此也挣些钱。依靠他的知识和个人关系,默尔克成为当地上流社会的中心。人们看重他,但也害怕这个高个、瘦削的尖鼻子男人,因为他以自己的尖刻、讥讽、挖苦和粗暴的评判而臭名昭著。对歌德来说,他的目光具有某种老虎的特点,回顾往事时,他又谈及对默克尔性格的误解:天生是个正派的、高贵的和可信的男人,他对世界感到愤怒,让这类患疑心病的特征存于自身,以至于他感到一种无法克服的倾向,他有意当一个爱打趣的人,对了,当一个促狭鬼。

歌德看重默尔克的评判,因为他发觉那不是恭维话。在他身旁,人们甚至始终得对恶评有所准备,他的行事方式常常是否定的,摧毁性的。不过,要是有备于此,人们就能从他的评判和建议中获益。几年后歌德在日记中写下,默尔克对他来说是一面奇妙的镜子,他是唯一完全明白我在做什么和我是怎么做的人,但与我相比,他从不同的立场出发,因而所见不一样,对我的行事有了相当的把握。

歌德接受默尔克的指教。如前所及,默尔克是以"适时放到篱笆上,尿布这样就干了!"这样的话,催促歌德发表《葛茨》的人。歌德其他的作品,比如《克拉维果》,被他批评得体无完肤。他宣称这个剧本过于传统,建议朋友局限于别人不能做的事上。歌德根据默尔克的建议进行调整,毫不生气地接受了某些过分的要求。但在回顾往事时，歌德暗示，这个被他如此看重的人，以其否定的基调最后变得自我厌弃。默尔克的故事确实有个悲哀的结局。随着时间的推移，他与自己大多数朋友和熟人分道扬镳，很少交上新朋友。就连同歌德的关系也逐渐生疏。在以后的年月里，他失去了对文学和艺术的兴趣。他尝试当私人企业家，但成就卑微，一个由他建立的棉纺厂破产。在一种重病的折磨下，他于1791年6月27日结束了自己的生命。

当歌德与默尔克交朋友时，默尔克是个什么都会的人，他绘画，写诗，翻译，熟悉自然科学，拥有技术才能。但他首先是个具有冷静知性的人。他在达姆施塔特不仅扮演着富有批判精神的角色，而且属于所谓"感伤主义者"的圈子，这就更让人感到惊奇。歌德在1772年3月首次访问达姆施塔特时，结识了这个圈子。

隶属于此的有枢密顾问封·黑塞，他的妻子及其妹妹卡洛利妮·弗拉克斯兰德，自1770年起卡洛利妮秘密与赫尔德订婚。她焦急地等待，这个比克堡的宫廷传道士最终当着众人的面，将她作为自己的未婚妻领走。另外还有宫廷小姐亨丽埃特·封·鲁希隆，尽管还年轻，但已露疲病之态。她已不追求一种稳固的关系。她没病却躺在遮得昏暗的房间里，表现得充满才智和多愁善感，沉湎于诗情。她的女友露易丝·封·齐格勒同样来自宫廷，健康漂亮，同样着迷于诗。她让人在一个公园里搭建一间草棚，与一只白色羔羊在那里安度夏日，用一根红色的颈带牵着羔羊漫步草地。

这三个年轻女子建立了友好的联系，还给自己取了新名。鲁希隆被称为"乌拉妮阿",露易丝·封·齐格勒叫"丽拉",而卡洛利妮·弗拉克斯兰德名为"普绪舍"。因为两位宫廷小姐经常同她们的先生们外出旅行,她们就经常要告别,这是一个流泪的好机会。她们确实经常要哭,那时有人会朗读合适的诗歌。克洛普施托克颇受欢迎,还有盖勒特和格莱姆,以及爱德华·沃恩格那哀伤的《夜思》,萨姆埃尔·理查森的伤感小说,不可避免的还有卢梭。在这个圈子里,人们爱好情感的极乐,一种让人泪水盈眶的真挚,一种洛可可式轻松愉快的对友谊的崇拜。感伤主义者的倡导人是弗朗茨·迈克尔·洛伊森林,一个柔和温顺的男人,是达姆施塔特宫廷的王子教师。在他身上,感伤主义和狂热地笃信宗教紧密相连。此外这个圈子的精神文化,更是审美的而非宗教的。重要的是感情对于感情的感情,人们要感觉感情。这里事关倍增的情感的升华。人们设计精妙,但不天真。人们注意语言的表达,也注意整体的策划。这一切是一种蕴含着无数机会的社交游戏,彼此相拥,亲密搂抱,一起哭泣。

奇怪的是,这个喜欢冷嘲热讽的默尔克也在场,甚至喜欢参与此事,也许恰恰因为,这种内在感情的游戏特点是显而易见的。这也让一个头脑冷静的人喜欢。有一次,圈子里的一个偶像格莱姆来访——又一次营造感伤场景的机会。"默尔克、洛伊森林和我,"卡洛利妮·弗拉克斯兰德告诉她的未婚夫赫尔德,"在窗边一个角落里围绕着年长、善良、温柔、快活、诚实和慈父般的格莱姆,让自己沉浸在我们那最温柔的友谊中。他流下快乐的泪水,而我,我把头偎依在默尔克胸前;他意外地被打动了,一起流泪,而我——

我不知道自己都干了什么。"

1772年年初，歌德在访问达姆施塔特的时候，进入了这个感伤主义者的圈子。许多人对他伸出欢迎的臂膀拥抱他，因为大家都发觉：一个真正的诗人来到了。"歌德出口成章。"卡洛利妮着迷地对赫尔德写道。而他对未婚妻为歌德表示的热情，并不怎么感到高兴。

在这个圈子里，比在办公室和身处律师中间，更让歌德感到欢喜。那是怡人的春日。歌德感觉自己是漫游者，四处体验，而那种感情的倍增对他来说并不陌生，就连他也善于堕入爱恋，而最重要的是，他能立刻从中写出一首诗来。丽拉、乌拉妮阿和普绪舍，这三位女神立刻得到馈赠——镶着诗之金边的会面。你如何第一次／带着爱的预感／与这个陌生人相会，／将你的手递给他，／他预感到一切／而这带给他／无比的幸福。∥众神给予我们／地球上的仙境。——这是给乌拉妮阿的。几行后轮到丽拉：将希望的目光／靠近我的丽拉。／天使的嘴唇！／我迟疑着靠近，／望去，叹息，迟疑——／极乐！极乐！／一个热吻的感觉！而普绪舍，即卡洛利妮·弗拉克斯兰德，得到了单独献给她的诗。这将引起一些不快。

感伤主义者组织到美丽郊外的集体漫游，由此出现以下的情况，人们替自己寻找山冈和岩石。每人都拥有了自己命名的山坡。歌德给自己找到一块较高的岩石，甚至爬上去，要将自己的名字刻在那里。在一个小小的仪式中，他供奉给岩石一首诗，又把它献给了普绪舍。他在诗中描绘一个场景，卡洛利妮如何依靠岩石，脑袋紧贴青苔，思念缺席者，指的是赫尔德。但作者希望，也该想到迷乱的漫游人：一滴泪追着／转瞬即逝的欢乐流下，／请你把眼眸／朝着天空抬起／就会在你头上／望见我的名字。

赫尔德可不觉得这首诗好玩，当他听说卡洛利妮在歌德走后真的去那块岩石处远足，就立刻变得恼怒。他写下一首诗，对歌德供奉岩石的行为进行讽刺，并生气地对卡洛利妮写道，在歌德的诗中"您以多种方式扮演了一个悲哀的形象"。当歌德知道赫尔德的讽刺诗后，他恼火地写信给他：那我也想告诉您，我现在对您关于"岩石典礼"的回答感到愤怒，我要骂您是一个不宽容的教士……至于这一点，但愿您在给您的女孩上忧伤之课的权利中，也没感觉受到了侵犯。

歌德和赫尔德之间的关系开始冷却，两年后才逐渐回暖。

在感伤主义者中间，人们喜欢称歌德是"漫游者"。事实上，不管刮风下雨，他经常从法兰克福步行到达姆施塔特。在这样的一次徒步旅行中，产生了颂歌《漫游者的暴风雨之歌》，一首大胆破除形式的诗。我独自激情地唱出这一半胡言，因为我途中遭遇一阵我必须迎面而上的可怕暴雨。

若把这首诗——歌德曾让它在朋友中间传阅，直到1815年才出版——同感伤主义者们诗的嬉戏作比较，可以判断出它与有妩媚和调情色彩的洛可可风格的距离。《漫游者的暴风雨之歌》以高度艺术性的方式，趋向无序和荒蛮。诗歌以其有力的违逆姿态，将基调定在与《普罗米修斯》类似的风格上：谁未被你这个守护神抛弃／狂风和暴雨／便无法让恐惧吹拂其心／／谁未被你这个守护神抛弃／他就会迎着云雨／

迎着冰雹／放声歌唱／犹如高处你那云雀。

这个谁未被你这个守护神抛弃的句式，将被多次反复地召唤，作为主张、请求、希望和要求。谁是守护神？被召唤的是一片希腊众神的天空：非巴斯，即阿波罗，太阳、热量和歌唱之神；然后是巴克斯，也就是狄俄尼索斯的名字，酒、繁殖力和迷醉之神；最后是朱庇特，即众神之主宙斯。这些被置入诗歌的呼唤和挑战，是从品达那里听到的。歌德通过赫尔德发现品达，并尝试翻译他。1772年7月他写信给赫尔德说，我现在生活在品达的作品中。当他将箭一支接着一支地射向云端的目标时，我还站在那里目瞪口呆。可眼下歌德不再目瞪口呆，他将自己朝着云端向众神射箭。但即使是品达的众神能帮他，他也还得帮助和信任自己。他呼唤的守护神，最终只是自己的守护神，不管众神如何规定他做什么，他不让自己被带离自己的目标：那里山丘上——／有天堂之力——／有众多烈焰——／有我的茅舍——／必须徒步跋涉去那里。

那是结尾的诗句，与开头那些放纵无节制的诗句对比，人们在那里感受到前冲的气息。有人真的已经气喘吁吁。倘若我们相信歌德，就不该忘记：这首诗确实产生于漫游途中。最后的徒步跋涉听起来并不怎么具有英雄气概，这是对开头那激昂的语言姿态的讥讽。巨大努力后的精疲力竭显而易见：那是被抛在身后的道路和欲与品达较量的胆大妄为。诗的节奏模仿的是抗击风雨张力之时具有冲击力的变化。诗人轻蔑地想到阿纳克里翁，因为这个漫游者温柔的怀中／拥着一对鸽子，与强力，即与吞吐风暴的神搏斗。

也就是说，从法兰克福步行出发的歌德，浑身湿透，头发凌乱，间或来到达姆施塔特的阿纳克里翁派诗人身边，或者在返回后来到法兰克福，去往一个他常光顾的漫游街上的一个旅店。

在此期间，漫游者歌德在法兰克福已成为文艺评论家。他以后这样写道：痛打它，这只狗——那是个文艺评论家，而他自己起先是其中的一个。如前所述，默尔克让他为《法兰克福学者通讯》写稿。报纸在新主编的领导下有了改变，默尔克想要的不再是有教益的哲学和无聊的道德说教，而是引人入胜的、肆无忌惮的批评。观点的表达，适应改变了的时代精神，可以具有个人色彩。

幽默而非迂腐——这符合歌德的趣味。他的第一篇书评，涉及一篇对劳伦斯·斯特恩《感伤旅行》之德国仿作的严厉批评，发出了对当时书评界来说非同寻常的声调。我们这些文学课的警察帮手……让这个教书先生（作者）再活一阵子。不过，他得被送入新的劳教所，在那里锉去一切无用的、空泛的作家的东方根底，挑选变体、辨别证书、整理泰罗的笔记、剪贴目录，并进行更多类似的有益的手工劳动。某个名叫《普费伊弗尔》的悲剧，被他用一句话就打发了：贝尼希努斯·普费伊弗尔先生平时该是一个可爱的男人；可他通过这唯一的剧本一下子糟蹋了自己的名声。一部关于《道德的美好和生命的哲学》的厚重著作，让书评人无聊至极，他就称其为一篇可怜的废话。

人们发觉，这些书评落笔轻松快速——有时缺乏对被评论之作的认识，瞥上一眼序言，对书评人就足够了。但有时他也感到挑战，必须进行彻底的讨论，比如对约翰·格奥尔格·苏尔策当时影响巨大的美学理论，题为《在其起源、真实的自然和最好的运用中的文艺》。在与苏尔策的论争中，年轻的歌德尝试弄清自己的美学。

书评中说，一种有约束力的文艺理论的形成，还为时过早，一切还处在酝酿中。此外，艺术家和艺术爱好者应该思考，由于所有这些理论，他会将自己通往真实享受的道路堵死。书评人首先抵制一种流行的恰恰由苏尔策发展的原则，即艺术的原则是对自然的模仿。

涉及模仿自然的论点，歌德自信地宣称，艺术以其形象创造一个新的自然，一种艺术的、无法比拟的、原创的和令人惊异的自然。它无须与业已存在之事物一争高下，相反，应该就其自身的和内在的真理获得评判。也就是说，针对模仿的原则，歌德提出了创造性表达的原则。

但是，因为模仿的原则不仅事关当下的自然，而且事关表现之通行范例，而这种表现同样适合模仿，对模仿的批评也就同样是双重的：艺术既应该摆脱乏味的现实主义，也应该摆脱传统形式。歌德以《葛茨》，也以自己的自然诗和爱情诗进行着此类尝试。

谁将艺术与对自然的模仿捆绑一处，谁就是把自然的善和美设为前提，歌德这样断言并引述苏尔策。后者说，自然"通过惬意的印象"打动我们。歌德的反驳是：狂怒的暴风雨，洪水，烟花，地下火焰，一切元素中的死亡，较之壮丽地在茂密的葡萄园和香气四溢的橙林上升起的太阳，难道不更是其永恒生命的真实证明吗？

歌德径直否定，美是人们仅需要模仿的自然的特性。在论战过程的亢奋中，歌德陷入了极端的相反立场：美恰恰被人从一种残酷的自然那里强行夺取。美的艺术恰恰不追寻自然的例子，相反美抵抗自然。年轻的歌德在这个意义上表达了一种闻所未闻的新思想：艺术恰恰是反抗的游戏，它源自个体的努力，针对整体那毁灭性的力量，保存自身。

由此出发，这个评论家大胆展望了一个事关未来文化的问题，并说，人类正在将自己关在一座宫殿的玻璃墙后面。即艺术是玻璃宫。陀思妥耶夫斯基将在一个世纪后也这样定义现代派。年轻的歌德偶尔将此提前说出。就连陀思妥耶夫斯基的结论也在歌德那里得到预示。这个玻璃宫，这个人们从自然那里强行夺来的艺术世界，成为舒适的地方。针对自然的有力断言，成为奢侈的懒散松弛，有颓废的危险。歌德写道，人们将逐渐变得越来越柔顺。必要时该怎样避免这样的颓废？大胆无畏的评论家有个答案。因为艺术和文化源于对自然的反抗，所以人们应该与反抗的力量结盟，而非仅仅轻率地享受成果。也就是说，人们应该关注艺术家需克服的困难，关注那些他借此成功的力量。所以人们首先要加强创造的本能，它会迫使自然成为贡物。

不过这里召唤的反自然的艺术力量，最终说来依旧是自然的，年轻的歌德也知道这点。怎么会有其他的可能呢？那是某种自然冲动，它反抗在自然中业已完成的东西，或者说，根据传统的用语，"能生的自然"（natura naturans），即创造性的自然，反抗"生成的自然"（natura naturata），即已成就的自然。在其他评论中，歌德将自然的"反自然"

定义为天才。我们完全相信，天才不模仿自然，相反如同自然那样自己创造。歌德早期的美学，在这个句子里凝聚。

还可以强调歌德在韦茨拉尔时已写下的评论。在遇到一个相当普通和传统的爱情故事时，他替自己描绘了一对情侣，他们确实配得上进行文学描述，值得在此引用一个较长的段落：

> 啊，我们祖国的守护神，请让一个年轻人茁壮成长，他充满青春活力又健壮开朗，首先是社交圈的最佳伙伴，提供最好玩的游戏，唱出最友善的歌曲……最出色的女舞伴对他友好地伸手相邀……让一个姑娘找到他，他值得如此！
>
> 倘若神圣的情感将他从社会的纷扰中带出，引入孤寂，就让一个姑娘在他的朝圣旅途中发现他，她的灵魂满是善意，同时体形十分优雅，在操持家务之爱的静谧的家庭环境中展开自身。她是母亲的宠儿、女友和助手，她家里的第二个母亲，她那总是散发着爱之力量的灵魂，不可抗拒地吸引每个人的心，诗人和智者心甘情愿地向她学习，惊叹地注视这天生的德行，与生俱来的富足和优雅。——对了，倘若她在孤寂的静谧时刻感到，尽管有了这一切，爱的传播还缺少什么，那么一颗如她那样年轻和热忱的心，会同她一起渴求这个世界上远方那被遮蔽的极乐，她会在他快活的陪伴下，与永恒的团聚、持久的结合和不朽织就的爱情紧密相连，朝着这一切金光灿烂的远景奋争。

让两人会面吧,首次接触时,他们将模糊又强烈地预感,一方在另一方那里会懂得何为极乐之化身,他们将永不分离……在他(小伙子)的歌曲中将道出真相,生机勃勃的美,而非充斥于千百首德国歌曲中的彩色皂沫。

不过,真有这样的姑娘吗?是否也真有这样的小伙?

评论人有理由假设,真有这样的姑娘和小伙子。小伙子就是他自己,而姑娘则是夏洛特·布夫。在他们之间上演的故事,一半发生在梦中,另一半发生在韦茨拉尔。

1772年5月,歌德来到韦茨拉尔,为的是在当地的帝国皇家最高法院注册成为"实习生"。同父亲以前一样,他应该在这里继续积累经验,特别在国家行政法领域。对帝国所有阶层之间和臣民针对其政府的法律纷争来说,这个帝国皇家最高法院就是最高法庭。这里不受理刑事案件。这个法院自1495年成立,起先在施佩耶尔,17世纪末迁到韦茨拉尔。在这个仅有约五千居民的小城市里,聚集着法官、代理人、律师、公使及其下级官员、公使馆参赞、法警,从事着他们那杂乱无章、无尽拖沓的事务。有些诉讼已经拖延百年悬而未决,涉及神职人员的薪俸、税负、债务、领土争端、租赁关系。有争端的当事人尝试加快或者用钱拖延案件的处理。贪污腐化盛行,而为了制止腐败,在歌德来到韦茨拉尔的五年前,成立了稽查委员会,因而官员队伍再次膨胀。1772年夏,稽查始终未结束。

作为实习生,无须完成任何事项。实习生可以在档案堆里翻腾,选择范围很广:在办公室里,堆着一万六千份未结案卷，那是值得尊敬的德意志民族神圣罗马帝国的厚重的法律基础。《浮士德》中有关实习的场景，概括了歌德在韦茨拉尔的经验：法规和法律不断遗留，/犹如一种永恒的疾病；/从这一代拖到下一代，/从这一地移到那一地。

歌德几乎不务正业。他参加为数不多的审议。它们由朗读当事人那冗长和深奥的书面文字组成。刚到韦茨拉尔，人们就嘲讽这个瘦削大眼的博士，说他研习过所有学问，但法律除外。他被视为文艺爱好者和哲学家，马上传开的还有，他还写文学评论。稍后由于自杀而闻名天下的公使馆秘书威廉·耶路撒冷，在莱比锡时代已认识歌德，鄙视地称歌德为一个"法兰克福的报章写手"。那时《葛茨》尚未发表，但有人到处传颂，而在一次圆桌聚会时，有参与者玩一种给自己取名的游戏，有人称歌德为"正派人葛茨"。歌德在韦茨拉尔也散发出魅力，人们尝试接近他。他有能力出色地谈论荷马、品达、裴相和莎士比亚，用自己洪亮的嗓音诵读他们的篇章。歌德游弋在青年法学家、律师和公使馆秘书之间。他未受吸引，进入更高阶层的常是贵族官员的圈子。歌德在哪里出现，就能立刻成为那里的中心人物。汉诺威的公使馆参赞约翰·克里斯蒂安·凯斯特纳，夏洛特·布夫的未婚夫，描绘了他1772年夏认识歌德的场景。那是在毗邻的加本海姆村，一个受人欢迎的漫游地。凯斯特纳写道："在那里我发现他仰面朝天，躺在一棵树下的草丛中，一边同周围的几个人交谈——一个伊壁鸠鲁学派的哲学家（封·古埃，伟大的天才），一个斯多葛学派的哲学家（封·基尔曼斯埃格）和一个他们两个的中间人（柯尼希博士）——这让我忍俊不禁。"

他懒散地躺在草丛中，其他人站在他周围，听他说话。凯斯特纳带着几分嘲讽描绘这个场景。这个草中人显然让人印象深刻，但能把他当真吗？即便自视甚高，能这样和别人说话吗？或者他对自己自视过高？凯斯特纳走近才发觉，他们谈的是"有趣的事情"，而歌德所说的最为有趣。凯斯特纳在描绘这个场景的信里写道："您知道，我从不匆忙评判。我已发觉他具有才华和丰富的想象力，但这还不足以让我去高度评价他。"以后他更加熟悉了歌德，而且是在自己未婚妻夏洛特·布夫家中。歌德在那里逐渐找到了入门途径，一如以后小说《维特》中所描绘的那样。

歌德参加了去福尔佩斯豪森的猎屋的出游，还在那里跳舞。受邀的有十二名男子和十三名有着极好声誉的年轻女子。在歌德的马车里，坐着十九岁的夏洛特·布夫。在途中，歌德已爱上这个有着天蓝色眼眸和鬈曲金发的秀丽的年轻女子。大家跳舞，跳到深夜。根据凯斯特纳的说法，歌德在这第一个夜晚还不知道，洛特"不再自由"。因为订婚还未公开宣布，以后加入的凯斯特纳的一举一动，让人觉得他与洛特仅是朋友关系。

次日歌德在德意志骑士团的官府，即在洛特父亲海因里希·亚当作为官员管理的骑士团产业"德意志屋"里，拜访了洛特。洛特的母亲早已过世，她作为最年长的女儿，照管弟妹。首次拜访"德意志屋"时，歌德见证了一个场面，而这其后在《维特》中也被描绘出来：洛特被一群孩子包围，切分面包，给弟妹擦鼻涕，平息吵闹，警告又鼓励他们。

在《诗与真》中歌德强调，恰恰是洛特已订婚的这一情况，让他毫无顾虑，可他突然感到，自己如此狂热地被吸引，着了迷，以至于他自己不再认识自己。对他来说更令人惊讶的是，洛特属于那类女子，她们虽然引起普遍的好感，但不投入强烈的激情。此外，那个像靡菲斯特一样冷酷无情的默尔克，在访问韦茨拉尔时，也这样判断。朋友该去找个更迷人的女友，而不是在一项无望的业余爱好上浪费时间。

洛特给狂热的歌德指出边界，但在未婚夫的同意下，她愿意与歌德保持友好联系。对凯斯特纳来说，歌德也是个有魅力的人，不愿离弃他。如此，误解消除后歌德作为家庭朋友留在洛特和凯斯特纳身边。就这样，整个美丽的夏季他们过着一种真正的德国牧歌式生活，而丰饶的土地为此奉上散文，一种纯粹的倾慕为此奉上诗歌。大家悠然穿过庄稼地，倾听着云雀鸣叫，苦恼于炎热的天气，让自己被阵雨淋透，又围坐在餐桌旁剥豌豆。这也许会平和地继续维持一段时间，但歌德，凯斯特纳这么说，恰恰"具有某些特性，这些特性能让他对女人，尤其对一个敏感和有品位的女人来说，变得危险"。凯斯特纳虽然对自己的洛特有把握，但还是怀疑，犹如他给一个朋友写信所说，他是否有能力，"和歌德一样让洛特幸福"。他既不想失去朋友歌德，也不想失去未婚妻洛特。所以，当歌德最终明白，"为了他的安宁，他得使用强力"的时候，凯斯特纳如释重负。强力在此意味的不是其他，而是一种坚决和秘密的离去。

1772年9月10日清晨，歌德不辞而别，离开韦茨拉尔。前一个晚上大家是一起度过的。凯斯特纳在日记中写道："他、小洛特和我，有一次奇特的谈话，涉及此生之后的境况，以及离开和重生。不是他，而是洛特开始了这个话题。我们互相约定，我们中谁先过世，倘若可能的话，该将这个消息告诉生者。歌德沮丧不堪。"歌德在早晨留下两封告别信，一封给凯斯特纳，其中所附的另一封给洛特。给凯斯特纳的信中写道：若我在你们身边再多留片刻，我会支持不住。给洛特的信中写道：独自一人，我现在允许自己哭泣，我让你们幸福，对你们念念不忘。

读告别信时洛特哭了。尽管如释重负，她也非常哀伤。凯斯特纳在日记中记录："但她更愿意他走，因为她无法给予他希望得到的东西。因为他深深地恋上了她，以至狂热。她一直让自己远离于此，除了友谊，没给他任何许诺，而且有过正式声明。我们一直在谈论他。"

他们还将经常谈论他，起先是友好和亲切地，当《维特》一书出版后，有一阵子是伤心和怨恨地。但这也将成为过去。

第八章

青年歌德的一幅肖像。与凯斯特纳一家的通信。耶路撒冷的自杀。《葛茨》出版。秘密指点成为开导。兴高采烈。普罗米修斯。诗人,或者先知?穆罕默德。反对伪善先知的讥讽的战役。

在我们关注青年歌德以后的人生道路之前,让我们停留片刻,去确认此刻他在周围人眼中表现如何,比如在头脑清醒和目光锐利的英才凯斯特纳的眼中。凯斯特纳有几分理由,充满疑虑地观察他的竞争对手,即使是凯斯特纳,几乎有违他的意愿,也超乎常理地看重歌德。凯斯特纳的一封信稿得以留存,其中也许包含对青年歌德的最有说服力的、最精辟的描述。

"他(歌德)是具有人们称为天才特性的人,拥有无比生动的想象力。他具有强烈的情感。他有一种高尚的思想方式。他是有个性的人。他爱孩子,善于和他们打交道。他有怪脾气,举止和外表中有不同的东西,能让别人颇感不适。不过,在孩子们中间,在女人们和许多其他人中间,他给人留下好印象。——他做自己感兴趣的事,不管这是否合别人心意，或者这是否流行，生活是否允许这样。他憎恶一切强制。——他非常尊重妇女。——他尚无确定原则，正在追求一种有把握的体系。……他并非人们所称的正统派，但不是因为骄傲或者任性或者想表现什么。他……不喜欢打扰安静思考中的人。……他不去教堂，不参加圣餐，很少祈祷。因为他自己说：'我不能够做说谎的人。'……他对基督教怀有敬意，但不是以我们的神学家们想象的方式。……他追求真理，但更看重其感情及其表征。……他的主要著作属于文艺和科学，或者更是属于一切科学，但是并非属于所谓的谋生科学。……一言以蔽之，他是个非常奇特的人……"

喷涌而出的丰富思想，无拘无束的想象力，感情的到场，对传统和流行的毫不在意，自发本能的举动——这些是表面的性格特征。而他在宗教事务中的严肃和认真，则更不易看透。歌德对宗教怀有敬意，但不是对其尘世的权力要求和教条。这个"奇特的人"总的说来活在自身，但对他以自己的方式所适应的世界也怀有一种抑制不住的好奇。他远离"谋生科学"，由此远离仅以职业进步为鹄的指向。当然他也能纵容自己这么做。凯斯特纳则完全是属于谋生科学的理性的人，他既非轻蔑也非极度赞叹地指出歌德身上这样的特征，但歌德的信心十足和自由自在，让他惊讶。

当歌德动身顺着兰恩山谷往下步行，前往法兰克福之时，在凯斯特纳那里留下的是这样的印象。半路上歌德拜访了当时著名的女作家索菲·封·拉罗舍。她和丈夫及全家在埃伦布莱特—施泰因附近有一栋壮丽的大房子。丈夫是个善于处事的开明外交官，面对妻子吸引到家里的艺术爱好者，显得宽容和稍带倨傲。索菲是维兰德的表妹和曾经的未婚妻,由于1771年出版的书信体小说《封·斯特恩海姆小姐的一生》而出名。人们把小说中这个感伤和品行端庄的小姐视为女作家本人,但倘若见到拉罗舍,他们会感到失望,因为她表现得像一个冷漠的社交型的女人。当歌德1772年年初通过默尔克在达姆施塔特妇女圈中认识她时,认识的也正是这样一个拉罗舍。不过面对歌德,她敞露心扉。一种充满信任的关系由此开始。歌德在一些信件中,有时甚至称她为妈妈。但某种保留和小心依旧存在。面对她,歌德表现得幽默健谈,总是讨人喜欢,并注意平息自己情绪的起伏变化。歌德与拉罗舍的联系将延续三代人:与她的女儿马克西米利安娜的联系,她婚后叫布伦塔诺,其黑色的眼睛被歌德赋予维特的夏洛特;还有他与马克西米利安娜的女儿、后嫁给诗人阿尔尼姆的贝蒂娜的联系。

歌德返回法兰克福,等着他的是父亲的责备。他在韦茨拉尔的逗留,花去不少钱,可为职业的进步带来了什么?父亲算计钱,可儿子不计较,他只是让自己花钱。在给凯斯特纳的一封信中,他抱怨说:亲爱的上帝啊,若我有一天年迈,也会这样。我的心不再会挂念值得爱的美好的东西。奇怪的是,人们会相信自己越是年长,就越是自由,越能摆脱尘世和渺小。其实他会越来越入世,越来越渺小。

家中的气氛让歌德觉得压抑,同样让他感到压抑的还有与《法兰克福学者通讯》的不快。有几篇评论因为歌德放肆的语调,在高层教会人士那里引发不满。有人提起了诉讼。出版者也抱怨,有些评论过于晦涩,其表达超越读者的理解力。歌德决定停止评论工作,并于1772年年底,用一篇讥讽的《后记》同他的读者告别。他写道,我知道,想同读者交流但被误解是怎么回事,更明白类似之事将如何收场。

1772年10月,他从凯斯特纳那里得到消息,一个来自韦茨拉尔的熟人自杀了。那是曾经的公使馆秘书,沉湎于喝酒和写悲剧的西格弗里德·封·古埃。歌德写道:我对这样的行为表示尊敬,为人类感到悲哀,让所有庸人中的胆小鬼对此做出烟雾缭绕的观察,并说你们活该吧。我希望永远不会用这样的消息,让我的朋友们心情沉重。

不过那是一个并不确实的谣言。古埃在此期间于哥廷根好好地活着。两周后在韦茨拉尔真的发生了一起自杀事件:威廉·耶路撒冷开枪自杀。对此人们议论纷纷,因为大家都知道耶路撒冷这个名字。他是与莱辛交情甚笃的著名宗教作家的儿子。有人在猜测,是什么将他驱向死亡。难道是,一如歌德给索菲·封·拉罗舍信中所言,对真理和道德之善的胆怯的追求,即耶路撒冷死于崇高的道德要求?据说他与一个已婚女子的不幸情史掺杂其中。凯斯特纳写道。这个消息对我来说可怕又突然,歌德回答,同时指责耶路撒冷的父亲,说他以过分虔诚的方式培养了儿子。要是他那该诅咒的教士父亲无罪,请上帝饶恕我,我希望他破产。

歌德请凯斯特纳告诉他有关这一死亡事件的消息。凯斯特纳写下一篇全面细致的报告,报告本身已是一篇文学杰作,给歌德一年后所写的《维特》不仅提供了事实的细节,还提供了个别成功的表达方式:著名的结尾——没有一个牧师为他送葬——已在凯斯特纳的报告里出现。

在《诗与真》中,歌德描绘了《维特》的诞生,似乎耶路撒冷自杀的消息,是以文学的方式处理韦茨拉尔爱情之夏的导火索。事实上,此事过了整整一年后,歌德才开始写作《维特》。其间还发生了另一些事。

首先,歌德处于受压抑但又轻佻的情绪中。他和凯斯特纳保持着密切的信件往来,把自己作为情感上受挫的家庭朋友的角色当作一场游戏。他似乎想自我折磨,要求把为婚礼购置婚戒的任务交给他。1773年4月7日,他寄走婚戒并说明,此刻起他不再想面见两人。他不会参加婚礼。他把至今一直挂在他床头的洛特的剪影请出了卧室。除非他听说,她坐月子了,一个新的时代才会开始,而我不再爱她而是爱她的孩子。然后他面对凯斯特纳反复询问,他仓促离开韦茨拉尔的举动是否得体。他是过于冷静还是过于热情?这对我来说不算什么,但我不明白怎么会这样。他似乎想驳斥这样的指责,说他是个过于冷漠的情人,面对凯斯特纳表现得行为荒唐。而凯斯特纳则因歌德的退却而高兴。不过歌德这样做,似乎没给凯斯特纳留下什么好印象。难道他该更多地为了洛特奋争?难道他其实不是一个善于征服女人的男子?私下里不夸张地说,我相当了解女孩。他写道,自己不嫉妒凯斯特纳,还暗示了自己的结婚意向。有这么个候选人——也许这里指的是在一次婚姻游戏中被抽中给他的安娜·西比拉·明希。他又一次写道,他如何梦见夏洛特:他挽着她的手穿过一条林荫道,人们停住脚步,注视和目送他们。他继续写道:我就这么幻想着穿越生命,打着让人讨厌的官司,写着剧本、小说和诸如此类的东西。绘画、调情,尽可能敏捷迅速。有时他感到轻松，能从整个故事里脱身而出，有时他抱怨，自己对夏洛特无法忘怀。无论如何，他本人也觉得自己滑稽可笑。我不知道我这个傻瓜为何写这么多的东西。

他也有过忧郁的情调。我漫游于荒漠，他写道，或者，我可怜的生存朝着荒凉的岩石呆视。他暗示，他不时地有刺杀的心情。在《诗与真》中谈及一把匕首。他长时间地将它放在床头柜上，总想试试，能否成功地将锐利的刀刃刺入胸膛几英寸。他没有成功，最后嘲笑自己，抛开这种病态的装腔作势，决定活下去。

《葛茨》大获成功。1773年6月剧本匿名发表，无印刷地点，费用由默尔克和歌德共同承担。因为善于经商的默尔克作为一个达姆施塔特公主的随从去了俄国，歌德必须自己操心让人费神的书的销售事宜。就当时的境况来说，书很畅销。作者无法长久保持匿名，也不想这样。半年之后，作者授权的第二版发表，为的是抢在同样无法阻止的盗版之前。由于故事发生地多变，情节缺乏统一，歌德自己仅把它当成了供阅读的剧本。尽管如此，它还是立刻被搬上了舞台，起先在柏林，在那里还添上了一段吉卜赛芭蕾，然后在汉堡、布雷斯劳、莱比锡、曼海姆。报纸纷纷介绍迄至那时广大读者群尚未听说的这个年轻作者。随着《葛茨》的发表，加上一年后在更大范围中传播的《维特》，一批新的读者和剧院观众被争取到。谨慎小心的文学公众开始陷于骚动，喜欢轰动效果。谁自认为是个人物，就一定得读过剧本，认识作者，至少要听说过他。在同时代人的书信往来中，尤其在女性那里，这颗新星在文学的天空发光闪烁。有关这个剧本的喧闹声，之后甚至传到了普鲁士国王那里。弗里德里希二世并不高兴。他称《葛茨》是"对糟糕的英国戏剧的可憎模仿"。这里指的显然是莎士比亚戏剧。作者被未点名地责骂为文学品位的败坏者。但大众同样出于爱国的理由，为歌德感到骄傲。在文学事务上，人们不再愿意让国王指手画脚。文学的民族自信获得增长，而《葛茨》的成功历史，在很大程度上做出了贡献。

评论文章肯定乃至狂热地做出判断。在克里斯托夫·马丁·维兰德的月刊《德意志墨丘利》上，这个剧本被称为"最美、最有趣的巨著"，理应获得"所有德意志爱国者的热烈感谢"。维兰德自己小心地同这样的赞扬拉开距离，但他承认，一个作家就此出现了，且他有理由赢得伟大期待。歌德家当时订阅的报纸《法兰克福学者通讯》当然也不吝褒扬："最初的几页就让我们预见到，其中将有变化多端之事发生，但让我们忘记我们的亚里士多德，去获得充分的享受。"

随之出现了众多仿作。骑士主题变得时髦。有或没有坚忍之妻的自助者，城堡上勤奋的年高望重的女人，身材纤弱的城堡小姐，古代堡垒中的卑鄙阴谋家，臭名昭著的宫廷美女，一起充斥着舞台。既然真的有过"葛茨"这个人，而他的后代还活着，并在先人的荣耀中而沾沾自喜，那么就该有其他声名显赫之人的后代突发奇想，也让人在戏剧中描绘自己的祖先。一个住在艾泽纳赫附近的男爵封·里德泽就悬赏二十枚金币，让人写将他的一位先人的故事搬上舞台的剧本。甚至莱辛也被定为奖金的评奖委员会成员。但事情后来没了下文。

歌德的名字一夜之间在整个德国文坛如此响亮,以至于人们不久之后,将伦茨匿名发表的《宫廷教师》也归到他名下。歌德的名字代表新的、粗犷有力和情感激烈的声调,代表戏剧的画卷,代表摆脱传统戏剧规则,代表教育倾向的缺位,也代表语言的原创性。但歌德不久以后就对此漠不关心了,他带着剧本《克拉维戈》返回传统的戏剧形式,似乎想证明,他能熟练驾驭各种形式。

一种对诗的无限权力的感觉袭上歌德心头。他要的不仅是他所能做之事,也想要做到任何他想做之事。1773年9月15日,他对凯斯特纳宣告:一个为演出写作的剧本,要让一些家伙看看,只有我把观察规律、描写品德及感伤主义放在心上。再见。还有,以作家的身份说句心里话,我对美和伟大的向往与日俱增,若是我的灵感和爱不离弃我,那么我应该还有许多作品要献给我所爱的人,而读者也会得到自己的那份。

在这种高涨的情绪中,歌德草拟了他有关普罗米修斯的剧本。1773年7月中旬,他曾写信给凯斯特纳说,众神给我送来一个雕塑家,倘若他在此一如我们所愿地找到活干,我就会忘记许多……我将我的境况描绘成抵抗上帝及人的戏剧。

他从黑德里希的《缜密的神话辞典》中,从埃斯库罗斯、卢奇安和奥维德那里,为自己的《普罗米修斯》收集资料。但这个剧本最后只留下了两场残篇。剧本情节贫乏,带有一系列夸张的语言、姿态,因为主题是抗拒众神。普罗米修斯作为不愿继续屈服于众神的反叛者出现。背景中可以瞥见高加索山脉。熟悉这个神话的人知道：普罗米修斯被众神用锁链锁在那里，惩罚他把火种带给人类。但剧本选取的是普罗米修斯故事的另一段落。为了让他平静，众神给了普罗米修斯奥林匹斯山上的一个舒适位置，但他得依赖他们，作为城堡司令，犹如普罗米修斯讥讽地以葛茨式的语调所说。他的弟弟厄庇墨透斯建议他接受这个提议。对此普罗米修斯回答：他们想与我分享，而我以为／我没什么能与他们分享。／我拥有的东西他们无法夺走。他在此指的是：那个实现了我的影响力的区域。

作家歌德沉浸在自己的成功和文学影响力的亢奋中，在影响力这个题目上，首先涉及文学的创作和文字的力量，所以让弥涅耳瓦作为代表灵感的语言女神出现。普罗米修斯感到自己与她休戚与共，描绘了女神施与他的奇妙影响力。这几行诗与灵感产生的独特过程有关。歌德熟悉这点，倘若人们的心头猛然充溢这样的想法：人有时觉得他又是他人又是自己，或者相反。普罗米修斯对弥涅耳瓦说：你是我的精灵／又是精灵自己。／……我的灵魂独语时总是这样！／……这样的话，我自己并非自己。／而一个神灵在说话／若我以为自己在说话。／若我以为一个神灵在说话，／那也是我自己在说话。／于你于我都是这样／如此一致，如此密切。

在第二幕中，普罗米修斯就这种影响力做了一个实验。他做了作家们平时愿意做的事。他根据自己的图像塑造人，但他不是用语言，而是用黏土：宙斯请往下瞧／它在我的世界生活。／我按我的图像将它塑造／一个像我的族类。／哭着受难，笑着享受／无须尊重你，和我一样。故事还将继续：人如何学习，如何互相确立各自的地位，如何捍卫自己通过工作获得的财富和自己的自由，如何被卷入爱情和死亡之统一的神秘。一切以简洁和浓缩的方式行进，几乎有些匆忙。但人们的记忆中会留下普罗米修斯对宙斯的顽强反抗：我无须尊重你。

这些反叛的诗句重新返回，进入著名的普罗米修斯颂歌——宙斯请遮盖你的天空——它最初也许该开启剧本的第三幕，但随后于1785年在未获歌德首肯的情况下，作为独立的诗歌，被朋友弗里德里希·海因里希·雅各比发表在他的著作《论致莫泽斯·门德尔松先生信中的斯宾诺莎学说》里，作为所谓斯宾诺莎风格中一种大胆的泛神论的范例。详见后文。

针对奥林匹斯诸神的语调，在这首角色诗（说话者是普罗米修斯）中，比在普罗米修斯剧本中更好斗和更自信。它虽然同剧本一样，结束于这里坐着我这个虔诚的人，但比剧本更尖锐的是对众神之无能的抨击：我不知在太阳底下／有谁比你们这些神灵更可怜。／你们勉强依靠／献祭的捐助和祈祷的气息／颐养你们的庄严，但你们会饿死／——若无儿童和乞丐／以及满怀希望的傻蛋。

这是否仅涉及希腊神灵，还是也涉及基督教的上帝？是谁帮助我／反抗泰坦巨人的高傲……／难道不是你自己完成了这一切／神圣地燃烧的心？这样一颗心，它相信自己的能力，也不需要基督教的上帝。

谁要是愿意，就能从这首诗中读出某种亵渎神灵的东西。所以雅各比将它公开发表,所以它也获得了一种制造丑闻的效果。回顾往事时,歌德在《诗与真》中尝试抹去诗中宗教批评的锋芒。不管人们如何,一如已发生的那样,对这样的题材做哲学的,甚至是宗教的观察,其实这个题材事实上隶属于诗。

歌德的普罗米修斯般的自信建立在他当时生活的最坚实的基础上,即建立在他诗歌上的多产的才能中。他不断想起什么,他充满念头,早晨还未起床就写——无论晚上或白天,无论在众人之中或独自一人,无论喝酒或者不喝酒都写。人们可以向他提出任何要求,我有准备,一挥而就。因为在那段时间,这种自然天赋显然随时随地听他调遣,我就愿意将我思想中全部的此在,建立在以下基础上。这种想象就转变为图像,普罗米修斯的古代神话人物引起我注意……普罗米修斯的寓言在我心中变得生动。我就按自己的身材为自己缝制古代的巨人服。

歌德身上有某种狂放自负和无忧无虑的东西,他尝试一切的可能,民歌声调的歌曲,品达风格的颂歌,莎士比亚类型的戏剧,集市的通俗表演,以汉斯·萨克斯为本的双行押韵诗。他对一切驾轻就熟。一个变形艺术家,也能让别人变形。

他就这样对周围人产生着影响,作为一名魔术师。笼罩他的空前光芒,由于《葛茨》而得到增强。人们称他为"天才",愿意接近他,倾听他说话——倘若他在社交场合打趣说笑或者进行热情演讲。一些人称他为"着魔者"(雅各比),另一些人说他是"彻头彻尾的天才"(海因泽),有人担心"他的火焰会吞噬他"(博德默尔)。人们惊讶地对他凝视,就像观看一种自然奇观。

歌德吸引别人,而他们几乎带着宗教的狂热开始崇拜他。来自斯特拉斯堡时代的一个熟人写道:"这个歌德,面对他,也仅仅在面对他时,我想结结巴巴地说话、歌唱和热情作诗……这个歌德仿佛超越我一切的理想……我似乎从未经历,能如此切身地体验福音书中以马忤斯的门徒的感情的机会……他们曾说:'当他和我们说话时,难道我们的心没有燃烧吗?'让我们始终将他当成我们的主基督,请您让我当他最后的门徒!"人们有时聚集在他身边,犹如围住一个先知。曾和歌德一样是《法兰克福学者通讯》撰稿人的赫普夫纳,从吉森报道了歌德的一次来访:"有人坐着,有人站着,有几位学者先生站在椅子上,越过同伴的脑袋,望向聚集的人群,一个男人的洪亮的嗓音从中间发出,而他以激情洋溢的演讲让听众着迷。"有人把他比作耶稣,感到自己无法"对这个上帝创造的宠儿写下可轻易领会的文字"。每当歌德从法兰克福出发动身漫游,他身后都会拖带一帮年轻的姑娘和小孩,而在达姆施塔特,在他落脚的默尔克家,屋前会聚起看热闹的人。默尔克嘲讽地要求朋友为聚集者祝福。此事对歌德来说不时地变得可怕,特别是因为即使在他自己的房子里,也会受到纠缠。他不得不举行正式的接见仪式,每周四次,仅在上午。屋子里从来不空。

歌德不在意自己产生的影响,相反意识到这种影响力所带来的问题。依旧是诗人,或者已是先知——这是问题所在。

在对诗之灵感的高昂热情中，他觉得自己十分接近先知，以至于自己完全能体会犹如穆罕默德或者亚伯拉罕这样的形象，倘若这种形象里充溢着一个神灵：穆罕默德，难道你没看见他？在每个静静的泉流旁，在那每棵繁茂的树下，他带着爱的温暖与我相会。我多么感谢他令我的心扉敞开，除去我心灵的坚硬盔甲，让我能感受他的临近。

作为诗人，歌德显然获得了有关经验，它们促使他思考圣灵降临节的奇迹：最神圣、最深沉的充溢感觉，瞬间将人变成一个超凡的生灵，他口说神灵之语，舌头从神性的深处发出生命的火花和光亮——在他的短论《什么叫用舌头说话？》中有这样的声音。

他在自己身上也感到这样一种精神，但这未向他呈示彼岸，而让他的内在及此岸世界显得美不胜收，并赋予他这样的感觉，自己参与了让整个宇宙拥有生命力的创造性的力量。这种精神如此激励他，让他有时来不及记录。

先知或者诗人？歌德最终选择了诗人。真正的诗人与先知一样，也热情洋溢，但没有传教的野心和充当神的传声筒的要求。不过，真正的诗由此宣称，它，作为一种世俗的福音，通过内在的欢快，通过外在的惬意，懂得让我们摆脱压抑我们的尘世重负。它宛若一个气球，将我们连同附在我们身上的累赘升往高处，让尘世那令人困惑的迷途，一览无余地在我们眼前显现。

先知和诗人一样，被他们突如其来的念头征服和吸引，觉得自己是降神者——这是共同点。但歌德寻找着二者的区别。诗的灵感和先知的启示可能出自同一源泉，但与诗人不一样，先知要将他身上的神性，向外传播。而想赢得追随者的诗人，必须将自己和他想影响的粗野世界等同起来。所以他会深思熟虑地，甚至是使用强力，让自己与原初的灵感疏离。

歌德想在他的剧本《穆罕默德》中描述这种先知的命运，而在这种关联中，他讥讽地批评了其他令人生疑的"先知"，这里的批评部分是虚构，部分根据生活描绘。比如有布赖教士或"猪牧师"，以及萨蒂罗斯。

剧本《穆罕默德》设计了一个庄严的结尾。穆罕默德应该表现得纯洁无瑕。借助其中的先知讽刺，歌德尝试不受有关危险的干扰。诗是使用顺势疗法的预言事业。如他在《诗与真》中所言，歌德为自己缝制了巨人服，他也有以下的意图，表演某种对象，并让他自己成为这样的对象。

穆罕默德本该被当作宗教的天才上演，歌德的灵感将他转变成一个新人，喷涌出一种如此的力量，甚至让其周围环境也发生了转变。他吸引同自己接触过的人。在穆罕默德的女儿法蒂玛和女婿阿里之间的一次对唱中，灵感被囊括在一条大河的图像里，大河接纳一切支流，最终汹涌澎湃地流入大海。但这不仅事关赋予灵感的宗教创始人的主显节，穆罕默德通过与尘世、普通人和普通的权力关系打交道而失去了自己的纯净。尘世事物增长并扩散自身，歌德的剧本构思中这么说，神性退隐并失去光泽。宗教成为夺取权力的借口。残暴发生而穆罕默德让人杀戮。他失去了自身。在最后没完成的一幕中，为了达到一种净化状态，穆罕默德返回其灵感的源泉。歌德简明扼要地归纳这个剧本的含义：天才通过性格和精神带给世人的一切，还有它在此的所得所失，都应该得到描述。

在同一时刻，如前所说，歌德还在两个滑稽短剧中处理过这个主题，一个是《布赖教士的讽刺滑稽剧》（以下简称《布赖教士》），另一个是《萨蒂罗斯或被神化的森林鬼》（以下简称《萨蒂罗斯》）。二者都从滑稽的角度出发，表现了所谓的天才及假先知的影响力。

在《布赖教士》中情节粗野。一个小牧师扮作先知溜入，想让众人改变信仰，但仅着眼于自己的好处和追求女孩。莱奥诺蕾差点上了他的当。幸亏她的未婚夫，一个健壮的上尉及时赶回。牧师已把事情弄得一团糟，挑唆世人互斗。但上尉重建了秩序，将这个卑鄙的蛊惑人心者赶入猪群。在结尾的一段独白中，上尉幽默地同这样一个"猪牧师"进行清算，但作者那宗教批评的严肃性依稀可辨。他关心的是更高层次的灵感和权欲及性欲之间灾难性的同盟，关心单从一点出发治疗乱世的危险诱惑。他以为，世界无法存在/若他不去那里溜达/便从他那美妙的精神王国/想出一部奇妙闹剧/以为，他会改善世界/增强其幸福感/可大家继续这么过活/如此糟糕或尽可能地安好。/他以为自己背负着世界/但仅替我们抓住了蚊子！

讽刺剧《萨蒂罗斯》同样和这样一个"猪牧师"打交道。歌德在《诗与真》中暗示，他不仅想到一种类型的人，还想到某些个人。有人猜测这可能是谁，所涉之人有：拉法特尔、海因泽、洛伊森林、巴泽多、古埃，有人甚至想到了赫尔德。

但赫尔德真是个有神授超凡能力的人，在他身边聚起来一批忠实信徒。因为自己卢梭式的倾向，他受到了嘲弄，甚至不时地被称为"潘"或者"萨蒂罗斯"。另外，这个讽刺剧出现于1773年夏，而那正是歌德和赫尔德关系紧张的年代。不过即使在这样的境况中，歌德对赫尔德还是十分尊重，所以讽刺也许并不直接针对赫尔德。当然值得考虑的是，歌德对他看重的人也不放过，比如滑稽剧《神灵、英雄和维兰德》所证明的。歌德一直强调，他的人物拥有现实特点，不是虚构，只是从多人那里拼凑而成。这对《萨蒂罗斯》同样有效。在这个古怪可笑的森林魔鬼身上，也许藏有某些来自赫尔德的东西。他以讥讽的歪曲口吻，模仿一个带有赫尔德式印记的自然哲学家说话：*如在荒诞中得知／一切混乱不堪……／如在荒诞中太初之物迸涌／亮光射入夜幕／透过一切生灵的深沉／而滔滔欲望开始萌芽／自然之力敞开自身／饥饿难耐地注入其他／一切渗透着，一切又被渗透。*

这个山羊脚的萨蒂尔一边咒骂他的恩主，那个隐士，一边让人喂食，自鸣得意：*世上没有任何其他事物比我重要，／因为上帝是上帝，我是我。*他不仅把滔滔欲望鼓吹为世界原则，自己还去实践它，去迷惑一个柔弱的姑娘，而她喜欢听"普绪舍"这个名字（人们之所以把讥讽同赫尔德联系起来，是因为他在达姆施塔特的感伤主义者中的未婚妻也使用了这个名字）。当他缠着遮羞布发表蛊惑人心的演说时，短时间里成功地将民众攫住了。而他确实带着庄严的激情和魅力说话，似乎被一个崇高的精灵渗透。他陶醉于世人在宇宙和自身能感受的萌芽的自然，人们该抛弃异己装饰，最终享受大地。歌德也能让普罗米修斯或另一个先知说这样的话。但这个萨蒂尔不久就被揭露和赶走,但给人留下的印象是,宗教的热情和宗教的疯狂紧密相关。此时赝品和原创难解难分。当然,从欺骗性的迷宫中延伸而出的,是讥讽。最后真相大白,这与真实世界不同。这里是被骗者,那里是骗子。

替自己缝制巨人服,歌德就这样指称关于激情和诱惑的、既庄严又讥讽的尝试。一个真正的先知,具有一种自信的、通往一个更高世界的理解力,他给世人带来一种赋予生命导向的教导:你必须改变你的生命!但诗人不是这样。对他来说只有他自己。不过即使如此,歌德这样的诗人也可能是闻所未闻的,并且能在人类记忆中留存。

第九章

"自己的生命使用诗。"通向《维特》的道路。哪类狂飙?厌恶生命。维特的爱和想象力的命运。倘若说我们缺少自己,我们实际上缺少什么?维特的影响。

1774年2月,歌德开始创作《维特》,没有细致的纲要和草案。一气呵成,显然一切都在他头脑里排列整齐。三个月后完成。

他在《诗与真》中说,那是这样的一个生命时期:我对创作的欲望无边无际。主题、母题蜂拥而至。还有即兴诗,或如《普伦德尔斯威勒的年集》《布赖教士》或者《萨蒂罗斯》这样的讽刺短剧和滑稽故事。对这些作品,歌德没大肆张扬,只有当我重新想起自己和朋友圈里的其他人开心的样子时,宣扬作品的倾向才会恢复。即使《葛茨》越出紧密的朋友圈,在公开场合引起巨大轰动,歌德由此突然成为文学界的一个重要人物这件事,也没有让他的创作方式发生任何改变。他依旧停留于自发的创作欲。他转向大计划,同时写作关于穆罕默德、普罗米修斯和浮士德的剧本。但歌德还是有这样的感觉,凭借这些作品,他尚未充分地接近本真的生命。它们还不能是他真正的果实,他在1773年年底这样写道。之后不久,他开始创作《维特》。在《诗与真》中他说,他以这部作品重复了他最近的生活,并首次对它做了文学的使用。

那是韦茨拉尔的情史。事情已过去了一年半,短暂的痛苦已被淡忘。一个令人伤感的故事时而还带来情绪的波动,但除此以外一切已平息,成为美好往事。在此期间,在他写给凯斯特纳的信中,也不再有维特的音调。歌德的信大多写给凯斯特纳,不牵扯洛特。那些不时地显然由洛特引发的情意绵绵的话,留在合适的界限内。可以感到的是歌德的表达欲以及对幽默之奇想的乐趣。那些信件带着嘲讽口吻,比如当歌德表现出忧虑,洛特是否还保存她那饰有蓝边的可爱晚礼服,倘若事情不是这样,他会感到非常伤心,因为他几乎更喜欢它而非她。若确有这样的忧虑,人们确实不再需要再为歌德操心了。

歌德在《诗与真》中称《维特》是个总告解,并对此说明,我通过这部作品,胜过其他任何作品,将自己从一种暴风雨般的基质中救出。显而易见的是,暴风雨般的基质指的不再是洛特的故事,而是在此期间他身上发生的其他事情。

1772年秋,歌德在从韦茨拉尔返回法兰克福的途中,去了埃伦布莱特施泰因,在索菲·封·拉罗舍家里,认识了她的女儿马克西米利安娜,被她吸引。这个十八岁的女孩与年长她二十岁的富裕的法兰克福鳏居商人皮埃特罗·安东尼奥·布伦塔诺关系密切。在歌德写下《维特》的几周前,他们举行了婚礼。在此期间已经爱上马克西米利安娜的歌德,出入这个家庭，再次凭借其扮演有魅力的家庭朋友的本领大放异彩。他对这个年轻女子施以援手，而她正好处于手足无措的状态，因为突然发觉自己被置入以下的角色，要当来自布伦塔诺首次婚姻的几乎与她同龄的孩子的继母。这对她来说要求过多。富于想象力的歌德去安慰她，同她一起奏乐，带去书籍，向她诵读自己的作品手稿。默尔克刻薄地点明，歌德顺便还为了油烟和奶酪味以及她丈夫的举止安慰她。丈夫心生嫉妒，导致了不愉快的场面。歌德是被请出屋子，还是自己主动离开，这并不清楚。他给马克西米利安娜的母亲索菲·封·拉罗舍这样写道：倘若您知道，在我离开这栋房子之前心境如何，您就不会想将我唤回，亲爱的妈妈，我在那些可怕的时刻替所有的将来受了苦。

在布伦塔诺家发生的场面，在法兰克福成为丑闻。有一段时间，歌德和马克西米利安娜只是私下见面。受到这种紧张关系的触动，歌德开始写作《维特》。产生这部小说的暴风雨般的基质，更可能在这里找到，而非在此时已弱化和明朗的与洛特的故事中。但是，小说中的暴风骤雨和沮丧无助之间的转换，可能另有缘由。而这无法在外部事态中，但能在歌德的内心活动中找到。

如前所述，歌德有段时间沉湎于自杀的古怪念头，将一把锋利的匕首放在床头柜上，然后又赶走了这种病态的装腔作势，决定活下去。回顾往事时，歌德强调，在开始写有关一个自杀者小说之前，他已摆脱了自杀的念头，亦即危机已被克服。但他为何还要写？回答是：为了不仅仅简单地活下去，而是要能快活地活下去。把写作当成使人愉快的工作，即使题材恰恰不怎么让人快活。他让凯斯特纳向他描述了耶路撒冷的自杀事件，这给他提供了一个合适的故事，围绕着这个故事，他能凭借诗意的鸟瞰，编排他的思想、经历和忍受过的心境：它们整体上从各方聚集，并成为一块坚实的质料。

在回顾性的描述中，处于中心地位的不是失恋，而是厌恶生命（taedium vitae）。这也确实是这部小说真正的主题。但这种厌恶意味着什么？对歌德来说，它的威胁有多严重，多么具有本质意义？歌德起先拉开距离，指出这一精神史的历史背景，当时流行的英国式忧郁，那种哈姆雷特式狂热和我相崇拜。他原谅英国式的伤感，因为它不是出自渺小逼仄的环境，相反曾是伟大的行为或者可能的重要行动所投下的阴影，那是具有伟大风格的伤感，具有世界水准。这样的事完全可以产生庄严的效果。但在德国的年轻人中间，阴郁的对生命的厌倦，则是另一种类型。我们这里遇到的人，他们其实因为缺乏行动，在世界那最安稳的状态里，由于对自己过于夸张的要求，而让生命变得兴趣索然。人们让自己受到要求的折磨，而这些要求不是来自日常生活，而是来自文学，所以这一切不曾真实存在，而只有一种文学的时髦。

歌德自己是否也是这样？之后在同艾克曼的谈话里，他否认这一点：我几乎没有必要，从我那个时代的普遍影响和从对个别英国作家的阅读中，导出我自己青年时代的悲愁。而是那些个体的以及身边的环境给我以紧迫感。

哪些身边的环境？让他感到紧迫的，不再是与洛特的关系，不再是与马克西米利安娜的关系，也不再是布伦塔诺家中的纠缠。

四十年后,他写信给遭遇女婿自杀事件的卡尔·弗里德里希·策尔特。任何受此苦难的人,都让人感到惋惜,但不该受到责备。这个奇怪的,如此自然又如此不自然的疾病的一切症候,有一天也会疾驰着穿越我的内心,维特让所有人相信这一点。

这也就是一种疾病,而非时髦。

这也并非一种形而上学的命运,一如人们可在贡多尔夫那里读到的那样。对他来说,维特这个"情感的巨人"处于"一种于宇宙间扩张的生命盈余,同瞬间的限制的冲突"之中。

在歌德回溯往事的自我解释中,这种厌恶生命得到几乎是诊断式的散文描述。就疾病来说,损害的原因不是世界,而是主体。将厌恶生命理解为疾病,就生命之价值来讲,不能说明任何东西,相反只是道出受难者身上的不协调,而他显然未找到通向生命的合适入口。用疾病概念来衡量,厌恶不该被高估为认识器官。但有哲学和美学理论提出,厌恶是对真实生命之阴暗面的回答,所以是有道理的。这正是歌德在以后的年月里无论如何不愿接受的立场。但请别谴责生命!所以他回顾往事时称,厌恶生命的念头是,一种疾病。

生命的愉悦,《诗与真》中说,建立在可靠和已适应的外部事物的回归上,建立在日夜和四季、工作和人员的交替上,以及协调的行为形式和例行事务上。这让有秩序的与世界的关涉成为可能。不过,同样可能的是,恰恰是同样事物的回归,成为一种折磨。给予外部生命中一种支撑的东西,让人厌烦。人们内心无法进行参与。对于有节奏地返回的生命那如此可爱的允诺，人们也是这样无动于衷。歌德写道，有这么些人，他们自己结束生命，因为他们讨厌太阳每天升起，自己每天得穿衣脱衣。

即使爱情，它起先表现为某种无法预计的一次性的事件，最终也陷入有规律的回归。初恋可能还是唯一的，到了第二次和第三次，爱情那更高的意义就丢失了。实际上提升和承负它的永恒和无限的概念，已经被毁，爱情表现出是可逝的，和一切回归者一样。爱情并非无限地丰富，相反它上演的是有限的保留节目。爱情开始让一切变得新颖，但爱结束于习惯。谁对此感到讨厌，就会拒绝生命的善意，于自身中凋零。一切都会成为他的负担。人们必须敢于跳出自身，在生命中站稳脚跟，比如以如下的方式：只有一种对外部生命的坚定开放，才能有助于抵抗对生命的厌恶。

人们应该如何开放自身？对此，歌德在《诗与真》中有两个答案：人们应该走出自身并行动，正如世间环境所要求的那样，履行日常的义务；对自己的过分要求只会无休止地给自己带来失败，让自己失去生命的享受。

根据歌德自己的交代，他一度受困于厌恶生命这一疾病。而其后他有关的反思，将受干扰的与世界联系的观点，推到中心——倘若个人由于单纯的感情不再见到真实的生命，面对日常的任务和善意闭锁自身。对于生命的厌恶，只有积极地参与世界，才能有所缓解。对以后的歌德来说，参与是他自愈药方的关键概念。它的前提是一种努力争取客观性的与现实的关系。只有这样才能赢得外部那生机勃勃的力量。你若想享受世界的价值,你就得赋予世界价值!这是他1814年给年轻的叔本华,在后者的恳切请求下,写入其贵宾题词留念册中的话。

但现在的情况是,1774年的小说《维特》以别样方式表达了厌恶生命。它较少讲述厌恶生命,而首先是将此作为出发点。但在歌德之后的观察里有个概念,将导入厌恶生命的精神中心,而这个概念就是麻痹性的想象力。

维特如其作者,是个年轻男人,对儿童和妇女富有吸引力;他口齿伶俐,几乎能诡辩式的将虚弱说成刚强;他有闲工夫,与市民的职业生活保持着松散的联系;他沉湎于情感,"多愁善感",如席勒以后所称,他不仅恋上别人,还恋上恋爱,感觉感情,享受享受,精于这类倍增的技艺。但首先他是一个具有想象力的人。维特的故事,以给朋友写信(洛特和阿尔贝特)的独白道出。这是一个爱情故事,也是对其想象力从环境和人物中创造出的事物的一种描述。

初春时分,维特来到一座小城。受家庭委托,这个有钱的年轻男子应该在当地处理遗产事宜,此外,他还为了躲避一件错综复杂的爱情丑闻,处在逃亡途中。我要享受眼前,过去的就让它成为过去,第一封信里这么说,由此立刻点到主题。他提醒自己,要约束自己的想象力。它不该让他重温往事,让他受到良心的折磨,而该面向当下。起先这是成功的。周围的景色和小村庄,盛开的花草树木和玩耍的孩子——一切都让维特着迷。此刻他读着荷马,村口井旁所经历的场景,由此获得文学的金色光芒。他尝试画画,同时注意到,自然自身的美丽超过任何对它的摹写。在一次乡村的舞会上，他认识了洛特，从她那里得知她已经订婚。一次春日暴雨让两人想到克洛普施托克。这让两人的心儿连在一起，但这于洛特是瞬间，于维特则更持久。以后他观察到，洛特如何为围绕她身边的弟妹们切分面包。对维特来说这是一个难以忘怀的场景。他认识了阿尔贝特，她的未婚夫，甚至同他结为好友。大家就杀害幼童、疯狂、艺术和自杀等话题热烈争论。阿尔贝特赞同规则和理性，维特则为强烈的感情和个别情况辩护。但不可避免的是，这个竞争对手逐渐给维特带来麻烦：每当她那么热烈，充满爱恋地谈起自己的未婚夫，我便觉得自己像是一个被剥夺了全部荣誉，被摘去了佩剑的男人一样。

维特的情绪变得阴郁，最后他动身离去，让出位置，在别处接受了一个外交官的职位。尽管他在那里也受到女人和较高职位的同事的欢迎，但他还是不满意。自杀的念头对这个年轻有才和受到溺爱的男人来说，几乎无处不在。除了枯燥的行政事务，他此后还在一个有偏见的贵族社交场合，经历了一次侮辱人的排斥事件。倘若维特以后真的自杀，这就不再是一个惊人之举，因为自杀的愿望已松弛地在他心中端坐，寻找时机。经过几个过渡的站点，他重新返回那个小城，洛特和阿尔贝特在此期间业已完婚。每当阿尔贝特搂住她那苗条的身子，威廉，我全身就会一阵震颤。他这样写道。但他还一直待在这对夫妻身边，清洗蔬菜，挑选豌豆。在此期间，他成为他们的累赘。洛特对维特说：我担心，我担心，仅仅是因为不能得到我，才使您的这个愿望如此强烈。

维特得不到洛特。更糟的是，他现在并非受到一种过度激情的折磨，而是害怕想象力变得迟钝，而迄今为止正是这种想象力为他在洛特那里提供了莫大帮助。对于返回迟钝和冰冷的意识，他心生恐惧。当然，洛特抽身而去，但更糟糕的是，他的想象力枯竭，他六神无主。我没有了想象力，没有了对自然的感情，而书籍也令我厌烦。一旦我们丢失了自己，也就失去了一切。这才是最要紧的。他失去的不是所爱的女人，他失去了自我。要是一个人失去了自己，他失去了什么？失去了我用来创造我周遭世界的神圣的活力，所以维特决定自我了断。

结尾由虚构的编者说出。在事件发生前，维特再次朝着伟大的情感振作起来。他用从阿尔贝特那里借来的手枪自尽。他被悄无声息地安葬。

《维特》当然是一部关于不幸爱情的小说。它也这样被广大读者理解。但它也讲述想象力的命运和权力，维特称，他的心，唯独它是一切，一切力量、一切极乐和一切不幸的源泉。

歌德在致拉法特尔的信中说，现在我将自己的感受赋予他的故事，由此造出一个奇妙的整体。毋庸置疑的是，作者本人与维特并无等同关系，虽然他非常熟悉维特。原因是他并非以书信的方式写维特，而是让维特写自己。倘若歌德直接以自卢梭《于丽或新爱洛漪丝》以降的书信体小说的成功传统为出发点，他会描绘一种信件交换，亦即写信人之间的相互影响，由此事件会变得更加客观。但这部《维特》除了由一位虚构的编者所述的结尾部分，仅由维特的信件组成，为数不多的几封信写给洛特、阿尔贝特和小说中未现身的朋友威廉。所以读者感到自己直接被打动，不管愿不愿意，被扯入小说人物的内心。

在《诗与真》中，歌德解释，他选择这种独白的书信形式，是因为他愿意把维特的自言自语当作对话进行。对话？可没有真实的伙伴。那只能是个幻想的伙伴。冥思苦想的内省不是他的事情。他关心的事得被谈论，要诉诸语言。诉诸语言意味着返回自身。歌德在语言以及写作中创造自身，描绘自己，并成为自身。他是谁，只有等他说出以后，才会知道——或者落笔后。这让人想起歌德当时在莱比锡写给贝伦斯的富于表情和放纵无度的信。他当时把写作当成一种创造现实和创造自身的权力，进行实验。那是真实的书信，但已成为文学，间接地通过别人，当时是通过一个真实的人，即朋友贝伦斯。可维特的信件写给一个幻想的伙伴——写给普通读者。

作者创造了一个人物，在他所写的东西中展现自己。作者在写，可又由别人代笔。他飘浮于人物之上，也隐藏在人物之中。歌德是维特，又不是维特，因为他已经超越他。这不时导致悖谬状况。他一会儿让维特抱怨：我在见到大自然时，无法感到一丁点儿幸福，而这恰恰发生在他用语言表达了对这种自然的印象之后。维特没有危险，可让维特这样写的作者不一样，作者由于自己的僵直凝固，根本无法这样写：我从窗口遥望远处的山冈，看到晨曦刺破天上的迷雾，洒在静静的草地上，缓缓的河流穿行在叶子已落的柳树之间，蜿蜒地向我淌来——啊！可此时这幅美丽的自然图景，在我面前凝固不动。

这类矛盾抵触通常不为世人留意。它们指向一个重要的问题。一种充满情感的描述，确实能包含和表达相关的感情，另一方面，它也可以仅仅展示不在场的感情。刚才引文的情况就是这样。维特勾勒出一幅静谧的草地图景，其姿态是：瞧这里，在这样的图像中人们可以感受多少东西，但又是多么悲哀，因为我眼下对此什么都感觉不到。作者让维特描写他拥有的经历，还有他很想拥有但又无法获得的经历，因为他自己——不在场。歌德在《维特》中谈到自身欠缺的生物。倘若人们自身不在场，那么会缺少什么，这点业已述及。最终缺少的是生气勃勃的原则，是想象力。

想象力是强大的，但并非无比强大。它需要外部的现实。它无法持久，倘若人们，比如像维特，借助彩绘人物和光明前景，涂抹将人夹在中间的墙壁。维特不仅根据自己的想象，而且根据出自文学传统的典范，描绘自己的墙壁。维特是个有着丰富内心生活的人，但他也阅读广泛，生活经验和阅读经验互相交织。他所感觉和思考的，以及他所想象的东西，并非全部出自他自身，而是也出自文学。俭朴生活的图像借助荷马，官员家庭的田园风光借助哥尔德斯密斯，春日暴雨则借助克洛普施托克。在与洛特的最后一次见面时，他读了《莪相集》。在这个场景中特别清楚的是：倘若内在生命受到威胁，文学就得提供帮助。它帮助人们抵制对空虚的恐惧（horror vacui）。要是危险来临，人们将要被重新带回迟钝和冰冷的意识，那么他们最好拿起一本书。

《维特》有来自《堂吉诃德》这部关于文学权力之经典

小说的要素。维特尽管不同风车斗争,可他以自己强大的阅读印象,抵抗着爱情的不可能。小说是现实的,不仅因为它细致描写了一个独特之人,而且细致描写了培养此人的文化和文学的环境。维特是双重意义中的文学形象。他首先是小说形象,其次是一个由文学塑造成的独特之人。维特是他阅读的结果。如席勒所说,是来自墨迹斑斑的世纪学校的一名感伤主义者。这是涉及文学时尚势力的一部小说,而它自己又成为时尚,侵入同时代人的生活,而他们开始将自己的思维和感觉向《维特》看齐。据说出现了模仿式的自杀事件,虽然只是谣传,但自此书出版后,它持续了甚久。甚至歌德在其自传中也提及此事:我自己因为把现实化为诗而心境轻快明朗,我的朋友们却因此迷惑颠倒,他们以为必须把诗化为实际,拿这部小说作为模仿的对象,甚至开枪自杀。哲学家克里斯蒂安·加尔弗早在1775年就对这样的谣言说了必要的话:"人们很难因受诱惑而自杀。"

即使没有模仿的自杀行为,《维特》在读者那里也获得了巨大成功,当时德国的读书人几乎人手一册。它立刻被译成多种欧洲文字。仅在第一年,在德国就出现了七个版次,还不算大量的盗版。反击文字和讽刺作品也铺天盖地。有人把小说解读为对自杀的辩护,而这让教会和其他官方的道德卫士出场。在莱比锡,由大学神学系牵头,小说被禁。然而这更加激起人们普遍的好奇心。

曾对《葛茨》有所保留的文学界代表人物,比如克洛普施托克、维兰德和莱辛,现在则大加赞赏,即使也有挑剔。比如莱辛,他表示"喜欢"此书,但批评维特的性格:他过于女性化，虽然富有诗意，但缺乏道德美感。

较之以前的文学作品，这部小说开创了新的世纪。随着它，一种新的声调进入世界，这是一种新的主体性的意志。我返回自身，发现了一个世界。维特这样写道。而许多人效仿他，但不是每个人都发现了一个值得讲述世界。歌德为自己录下心灵之事，由此引发了对文学的革命。迄至那时，心灵表达受教会和公众道德管辖。可现在出现了对心灵事件的一种话语的再调整。世人，犹如维特，渴望自由和原创性地倾吐对爱情、婚姻、德行、宗教、各种艺术、儿童教育、疯狂和国家关系等一切事物的感想。人们的所有心事都应该能得到表达。内在的自然、感情和独特个性都应该得到倾听。普遍的理性被调整到个体的理性上。个体是真实的，维特宣称并继续主张，没有什么比以下这种论调更使我气恼了。我敞开心扉说话，而别人却用一种不关痛痒的迂阔之论应对。

倘若理性摆脱其普遍的形象而变得具有个体性，它就会沉入一种生存的生气勃勃的要素中，沉入无意识、非理性和自发性之中，换言之：进入自由的神秘之中。为何是神秘？因为自由无法解释，只能经历。自由在每种解释中遁去。留下的仅是因果关系和充分的理由。在歌德时代的启蒙思想中已是这样，这种情况也留存至今。自由必须被经历。像维特这样的人物预先经历了自由，根据这部小说，人们也把作者歌德本人视为一个自由的天才。人们相信，他做事随心所欲。他预先经历了一种看起来值得模仿的独立性。可我们已经见证，这种独立性没走多远。维特依赖他的阅读。所以当他在最初的一封信里这样写的时候，也是一种自由的表达：你问，是否需要寄书给我？亲爱的，求你看在上帝的分儿上，别拿书来烦我！我不愿再被引导、鼓舞和激励，我这颗心已经翻腾得够了。不要书。可他在这个大大扩展的句子里，依旧提到了荷马。执拗的意志在场，且在读者那里有激励之效。

对于执拗的趣味之苏醒，人们在其中发现了事物的自身权利和个体。这在那些不愿仅当巨大传动机构中的小轮子和螺丝钉，而要求表达自身的人那里，应该感同身受。维特宣称，人人于自身拥有天才。天才不仅是伟大的个人，而且还是个人中的伟大。可社会的日常事务将其压制。唉，我的朋友，天才的急流为何难得涌现、难得汹涌澎湃，震撼你们惊愕的心灵？天才是生命，足够强大，不让自己被束缚于自己的生长、喷涌和表达。对维特来说，人人都拥有天才——至少在爱的瞬间。

在"狂飙突进"运动中，歌德首先以《葛茨》，然后以《维特》推动了这场精神和文学的运动，对天才的崇拜如此广泛地传播，使得人们甚至称这场运动开拓了一个天才时代。歌德以后相当不客气地回顾这场运动：这样互相鞭策、鼓励，有时虽逸出常轨，但给予每个类型的人以欢快的影响。而这种激动和创造，这种生活和允许生活，这种索取和给予，由许多青年人……毫无顾忌地推动，从中诞生了那个负有使命的而又声名狼藉的著名的文学时代。在这个时代里，一大批天才的青年男子，带着所有的勇气和自负……借着他们的力量的发挥，创造了某些欢乐、某些好作品，而由于滥用他们的力量，也造成了某些不快和弊害。

这一大批天才的青年男子的作品中,没留下多少东西。人们几乎只了解当时同年轻的歌德有联系的人,首先是克林格尔、海因里希·瓦格纳和伦茨。但他们整体的影响力是深刻的,并改变了后续时代的文学。赫尔德和哈曼提供的理论北斗星,起先尚未到位,几年后年轻的席勒以他的方式,用《强盗》继续了叛逆的起义势头,而一代人之后的浪漫主义作家们,将在这个传统中关注新边界的开放。

倘若天才成为富有创造性的人,或者成为人身上的创造性的同义词,那么不可避免的是,不仅著作而且创作这本著作的个人,也会通过这本著作而变得有趣。伴随着歌德的出现,开始了围绕作家的明星崇拜。作者辉映其创造的作品,而艺术家的生命自身也被视为某种艺术品。这种想象虽然受到歌德魅力的推动,但产生于对"狂飙突进"运动而言也是独特的思想,据此,创造性的潜能面对其实现的形象享有优先权。这背后的可能性有多么奇妙,倘若人们不让它们穿越现实的针眼!鉴于艺术家也可以这么解释,即个性作为可能性的化身,甚至可以说比作品更重要。那些前途无量的艺术家登台亮相。新的个人崇拜不断出现,其说服力仅在以下方面受损,即想当天才的人实在太多了。

但歌德眼下确实是受到认可的天才,即使他总是招人嫉妒。若将目光投向国外,人们还为他感到骄傲。克里斯蒂安·弗里德里希·达尼埃尔·舒巴特致信歌德说:"我读到的您所有的作品,让我惊喜,让我心生高贵的骄傲,我们能够让您和外国人比比,他们没有根据他们那呆滞的嗜好来观看,也永远不会有像您这样的天才。"

至于歌德自己，这巨大的成功让他感到害怕。他内心激动地写下了这部小说，但没料到小说也会使这么多人激动。令人不快的后果还有，此后他被广大读者仅仅视为《维特》的作者，这种情况几乎一直持续到他生命的结束。甚至连拿破仑1808年在同他在埃尔福特见面时，也谈到这部小说，据说拿破仑已读过七遍。在歌德1824年的诗歌《致维特》中，在诗句"我被选中留下，你被选中离去"中，闪现出一丝非自愿的讥讽，因为维特现在确实不会离歌德而去，歌德简直无法摆脱自己早年的天才胡闹。

无数好奇者也给他带来烦恼。他们将《维特》读作影射真人真事的小说。人们追踪小说的原型，朝拜耶路撒冷的墓地，骚扰凯斯特纳一家，责备歌德，他还在人世。歌德预料到，有人会热衷于辨认小说中的人。这对他来说既合适又不合适。他给夏洛特写信，预告小说的出版：我最先寄给你们的一个朋友，他同我有众多类似处，并希望你们能善意地接受他。此外——也许怀着抚慰的意图——他提醒凯斯特纳，他虽然会在小说里遇到熟悉的人物，但他们被添补上陌生的激情。

当凯斯特纳夫妇秋天读到这本小说时，他们感到惊讶和愤怒。其中包含太多不可能不明确指向他们的东西，所以那些虚构地添入的部分同样会归诸他们。夏洛特感到愤怒，因为小说中她被无理地强加了这样的情节，回应了维特的爱，而凯斯特纳感到受辱，因为小说中的阿尔贝特被表现为拘泥和心胸狭窄的庸人。

歌德负疚和悔恨地回答：书已写成，也已发布，请你们尽可能原谅我。这封信写于1774年10月底，而小说业已卖出。到了11月，巨大的成功已露迹象，歌德在此写信给凯斯特纳：但愿你们能千百遍最深切地分担维特千百种的心事，但愿你们不去计较你们为此付出的心血。

歌德的悔悟业已过去，他不再有负罪感。相反，他隐隐责备凯斯特纳的自我中心主义，他否认，其他人如何能够通过这个故事变得富有。必须是维特——必须！——你们感觉不到他，你们仅感到我和你们。歌德想让凯斯特纳明白：在此期间维特成了一个公众的灵魂，而他自己如同凯斯特纳，在他们给予的这种心灵要素方面，已完全失去了他们的所有权。在小说其后的一个版本里，歌德将进行某些删减和改编，以便让凯斯特纳夫妇满意。

《维特》在读者那里影响巨大，它也反过来影响了作者。小说及其影响将把歌德的生命引上了新的轨道。

第十章

科尔内利娅的不幸。《克拉维戈》,不忠诚者。拉法特尔和巴泽多。"右边先知,左边先知/中间俗人。"夏日的莱茵河之旅。庆祝友谊。弗里德里希·海因里希·雅各比。去魏玛的邀请。丽莉和奥古丝特,一个情爱的游戏房。两种速度。瑞士之旅。魏玛,几乎是一次逃亡。

当歌德还在写《维特》时,他不仅要处理韦茨拉尔的浪漫史和围绕着马克西米利安娜·布伦塔诺的不愉快,他还为了同1773年年底嫁给格奥尔格·施洛瑟,与丈夫一道迁往南巴登的妹妹的分离,而心情激动。

施洛瑟和科尔内利娅之间的关系在1772年夏季开始,那几个月歌德在韦茨拉尔度过。他起先对此一无所知。当他返回后面对此事时,大吃一惊。他没有表示反对,但暗自这么想,要是作为哥哥的他当时在场,朋友的事就不可能进展到这一步。

科尔内利娅和施洛瑟之间的故事,撇开几乎是狂热的开端不谈,进展并不顺利。1773年年底两人订婚之前,科尔内利娅在日记中写道:"尽管很久以来我抛弃了关于婚姻的浪漫想法,但我无法清除关于婚姻中的爱情的一种崇高观念,那是在我看来唯一能让婚姻变得幸福的爱情。"

她没有清楚道出,哪种婚姻符合她的理想,但毋庸置疑的是,与哥哥的关系是标准。她在内心分享了哥哥的生活和工作,而后者同她交流自己的文学设想,认真地把她当作批评家,看重她的品位。她对《葛茨》的诞生具有决定性的影响。歌德平时在从事自己的文学事业时,给予她十分的信任。他会同她分享在想象力的领域里他所开辟的新世界。这是他们共同的隐私,当然也超越诗的界限;在《诗与真》中,歌德小心地暗示了一种乱伦的欲望。这个表达涉及早期的青年时代。但是,兄妹之爱的情欲色彩促使歌德为一部关于兄妹关系类型的小说制订计划。

文学事务中的信任地位对科尔内利娅来说,不仅仅是一种感情的证明,而且提升了她的自我价值感。当然仅在艺术和文学事务中是这样,因为除此之外她几乎不会其他东西,而这成了她的灾难。十八岁的歌德当时还在莱比锡,就少年老成地、迫切地建议她,为以后的母亲和家庭主妇的角色掌握一些技能。可科尔内利娅作为聪明的女人,想凭借自己的文学判断力和艺术的才华获得世人的承认。其他任何事都无法让她感兴趣。此后当她同施洛瑟一起在埃门丁根掌管一座大房子,同时照顾两个孩子时,她在这样的任务下精神崩溃。

施洛瑟自少年时代就同歌德熟识,以他的性格想要仔细地寻找一个女人,起先他没成功。正当他几乎成为老单身汉的时候，早已认识的科尔内利娅突然作为将来的妻子，出现在他眼前。他追求她，而科尔内利娅之所以答应他，很可能因为他是哥哥的朋友。

施洛瑟起先推迟了婚礼，直到他正式被卡尔斯鲁厄的巴登大公爵聘用，才于1773年11月1日举行了婚礼。施洛瑟得到南巴登埃门丁根的一个政府代表的职位，作为公爵的官方代表，管理一个有两万居民的完整县区——那是一个公国薪金最高的官职。

歌德在《诗与真》中流露出自己的嫉妒。对他来说，1773年年底科尔内利娅的离去，是个痛苦的离别和损失，而对妹妹来讲，几乎损失了自我的完整性。歌德预感到了这点。在科尔内利娅去世后问世的《维特》第二版中，他将妹妹的故事，反映在夏洛特对维特的感情中：只要她感到或想到什么有趣的事，都习惯同他分享，他的离去会对她的一生造成一种不能再弥合的缺憾。啊，但愿她能在这一瞬间把他变成兄弟！

科尔内利娅无法克服同哥哥的分离。施洛瑟无法代替她失去的哥哥。他有一次在给福斯特的一封信中，抱怨自己的"害羞和身体的笨拙"，他那其实会吓坏每个女人的"豪猪皮"。为此他尝试，在自己的新娘面前表现得更有魅力，更放纵。也许当他小心地头顶蜡烛灯，犹如一个幽灵在葡萄园里游荡，迎接收获期时，他才真的放松了自己。1778年10月，歌德的母亲在给安娜·阿玛丽娅的一封信中说，大家还从来没见过"宫廷顾问施洛瑟博士"变成这样。但这也许仅是新婚时期的一个小插曲。

施洛瑟一家在埃门丁根搬进一座宽敞堂皇的官邸。有许多事要做,但在此期间已经怀孕的科尔内利娅退避三舍,没有参与房子的改建和布置。施洛瑟在给拉法特尔的一封信中,对她发出抱怨:她被宠坏了。"每阵风儿,每一滴水,都会让她把自己关进屋子,她还非常害怕地窖和厨房。"她漠不关心和沮丧地度过时日,而施洛瑟劲头十足,专注地投身于自己的工作。他关心乡村建设、民众教育和交通环境。他为手工业、行业协会操心,建立公共图书馆和借书处。但这一切与科尔内利娅无关,她在阴暗的房间里无所事事地发呆,几乎不再下床。勤奋的施洛瑟平时总是懂得如何助人,却无法帮她。

然后是1774年夏的难产,科尔内利娅连续几周无法从中恢复。而施洛瑟的工作却越来越得心应手,在此期间,他犹如一个君主般治理政务。他曾希望从妻子那里获得支持,但这只是一厢情愿。科尔内利娅越来越退缩。"她厌恶我的爱。"施洛瑟对他的兄弟希罗尼穆斯这样抱怨。歌德知道这一点,因为他曾对艾克曼说:她厌恶委身于一个男人的想法,人们可以想象,婚姻中的这种状态会带来某些不愉快的时刻。科尔内利娅在勤奋的施洛瑟身边逐渐萎缩。1775年5月,歌德首次去埃门丁根拜访时,见到的就是这样的她。自从第二个女儿出生后,科尔内利娅的身体再也没有恢复,她死于1777年6月8日。

1774年,是歌德在牡鹿沟旁的家里没有科尔内利娅,也不再有如此重要的日常交流的第一个年头。此时出现了他三年前自信又执拗地对卡辛·舍恩科普夫所描写的情境:我们有整栋房子。一旦我的妹妹结婚，她就得搬走，我无法忍受一个妹夫。要是我结婚，我们，即我和我父母，就会分房子，我会得到十个房间。

科尔内利娅走了，没有妹夫打扰他，他可以布置自己的东西，即使不扩展到十个房间，但新娘还没着落。卡辛·舍恩科普夫这时已经嫁人；被离弃的弗里德丽克正在塞森海姆伤心；达姆施塔特感伤主义的女人们虽然崇拜着歌德，但她们或是已经名花有主，或是受门第关系阻扰；韦茨拉尔的洛特这时也已结婚，有了自己的第一个孩子。没有一个真正的结婚候选人。但此时的歌德也并未怀有一如父母所希望的认真的意图。他继续在法兰克福朋友圈中流行的婚姻游戏里头寻欢作乐。安娜·西比拉·明希被抽中，和他一起玩婚姻组合游戏。父亲似乎非常认真地觉得她正合适。对歌德来说，她则是他下一个剧本《克拉维戈》的源头。1774年年初，完成《维特》之后，他从博马舍的回忆录中，为她读了一段有关克拉维戈——博马舍姐妹的不忠实的情人的插曲。是安娜·西比拉以某种影射的方式请求歌德，为这个不忠的情人写一部剧本。对歌德来说，这是一个手艺般的挑战。他想证明，自己不仅能以"疯狂的风格"，比如在《葛茨》中，也能以"传统的艺术手法"创作剧本，而且立马即成。他答应在八天之内完成。他真的不久就带来剧本。它让安娜·西比拉非常喜欢，但受到严格的默尔克的尖锐批评：你以后别再给我写这类废话；这种废话别人也会。

歌德自己并不认为这是废话，否则他就不会在1774年夏，几乎与《维特》同时，将它以自己的名字发表。这的确是他以真名发表的首部作品。它给他带来快乐，其中含有浪漫的青春活力。发表后不久他给雅各比这么写道。在另一封信中他解释了，其中最让他喜欢的内容：他成功地描写了一种复杂的性格，一个举棋不定，半是伟大半是渺小的人。犹如《葛茨》中的魏斯林的性格，这是一个在爱情上不够强大和稳定的人。克拉维戈情绪多变，才华横溢，光彩夺目，是善于勾引女人的男子，正处在成为玩世不恭的廷臣的最佳道路上。但情人的去世让他回归自身。这部室内剧事关一个不忠实的情人，他最后悔恨地明白了自己的过错，回到爱人身边，但还是死于他受侮辱的姐夫的宝剑之下。剧本在读者中间未获多少响应。至于安娜·西比拉·明希，似乎我们的关系——犹如通过某种精神的后裔——通过这部作品变得紧密和稳固。

如前所述，父亲乐见于此，因为他觉得安娜·西比拉·明希同儿子完全门第相配。他希望儿子安定的时刻来到，因为儿子那不确定的闹腾最终得有个了断。天才的胡闹，朋友和熟人的纷至沓来，文学的宿营，他的慷慨大度和乐于担保——歌德资助了几个朋友，比如伦茨、克林格尔和瓦格纳——也开始成为一家人的经济负担，特别是歌德作为律师的工作以及他的文学作品，几乎无法带来收益。

但父母不得不忍耐。歌德没有把同安娜·西比拉·明希的关系当真，所谓的天才胡闹又持续了一段时间，甚至还得到了升华，因为年轻作家的荣誉和声望在增长。在拜访者中有个客人，他将在歌德的一生中发挥重要的影响。

1774年6月23日，约翰·卡斯帕尔·拉法特尔在从苏黎世去疗养地埃姆斯的途中于法兰克福停留，到歌德家住了一周。年长八岁的拉法特尔是苏黎世的牧师，当时已是名人。他不仅在宗教圈里为人熟知，还到处引起公众的注意。他是个具有社交才能的有天赋的布道者，自称是"渔人者"。他常在旅途中到处建立关系。他懂得如何争取别人参与他的项目——系列丛书，文集，修身小书。他是今天人们称为"网络人"的人。大家聚在他身边，甚至有传言，说他拥有治疗的力量。他讲话柔和而有说服力，善于激发伟大的友情。在他的旅途中，人们愿意陪他同行一段路，并当他到达时接待他。报纸会对此登出消息。当他首访歌德时，报纸也有相应报道。据说他用瑞士腔说出的一个词，是"拥抱吗？"，话音未落，两人已拥抱在一起。

拉法特尔于1762年同画家约翰·海因里希·菲斯利一道，公开发表文字反对苏黎世的一个不法总督，促使他下台，这曾引起政治轰动，并建立起他作为虔诚但不胆怯的男人的声望。对他来说更重要的是，沉思和深情的语调。1768年拉法特尔发表论著《眺望永恒》，描绘了感伤主义精神中关于死后生命的幻想；这部著作让他在德国为人熟知。歌德于1772年在《法兰克福学者通讯》中称赞了此书，但同时与之拉开距离。他写道，关于饶恕罪孽的讨论，也许使某些人通过这些内容获得抚慰，但评论人不属于此，因为谁未获抚慰，也就不需要抚慰。歌德之前以这样的话语，已经惹恼他在亨胡特兄弟会里的一些熟人，而现在他恰恰又以这样的话反对拉法特尔，即罪孽感对他来说是陌生的。他提及，自己赞赏此书动人的风格。它显然不是为喜爱基督教中的苦思冥想的那部分人，而是为喜欢感官享受的那部分人所写，因为拉法特尔魔术般……将一个世界幻化在眼前，要不然人们只会被卷入晦暗和迷茫中。评论人最后建议作者，完全放弃神学的玄想，转入观察。一个无建议的建议，因为在《眺望永恒》时，还有什么可以观察的？

在拉法特尔一方，通过其1773年年初的文章《某地教士写给某地新教士的信》，他首次注意到歌德，很喜欢文章中表述的有利于朴素的心灵虔诚和反对教条主义的吹毛求疵的辩词。读了《葛茨》之后，他写信给赫尔德："在所有作者中我找不到一个比他更伟大的天才。"1773年8月拉法特尔开始了同歌德的通信往来，而就他看来，二人的通信一开始就带有激奋色彩。歌德致拉法特尔最初的一些信件没保存下来，但尽管信中热情洋溢，歌德似乎也将二人的区别诉诸语言。我不是基督徒，拉法特尔摘引一封未保存下来的歌德的信中有这样的话。这种生硬的自白，让拉法特尔大伤脑筋。但出于爱和仰慕，他对此熟视无睹。拉法特尔之所以能这样，还因为他自以为，比歌德本人更理解歌德。因为拉法特尔——同许多人一样——将歌德视为天才，而对他来说天才不是别的什么，而是无意识地在我们身上起作用的上帝。拉法特尔在歌德那里不寻找传统的虔诚，他也不想让歌德改变信仰，不想"为难"他，也不想"做党派之争"。他注意到一种崇高的精神斗争："你该成为一个（基督徒）——或者我将成为你所是的人。"精灵飘荡，随心所欲。

拉法特尔也想争取歌德，让他成为自己的新项目——一项关于相貌学的伟大事业的合作人。为此拉法特尔收集了著名或无名人士的雕像、剪纸、肖像画，它们部分地由他本人，部分由其受邀的朋友和熟人，用相貌学的方式进行解读。这部形成中的著作名为《推动人类认识和人类之爱的相貌学的断章》，它应该是一部真正的集体著作。拉法特尔不要求特别的解释权，觉得只要能将普遍的注意力引到人类学的相貌研究上，自己就已满足。

其中的基本思想十分简单，事关外部形象和性格形成之间可预测的联系。一如以后的心理分析，在相貌学那里，科学的严肃和社会的游戏也互相交织。"相貌学研究"不久就变得时髦，这一方面让拉法特尔心满意足，另一方面让他感到恼怒，因为这对整个事业的声望造成了损害。所以他1773年11月致信歌德："您能帮助我吗？借助许多完整和踏实的观察，对一种出自一半、四分之一或八分之一的观察中得出的伟大和无比重要的猜测，进行证实或者批判。"歌德愿意协助，尤其是因为他觉得，这个由外窥内而非相反的原则十分有说服力。此外，从感性的可觉察者到内在精神的途径，也得到歌德的认可。

在最初几年中，歌德为拉法特尔形成中的著作勤奋地提供了肖像画和文字描绘，比如关于克洛普施托克的：微微凸起的额头表明纯粹的人类知性；眼睛上的突起表明斯文的个性；那是个观察者的鼻子。1775年，在歌德迁往魏玛之前，对那时他尚未熟识的夏洛特·封·施泰因写了如下文字：可以见到一出美妙的戏剧，世界如何在这样一个灵魂中映射。她看世界如她自己一般，但又通过爱的媒介。柔和即是我对她的总体印象。

拉法特尔的思维方式过于自由和狂热，批评家或怀疑者无法有效地，即以清醒的理由进行反驳。所以他请求新加入的相貌学信徒歌德，向他提供一些基本的给他进行自我解释之机会的说明。歌德心甘情愿地听从他。在人与人之间的关系中，歌德以为，作用和反作用的交织大多无意识地存在。人们经常阅读别人的脸，在自己未获清楚解释的情况下，就调整自己。人人都会有感觉，在他该接近或者该离去的时候，或更确切地说，在他觉得被吸引或者产生厌烦的时候，此刻他无须任何探究、任何解释。人们不该干扰这种无意识的或者半无意识的事情。它通常让人际交往变得更加容易。但在特殊的情况下，倘若人们知道，究竟是什么吸引人或让人反感，人们对别人指望什么或者对别人该有何种期待，倘若人们有理由去准确理解牵涉自己的关系，这时相貌学就能提供帮助。它是一门艺术，可以教授和学习。

歌德将拉法特尔视为大师，至少在这门学科中。当拉法特尔1774年6月23日来到法兰克福时，歌德满怀敬意地迎接。他们互称"兄弟"，而歌德的母亲称客人为"亲爱的儿子"。拉法特尔马上动用其相貌学的观察力。歌德"以感觉自身的天才的相貌"，谈论令人吃惊的和奇妙的事。拉法特尔在日记中这么记下。他还拜访了克勒滕贝格，同她交替谈论耶稣和歌德。拉法特尔热情洋溢地赞赏朋友："我还从未见到一位如此和谐的大自然的同感人。"拉法特尔在牡鹿沟旁的房子里住了一周，在那里召见来访者，因为大批人拥来见他。6月底，他动身去此行的真正的目的地埃姆斯。他要在那里治疗自己的风湿病。歌德陪伴着他。此刻的两人，难舍难分。

拉法特尔在日记中写道，歌德对他吟诵了形成中的史诗《万劫流浪的犹太人》的片段。其中涉及阿赫维斯，德国18世纪中这个万劫流浪的犹太人的迷途。歌德想象，阿赫维斯经历了基督教的原始社区。对他来说，当下教会的基督教与之对照，是一种蜕变。关于重返的基督，歌德在史诗中同样让他登台一次，有这样的文字：他进入一个邻国／发现自己只是一面教堂的旗帜／除此之外，世人不怎么知道／国家里是否还有一个上帝。历史的逻辑是：阿赫维斯起先无视上帝，现在亵渎上帝的却是教会、教士和神学家。《万劫流浪的犹太人》的写作，也许出自类似的情绪，犹如致赫尔德的那封信，其中官方教会的基督教被描绘成表面事物（Scheinding）或者扯淡（Scheißding）——这两种手稿的异文都有可能。

虔诚的拉法特尔在日记中没说他是否喜欢这些诗句。不管怎样他自己也是个属于宗教改革的教会的男子，带着复杂的感情接受了歌德对当下基督教的讽刺，即使基督教信仰于拉法特尔来说是一种非常个人的、内在的而并非教条的事情。

从埃姆斯返回法兰克福，歌德已能欢迎下一位来访者：巴泽多，一个将学校改革作为己任的神职人员。他在此期间业已出名，四处游走，为自己的项目筹集资金。就在这年，他在德绍依靠当地君主的支持，建立了"泛爱主义学校"。巴泽多反对迂腐和吹毛求疵，主张课程应该清晰明了，教学对象出自生活，应该学习正确的知识，也该让课程生动有趣。这完全是理性的观念。不过,巴泽多自己是个相当粗笨的人,是个抽劣质烟丝的酒鬼。歌德其实和他只能在室外见面。

巴泽多也在去埃姆斯的路上,而抓住一切机会旅行的歌德,也陪他去了那里。再次返回他刚从那里回来的埃姆斯。巴泽多坐在马车上吞云吐雾,歌德则坐在车夫的高座上。拉法特尔和巴泽多相谈甚欢。两人以不同的方式接近年轻的歌德。在一本纪念册的页面上,歌德这样记录:犹如去以马忤斯/ 风驰电掣般地行进/ 右边先知,左边先知/ 中间俗人。这些诗句是在兰河和莱茵河顺流而下的乘船旅行途中写下。这趟旅行先经过科布伦茨,巴泽多和他的烟斗离去后,一直到达杜塞尔多夫。在邻近的埃尔伯费尔德,歌德首次与弗里德里希·海因里希·雅各比及其兄弟约翰·格奥尔格见面。关于雅各比兄弟,歌德之前仅听到闲言碎语,说他们是感伤的、写讽刺作品的胆小鬼。他现在亲眼见到他们,还有年长六岁的弗里茨。在这炎热的夏日,一段终生的友谊在他们中间开始。

弗里德里希·海因里希·雅各比在杜塞尔多夫接手父亲的商行,另外还担任议会参议和税务专员的职务。他是个勤奋又有钱的商人,还特别喜爱哲学。他熟知上帝和世界,与一切有名望者都有通信往来。其中有莱辛、维兰德、克洛普施托克、哈曼及康德。雅各比是个英俊的男子,举止优雅,令人瞩目。歌德对他印象非常深刻,立刻与他建立了信任关系,而后者在首次见面后,给歌德写下十分倾慕的信件:"整个上午我坐立不安,为你一人,随心所欲地调整和支配我的整个心灵。你在我心里的作用巨大无比！——你也许从未经历类似的事情。今后请多做些善举伟绩，为你自己，也为我。"

穿越本斯海姆去科隆的旅行，在"精灵"旅店的过夜，关于斯宾诺莎的对话，歌德的月夜吟诵——这一切给雅各比留下了深刻印象。当友谊又一次陷入危机时，他还曾这么回忆："我希望你此时没忘……那个园中的亭子，你在里面谈论斯宾诺莎，让我无法忘记；'精灵'旅店的大厅，我们在那里见到月亮从七峰山上升起，而你沐浴朦胧，端坐桌旁，讲述浪漫的故事：那是一个厚颜无耻的小伙——还有其他……多美的时刻！多美的日子！——午夜时分，你还摸黑拜访了我——我似乎有了一个新的灵魂。从此刻起我已无法把你抛开。"

告别时，雅各比预告，要造访法兰克福。1774年12月12日，歌德正在一个昏暗的房间里画画时，接报有客人来访。他在暗中见到一个高挑的身影靠近自己。他以为那是雅各比，就张开双臂迎上前去，但那是克内贝尔。

歌德与魏玛的关系此刻开始。卡尔·路德维希·封·克内贝尔，一名普鲁士军官、文学艺术的爱好者，不久前被魏玛宫廷的王子聘为军事顾问。克内贝尔和太傅约翰·奥伊塔齐乌斯·封·格尔茨伯爵，是十七岁的王位继承人卡尔·奥古斯特及其弟弟的旅伴。在美因茨要举行关于卡尔·奥古斯特与黑森公主露易丝订婚的会谈。然后他们将前往巴黎旅行。

痴爱文学的克内贝尔起先仅出于个人的兴趣想认识歌德，但片刻之后他就明白，他必须向将来的君主介绍此人。

他在一封给贝尔图赫的信中,称歌德是自己生命中"最最异乎寻常的现象之一"。就在当天,歌德在"红屋"旅馆中首次与卡尔·奥古斯特见面。大家谈论《维特》,谈论歌德刚读过的尤斯图斯·默泽尔的《爱国主义的幻想》。那里展开的话题,事关大国形象的同一化倾向,小国有必要捍卫与自己传统密切相关的地方理性。歌德显然以极大的同情强调了这种捍卫,这一定让一个小国的未来君主听上去十分悦耳。在这个圈子里,格尔茨是唯一一个不怎么喜欢这个受众人追捧的天才的人:"这个歌德是个粗鄙的家伙……这是肯定的;歌德和我,我们将永远不会一同待在一个屋里。"

歌德收到邀请的时候,他正深陷一个复杂的、与十七岁的伊丽莎白的爱情故事。这个姑娘人称丽莉·舍内曼,出自一个富裕家庭。舍内曼一家拥有法兰克福的一栋银行大楼。能干的母亲在丈夫去世后掌管了谷物市场旁城市宫殿的生意。这个四处有亲戚关系、习惯于高贵和好客生活的家庭,属于人们敬而远之的新教社区。人们住着大房子,喜欢身处自己人之间。这将对歌德和丽莉之间的故事产生影响。

1775年1月的某一天,歌德在一个晚会上,爱上了演奏钢琴曲的年轻女子。接着开始了社交聚会、化装舞会和假面舞会的狂欢。这对年轻人在那里见面,整夜跳舞。歌德当时心里怎么想,我们了解得十分清楚,因为他替自己选择了另一个女子,在信中对她展示了自己心中正在发生的故事。那是奥古丝特·施托尔贝格伯爵夫人,施托尔贝格兄弟的妹妹。歌德曾与兄弟俩于1775年夏一起,首次去瑞士旅行。二十二岁的施托尔贝格伯爵夫人属于克洛普施托克圈子的人，受到《维特》的吸引，她甚至在1775年年初就匿名给作者写信，而歌德反过来又为此信感到兴奋，甚至有些爱上了这位写信人，尽管她当时仅是个幻影。他给她寄去自己的剪影。在此期间他知道了写信人的姓名，频繁的信件往来就此开始。他不久就称她为古斯琴，写给她许多柔情蜜语，有一次甚至恳求她：请救救沉沦的我。

在第一封信中，就他是否幸福这个问题，他这样回答：是的，我最好的人，我是幸福的，若我不幸福，至少在我心里有着欢乐与烦恼的一切深沉感觉。与丽莉的浪漫故事开始时，是1775年1月底。在这第一封信里，他对此只字未提，但下一封信已述及这事。他在信中描绘了那个狂欢节的歌德，他在舞会上起舞，藏在面具下，对女士们彬彬有礼，特别对一个可爱的金发女郎，就是丽莉，大献殷勤。他还在牌桌旁捕获几次脉脉秋波，可能指的是丽莉，或是别人。这个狂欢节的歌德在古斯琴跟前的确显得讨人嫌。他请她照料另一个歌德，这是个始终忠实于自身而生活的人，他勤勉工作，时而用小诗对青春期的无辜的情感，时而用某些剧本对生命那强烈的调料，时而对他的朋友、周围地区和所爱的家用器具的形象，根据自己的尺度尝试表达。歌德利用古斯琴，通过她去看丽莉，亦即从一个爱情故事出发，去看另一个。此刻他表现得像是真正的歌德就在古斯琴身边，而丽莉的情人是狂欢节的歌德。当歌德对丽莉的激情增长时，在给古斯琴信中的语气也变得更强烈：啊，最亲爱的，我们要为我们的感觉找到表达方式！

歌德与古斯琴的通信往来，持续时间比同丽莉的更长，直到在魏玛才中断。在近四十年以后的1822年,古斯琴这个守寡的伯恩斯托夫伯爵夫人,将重新来信询问歌德,为他心灵的安康操心,歌德也将在回信中与青年时代的爱情告别。两人从未私下碰面。

歌德在内心将古斯琴和丽莉做了这样的区分,即他在一个人那里寻找心灵的释放,在另一个人那里寻找情色的纠葛。正是在这个阶段,他用了几周时间写下剧本《丝苔拉》,主题是一个男人对两个女人的爱。剧本结束于三人的婚姻,理所当然地在公众中引发丑闻。古斯琴忧心忡忡地表示同感,并说歌德似乎不关心,别人会怎么评价他的作为。

在舍内曼的家中,这个剧本不受欢迎。歌德无法决定涉及丽莉的事。他是否该在法兰克福同有钱的贵族联姻?在舍内曼家里(母亲、兄弟,还有其他亲戚们),人们期待歌德认真地争取职业上的成功,作为律师或者在银行业。但对他来说,在水池旁四处游玩,兴高采烈地外出猎获青蛙和蜘蛛,这样的前景是一种恐怖。他面临着是否该选择这样一种生活道路,他意识到这一点之后,在给母亲的一封信中描写了两种速度的对立:狭窄和缓慢地运动的市民圈的不协调,与我本性的宽广和速度的不相称,这几乎让我变得疯狂。对此我们后面还会谈到。

当歌德向自己讨教,是否该接受一种高贵的婚礼时,作为一种针对名门望族之高贵的粗放的反面象征,他写下了一部闹剧,题目是《小丑的婚礼,或者世界的行进》。有社会名望的律师,作为老师领出他的学生,一个他自以为调教得很好的小丑。小丑就要结婚。事关准备工作,即婚宴。教师说：我告诉你们德国的世界／都有哪些伟大的名字／今天都会来到你家／参加最丰盛的婚宴。但对小丑来说一切持续时间太长，他变得不耐烦：然而我和这些粗人有什么关系／他们喜欢狼吞虎咽／可我要交尾行欢。《维特》的作者还有别的才能。小丑是个恬不知耻的自然人，非常直接，没有文明的绕道。那个老师布鲁斯特弗莱克，虽然为自己的杰作大吹大擂，但不得不承认：他在路上小便的欲念／无法成功地根除。歌德没有公开发表这个未完的闹剧，大概也没让丽莉阅读。但狂欢节的歌德在此自得其乐。

丽莉是个感情丰富的年轻女子，非常漂亮，天然优雅，风情绰约，聪明过人，受男人们追捧，完全是个美好的婚姻对象。歌德也是个英俊和受人追捧的年轻男子。一旦她同歌德一起出现，在法兰克福的社交圈里，就会成为众人口中的话题。议论很多，以至于外部压力越来越大。他们两人私下里情况如何，我们不得而知。感情应有起落，一如歌德向古斯琴描述的那样。在舍内曼家里，人们不久就不愿意见到丽莉和歌德在一起，因为他一直不做出清楚的说明。所以两人就在奥芬巴赫附近丽莉一个叔伯的庄园里见面。歌德的一个朋友，作曲家安德烈，也住在那里。人们就在那里度过欢快的，有时甚至是无忧无虑的夏日。一首在那里创作的诗歌描绘了丽莉如何在园圃里喂动物，用一根丝绳牵狗熊，而它完全臣服于她，她的这个情人，被驯服／当然依旧有一点本性难改！

剩下的是唯一的决定时刻——他该以婚姻为目标吗？歌德在一首献给丽莉叔伯的诗歌中，谈到了婚礼的可能：嗡嗡作响的钟声何助于我，/ 还有马车的辘辘，人声的嘈杂！/ 我在教堂里做什么？/ 而我去过天堂。歌德害怕持久的关系，但他也不想失去丽莉。同书信中的和仅在幻想中的古斯琴不一样，丽莉以诱人和催人的方式真实存在。当然，在歌德同丽莉的关系中，幻想也插手其间。证据就是两人曾经谋划浪漫的逃亡计划。一架马车在晨曦中等待，然后是出逃，也许甚至去美洲。歌德在《诗与真》中暗示了这一点，而丽莉，以后的蒂尔克海姆夫人，高龄时面对女友，称歌德是"她道德生存的创造者"，因为他并没有利用她的心甘情愿，将自己的"责任和道德感"献给他。

在这样的情况下，发生了恰逢其时的事：古斯琴的兄弟，弗里德里希·利奥波德和克里斯蒂安·施托尔贝格要去瑞士，并邀请歌德同行。这两位年轻的伯爵属于克洛普施托克圈和推崇感伤主义的"哥廷根圣林"的成员。尤其是年轻的弗里茨·施托尔贝格，长相俊美，自信亮相，是生机勃勃的中心，无论出现在哪里，他都会受到众男女的追捧。歌德答应同行，因为他在试图与情色的纠葛拉开距离，此外，他还能利用这次旅行，顺访在南巴登埃门丁根的妹妹。从妹妹那里已传来某些忧心之事，而父母也已多次催他去探望刚生了第一个女儿的妹妹。歌德感到负有责任，尽管他可能很想避免触及妹妹的心灵忧伤。

1775年5月，这队旅人出发了。歌德在斯特拉斯堡拜访了萨尔茨曼，遇到对他翘首盼望的伦茨。在此期间，伦茨不仅与弗里德丽克·布里翁，而且同样与科尔内利娅建立了联系。也就是说，他踏着歌德的足迹而行，而现在又陪他从斯特拉斯堡去埃门丁根。那是晴好的天气，妹妹活力焕发。大家长时间地步行，一起坐到深夜。这对之前几乎一直躺倒在床的科尔内利娅来说，不同寻常。歌德享受着令人激动的氛围，但也发觉了妹妹痛苦的境况，离开埃门丁根时，他心情沉重。而科尔内利娅对丽莉的轻蔑评价，也让他倍感沮丧。他感觉到妹妹的妒忌，这是兄妹之间的一个老故事，因为歌德同样嫉妒过施洛瑟。他对读者仅想透露探望妹妹时对严肃的感觉的预感，《诗与真》中干巴巴地这么说。

瑞士之旅的首站是苏黎世，歌德有一段时间在拉法特尔家做客，认识了他的朋友圈，也同芭芭拉·舒尔特海斯建立了终生的联系。他曾称后者为自己最忠实的*女读者*。他们从苏黎世向四林湖出发，并进入威廉·退尔的家乡卢塞恩。然后登上了阿尔卑斯山，到了戈特哈特。在山口最高点，他经历了径直去意大利旅行的诱惑，但最终折返。返回途中到了苏黎世，他又在拉法特尔及新友旧朋处住了几天。在苏黎世湖旁，他们惹恼了一些正人君子，他们对裸泳的年轻男人感到愤怒，对他们扔石头。此外，苏黎世和巴塞尔的上流社会都想认识《维特》的作者。当歌德衣冠整齐地出现时，有些人感到失望。有人觉得他高傲、虚荣，甚至爱上了自己的荒唐。"我极度欣赏这个男人的天才——尽管我不喜欢他对此的显摆。"来自巴塞尔的联邦委员会书记官伊萨克·伊泽林这样记录。

两个月后一行人开始返程，依旧经过斯特拉斯堡。同来时一样，歌德又同伦茨一起度过数日。"我和歌德一起享受了神仙般的日子。"他这样写道。两人拜访了当时的熟人、客栈。他们再次登上大教堂,到附近的心爱之地远足。但歌德没骑马去塞森海姆探望弗里德丽克,也没再访埃门丁根的妹妹。

7月底,歌德返回法兰克福。到家后第一封信写给奥古丝特:尽管我相当伤心,我还是回到北部……天使啊,昨晚我多么渴望跪在你脚边,拉住你的手……我经常用女性欺骗自己——啊,古斯琴,但愿我能向你的眼眸投上一瞥!

歌德依旧没有确定自己同丽莉的关系。旅行对此没什么改变。歌德试图接近丽莉,但同时想躲避束缚。有一次,当丽莉不在时,他坐在她桌旁,对奥古丝特书写自己心灵的苦闷:我在让我变得不幸的姑娘的房间里。她没有过错,有一颗天使般的心,而我则让天使那快活的日子蒙上愁云!丽莉返回,惊讶地在自己的房间里,在自己的桌旁见到他。她问他在给谁写信。他告诉了她。歌德细致入微地描写了一切细节,但对丽莉的反应未着一字。同时在给默尔克的信中,他使用了另一种语调:我又一次可悲地失败,想千百次地扇自己耳光,之所以没去见鬼,是因为自己身手敏捷。丽莉和歌德约定,一段时间不再见面。但这于事无补。歌德对古斯琴说:不幸的是,与我保持距离仅让将我引向她的纽带变得更紧。

有个同代人声称是丽莉的母亲最终采取主动,结束这种晦暗不明的状态。一位对歌德并无好感的布雷特施奈德先生——或者那只是谣言?——在给尼古拉的一封信中说:歌德最终正式请求丽莉的父母同意他的求婚。"母亲说考虑一段时间。几周后她邀请歌德吃饭,当着许多人的面对歌德求婚作答，因为宗教信仰不同，这项婚姻也许不合适。歌德对这种粗鲁的做法自然十分生气，因为她完全可以单独告诉他。可夫人认为，她找不出任何其他更好的办法最终了结此事，并且害怕两人单独见面时他的争辩。"最后的注解十分贴切，人们倾向于相信这些话。

1775年9月，卡尔·奥古斯特，在此期间已成年并成为公爵，来到卡尔斯鲁厄，与露易丝公主完婚。他在法兰克福短暂停留。趁这个机会，他再次邀请歌德去魏玛并做了详细说明。他的建议是，10月中旬，与宫廷侍从约翰·奥古斯特·亚历山大·封·卡尔布将带着一辆马车来到法兰克福，把歌德带回魏玛。

首次提出访问魏玛，是1775年年初的事。歌德有一段时间考虑此事。这暂时还是一场可能的游戏。可现在他必须做决定了。大约还在斟酌的时候，他写信给奥古丝特：我的心最终将感到动人和真实的享受及痛苦……不再被想象力的浪花驱赶……不再时而上天堂时而下地狱。想象力的托词是一方面，另一方面是现实的选择。穿过决定的针眼，从许多可能性中选择一项。10月初他决定去魏玛。

在《诗与真》中，歌德提到决定性的动机：他必须躲开丽莉。事情并不完全如此。面对弗里茨·施托尔贝格，他当时这么解释，他去魏玛不是为了任何人，因为我对整个世界恼火。不仅仅是因为丽莉，那时他想逃脱的是整个环境——整个世界。重要的是：在魏玛没有任何东西强烈地吸引他。更强大的动机是：仅为离开这里！此外他还不知道，未来的结果是什么：魏玛是他整整一生的决定。

起先这只是一次较长的旅行,一次在宫廷的暂时停留。他为何不尝试一下?他向默尔克借了一些钱,当时还没谈到聘用和收入。父亲也不得不拿出钱来,他不太情愿,因为他不愿见到儿子去宫廷,而且是这么小的一个宫廷。魏玛还不享有与歌德匹配的声誉。虽然维兰德在那里,公爵母亲供养着一批宫廷艺术人士,赢得了一些知名度,但这已是一切了。而王宫刚被烧毁。十八岁的公爵,其重要性尚未得到证明。至于居民人数,与法兰克福相比,魏玛只是小国都,不是大世界。也就是说,那是从城市到乡村的旅行,尽管魏玛是一个有抱负的乡村。魏玛的好处是,它足够远,有着某种别样的生活。那是延期清偿,或是新的开端,将来才会显示。在等待送他去魏玛的马车时,歌德给戈特弗里德·奥古斯特·比格尔写道:收集整理的最初时刻……那是最初的,经过我生命中最零散的、最混乱的、最完全的、最完整的、最空虚的、最有力的和最松弛的九个月。

但马车没来。他等了一个多星期,没有任何消息。在法兰克福,他已向所有熟人预告了他的离去。他被认为已经离开,再出现在别人面前,显得有些难堪,所以他不再出门。他待在屋里写《埃格蒙特》。

他变得不耐烦。出了什么事?离开法兰克福一段时间的决定已经做出。这不会改变。在等待得不耐烦的恼怒中,他临时大胆地改变方向。他要补偿不久前在瑞士旅行时错过的机会,他要去意大利。10月30日他动身,并在旅行日记中写下:我为去北方整理行李,却去了南方,我答应了,但没去,我不会前去!第一站是海德堡。

在那里，一名特急信使赶上他，带来消息，卡尔布带着一辆马车终于到达法兰克福，在等待着歌德，同他一起上路去魏玛。歌德可以继续去意大利的旅行，但他掉转了方向。

阶段观察：难以忍受的轻率

倘若有人总结，歌德以后会如何描写自我，根据他早年的生活经历给出的那些信息，人们就会见到这么一个孩子：他受到期待和希望，从一开始就得到承认和鼓励、证实和推动。他是家庭的宠儿，一个自己没什么问题的男孩，所以能把自身的力量全部放到发现世界上。他极度渴求知识，被要求模仿让他印象深刻的事。他很快就领悟该如何行事，然后仿照：外语，韵律和节奏，图画，木偶戏，童话，庄严的礼拜仪式，《圣经》故事。他相信自己有多种能力，但依旧保持敬畏。他受人喜爱，保持了自身的纯净。他觉得自己就像童话中的王子，是能赠予自己礼物的人。他不带恼怒和恐惧地探究自己的周围环境，然后是首次恋爱——与格蕾琴，男孩在她手中就像经历了皇帝加冕。

直到那时，他的生活被笼罩在友谊和诱人的秘密的暖日中，现在才首次转为阴暗。男孩，也是由于这个姑娘，陷入不利的社交圈。对受庇护的男孩来说，生命的陌生开启了，这也是他第一次经历自我异化。失去了最初的直接和纯真。然后他到了莱比锡上大学。这个年轻男子几乎还是个男孩，就已足够强大，可以赢回他本质的自发性。但现在参与其中的有某种刻意。他不再容易满足于自己，而是想做闻所未闻之事，他要升华自身。他想当作家，利用书信写作艺术训练自己，在纸上创造一种现实，并通过它干涉其余的现实、改变它。此刻可能出现混乱。一旦想象力插手其间，生命就会变得神秘莫测，如迷宫一般。区别何为经历、何为想象，并不总是轻而易举。而贝里施，这个新朋友，做了一些事情，为的是将一切带入混乱，因为他是个俏皮的怪物。

这个大学生以几分无忧无虑为自己征服了莱比锡，就连那个爱情故事开始也进展顺利，随后才陷入危机。总而言之，首次激奋后，年轻人遇到了抵抗，就像在法兰克福儿童时代的最后一样。莱比锡之前和莱比锡之后充满了不确定性。重病缠身的年轻人在亨胡特兄弟会成员那里尝试虔诚，但没有成功，因为他就是缺少必要的罪孽意识。负罪感对他来非常陌生，他不需要超越尘世的拯救者。只要创作欲望眷顾他，他就感到自己彻底解脱了。一种罕见的新的诗歌语言征服了他。确实是一种征服。在斯特拉斯堡，他被称为"万能人"，那是人们敬畏地赠予"年轻的歌德"的称号。他灵感迸发，简直像来不及般飞快地用文字固定一切。有时他像是着了魔。在越过田野、沐浴阳光和伴随雨雪的长途远足中，不管走到哪里、停在哪里，诗句都会涌上他的心头。据说，有些早年的大胆颂歌，是他迎着狂风，气喘吁吁地觅得的。

他不仅成功地写诗，他还让生命诗意化。他与弗里德丽克的爱情故事，在回顾时简直犹如一篇田园牧歌式的小说。但不仅是回顾才让事物变得迷人。年轻人自己当时也有能力诗意地迷醉于他的环境和自身。他读了哥尔德斯密斯的《威克菲尔德牧师传》，开始对小说进行模仿。在生命变成文学之前，文学已成为生命。

有关作家的声誉，歌德在去魏玛之前，已获得人们所能得到的一切。借助《葛茨》和《维特》，他一夜之间成为那一代人的权威作家。一般情况下，以后才会有人对他进行精神史的评判。但是，关于《葛茨》和《维特》，当时的知识界人士就已明白，伴随这样的著作，一个新时代开始了。歌德迅速成为今天人们所称的礼拜作家，受到世人的欣赏和嫉妒，也为年长的权威所承认，即使有时并非心甘情愿。他本人清楚自己的重要性。他并没有追求它，重要性是别人赋予的，但他并不觉得受之有愧。有天赋的人即使不瞄准，也能击中靶心。

因为别人对此感到惊讶，最后他自己也感到惊讶，他如何游戏般轻快和理所当然地推出成功之作。他称自己的诗歌为即兴诗。效果最佳的作品，该是轻易而得之作，是某种浑然天成之作，而非刻意创制之作。年轻的歌德在创作中，的确没有费力挣扎。初稿或者成功，或者被他弃之一旁，直到合适的机会重新来临。由此，某些作品从不结束，某些作品持续终生，比如《浮士德》。倘若它受到阻碍，他就开始其他新作。他喜欢重新开始。他是个尽人皆知的新手。

歌德有满脑子的念头，他无法让一切都有成就，念头实在太多。所以，消灭早年的尝试，对他来说轻而易举。他有把握，总会有后继的作品。他能过河拆桥，因为他身处轻快的前进运动中。他朝前生活，向后理解。这样的理解有待时日：以后父亲的遗传特征将在他心中觉醒，他将仔细收集涉及他的一切。

他早年的自信有某种梦游色彩。他根本无法想象，自己不在正确轨迹上。他想跟随他本身具有的必然性，他称之为：以自身的天性为指向。家庭的富裕当然让他受益，因为背靠这样的安全性，他无须将自己的生活计划局限在职业生涯或者谋生上。他致力于受教育而非职业教育。他不想成为职业人，当他以后作为律师从业时，也以自己那天才的方式，轻松愉快地处理业务，他富于想象力，同事和当事人都说，他的想象力过于丰富。他的表现卓绝，但有些放荡不羁。他的呈文表达完美，但在法庭上得不到他希望的效果。他自己不想出于专业而做事，他心有疑虑，自己是否缺乏缜密性。无论如何在法律上是这样，在其他方面恐怕也是一样。所以他以奇特的方式努力，将自己表现为诗人。这位诗人虽然打破规则，但也有能力完美地和极度准确地掌握规则。以后他那些自然研究的活动，也可被视为他毕生的尝试——担心别人可能不信任他，因而提供缜密的证明。

有过那样的时刻，年轻和无忧无虑的歌德怀疑自身。但让他不安的并非别人，相反，在这个想象力如此丰富的年轻人身上，会不时发生这样的事，他自己不在场，一如他这样描述。那是沮丧和空虚的时刻，他称之为"疾病"。《维特》曾讲到这一点。因为仔细观察，让维特变得不幸的不太像是爱情，而是渗入他心中的空虚感，且出现在伟大的感情渐渐熄灭的时刻。这才是真实的危机。歌德在《诗与真》中承认，他自己经历过这样的危机。他称其为 taedium vitae,

即厌恶生命。厌恶生命并不来自过大的生活压力、迷宫般的环境或者现实的不幸事件。问题不是沉重和多样,而是空虚和单调。威胁人的不是太多,而是虚无。这里没有疯狂地手舞足蹈的绝望,相反只有麻痹的人的无聊。歌德描述了为摆脱这样的空洞,他如何通过激情的举动振作自身,准备好一把匕首,如何将历史中伟大人物辉煌壮丽的自杀作为典范。这里有用利刃刺胸的奥托皇帝,或者在浴缸里割断自己动脉的塞涅卡。那是绝望的行为,一如书中所说。可他们是积极行动的人。他责备自己,因为无所事事而绝望。通过振奋自己,他写出了小说《维特》,而改变了这一点。通过描绘这种患疑病的面孔,他抛弃了这副面孔,决定活下去。他在《诗与真》中这样写道。但是,面对以后的骚动不安,也许从这种对生命的厌恶中有什么东西留了下来。热爱秩序和拘泥死板,将为反对骚动不安而受到召唤。

如此阶段性地出现的对生命的厌恶,其实无须解释,因为它属于人的命运。而需要解释的是——倘若它从不显露自身。但是还有一种另类的厌恶生命,让人吃惊。不是厌恶空洞,而是厌恶轻快的充溢,对一切游戏般的、无阻碍的成功感到厌恶。在孩童时情况已是这样。他厌恶那些他无法继续编造并从中创作出一个新故事的故事。他替自己写个人的《圣经》;木偶戏让他着迷,他就立刻开始让别人着迷。因为对思想体系不耐烦,他摘出一些思想,用来组成自己的东西。比如他就这样与斯宾诺莎或康德打交道,尽管他从未仔细阅读他们。他的游戏冲动即使在这里也十分强大。与此相适的还有伪装的欲念。在塞森海姆,初见弗里德丽克时,他正装扮成一名可怜的神学大学生。他不仅想对别人，也想对自己表演。无论表演什么，都无须用任何事情欺骗自己：游戏者身处真理和谎言的彼岸。

面对游戏，他无须感到任何厌恶，但对事关自己的存在和创作的、无法忍受的轻而易举则不一样。他身上几乎所有的生命表达和活动，尤其是创造性的活动，都具有某种游戏要素。一直到魏玛时期，他都无法将写作视为工作，即使他耗尽心力地投入写作。对他来说事情过于容易。所以参与创作的，是一种随心所欲、毫无阻碍的状态——即使在事关心灵负荷的时候，比如在写作《维特》时。游戏意志将重负赋予了某种过于轻快的东西。

属于轻快印象的还有，似乎一切都顺从了语言，对于一切都有语言的参与。年轻的歌德因其天赋而产生了如此的感觉，他不会遇到任何他无法掌控的东西。其中有某种无忧无虑的几乎是孩童般的因素。赫尔德居高临下地称之为"愚笨"。确实是这样，这个年轻人能沸腾喷薄，忘我沉醉，四处挥洒观念和灵感。在其才气迸发的初年确是如此，但在去魏玛之前，人们也时而发觉，他努力坚持自身，甚至表现出一种刻意的僵直。对轻快充溢的厌恶，触碰着他。轻而易举之事，是尚未正确地来到世上的事。文学创作该进入一个抵抗的世界。歌德这个至今轻松地完成一切的幸运儿，寻找的正是这个。所以他听从去魏玛的召唤。他最终想应对一种他**从任何方面来讲都无法胜任的关系**。

歌德在去魏玛的路上，已是一位欧洲著名作家。可他自己没有已做成什么或贡献了什么的感觉。

第十一章

宫廷的错综复杂。与维兰德的丑闻。第一次接近夏洛特·封·施泰因。起初的愚蠢。克洛普施托克的指责和拒绝。赫尔德的召唤。

1775年11月7日,歌德到达魏玛,在年轻的宫廷侍从卡尔布的陪同下,歌德不久就继任卡尔布的父亲作为宫廷总管,即国家财政主管的位置。这段路程有点像十年前去莱比锡上大学的旅行。当时母亲将这个年轻人像一个孩子那样裹在被褥里。在一次车轴断裂时他勤快地帮忙,将马车重新修好,因此胸部拉伤,之后花了不少时间设法获得治疗。那曾是他的首次严酷测试。

他处在这样一个生命阶段的开始。在此阶段中,他学习将内在的创作才能完全视为自然,在写作上,轻快自如、梦游般获得成功。但正因为如此,他不愿将此算作功绩。对他来说,这属于一种为自己获得表达的活力,他从未将此视为工作。*漫步穿越森林田野 / 口哨吹出心爱之歌,/ 度过完整一天。*

眼下歌德启程旅行,在与想象力自由地游戏之后,尽可能地为世间事务试验力量；我就……有了这样的想法，我是否该从另一方面，为了我自己和他人的好处和利益，利用我具有的人性、理性和知性？他还不知道，在魏玛等待他的是什么，因为邀请虽然急切，但目的未定。

1775年9月3日从母亲安娜·阿玛丽娅手里接过行政权的年轻的公爵，很需要一个勤奋的管理人和顾问，因为小公国再次处于国家破产的边缘。一个大约拥有八万人口的小公国的王室管理，只能借助贷款运行。经济收入太少，只有小部分的农业和自给自足的小规模手工业。在阿波尔达的纺织业衰象毕露，因为它无法抵抗下莱茵地区和英国的竞争；粮食贸易失败，因为运输费用过于昂贵；几乎没有出口，因为本国的产品和收成无法满足自需；甚至盐也必须进口，尽管国内有众多盐矿，但经营不善。

这个农业不发达的公国，不得不承担一个膨胀的政府机构和奢侈的王室管理所需的费用，这必然导致高额债务。人们尝试用假币和空账，或者借助提高税收来应付债务。当歌德到达时，税率处在30%和35%之间，而当时普鲁士的大约为20%，而英国的大约为12%。

刚到魏玛时，歌德不了解社会的困境，仅了解自身的经济短缺。他没有收入，看上去在进行一次无期限的访问。所以他不得不向父亲要钱。他觉得直接去问有些尴尬，选择了通过"亲爱的姨妈"约翰娜·法尔默尔的迂回方式。她是雅各比一家的亲戚和母亲的女友。她们两人应该弄清，父亲是否懂得珍惜他儿子闪亮的辉煌，途径是在经济上认可、支持。

歌德是否能在两个月后就展现出闪亮的辉煌？这暂且只

能与他个人的影响力有关，与为宫廷或为国家做的任何事无涉。他在那里被视为靠财产生活的人，是访问者和年轻公爵的朋友，不管怎样，是个引起世人极大关注的杰出人物。歌德享受着这一点。我的生命犹如一次雪橇旅行，快速滑出，伴着铃声，起伏随兴。

的确，他引入的第一项实际改革是滑冰。对此，宫廷人士认为它过于文雅而不屑谈论，尽管伟大的克洛普施托克在一首诗中赋予它高贵。可现在人们看到，由歌德领头，年轻的公爵和他的宫廷官员艾因西德尔以及卡尔布在伊尔姆河畔结冰的河谷低地上绕圈溜冰。不久女士们也加入其中。年长的坐在装有滑板的长凳上。新来客人的影响力，完全展现在他倡导的新式娱乐中。由于等级原因，他还不能与公爵同在一个桌旁用餐，但除此以外，他在社交领域独占鳌头。他能形象、幽默地讲述，会即兴作诗，而人们则利用每个可能的机会，请他朗诵他的作品，也从他正在创作的东西中摘读，比如从《浮士德》中。有时他自己诵读，有时他分配角色，或者同大家一起即兴创作，而歌德始终是核心成员。

伴随着歌德的到来，宫廷复杂的人际关系出现了松动。他参与游戏，也被拖入游戏。他的书信充满暗示。1776年年初他致信默尔克：我在这里自然疯狂至极，但愿不久就能听到，我还懂得在人世的舞台上动人地扮演角色，为所有的悲喜剧凑合着做出贡献。或者，我每天在人类的巨浪中学习掌舵，并已在大海深处。或者，关于我的家政，我无话可说，它过于错综复杂。

宫廷中的形势才真正错综复杂。而年轻的公爵几乎痴痴地喜欢上了歌德。人们几乎总是看见公爵和他的宠儿在一起，在骑马去森林和村庄的时候，在晚间的社交活动中，有时两人站在广场上，进行甩鞭比赛。二人没有多谈政府事宜，尽管年轻的公爵针对母亲安娜·阿玛丽娅想立即恢复古制的努力，大力贯彻他独立的要求。由此在魏玛宫廷暂时存在两个权力中心，一个围绕着年轻的公爵，一个聚在公爵母亲身旁。处于中间的是年轻的公爵夫人。而她既感到受新婚丈夫的忽视，又对其圈内轻浮的新风俗感到厌恶。格尔茨伯爵，以前的太傅，现在成为公爵夫人的宫廷侍从，恼怒地退避三舍，维持着他与普鲁士宫廷的关系，有段时间还去了柏林，以后他将在那里飞黄腾达。留在魏玛的妻子给他提供关于宫廷的消息。这些信件让人窥见宫廷中精心设计的阴谋，而歌德也被牵扯其中。格尔茨兄弟两人都对歌德十分反感。公爵夫人称他为"附言"。"他举止傲慢"，她写道，"但他受人溺爱，有人追随他。"

1774年12月，当歌德与卡尔·奥古斯特在法兰克福首次见面时，格尔茨作为奥古斯特的随从也在场。歌德对小公国的赞赏被他视为阿谀奉承，仅仅为了让卡尔·奥古斯特听起来舒服。打那以后他对歌德怀有深深的猜疑。他有贵族傲气，面对一个市民的文学家——歌德对他来说不是别的什么人——他感到自己完全占据上风，尤其当事涉政治或外交手腕以及社会磨合时。歌德对他来讲虽然不是一名真正的竞争对手，因为他的事业心已让他关注更高层次，超过一个小公国能给出的任务，但格尔茨的反感不久就转变成一种实在的憎恶："这个歌德是个男孩，一个人们每天得用荆条教训的男孩。"1775年3月的这种表达有个特殊起因，关系到歌德面对维兰德这个魏玛当时的精神界领袖的举止。

1773年10月，出于对维兰德改编欧里庇得斯的《阿尔塞斯特》的愤怒，在一个下午，借着一瓶勃艮第葡萄酒的酒兴，歌德写下了滑稽剧《神灵、英雄和维兰德》。维兰德被尖刻地描绘成一个戴着睡帽，作为地狱里的影子出现在欧里庇得斯和一些出自《阿尔塞斯特》的神话英雄跟前。维兰德将这些英雄改编为有德行和多愁善感的人物，将此称为对希腊原作的一种美化。这就是让歌德感到恼怒的，也在歌德剧中的冥府被生气地指明的。尤其是在维兰德笔下正儿八经登台的海格立斯，在滑稽剧中被表现得像是古代的大力士，并大声斥责这个戴睡帽的男人。

歌德在《诗与真》中否认曾将文本交付印刷。但伦茨这么做了。歌德自己没有张扬那一瞬间的情绪。但这部滑稽剧已经问世并引起了巨大轰动。维兰德感到受了侮辱，即使他在《德意志墨丘利》中善意地评论它，并且称此为"揶揄的杰作"——出于一种想在歌德那里产生作用的宽宏大量，要让他感到羞愧。

在法兰克福和几天后在美因茨与卡尔·奥古斯特的初次见面中，此事也被提及，因为连同维兰德，魏玛也受到了伤害——特别是格尔茨这样认为。歌德啰啰唆唆地表示了他对维兰德的崇高敬意，当时就给他写下一封修好信，而后者友好地做了回复。这些信件没保存下来，留下的只有歌德给索菲·封·拉罗舍的报告。那里没有任何悔悟的痕迹，但对被迫同别人和解的事情，有一丝遗憾。我开始不再与别人发生误解,这真该死。克内贝尔不久就认出歌德的这种特性:"将能与之吵架的人树为敌人,这是他的一种精神需求……他曾带着无比特别的敬意,同我谈起过所有他曾攻击的人。但这个男孩好斗,他有力士的精神。"

寄出修好信后的几周,歌德在《德意志墨丘利》中读到了维兰德对所谓天才社会的批评意见,以为这针对自己,他的好斗性格再次苏醒。1775年3月,在给约翰娜·法尔默尔的信中,他发泄自己的恼怒:*维兰德是且一直是个坏蛋……我的和他的子孙之间将会有永久的敌意。*

大约同时,又有一部滑稽剧出现,作者是匿名的,其名字是《普罗米修斯、丢卡利翁及其评论家》。普罗米修斯指歌德,丢卡利翁是他的创造物,是"维特",而评论者虽然匿名,但通过外貌的漫画得以显示。维兰德又成了一个受讥讽的靶子。他沮丧地出现在普罗米修斯跟前:"*自您那上次的美因茨之行 / 我们已是朋友,如我所知, / 难道我受了恩赐,要去吻尖刺?*"见到自己被表现为伟大的歌德面前的自贬者,这对维兰德来说,比第一次的讥讽更伤人心。

人们以为歌德也是这第二部滑稽剧的作者。有人甚至找到一名证人,他确认,歌德将原件交给了印刷人。但歌德否认自己的作者身份,还让人印出一份声明,说他的朋友海因里希·利奥波德·瓦格纳*在与我无关和我不知情的情况下,写下并让人印出了这部滑稽剧*。但他不愿完全否认一种即便是不情愿的合作。他承认:*不管怎样,剧中模仿的是他的戏谑。*

格尔茨的愤怒和他的意见,即人们得用荆条教训歌德,就是因为滑稽剧《普罗米修斯、丢卡利翁及其评论家》。卡尔·奥古斯特坦然自若地接受此事。也许在1774年12月，或者更有可能的是在1775年5月，当他从巴黎返回并准备回家之时，他首次对歌德发出了去魏玛的邀请——官方的邀请信在9月正式发出。那是一次访问的邀请，未涉及长期搬迁。

在随后的几个月里，格尔茨伯爵夫人睁大眼睛关注宫廷的秘密。她在1776年11月的一封信中，报告了安娜·阿玛丽娅和年轻的公爵夫人之间的反目不和，"这两个女人的确互相厌恶"。而关于公爵她则认为："可以确定的是，他不愿让他母亲继续管事。"她描绘了年轻的公爵夫人低落的情绪，她不久就感觉受到丈夫的冷落，而歌德对卡尔·奥古斯特的影响则是原因。所以她对歌德无甚好感，坚持不允许他正式地和公爵在同一张桌旁用餐。但安娜·阿玛丽娅将歌德拉到自己身边，之所以如此，是因为她希望从他那里了解卡尔·奥古斯特情况如何。

事情还有其他更为复杂的政治背景——除了在公爵接管政务的最初几个月里，还有在以后的漫长时日里。卡尔·奥古斯特在为了公国的独立自主而努力的方案中，更偏向于普鲁士作为依靠方向，最终的结果是——也出于当兵的热情——他以后作为少将接受了一个普鲁士军团的指挥权。而安娜·阿玛丽娅更愿意在帝国那里寻求保护，亦即她希望进一步加强对哈布斯堡皇帝的依赖，尽管或者恰恰因为弗里德里希二世是她的叔叔。在歌德写自魏玛时期之初的信中，还没谈到这种政治背景。但几年之后，当普鲁士和哈布斯堡之间的关系变得紧张时，歌德同安娜·阿玛丽娅，更倾向于皇帝一方。此外，歌德在公爵和他的母亲之间也身处棘手境况，因为他想面对两人都表现得没什么心机、坦率和值得信任。面对卡尔·奥古斯特本来就是这样，而面对安娜·阿玛丽娅同样如此，因为面对她时，倾慕确实产生了影响。这种倾慕来自双方。当歌德来到魏玛时，安娜·阿玛丽娅还是个三十六岁的漂亮女人。她喜欢跳舞、画画、作曲和轻松愉快的社交活动，爱阅读最新的文学作品，身边还聚集着一个阅读的圈子。她欣赏歌德的《维特》，从维兰德那里学习古代和近代哲学。

歌德和安娜·阿玛丽娅之间显然有着一种相当密切的社交关系，人们当时就猜测，他们背后藏有更多秘密。格尔茨夫人称歌德是安娜·阿玛丽娅的一个"宠儿"，准确录下拜访次数和亲疏转换。她发觉或相信自己发觉，歌德有一次独自在安娜·阿玛丽娅那里度过整夜。在这个没有什么藏得住的小公国里，谣言四起，这些谣言由格尔茨伯爵夫人仓促织就。"妈妈（安娜·阿玛丽娅）与杰出的天才（歌德）的关系好过以往任何时候，尽管他在公开场合保持矜持，还是有人对此诋毁。"从赫尔德那里她得知，他在宫廷的关系令人生疑："他终日悲哀，惋惜魏玛那不幸的命运，首领（卡尔·奥古斯特）的迷惘，夫人（露易丝公爵夫人）的境况。他比任何时候都瞧不起母亲（安娜·阿玛丽娅），并谴责那个宠儿。"格尔茨伯爵夫人的这封信出自稍后的某个时间，显示出魏玛的这个混乱局面还会持续很久。维兰德称自己是这出"国家喜剧"的"纯粹的旁观者"，而宫廷官员西格蒙特·塞肯多夫对歌德所引起的骚动感到恼火："大家分成两派,公爵的一派声音嘈杂,另一派静默不语。第一派中,人们奔跑、追逐,挥鞭、策马,表现奇特,以为那和精神有关,参与其事的都是些文艺爱好者。没有他们不允许的恣意放纵。第二派大多无所事事,眼睁睁地看着自己所有的计划被第一派打乱,乐趣渐渐消失。"百般无聊的一派,指的该是年轻的公爵夫人露易丝身边的圈子。与她过从的人,既不疯狂也不爱好文艺,而是相当拘谨和极具等级意识。

夏洛特·封·施泰因隶属于此。因为她以前是安娜·阿玛丽娅的宫廷贵妇,作为公爵夫人的女伴,依旧对安娜·阿玛丽娅保持忠诚。在歌德热情地给她写信时,她忧心忡忡地告诉她的父辈朋友著名医生约翰·格奥尔格·齐默尔曼,歌德如何败坏年轻公爵的德行。她自己避免和歌德见面,尽管他理应获得警告:"我心上有许多话要对那些不通人情者说。太过分了,他不可能以这样的举止通行世界!……他那不停的讥讽嘲弄究竟是为什么?……还有他那带着诅咒、粗俗且低贱的表达和举止。……他败坏别人。公爵明显变了。昨天他在我这里宣称,所有正派和有修养的人,都不能算作一个诚实的男人!……因为他再也无法忍受身上不带俗气的人。这一切来自歌德……我觉得,歌德和我将永远不会成为朋友。"当她写出以上文字时,歌德业已觉得自己和她结下了友谊。

当歌德结识施泰因夫人时,她三十三岁,与厩长约西阿斯·封·施泰因结了婚,两人曾有七个孩子,其中仅三人存活。她娘家姓沙尔特,她受过严格的宫廷教育,礼数周到的她懂得如何在自己的圈内活动,很希望别人也这样做。她读书很多，喜欢援引别人，能下坚定的判断；她在其阶层同伴中，几乎已被视为学者。她身材纤巧，尽管生育多次，但看上去依旧是个女孩，而其褐色肌肤、黝黑的头发和深色眼睛都赋予她某种南方特征。她举止自信而又低调，经常是理性的，间或带着讥讽，但一直注意保持距离。她远离奢华。在有些人看来，她有些忧郁。她不是一个大美人，但是个高贵的女人。

她住在离魏玛几小时路程的格罗斯科赫贝格的庄园里。初访那里的一次长谈之后，歌德在壁炉上刻下自己的名字和这次见面的日期——1775年12月6日。在此后不久写下的歌德致夏洛特约一千五百封信中的第一封信里，有这样的话：正如我对您永远无法道出我的爱，我也无法对您说出我的欢乐。在这第一批信件中，有一种戏耍的、带有语言游戏和调情的色彩，他不停地提到爱情，但这听上去有洛可可式音调，伴着些许调侃。有一次他这么写道，但天知道，我所有的愚蠢和幽默，行向何方！但接踵而至的是灵感的喷涌。在1776年1月底的一封信中，他突然转而用"你"相称：亲爱的夫人，我为如此爱你而烦恼。倘若我能更爱别人，我会告诉你。也许是因为她不允许他这样称呼，第二天他表现得有些悔恨：我心中想，该死，我应该留下还是离去。他也许同她谈了自己那不幸的妹妹，以及他的负罪感，获得了她本人的理解，因为他写道：但愿我的妹妹有个兄弟，犹如我有你这样一个姐姐。在首批信件的一封中，他称她为抚慰者。他希望从她那里得到的不是激动，而是美妙的心灵平静，即抚慰。有时他也觉得，她心灵中的平静和抚慰有些过分，那是她径直抽身而去的时候。他以辛酸的讥讽表明：你有理由让我成为一个圣人，也就是说，将我从你心上抹去……这里也有一个骨灰坛，若从圣者身上留下遗骨。次日他又返回"您"的称呼，并补充道：可我对您的爱是一种持续的心灰意冷……事情在不安、安抚和平静之间循环往复。欲望被多情地演绎，他大胆上前，复又撤回，语言啰唆，间或简洁，有时放肆，重又转入诗意。不管怎样，他已离不开她，在她身边寻找机会，玩弄其可能的一切表达方式。

他对此如此着迷，以至于对来自法兰克福的消息无动于衷。就丽莉订婚的消息，他这样回答约翰娜·法尔默尔：再无丽莉的消息，她的事已了结。同一天他又写信给奥古丝特·施托尔贝格：我的心灵和头脑——我不知道该从哪里开始，我的那些关系如此众多和新奇，转换不停，但又很好。

那些关系的确如此，他同夏洛特的亲密感不可名状，这几乎让他感到恐怖。1776年4月中旬，面对维兰德他坦诚诉说：关于这个女子对我的重要性——她的力量，除了通过灵魂转世，我不可能对自己有做出别的解释。——的确，我们曾是丈夫和妻子！——如今我们知道自己，被裹入幽灵的芳香。可我对我们——过去——将来——宇宙——无法命名。在这些日子，他请求夏洛特，将他已经不在手头的一首诗的一个抄件寄给他，但愿出于你的手——你对我也该放心。歌德生前没有发表这首诗：你为何赋予我们深邃的目光 / 充满预感地窥视我们的将来 / 即使沉湎幻想也不相信，我们尘世的幸福和情爱？/ 命运为何让我们感到 / 能彼此瞧见内心 / 透过奇异的纠葛 / 窥视我们的真实关系。这些诗句几乎与上文提及的夏洛特给齐默尔曼的信同时写下。显然他还无法如他所愿地这样瞧见她的内心。这首诗还暗示了歌德向维兰德倾吐的两人之间的一种独特的灵魂转世的感觉：说吧，命运将给我们带来什么？/ 说吧，它怎样如此纯然地拴住我们？/ 你在前世到底是 / 我的姐妹还是我的妻子？

歌德在较早的一封信中称她是抚慰者。他将继续把她看作这个角色。我们不知道她对此是否认同，也不知道她是否觉得此信中她读到的东西有些轻率：你给我滚烫的血液滴注节制，/ 拨正我迷狂的奔驰，/ 在你天使一样的怀抱中，/ 我破碎的心胸重获安宁，/ 你轻而易举地拴住他 / 骗去他好些时日。/ 他满怀感激地躺在你脚边，/ 欢乐时辰就那样无比幸福。/ 在你的心上感到自己的心在跳动，/ 在你眼里感到自己安逸舒适，/ 他所有的感官豁然明朗，/ 让他狂暴的血液变得平静。夏洛特拒绝了他，并不断提醒他注意得体的界限。有一次见面后他给她写道：要是我想对你关闭我的心，我就会感到不舒服。

作为妻子、母亲和恪守道德准则的宫廷贵妇的公爵夫人，夏洛特非常在意她的名誉。迄至那时，魏玛人从未听说任何爱情丑闻。她城里的家就在歌德花园别墅的附近，但她避免单独拜访他。她在自己的家里接待他，那时身边经常有孩子和其他客人。不过她的丈夫经常外出。在格罗斯科赫贝格的庄园里，她较少受到注意。她再次回到那里数月之久。对格尔茨伯爵夫人来说，原因显而易见："有人说，洛特整个冬天在乡间度过，为了让难听的流言蜚语静默。"也许这类流言蜚语恰恰由此而被激发。

引人注目的是，歌德经常将拜访夏洛特与拜访安娜·阿玛丽娅结合起来，似乎想保持某种平衡，也就有了让夏洛特不怎么高兴的把柄。有一次在埃特斯堡王宫，再访阿玛丽娅之后，他写信给夏洛特说：我看到我的在场如何让你难过，并在日记本中太阳符号（这代表夏洛特）下注明：黑暗。关于在埃特斯堡王宫的访问，他的记录是美妙的夜晚。我们不知道，夏洛特是否确有理由嫉妒，歌德是否同时与阿玛丽娅保持一种暧昧关系，即使在当时也已经有人这么说——他们似乎知道这点。

受谣传困扰的还有科罗娜·施勒特尔，这个漂亮的女演员在歌德和公爵的恩惠下从莱比锡来到魏玛。她非常看重自己的名声，身边总是带着一个宫廷女伴。使劲追求她的公爵，在她那里未获任何情色方面的成功。歌德对她也十分倾心，未来还为她设计了伊菲几妮这一角色。她将在剧中展现歌德是如何看待她的：漂亮又热情，但得体且纯洁。开始时，歌德不得不同自己对她的热情费力搏斗。1777年1月2日的日记中，记录了他对她的一次拜访及其后的事：夜里发疯般的。又一次访问科罗娜后在1月6日又记录下：没睡。心跳和急速的炽热。科罗娜让他激动。5月8日，他利用夏洛特不在的机会，在自己的花园别墅中同科罗娜度过了整整一天。也许夏洛特对此有所耳闻，因为几天后她也出现在花园别墅里，而这极为罕见。

尽管有那么多干扰，歌德与夏洛特的纽带还是不断变得更加紧密，而同时歌德首次进入与年轻公爵的热烈的友谊阶段。熟识公爵的默尔克，在一封致拉法特尔的信中，这样描写两人的关系:"公爵是我所见过的最奇特的人之一……歌德比我们中间的任何人都爱他,也许因为没有任何一个人这么需要歌德,所以他们的关系才会一直持续——因为歌德无法离开他,或者歌德无须继续做那个特立独行的自己,而公爵也不会比歌德的任何一个朋友更容易同他决裂。"

公爵受到启蒙思想的教育,他爱伏尔泰胜过一切,而且欣赏他的大伯普鲁士的弗里德里希二世。公爵想同后者一样,招揽一个伟大的英才作为顾问和陪伴,因为他在同歌德首次见面时已为其个性所倾倒,他也想把歌德当成朋友。卡尔·奥古斯特喜欢做决定,做事干练,年轻时对人就有一种比较准确的判断。对人的认识,是他最强的天分。他受到"狂飙突进"运动新观念的感染,喜欢坦率、天然,间或甚至还看重粗鲁行为。感伤对他来说是可笑的。宗教对他不意味着什么——倘若它对政府事务无用。他对独立自主有一种天然的倾向性,不耐烦地等待着成年后立刻从母亲手中完整地接手政府事务。他想以大伯为典范,理性地治理他的国家,但他还不知道,这究竟意味着什么。他喜欢指挥士兵,同他们四处行军,利用奢侈的狩猎活动发泄自己,征服姑娘。

当默尔克认识公爵的时候,他马上明白,为什么歌德看重他。"我诚实地对您说,"他给尼古拉的一封信中写道,"公爵是我见过的最值得尊敬和最聪颖的人之一——请您想一下,一个君主,一个二十岁的人。"卡尔·奥古斯特身心早慧,但并非少年老成。他保持了年轻的活力和无忧无虑、鲁莽大胆的特点。人们担心他的健康,因为他喜欢风餐露宿，放肆地骑马穿越森林，攀爬树木，在干草堆里或露天睡觉。在最初几个疯狂的星期里，歌德几乎参加了所有活动，并对这位公爵朋友表示他对过度的激昂的忧虑，若您总是做那些并非不合适但又并非必要的事，无益地耗费您自己和您家人的精力。有一次卡尔·奥古斯特从树上摔下，另一次他在同一位宫廷官员摔跤时扭伤一边的肩膀，还有一次为了躲避一场暴风雪在农民家过夜时，被冻得半死。他追求冒险、不顾危难，瞧不起被他称为"文艺先生"的多愁善感的宫廷人员。他把愿意和他一起从事好玩的和不怎么好玩的活动的人聚在身边，其中有艾因西德尔、韦德尔和贝尔图赫先生，有画家克劳斯，还有一位重要人物——歌德。

公爵很想与朋友们一起，度过歌德到来后的第一个圣诞节。可他被邀请去萨克森—哥达公爵的王宫。所以那些朋友们独自去了比格尔那偏僻的被雪覆盖的林务所。歌德从那里写给公爵的信件，让人感到毫无拘束的男人结盟般的语调，而这种语调那时在他们之间应是司空见惯的。有一次歌德喝酒后坐在自己屋中信手写信。用餐已毕，可他们还坐在下面，吞云吐雾，高声喧哗，我隔着地板都能听到。半路的酒馆中，挂着公爵的肖像，他们和它打招呼，行一个屈膝礼，并添上一句，我们多么喜欢您。在白雪皑皑的静谧的屋里，他们感觉惬意，而外面狂风大作，星星闪烁。歌德的思绪飘向公爵，后者为了他的执政就职典礼正在举行一场盛装接见活动。也许在围绕你的／闪烁的千百束灯光中见你／也在你身边晃动的／向你敬酒的所有面容旁。／愿你在如你一般的忠贞心灵处／找到真的欢乐和平静。

公爵通过一个信使告诉歌德，他如此怀念朋友，但愿他能去哥达陪他。此外，别人也对他感到好奇。歌德启程上路，出现在萨克森—哥达公爵的王宫，并在那里给人留下了深刻印象。给人留下更深印象的，是几天后在凯勒家。维兰德之前已对这家人大力推荐歌德这个魏玛的新居民。在此期间，维兰德已忘记自己对歌德讥讽的恼怒，用最美妙的语调称赞和美化他。他"几乎爱上了"他，他对雅各比写道，还请求拉法特尔，"抹去"他前一封在其中说歌德坏话的信。在一封致莫伊泽尔的信中，有这样简洁和坚决的话："我们近来在此遇见的歌德，是最伟大的天才，也是我认识的最优秀、最可爱的人。"

现在歌德被维兰德引到哥达附近的施泰德滕，出现在凯勒家里。对聚在那里的人，尤其是家里的两个女儿，维兰德没有过多的允诺。歌德情绪不错，容光焕发，灵感迸现，诵读作品，讲述故事，搞恶作剧。维兰德在自己的诗歌《致灵魂》中记录了对这次访问的印象，带着融化在欣赏之阳光下的讥讽："是一个英俊的巫师，／有一双黑色的眼睛，／是充满神之目光的眼睛，／能强力地杀人同时让人着迷。／他就这样来到我们中间，壮丽又威严，／一个真正的精灵之王！／没人发问：他究竟是谁？／我们在最初的瞬间已感到：那是他！／我们用自己所有的感官感觉这点，／这流经我们所有的神经。／从未有一个人子／在神的世界里向我们展示，……如此强力地包容一切自然，／如此深沉地掘入每个生灵／但依旧如此亲切地生活在整体中！／／让他给我当个魔术师吧！……他都能把我们的心灵变成什么？／谁能像他那样将欲念融化于痛苦？／谁能像他那样可爱，并令人恐惧、受到折磨？／心灵在甜蜜的语调中融化？／谁从灵魂的最深处／凭借如此让人着迷的狂热／唤醒情感，而它们没有他／还躲在我们身后昏睡于黑暗？"在这个值得纪念的夜晚，卡尔·奥古斯特也在场，他也为这个"魔术师"感到骄傲，不管怎样那是他为魏玛赢得的第一个朋友。

歌德是年轻的公爵周围不容置疑的中心，是发动者、出主意的人，即使在名声不好的胡闹中。1776年夏，有一次在伊尔默瑙，当人们在那里探查重建矿山的可能性时，组织了一次去附近的施蒂策巴赫的远足。在场的矿物监督封·特雷布拉，在回忆中述及那个"充满活力的圈子"，而在那里显然"什么都可以做"。"无人监督地肆无忌惮，在此没有任何要求，没有什么忌讳，甚至人们希望这样。"人们趁着酒兴想把自己的头发剃光。歌德建议别这么做，理由是，虽然可以这样"做"，但无法"重复这样做"。

特雷布拉的报告是多年后写下的，显示出这样的努力，抛开那所有的愚蠢行为，承认这个"引领友谊的天才"有一种克制的作用。施泰因夫人在第一次拒绝胡闹后，也为歌德的行为说情："歌德在这里造成巨大的颠覆；倘若他能让事情重回正道，对他的才能来说则更好！他的愿望当然是好的，但过多的青春气息和太少的经验——让我们耐心等待结果！"

但是，想到法兰克福的父母能很清楚地了解他在魏玛的胡闹，歌德感到不怎么舒服。1776年年初，夏洛特的丈夫厩长约西阿斯·封·施泰因去法兰克福出差，准备拜访歌德的父母。歌德防备性地给了"亲爱的姨妈"法尔默尔几点指示。可以亲切地接待这个正直的男人，但必须留意，他会散布关于这里情况的不中听的话。人们最好别继续发问，保持沉默，只是大家别对我在这里的情况显得过于着迷。另外，施泰因同几乎整个宫廷的人一样，对公爵并不十分满意，因为他不随着他们的笛声跳舞，而他们还会私下里或公开地归罪责于我。倘若他这么做，你们可以忽略不计。总而言之，你们必须多问少说，应该让他讲，而非放任他讲。

但谣言不仅传向法兰克福他的父母，而且进入了普通的公共领域。歌德移居魏玛的事，已经十分引人注目，现在大家好奇结果如何。同公爵自己一样，人们发觉自己回忆起伏尔泰和弗里德里希大帝之间的短暂联盟。人们视歌德为一个新的精英的代表，带着良好的目的与权力结盟。可现在人们不得不相信疯狂的"魏玛执政"，一如约翰·海因里希·福斯的道听途说的记录，听说公爵与歌德犹如"野蛮的猎人"在村里横冲直撞，"他们喝得酩酊大醉，兄弟般地享用同一个姑娘"。就连曾以一首事关溜冰的诗歌赢得歌德友谊的克洛普施托克，对此也有所耳闻。因为他觉得自己是"学者共和国"的首领，于是他给歌德写了一封责备和警告的信："倘若他这么下去，将会发生什么不可避免的后果？倘若他以后酗酒成病，公爵将倒下，活不长久，而非如同自己所说，以此强壮身体……德国人至今有理由抱怨他们的君主，说他们不愿与他们的学者打交道。他们现在高兴地把魏玛公爵排除在外。但其他君主们呢——要是他们固守旧传统，并且不说明自己的理由——这样的事要是发生，一如我所担心的，那该怎么办？"

歌德将这封信撂开两周，去伺候自己园圃里的芦笋，以便平息怒气，然后回信给他：您自己已有感觉，我对此无话可答。我要么不得不像一名学童那样发出几声忏悔，或者强词夺理地道歉，或者像个诚实的男人那样自卫。若是这样，事实上也许会冒出三者的一种混合物，但这又有什么用？——好吧，我们之间再也别谈此事！请您相信，要是我该回答这样的信和这样非分的要求，我就无法再留有生存的片刻时间。克洛普施托克随即答复："您看错了我友谊的表示，尽管它十分重要……由此我向您宣告，您不值得我给出的友谊。"友谊的纽带就此断裂。

公爵把歌德选为朋友并想方设法把他弄到魏玛，那时公爵才十八岁。他只想让歌德留在自己近旁，尚无具体打算。但为了能让留住歌德，他不顾一些宫廷人员和官员的反对，三个月后答应给他一个官职。另外还送出了慷慨大礼，比如1776年夏，公爵将一栋花园住宅赠送给了歌德。1776年3月16日，公爵已立下一份遗嘱，确定给歌德一份终生养老金，虽然后者暂无官职。歌德在最初几个月里曾考虑，结束在魏玛的试验。对他来说，重要的是这样的感觉，即若有意向，就能随时重新离去。这样他才觉得自由。也是出于自由，他决定选择年轻的公爵。歌德与公爵坚固的联系在以后的岁月里还会展现。他曾多次非常清楚地谈及这一点。在之后一封给夏洛特的信中，出现了一幅奇特的神化且高度风格化的图像，它象征性地集中体现了这份友谊的重要性：公爵……此刻走来，我们，既非魔鬼也非人子，爬上高山和神庙之顶，从那里远眺，纷繁的世界及其艰辛和危险突然向下坠落……又被一种这样的神化所裹挟，以至于生命那过去和将来的困厄及其辛劳，犹如熔砟躺在我们脚下，而我们，身披尘世的外套，已经感到未来幸福羽翅的轻柔，还有我们羽翼那尚且迟钝的毛管。

来到魏玛四个月后，在给公爵的一封信里，他更简洁地这样表达：由此您永远不会感觉不到，我热爱您。此刻歌德已经暂时下定决心。他给默尔克这样写道：我的处境足够有利，魏玛公国和埃森纳赫一直是一个舞台，让人尝试如何直面世界角色……我是否比以前任何时候更合适在这里，去认识这个尘世之辉煌的绝对丑陋？

还没上任，歌德就已经竭尽全力为在布克堡感到不舒服的赫尔德弄到了空缺的教区总监的位置。为此他已赢得公爵的支持，但在当地的宗教人士和政府机构那里，还有阻力。歌德给赫尔德写信说，亲爱的兄弟，我们从那时起已同小人交恶，而到处都有这类小人当道。公爵愿意并希望你来，但这里的其他人表示反对。赫尔德被视为可疑的自由思想家，但这没吓倒公爵，但另一方面他也不愿同教会监理会争吵。本该让一个保守的神学家出一份鉴定。但由于歌德的坚持，公爵并没有这样做，而是下了一份绝对命令把赫尔德召到魏玛。歌德立刻着手，操办修缮赫尔德官邸和住房的事宜。

这件事加剧了政府官员针对歌德的抵制。当1776年6月11日，歌德被正式任命为拿一千两百塔勒年薪的枢密院枢密顾问时，当时已长年任职的大臣封·弗里奇宣布辞职。弗里奇写道，有其他更有经验的专家，通过忠诚的服务获得能力，而别人不该忽视他们。弗里奇暗示，他把歌德的任命视为一个任人唯亲的案例。公爵坚持自己的决定，称弗里奇对歌德的评价对他这个朋友来说是侮辱性的。可公爵也不愿失去这个经验丰富的大臣，所以执意请他留任。由于安娜·阿玛丽娅的劝说，弗里奇最终改变了主意；另一方面歌德也足够聪明，尝试与他友好相处。

也就是说，1776年夏起，歌德开始在魏玛正式定居。《维特》的作者还是成了一个现实的人——他在此基础上，告诉凯斯特纳：我留在这里，即在我享受我的生活的地方，在某些情况下对最高贵者中的一人有所促进和帮助。九个月来我已同公爵在心灵上以最诚挚、最亲密的方式紧密相连，是他最终把我也和他的事务相连，而从我们的友爱中生发出一种结盟关系，愿上帝祝福它。

第十二章

"我的写作生涯服从生命。"天才无法避免对生命的一知半解。反对文学工匠。与失败者伦茨的故事。

在乡下东游西荡,来到谷仓和护林房,然后又回到宫廷和城堡过夜,露营和溜冰,被视为荒唐的与村姑的调情,宫廷里的节庆等活动,歌德都饶有兴致地参与。他喜欢这些事,也因为年轻的公爵喜欢,而他也愿意经历一种无拘无束的或者当时被视为大学生的生活。歌德不仅参与,而且对此推波助澜,然后重新发挥克制的作用。维兰德曾写道,歌德的技巧在于,"从那时起"就"践踏习俗,但总是聪明地四下环顾,并敏锐地察觉他在任何地方恰好能被允许走到多远"。

歌德的情绪也有波动。1776年年初他致信默尔克:我在这里自然疯狂至极,而只过了大约一个星期,他寄给封·施泰因夫人的那首《漫游者的夜歌》就含有以下诗句:唉,我已厌倦欢闹 / 一切的痛苦和欲念究竟为何? / 甜蜜的安宁啊! / 来吧,请进入我的胸膛!但这疲倦的瞬间转眼即逝,烦躁不安又将他攫住:我尝试了宫廷,现在我也要尝试理政，永无止息。他不再想仅仅当客人、访问者、公爵私人的陪伴，而是想参与严肃的政府事务。

艺术活动暂被后置。水彩画、素描，都是随意而为，被他用来送人，寄走或者扔掉。留存之作为数不多。他写诗，其中有几篇是最美的；出自瞬间的情绪，大多随信寄给封·施泰因夫人。雄心勃勃的已启之作，比如像《浮士德》或者《埃格蒙特》这样的较大的文学制作，趋于停顿。1776年年初他访问莱比锡时，旧友剧作家克里斯蒂安·菲利克斯·魏瑟问他，大家究竟何时能期待他笔下出现一部新作。歌德简短清晰地作答：他会将他的文学事业移交给伦茨，而他会赠予我们众多悲剧作品。当歌德1776年3月说这些话的时候，他没料到，被他称为自己文学后继者的雅各布·米夏埃尔·莱因霍德·伦茨，已在来魏玛拜访歌德的路上，而歌德返回时将见到他。虽然起初歌德对他表示热烈欢迎，但时间一长，访问并不让歌德感到愉快。伦茨让歌德想起文学家的生存是有问题的，而歌德之所以来魏玛，就是想摆脱这种生存问题。

歌德迈出对他极为重要、但他之后才逐渐意识到的第一步：我的写作生涯从属于生命——将来他会如此表述。

在魏玛的最初几个月时间，起初在玩耍中流逝，散漫无际，听凭幻想摆布——不过就此而言，总还是有些文学要素，很少沾染严肃的责任和事务。但这样恰恰对歌德来说成为问题，因为他来到魏玛，其实是想接受另一种现实。他没为刺激性的尽情享受寻找一片新大陆，而是想寻求一种支撑；回顾往事时，想象力的放纵、耽于情绪和恣意妄为，对他来说犹如某些空洞而无根基的东西。他称法兰克福的最后几个月，是在家的无所事事和能以最大的乐趣什么都不干的生活。当然他还是做了许多事，即让许多文字落在纸上，但恰恰这点现在他以为什么都不是，因为这些文字缺少行动的重点。回顾往事时，他觉得自己的生命形式就像一只轮子，越转越快，因为它缺少与地面的接触。他的长处和他以此为傲的是——丰富的灵感、轻快的想象力、始终易受刺激的敏感及情绪的波动——心灵的焰火展示出他那成问题的方面。他受难于两种速度，对外部的现实来讲，他内在的生命太快。

从外表看，歌德显得骄傲自信，不管身处宫廷或在市民圈中，他很快就能进入兴趣中心，但他的内心并无把握；为了能在现实生活中扮演一个有为的角色，他还缺少许多，这点无法瞒住他本人。这个天才的飞越者喜欢坚实的和彻底的东西；他感到自己缺一些东西。他要改变这一点，幻想那自由的飞翔在此该独自发生，人们无须为此操心，但是歌德要为塑造现实生命更加努力。较之生命的艺术作品，艺术作品自身更容易成功。他觉得自己在这方面是学习者，他知道：天才无法避免对生命的一知半解。对他来说，更可疑的是文学匠人自以为是的道德优势。克洛普施托克的登台亮相，对他是个警示性的例子。此人缺少对道德法官的真实关系的洞见，却来攻击年轻的公爵和歌德。《救世主》的作者本该了解神的关系，可他不知道在魏玛发生的事。为了应对伟大的主题，人们无须成为一个伟大的人。但文学匠人把文学当成人类的准绳，而歌德在此期间坚信以下这点：相反该用人来衡量文学，因为真理来自实际的生命，而非来自文学。所以文学家针对善于处事之人的任何傲慢，均不可行。善于处事意味着从生命中激发出诗的火花，而非混淆诗与生命。生命有自身的独立意义，和诗完全一样，而歌德想对这两个领域都了如指掌。

当歌德决定让文学从属于生命时，表达了对高估文学的一种异议。他在自己那些"狂飙突进"运动的朋友和熟人那里，看到这种文学一直尚处于孕育阶段。关于这些人，他在回顾往事时说，文学误导了他们，让他们通过对社会现实的过度要求，通过被他们患疑病般地不断重新表达的未被满足的激情，最后甚至通过幻想的痛苦，去损害自身。在针对文学的疑虑突然萌发之时，他有一次致信雅各比，说他很久以来有一种不舒服的感觉——倘若在特定环境下处理一种私人情感的事情被交付给大众。

那是1776年4月4日，当歌德为了自身让文学处于从属地位之时，雅各布·米夏埃尔·莱因霍德·伦茨来到他的门前，犹如一个带着歌德自己年轻时的冲动的使者。歌德曾称伦茨为他的小伙子，还说我爱他犹如爱我的灵魂。现在伦茨犹如来自人类不稳固和不称职的文学匠人世界的一名信使，出现在歌德眼前。事实上伦茨也是作为一个失败者来到魏玛，想在宫廷中，从他的朋友及兄弟——两人曾这样互称，以后也还将不时这样互相称呼——那里寻找逃亡和落脚之地。

1774年，伦茨以喜剧《宫廷教师或私人教育的优点》和《论戏剧》赢得了文学荣誉。后者是根据莎士比亚的典范，自信地追求一种新的戏剧理论的高难度尝试。《宫廷教师》

和起先也是匿名发表的《论戏剧》，最初被人归到歌德名下。这本该给伦茨带来一些有利的影响，因为那是一种重要的价值评判的表达。但这个在登台亮相时摇摆于腼腆和满不在乎之间的年轻人，看来恰好遇上了倒霉事，因为当他现身为这些此前还闻名于世的著述的真实作者之后，有人称他为歌德的模仿者。

在《宫廷教师》中，伦茨描述了他自己作为家庭教师在贵族老爷们那里遭受的屈辱。这显然不是人们能从歌德那里听到的主题。更令人惊讶的是，有人把剧本归到歌德名下，也许恰恰因为与在《葛茨》中一样，作品以娴熟的技巧，通过人物的不同说话方式表现出人物的特征。伦茨无疑是个天分极高的作家，歌德立刻看出这点；伦茨和他一样落笔轻快，充满灵感，幽默，并能即席创作讽刺作品、诗歌，还会玩文字游戏。但这无法加强他的自信，因为这对伦茨来讲不是别的什么，仅是自然的一种流露，人们不该引以为豪。伦茨的问题是，受到罪孽感的困扰，因为他摆脱了一个专制的父亲，他本是利弗兰德，即今天拉脱维亚的一个教会高官，放弃了神学家的职业生涯，为的是全身心地投身于文学家的生存。这在当时不会有好结果。父亲拒绝资助他，伦茨在不利的条件下受雇于年轻的封·克莱斯特男爵兄弟，陪他们去斯特拉斯堡，参加一个法国军团。伦茨住在他们那里，就像一个高等马夫。他在剧本《士兵们》中表现的就是这种令人沮丧的生活。

伦茨身材矮小，长相柔弱，几乎就像一个小孩。歌德称他为奇妙的小东西。但他不仅个子小，而且自卑，甚至自我贬低。他给歌德写道："关于我的涂鸦……说得够多了——现在让我重新从我的这一小堆垃圾出发，找到你。"在关于文学景象的讽刺短文《日耳曼群魔》中，他让歌德出现。歌德将所有人甩在身后和身下，登上陡峭的山峰，精力充沛、生机勃勃和无忧无虑，伦茨尾随着他，但吃力地"匍匐而行"。到达上面后，批评家们也靠近了，从下往上呼叫。他们辱骂伦茨是"模仿者"，在上面没什么可找的。伦茨将初稿寄给歌德，后者颇觉尴尬。他建议不要发表。伦茨将此当作命令，就像对待其他一些曾寄给歌德的手稿一样，放弃发表——因为歌德建议不发，或者索性不要回稿件。在此后与之相反的一件事中，出现了不快。1774年，歌德把他讽刺维兰德的滑稽剧《神灵、英雄和维兰德》交给伦茨，而后者接着将它交付出版。歌德自己以后声称，此事未获他的同意。不管怎样，两人都带着精神上的亲缘关系，互换手稿。对歌德来说，伦茨犹如一个年轻的兄弟。因为他生活不易，倘若需要，就得助他一臂之力。对伦茨来讲，歌德是个偶像，但在这个偶像身上的一切都被放大，偶像获得成功，闪烁放光，疼痛和苦难似乎都化作美丽和优雅。他感到，那些女士和姑娘在歌德身边都融化在爱慕和惊羡中，而他自己仅被她们当作玩物。但在情色领域，他也着急地模仿值得羡慕的朋友。当歌德离开塞森海姆后，他追求起被丢下的弗里德丽克，给她写诗，而她将伦茨的诗作同歌德的归于一处。当人们以后在她的书信卷帙中发现这些大多未署名的东西时，几乎无法分清，哪些来自歌德，哪些来自伦茨。它们之间，存在同一种精神和同一种情绪。

与歌德的友谊，既鼓舞着伦茨，又将他摁倒在地。面对别人，他从未觉得自己如此渺小。那些平时对他有进一步了解、有独自判断力的人，对他不乏认可，称赞有加。拉法特尔、索菲·封·拉罗舍、弗里茨·楚·施托尔贝格和默尔克，给伦茨的信都充满敬佩。通常特别挑剔，几乎不会显示激情的赫尔德，请伦茨将《士兵们》寄给自己："你是第一个让我给他写东西的人，你可以美妙地透视、抱歉、眺望、猜测。还是把这个剧本给我寄来吧。"

1774年秋，伦茨自克莱斯特伯爵家辞去职务，第二次尝试作为自由作家定居。在此期间，他创作了众多正剧、喜剧和短剧，另外还有道德哲学、神学、戏剧理论和语言学的论著，其中许多一直没发表。他经历了充满创作欲的年月，也忍受着压抑人的物质方面的忧虑。他常常不知道明天怎么过。他无法支付在斯特拉斯堡住所的房租。他借钱，用债务还债，又一次被卷入不幸的情史，而这让他在经济上也付出了高昂代价。一个姑娘一直将他拴住，直到她另有佳伴。一如他给赫尔德写信时说的那样，人们得"穿越污泥"，被痛苦地提醒，"我们依旧是动物，只有克洛普施托克的天使以及弥尔顿和拉法特尔的天使，骑着太阳的光柱驰骋"。

1776年年初，伦茨决定在魏玛的朋友那里寻求庇护，希望歌德能给他弄一个职位。他想让自己有用。他的行李中装有一份军事教育的改革规划。这是伦茨对自己在斯特拉斯堡所经历的让人窒息的军队体制的思考结果。他想对年轻的公爵报告他关于人性地对待士兵的观念。"我们的士兵为何而战？"在他交给公爵的思考文件中这样说："为国王，为祖国？唉，为了能让他们全力为战斗，他得爱他们，他得知道从他们那里得到了恩惠……您在此看到，富裕和自卫，是唯独留存的、濒临死亡的勇敢的细胞。倘若您扼杀它们——一切就都完了。士兵必须为自己战斗，倘若让他为他的国王战斗。"

士兵的工作和生活条件对他非常重要，似乎与他生命攸关。启程前他简短致信赫尔德："我手中有一份关于士兵生活的文稿，想念给一个君主听，完成和贯彻这些文字以后——我很可能就将死去。"伦茨不想在魏玛以乞求者的身份出现，他希望能给那里的统治者献上什么东西。他不愿成为伟大的朋友的负担。但恰恰是伦茨拟就的这份规划，让歌德感到难堪。对他说来，这是一个例子，说明不谙世事的文学匠人，甚至还不能关照自己，就以为能用观念治理世界。（军队制度）状况的缺陷得到清楚的描绘，歌德在《诗与真》中回顾往事时说，但整治方法却幼稚可笑。他建议伦茨在这件事上保持克制，尽管他自己也讨厌士兵们在广场上被鞭打的常见景象。多年之后，他将作为军事委员会主席，为士兵制度大伤脑筋，到了1782年，歌德才能在财政委员会的最高位上大刀阔斧地削减这支小小的军队，以便减少可怕的国家债务。慈善的努力也能这样实现：通过节俭。

1776年4月4日，伦茨到达魏玛，让人捎给已从莱比锡返回的歌德一张纸条，上面有这样的诗句："疲惫之鹤来到。它在寻找，到哪里落脚。"那时歌德尚未搬入花园住宅，而是住在邻近王室附近的宫廷会计科尼希的家里。他无法将伦茨安顿在自己这里，但给他安排了住处。第二天，歌德就领伦茨拜访封·施泰因夫人和宫廷。在安娜·阿玛丽娅周围的文学圈内,人们对伦茨已有所耳闻,作为戏剧家,他的名声已为人所知。就连维兰德也对一个曾用大胆的讽刺作品描写他的作者表示好奇。可当维兰德见到一个如此柔顺和害羞的人出现在自己跟前时,感到吃惊。维兰德喜欢这个年轻人,首次见面后他这么写道。伦茨到处被人引荐,赢得不错的反响。但四个星期之后,歌德不得不面对一个半是恼人半是可笑的场面:昨天夜里伦茨的愚蠢引出一阵大笑,我根本就无法忍住。歌德对夏洛特·封·施泰因这么写道。

人们不知道这里指什么;可能同法尔克多年后报告的那个事件有关。据说伦茨在一次宫廷的化装舞会上,穿着化装舞衣出现。或者他不熟悉这种舞会的特别方式,或者他不想受这种方式的影响,不管怎样他闹出了丑闻。当他邀请女士们跳舞时,她们纷纷躲避他,而先生们在一旁或站或坐,呆若木鸡。最终歌德将伦茨领出。

伦茨引发的恼怒,并未持续多久,但他在宫廷大概一直感到不适。"我在这里被宫廷那令人舒服的玩乐吞没,而那是几乎不让我思考的宫廷。"他给拉法特尔写道。宫廷人员,比如卡尔布和艾因西德尔,外出时带上他,将他拖入围绕着公爵和歌德的疯狂人群。就连封·施泰因夫人也喜欢上了他。人们称伦茨是一个"可爱的年轻人",也带着少许居高临下的姿态对待他。还发生过这样的事,在玩捉迷藏游戏时,有人将他像一块打结的手帕那样来回抛甩。不过人们也认真地对待他,他可以朗读自己的作品,给安娜·阿玛丽娅上希腊语课。公爵动用自己的内库资助他,但无法或不想给他获得固定职位的希望。最初几周的兴奋之后,失望接踵而来。一开始歌德花了许多时间陪他,然后渐渐抽身。伦茨开始还觉得自己是色彩斑斓的欢闹的中心,而后被遗弃的感觉油然而生。他临时决定离去,但还留在附近。他致信歌德说:"我到乡下去,因为我在你们那里无事可干。"

那正是歌德以公使馆参赞的身份进入枢密院的时刻。这违反旧有官员们的意愿,他们因公爵优待一个"文艺爱好者"而愤愤不平。对歌德来说,有足够的理由,让自己和伦茨这个令人生疑的"文艺爱好者"拉开距离。伦茨在贝尔卡住下。那是一个离魏玛不远的小地方。他在那里写下了书信体小说《森林兄弟》,这是一篇是针对维特母题的变体,讲述了一个纷乱的爱情故事。处于故事中心的是一个多愁善感的年轻人,名叫"赫尔茨"。他的竞争对手是自恋的,但除此以外非常清醒且几乎有些玩世不恭的"罗特",一个清楚地暗指歌德的人物。人们发觉,伦茨在这部小说中,表现出一种失望,也许甚至是被背叛的感觉。这个"罗特"是个完美的"伊壁鸠鲁信徒",在他身上"自恋"地留下少许的德行,他会适应环境,倘若他想获得一种好处,但一直脑袋高昂。他不委身于他人,也不放弃自身,犹如戏弄玩偶般地与人交往。"赫尔茨"失去方向,痛苦地意识到,自己缺少社交的灵巧。他考虑远走他乡,去美洲当雇佣军。他是要抛弃自己,或者保存自己——这要视情况而定。他愤懑地带着强烈复仇欲地在最后一封信里记下:"罗特是个叛徒……他逃不出我的手掌。"

伦茨没完成这部小说。他是否将手稿留给了歌德,或者是否有人在他留在魏玛的纸堆中发现了小说，让歌德把它拿去，这已无法证实。不管怎样，歌德拥有这份和其他几份手稿。二十一年之后席勒问起此事，因为他想在自己的《季节女神》杂志上，发表这个当时已早被遗忘的作者的作品。歌德在1797年把他保留的伦茨手稿交给席勒。席勒给歌德写道："就我目前所读，伦茨的手稿含有非常疯狂的东西，但发表这些感伤的作品，对现时代来说肯定不会没有意义，特别是作者的去世和不幸的生命已引发所有的关注，这些残篇一定还拥有一种传记的和病理学的价值。"两人将决定印出《森林兄弟》。对歌德来说，这意味着一种巨大的妥协，因为他迄至那时不仅拒绝让人发表手稿中的东西，而且不允许别人当着他的面提及伦茨的名字。歌德心里对伦茨留有他不想触动的痛苦回忆。几十年后，歌德才能在《诗与真》中，以平静的口吻谈论这个青年时代的朋友。

当伦茨从贝尔卡重新回到魏玛时，在他和歌德之间一定发生过某种戏剧性的事情。我们对此没有任何直接的证据。只有歌德1776年11月26日的日记中，这个预示不祥的注释：伦茨的蠢事。一个变故让歌德请求公爵，命令伦茨立刻离去。公爵有过犹豫，但为了歌德的缘故，还是发布了驱逐令。伦茨向赫尔德请求一天的宽限，被获准。伦茨次日离开。所有与此有关的人，歌德、公爵、安娜·阿玛丽娅、封·施泰因夫人、赫尔德和卡尔布，对究竟发生了什么事，都保持着沉默。这可能涉及一篇"讽刺作品"，其中牵扯歌德，也许还有关于封·施泰因夫人或者安娜·阿玛丽娅的内容。伦茨在给赫尔德的告别信中写道，他感到自己被"当作一个乡下人、一个逆贼、一个诽谤者逐出天堂。但在这篇讽刺作品中还是有两处应该会让歌德喜欢，所以我寄给您"。写有赫尔德地址的信封中应该塞有这部讽刺作品，以后被保存在歌德—席勒档案馆。可信封是空的。伦茨致赫尔德信中的表达，暗示歌德在驱逐令发布的时候，根本还没读过这篇预示不祥的讽刺作品。要是伦茨在同一封信中写道，歌德不该误解他意图的"纯洁性"，那么一定还有另一次冒犯。而它显然属于一种所有当事人都忌讳将它说出来的事情。

在贝尔卡的逗留之后，伦茨受封·施泰因夫人邀请，去她在格罗斯科赫贝格的庄园，缘由是：伦茨要给她上英语课。事情很顺利。伦茨给歌德写道："封·施泰因夫人觉得我的方法比你的好。"伦茨拜访封·施泰因夫人的时间，正是在她和歌德之间关系紧张的时候。1776年9月初歌德给她写道：我们可以相互认为对方什么都不是，相互认为对方是多余的……我不想再见到你……我能说的一切都是愚蠢的。几天之后，当伦茨从贝尔卡回来，重新出现在魏玛，并告诉歌德自己收到去格罗斯科赫贝格的邀请的时候，歌德又给夏洛特写了一封奇特的信：我把伦茨送到您那里，我终于战胜了自己。啊，您有一种烦扰人的方式，犹如命运……他该见您，那个受到惊扰的灵魂该在您那里啜饮馥郁香珠，而我嫉妒这一切。他该和您在一起——我告诉他，他会有这样的幸运，在科赫贝格同您在一起，同您一起散步，给您上课，为您画画，您也为他画画，为他而在。那时他感到十分震惊。而对于我——虽谈的不是我，又为何要谈到我——他完全处于梦境，因为我告诉他，请您对他有耐心，请您让他随性而为。我还告诉他,他会获得这些,用不着他自己请求……再见。您现在将再也不会收到我的消息,我也禁止自己得到您和伦茨的所有消息。这封信起先并未送出,两天后才寄走,信末有这样的附言:我犹豫是否把前面的几页寄给您,但您还是该看到我心里有时怎样想,我又会对您如何不公正。

也许歌德是嫉妒,也许他扮演着嫉妒的角色。夏洛特让伦茨在她那里住一段时间的愿望,烦扰着他。他以自我折磨的方式强调伦茨的幸福,描绘出两人互相信赖的共同点,将自己定格化为某个不再会被谈到的人。要是情况的确如此,那么他也不再想听到那两人的事。他不想让自己得到任何消息。在附言中他承认,他这样对待夏洛特也许不公正。这是什么意思?理性地观察,他自己也明白,他没有任何嫉妒的理由。伦茨在这封信里看起来像歌德的作品。我把伦茨送到您那里,歌德这样写道,又宣称,他如何将这种幸福告诉伦茨,他如何消除自身的怀疑,给自己打气。为何打气?显然是为了抓住他所拥有的机会。他几乎在制造这种勇气。看到歌德如何在信中受到嫉妒的折磨,同时又表现得像是在拉皮条,这一定让夏洛特感到伤心。

伦茨是否看穿了这出游戏?几天后他就写信给歌德,沉湎于他期待过多的幸福。"亲爱的,我太幸福了,无法不违背你不让我告诉你任何消息的指令……要向你描绘我现在身处的童话仙境的一切,我得是个比自己更像诗人的人。"与夏洛特在一起的"童话仙境"?这让歌德更加不安。能帮助他进行抵抗的只有洗个冷水澡。我还是步入水中,淹死幻想的老毛病。他对夏洛特这样写道。

伦茨11月重新返回贝尔卡。他用一首诗同夏洛特告别："在天堂降入我胸膛的地方／我在她的目光里，多么幸福，／从脸颊上神圣的微光中啜饮天堂。"伦茨打定主意，再也不被别人当成傻瓜耍弄，他不再游戏自己。在《森林兄弟》中，他引用了卢梭的一句话："人不该要求他力所不能及的东西，否则他将永远是个无用的软弱的'半人'。"夏洛特答应给他在公爵夫人那里找个职位，可能当朗读者，这该是他力所能及的。

伦茨重新孤独地住在贝尔卡，制订计划，沉湎于希望，然后又陷入沮丧和绝望，而歌德此刻又情绪高涨，重新获得了活力。1776年11月8日他给夏洛特写道：唉，八个星期以来我感到非常失落，我一直还是个完全感性之人。歌德活泼好动，投身于对他说来还是新鲜的政府事务，骑马乡间，出入宫廷，勤快地拜访封·施泰因夫人、公爵夫人和安娜·阿玛丽娅，照顾花园，栽种椴树和各种各样的东西，在此期间，还业余为剧院写作剧本《兄妹》，11月中旬彩排。

1776年11月26日，一个糟糕的事件突然打破了这高昂的情绪。大概伦茨从贝尔克闯入魏玛。然后发生了他和歌德之间的冲突。伦茨当夜返回贝尔卡，根据日记，歌德第二天骑马去了贝尔卡，本来想与伦茨进行一次谈话，但结果不让人满意：一天以后歌德提出驱逐伦茨的要求。宫廷官员艾因西德尔觉得采取这样的措施有点过分，因为歌德给他粗暴地这样写道：伦茨得走。我已习惯于自己行动时听从内心，既不考虑指责也不考虑后果。我非常喜欢我的生存方式，正如别人一样，但我恰恰极少会为了顾及这种生存方式，而改变我行为举止中的任何东西。

歌德突然决定的原因，所谓真正的侮辱，如前所说，仍是为一个秘密。考虑到伦茨住在封·施泰因夫人处时歌德的恼怒，可以猜测，这个决定与这种三角关系有关。也许她也抱怨过歌德，而伦茨在一次冲突中对歌德说了出来。歌德一定是在某件心事上受到了伤害，因为他如此粗暴地宣称，遇到这样的事，他只能听从内心。当歌德让人驱逐伦茨的时候，他这样行动，似乎这事关他的生存：要么他走，不然我走。

但伦茨的生活现在真的被毁掉了。有人想给他一份经济补偿，可被他拒绝了。他不要任何恩赐，只要公正；他拒绝那种无理建议，即承认我对一种我未意识到的罪行负有责任。他带着巨大的绝望离开魏玛，去了斯特拉斯堡。可他无法摆脱歌德。他在埃门丁根停留，施洛瑟一家收留了他。他与科尔内利娅有过几次谈话。他在那里住了半年。然后他不停地在瑞士和埃尔萨斯转悠，其间发生过几次精神错乱。在埃尔萨斯的瓦尔德斯巴赫，他在牧师奥伯林那里有了住处，并受到照顾；毕希纳将在两代人之后在他那著名小说《伦茨》中描写这段插曲。1778年年初，伦茨再次回到埃门丁根。在此期间科尔内利娅已去世。有一段时间他获得帮助和照顾。这结束于1779年夏。他的兄弟卡尔将他带回利弗兰德。在里加，在当教区牧师总监的父亲家里，他觉得无法忍受。然后他去了俄国，起先在圣彼得堡，然后在莫斯科当家庭教师和翻译家，艰难度日，其间有过精神错乱。他撰写哲学论著、戏剧小品、纪念文章和改革建议。但他不再发表任何东西，对文学界来说，他早已死去。1792年4月22日，有人发现他在莫斯科的一条街上，冻死在雪中。

歌德对这一切毫不知情。他也没有打听询问。当着他的面，伦茨这个话题再也没人提及。驱逐伦茨后不久，他写信给封·施泰因夫人说：这整个事件如此撕扯我的内心，使得我在此重新感到，能忍受是种本事。

第十三章

克林格尔，考夫曼。"狂飙突进"的探访者。受保护者。行为学。珀伽索斯和文牍主义。《威廉·迈斯特的戏剧使命》，口授而非"搜寻"。1777年12月：《冬游哈尔茨山》以及神的判定。

歌德感觉受到伦茨的侮辱，这是他粗鲁反应的缘由。弗里德里希·马克西米利安·克林格尔，同样是歌德早年的一个朋友，1776年夏出现在魏玛，希望歌德能为他做点儿什么。但他后来也被送走，即使没用上驱逐令。克林格尔是我们的肉中刺，他那强硬的异质性对我们发誓，他将把自己发誓出去。在这封信中，伦茨被称为病小孩，但克林格尔是块坚硬的大石头。他异常自信地出场，魁伟的外貌，女人的宠儿，他那柔和的低沉嗓音传得很远。他身上散发出坚毅之光，但他依旧彬彬有礼，不卑不亢。他以自己的剧本《狂飙突进》给整个运动命名。克林格尔是个穷寡妇的有天分的儿子，出入歌德父母家，先是受到歌德的母亲，其后受到歌德本人的资助。克林格尔学习了法律专业，后来作为家庭教师艰难度日。凭借自己强硬的天性，他的确给人这样的印象，即他也懂得如何帮助自己。对强健的男性美比较敏感的安娜·阿玛丽娅，设法为他在驻外军队找到一个职位。克林格尔以后将在沙皇皇宫经历辉煌的军官生涯，获得贵族头衔，赢得大批财产，从远处关注德国文学界，自己也写一些教育小说。他将表明自己对青年时代理想的忠诚：正直，坦率，自然，骄傲。对歌德的作品，他不时地发表批评的意见。尽管如此，歌德以后还会与这位位高权重的中将和多尔帕特大学的学监保持通信往来，冷淡但充满敬意。在克林格尔去世后，歌德写道：这是个少有的忠实、坚毅且粗野的家伙。早年我也受到他许多折磨，因为他是个力量天才（Kraft-Grenie），而且他并不十分明白自己要什么。

也就是说，1776年夏克林格尔现身魏玛，陪伴他的是"狂飙突进"运动中漫游的巫师克里斯托夫·考夫曼。后者曾经是药剂师学徒，后来成为外科医生，最后成了宣扬所谓"自然人性"的云游布道者，吸引了众多思想家：拉法特尔、哈曼、赫尔德，甚至连疑心重重的维兰德有段时间也受这个长发飘肩，身着绿色长袖长袍，敞胸露腹却戴着皮领围脖，到处闲逛的怪异男人的感染。他不是一个文学的力量天才，但是个力量使徒和灵魂捕捉者。在魏玛，人们有一阵子惊讶地将他当作一个怪异现象。当他走后，人们才感到放松。以后有人想起他策划的欢快的宴会，还心有余悸。伯蒂格讲述过这么一场"天才酒宴"："刚一开始，所有的酒杯就被扔向窗外，几个肮脏的烟灰缸被人从邻近的一个旧坟丘里挖出，被用作高脚酒杯。"据说在这个场合，克林格尔因嘴嚼生马肉而大出风头，而考夫曼吞食着摘自花园的花朵。

当这整出胡闹结束后,歌德写道:我赞美众神。

要是说歌德想尽快摆脱朋友,那么原因并非他缺少度量。他的确可以表现得慷慨大度,比如也在那时,有个来自瑞士、孤苦伶仃的牧童站在他门前。歌德在瑞士之旅中认识的封·林道男爵把这个少年收为教子后,去了美国,被扔下的教子身无分文。歌德将他留在自己身边一段时间,照顾和教育他,但并无成效。这个男孩整天抽烟,变着法子追逐女孩。然后歌德将他交给伊尔默瑙的林务主管照料。可他在那里也没学好,几年后消失不见了。歌德花费了大量心血和金钱,但觉得没有收到任何效果。

歌德慷慨大度和乐于助人的另一例子是约翰·弗里德里希·克拉夫特。这是一个出身不清的男人的化名。他是一个潦倒失败的官员,在身处无望境地的时候向歌德求助。这个不幸者的求救呼唤如此感动歌德,以至于他每年资助他两百塔勒银币(开始是他自己收入的六分之一),延续时间超过十年。歌德还交给克拉夫特在伊尔默瑙和耶拿的微小的管理任务,由他差强人意地完成。但这个愤世嫉俗的和无望的男人无法让人提供心灵上的帮助。歌德给他的信显示出,歌德以何种耐心和细致关心这个受保护者。比如在替克拉夫特准备在耶拿的一个职位时,歌德给克拉夫特写道:但请您完全按自己的心意行动,如果我说的理由不适合您的心意,我的理由也无法保证您在耶拿可以平静下来并拥有信心,那么您还是留在您目前的清净处。甚至在克拉夫特拒绝这个职位的情况下,歌德还明确许诺帮他。歌德避免一切会让人感到受辱的言语。克拉夫特该尽可能地忘记自己的依赖性,所以歌德特别强调，歌德对这个人为他所提供的服务的感谢，比如克拉夫特为彼得在森林里的教育操心，是歌德请他这么做的。歌德鼓励他，写下自己的生平，这也是一种对生活的调剂，而我也喜欢看。还有一次歌德写道：但愿我有能力，渐渐地让您那阴郁的状况好转，让您获得一种持久的喜悦。当克拉夫特陷于忧郁，向歌德抱怨自己的"无用"时，歌德这样安慰他：您在我的心中地位既没有下降，我也没有对您有不好的印象……您的思维方式在我的眼中没有任何一个污点。

当歌德在抽烟和言语不清的瑞士男孩以及悲哀的克拉夫特身上显示出他的大度时，他在一封致夏洛特·封·施泰因的信中，写下几句他所依据的箴言：人们该尽自己的能力拯救一个人，让他免于毁灭；但我所做的还不多，而从贫困到富裕有无数的级别；人在世上能做的善事只是一种微末；如此等等。

除了在具体的个别情况中做些什么，此外没什么善事可做。改善人类的雄辩，这是"狂飙突进"运动的特征，而其使者已经站在他的门外，却将受到拒斥。自1779年起，歌德的任务就是，修路，排干沼泽地，土壤改良，改进防火机制，操心伊尔默瑙的矿山和改善那里的劳动条件，完善洪灾救助机构。他还要关注的是，为了减轻税务而紧缩宫廷开支，尝试压低对农民造成灾难性后果的公爵的打猎热情，削减兵员，并要求给他们人性的待遇。在此歌德虽然超越了个体的境况，而是在推动一种环境的改善，但还是处于自己的影响范围内。人们该在自己身处之地尽力而为，而这一切不是说说而已——这是歌德的准则。在此他不抱任何幻想，他知道，他能做的有多么微小，但只要去做就好。

也就是说，歌德不缺少同情和乐于助人的品格。他这么果断地避开克林格尔和伦茨，是因为对正在操练实用主义的歌德来说，一切让人想起他自己也还从属于此的作家们夸夸其谈的激愤姿态，是多么令人生厌。几年之后，在法国大革命产生影响时，他鄙视和恼怒地称政治化的作家为骚动不安的人。歌德的政治实用主义，不仅仅看不起对艺术的一知半解，还反对信念强烈的、对政治的一知半解。他不反对业余爱好，但认为业余爱好者该明白自己的界限。这点既对艺术，也对政治有效。即使在政治事务中，人们也应该以手艺的稳定性为准绳。在日记中歌德写道：我想说人做的每一样事，都有一种气味。大体说来，骑马者有马匹的气味，书店老板身上有微微的霉味，猎人身上有狗味。在高贵者那里同样如此……大师一般不做梦……若他应该行动，那么他恰恰会做现在必须做的事。对于正确的把握和干涉的感觉，在政治中就意味着，必须终结一切的狂妄，美的力量才能保存。

朋友们和熟人们那时发觉，歌德的举止发生着渐变。他变得生硬，有时沉默寡言，外在表现为他会系紧衣扣，特别在露面最初的那一刻。然后，若他热情爆发，形式上的压抑就会缓解，他就可能敞开胸怀。这样他就会重新魅力四射地讲话，和以前一样机敏和投入，但这一切还是伴随着强烈的自制。歌德自己导演着坚持自身、超越自身。我在这个世界里安排自己，不从内在保存我，不让我自幸福的本质那里离开半分。较之以前，他将内在和外在更有力地分开，但对内在地保存他的自身的本质则怀着更有把握的敏感。有些人对此感到强烈不满，显得失望。比如维兰德，他在最初的几个月里大感不解，在致默尔克的一封信里抱怨说："现在，他的天分……似乎完全将他抛弃；他的想象力看起来已经消失；代替平时从他身上放射出的、鼓动一切的热力，现在围绕他的是政治的严寒。"默尔克起先反对这种看法，说歌德"丝毫没有放弃……他以前的诗意的个性，相反在对于人类认识和世界贸易，以及由此而来的智慧和聪明的渴求方面，就像一个男人那样不断增长"。一年后默尔克对歌德的举止也感到迷惑不解，因为后者"以一种枯燥和冷漠"对待他，"似乎我从他的老朋友变成一个老迈的仆人和请愿人"。

此话写于1779年夏，在默尔克访问歌德之后。但歌德所经历的这次会面则完全不同，因为他在日记中这样记录：默尔克的来到对我作用甚佳，它没有改变我的任何事，仅仅清扫了几片枯萎的树皮，并坚定了我旧日好的信念……用一面奇妙的镜子，向我展现了我的作为。他是唯一一个完全了解我所做的一切，以及如何做这一切的人，而且出于另一种立场，同我看的又有所区别，所以就有了这美妙的确信。

歌德在最初的两年里还不具备这种美妙的确信，即他来魏玛的决定正确与否。人们发觉，他如何尝试让自己确信这一点。他必须证明什么。为此他精力充沛且一如既往地行动。他一步一步地深入政府事务，承担起责任。但他也称此为一种尝试，去面对这个世间角色，去反观此刻他那诗意的天性情况如何。

他的一种倾向将他扯入诗和艺术，另一种则将他扯入世间事务。而对这种倾向之内在斟酌的一种表达，是《威廉·迈斯特的戏剧使命》（以下简称《戏剧使命》）。这是他生前完成而未发表的小说的首个文本。1777年年初他开始口述，并延续到下一年。歌德在此期间创作了第一部，然后工作停止，直到18世纪80年代初重新开始。歌德没像写《维特》那样，亲手写这部小说，这种情况已经拉开了某种距离。仅仅口述，写出的就可能不一样。人们不再同已写之物独处，而这已写之物，通过写作这个媒介，失去了其直接性以及心灵表达的纯粹性。《维特》中富有表现力的一挥而就的书信将读者拖入一种虚构的私密性，但在这里已不复存在。这里占据要位的是一种中立叙述者的平静语调，始于主人公威廉的儿童时代。讲述的是一个由木偶戏开始的热爱戏剧的故事。他轮流同他们在一起，时而成为猎人，时而成为士兵，时而成为骑者，一如演出所带来的那样独特，但他在此面对他人，始终拥有一种优势，即他有能力适当地向他们介绍必要的器械。

躲入角色并展现自己，这是威廉升华了的生活。但他也愿意学习演出的手艺。他让自己在舞台前陶醉不已，但也想对幕后情况了如指掌。他自己被游戏打动，也享受打动观众的时刻。他相信自己展示给别人的东西。他的情绪取决于他所得到的肯定。他不久就领会到，舞台世界有种脆弱的构造，在其中保持平衡需要激情的力量，而参与者以此互相感染。干扰源是一种粗暴的现实主义，它不让人欺骗自己。他觉得这种市民的清醒是一种沥青，它将精神的翅膀粘在一起，他在这种清醒中看见捆绑心灵高昂腾飞的诡计。

威廉最初的艺术尝试可以通过些许的讽刺得到描绘，即使在他受到情色困扰的时候，叙述者也始终让读者明白，威廉完全没像他自己以为的那样得到升华。威廉那诗意的和情色的狂热，被一种外部的目光相对化。与在《维特》中不一样，感伤的专制在此被打破。在《维特》那里有感伤的对手，可他们缺少自己的声音。而在《戏剧使命》中，出现了众多有影响力、有权力的对手，小说由此才完全变得入世。因为一个真实的世界只有此刻才会出现，倘若在那里意见不一，则会出现抵抗和视角的转换。

对手之一是维尔纳，威廉的朋友和以后的内兄。维尔纳是个现实主义者，但也特别具有激情：他虽然不会快速冲动，但是，如果他爆发，就会保持很久并产生影响。维尔纳自鸣得意的是——尽管可惜只是间或地——他似乎能控制和羁勒威廉那种自命不凡的、有时越出常规的才能。对于诗之飞马他没什么好反对的，但他希望，朋友真的能在诗歌的这匹马上驰骋，而不被摔下。维尔纳体现了一种现实原则，他并不对诗歌怀有敌意，但想让它保持在其边界内，尝试赋予它必需的支撑。

歌德也想这样生动地替自己安排现实的入世和诗意天性之间的张力。这当然不简单。官职的白马能否突然变成诗之飞马？反过来也同样可疑。在生活中，是夏洛特将此任务托付给歌德，让他小心，不要被摔下马背；在小说中则是维尔纳。

威廉的问题是不时地说不出话，他喉咙发紧，在应该生动道出自己的情感时，他从来无法找到恰当的重要语词来表达他的感觉。所以讲述他的故事的人，不是威廉自己，而是在威廉和维尔纳中间的叙述者。后者既保持着距离也有现实感，还具备足够的幻想和情感，能将需要说出的一切诉诸语言。威廉生活完整，但形式太少，维尔纳则有过多的形式，太少的生活。只有叙述者能成功地运用生动的形式。所以在《戏剧使命》中，被叙述的世界通过一个保持距离的叙述者展开，不像在《维特》中，出自一个迷失自身，因而失去世界的人的视角。

当歌德于1777年1月开始写《戏剧使命》时，他还不知道应该赋予故事怎样的进程。他1782年11月21日在给克内贝尔的信中首次给小说添上副标题《戏剧使命》，以此暗示，作品的结局显然不是威廉告别戏剧——一如小说的最终版本——而是指一种纯净、稳固、诚实、满足现实，同时又是理想的戏剧。它出自心灵又诉诸心灵；一种不僵化的戏剧，既存有儿童游戏般的欢乐，又带着几分成熟的戏剧。歌德可能有过这样的念头，在德国设定一种有效的戏剧发展史。德国的舞台，叙述者这样反思，当时身处危机，尚未成年却扔掉了童鞋，不得不光脚走路。也许从中能发展出这样一种戏剧，要是有人此刻从诗人擢升为枢密顾问，他大可不必为此感到羞愧。但这样的视角还是幻觉；歌德暂且满足于在魏玛激起主要由宫廷人士组成的票友们的兴致，并对他们进行引导。在这种情况下，他无法期待，从魏玛出发就可以启动一项戏剧改革。1777年年末，歌德把小说框架搁置一旁。

这一年的重大事件是，歌德1777年12月的哈尔茨山之行，他登上了布罗肯峰。此事不仅给后世，而且首先赋予歌德自身一种私人神话的形式:《冬游哈尔茨山》。

独自骑行,穿越冰雹和冬季风暴的想法,始于一个夏日。1777年6月16日,歌德在自己的花园别墅中得到妹妹科尔内利娅的死讯。他在日记中的记录是,黑暗和让人心碎的日子。她曾爱哥哥胜过一切,而在他们两人的生命之途分开以后,她再也没有了真正的生命力。歌德预料到,对她来说施洛瑟不是合适的丈夫。也许除了哥哥,根本就不存在真正适合她的男人。她躺倒在床,拉上窗帘,几乎不再起身。只有当与哥哥有关系的或带来他的消息的客人来访时,她才重新焕发生机。伦茨出现在那里时,就是这种情况。1777年5月16日,她生下第二个孩子——一个女儿之后,身体再也没从分娩中恢复。科尔内利娅于6月8日去世。施洛瑟致信拉法特尔:"我无法告诉你们她的痛苦的故事!我太伤心了!"6月14日在给歌德信中,他已恢复自制。"我不想抱怨。这不像男子汉……这是我第一次真正的不幸,谢天谢地,这个不幸落在我这个身心还有几分坚强的人身上。此后将没有任何事情能让我崩溃。"能干的施洛瑟就此结束生命的这一章,思考起以后的生活。仅过了九个月,他将和歌德的"小姨妈"约翰娜·法尔默尔联姻。

获得妹妹逝世的消息时,歌德似乎被麻痹了。自从1775年夏访问埃门丁根以后,他再也没给妹妹写信。拜访本身已让他心情沉重。《诗与真》中称此为一次真正的考验。没有反目,也没表现为无动于衷。他当时看到她在受难,告别时痛苦地确信,她缺少生命力,也许无药可救。他为此感到痛苦。因为他无法帮助她,于是他想尽办法,让自己远离这种受难和怜悯。可现在的死讯到来了。得到这个消息的时候，他正好身处他自己称为幸福的生活环境中。让他痛苦的是，在此的幸福和在彼的死亡悲苦之间的强烈比照。他想投身于自然，他这么写道，它会让我们仅仅短暂地感受强烈的痛苦，但长久地感受悲哀。一个月后，他从这种悲哀中创作了一首诗。他将此寄给奥古丝特·楚·施托尔贝格：这些永恒的众神，将一切／全部给予他们的宠儿／还有永恒的全部欢乐／永恒的全部痛苦。

这几个星期的信件里，歌德重新开始提及欢乐，然后又有某种东西让他感到震惊并让他失去平衡。11月中旬他写信给母亲：我的心和意识一段时间以来已经习惯命运的游戏……随着妹妹，将我维持在这地球上的强大根系被掘出，因而上面那些汲取营养的枝权，定会枯死。而对约翰娜·法尔默尔，他简短地写道：我有了很大改变。

他身上发生了什么事？两周后他就启程了，在狂风呼啸和雪花飞舞中独自上马，一路朝北，去哈尔茨山。他没主动告诉任何人他的计划，没有告诉公爵，也没有告诉夏洛特·封·施泰因，但给后者留下一张纸条：我的思绪奇特地处在昏暗的迷惘中。您将听见风暴围绕着我的呼啸声。

以后歌德将提到两个原因，解释这次朋友们眼中的突然动身。首先是为了自己刚开始的重启伊尔默瑙矿山的努力，他想在哈尔茨山的矿山中汲取知识。其次是想在韦尼格罗德拜访某位名叫维克多·莱贝雷希特·普莱辛的人。那是个博学而忧郁的怪人，曾带着严重的心灵困厄给歌德写信，而他没回信。回顾往事时，歌德写道：最奇特的是我见到了这种自我折磨的人。面对这个他以通信方式认识的人,歌德感到负有责任,因为普莱辛似乎是由于阅读《维特》而被抛出生命的轨道。也许歌德对妹妹的一种下意识的负罪感也在此起效:他没能帮助她,现在又出现了一声呼救,于是歌德出发了。

但还有第三个原因。在歌德的日记中,在致夏洛特·封·施泰因的信中和颂歌式的诗作《冬游哈尔茨山》中,他提到了这个原因。

那也是一次十分神奇的经历。11月29日,歌德在雪花飞舞中启程,朝着松德斯豪森和北豪森飞驰。在给封·施泰因夫人的信中,他避免提及此时的所在地。他用化名旅行,称自己是"韦伯",一会儿装作是律师,一会儿装作是画家,还试图隐姓埋名。对我来说,陌生地在世上闲逛,是一种奇特的感觉。这样的话,我觉得自己同人与事的关系更加真实。在启程的那天,在他的日记中有心灵中纯粹的静谧的记录。伴着大风的雪花和冰雹逐渐消停,傍晚时分,第一道阳光闪现在对面的哈尔茨山上。次日是一片冰冻,太阳带着最最美丽的色彩升起,极目远眺,可以见到布罗肯峰。然后天色又变得昏暗,开始下雨。夜晚悄悄地悲哀地来到。伊尔费尔德的旅店本来已经客满,他还是在店主房间的边上要到一个小小的卧室。透过一个木板上的节孔,他观察到隔壁一群酒兴阑珊的人。几个在视察途中的官员在此聚会。观察别人而不被别人观察到,这让歌德开心。回顾时他这样舒服地描绘这个场景:我从下往上,瞧见灯火通明的长条桌,一览无余,像人们常见的画中迦拿婚礼上的桌子;肯定是一顿快活且重要的晚餐，趁着最明亮的烛光，我能静静地观察其独特处，犹如瘸腿的魔鬼帮着我，让我有条件直接观察和认识一种完全陌生的情境……有时我觉得十分恐怖，似乎我在一个山洞中同兴致勃勃的幽灵玩耍。

这是对次日访问著名的建筑工匠洞穴的一次呼应。他让人领着自己四处转悠，手持的火炬将他带进黑暗，他匍匐着爬过狭窄通道。面对平静的景象，一种暗暗起效的想象力从无形的形体中创造出来的愿景自然消失了；即使自身那真实的更纯净的愿景，也被留在身后，而我觉得自己非常充实。

这个刚才还奋力穿越风雨以及黑暗的充实的人，在日记中就此次探究记录如下：犹如秃鹫。而《冬游哈尔茨山》也这么开头：我的歌声，/犹如秃鹫，/带着柔软的羽翅，/滑翔在浓重的晨云上，/寻找猎物。//因为一个上帝/给每人划定了/他的道路，/有幸者依此/飞速奔向/快乐的目标……

首个目标——探究矿山——已经达到，现在朝向第二个目标。可怜的普莱辛住在韦尼格罗德，歌德打算拜访此人。诗中紧接着上引的段落，就是对下一站的暗示：但谁要是/心已被不幸扼住，/他想挣扎着/反抗铁索的羁绊，/就会徒劳无功。只有那锐利的剪刀/最终能将它斩断。后面接着还有两节，提到这个不幸者：可那边上是谁？/他在密林中迷路。/分开的树丛/又在身后合拢/野草重新竖起，/将他吞没。//啊，谁能医治此人的痛苦？/香膏在他那里变成毒药/他又从爱的充盈中/吮吸对人的憎恨。/他起先被蔑视，/如今成为蔑视者/悄悄地吞噬/自身的价值/以其不知满足的自私自利。

在同普莱辛相遇之前，歌德克服了几许畏惧。他对夏洛特称这次见面为一种冒险，而他顺利地将它挺过。他在《远征法兰西》中描述了事情的详细进程。他在韦尼格罗德的旅店下榻。店主告诉他去见普莱辛的路；普莱辛与他在信中的表现完全相同，就像每封信中他会引起歌德的兴趣，但缺乏魅力。歌德将自己介绍为来自哥达的绘画艺术家。哥达离魏玛不远。普莱辛问他，是否熟悉那里的名人。歌德保持匿名，说了几个人，从贝尔图赫到穆佐伊斯。但这年轻人不耐烦地打断他，您为何不提那个您应该见过的、最有名的歌德。歌德回答，他认识歌德，作为画家也得到过歌德的一些资助。这个年轻人于是带着几分狂热，要求他描绘这个如此让人议论纷纷的奇特之人。于是歌德对自己做了一番描绘。普莱辛没想到，他对面的人就是歌德自己。他缺少自由的眼光，歌德写道，普莱辛的注意力仅仅朝向内部。

那是一次奇特的会面。歌德不得不让普莱辛诵读一封他早已熟知的长信，倾听普莱辛的抱怨，说有一封信未收到回复。歌德被问到，他认为歌德对这封信会怎么想，为什么没回答，大概又会如何回信。歌德说，歌德也许会考虑，人们只有通过自然直观和对外部世界的切身参与，才能从一种痛苦的、自我折磨的和阴郁的精神状态中获得拯救和解放。最广泛地认识自然，不管从哪个方面来讲，是一种有为的介入，不管作为园丁或者农夫、作为猎人或者矿工，这种认识都会让我们摆脱自身；朝着现实和真实现象的精神力量的指向，会不断地给出最伟大的惬意、清澈和教益。

普莱辛不想听这个，他依旧受缚于心灵痛苦，继续抱怨他对人类和环境的失望，而他曾对此怀有别样的期待。歌德回答，问题恰恰就在于这一点。人们应该让自己从现实中获得惊喜，而非让它推翻自己的想象。但普莱辛不为所动，面对清澈的现实，捍卫他自己阴郁的幻象。歌德觉得自己的建议被拒绝了，想到自己为此付出的努力，认为本分已尽，面对普莱辛，今后他不再有任何义务。

不仅是面对普莱辛，他与伦茨断交了也不过才一年。在普莱辛那里，他寻找的是涉及伦茨或者克林格尔的良心抚慰。关于普莱辛插曲的叙述，以这样引人注目的说明开始：*我……已经承担了一批青年男子的事，可他们没与我一起，按照我规划的道路走向一种更纯洁、更高尚的修养，而是固执于他们自己的路，情况不佳，也阻挡我的进步。*也就是说，歌德启程去哈尔茨山中的韦尼格罗德，为的是面见普莱辛，最终问心无愧地摆脱在此期间业已烦扰他的这个故事。普莱辛在歌德离去后才发觉，刚才他是在同谁打交道，便固执地保持着与歌德的联系，甚至有一次还拜访他，不断写信给他。歌德间或回复，显然努力遮掩他生活环境的舒适度：*我可以向您保证我身处幸福，但又生活在一种持续的断念中。*

普莱辛最后还是获得了职业上的成功，成为杜伊斯堡的一名教授，写下了几本书和致名人的大量书信。但他也不时衣衫褴褛地到处乱跑，有时连续几星期隐姓埋名地消失在森林里：*被分开的树丛 / 又在身后合拢*——正如《冬游哈尔茨山》中写道的。

歌德哈尔茨山之行的第三个理由是：让令人敬畏的顶

峰／挂满白雪的山巅／成为他最可爱的感恩祭坛／相传围绕此峰的／是有预感的群魔。而这最可爱的感恩祭坛，是他攀上的布罗肯山的顶峰。对歌德来说，重要的不是登山的成就，尽管当时在冰雪天气中登山并不流行。在此后给夏洛特·封·施泰因夫人的信中，他写道：我要向您透露（请您别告诉他人），我到了哈尔茨山上，我要登上布罗肯峰。为什么？他提到了成功或不成功的固定标志。

要是他成功登顶，那么对他来说这该是一种固定标志，是某种上帝的评判。但为的是什么？并不清楚。登山之后，歌德在日记中写道：人是什么——若你思考他。清楚的只有这点：登顶该是一种标志，神灵——命运——今后也将善待他。这是否意味着一种证实，即他的魏玛决定处于正确的道路？阿尔布莱希特·舍内这样猜测，也许有几分道理。

启程去哈尔茨山之前的几周，歌德独自一人在瓦尔特堡度过，在山下的埃森纳赫，公爵同一群打猎的朋友正在喧闹。疑虑又一次袭上歌德心头，因为他感到，这整个社交圈对他说来如此陌生。日记中有一奇特的记录：在以为自己还是纽带的地方，我被定位于百般的疏离中。旁人远离他。但公爵并没有。他觉得自己与他紧密相连。这将他抓住。公爵离我越来越近，大雨狂风将羊群赶在一起。然后是着重标记和两个感叹号：理政！！就是在瓦尔特堡附近，也是风雨交加，又出现了《漫游者的暴风雨之歌》的氛围，还有这种对恶劣天气的反抗和自信：谁未被你这个守护神抛弃。他这么打算，现在要和公爵一起，克服一切障碍并且开始理政。但在这么一个小小的公国里，这种理政意味着什么？是否过于冒险？难道不是一个具有重大影响的决定？

不管怎样，选择魏玛的决定及其后续影响，超出他一生中的任何其他决定。歌德要在那里与公爵一起完成他将来的工作以及生命进程。魏玛将是并永远是他的世界，他还将把许多其他的世界引入这个世界。登顶之后他骄傲地写道：上帝待我犹如待他往日的圣徒。

关于攀登布罗肯峰，歌德曾在一封致夏洛特·封·施泰因夫人的信中，有过生动的，几乎是庄严的描绘：他清晨来到布罗肯峰山脚的小屋，遇到正在吃早餐的护林人。护林人向他保证，在这样白雪皑皑、浓雾遮天的日子，登山是不可想象的。无论如何，护林人自己从未胆敢这么做，而他还算熟悉环境。他们朝窗外望去，雾霭中山体模糊不清。我沉默无言，请求神灵，改变这个人的心和天气，沉默无言。不久他对我说：现在您可以看见布罗肯峰了。我走到窗前，它就矗立在我眼前，清澈明亮，犹如镜中的我的脸。此刻我心潮澎湃地叫出声：还说我不该上山！您没有仆人，一个人也没有——护林人说我愿意同您一起去——我在窗上画了一幅画，证明我喜悦的泪水，而且我觉得若不给您写信，简直就是罪孽。我简直不相信自己能到达山巅。全部的迷雾躺在脚下，上面是一片美丽的清澈。

关于从上往下眺望的清澈景象，在《冬游哈尔茨山》最后一段中，有如下诗句：神秘而又坦荡／你带着未经探索的胸怀／立于惊愕的世界之上／从云端俯瞰／它的辽阔和辉煌／你以自己身边兄弟的血脉／将它浇灌。

此处响起歌德之前在《穆罕默德之歌》中以辉煌壮丽的

方式展开的母题：一条涓流如何接纳千百条其他支流，又如何奔涌，成为大河，浇灌大地，使之欣欣向荣，最终流入大海。一幅关于精神及天才之孕育能力的图像。而这在巅峰经历中也得到展现。那是一种兴高采烈的自我确信，不仅关乎理政，也许同样关乎创作。

还有：从布罗肯峰下来时，出现了一段令人难忘的色彩游戏。在哈尔茨山的洞穴和矿井中，歌德发现自己还是地理学家和矿物学家，光和影，唤醒了他对色彩世界的意识。他在1810年的《色彩学》中忆及此事，犹如回溯一幅原始景象。在冬日的哈尔茨山之旅中，傍晚时分我从布罗肯峰下来，旷野上下，白雪皑皑……白日，在积雪那黄色的基调中，轻微的紫色阴影曾触目可见，但眼下人们会觉得它是深蓝的，在受光的部分重又显现为一种加强的黄色。但是，当太阳最终接近隐没时，由于雾气增强，它那弱化的光线将我周遭的世界笼罩在一片最美丽的紫色中。此刻阴影的颜色转变成一种绿，其清澈度能同一种海洋之绿媲美，其美丽度能同一种绿宝石之绿媲美。景色越来越生动，让人以为自己身处仙境。

冬日的哈尔茨之旅有三个充分的理由：为将来当矿业总监而实习，趁风冒雪地消除负罪感以及布罗肯峰的神谕宣示：理政！另有傍晚的色彩魔力，给这个未来的色彩学家带来了一份礼物。归并起来，对一种奇妙且诗意的神秘化来说，这已足够。

第十四章

关于崇高的嬉闹:《感伤主义的胜利》。拉斯贝尔格的自杀。政治的使命。魏玛的自我维护和贵族联盟。在柏林。"统治!"混杂和纯净。征募士兵和《伊菲几妮》。艺术的神庙区域。

人是什么——若你思考他。这是歌德在登上布罗肯峰的那天在日记中留下的昂扬文字。一种对崇高的感情表达。经过伟大的情感洗礼,他返回魏玛,转向处理浅薄的情感问题。在仅仅几周时间里,他完成了起先计划为喜剧,然后被称为"戏剧的怪念头"的戏谑的《感伤主义的胜利》。1月30日被业余剧院搬上舞台,科罗娜·施勒特尔扮演主角王后曼丹达娜,歌德自己扮演国王安德拉松。

歌德曾在布罗肯峰上询问命运的神谕,而在剧本中他讥讽宫廷中的神谕追求。国王安德拉松必须抵御他妻子身边的竞争对手,一个旅行中的王子。安德拉松去问卜,什么能帮他,他该做什么。他带着一个神秘的、无人能解的咒语返回。他没有继续为此绞尽脑汁,而是唆使一个宫女,纠缠王子,让他远离王后。

王子是一幅情感的漫画。他热爱大自然，但不喜欢蚊子和蚂蚁，所以替自己创造了一个钢笔尖和权力能赋予的、带有一切舒适设施的人工自然——即使在路途中。因为他喜欢带着大箱小盒以及一个可移动的园亭旅行。举手之间一片由草环、花朵和树丛建造的合意的自然就完成了，人们能从游戏钟里听见鸟鸣，香炉和风车送来春天的气息。只有园亭的内部还是个秘密。当王子不在时——就是他也在寻找神谕时——女人们好奇地推开园亭的门，里面是个模仿王后的玩具娃娃，还塞满了干草和一整袋书籍——其中有一堆感伤文学的作品，从卢梭的《新爱洛绮丝》到《青年维特的痛苦》。人们现在才知道：王子的激情，其实来自阅读或物品，而非具体人物。一切都是假的，自然和情感。最后王子被人当成傻瓜，有人向他展示真实的曼丹达娜和玩具娃娃，他如此受到艺术品的纠缠，以至于无法区分活人与玩具。

剧本为庆祝公爵夫人的生日而上演，赢得了并非一致的掌声。有些人以为，《维特》的作者在剧作中不仅讽刺了自己，而且对他的感伤的读者也没怎么表示感激之情。艾米丽·贝尔勒普施写信给赫尔德说："请您就歌德完成的奇特剧本，对我说些什么！那也许是对那些可怜的姑娘和年轻的先生们的一个讥讽。他刚才还用他的文字让他们晕头转向，可现在却取笑他们。一个怪人！……他自己在幽默和感情、软弱和力量之间的永无休止地摇摆，彻底让我感到厌烦。对我来说，从我对他的了解中得出一个清晰的概念已经变得越来越困难。"

歌德对维特式的多愁善感的讥讽，只能让那些没有完全读懂《维特》的人感到惊讶。因为维特在小说里被表现为一个读了太多流行文学的年轻人,在他身上,感情更多来自阅读而非生活。也就是说,不是在《感伤主义的胜利》中的多愁善感的王子身上,而早在他的典范"维特"身上,人们已在感情宣泄中,听见纸张的窸窣声。可是,狂热的维特读者几乎没发觉这点。在《感伤主义的胜利》中,文学和生活的这种混淆受到讥讽,而此刻维特热不仅尚未成为过去,而且似乎重又引发了一阵极其严肃的影响。

封·拉斯贝格上校的一个女儿在1778年1月16日自尽。她经历了一次不幸的爱情丑闻,从浮桥上跳入伊尔姆河冰冷的水里,淹死在那里。那是歌德从花园别墅进城的路上总要穿越的桥。第二天,当歌德同公爵在天鹅湖湖面上溜冰时,有人发现死者,将她抬进附近的房子——那是封·施泰因夫人家的房子——然后人们去叫歌德。为什么偏偏叫他?难道是封·施泰因夫人指使的,或者是因为歌德的仆人——他是发现死者的人之一?难道这同那个随后发生的、克里斯特尔·封·拉斯贝格大衣口袋里揣着《维特》跳进水里的谣传有关?无论如何,歌德立刻赶到,当晚去了封·拉斯贝格家,表达了自己的同情和慰问。翌日,他和宫廷花匠一起,着手在附近的一个偏僻处设立了一个小小的纪念场所,一个洞穴,里面能放进一座胸像或者一个骨灰坛。歌德亲自挥动锄头和铁锹。他给夏洛特·封·施泰因写道:我们一直工作到夜里,最后我一人干到她去世的那个时辰,同是这样一个夜晚。猎户星座绚丽地挂在天边……这种诱人的悲哀,犹如水自身所具有的危险的吸引力,天上星星的余晖和水中的倒影,闪烁着引诱着我们。

歌德这么热心,难道是因为他觉得自己有某种共同责任?或者从这个事件中散发出一种犹如信中所暗示的、诱人的悲哀?他需要一些时间重获平衡。在日记中他写道:在平静的悲哀中,几天来我忙于应付死亡的景象,之后又被迫进入戏剧的轻浮。下一次的记录又已经和《感伤主义的胜利》的演出有关。那是急速的情绪转换:展现了维特般的氛围和对此的讥讽。

经过感情的这种冷热水交替的洗礼,一种独特的宁静回归了。它对歌德来说如此重要,以至于歌德在日记中详细地记录了它,而这并不寻常:这个星期我花了许多时间在冰上,带着一种总是同样的,几乎是纯净的情绪。(依次产生了)对我自己和我们的经济,对宁静和智慧之预感的漂亮的解释,关于经济、储蓄和支出的持续的快乐,与去年相比,感觉家里美丽而平静,对束缚和由此而来的真实扩展的更确切的感觉。

歌德在退回花园住宅后找到的宁静,在2月底受到普莱辛造访的干扰。普莱辛在此期间弄清了两个月前在韦尼格罗德,自称韦伯坐在他面前的人究竟是谁。和普莱辛在一起,我感觉并不好。歌德在日记中这么说。

在过去几个星期里,《维特》一书的影响再次追上歌德,起先是封·拉斯贝格小姐,现在是这么个不幸者,而普莱辛也是一个绝望的《维特》读者。他设法接近歌德,所以再次在他身边出现。普莱辛住了两天,歌德还送他一笔旅费,便于他返回,由于歌德仍然无法摆脱对他照顾不周的感觉，随即还给他去了一封信。

前不久歌德还享受着宁静感，可接着他的情绪重新变得低沉。他写下押韵的墓志铭。其中之一被他寄给了奥古丝特·楚·施托尔贝格：我是个男孩，热情乖巧／年轻时我血气方刚／有望成为一名男子／我受过苦难但也爱过／虽然躺倒却不悲伤／因为我无法继续向前。

但其实他之后仕途顺畅，公务顺遂。初春时在花园里劳作。给夏洛特·封·施泰因夫人第一次送花，还送了新鲜蔬菜。给戈特弗里德·奥古斯特·比格尔送去五十一个金路易，让他继续翻译荷马。为了拉法特尔的《相貌学》，他还拟就几篇文字说明。他写出了《戏剧使命》的第一部，又重新想起《埃格蒙特》，于是将它取出，稍作修改。4月中旬，歌德同公爵一起去伊尔默瑙公务旅行，去了矿山。在附近的施蒂策巴赫，突然回到以前狂野的日子。他们在富商格拉泽家里吃饭，他全部的骄傲是一幅仪表堂堂的半身油画肖像，真人般大小，挂在客厅的餐桌上方。歌德剪下图像的脑袋部分，"通过由此产生的洞口"，矿业监理特雷布拉之后声称："歌德把自己那男人的褐色的、智慧的、带着闪烁的黑眼珠和挤在厚实的白色假发之间的脸，塞进洞口；坐上一把靠椅；把带着金色框架的油画放在面前的膝盖上，用一块白布遮住双腿。"用餐后人们从地窖里搬来格拉泽家的酒桶，顺着山坡推下。整天胡闹……乱摔杯子。歌德日记中这么记录。

一个月后，形势转变，情况变得严肃。歌德和公爵首次带着外交使命出行：穿过莱比锡，在那里与友好的君主利奥波德·封·安哈尔特-德绍会面，还去了柏林和波茨坦。在普鲁士和奥地利之间发生了战争危机，小小的魏玛公国不得不担心陷入两个阵营之间。

1777年12月，巴伐利亚的选帝侯去世，没有直系继承人。他的后任卡尔·特奥多尔，属法耳茨-苏尔次巴赫血统，已经拥有普法尔茨、在利希和贝尔格的公爵领地，官邸设在曼海姆。他与维也纳达成协议，将巴伐利亚的遗产与哈布斯堡的尼德兰（今天的比利时）交换。普鲁士被警醒。弗里德里希二世不愿意接受哈布斯堡帝国的扩张，他在帝国中表现得像是基督教新教事业的捍卫者，尝试将中等和小国家的君主们争取到自己一边。人们不得不担心，普鲁士在准备可能的战争行动时，在已获或未获魏玛公爵首肯的情况下征召公国的士兵。若是这样，魏玛将很难从冲突中脱身。当公爵和歌德于1778年5月中旬造访波茨坦和柏林时，备战行动已全面展开。到达沃尔利茨的公园时，歌德再次感受到一种充满和平的氛围，并预感到不久一切都会改变，人们将身处世界和备战的喧嚣声中。我觉得自己越来越接近戏剧本质的目标，因为我现在越来越切身地感受到，伟大人物如何与世人、神灵如何与伟大人物进行游戏。

访问柏林和波茨坦时，歌德有此印象，他显然不希望重返此地，因为他将永远不会再访柏林，即使以后为了朋友策尔特的缘故。他觉得城里的生活就像是他所敬仰的伟大的国王的生活，是制作精巧的钟表构件，它复现其程序，将世人贬谪为玩偶，而世人则被隐藏的齿轮所驱动。他怀念自信的人格，没有任何一种闹剧的下流笑话和蠢事，比这些伟大人物和小人物互相之间关系的本质更令人厌恶。我恳求神灵，让我的勇气和正直保持到最后，我宁愿提前终结，也不要可鄙地向着目标的最后部分匍匐而行。

只是别成为权贵身边的匍匐者——这是他坚定的信念。他表现得不合群、骄傲且无法接近。长久来讲有些费力，因为他最后发觉，坦率的信任和无私之爱的花朵一天一天枯萎。他感觉到一种僵硬，并将这种关系当作外交手段。他游弋其间并在此保存自身的，是个困难区域。比如在海因里希王子（国王去了波希米亚，那里将开始战争谈判）那里吃饭的时候，歌德和公爵必须试探，普鲁士对魏玛究竟有何企图，而此刻他们必须隐藏起自己尚未明确的意图。所以歌德在官方的事由中，将自己裹入一种严格的沉默，而老练和灵巧的外交家会认为这种沉默并不合宜。

而在柏林的作家和学者那里，人们对歌德感到生气，因为他根本就顾不上他们。尼古拉、拉姆勒、策尔纳、埃尔曼和格迪克等人，至少希望歌德进行一次礼节性的拜访。歌德仅走访了莫泽斯·门德尔松，而且迟到许久，以至于后者拒绝接待他。就是在这个圈子里，人们对歌德也不满意，说他的表现过于"傲慢"。

在柏林之行的最后，歌德发觉一种奇特的变化。我们尚不清楚的是，他是否对此感到遗憾，容或将此视为了解世道常情的收获。平时我的心灵犹如一个仅有少量围墙、后山上有座堡垒的城市。我监视着城堡，而让城市毫无防备地处于和平和战争中。可现在我开始加固城市，尽管这只能抵抗轻装部队。无论如何，在这首次和唯一的柏林之旅中，他成功地将文学的轻装部队挡在自己身外。

不断深入地参与政府事务，迫使歌德深刻改变自己面对外界和自身的举动。最迟在1777年晚秋，在哈尔茨山之旅之前不久，他已意识到会有这样的要求：面对自己提出的理政呼吁，他记录下感到自己被定位于百般的疏离中。所以与公爵的信任关系就显得尤其重要。他可以信任公爵，在公爵身边他有安全感，但外交和大政治对他来说还是一个雷区，他对那里的情况不熟，那里的事件对他来说几乎不可管控；他得带着小心和疑虑，而非直觉与冲动去行动。令人惊讶的是，他如此敏捷地着手工作。

巴伐利亚的王位继承争执在1778年夏趋于尖锐化。普鲁士向奥地利宣战，大举进犯波希米亚，发生了人们之前所担心的事：普鲁士要求公爵提供志愿部队，而这意味着，公爵或是派出自己的士兵，或是在公爵领地内放手让普鲁士募兵人员自由行动。公爵表示反对招募，尝试拖延此事。他真的身处窘境。若是允许自由募兵，魏玛就会失去中立，被拖入普鲁士反对奥地利的战争阵营。若是拒绝普鲁士的意愿，就会冒危险，普鲁士会令魏玛失去国家的完整性和主权。恰恰在这样一种紧张的形势中，公爵在1779年年初让歌德领导战争委员会，不久还让他担任筑路委员会主任，而这除了民政的，还有一种军事的含义。

1779年2月9日，歌德作为枢密顾问为公爵写下一份意见书。他描绘了未来行动的选择，而这些选择带有其可能的分岔和未来不可预料的结局及影响。要是让普鲁士的募兵人员进入国家，他们将根据某个宽限期限，在有关人员表示反对的情况下，最终使用武力。尤其是募兵人员会定居下来，到处扎根，将永远无法摆脱他们。国家的独立地位由此会受到威胁。

倘若决定自己为普鲁士募兵，那会是一件不愉快的、让人憎恶的和耻辱的事情，当有些被迫入伍者开小差时，普鲁士士兵就会借机进入魏玛，抓回逃兵或在公国内寻找替代者。令人懊恼的结果之所以无法预料，是因为奥地利不会接受公爵为普鲁士征召士兵这样的事。结果可能会是：奥地利或者自己会在公爵的领地内展开募兵行动，或者将这个国家归于敌方的战争阵营，而这将带来毁灭性后果。这样魏玛就真的身处战争。怎么办？歌德支持公爵去争取时间，建议他利用这段时间，与汉诺威、美因茨和哥达等小公国或中等大小的公国取得相互理解，与它们结成一个较紧密的联盟，以便共同面对邻国的战争苦难，尽最大可能保护自己。这对未来情势十分有利，即使人们无法抗拒普鲁士的意愿。它不是别的什么，而是普鲁士和奥地利之间的小公国和中等规模公国组成的公国联盟的构思。歌德想出了一个好办法。这些考虑显示，他从小国之生存可能性出发进行了思考。较之霸权秩序，他宁愿选择另一种由众多政治统一体之间的平衡关系促成的秩序。在这种趋于合作的多样性倾向中，歌德证明自己一直还是尤斯图斯·默泽尔的学生。可他希望和想促成的事，并没有实现。二十年之后，才会有小公国和中等大小公国的联盟出现，即莱茵联盟，但这一联盟并非反对强权的支柱，而是沦为拿破仑强权的纯粹的工具。

但歌德还是贯彻了自己的想法。在1779年2月21日的会议中,枢密院转而支持他的路线。会议决定,设法与其他想保持中立的宫廷建立联系,暂时反对暴力征募国内青年,并防御性地增强自己的军事存在。

公国有幸。1779年5月13日,随着《特申和约》的签订,巴伐利亚王位继承战争结束。在这场战争中,敌对双方的士兵在严寒的冬季相互监视,挨饿,为了一些冻土豆互相扭打。但在那年最初的几个月里,人们还无法预见事件的有利结局。歌德作为战争委员会总监,在国内到处巡视,视察防备性的新兵征募。在这几个月里,他写下了《陶里岛上的伊菲几妮》最初的散文版。以后面对席勒,他称这个剧本写得极其人性化。

更轻松一点的剧本《丽拉》和《感伤主义的胜利》在前些年为庆祝公爵夫人生日而写,并在公爵夫人1月30日生日这天上演。这时公爵夫人怀孕了,人们期待着她不久之后的分娩。1779年2月3日,她生下一个女儿。首演计划是在她坐月子休息后的3月14日,这是个星期天。当歌德2月14日开始落笔写《伊菲几妮》时,已经想到为了庆祝星期天或者之后不久让业余剧院表演此剧。为了适应这个契机,这次必须纳入某些节庆的高尚的因素。剧本为了这个目的——一次高尚的娱乐,而不是让人激动——而设计,在此意义上它是部即兴剧。演出十分成功。原因是科罗娜·施勒特尔扮演了伊菲几妮,而歌德扮演的俄瑞斯忒给人以很好的印象。科罗娜端庄的形象及仔细缝制的丝绸戏装非常适合宫廷模仿古典风格的趣味,而歌德自己也发挥上佳,使得医生克里斯托夫·威廉·胡费兰高龄时还沉湎于回忆之中:"人们以为自己见到了阿波罗。除了在歌德身上，人们还从未见到生理和精神的完美无瑕在男人身上达到如此的统一。"

两场演出之后，歌德收回剧本，仅让几个朋友读过，并留意不让人制作任何副本。他对卡尔·特奥多尔·达尔贝格这样写道，写得过于粗糙，我没胆量让公共剧院马上将它推入公众世界。1781年为庆祝公爵夫人生日，此剧曾再次上演，但效果不佳。歌德继续加工润色。他无法摆脱这个剧本。在踏上意大利之旅之前，他曾希望能完成一个短长格诗体的版本。但此事在罗马才完成。不过，剧本的情节、结构和内容，改编后均无大的改动。歌德可能想将此做成一部全新作品，但初稿的力量过于强大。

为剧本的首演，歌德仅花了六周时间，而那恰恰是为了新兵征募，他在国内躁动不安地巡视的六周。起先他尝试借助柔力，将自己置入所需的氛围。创作时，他找来乐师在隔壁房间奏乐。通过可爱的乐声，我的心灵逐渐地从会议记录和卷宗中获得解放。隔壁绿屋中响着四重奏，我坐着轻轻唤来遥远的形象。我想，今天应该能写出一幕的场景。

他以《伊菲几妮》开启的精神空间，远离当下那压迫世人的现实。他从阿波尔达写信给夏洛特·封·施泰因：剧本在这里根本无法继续，见鬼！阿波尔达没有织袜工会饿死，陶里岛的国王才会说话。两天以后他对公爵描述，体格检查是如何进行的，小伙子们如何被测量和检验。必要的事做完后，他继续写道，我走进我诗歌的旧城堡，创作我的小女儿《伊菲几妮》。趁此机会，我也发觉我对这奇妙出色禀性的使用，有些过于绅士，我真的有时间重新运用我的天赋——

倘若我还想创作什么。

歌德自己也十分惊讶,尽管环境不利,但剧本进展顺利。他再次感觉到自己的天赋,那种出色秉性。他决心今后更好地使用它。屏蔽显然也获得成功。现在我同这个世界的人生活在一起,愉快地同他们一起吃饭、喝酒、玩耍,但几乎感觉不到他们,因为我内在的生命坚定地走着自己的路。他的思想的确内在地上演着一出悦耳的音乐会。

真的,这出小型戏剧对当时和今日都是一场极其悦耳的音乐会,没有喧哗,只有轻柔的不协和声以及修好的结局。仅在远处才能感到恐怖的远古世界。

歌德在埃斯库罗斯和欧里庇得斯,以及在后来的奥维德和希吉努斯的仿作中找到了围绕着陶里岛上的伊菲几妮的故事,它触目惊心而且充满暴力。俄瑞斯忒为他父亲阿伽门农的死,向母亲克吕泰涅斯特拉复仇,因为后者和情人埃癸斯托斯一起杀死了从特洛伊返回的丈夫。现在弑母者俄瑞斯忒被复仇女神厄里倪厄斯追杀。为了能从诅咒中脱身,根据神谕的指示,他必须盗取陶里岛上阿尔忒弥斯的圣像,将它带回希腊。他不知道的是:这件圣物的女护卫即阿尔忒弥斯的女祭司是伊菲几妮,他的妹妹。当阿伽门农在向特洛伊进发途中,通过牺牲自己的女儿,从众女神那里获得航行的大风时,是阿尔忒弥斯将她救到那里。于是俄瑞斯忒和他的朋友皮拉得斯来到陶里人的国度,一个在人们想象中位于黑海某处的"野蛮人"的国家。在这里,上岸的陌生人通常会被斩首。现在俄瑞斯忒和皮拉得斯也遇此危险。而伊菲几妮作为献祭祭司将会在场。欧里庇得斯的剧本以兄妹俩的重逢的场景赢得了强烈的戏剧效果。而在歌德那里，是伊菲几妮想出了诡计，成功地欺骗国王托阿斯，夺取阿尔忒弥斯的圣像并逃脱。欧里庇得斯剧本的第二部几乎是喜剧，是对让自己上当受骗的愚蠢的野蛮人的讽刺和挖苦。开始是残酷，结果是讥讽，中间是戏剧性的高潮——这是古代戏剧的风格。歌德从中创作出不同的东西。此后他清楚意识到，这也许更适合温克尔曼的古代图像（"高贵的单纯，静穆的伟大"），但除此以外，剧本是非希腊式的。1811年他对里默尔说：欠缺具有创造性。写我的伊菲几妮，出自对希腊故事的一种解读，可它是有欠缺的。倘若它已被人发挥穷尽，我就不会写出这个剧本。歌德诚心诚意地寻找他的希腊。

在对野蛮人国王托阿斯的描绘中，歌德最清晰地偏离了古代版本。他从口传的伊菲几妮题材中，创造出他全新的性格和举止。在伊菲几妮和托阿斯之间的关系中，有着道德的终极效果。这里剧本证明自己是极其人性化的。托阿斯追求伊菲几妮——他那高贵的女俘房。他渴望得到她，希望她能为自己生个后代，因为他在一次战争中失去了儿子。可他也尊重她，否则也不会同意取消阿尔忒弥斯神殿中的人祭仪式。伊菲几妮对此评价很高，但她无法回报他的爱。没有爱，她不可能接受托阿斯希望的那种关系。在这个意义上，伊菲几妮完全具有现代意识。她要求对丈夫的爱，其他的一切都有违她的贞洁律令。高贵的人不会这么想，而国王怎么会？……竟敢这么想？想用暴力/把我从祭坛上拖到他的卧床上？她拒绝了他。为了恐吓之效，她抬出自己灾难性的出生：她讲述自己的先人阿特里家族的恐怖行为。故事开始于坦塔罗斯。他曾与众神一起用餐,因为大胆妄为受到诅咒。他的一名后裔阿特柔斯,杀死了他兄弟的儿子们,并将他们送给他兄弟吃。恐怖行为继续不停,一直到阿伽门农,他的父亲。她曾保护阿尔忒弥斯免受阿伽门农伤害,而眼下又躲到女神的身后。她想在这座神庙为女神服务,远离所有羁绊。她只想回家,就连她也诚心诚意地寻找希腊人的国土。

托阿斯因为被拒绝而感到受辱。他没用武力征服她,但让她感受自己的愤怒。他命令,重新启用被伊菲几妮废除的牺牲陌生人的残酷习俗,就从刚被俘获的两个外人开始。伊菲几妮和托阿斯当时都还不知道,那是俄瑞斯忒和他的朋友皮拉得斯。要是执行托阿斯的命令,伊菲几妮就必须杀死她的哥哥。

来此消除罪孽的俄瑞斯忒,已经精疲力竭,渴望去死,甚至准备将自己祭神。但兄妹两人还是相认了。起先是伊菲几妮:啊,请听我说!啊,请看着我,经过多年/我的心又能向着幸福,/敞开,能亲吻世界/还能为我承负的/最亲爱之人的头,/张开我先前只能拥抱清风的臂膀,/来拥抱你。/啊,让我拥抱!让我拥抱!……俄瑞斯忒!俄瑞斯忒!我的兄弟!而俄瑞斯忒说:美丽的仙女,/我不相信你的甜言蜜语。然后,这个将妹妹纳入他的死亡欲求中的俄瑞斯忒说:我要劝你/别再留恋太阳,别再留恋星辰;/来吧,随我走进黑暗的冥府!……无后又无罪的你就跟我去吧!他被疯狂攫住,犹如被麻醉那样,陷入昏睡,醒来时发觉自己躺在伊菲几妮怀里——身心痊愈。我的心告诉我,魔咒已除。/我听见了,复仇女神们,/退向坦塔罗斯深渊,/而铁门发出隆隆声在身后关闭。/ 大地发出清爽气息/ 邀我返回地面/ 追求生命的乐趣和伟大的事业。

这样的场景在歌德的作品中并非偶然。浮士德在格蕾琴死后也陷入昏睡，醒来时生机勃勃，重新摆脱了负罪感。埃格蒙特克服了他的死亡恐惧——在睡梦中。但席勒就不会认可这一点。当歌德于1802年请他为演出改编《伊菲几妮》时，席勒就不满这个场景。他不喜欢睡过危机，而推崇通过自由的行动克服危机。但歌德站在遗忘的睡眠这种自然的仁慈的影响力一边。对歌德来说，人虽然扎根于过去，但他始终能向着当下的机遇和要求敞开自身。倘若过去拥有过多的权力——复仇女神的愤怒是由于过去的这样一种征服——当下的生命就会消亡。将良心，比如在康德那里，提升为绝对的内在总管，对歌德来说是基督教新教的一种矫枉过正。甚至到了高龄时，他还称赞遗忘艺术，作为八十岁的老人，歌德写信给策尔特说：人们应该想到，随着每一次呼吸，超越尘世的忘川就会渗入我们整个本质，以至于我们仅凭痛苦就几乎记不起曾经的欢乐。我很早就懂得看重、利用和提升这种崇高的上帝赠予。

俄瑞斯忒被治愈，复仇女神不再能支配他。现在只需要将伊菲几妮从托阿斯手中解放出来。在欧里庇得斯笔下，是伊菲几妮想出了狡诈的解放手段，在歌德笔下，则是俄瑞斯忒和皮拉得斯，而伊菲几妮犹豫不决。这是展现她超越常规的人道主义的时刻。她起先也得挣扎一番。在她的神庙领地、她的庇护所中，保持纯净并压制不正当的手段，比较容易做到。所以她害怕离开这个空间。她有一颗美丽的心灵，害怕被玷污。啊！我的灵魂，请保持安静！/ 你现在难道开始忧郁和怀疑？/ 你得离开你孤独的坚实土地！/ 重新上船，被汹涌波涛裹挟而去 / 忧郁恐惧地看错世界，看错自己。俄瑞斯忒和皮拉得斯的计划是，让伊菲几妮设法叫人把阿尔忒弥斯神像搬至海边，假装要清洗它，事实上将它运上等待的船只，自己也随之逃脱。必须让托阿斯上当受骗。在伊菲几妮和皮拉得斯的对话中，纯洁和通常的人世的交易观念互相碰撞，人道的理想主义和疑心的现实主义针锋相对。

伊菲几妮　我将忧虑称为高尚，它警告我，
　　　　　别阴险地欺骗和劫夺国王，
　　　　　他是我的第二个父亲。
皮拉得斯　你得从要杀你弟弟的人身边逃走。
伊菲几妮　但他同样是善待我的人。
皮拉得斯　不得已而为之，这并非忘恩负义。
伊菲几妮　依旧是忘恩负义，不得已只是借口。
皮拉得斯　你无愧于神灵和人。
伊菲几妮　但我自己的心不满于此。
皮拉得斯　要求过高是隐藏的高傲。
伊菲几妮　我不探究，我只感觉。
皮拉得斯　你觉得自己正确，就得尊重自己。
伊菲几妮　完全没有污点，我的心才感到快慰。
皮拉得斯　也许你在神庙中保持了这一点；
　　　　　可生活教导我们，对己对人
　　　　　都别太严苛；你也得学习这一点。

> 人类被培养得如此奇妙；
>
> 相互间如此错综复杂，
>
> 没人能对自己和对别人
>
> 保持纯净且没有困惑。
>
> 我们也没受托裁判自己。

皮拉得斯说出的意见，也是歌德时常认可的意见，比如在以后的诗句中：人的日子互相纠缠，/ 最美丽的财产受到骚扰，/ 最自由的目光也变得混浊。或者在言简意赅的话中：行动者总是丧尽天良，没人比观察者更有良心。社会生活的共同基础需要妥协，不时也得使用可疑的手段甚至暴力，以便自卫、维护自身或者保护亲近者。人们有足够的理由，不对自己的评价过于苛刻。有一阵子伊菲几妮也倾向于这种观点。你几乎说服了我同意你的意见。她说。但是，当她面对托阿斯时，经过开始的犹豫后，她对纯洁的意愿占了上风。她不想欺骗托阿斯，她对他坦白了那个狡诈的逃跑计划，让自己连同俄瑞斯忒和皮拉得斯陷于极度危险。她以对野蛮人国王的宽宏大量的呼唤，让自己承担了巨大风险。他自然会让她离开。猜忌引起新的猜忌，敌意对敌意做出回答，而她想打破这个糟糕的循环，用善意的相互作用代替这个循环。她信任托阿斯，并希望他会酬报她的信任。她将他作为人对待，也想获得人道的对待。但在伊菲几妮寄予希望的善意的互相性中，隐藏着一种不平衡。伊菲几妮和她的兄弟赢得了自由和归程，可托阿斯一方承受了痛苦的损失。伊菲几妮让他记住，他由此会得到以下意识的补偿，即他采取了正确行动。她打动他的自我尊重,最后描绘出这样的情境,似乎对托阿斯来说,事关一种令自我高尚化的机会,而人们无论如何不能让这种机会溜走。当伊菲几妮对他说出如下几句话时,听上去几乎是种诡辩:请看我们!你并非常有/采取这种高尚行为的机会。

托阿斯最终顺服了。他感到自己的骄傲受到了挑战,他要证明,即使野蛮人也能听见真理和人性的声音。但对自己的胜利很有把握的伊菲几妮对于"那么走吧!"这样的命令并不满意。托阿斯不应该仅仅不情愿地放她离去,相反,她需要他的祝福,以便今后在她和他的世界之间,产生一种相互的相敬如宾般的善意和忠实的怀念。托阿斯也努力做到了这点,说出一句通常的告别语作为祝福。请多保重是他最后的话,这出精选的博爱的神圣戏剧以此结束。

纯洁的观念渗透全剧。伊菲几妮想无污点地享受自己的心灵,而皮拉得斯反驳她,在与人交往的过程中,没人能保持纯洁且没有困惑。正因为如此,这个纯净的神庙区域对伊菲几妮如此重要。这个纯洁的观念将在歌德的思想中得到丰富的展开。纯洁与世界的充盈和多彩,处在一种紧张关系中。现实世界通常充满了掺和及混杂。在世界上,自然中没有任何东西是纯洁的。为了创造纯洁,需要一些努力和艺术的调整。为了将不属于此或者不合适的东西——确切地说:那些被视为异类的东西——清除出去,需要一种分离的艺术。纯洁不是理所当然的。它并不就这么在场,人们必须之前就做出决定,什么东西能作为本真的要素起效,它能受到保护、不被污染或者摆脱污染。歌德其后有一次在援引弗里德里希·威廉·约瑟夫·谢林时，将这种本真的要素称为利己的原则。这里指的是个体的力量，在其不可混淆的个体性中保存自身，恰恰也在当个体遭受各种影响和纠葛的时候。纯洁也就意味着自我保护。只有当个人保持和坚守作为个人的时候，他才成为自身。

但是，被这样理解的自身总是依赖与世界的交往，所以重要的是，在不失去自己的情况下适应世界。在自身和世界的紧张关系中，一种双重的失败是可能的。一方面是僵直、无情、狭隘，另一方面是分解；一方面是盲目的自私自利，另一方面则是分散精力。趋向善和正确之完美的纯粹的中间效果很罕见；我们通常见到的是趋于延缓的迂腐或趋于仓促的放肆。迂腐在这种关联中指的是狭隘的自我中心，而放肆指的是涣散的世界中心。

倘若伊菲几妮只想在神庙区域中保持她的纯洁，她会陷于失去世界的危险。那是美丽的灵魂的危险，一如格奥尔格·威廉·弗里德里希·黑格尔在《精神现象学》中深入描述的那样。那里有言，这样一个生灵，"生活在恐惧中，生怕被行动和此在玷污其内在的美好；并且为了确保内心的纯洁，它逃避接触现实，执拗地坚持其软弱无力……它的行动是这种渴望，它……发觉自己只不过是种已失之物——一种所谓不幸的美丽灵魂，在其诸要素的这种透明的纯洁性中，逐渐熄灭，如同一缕无形烟雾，消逝于空气之中"。

但伊菲几妮的情况不同。她要保持心中的纯洁，但不再是在封闭的神庙区域，而在面对托阿斯的行动中。通过尊重托阿斯，她捍卫了自己的自尊。而前者同时是她不得不害怕的对手。出自《温和的克赛尼恩》中的诗句恰恰不适合她：请你仅在宁静中保持纯净，/任凭你周围电闪雷鸣；/你越是感到自己是一个人，/你就与众神越是相像。她无法仅在宁静中保持纯洁，相反想在外面的人世纷扰中保持自身，但不使用阴谋诡计。这个剧本可能成为悲剧，倘若伊菲几妮面对国王时表示出的高尚的坦诚，没有受到相应的报答，相反遭到作为人祭的惩罚。她得到报答，是因为她的心灵之美显然颇有感染力。可能之恐怖的深渊关闭了，残暴的场景成为人性乌托邦的处所。

伊菲几妮离开了神庙区域，但剧本自身总体上是某个神庙，与临近的战争、阿波尔达的征兵和挨饿的织袜工隔绝。所以如前所述歌德，当歌德写作时让人在隔壁屋里奏乐。纯粹写作的神庙区域由此受到保护，内在的生命可以毫无阻碍地得到展开。

现在人们可以理解，歌德为何不满意散文体的初稿，认为它写得粗糙。它不够纯净，节奏尚未润色为诗，为此他继续工作，直到开始意大利之旅。歌德在罗马才完成这座美丽的神庙——它内在丰富，但外在贫乏。在这个剧本的内在生命中，歌德的生平事迹隐约可见。如兄妹关系，俄瑞斯忒在伊菲几妮的怀里才找到安宁。而在歌德的生命中，情况则不同。相反妹妹在哥哥怀里寻找安宁。如同俄瑞斯忒，歌德也与面对妹妹、被拒斥的朋友伦茨和克林格尔的罪孽感做着斗争。对俄瑞斯忒和皮拉得斯这对朋友的可爱的描述，含有歌德与公爵的友谊的影子。而伊菲几妮身上的安抚魔力，让人想起夏洛特·封·施泰因。

由此可见，这部被移到遥远的时代和空间的剧本，充满对歌德当下生命的呼应。不过他不时地感到，将自己置入相关的纯洁氛围是不可能的。当他陪同公爵，向着革命的法国出征时，途经彭佩尔福特的雅各比家。当时有人请他诵读《伊菲几妮》。他在《远征法兰西》中这么写道：可这根本不合我的胃口，对这种温和之感，我觉得陌生。他所谓的温和之感指什么？也许指在战争事件的骚动中无法保持的纯净的感觉。对他来说依旧奏效的则是：《伊菲几妮》上演过，特别对纯粹之人甚至起到了良好的作用。

但这意味着：只有在很少的几个时刻，此剧让他重有亲近感，尽管它极其人性化。

第十五章

纯洁的观念。歌德的"道"。雅各比被钉上十字架。雅各比的侮辱。第二次瑞士之旅。弗里德丽克和丽莉:两次调整。漂亮的布兰科尼和迷茫:"群峰一片/沉寂……"歌德和拉法特尔。宗教受到检验。

产生《伊菲几妮》的温和之感,是纯洁的观念。当时它对歌德来说具有存在的意义。1779年8月7日,去瑞士旅行之前不久,他在日记中回顾自己的生涯——用一段罕见的较长段落——回顾纯洁的概念在那个时刻如何统领他的生命:在家整理,浏览字纸,烧毁所有旧东西。时代不同,关心不同。静静回顾生命,回顾青年时代的混乱、忙碌和求知欲,发现年轻时如何为了获得某种满足而到处游荡。我如何特别在隐秘中、在昏暗的虚幻境况中找到一种快感。我如何半是攻击,随即又半是容忍所有科学的东西,某种恭顺的自鸣得意如何渗透我当时写下的所有东西。我在人世和神的事务中的翻转折腾,目光如何短浅。行动、目的明确的思考和创作多么稀少,在糟蹋时间的情感和激情的阴影中,又如何浪费了许多时日。我从未得多少好处,生命的一半就已过去,而眼下身后未留路程，相反我呆站那里，犹如一个从河水中脱身而出的人，开始被太阳善意地晒干。我还不敢回望自1775年10月以来自己挥霍的时间。但愿上帝继续帮助我释放光芒，以便我们不这样频繁地为自己设下障碍。让我们从早到晚做恰当之事，请给予我们对于事务结果之清晰的概念。但愿我们不必整天抱怨头疼，无须抵抗头疼，也不会成为每天晚上喝酒太多的人。但愿纯洁的观念，一直伸展到我吞入的那口食物，在我心中越来越明晰。

一幅奇特的画像。歌德在启程之前进行总结。他回顾了自己来到魏玛之前的生命，但根本就不敢概观最近的时期。至此的生命，就他自己所见，并不纯净。这是什么意思？为了更好地理解，让我们以他对至此生活之所谓的不纯洁者的描述为例。如他所写，那是混乱、忙碌，带着快感投身于虚幻的境况，不是一种目的明确的思考，而是糟蹋时间的情感和激情的阴影。从这个对立面出发，纯洁就是面向现实的行动和思考的勤奋，清晰，有目的性，实践的现实意义。激情当然也隶属于此，但不是为了虚幻的阴影，而是为了现实，不管它在细节中意味着什么。他将自己从那不再脚踏实地的水中，救到坚实的陆地上，而太阳在那里仁慈地将他晒干。无根基者就是不纯净者。与此相关的是对于醉酒的联想，他时常带着头痛从醉酒中苏醒。

纯洁的观念涉及对创造性的想象力及其引起的迷惘的一种攻击？纯洁是否意味着直面和满足于现实？这里的目标是否是一次诗的清除？这种想法几乎无法令人相信，尤其是考虑到，他刚写出《伊菲几妮》，并将它搬上舞台，而这个剧本是对人性的一种诗的祭礼，渗透着纯洁的观念。

纯洁不太可能是对创造性想象力的一种攻击。相反，纯洁的观念要求，清楚地区分这些领域：哪里是现实，哪里是诗，然后还需要有这样的深思熟虑，不互相混淆这两个区域，并满足各自的专门领域和生命场的要求。此处理政的执拗和诗的执拗完全不同。也许，让我们从早到晚做恰当之事，请给予我们对于事务结果之清晰的概念这样的表述，指的正是这类区别的艺术。

在对不同区域的这类纯洁的区分时，纯洁的观念侵入每个领域，但在那里引发一种本身的意义：实践的行动和举止应该变得纯洁，直至我吞入的那口食物。这是说：一种理性的，甚至是食素的生命秩序，有规则，按时，认真严肃地完成每项任务，接受日常的义务，并总将重点放在此刻在做的事情上。歌德身上的这种注意力，几乎有着日常的道德家般的纪律性，被赫尔德惊羡地记录下："他最近为我们诵读了一卷非常漂亮的新作品（《戏剧使命》）以及一篇非常出色的新文章（关于颌间骨的论文）的开头。工作和时间也许是这个杰出人物唯一留给自己的东西；即使在其他微末甚至最丑陋的研究中，他也带着一种彻底的宁静投身其中，似乎研究对他来说是唯一最最本真的事。"

这种基本特点在歌德身上并非不言自明，他首先得费力学习和练习掌握这种特点。对此他其后在《格言和反思》中这样表述：谁愿意且必须劳作，就得考虑眼下的应当，如此就能不走弯路而获得成功。总是超越眼下的诗的渴望，并没有被他放弃，而且与日常生活的问题及需求紧密相连，以至于它必须绕道每种劳作。在《威廉·迈斯特的漫游时代》中，莱奥纳多宣称：渴望消失在行动和活动中。可它并没有未经沉淀地消失，而是留下了一种不满足的残余，它赞美新的劳作并释放新的幻想。也就是说，行动范围内的纯洁，意味着投身于日常任务。只有通过这种实践的高超技能，纯洁才有可能实现。

诗中则需要另一种纯洁，需要另一种高超技能。它虽然与实践的任务的高超技能不同，但拥有类似的特征。歌德在日记中，在他表述自己纯洁之命令的那一刻，对此进行了思考。他写道，一如当时在魏玛到处游走，发展其农业改进提案的农学家和风景保护人巴蒂，人们必须有把握地找出合适的执行者。这样一种合适性对每项事业均有效——也对诗有效。诗应该打开并且显示对象之内在的丰富性。一个主题、一个题材和一种观念，都具有某种内在的隐得来希（Entelechie），它们需要某种展开的形式。训练有素的艺术家会感觉到这种隐得来希合适的对应形式。艺术家纯洁而没有个人的任意妄为。他服务于由他创作出来的作品。而此刻人们得掌握合适的手法；犹如工匠在陶工转盘边，在他手里，一会儿做出一个罐子，一会儿做出一个盘子，会随其心愿出现，可人们会觉得，罐子和盘子自动地成为此在并显现出来。歌德也想到了精工木匠约翰·马丁·米丁，魏玛剧院的总管。米丁懂得利用自己工匠的技能，制作出舞台所需要的一切，在他手下，木板真的就意味着世界：布景、戏装、照明设施以及其他为了制造幻象的机械装置。1782年，歌德在米丁去世时深情怀念他：*一切触动柔美心灵的东西 / 被他*

忠实地模仿，实施：/青草的绿、流水的银色瀑布/飞鸟的歌唱、雷电的震响，/树叶的阴影和月亮的光芒/即使一个庞然大物也吓不倒他。在对诗之效果的高超工艺的前提的赞美中，响起一丝讥讽。那是对狂妄的讥讽，而这种狂妄对其灵感过于自负。也存在着一种手艺的纯洁，而这是值得以诗人自己的方式来证明的事。

从这个背景中可以理解，为何在即将踏上旅程的前夕，歌德开始对朋友弗里茨·雅各比新近出版的小说《沃尔德玛，源于自然史的一件奇事》进行尖刻讥讽。因为这事关预示不祥的纯洁。这发生在1779年8月在埃特尔斯城堡举行的一次社交聚会上。有人朗读了雅各比的小说，而歌德念了讥讽的诗句，还爬到一棵树上，将这本书牢牢钉在那里，用来恐吓读者、吓跑飞鸟。对这个场景没有直接的目击者报道。但在歌德以后致拉法特尔的一封信中，证实了这件事，而这随即成为以下谣言——"雅各比被钉上十字架"——到处流传，让被惹怒和受伤害的雅各比宣布与歌德断交。

在给拉法特尔的信中，歌德解释了，是什么原因让他反对此书。他称它有狂妄的味道。这本书仅成功了一半，并不出色，但出色地到处流传。它的需求未得到一种相应道德的、审美的或者特点鲜明的实质性内容的满足。按照歌德的语言使用观，这正是一种不纯洁。掺杂其中的还有道德的虚妄。小说中的沃尔德马是个地道的一本正经者，同亨丽埃特贞洁地生活在一种未完成的婚姻中，而她又让他与自己的女友结婚。如此，他们组成一个爱和友谊的三人同盟，其中虽然充满了感情，但显然完全没有肉体接触。一切既美好又高尚，特别是沃尔德马这个人物，对歌德来说具有一种不可忍受的自恋特质。人们只需改变有关联的几行字，歌德以后对与雅各比有亲戚关系的约翰娜·法尔默尔这样解释："那么事情无法避免且不可能有其他结果，魔鬼一定会将他召去。"

不过也值得怀疑，歌德对这种道德之狂妄的愤怒，是否完全纯洁，其中是否有一种完全不同的恼怒掺于其中。因为不管怎样，他可以在对一种未完成的婚姻的叙述中，迫不得已地发现，自己同夏洛特·封·施泰因的关系被暗示。也许正是这一点让他生气，并以讥讽捍卫自身。

纯洁的生命纲领在进行清算的那一刻被描述，而这种清算由启程进行一次较远的旅行触发。当他1779年8月7日销毁信件和笔记时的清理也是同样出于此次清算。因为这种长途旅行在当时十分危险，较之今日，人们得更认真地采取预防措施，以防无法返回。预防措施的其中一项就是焚烧字纸，还发生了被他多次称为蜕皮的内心变化，在此存留的文字会被清除。所以在苏黎世对拉法特尔的访问，将扮演一个很重要的角色，因为在那个时刻，拉法特尔对歌德而言还是一个值得信任因而值得尊敬的纯洁的信徒。

踏上旅途的几天之前，1779年9月5日，歌德被任命为枢密顾问。他给夏洛特·封·施泰因写道：我觉得非常奇妙，犹如梦中，以三十岁的年龄踏入一个市民在德国所能达到的最高荣誉等级。

9月12日，旅行队伍开拔，由公爵、林务总管封·韦德尔、歌德和几名仆人组成，其中也有歌德的仆人菲利普·塞德尔。官方的旅行目的地是法兰克福和下莱茵，科隆和杜塞尔多夫。当旅行最终向南而去时,魏玛的人们感到吃惊。公爵信誓旦旦,他也一样,因为即使他也为旅行目的地的改变而感到惊讶。他给母亲安娜·阿玛丽娅写道:"很抱歉,您不相信我的话,并且以为我对您隐瞒了一个长途旅行的秘密;我得在此声明,我们直到在弗里德贝格和法兰克福之间的半路上才做出这样的决定;我和其他人通过加布里勒天使的灵感才想到这点。"加布里勒天使指的是歌德。就此来说,决定旅行目的地,出自歌德的绝对权力。但是,歌德面对他的公爵能如此独断地行事,这很难令人信服。很可能是,两人事先已有相应的约定。

歌德借助旅行,贯彻针对公爵的教育意图,而公爵本人也将旅行视为某种迟到的绅士之旅。所以大家匿名旅行,即使在所拜访的宫廷,旅行者的真实身份未受隐瞒。歌德想将公爵纳入他的自我净化的纲领。所以他把在苏黎世与拉法特尔的会面看得很重。见拉法特尔,并让公爵进一步了解他,是我最大的愿望,他从埃门丁根写信给夏洛特·封·施泰因时这么说。他希望,拉法特尔和蔼的天性和并不狂热但发自内心的虔诚,能平息公爵那暴躁的本性,让他对内在的和谐产生好感,而苏黎世的这位传道士为其周围环境颇有说服力地做出了这种内在和谐的榜样。拉法特尔的确感染了公爵,至少当时如此。卡尔·奥古斯特在一封给公爵夫人的信中说:"拉法特尔的在场具有某种完全独特的抚慰之效。我能尽可能地利用他的在场……我只能借助语言和知性,来表达我的观点以及他对我的影响。"

对公爵来说,拉法特尔身上具有某种抚慰之效,而对歌德来说，他犹如一种流泉疗法，倘若有人再次见到这样一个完全真实的人，就会感到犹如吞下一副清凉剂。在歌德对拉法特尔的描述中，充满着纯洁的形容词：我在拉法特尔这里，身处生命那最纯净的共同享受中，在他的朋友圈中，有一种天使般的静谧和安宁……使得每个人……为以后的生命所需，具有一种纯粹的人类的生存意识。歌德在此指称与拉法特尔相遇的功效，他希望，公爵同样能感受到这种功效。在这里我才明白，我们通常共同地生活在哪种德行的死亡中，一种心灵的干枯和冷却来自哪里，而心灵内部从不枯萎和冷却。愿上帝保佑，在更多的巨大好处中，以下这个好处也陪伴我们回家，让我们能保持心灵的敞开，让我们能打开善良之心。但愿我能向你们描绘，世界如何空虚，人们必须互相扶持而不丢下对方。然而我也已重新准备好，由不满、怨气、忘恩负义、漫不经心和自命不凡组成的西罗科风，会向我们迎面吹拂。

这阵西罗科风在公爵也在歌德那里尚未产生令人恐怖的糟糕作用，因为在魏玛，人们发觉两人的举止发生了变化。公爵看起来变得更加成熟、高尚，"举止赢得人心"，而歌德显得"犹如一个孩子"。因为歌德被视为整个行动的心灵的首席神父，人们也把旅行成功的功劳归于他。维兰德说，这次旅行属于"歌德最杰出的戏剧性事件"。

即使在其他方面，旅行也让心灵净化获得成功。南行的半路上，他们经过斯特拉斯堡。也许这是歌德确定的一个目的地，利用这个机会，拜访他曾心怀内疚之情离弃的往日情人。在此也让某些事情获得净化。

1779年9月25日，歌德从斯特拉斯堡出发，策马奔向塞森海姆，半道上心中充满回忆之情。他发觉布里翁一家的牧师住宅外表未变，一家人聚在一起，似乎他刚刚同他们告别。因为我现在如此纯洁和宁静，犹如空气，所以我非常喜欢善良和宁静之人的呼吸。在致夏洛特的一封详细的信中，他对同弗里德丽克的重逢有一次透彻的描绘：这家的二女儿当时爱过我，其程度超过了我理应所得和对别人的爱，我对她也付出了许多激情和忠诚。我曾经不得不在她病危的时候离开她。她毫不在意地忽略此事，告诉我说那时她的疾病至今留下的后遗症，她从我出乎意料地出现在门槛望向她的第一瞬间，就以热烈的友情表现出亲切，我们互相耳语，这让我的心情非常愉快。我不得不接着对她说，她无须用最轻微的接触唤醒我心中某种旧日的感情。她把我带到凉亭里，让我坐下，当时气氛融洽。二十年后的一则笔记中，则记录了不同的情况。那里谈到，与弗里德丽克谈话的最主要内容，涉及伦茨那惹人讨厌的举动，伦茨如何追求这个姑娘，如何假装热烈地爱上她，只是为了能见到歌德给她的信。歌德没有将此描述为自己的猜测，而是弗里德丽克的判断：她对我解释了他怀有的意图，想伤害我，在公众舆论中置我于死地。由此看来，凉亭中进行的不仅仅是一次友好的谈话。旧日的创伤被触及，弗里德丽克那被伤害的感情和歌德的负罪感，一并被归到可怜的伦茨的身上。翌日清晨，歌德情绪哀伤但心情放松地骑马离去，带着确信，现在我可以重新满意地思考世界的这个角落，与我心中这个不同寻常的世界的精灵们和平相处。

下一次的清理,发生在次日的斯特拉斯堡。他访问了丽莉·舍内曼,现在是已婚的封·蒂尔克海姆夫人。就是在那里,我也受到带着惊讶的开心的接待。丽莉,这个善良的生灵,看起来婚姻幸福。丈夫生活优裕,拥有漂亮的房子和显赫的市民地位,丽莉拥有她需要的一切。歌德影射了丽莉奢侈和花哨的需求,而这些需求现在可以适当地得到满足,而在以前和他的关系中,这些需求曾经成为问题。丽莉拥有她所需要的一切,而他可以不再用负罪感折磨自己。这一夜,也像前一夜在弗里德丽克那里一样,皓月当空,不过在有钱的蒂尔克海姆家里,他觉得生命有些散文化,但他没出现不快之感。受到净化的感觉,显然更加强烈:在对完全纯洁的善意感觉中,我走过了这条路,似乎求得了最忠诚、最持久和最经久不灭的友谊之玫瑰花环,拥有了一种真正超凡脱俗的乐趣。未受一种有限的激情的败坏,与永久留存之人的联系现在进入了我的灵魂。

未受激情的败坏,这是此刻他最关心的。但在洛桑与漂亮的安东妮阿·布兰科尼的重逢,他没能轻松地获得成功。对这个女人的描写,对夏洛特·封·施泰因来说,一定含有某些伤人的东西:我觉得她如此漂亮和可爱,以至于我当她在场时暗自问道,遇见这么漂亮的美人是不是在做梦。她第二次邀请他。在给夏洛特的信中,歌德写了这样的话:最后可以这样讲她,就像奥德赛就西拉险礁所说的那样,"无鸟飞过,不折羽翅"。封·布兰科尼夫人是远近闻名的、受人追捧的美人。歌德曾在拉法特尔那里见过她的一幅剪影,这激起了他的好奇,便到洛桑拜访她。她曾是不伦瑞克太子的情妇，而根据当时的习俗，这完全无损于她的声誉。她部分时间住在洛桑，部分时间住在哈尔伯施塔特附近自己的庄园里。歌德正是在那里拜访的她。他不得不集中精力，以便不受其诱惑。而这对他的纯洁律令是个极大的挑战。在洛桑的拜访和一年后在魏玛的回访中，情况都是如此。在出自这个时期给拉法特尔的一封信中，歌德写道：你关于美的问题，我无法回答。面对她，我的表现是，似乎我面对的是一个侯爵夫人或者一个女圣徒。即使那只是一种妄想，我不愿意用一种短暂的情欲的结合，玷污这样一幅图像。愿上帝保佑我们有这样一条严肃的纽带，而她会把我的身心缠绕在这条纽带上。

面对夏洛特·封·施泰因，歌德对他关于纯洁及摆脱短暂情欲的描绘，有些不一样。他在拜访布兰科尼的当日给她写道，对她的思念，保护他免于其他美人的诱惑。美丽的夫人今天要用去我整天的时间……她总是非常美丽，非常美丽，但我觉得，我最亲爱的，若有另一个人触动我，你一定会避开。当布兰科尼离开时，他给她寄去几句意味深长但又引而不发的句子：现在我才感到，您曾在这里，犹如人们在葡萄酒已被啜饮而下时，才能感受到葡萄酒。当您在场时，别人只想拥有更加丰盈的眼睛、耳朵和心灵，以便能看见、相信及理解，历经多次不幸的尝试，终于有那么一次也让上天欢喜和开心，成就像您那样的人。我不得不以这种看似夸张的态度……继续不断地行进……可因为这样不合适，一如人们常说的那样，我不得不就此打住，仅为自己保存那个最美的印象。

随后歌德与公爵一起为矿山事宜去了伊尔默瑙,在那里,在一个美丽清澈的夏末的傍晚,登上最高峰基克尔汉峰,在一个猎屋中过夜。他从那里致信夏洛特·封·施泰因,沉湎于对她充满爱意的思念中,描绘出他在孤寂中如何祈祷,避开人的欲望那不可救药的混乱不堪。可他隐瞒了自己在那里也收到布兰科尼夫人的一封信;而其后他给布兰科尼夫人写道,您的信到达我在这里,没什么能比这更美妙和值得庆祝了,他觉得,似乎见到了一颗彗星。

混乱不堪?这也许指在夏洛特和布兰科尼夫人之间这种被撕扯的感觉。在基克尔汉峰上的这个不平静的夜晚,产生了那首最美的使人平静的非凡诗作:

> 群峰一片
> 沉寂,
> 所有树梢中
> 你几乎感觉不到
> 一丝风影;
> 林中鸟静默无声。
> 稍等,不久
> 你也歇息。

让我们再回到歌德一年前的瑞士之旅。

一切峰顶那庄严的宁静,也是上阿尔卑斯山中情绪的余响。就山中的景象,歌德曾在一封给夏洛特的信中,用这样的话进行描绘:崇高赋予心灵以美妙的宁静,心灵由此完全被充满，感到自身无比伟大，产生一种纯净的感觉。当时他们从巴塞尔出发往南，经过伯尔尼和日内瓦湖，进入萨伏依的阿尔卑斯山脉，以及瓦莱的冰川地区，受到11月里一个阳光灿烂的晚秋之日的眷顾。有些当地人曾建议他们放弃此行，因为他们每时每刻都可能面临冬日的降临。其他人，比如贺拉斯·贝尼迪克·得·索绪尔教授，一个著名的高山研究者，则鼓励旅行者。人们由此向着困难的登上阿尔卑斯山脉的路途进发，由西往东，穿过沙莫尼山谷和富尔卡，一直来到戈特哈特。强烈地被登高吸引的歌德，照顾着年轻的公爵，而后者也倾向于疯狂冒险。所以歌德的责任是，不时地减慢旅伴行进的脚步。他写信给夏洛特说，若我是独自一人，我会爬得更高、行得更远，但和公爵在一起，我必须做事适度。与首次的瑞士之旅不同，对歌德来说，此行不是因为南部的诱惑。因为他感到自己要对公爵负责，知道必须返回。他从山口最高点写信说，现在意大利不再吸引我。这次旅行眼下对公爵再也没有什么益处，长久离家也不好。还因为我想与您再见，而这一切让我的目光第二次从迦南移开，希望我不会由于没见到它而死去，让我把自己的心灵重新引向我那可怜的屋檐下。在我的壁炉旁陪伴您，并挑起一块烤好的煎肉，我会比以往任何时候都更加开心。

但是，另一种类型的登顶经历还在面前，即在苏黎世会见拉法特尔。而这也属于歌德为年轻的公爵准备的涤净纲领。如前所述，歌德心怀巨大的期待，而这些期待需要被实现。这样的真理，信仰，爱，耐心，强大，智慧，善良，活力，整体性，多样性和宁静，等等，既不存在于以色列，也不存在于异教徒中。歌德这样形容拉法特尔：他就是人类的鲜花，最好中的最好。1779年11月里的后面两礼拜，是歌德和拉法特尔之间关系的一个高潮期，也是转折期，因为此后逐渐的疏远开始了，最后结束于二人关系的中断。

早在1779年秋的再见之前，歌德业已表明，较之朋友的信仰，朋友本人对他更重要。拉法特尔确实信神，从《旧约》到《新约》，他真挚地坚信上帝的话。对他来说，上帝的话逐字逐句对他有效。《圣经》对拉法特尔是上帝的启示，而这拥有约束生命的力量。但对歌德来讲，只有诗才具有这样的地位，或许还是受启示的智慧的明证。歌德也谈论上帝——当他表达对即将与拉法特尔会面的喜悦时。我一直忠实地信奉的上帝，秘密地予我充分的祝福，因为我的命运对别人完全藏而不露，他们对此什么都看不到，听不见。那些可以袒露的东西，被我高兴地藏入心中。

歌德这里所称的上帝，意指一种命运之力，他感到，这种力量仁慈地引导着他。歌德称呼的上帝，就像以前苏格拉底所称的自己的神灵（Daimon）。命运之力是某种每个人都能自己体验的东西，它对别人是藏而不露的，即使这种内在确信对于塑造生命力的影响力，完全能被他人觉察。人们无法将这个上帝或者这种个人的命运之力，以祈祷、告诫或恳求的方式要求他人关照，或者甚至把它强加于别人。每个人都必须感受和发现自己的上帝，而这仅仅意味着把握自己生命的那条红线，而非其他。人们也无法为了这种受到一种独特的自己的神灵引导的确信，而去援引任何所谓的圣典。当然，从这种对内在引导的体验中，可以获得灵感，而它们可以流入自己的文本。《圣经》的信徒相信一种整体的救世史，而歌德只相信他个人的救世史，它有条件地对他显示为可能，即他能对自己，因而对他个人的上帝保持忠诚，一如他对拉法特尔所写的那样。此外，致拉法特尔的这封信包含着一种隐秘的告诫。拉法特尔不该希望，大家在信仰的层面意见一致。歌德欣赏拉法特尔的是其他方面：他的生活方式。歌德称此为生命之最纯洁的共同享受。这指的是由衷的坦率，由此，人为的限制和隔阂被克服。恰恰因为人在其他地方被固定住，可以在此自由地演奏。一种无拘无束的自发性变得可能，人们以此摆脱狭窄和算计的行为方式。这种更高层次的无拘无束让拉法特尔在歌德的感知中，最后成为一个纯真之人，他不受阻碍地与自己取得一致，所以内心自由。一种更高层次的不受限制的纯真性。虔诚者的这种无拘无束在尘世事务中也对歌德产生了吸引力。他在同拉法特尔的交往中，向自己许诺一种他自身本质的伟大的解脱和放松。而在魏玛宫廷，他发现自身本质陷于干枯和冷却的危险。在拉法特尔的信仰方面，歌德欣赏的不是个别的信仰准则，而是信仰对实际生命的塑造效果。

在信仰世界一方，对歌德来说，具有诗意色彩、幻想力和内在性的东西，才是可以享受的。歌德致信拉法特尔，说后者的书《耶稣弥赛亚，或者上帝的将来——根据约翰启示录》给予他快乐的，是出色描绘永恒生命之希望的段落，比如棕榈树下牧羊或者天使的胜利的感觉。他写道，在这种比喻的形象中，你也很好地保持着自身，并继续说，只是你的非同寻常的、对我来说过快地化为寓意的烟雾。简言之：歌德以审美而非神学的方式审视事物。所以他也不认同灾难的启示，倘若它在诗意上无法获得成功。

歌德以这样一种方式描述朋友的启示注解的特征，这种方式虽然对诗人是恭维，但对信徒其实是种亵渎。拉法特尔的注解，歌德就其含义写道，既是启示的又非启示的，犹如被注释的原文。两者最终都仅是诗意的文本，是一颗受激动的心灵的表达形式：根据我的感觉，你的阐释只是给人以原作梗概的印象，而非其他。诗意是一种获益，倘若人们发觉心灵在一个文本中得到反映。但信仰着重于在这样的文本中见到更多，多于一颗心灵可以置于其中的东西。信徒应该在其中见到一种更高的权力，而不仅仅是他同类的心灵。

在1779年秋的见面之前，歌德已经清楚地标出互相一致的界限，个人的交往之所以成功，也许是因为有意识地保存了界限。人们若想超越差异地取得一致，就需要空间的邻近。倘若缺少这种邻近，差异的力量就会增长。当双方重新分开后，关系就不会持续太久，而空间的距离会展开其陌生化的作用。要是人们在个人交往中不再相互信任，人们原先相信或者想到的东西，就会获得越来越大的重要性。人们不再正确地互相理解，而最后人们根本就不再互相理解。这也发生在歌德和拉法特尔身上。

歌德离开苏黎世后，他们还一度关系密切，歌德理所当然感觉受到了挑战，反思自己的生命设计——在与拉法特尔的对照中。他必须向这个置身于一种更高力量引导下的朋友证明自己，证明他能做到自我引导。在苏黎世之旅后给拉法特尔的一封信中，歌德用令人印象深刻的图像，描绘了自己的生命设计:我每天承担的工作,日渐轻松又沉重,白天和夜晚做梦时,它都要求我的在场,而这种责任对我而言日渐珍贵,我在其中希望,像最伟大的人一样做事,而不寄望于更伟大的事中。将我此在的金字塔——其根基我生来就有且仅为我存在——尽可能高地插入云端。这个欲望压倒一切其他,不允许哪怕是片刻的遗忘。我不该犹豫,我业已年长,也许命运让我中途夭折,而这通天塔依旧慵懒未成。人们至少该说,这个规划足够大胆。要是上帝还让我活着,到达那里的力量应该足够。

歌德对这个表现谦恭的上帝信徒,坦陈自己工作中于自身体验到的建造通天塔的高傲。插入云端,但根基稳固。与拉法特尔不同,这并非建立在对彼岸的希望中,而建立在自身的勇气和对个人命运之力的信赖中。大胆的普罗米修斯语调一直从远处传来。可是别动/我的大地//还有我的草棚/它不是你造。

在歌德致拉法特尔的总是包含衷心的赞赏和自白的信中,不断地出现越来越多尖锐甚至讥讽的话语。比如提及在年初为魏玛宫廷所写的化装剧时的话:正如你修饰笃信宗教的节日,我打扮愚蠢的戏幕。另一次他用这样的话对要"引诱耶稣"的拉法特尔打趣,在虔诚者们那里通常这么说,圣灵身上的遮盖和迷雾在我眼前日渐散去,因而我想,最终说来他一定全裸地站在那里。

拉法特尔的信仰让歌德起疑,特别是当这种信仰不再区别于一种平庸的神秘主义时。1781年1月拉法特尔在斯特拉斯堡访问阿勒桑德罗·迪·卡廖斯特罗伯爵。伯爵来自意大利,真名是朱塞普·巴尔萨莫。拉法特尔在给歌德的一封信中称此人为"人格化的力量"。也就是说,拉法特尔受到一个伪君子的欺骗。歌德将此视为一个例子,即高贵的信仰意愿能如何轻易地骤变为迷信:愚蠢同力量和骗子具有如此紧密的亲属关系。我不该谈及此事。然而他对此已经说出一些,尤其是还写下了其他的一些。比如,在《布赖教士的讽刺滑稽剧》中,或者在《萨蒂罗斯或被神化的森林鬼》剧本中。在剧本中,虚伪的先知及其愚蠢的追随者遭到讥讽。现在拉法特尔也有陷于这种骗术的危险,让歌德有理由对唯灵论的胡闹进行尖刻批评。他致信拉法特尔,说自己完全理解,若是有人有这样的需求,将受限的自我扩展为一种斯维登堡的精神宇宙。这对作为一名诗人的歌德甚至理所当然,但仅对作为诗人的歌德而言如此。诗人用此干什么?他将这类精神上的振奋从愚蠢无聊和令人作呕中涤除,并创造出某种美的东西。美能够令人着迷并将人诱惑,但它不是强制性的。美出自自由的游戏,诉诸自由的人、它不要求臣服。而骗术则不一样、它使人变蠢,让人屈服。歌德大发脾气:但对这类精灵我该说什么,他们听人使唤,如此胡说八道,还做出这样的事。

写下这些话的时候,卡廖斯特罗尚未陷入连串丑闻的纷扰,而歌德卷入了这些丑闻,那是在法国大革命前,他已经开始担心社会旧秩序的崩溃。可现在,他在卡廖斯特罗彗星般的上升中,预感到事态的严重。请你相信我,他给拉法特尔写道,我们的道德和政治世界,犹如一座大城市通常的那样,已经敷设了地下通道、地下室和下水道……只有当某天发生地陷，这里烟雾从一条沟中冒出，那里有人听见奇怪声音时，那个对此有所了解的人，才能变得更加明白。

由于拉法特尔的易受欺骗，歌德感到自己责无旁贷，针对其信仰世界发出更加激烈的驳斥。就拉法特尔的耶稣之爱，歌德写道，古老的时代留给我们一幅图像，而你将自己的一切都融入这幅图像，可以在其中通过反映自己来崇拜自己，这非常美好。这是一部强有力的讽刺剧作。通常表现谦恭的拉法特尔，被转移到隐秘的自我崇拜中。但歌德以为，这并不怎么糟糕，倘若人们承认以下这一点：人人都能在其天堂鸟中仰慕自己，但也该容忍别人的天堂鸟，不要尝试扯下它们最绚丽的羽翅。每个人都可以创造他那神化的自我图像，而对真正的虔诚者合适的是，在宗教中也尊重创造性的自由，承认一个有无数天堂鸟的世界。而嫉妒是多余的。

也就是说，歌德要求更多的宽容。但拉法特尔并不缺少这一点；歌德并非无心地不断称赞他的宽宏大量。歌德越来越怀念的，不是任其自便的宽容。在此无须指责拉法特尔。让歌德恼怒的，是拉法特尔居高临下的宽容，而这种宽容视自己为正确，视别人处在错误的道路上。这让歌德失去自制力，最终爆发：特有的宽容！请原谅我这严厉的用词。

耶稣对歌德来说是个可以作为榜样的人，十分可爱，是心灵的天才和献身者，但不是上帝——其神圣性仅在于，每个人身上存有一颗神圣的火花。耶稣仅是一个人，别无其他。歌德不怀疑，耶稣在历史上存在过。让耶稣至今产生作用的，是福音书描述的图像。至于其影响力，涉及的不是一个启示事件，而是文学的力量。倘若拉法特尔如此着迷地描写耶稣,那么,这仅是作为文学的描写,但只有作为文学,这种描写才值得珍视。

单单从文学上承认耶稣对拉法特尔来说远远不够。耶稣并非仅仅作为一个文学形象存在。耶稣不是重要的虚构的承负者。拉法特尔坚持:耶稣不是上帝的儿辈,而是上帝之子;他的确是上帝之子,正如歌德在魏玛完全是现实的那样。但是如果耶稣是上帝之子,那么那些奇迹——比如水上行走,供给饥饿者膳食和使人重生——不仅仅在转义上,而且事实上是真的。在拉法特尔那里,一切的指向是:存有超自然者,那是神之权力的表达。歌德对此表示抗议。对歌德来说,能对五官经验地显示的才是自然,其他一切都是玄思和诗。作为人之精神的表达值得重视,而非作为关于世界之现实的部分图像。将超自然视为神灵的本真宣言,这对歌德意味着,针对伟大的上帝及其在自然中的启示的亵渎。

就耶稣作为上帝之子连同其奇迹真的存在这点来讲,歌德宣称自己是——确实无疑的非基督徒。这听上去不仅坚定不移,而且确实如此。歌德不想让自己受到拉法特尔式的先知文化的激励,尝试为以后与后者的交往确定规则:*所以让我听见你作为人的声音,以便我们在这边紧密相连,因为从另一边不可能。*

关于宗教的对话仍然继续了一段时间。歌德也许对拉法特尔感到生气,但这类讨论对宗教问题的自我宣言确实重要。歌德在此小心翼翼地探索,进入了对宗教的一种自然史和文化人类学的理解。他写道,自然理应获得衷心的谢意,因为它将如此多的治疗力量置入每个生灵的生存,以便他,即使他在这个或者那个末端将被扯裂,却也能重新修复自身;千百种的宗教与这种治疗力量的多种多样的表达如此不同。我的慰藉在你那里无效,你的在我这里也不会有用,在我主的药铺里有许多药方。也就是说,宗教作为一种精神的同时是自然的手段,用来治疗人身上那被撕裂的自然。这意味着:我们不需要超越尘世的上帝,帮助我们的,是我们身上更好的自然。而这个更好的自然具有宗教的形式。歌德得出这个结论,预知了以后将在阿诺德·格伦和赫尔穆特·普勒斯纳那里走向极端的人类学,其论点是,人是一种有缺陷的、天生依赖文化的生灵,而文化已被歌德所谓的治疗力量包含在内。

这就是人类学的思路。在同一封信里,歌德还发展了一种心理学的思路,即信仰。每种信仰,对自身来说都捉摸不透。任何相信的人都不怎么清楚,在他心中相信的其实是什么。无论如何,被相信的其实是别的什么东西,而非相信者所相信的东西。不仅仅在此,但特别在此,人们身处自身的一个盲点。人于自身发觉和感受的,在我看来是其此在的最微末的一部分。意识恰恰不是被意识到的,较之自身的存在,它更加贫瘠。这里几乎是不经意地触及一个以后被歌德带着巨大的激情表述的洞见:在此我承认,在《论形态学》中有言,我历来就负有听起来如此重要的伟大使命,认识你自己,总是保持怀疑的态度。在致拉法特尔的信中谈到,人们在尝试探究自身的时候会紧缩身体。为什么?因为人们总是能够发觉,自己缺少什么和哪里痛,而非自己占有什么和有什么承负。人们首先意识到的,是缺失,而非丰盈。日常的和普遍的宗教是对人们无法意识的缺失之幻想的补偿。所以这类宗教是肤浅的。宗教能够深入下去,倘若它们是对丰盈之体验的表达。倘若歌德对一种宗教产生好感,那么正如人们以后在《西东合集》中所见到的那样,它将是一种丰盈、富足和肯定的宗教。

在1782年10月4日那封详细的信之后,二人之间的信件往来逐渐停下。最后一封信值得再次提及。歌德1783年12月向苏黎世宣称,他与赫尔德的友谊似乎得到重建。一条友谊的纽带松开,另一条重新系紧。从此刻起,歌德首先与之讨论宗教事务的人,就成了赫尔德及重新和好的雅各比。拉法特尔在此期间从歌德生命中消失。

1786年7月21日拉法特尔最后一次访问魏玛。他们互相间已无多少话可说。歌德写信给夏洛特·封·施泰因:我们之间没有热情和坦诚的话可以交换,我永远地失去了恨和爱……我已把他一笔勾销,知道现在他还有什么留给我。拉法特尔也感到了这种陌生。他给一个熟人写道:"我觉得歌德更老、更冷漠、更智慧、更坚定、更难接近且更实际了。"

十年后,1797年秋,是二人最后一次无意中的见面。歌德第三次去瑞士,在苏黎世的一条街上见到拉法特尔朝他迎面走来。歌德躲到街的另一边,以便不被后者瞧见。拉法特尔走过歌德身旁,没认出他。他的步态犹如一只仙鹤,其他的歌德已不愿多说。

第十六章

安静和花岗岩。同雅各比和好。阅读斯宾诺莎。斯宾诺莎、莱辛、雅各比和《普罗米修斯》诗:"一次爆炸的导火索。"自然主义和理想主义:冷酷或者统一。雅各比的信仰哲学和歌德的动植物学。颌间骨。与赫尔德重建友谊。

从瑞士返回后,歌德再次投入公务。1780年4月,卡尔布离开矿业委员会,歌德接任委员会总监之职,开始负责伊尔默瑙的银矿事务。在实际的观点下,为了获得专业知识,他开始了自己的矿物学研究。他委身于另一个世界的魅力。在这个世界里,一切都在持续不断、坚韧不拔而缓缓地发生变化,而这有别于内在经历之奔流澎湃的事件:千万个念头在我心中升腾降落。我的心灵犹如一片无间歇的永恒焰火,他在这个时期这样给夏洛特·封·施泰因写道。在自己的内心,歌德发现了足够的骚动,但在自然界没有。他在石头的世界,尤其在岩石中,相信自己找到了宁静,即使有些诗人,正如他在《花岗岩Ⅰ》的草拟文本中所写,在那里甚至可以见到一种已经形成的纷乱汹涌的混沌。有人若下降进入自身，就会失去任何支撑。那里没有任何稳固之物，一切都处于运动之中。但人们在地底下碰到的花岗岩不同，它提供一个可靠的基点，一种地基。

1784年关于花岗岩的文本，对促使歌德进行自然研究的热望，提供了足够的说明：每个认识自然的秘密对人具有魅力的人，就不会感到惊讶，若我离开我平时的观察范围，带着一种几近狂热的倾慕转向这种对自然秘密的观察。我不担心这样的指责，说一定有个矛盾的精灵，将我从对生灵之最新、最丰富、最活跃、最易变和最容易撼动的部分的观察和描绘，引到对最古老、最坚硬、最深沉和最不易撼动的自然之子的观察中。……但愿人们允许我，让这个由于人的信念的转换，由于其快速的运动，在自身和在其他方面遭受过和正在遭受痛苦的我，获得崇高的宁静，接近那孤独沉默、伟大的轻语的大自然。请对此有预感者，随我而来。

情绪的快速运动，让他遭受苦难，歌德写道。它们也给他带来了其他苦难。比如在他踏上瑞士之旅前不久，弗里茨·雅各比的小说《沃尔德玛》中公开的讥讽。当雅各比得知所谓的"沃尔德玛被钉上十字架"的消息时，就立刻给他写信，要求解释，因为他不信传言。歌德没有回答，尽管朋友写道，沉默将被视为他的默认。歌德该写什么？他无法也不想否认所发生的事。他不喜欢这部小说，一直都不喜欢。但他是否会因此失去一位朋友？他身处内心冲突中。倘若他了解雅各比给约翰娜·施洛瑟写的信，这种内心冲突的痛苦会小一些。雅各比在信中说，"这件事让这个自以为是的花花公子的性格，在更大程度上显得如此令人作呕和让人鄙视。我将永远背弃他，一如我们这个民族几乎所有正直的男人在那样。……感谢上帝，我们秉性不同。"倘若歌德知道，这个朋友这么评价他，这也许会让歌德毫无内心冲突地彻底摧毁与雅各比的内在联系。

两人没有联系已达三年之久，然后当施洛瑟一家和他的母亲提醒他对雅各比的过失后，歌德身上的负罪感被唤醒了。几年前雅各比曾借钱给歌德，让他迁往魏玛。为了这笔未清偿的债务，歌德打破了沉默，请求原谅：当一个人变老且他的世界变得狭窄时，他自然会带着伤口怀念那些时日。那时他为了消磨时间而失去朋友，并在轻率的高傲中，无法感觉到他造成的伤口，更不用说努力去医治伤口。

当雅各比收到歌德的信时，他的伤口已经痊愈。在他迅速的回信中有这样的句子："你没还给我钱，我一直很高兴地为你垫付。我在你身上所认识到的东西，我深刻和无法磨灭地记住了。"二人的书信往来也就重新开始，友谊重新恢复，但保持着一定界限。回顾往事时歌德这样描写：我们互不理解地互相倾慕。我不再领会其过于哲学化的语言。

和解后的最初时间，歌德还能非常好地理解雅各比。当雅各比1784年9月来魏玛一周访问时，大家谈到斯宾诺莎。雅各比就这个题目在准备一篇论文，而它以后将在公开场合引起轰动，并在朋友们之间造成某些麻烦。雅各比此时在歌德心中唤醒了对这个哲学家的旧爱。他们业已在1775年第一次较长时间的会面中，讨论过斯宾诺莎。在几次拉法特尔也在场的交谈中，歌德那激情洋溢的表达，让雅各比难以忘怀。由拉法特尔处流传下来的歌德的话语，更多地涉及斯宾诺莎本人而非其哲学。当时歌德已就斯宾诺莎说，他是个人类的激情主义者，一个特别公正、正直且可怜的男人。

受到雅各比的激励，歌德和自己为了这项困难事业所争取到的夏洛特·封·施泰因一起，研究斯宾诺莎的《伦理学》。在长长的夜晚，大家共同逐字逐句地阅读。要是歌德想准确地理解什么，他就得说出来。寓学于教，这也是他此刻的原则；由此他感到离斯宾诺莎非常近，尽管其精神比我的更深和更纯洁。

也就是说，1784年秋，又是雅各比将歌德重再次引向斯宾诺莎，但几乎半年后歌德将在为了斯宾诺莎的大争论中，针对雅各比，捍卫重被发现的斯宾诺莎。这场论争由雅各比的论文而起。

当歌德于1773年至1774年间首次阅读斯宾诺莎时，斯宾诺莎还被视为一个臭名昭著的、危险的无神论者和罪恶的异教徒。人们并不阅读他，仅为恐吓别人而引用他。当歌德1770年将斯宾诺莎主义贬斥为可恶的异端邪说时，他还没读过斯宾诺莎，尽管他当时已经接近泛神论思想，亦即几乎成为斯宾诺莎主义者，只不过自己并未察觉。

斯宾诺莎这个17世纪的哲学家，是阿姆斯特丹一个犹太商人的后代，他将上帝与自然相提并论。启示发生在自然中，而非在任何一种圣典里。上帝不在世界之外，而在世界之中。上帝是，如斯宾诺莎所言，世界的"实体"。人自己也同属这个实体，但不愿正视这点。人们如何才能有意识地参与？必须走上严格的思维之路，而非虔诚地委身于超越尘世的灵感之途。这个被斯宾诺莎称为"带有更多几何学色彩"的思想，具有苦行主义的特征。摆脱虚荣和自我描绘，思想者自由自在被思考的事物中起身，去掌握事物。人们首先得摆脱自身，以正确地观察事物——只有这样人们才能充实地返回自身。这种苦行主义的思想具有一种非宗教的宗教特征。当年轻的歌德将斯宾诺莎称为一个人类的激情主义者时，正是这种思想的虔诚吸引了他。斯宾诺莎自己在其关于改善知性的论文的开头，清楚道出其哲学的特点：经验教导他，一切组成生命之通常内容的东西，是虚荣的和无价值的，所以他决定去探索，是否存在某种真正的善，通过这种善世人能享受持续和完美的快乐。对他来说，财富、荣誉和感性乐趣，都不属于这种真实的善，因为它们会消失不见，不提供任何支撑，让人有依赖性。提供支撑的仅是维系精神和整个自然的对统一的认识。

这种想法非常大胆，因为斯宾诺莎所摆脱的传统的思维建筑，并非以自我承负的结构筑成：倘若基督教或者犹太教的信仰前提，作为曾被经历的现实而取消，世上的一切就会分崩离析。而对这个传统有效的是：信仰接受宇宙的真理，然后思维的理性理解这种真理。人们在信仰，也在制度、传统和仪式中找到支撑，而集体的整个信仰史在它们内部稳固自身。旧日的信仰不是分裂的、被遗弃的内在性中的事件，而是共同的、相互的自我稳固的事件。斯宾诺莎放弃公众信仰和宗教共同体中的支撑。阿姆斯特丹的犹太教区将他当作异教徒迫害，他不得不担心自己的生命。他隐居起来，靠磨光学镜片为生。

对于维系精神与整个自然的统一的认识，真能承负生命并给予生命宁静甚至幸福吗?歌德提出这样的问题。问题的解答也许只能依靠领会斯宾诺莎的观点。在他那里,思想和认识是一种摆脱恐惧的权力。在基督教形而上学中,没有对思想之拯救力的这种信念。在那里有效的是:反对世界恐惧的只有爱,对世界的信任只建立在对创始者的爱上。正如神圣的爱从虚无中创造出世界那样,被爱和由此被肯定的体验,面对虚无起着保护作用。面对这样一种信仰,对思考的信任是次要的。但斯宾诺莎完全相信思考。当然,爱也参与其事。但他不相信爱的一种彼岸的来源,相反对他来说,对世界的认识,即人类精神中整体的反映,是某种爱情行为的类型。斯宾诺莎也谈论"上帝之爱",但那不是别的什么,只是认识的实现。意识在认识中与存在结为一体。这是"实体"(Substanz)的本质在其中变得清晰的伟大的统一,而这种统一所涵括的,是一个自然的精神和物质两个方面。精神不处于自然的对立面,它是,一如人们所称,自然的另一种状态——是自然中意识到自身的那部分。除了这种实体性的,得到扩展并同时进行思考的自然整体,别无其他。若非这样,那就不是整体。上帝不在彼岸,他是自然的这个整体。"上帝同是实体和自然。"(Deus sive substantia sive natura.)斯宾诺莎这样说道。

问题的关键是,自然应该被视为什么,自然应该是自由还是必然的一个王国?创世的信仰在自然中所见到的是自由的一部作品,因为上帝自愿地创造出自然,而非上帝必须如此。自然依赖仁慈的输入,它不是自我保存的机械装置。人自己是创世的一部分,可以且必须对此表明立场。人类的自由能对神的自由作答。

但在斯宾诺莎那里情况不同。自然是必然的一个宇宙。自由的意识是一种幻觉。他解释道,就好似石头相信,它出于自身的意志落地。一切事情的发生,其实皆有因果关系,即使在人身上和人与人之间发生的事,也毫无例外地由此决定。而因果关联没有目的。不存在目的起因,事件之所以发生,因为之前有一目的被纳入考虑。所以,询问整个自然的目的,这毫没有意义;而以为人按照目的和意图行事,这同样是错的。表面上看是这样,但事实上人之所以有意图,因为因果关系在背后推动他。《伦理学》也许是斯宾诺莎唯一的著作。其第一章的第三十二个命题是:"意志无法被称为自由因,而只能被称为必然因……每一个意愿只有为另一个原因所决定,才可以存在,可以动作,而此一原因复为另一原因所决定,如此递推以至无穷。"

对目的论的否定以及机械论思想,在19世纪的唯物主义自然观中继续发生着重大影响。增添了一些物力论的要素后,直到今天它还是有统治力的世界观,自然也可以完全不依赖上帝的存在。即使认识行为自身也不再是——在斯宾诺莎时代还不行——某种礼拜类型,相反产生于对利益和统治力的实际考量。

斯宾诺莎思考的自然图像,虽然包含宗教的余温,但自然在其中犹如一个无生命的程序般动作。自然是我们在那里有居家感的一个处所,之所以如此,是因为我们出自它的材料,并同它一样作用。倘若我们"清洗"自身,亦即倘若我们摆脱关于想象力之幻觉的意识,管束阻碍我们获得自由概貌的冲动,我们就能符合现实地行动,就不会受到不必要的恐惧和烦恼的侵袭。

不过,在19世纪的自然图像完全消退之前,斯宾诺莎以其自然概念的宗教的余温,启动了1800年左右的泛神论。这种关联在赫尔德、歌德和谢林那里得到了体现。他们都受到斯宾诺莎的启发,当然,他们在此得把被斯宾诺莎取走的创造性的生命,交还给这个自然概念,尽管斯宾诺莎也谈及有别于"生成的自然"(natura naturata)的"能生的自然"(natura naturans)。但在他那里,一切业已完成,是一个圆满的存在。而在赫尔德、歌德和谢林那里,泛神论的思潮强调生成的观点。在他们那里,存在是一种持续不断的生成,而在斯宾诺莎那里,生成其实是静止的存在,它不是别的什么,只是时间上的展开,而被展开的东西,早已在本体中被聚集和静止。

让我们看一下歌德从斯宾诺莎那里读到了什么。1784年晚秋,在共同阅读斯宾诺莎的《伦理学》时,他对夏洛特口授了几个想法。

首先他坚持这个思想,无限不属于一种神的、彼岸的超世界的范畴。不,它始于每种具体事物和事态,倘若有人参与其事,就会无过渡地被带入无限和这个庞然大物,而后者会无法解释地围绕和包裹此人。但每个生灵和事物在其中有他受限的位置。这其实是一种不言而喻,但歌德特别强调这一点,因为对他来说,重要的显然是无界限中保持的界限。不需要将一切互相交融,相反一切都该保持自身的中心和有关的轮廓。一切存在之物,一方面由内在,同时也由无限的外在的可确定性确定。对歌德来说,重要的是内在的塑形力量和外在的可塑造性之间的平衡。斯宾诺莎与宇宙的法则打交道，但歌德强调个人的法则。我们无法思考，某种受限的事物如何通过自身生存，可一切的确通过自己而生存，不管各种状况如何铰接一处，使得一种状况必定从其他状况中发展出，也就是说，一个事物似乎由另一事物创造。但，其实不是，相反，一个生气勃勃的生灵给予另一个生灵存在的缘由，并迫使它在一种规定的状况中生存。歌德触及斯宾诺莎的"神或自然"（deus sive natura）的思想，但将目光从整体移到个体上。个体该凭借自己那不可混淆的执拗，不在整体中消隐。这种对个体之执拗的坚持，让他有别于斯宾诺莎。针对斯宾诺莎，歌德说，在他眼前，一切个别的事物似乎都消失了。

歌德在与斯宾诺莎的联系中强调的第二个思想，出自对无限中界限主题的反思。在文本中有，人们提早关闭自己周围的圈子，谦逊固执地让人觉察，他在真实中发现了一种确信，而它超越一切证明和知性。这里指的是那些从几个信条中替自己解释世界，并以为能够放弃认识之努力的虔诚者。这些人还认为，人们要做的是，变得越来越单纯，摒弃一切错综复杂和让人迷惑的关系。人们不该返回信仰，即使对认识来说还留有许多事情要做。这样一种自我限定，有失一个理性生灵的身份，但是，充满讽刺的结束语是，也许这种自我限定是一种自然的仁慈，自然为受限者提供了对其困境的满意。

歌德没有强调这个在斯宾诺莎那里占统治地位的必然性观念。在致克内贝尔的一封信里，他道出了对他来说必要的话：自然的彻底性出色地安慰了人的不彻底性。他并未加入关于意志自由问题的冗长讨论。他满足于斯宾诺莎从必然性概念中赢得的斯多葛式的泰然自若。他欣赏与此相关的宁静,并希望它能转移到自己身上。所以歌德不时地带着对于晚祷的最强烈的内心振奋,阅读斯宾诺莎。

如前所述,是雅各比再次将歌德置于斯宾诺莎的轨迹上。歌德知道,朋友在写论斯宾诺莎的一本书。可他没料到,他自己也将在那尚未发表的普罗米修斯颂歌(宙斯请遮盖你的天空)中演一个非自愿的角色。在《诗与真》的第十五卷中,他在描绘长诗《普罗米修斯》的影响时谈到,这篇无辜的诗歌成为一次爆炸的导火索,它揭露了当时的著名人士的最隐蔽的相互关系,并诉诸语言:这类连他们自己也茫然不知的关系,潜伏在一个本来极开明的社会中。裂缝非常巨大,加上发生的其他偶然事件,使得我们失去了一位最可敬的朋友门德尔松。

1785年秋,雅各比的论著《论致莫泽斯·门德尔松先生信中的斯宾诺莎学说》正式发表。

事情有一段错综复杂的过程,而决定性的是:雅各比在1780年夏与不久后逝世的莱辛有过一次详谈。在这次谈话中,莱辛对他就斯宾诺莎做过一次告白。根据雅各比的描述,莱辛这么说:"我已不认可关于神性的正统概念,我无法享用它们。一和一切(Hen kai pan)!其他我什么也不知道。"对此雅各比说:"那么您与斯宾诺莎相当一致。"莱辛的回答是:"我不认为有这么一个人,值得我根据他的意见来称呼自己。"

当雅各比听说,门德尔松有意就当时业已去世的朋友莱辛的性格发表了一部作品,就托人问他,他是否知道莱辛在其最后的日子里，曾是个"坚定的斯宾诺莎主义者"。门德尔松这个自然神论的信徒和泛神论的坚定反对者，感到极度不安，要求雅各比提供进一步的信息。雅各比写下了一篇谈话记录，并寄给了门德尔松。雅各比从门德尔松的朋友圈中获悉，对莱辛的斯宾诺莎主义，门德尔松尽可能还是"隐瞒了，而非让真理的圣洁不断允诺这点"。斯宾诺莎那时依旧被视为危险的异教徒，是身披泛神论之羊皮的无神论的狼。斯宾诺莎著作当时唯一的德语译本是《伦理学》，而它只能被打扮为克里斯蒂安·沃尔夫反对斯宾诺莎的檄文的对象出版。可现在，莱辛——是个斯宾诺莎主义者！对于有教养的公众来说，这是一个轰动性事件，甚至是个丑闻。莱辛当然被视为自由思想家和原创性人物，对基督教具有自己独立的理解，但人们也认为他的前提是信仰一位个人的上帝。门德尔松认为无论如何都应该是这样。但是，谁若表示信奉斯宾诺莎，就相当于否认上帝的存在是外部世界的对象，否认一种超越性的个人权力，而这种权力让人祈祷，既仁慈又残暴。在斯宾诺莎的思想中，上帝不是别的什么，只是一切存在之物的总括，且上帝通过事物和人之间的因果关系起效。

对雅各比的信，门德尔松的反应有些犹豫和迟疑。他答应对事态给出一个详细的回答和解释，但并没有走出这一步。所以到了1785年秋，雅各比最终发表了论著。此后门德尔松才写出他详尽的回复《致莱辛的朋友们》。在文中，针对他视之为斯宾诺莎主义之指责的污蔑，捍卫他已故的朋友莱辛。对门德尔松来说，斯宾诺莎主义纯粹就是无神论。论著发表之前，门德尔松去世了。当时有人说，他死于恼怒和忧虑，而雅各比对此负有责任。歌德在《诗与真》中附和了这一说法。其实当门德尔松在1786年1月将手稿交付出版时，已身患重感冒，并因此去世。

莱辛对斯宾诺莎的自白，是对歌德尚未发表的普罗米修斯诗的一种自发反应。雅各比向莱辛展示此诗。莱辛的意见——正统的神圣概念对他来说已不存在——表明了对那首诗的认同。此诗以大胆的自我授权，对神界表示出一种蔑视的拒绝：可是别动 / 我的大地。// 我不知在太阳底下 / 有谁比你们这些神灵更可怜。

现在雅各比在没得到歌德首肯的情况下，将此诗与他的斯宾诺莎论著一起发表。更让歌德气恼的是，雅各比在文本中明确地指出书报检查的可能，所以将诗歌当作附页，塞入书中；过于小心的雅各比同时让人印出使用指南："这首普罗米修斯的诗……分开印刷，以便每个不想要此诗的人，无须拥有它。……在某些地方我的论著可能会遭查抄，因为普罗米修斯的缘故。我希望，这些地方的人们会满足于，单独清除违法的附页。"

"违法的附页"，这个说法让歌德愤怒，即使他理解朋友那策略上的斟酌。但他还是尝试，从积极的一面接受此事。赫尔德觉得好玩，我和莱辛会由于此事被处死刑，他这么写信给雅各比。

雅各比在论著中不仅展开了自己的信仰哲学，也非常明白地解读了斯宾诺莎的哲学，以至于读者们并不十分清楚，雅各比自己是否也是一个斯宾诺莎主义者。这篇论著不仅让诗歌《普罗米修斯》闻名天下，也促使斯宾诺莎哲学返回更广阔的公众领域。从此刻起,斯宾诺莎的论著代表了一种精神化的自然主义的重要思维可能性,成为以后数十年哲学创造性发展的一个必不可少的源泉。所以由于雅各比斯宾诺莎论著的出版,1785年成为德国观念史上的一个重要年份。

一方面是自然哲学的观察方式,它从自然出发,尝试从那里展开可辨世界的整体,而此时一些人将自然理解为机械地且盲目地起效,另一些人,如赫尔德和歌德,将自然理解为普遍地振奋的原则。也就是说,一边是机械的自然,另一边是生机勃勃的活跃的自然。两种方向的共同点是客观的出发点,即从一种外部观察出发显现的自然。

与客观对象的拥护者不同的是那些人,他们在主体精神的自我体验中寻找出发点。极端的情况发生在约翰·戈特弗里德·费希特身上。对费希特来说,在自我意识中显示的自由的塑形意志,是世界和自然进程之内在活力的模型。但在主体精神那里,开端可以具有不同的方向。比如在雅各比那里,对信仰的体验是中心,而在费希特那里是对这一点的思考和反思。但如前所述:主体精神,而非自然,是其共同的出发点。

这是巨大的分歧。一些人始于自然,倘若他们摆脱自然主义,将会到达精神;另一些人始于主体精神,倘若没在观念世界里迷失,将会到达充满精神的自然。人们也可以说:一些人将精神引入自然,另一些人将自然带入精神。不过,事情这样发展的条件是,这两个方向互相表现出冷酷无情,最后的结果是,一些人陷入远离精神的自然主义,另一些人陷于远离现实的观念论。但雅各比估计到这种决定性的针锋相对:"只有两种本质上互相有别的哲学。我想称其为柏拉图主义和斯宾诺莎主义。人们可以在这两个思想家之间进行选择，也就是说，人们可以被这个或者那个人打动，从而只归顺于他，必定仅仅将他视为真理的精神。"费希特同样表达了这种二择其一："只有这两种哲学的体系……是可能的……两种体系中任何一种都无法直接驳倒对方……每一方都在否定对方的一切，他们没有一点是一致的，即从此出发能互相理解和统一的一点。"

不过事情并非如此。以后几十年里被激发的思维运动，恰恰指向自然和精神的这种统一。特别是谢林和黑格尔将寻找综合的形式，自然在其中最终能被视为无意识的精神，而精神则会被视为有意识的自然。即使歌德也属于精神和自然这对矛盾中伟大的统一运动的一员。

回到雅各比：他对伟大的统一不屑一顾。他相信，计算、衡量、严格逻辑且经验地运作的知性，永远不会跨越内在性的界限。他鼓吹一种扩展的理性概念。他问道，难道理性与逻辑和经验地运作的知性是一致的？不。理性中藏有这种感知能力。我们每天——儿童时代就是如此——都在依赖我们相信自己所感受到的事物。信仰是首要的。因为我们所知甚少，我们就必须相信他人的知识。我们通常是笃信的知情人。我们甚至相信自己的知识，否则它就不具备决定生命的力量。不同信仰力量绑在一起的知识，苍白无力，快速消失，会被遗忘。信仰是某种生气勃勃的基本元素。人们无法放弃它，即使在知识中也不能，而在其他生命进程中更不能。雅各比抨击这种偌大的误解，以为信仰仅在宗教领域，即在与上帝的关系中扮演一个角色。信仰作用于每种个人关系中。我们在信仰中不仅总是涉及他者，即上帝，也只能在信仰中恰当地对待普通的他者，即他人。我们称之为信任。雅各比的哲学是一种尝试，证明信仰是经验、知识和思维的基础。代表着完全不同的思维类型的斯宾诺莎，对雅各比来说是最高等级的对手，所以他带着巨大的谅解去领会其思想。雅各比不想让自己过于轻松。信仰应该面对一个真正伟大的对手，从而捍卫自己的阵地。

也就是说，雅各比反对知识之狂妄的信仰之战，并未获得歌德的肯定。歌德起先局限在几个简洁的要点上，比如：他（斯宾诺莎）没有证明上帝的此在，此在就是上帝。以及：请原谅我，我如此喜欢沉默，特别是当我谈及一个我仅仅完全从个别事物中认识的神灵；但受到雅各比的催促，他最终道出了他的意见：请原谅我没有就你的小书写些什么！但愿我的表现既不高傲也不冷淡。你知道关于此事我的意见与你不同。……同样我也无法认同你最后对待信仰的话，我还无法认可你的以下这种看法：而它仅属于信仰的诡辩学家，他们最为关心的一定是，掩盖并用他们那摇晃不定的空气王国的云雾，蒙蔽一切知识的明确性，因为他们还无法晃动真理的地基。

当歌德写下这封致雅各比的信时，他在自己的自然研究中找到了真理的地基。现在他带着勤奋和热忱描绘其自然研究：矿物学、解剖学和植物学。回顾往事时，他在一次由米勒总理叙述的谈话中，描绘了与此有关的发展：来到魏玛时，我在所有自然研究中极其无知，为公爵在其事业、建筑和设施方面提供实际建议的需要，促使我开始研究自然。伊尔默瑙花费了我许多时间、精力和金钱,但我由此学到了一些东西,获得了一种对自然的直接经验,而我无论如何也不想用其他任何东西来换取这种经验。

自然的概念,一如我们所了解的,在"狂飙突进"运动中曾是一个信号,一种自白。在《维特》中有过内在的融合和排斥的冷漠之间的往复来回,在颂歌《酒保》中,自然拥抱人类世界,又被世界拥抱,而在诗歌《神性》中是:因为自然/麻木不仁。现在他想克服这种摇晃的情感指涉,获得一种清醒的、客观的且注重实效的关系。但这并不意味着,他将自然当作一个陌生的客体从身边推开。那是感官,即自己肉身上的自然,要将他与外部的自然联系起来。他想与自然进行一种生动的交流。此刻歌德完全有准备,通过经验的研究,训练自己使用这些感官。注视和直观是一切,但应该是受控制的注视和经过检验的直观。脱离实践经验之基础的玄思和抽象,让他感到可疑。所以,1780年年底歌德致信萨克森—哥达公爵,说他宁愿无尽地选择直观而非科学的概念,就很容易理解了。

歌德在其自然研究的第一阶段写下这封信。直观和科学的概念之间的对立,在此尚能得到明确的表达。可当他深入到个别的科学领域后,他不再以这种标准,严格地与科学性拉开距离,相反他赞同一种由直观承负的科学。对歌德来说,理想的科学是一位仔细的观察者。既非寓言也非历史,在同一封信中有这样的话,既非学说也非意见阻挡着他的直观。人们不该带着过多的观念接近自然,这样的话,自由的目光就会消失;不过,若无观念也不行,因为不经观念的引导人们几乎什么都看不到。对他来说，一种引导性的观念是发展的思想，而这表明，即使自然也有自己的历史。在当时，这还不是一种被普遍认同的思想。化石，这种石头中的印记让他着迷，他挖出石头，收集化石。他探究哈尔茨山及其附近的石头的历史，它们告诉他地球的历史。在他尚未倾向于，水成论的渐进说之前，眼下他对火成的动力学完全持开放态度。倘若人们现在以为，火山此后右边朝上直到卡塞尔，并继续往左直到法兰克福，一直延续到安德纳赫，那么这最后会成为一项非常有趣的研究：巨大的可怕的部分地表之火山喷发，是否且如何在图林根森林那无法撼动的基层杂岩上被阻挡，而这基层杂岩又如何像一座巨坝抵抗住这部分地表运动。典型的歌德式思维：魏玛周围他的地区，在地壳运动史上曾经最终阻止火山活动！这里显然有种卓绝的地方风气（Genius Loci）插手其间。

歌德也在比较解剖学领域学习自然史，老师是尤斯图斯·克里斯蒂安·洛德。为了能让他在自己近处，歌德让人把他请到耶拿。从1781年11月至1782年1月，歌德亲自在魏玛画院开设关于人类骨骼的讲座，在此期间，如他给拉法特尔所写的那样，他将骨头当作文本处理，而所有的生命和所有人类之物与之联系。这里引导性的观念是历史，是关于生灵之伟大锁链的观念，进一步探究则出现了这样的问题：人在哪个阶段从动物世界中脱颖而出。为了结束这个形态系列，他只缺少猴子身上还有但人身上显然已没有的颌间骨。歌德的猜测是，在人身上，在分娩前的阶段它就已萎缩消失。1784年3月他获得一个人的胚胎的头盖骨。

他在上面发现一条几乎看不见的缝隙,他将此解释为颌间骨的痕迹。我欣喜异常,全部内脏在涌动。他写信给夏洛特说。而对赫尔德他写道:我找到了——既非金子也非银子,但给了我无法言说的欣喜——人身上的这块颌间骨(os intermaxillare)!……你一定也会十分高兴,因为这犹如展示了人的最后完成。专家们起先表示怀疑,尽管法国的另一个研究人员在胎儿身上业已假定颌间骨的存在。只有洛德将歌德的发现收入其《解剖学手册》。歌德接着研究起犀牛角,甚至让人寄来一个大象头颅,为了不让女管家以为他疯了,他把它藏在自己的房间里。

倘若自然有历史,那对歌德也意味着:它尚未完成自身。自然史在继续,而人的历史也在继续。人睁开双眼能够辨认的,是这个历史最新的篇章。自然在我们身上创造了一个认识器官,以便我们能够看见和认识自身。认识的行为对歌德来说已是某种类似于爱情的关系。所以他坚持使用感官。我能相信一个专业学者会否定自己的五官。他们很少同事物之生动的观念打交道,相反他们与人们就此的言说打交道,他给默尔克这样写道。

自然认识属于完整的人,所以与其他的倾向和能力——比如绘画和创作等——密切相关。歌德将其绘画的才能,用于勾画不同的地形、岩石和花卉以及人和动物的解剖结构,并用文字描绘其特征。自1782年起,他就在信中提及自己的打算,他想写一部《宇宙小说》。也许业已引述的关于"岩石"的文本,属于这部"小说"的一章。

创作和认识对歌德来说,并不像在以后的科学文化中那么相互区别。他既作为诗人也作为自然研究者，追求一种人在其中恰恰不会失去听觉和视觉的真理。其后，在写《色彩学》时，他将在与牛顿的讨论中，抨击光折射的整套设备，论证有效的是这类现象……一劳永逸地从阴暗、经验和机械的及教条主义的行刑室中得到解放。在有一次写给策尔特的信中，他写道，人就其自身来说，人的健康的感官是他能够拥有和使用的最伟大且最精密的物理仪器。但他暂时高兴地忍受像望远镜或显微镜那样的替代感知的支持。他使用显微镜，以便能观察纤毛虫。有时他完全着迷于此而浑然不知其他。有些人嘲笑歌德的新热情，可他这样反驳：你这个老迈的形而上学家在做什么，他曾这样问雅各比，并继续说：要是你受过纤毛虫的训练，我可以向你提供几百万只。另一次歌德讥讽地给雅各比写道：相反上帝也用形而上学惩罚了你，将一根刺嵌入你肉中，但用物理学祝福我，以便我在目睹其作品时感觉舒服。

当歌德开始专心致志地投入其自然科学的研究时，客观上令他和赫尔德重新接近。歌德在1776年将赫尔德弄到魏玛，但随后逐渐疏离了后者。赫尔德虽然担任收入颇丰的公国的最高宗教领袖的职务，但对此并不满意。赫尔德与宫廷的联系不如歌德这么紧密，他也不寻求这种联系，反而高傲和愤怒地隐居起来。他感到痛苦，因为公爵和歌德几乎不参加他主持的礼拜仪式，不关心他负责的教育事业，尤其是对此不投入资金，比如早已决定开办一个教师培训班。而赫尔德也早就多次提醒落实此事，但此事并无下文，赫尔德将之视为对他个人的侮辱。就连赫尔德本人也将其在魏玛的位置仅视为一个光荣的闲职，能给他的创作工作留下更多时间。歌德曾向他允诺了空闲，但结果大不一样。赫尔德身负多种官方责任，而他的文学创作陷入停顿。这也让他不满。赫尔德担心失去自己最佳的年华，他嫉妒地观察着歌德的飞黄腾达，这个赫尔德之前恩主般地俯视并像学生一般打发的人。歌德容忍这点，暂时地认可他是自己的"老师"。1774年，随着歌德文学事业的突破，这种地位关系开始改变。而在魏玛，歌德完全唱主角，赫尔德曾于其后写道："歌德现在是枢密顾问、内阁主席、军事委员会主席、建筑大臣和筑路大臣，还是剧院经理，宫廷诗人，漂亮的节庆演出、宫廷歌剧、芭蕾剧、舞会剧、铭文和其他艺术品的作者，并兼任画院院长，冬季在那里开设关于骨骼学的讲座；甚至是很多地方的首席演员、舞者——简言之，是魏玛事务的总管，以及，如上帝所愿，不久还将是埃尔内斯蒂尼家族的少校，游走于这些家庭，接受朝拜。他受封为贵族，在他生日那天……被宣布提高身份。他从自己的花园搬出，迁到城里，得到一栋豪宅，组织朗读聚会，而这些朗读读者不久就形成了群体，如此等等。一切热闹非凡，按部就班。我的在场在这里几乎多余，日复一日地变得让人讨厌。谁知道去哪里，但我渴望离去……"

1783年夏，是歌德重新走向了赫尔德。犹如启程去瑞士旅行之前，歌德再次感到有需要清理和阐明的个人关系。所以他在前几个月重新建立了与雅各比的联系。所以他经过很长时间后又开始给凯斯特纳一家写信，再次为他们由于《维特》而不得不承受的冤枉表示道歉。现在轮到与赫尔德重建友谊。

赫尔德对此也变得成熟。他曾对自己感到不满意。他感到自己个人的创造力变得枯竭。他打算写一部文化人类学和自然史方面的巨著。他的自我要求很高,自维科以后未曾有这样的著作。他有过犹豫,可他现在心中升起这样的感觉,自己能胜任此事。危机已被克服。写作于他又重新变得顺畅。如此一来,赫尔德又能携带着几分自信,面对旧友新朋。赫尔德钻研的材料,也让正好专注自然研究的歌德感兴趣。他一章接着一章地阅读这部形成中的伟大著作,《关于人类历史哲学的思想》,并受到鼓舞,甚至让夏洛特·封·施泰因也来分享他的兴奋。后者这样致信克内贝尔:"赫尔德的新著也许让我们明白,我们才是植物和动物;自然将让我们变成什么,我们也许不会知道。歌德甚至开始绞尽脑汁地思考这些事物,起先经过他介绍的每样东西,变得非常有趣。由于他,这些事物对我来说成了令人憎恶的骨头,重返荒芜的石器时代。"

歌德和赫尔德两人都高兴地迎接他们那重新恢复的友谊。两人都有许多话要说,谈论行动和著作,热忱得毫无嫉妒之心。赫尔德致信雅各比:"歌德频繁地拜访我,而他的陪伴犹如香脂让我清醒。"歌德致信拉法特尔:我生命中最最卓绝的幸福之一是,我和赫尔德之间不再有将我们分开的东西。倘若我不是这样一个虚荣的沉默者,我会更早地解决这一切,但不管怎样问题已永远解决。

不过问题并非永远解决了。这段友谊又持续了十年,然后重被蒙上阴影。那时的歌德开始了与席勒的另一场伟大友谊。

第十七章

留在魏玛?双重生存的困难。《塔索》的诞生。无成果的职务。危机。全集:残篇的一个墓地?歌德想改变生活。作为自我检验,逃亡意大利。冒险。启程的秘密事件。

他想将其此在的金字塔……插入云端,歌德在1780年9月曾这么写下。他信心满满,他将在为公爵的服务中成功地做到这点。一年后,在歌德致夏洛特的信中,则充斥着对公爵的抱怨。他是个善良的小伙子,热心、直爽,但缺少一种较为高雅的修养。打猎,女人,在森林里游荡,士兵游戏、军事操练和指挥发令,柏林的政治阴谋——这些才是他真正的兴趣所在,而这些东西离歌德的兴趣甚远。他虽然忠诚侍奉公爵,因为他尊重公爵,但他自己知道什么是对的,做什么是对的。可他不时地怀疑,他来魏玛,是否来对了地方。也许他想对夏洛特发出警告,从她那里听到要他留下的请求——为了她的缘故。也许她也这么给他写过信。我们无法得知,因为她的信已被销毁。

1781年,不仅夏洛特,而且其他朋友和熟人们也产生了这样的印象,歌德不怎么适应魏玛的生活。维兰德觉得歌德瘦了,赫尔德不满意他,在宫廷,人们觉得他生硬冷淡,那些觉得自己升迁受阻的人,都希望他离开。

即使达姆施塔特的默尔克——他最后在1780年秋访问了魏玛——也相信,朋友已受够了宫廷生活。他试图说服歌德在法兰克福的母亲,将默尔克不安的话转告歌德。她该竭尽全力,默尔克说:"让歌德重回这里,魏玛的可怕环境对他来说肯定无法忍受——他已做成主要的事——公爵现在已是他该是的那样,其他肮脏的事——该由别人干,让歌德干这些事太可惜,等等。"

歌德不时地称默尔克为他的靡菲斯特,对朋友的劝说真的感到气愤。1781年7月他写信给夏洛特:一个恶毒的天才……描绘了我状况中最烦人的一面,建议我用逃亡拯救自己。歌德那时还在抵抗逃亡的念头,一旦有人建议他这么做,他就会感到愤怒。他在这封信中对夏洛特甚至这么解释,我们几乎已经结婚。怎能考虑逃亡?!五个星期后,他在给母亲的一封重要的信中,总结了他过去和眼下的状况,以十分坚定的口吻解释,他为何要留在魏玛。我求您,别为我担心,别让自己由于莫须有之事而变得糊涂。我的健康状况比您前些日子估计和希望的要好,至少足够应付我所承担的大部分事务,我当然有理由对此满意。至于我的境况,撇开巨大的负担,对我来说也非常符合我的期待,对此最好的证明是,我无法想象一种目前能获得的更好的境况。以一种患上疑病似的不快,脱离目前处境并渴求另一处境,我觉得并不合适。默尔克和其他许多人完全错误地评价了我的现状，他们只看到我的付出，却无视我的收获，他们无法领会，通过每天的投入，我变得日益富有。

接着他开始解释，自己在哪里获益。他没提丰厚的收入和物质的保障——这也许不言自明。但他提到了个人发展方面的获益。您还记得，我来这里之前在您身边度过的最后的时日，在那种持续不断的情况下我肯定会走向毁灭。狭隘和缓行的市民社会的糟糕环境，会让我向往广阔和速度的天性走向疯狂。尽管具有对人类事物那生动的想象及预感能力，我还是永远不会了解世界，留在永恒的儿童阶段，而由于自身愚昧和其他相关的错误，这个阶段会变得让我自己和别人都无法忍受。

法兰克福——这个有着发达的经济生活的自由直辖市，由皇帝加冕，与魏玛相比难道会显得狭隘？这让人惊讶。也许歌德的意思是，他在法兰克福觉得一切都过于熟悉，因此觉得可以掌控。生活道路看来业已标明。无论如何都缺少真正的挑战，所以歌德那快速和宽广的本性在自身内部开始狂奔。想象力会排挤现实感。假如他内心丰富但不了解世界，他就会陷入自身愚昧的危险。迁往魏玛将他从这样危险中拯救出来。那是多么幸福，见到自己被置入一种从任何方面讲都无法胜任的环境。在那里，我有足够的机会，通过无知和匆忙的错误，学会认识自己和他人；在那里，我让自己随性而行，听天由命，通过无数人可能不需要的、可我为了自己的教育特别需要的考验。而现在，按照我存在的方式，较之于对我而言意味着某种无限的状况，怎能希望一种更幸福的状况？因为，若是我身上每天都有新的能力得到发展……那么我每天都会获得机会，时而在大处，时而在小处，使用所有这些特点。

也就是说，他在魏玛能发展，因为他受责任和使命的催促，发自内心接纳和处理更多的人间事务。所以如果他与自己和周围世界保持纯净关系，一如他写道，那将是不负责任的，倘若我在树木开始生长，人们希望收获时能区分野草和麦子的时候，由于任何不快之感而离去，那么我愿意让自己失去自身、果实和收成。

他就这样替自己安排好事情，试着让母亲对自己当下的状况放心。与一切谣传相反，他并非不幸。他在这封信的最后提及决定性的理由：所以请您相信，我具有和表现出的很大一部分高昂勇气，来自这种想法，即我的所有献身都是自愿的，我允许马夫驾驶邮车，只是为了得到一种绝对的平静，回到您身边重新找到生命的必需和舒适。若非出于自愿，倘若我……不得不视自己为奴隶或想获得必需品的雇工，有些事会让我感到更加不快。

之前歌德提及的是内在和外在的成长，现在说的是献身，但是是自愿的——不过还是献身。由此，他与自己官职的精神上的不协调被诉诸语言，可他相信自己能让这种不协调变得可以忍受。在此是官职，在彼是其他的创作和思考。他对让母亲陷入如此不安的朋友默尔克写道：我的本性推动着我，一如你能想象的那样，逐渐将我送入这累人的公务，根据我的身体状况替自己准备好装备，按照我自己的方式擦亮我的武器。其他的业余爱好伴我而行，而我总是通过这项或那项额外补助保留它们——一如人们不喜欢关闭可用的矿井，只要这座矿仍有将来得益的几分希望。

也就是说，歌德可以忍受这种不协调，倘若那不属于公务的东西被他视为业余爱好，一个很久以后才在负面意义上被使用的概念。我在这个世界中安排好自己，但不允许内在地支撑我、让我幸福的本性有任何一丝的让步。

目的是一种双重的生存。一如我在父亲家里不会冒险将精灵现象与律师职业绑在一起，同样现在我也将枢密顾问的职位和另一个我区分开，而没有这另一个我，这位枢密顾问还是能很好地生存。歌德感到自豪，能借助几分技巧导演这种双重的生存。比如他向朋友克内贝尔承认，倘若他夸张地谈论他的工作负担，他就可以摆脱旁人，为自己赢得时间。或者他每周举办一次大型茶会，以此了却社交的义务，解脱自己。但双重的生存，对他并不意味着彻底分开的不同领域。只是在我的计划、打算和事业的最深处，我秘密地对自身保持忠诚，然后重新将我社会的、政治的、道德的和诗学的生命，一起系到一个隐蔽的纽结上。

隐蔽的纽结处于诗学和创作领域。所以，当歌德在对这种双重生存进行思考的时刻，开始创作《塔索》就不足为奇了。正是这部剧作，将内在的双重生存分解到两个人物中——诗人塔索，以及在剧本最终版本中名叫安东尼奥的官员。剧本中的两个人最后也没能达成和解。他们各自无法胜任对方的身份，因为需要每个人摒弃自己身上的、在对方身上以典范的形式实现的东西，同时嫉妒和抵制这种东西。安东尼奥具有现实感，掌握外交艺术，富有教养且喜爱艺术，但他仅将自己所看重的艺术视为打扮和装饰。就他看来，无法通过艺术获得真正的生命事业之尊严和重要性。他感觉受到了伤害，充满嫉妒，原因是像塔索这样只会玩弄美丽辞藻的人，在宫廷获得如此成功。公爵阿方斯·封·费拉拉，让公主，自己的妹妹，给塔索戴上桂冠。安东尼奥妒忌的评价是：我早就知道，阿方斯的褒奖有点过分。塔索追求安东尼奥的友谊，尽管他感到深渊将他与这个男人分离。但安东尼奥拒绝了他。塔索拔了剑。阿方斯居间调和。安东尼奥受到责备，而塔索受到关禁闭的惩罚——一个温和且善意的措施。

歌德在去意大利之前，大概把剧本写到这里。在公主身上，确实有夏洛特的特点：她那小心翼翼的、注意观察宫廷传统之界限的个性，以及面对语言大师的克制和有分寸的爱之情感。公主对塔索说：这样的诗还有一种不为人所／注意的优点，我是否该向你说？／它渐渐引诱我们，我们聆听，／我们聆听，我们认为理解，／凡是我们理解的，就无法指责，／最后这首诗赢得我们。公主受到了语言魔力的引诱，对此她心知肚明。安东尼奥也知道这一点，可他反对诗歌。他让自己不受这种魔力的影响。而塔索同样明白这一点，所以在与公主的对话中他这么解释：他拥有，／我可以这么说，我缺少的一切。／然而——他诞生时天神们难道没有齐聚／给摇篮中的他带来礼物？／遗憾的是雅典三女神未到，／而谁缺少这些女神的礼品，／尽管他能占有许多，施舍许多，／可他的胸膛永无平静。

这话说得既漂亮又雅致，但于事无补：公主没有脱离矜持，她建议塔索通过保持得体的形式，与安东尼奥和好。塔索接着陷入对一个世界的幻想。在这个世界里，人与人之间流行的是心灵的纯粹音调：凡是合意的，都获得准许。而公主对此的回答是：凡是合适的，都获得准许。

塔索对此提出异议。这个准则仅服务于以下的人，他在合适的纱巾后追寻自身的好处——比如安东尼奥。公主不认同这点，开始为合适进行一种伟大的辩护，从中可以让人听见夏洛特·封·施泰因的声音。你想确切知道何为合适；／那得求教于那些高贵的女士。／因为她们认为最重要的是，／万事万物都要非常合适。／合适用一道围墙护住／柔弱和易受伤害的女子。／哪里有道德统治，她们就在哪里统治，／哪里无耻当道，她们就什么都不是。／若你询问两种性别的人：／男人追求自由，女人追求德行。

塔索受到安东尼奥的奚落，受到公主的告诫。他虽然可以觉得自己被爱着，但这种爱情拒绝塔索渴望的实在的生命形式。塔索同样感到不满足，犹如歌德在与夏洛特·封·施泰因的关系中，尽管二人间有着全部的亲密性。当歌德在意大利时才十分清晰地意识到这一点。他从罗马写信给她：啊，亲爱的洛特，你不知道我对自己用了怎样的力气并且做了什么，可这个不要占有你的最终想法——我可以如自己所愿地接受、提出并且放下它——如此折磨我，让我伤神。但愿我能如我所愿，为我对你的爱赋予形态，永远永远……他在这里中断。

歌德以后还将更清楚地表达自己。那是当他从意大利返回，并经历了与克里斯蒂安娜·符尔皮乌斯情色上让人满足的关系时。对夏洛特，他以如下的解释为这种关系辩护，说她不能够提出对这种情感的要求。夏洛特的举止犹如公主。当塔索对公主说着：你已将我永远彻底战胜，/ 那么也请接收我全部身心，并投入其怀抱时，公主将他推开，急忙逃走。

被拒绝的塔索沮丧且绝望。他感到自己掉入了一个深渊。此刻他投入对手安东尼奥的怀抱。我们别忘记：安东尼奥对塔索意味着对其生存的根本性的质疑。安东尼奥象征相反的原则，体现出塔索在其意识中掩盖的东西。在崩溃之际，塔索偏偏在安东尼奥处寻找支撑，似乎恰恰他的对手隶属于他——作为自身本质的另一面，那未实现的一面。莱奥诺蕾·桑维塔勒伯爵夫人对塔索和安东尼奥之间的关系这么说：这是两种男人，这点我早已感觉到。/ 他们之所以成为敌人，是因为 / 大自然没把这两人造成同一个男人。

当歌德开始写作《塔索》时，觉得自己是融会塔索和安东尼奥的观点于一身的人——当然并非是以他想让母亲和一些朋友们相信的那样一种和平共处的形式，而是更像塔索和安东尼奥之间紧张和矛盾重重的关系。歌德必须奋力抗争，让这种双重的生存保持平衡。《塔索》的写作是一种尝试，让他在诗学的世界里创造均势。剧本在完成前面两幕后被搁置——外在地看，是因为公务的缘故，它们不允许他将自己置入合适的氛围。内在地看，也许是因为他怀疑公职与诗学的均衡。在诗学和公职的生存的要求之间，他感到自己四分五裂。

歌德在去意大利之前非常努力地扮演安东尼奥的角色。在他心中不断产生疑问，也有不快和恼怒，职务的压力有时如此之大，可他还是尝试压下这一切，或带着几分幽默应付它们。他在一次去伊尔默瑙矿山的视察时这样写道：今天在嬉戏中，我将自己比作一只鸟儿，它出于一个良好的目的栽入水中，在它快淹死时，神灵将它的翅膀慢慢地变成鱼鳍。它周围的鱼儿不明白，为什么它不像它们那样，立刻感到如鱼得水。鸟儿不再能够飞翔，也无法适应自己的鱼鳍。在同一封信中，他还用另一个比喻打趣，它至少表示出希望，即一种正确的生命有时同样可能生活在错误的生命中。我从这些喷泉和（诗的）瀑布中尽可能地汲水，并将它灌入水槽送上磨坊，但转眼间一个恶毒的天才拔出塞子，全部的水喷涌而出。倘若我想到自己骑着老马奔驰，越过负责的站点，而身下的驽马突然变得形体壮美，获得桀骜不驯的羽翅，随我追风而去。

对歌德来说，倘若驽马变成飞马，是件令人欣喜之事。但在宫廷，有些人不这么看并加以讥讽。一个名叫卡尔·封·林克的宫廷官员这样写道："歌德骑着……到处闲逛的宫廷中的马，滑稽地将马厩命名为'诗学'。有人说这匹马带着它那聪慧的骑手在哪里出现，哪里就会举办奇妙的活动。"

1782年歌德到达其从政生涯的顶点。他获得了一个市民能在魏玛得到的一切。安东尼奥也不可能获得更多。他是"真正的枢密顾问"，在此期间获得贵族头衔，也就是说有权，可以正式在宫廷餐桌旁就餐。作为枢密院的常务委员，他还主管军事、筑路以及伊尔默瑙的矿山。宫廷总管卡尔布离职后，他兼职主管财政。歌德还是画院院长，作为宫廷娱乐主管人，他还操心节庆日的艺术活动。自1782年6月起，他移居弗劳恩普兰符合自己身份的宅邸——他原先是租住在那里。

在工作中歌德能推动的事不多。他在军事事务中取得了自己最大的成就。1778年，公爵招募到超过五千人的士兵，自封为他们的最高指挥官，有规律地同他们一起操练。18世纪80年代初，当公国面临国家破产之际，是歌德进行了一次重大裁员，将士兵人数缩减到一百三十六人。国库暂且恢复元气，但公爵失去了他的战争玩具，因而转向外交政策，大力推动一个代表中间力量的公国联盟的项目。歌德曾在1779年同样偏爱这个项目，但是，当普鲁士在此联盟中取得支配地位，并试图在其针对维也纳的对抗中利用联盟时，他便抽身而退。现在公爵能在其对普鲁士的依赖中满足其军事的热情：作为少将，他可以指挥一支普鲁士的军团。1787年公爵还带着政治使命去了比利时和荷兰，那里的市民正起来反抗哈布斯堡，一如以前的埃格蒙特时代——这恰恰是歌德在遥远的意大利完成其《埃格蒙特》的时候。在歌德的版本中，埃格蒙特是个拥有妇人之仁的人，而不像一名士兵。所以公爵虽然平时很喜欢仁慈者（在去荷兰的旅行中，公爵得了淋病），但他不满意这个剧本。他所希望的埃格蒙特，是个有力的军人。

歌德虽然成功地裁减了军备，但其他的计划并不怎么成功。魏玛，文化的秘密首都，交通的偏远死角。歌德想改变这一点。他着手扩建从埃尔福特到魏玛和耶拿的公路，此外还应该修筑通往瑙姆堡的新路。歌德的计划标准很高，多层设计的线路应该符合英国标准，但事情进展不顺利。当歌德去意大利时，新路经过四年的建造，什么也没完成，但预算早已超支，暂时无法考虑继续建造。对筑路委员会主席来说，只留下一份破产声明。

让伊尔默瑙的矿井重新投入生产，曾是歌德的一件心事，但这也被证明是个重大失败。1784年2月，开掘新矿井的启动仪式正式举行。歌德所致贺词同年发表在文学杂志《德意志博物馆》上。这是歌德时隔八年后的首篇新发文章，所以主编说明："我们的读者长时间以来再也没有获得自己心爱作家歌德的任何东西；可他搁笔，就是为了行动。"

歌德肯定设想了自己重返文学的公众视野的别样景象，但事情本身对他非常重要。他这么说，请让我们别用无所谓的目光，看待我们今天在地球表面挖出的这个微小洞口……我们今天打开的这个矿井，应该成为一扇门，通过它，人们迈出通往地球那隐秘宝藏的脚步。通过它，大自然那深藏的赠品将重见天日。我们还能……带着最大的欢乐，在自己跟前见证和观察那我们眼下仅在精神中想象的东西。

歌德的演讲中曾发生奇特的意外事件，几乎五十年后，一个聆听和目击者还清楚地回忆起此事。"他（歌德）似乎在头脑中熟记演讲，因为他一整段时间没任何停顿并且非常流畅地说话。但他似乎突然完全失去了理智，思想的线条犹如被剪断，看起来完全失去对下面要说之话的总揽能力。这种事能让任何人都陷入窘境；可他完全不一样。相反，至少有十分钟之久，他目光坚定沉稳，在众多听众的圈内四下观望，而听众们由于他的个性，似乎完全着了魔，以致在这么长时间的、几乎变得可笑的间歇中，大家都保持着平静。最后,他看来重新掌控了自己的话题,继续演讲,非常灵巧和顺畅地讲完,如此自由和欢快,似乎什么都没发生。"

这次中断也许是个不祥征兆。在出发去意大利之前,坑道掘进需要新的资本注入,歌德必须安抚已有的投资人,并争取新的投资者,而这让他的情绪变得更加糟糕。在意大利,他希望得到来自伊尔默瑙的好消息,但徒劳无功。直到1792年,人们才终于进展到第一个含矿矿层,但不久情况显示,矿石质量不高。1796年,一次导致矿工死亡的灾难性的透水事件,阻碍了新矿层的挖掘。不过,人们并未放弃。直到1812年,有一个矿井仍在开放。此后矿山永久性地关闭。从经济上看这项事业是个惨败,它吞噬了许多资金,但并无任何盈利。在此发现自己对于矿石激情的歌德,将伊尔默瑙的终结也视作个人经历的失败。在一篇出自1797年、以第三人称撰写的《自我描述》中有这样的话:倘若这项业务需要一种确定的结果,而一项持续的事业能以某种方式从中产生,他在这类业务中就有用。歌德持续地关注伊尔默瑙的业务,但它没能成为他的一项持续的事业。

除此之外他的官方工作也缺少成功经历。他在书信中使用过多幅神话图像:徒劳地推石上山的西西弗斯,滚动一个自行旋转的轮子的伊克西翁,以及无底的水桶。有一次他致信克内贝尔,说他本来以为只需要驾驶小船,现在他明白,他必须拖船而上。

他的工作中也不缺小小的不快和讥讽。之前的枢密院主席封·弗里奇男爵,曾反对对歌德的任命,也许还是安东尼奥的一个原型。歌德虽然能成功地与之保持礼貌往来,但二人间旧日的敌意仍不断显现。比如，当歌德在枢密院的一次会议上，称他监管的财政部同事为我的财政官先生们时，弗里奇指责了这种称呼。他宣称，他们是公爵的财政官。歌德在一封长信中烦冗刻板地为自己辩护，提请注意，这不过是通常的用语。人们使用这个词，为的是指出自己与出于倾慕或者责任而联系的人的一种关系，而非自以为对其拥有一种统治权或者私有权。

也就是说，他在此用通常用语反对文牍风格。但还有一次他反对日常的生动文风，为文牍风格辩护。公文的语言虽然拘泥细节，但有道理，他宣称，因为官方的程序由此被延缓，而这是必要的，因为匆忙是秩序的敌人。

歌德就这样纠缠于诸如筑路、财政、逃税，或者对一个杀婴女子的判决一类较有影响力的问题，尝试从这些要务中赢得时间进行写作，比如完成《戏剧使命》中的一个章节，其中有为创作的辩护，针对的是那些想用懒散的时光创造出美好的小事的人。威廉对清醒和勤奋的维尔纳解释：亲爱的朋友，如果你以为这样一件散发灵魂光芒、充满想象力的作品，可以在断断续续凑起来的时间中完成，你就弄错了。不，诗人必须全心全意地投身自己心爱的题材。他天生就有极美妙的内向才能，从大自然那里可以获得一种无法摧毁的财富，他也必须内心不受干扰地在幸福中与其宝物相处。

他同时写信给夏洛特·封·施泰因说，《戏剧使命》给他带来了美好时光。其实我天生就是作家。稍后又说：我很大程度上被创造为一个靠财产生活的人，弄不懂命运怎会把我扯入国家管理和侯爵家庭。

歌德还坚持了一段时间。人们继续在其书信中找到公式化的强调，他整体上生活相当幸福，但也有忧郁情绪袭上他心头。母亲对有关的书信表示出忧虑。他尝试用语言安慰她，有人由于严肃的事情而变得严肃，这是自然的，特别是，倘若有人天生爱动脑筋，在世上想要维护善和公正。然后他又陷入悲哀的语调：请您现在享受我的现状——倘若我在您前面离开这个世界，我的生活不会给您带来耻辱，留下的只会是好朋友和一个好名声。而我没完全死去，对您该是最好的安慰。

由于职务的关系，歌德必须同许多人打交道，但不同别人建立个人联系。一段时间他仅与夏洛特保持比较亲密的交往。他给她（用法语）写道，她将他在世界上孤立起来，他对别人完全无话可说，他开口讲话，只是为了不沉默。然后他甚至面对夏洛特也沉默起来。她对此表示抱怨，而他回复了一封详细的书信，再三强调他对她的爱。1785年8月，夏洛特那当厩长的丈夫，被免除了在宫廷餐桌旁用餐的义务（或者特权）。丈夫首次同夏洛特开始居家的生活。这对她和歌德之间的关系来说，几乎是个灾难，因为从此刻起，显然两人很少有机会亲密交往。歌德对她不停地发出抱怨：我刚才还想埋怨你，你把我如此孤独地丢下，而我同所有其他人一起已经如此孤独，我的心在对你的渴望中饱受煎熬。大约半年后，歌德忙于审读新版《维特》时，陷于绝望情绪的他这么写道：他总觉得，作者没在写作完成后自杀，这令人恶心。

从这些类似的书信中，人们获得了这样的印象，当歌德以后在罗马回顾意大利之前的岁月并致信公爵时，他并没有夸张。他写道，在启程去意大利之前，生理的道德的痛苦如此折磨他，以至于最终将毁坏他。

1786年夏，通过贝尔图赫的介绍，出版家格申找到歌德，建议他出版一部作品全集。自1775年起，他没有新作发表。格申猜测，经过这么多年，歌德抽屉里一定藏有一些已经完成的手稿，也希望经济上获得好处。经过一番思考，歌德同意了这个计划，仅仅是因为这能对抗盗版。

在准备这套计划为八卷的文件时，他吃惊地发现，十年以来除了《伊菲几妮》等几部小剧本以及小歌剧，自己什么也没完成。《浮士德》《埃格蒙特》《戏剧使命》和《塔索》，都是仅仅开始而尚未完成的作品。他将在罗马这么写信给公爵：因为我打算印出我的未完成作品——我认为自己已死。倘若我能通过完成已开始的作品，证明我还活着，我会多么开心。

当歌德写他的一部作品时，他曾认定自己是个作家。当他现在通观自己未竟之作的集子时，他觉得自己在此期间已不是作家。他想在1786年夏做决定。或者让全集被埋入坟墓，或者成功地完成这些未竟之作。要么成为活着的枢密顾问和已死的作家，要么向自己和读者证明，作为艺术家的歌德还活着，甚至可能赢得重生。他将无法在通常的环境中完成这样的自我考验。为此他需要一个更长的离职假期。

歌德在其作家生涯中做了一个决定性的选择，由此与关于意大利的旧梦联系起来。他想在意大利的阳光下完成自己的著作。起先这是他此行的主要任务。所以行李主要由手稿组成。他竭尽全力工作，甚至有时担心，他会错过享受意大利的天堂。因为意大利对他像个天堂，但并非当他在那里时，而是在他启程去那里之前和从那里返回之后。父亲曾在意大利过得很幸福，告诉了他一些事，并带回几张图片和其他纪念品。所以歌德决定，他对公爵这么写道：进行一段孤独的长途跋涉，寻找一种无法抑制的吸引我的物象。是的，过去的几年这种需求成了某种疾病，只有美景和在场能治愈我。现在我可以承认，我终于无法再读拉丁语的书，无法再看一幅意大利景致的画。亲临这个国家的欲望极度成熟。

一方面是重新唤醒作为诗人和艺术家的自己，完成几部作品，为新的未来开放自己，另一方面是对意大利的渴望——这是他旅行的两个主要动机。另外还有对暂别公务和暂别夏洛特的渴望。在他从意大利给她寄出的第一封信中有：这段距离将比我经常的在场给予你更多。

歌德何时开始关注作为旅行目的地的意大利，这不清楚。1786年7月12日，当他给在英国的雅各比写信时，他似乎已经决定：等你回来的时候，我已经去了世界的另一边。他悄悄地准备着，只有他的秘书和知己菲利普·塞德尔知情，只有他知道歌德用来旅行的名字：约翰·菲利普·默勒。他也将用这个名字接收他让人以后寄来的钱。为什么要事先保密，为什么要隐匿身份？

歌德没有请求公爵给予一个长假就离开，是有风险的。因为他预计离开几个月，但没料到，自己会离开近两年。他不想事先向公爵请假，因为这样他可能不得不推迟旅行，让自己的决定受制于公爵的决定。他不想这样，他想独自为自己做决定。必须先斩后奏。公爵可能会做出愤怒的反应，甚至将他召回。可他必须冒这样的风险。他在途中的信件中并未透露地点，这将避免他在到达罗马之前收到这样的召回令。他在罗马才会感到安全，因为在那里他已走得足够的远。他是这么想的，也就这样制订和实施计划。

但风险还不只是召回令。公爵也可能宣布解除对他的信任，并解雇他。在给朋友和熟人的书信中，即使在以后的书信中，也无根据，即歌德认真地注意到这样的可能及其糟糕的，特别是经济上的灾难性后果。只有一次在面对公爵时，他暗示这种后果是不可能的：请您别拒绝您对我的想念和爱的证明。孤独地被送入世界，我会比一个初出茅庐者的情况更糟。出走三个月后，他为公爵的沉默感到不安，就这么写道。除此以外，歌德看来对自己在公爵那里享有的信任感、重视和亲密相当有把握。但恰恰还没有足够把握，所以无法在寄自意大利的最初几封信中，放弃几乎是卑躬屈膝的语调。从中可见一种希望，歌德希望公爵忘记自己的放肆。

歌德对自己的旅行计划保守秘密，有个确切的作用：他想独立于公爵而做出去意大利的决定。除了理性的保守秘密的考虑，还有一种非理性的保守秘密的意识。1777年冬的哈尔茨山之旅，也曾如此。那时他也没透露自己心怀长久的计划。就在那时，同外在的保守秘密相适应的，也有一种内在的神秘化，伴随着登上布罗肯峰，应该引发了某种让他决定去魏玛的神意。保守秘密会保护具有更高等级之重要性的魔圈。这次去意大利也同样。歌德希望从罗马那里获得一种身心的复原。所以他迷信地注意着，以免此地的魔力受到提前议论的影响。到达罗马后他写信给公爵：我终于可以张口说话并高兴地问候您，请您原谅这个秘密以及我到这里的、仿佛是秘密的旅行。我几乎不敢告诉我自己，我要去哪里。

到达罗马之前他事实上让自己独立于公爵；然后他又明确地将自己的命运交到他的手里：我当下逗留的时间，他在寄自罗马的第一封信中说，将取决于……您的召唤。他以新的用语强调，他将作为一名漫游者返回；但愿公爵保存他的爱，以便我返回时能同您一起享受一种新的生活，而我到了国外才懂得珍惜它。

公爵当然对歌德的诡秘行径大感不解，但长远来讲，公爵并没怪罪他。如歌德所希望的那样，他们之间的关系被置于一个新的基础上。但夏洛特无法原谅他逃往意大利以及与此相关的背信弃义。她最初的反应是向他要回自己的书信。

歌德小心保持的匿名也是他保守秘密的一部分。倘若他不用自己的名字旅行，他也无法被人用他的名字叫回。但是，如同保守秘密，匿名对歌德来说同样有一层较深的含义。在塞森海姆，当他首次访问弗里德丽克·布里翁的家时，歌德化了装并以假名现身。冬季的哈尔茨山之旅，情况也一样。当时他写信给夏洛特：对我来说，陌生地在世上闲逛，是一种奇特的感觉，这样的话，我觉得自己同人与事的关系将会更加真实。

歌德的化装游戏和匿名现身，通常选择社会阶层较低的角色。由此他希望赢得一种真实。他觉得，这样一来不仅他人会更坦率地对待他，而他自己也会敞开心扉，发现自己身上平时未体验的新的一面。在（外在的身份的）自我贬低中,他发现一种令人惊讶的自我提升。以后他将在给席勒的一封信中,称这种绕道的自我表现为他的计谋,通过它,我舒服地将我的生存、我的行动、我的论著移出人们的视线。我将永远这样匿名地旅行,较之高档的衣服选择低档的衣服,在同陌生人或者不熟悉的人的交往中,选取不重要的话题或者比较随意的表达方式,表现得比我本人更轻率。我想说,将自己置身于我和我本真的现象之间。

他就这样自称是画家约翰·菲利普·默勒,去意大利旅行。这个有贵族头衔的"真正的枢密顾问"装扮得年轻了十岁,混迹于社会上的底层艺术家中间,以自己感到舒服的本性在其中走动。

让我们回到歌德启程之前。一切都已经准备好。他负责的官方领域,也被小心地分配好了人手。事情被他如此有效、不为旁人察觉地组织好,因而他能对公爵这么写道:总体上讲,此刻我完全可以缺席,涉及委托给我的特别事务,我做了这样的安排,让它们可以长时间地脱离我而顺利进行。是的,我可以死去而不会给魏玛带来任何影响。

1786年7月,与一年前同样,歌德去卡尔斯巴德进行浴疗。他知道,他将从那里起身去意大利,所以已在魏玛为长时间的旅行做好准备。赫尔德一家也在卡尔斯巴德做浴疗,公爵和夏洛特也到了那里。歌德在那里遇到的人,都觉得在卡尔斯巴德的几星期时间是那样令人愉快、无忧无虑。早晨是水疗,白天是漫游,晚上是聚会。歌德诵读其《浮士德》中的段落。与公爵有着详细的谈话。在某个晚上,他曾让自己和公爵都十分惊讶地对自己的一生做了某种回顾,似乎他必须在公爵那里留下一份遗愿。可他对眼前的打算还是守口如瓶。

1786年9月3日凌晨3点,他动身出发。直到前一天还同他交往的人们,觉得受到了他的愚弄。贵族女子阿莉·封·阿塞堡致信公爵说:"枢密顾问沃尔夫冈·封·歌德先生是个我很想根据战争法的所有严厉手段处理的逃兵。他没同我们告别,丝毫没透露他的决定就(趁机)溜走了。这真的太让人恶心!我马上就要像法国人那样(a la françose)说:不! 我们普鲁士人愚弄我们的敌人,但我们从不针对我们的朋友使用计谋。"

第十八章

意大利之旅。匿名。无地址。首次放松。帕拉第奥。"我研究的远比享受的多。"罗马。《伊菲几妮》脱稿。在艺术家中间。莫里茨。那不勒斯和西西里。无忧无虑者的魔力。第二次在罗马逗留。《埃格蒙特》脱稿。福斯蒂娜。告别罗马。

歌德驱动马车,急急忙忙地穿越雷根斯堡、慕尼黑、因斯布鲁克、博岑直至特里恩特的路程。中间的停留比平时少。在《1786年致封·施泰因夫人的意大利之旅日记》中,他记录下:为了实现一个在我心中几乎已变得太老的想法,我什么不能丢下?第一个想法是,我终于到达了罗马!可他还是与其打算相符地留出时间来收集化石,还进行了植物学研究。等待歌德对秘密旅行的解释的夏洛特,不得不满足于对气候、石头和植物的烦琐描写。只是因为去罗马的冲动和烦躁的推动,他才没有过久地做这些事。

歌德不仅受到最终去罗马并在那里实现自己青年时代梦想的愿望的推动。推动他的还有其他意图。他在这次旅行中所做的一切,都有自己的计划。半道上给母亲的信,证实了这一点：我将作为一个崭新的人返回。给魏玛的女友写的是：因为事关……一个新生命。对魏玛的朋友们，他说：这事关……一种新生命而他对赫尔德说的是：人们可以说称之为重生。

难道人们可以这样替自己打算？将重生作为工作定额？他想怎样？歌德当然不清楚这一点。可他暗示了某些事，比如到罗马的一周后，在致赫尔德的一封信中这样写道：可我能说的和让我最为高兴的是，我已在自己心中感到了这次旅行的作用，那是一种内在的一致，而精神仿佛由此被敲上印记；这是一个严肃而不枯燥，却又十分成熟的欢快生灵。

严肃和成熟的生灵——枢密顾问在过去的岁月中确实收获了这样的东西。在这层意义上他无须改变自己，可这该是一种不枯燥的严肃；有些人抱怨的僵硬，该在南方的太阳底下化解，而这个成熟的生灵该与湿润联系起来。他想委身于自己，但在此不愿宽恕自己什么。一个对自己的中心地位有把握的轻松愉快的生灵。他称这种感觉为内在的一致。以此人们可以毫无顾忌地将自己交付于一群人及其富有诗情画意的生活。我常常穿上亚麻布的长筒袜（因此我立刻下移了几个等级），就这样来到市场上，混迹于人群中，谈论任何话题，询问人们，看他们如何互相交往——用言辞很难描绘他们的自然淳朴、豪爽的勇气和良好的举止。

经过人群中这样的洗礼，歌德意识到，他在魏玛缺少什么：我无法告诉你，短时间内我在人性方面如何得益。可我感到，我们在渺小的独立国家中必定是孤独的可怜人，因为人们（特别是处于我的境地）几乎无法同不想、不愿得到任何东西的人讲话。

歌德有时随意地在一种环境里随波逐流,在小街陋巷中受诱惑的引导。他首先必须适应这种自由,因为他比以前更强烈地依赖计划性。他带着旅行手册和艺术指南,应该妥善利用它们。尤其值得一提的是,当时的约翰·雅各布·福尔克曼是有教养的读者无法避开的。以后歌德将说教般地指示夏洛特,最好查阅福尔克曼书中的旅行线路,而他自己非常仔细地拟就一个参观计划。可他也不愿意被人当作一个到处闲逛的英国人。他在维罗纳为自己买了当地人穿的衣服,很高兴能使用自己的意大利语,他曾在魏玛悄悄地复习。他混迹于民众之中,我同遇到的人聊天,似乎我们早就认识。这正合我的心意。广场和街道上的多彩生活让他欢喜:四处闲逛也让人想起最可爱的景色。夫人们往上束起的辫子,袒露的胸脯和男人们宽松的外套,他们从市场上往家驱赶的公牛和载货的毛驴……夜幕降临,微风轻拂,山腰间几朵浮云。

与此对照的是他的出发地,冰冷昏暗,他觉得自己就像一头北极熊。在其他场合,歌德写道:我们这些来自黑暗之国的人,几乎不知道什么是白天。处于永远的雾霭和阴沉中,白天或黑夜对我们来说都一样,因为我们究竟有多少时间能真正在户外散心和享受?他在家时对德国北方的坏天气的印象,将在整个意大利之旅中陪伴着他。

民间生活让他愉快。在最初的旅行驿站,歌德已有对此的深入描写。较之他对绘画和雕塑作品的冗长描写,它们更加精辟且富于想象力。比如就维罗纳的古代圆形露天剧场,他这么写道:倘若人们……站在上边,就会产生一个奇特的印象,这里有某种不可见的伟大。但这里并非看上去是空的,相反这里挤满了人……因为圆形露天剧场其实是为了让人们敬佩自己、让人们与自己以最好的方式相处而建造的。……因为平时人们习惯于互相擦身而过,在一种缺乏秩序和缺少特殊礼仪的拥挤中见面,而眼下这个脑袋众多、深思熟虑、不停晃动和四处飘浮的动物,被统一为一个整体……成为一种形式,仿佛被一个精灵唤醒。

他在维罗纳停留数天。让他久久不愿离去的,主要是安德烈·帕拉第奥的建筑。我总是不停地转悠,观看并锤炼我的目光。歌德写道。由帕拉第奥建造的古代市政厅和带有自由运用古代建筑艺术之要素的奥林匹克剧院,对他来说是一种值得敬畏之传统的创造性发展的宏伟范例。灵魂得到升华,他写道,这会让人感到,一种伟大真实之生命的壮美。

歌德之前曾关注帕拉第奥。他弄来几幅其建筑的铜版画研究。现在他可以进行对比,为原作折服。歌德此后再也无法摆脱古典主义的艺术理想,这应该归诸这次帕拉第奥经历。斯特拉斯堡大教堂所体现并吸引他的哥特式艺术,退回到遥远的迷雾区域,将在三十年后的《意大利游记》的最终版中被无情地打发。当然这不同于我们那乖僻的、层层叠叠地建在壁龛石上的哥特式风格的圣徒雕像,也不同于我们的烟斗式柱子、尖尖的小塔和花饰。谢天谢地,现在我永远地摆脱了它们!

在沿着布伦塔河游览的路上,帕拉第奥建筑再次让他印象深刻。然后是威尼斯。当他首次踏进这个城市时,当然兴致勃勃。他也感到摆脱了某种刻板印象。感谢上帝,对我来说，威尼斯也终于不再是句空话。这个名字以前如此经常、如此经常地让我害怕，很久以来我简直成了这个不绝于耳的名词的死敌。

他到处随美而行，不管是教堂、宫殿、绘画或街上的富有诗情画意的生活，还是游艇和歌唱。他感到自己几乎受到催逼。为了获得其他印象，他造访了军械库，在那里突然记下让人惊讶的话：在这次旅行中，我希望可以让自己关于美的艺术的情感归于平静，将其神圣的图像稳妥地置入心灵，保护这种宁静的享受。然后转向手工业者，当我返回时，我要研究化学和机械。因为美的时代已经过去，只有困苦和严酷的需求对我们的时代提出要求。

歌德离开魏玛，其时间显然还没那么长、距离也没那么远。那里的责任还束缚着他，而藏身于公务之后的严酷的需求，依然影响着他。也许一种内疚在折磨他，因为他不仅继续收到工资，还给同事们增添了额外的工作。也许正因为如此，他才严格对待自己，禁止自己径直地享受美。即使他在与美打交道，看上去也像是在工作。所以他不断地强调：我……研究的远比享受的多。

白天歌德穿越纵横的小巷和水道，观察世人的劳作和生活的千姿百态。他心生巨大的敬畏之心，因为他让自己明白，完成这项城市奇迹的，不仅是个别的艺术家、天才的建筑家、统治者和金融巨头。那是被集聚之人力的一件伟大且值得敬畏的作品、一座壮丽的丰碑，不属于单一的发号施令者，而属于一个民族。

他也喜欢聆听民众歌唱，不仅在教堂里，也在大街上。

这里的人热爱公众场合，他写道，他们懂得如何走出自身，他们简直把自己的生活搬到了街上。而且：今天在光天化日之下，第一次有个卖身宝贝在里亚托附近的一个小巷里搭讪我。搭讪是否成功，他没记下。

歌德在威尼斯待了十七天。旅行的第一阶段过去了，愿上天保佑其他日子。旅途继续经过费拉拉、博洛尼亚、佛罗伦萨，而他到达罗马的焦虑在增长。他在佛罗伦萨没怎么花时间，三个小时内他匆忙穿越城市。在那首要的需求得到满足之前，我对什么都没兴趣。而他首要的需求是罗马。他适度缓慢地穿过阿尔卑斯山脉的山谷，没有停歇，即使这里有着让人驻足的美丽风景。我要把握自己，耐心等待，我已经忍耐了三十年，还要克制这十四天。

对某些著名景色，只有简明扼要的记录：返回时我们将仔细观察。他匆忙地赶往罗马，已经按捺不住自己。为了一早就能动身，我根本就不脱外衣。还有两夜！倘若我主的天使没在路上阻挡我们；我们就到了。一天后：晚安。明晚到罗马。之后，除了希望重新见到你和我不多的朋友及家人健康之外，我别无所求。

然后1786年10月29日，歌德终于到达罗马：我现在才开始生活，对我的守护神表示敬意。在《意大利游记》的后几个版本中，到达罗马得到更从容的描写。不再是犹如日记和书信中那样，让人感到他幸福的喘息。

歌德现在终于到达罗马。之前他有过两次助跑。第一次在1775年，那时他启程向南，感到生气，因为本该送他去魏玛的马车没及时到达，还是有人接到了他，而旅行在海德堡结束。还有1779年那趟去瑞士的旅行,而歌德非常想把此行扩展到罗马,但顾及公爵,还是放弃了这个打算。这次他做成了,他感到自己就像个胜利者。

从我踏入罗马的那天起,我有了第二个生日,一次真实的重生:12月2日。他这样致信夏洛特。而两个月后他写信给公爵说:我经历着了一次新的青春。

罗马的生活环境确实有某种大学生活的特点。歌德住在他熟悉且受到他资助的画家约翰·海因里希·威廉·蒂施拜因家里,在科尔索街旁的一套宽敞住房里,离人民广场仅几步之遥。这套住房的主要承租人是当时的马车夫科利纳及其妻子。他们依靠出租几个房间谋生。作为次承租人的,除了蒂施拜因,还有两个年轻的德国画家,约翰·格奥尔格·许茨和弗里德里希·布里。已经成名的蒂施拜因独自租住三个房间,将其中一间较小的客房,转让给歌德。也就是说,歌德来到艺术家中间,而这些艺术家明显比他年轻,不像他那么出名。外部的环境已经迫使他进入一个他也喜欢接受的年轻人的角色。蒂施拜因有过一张画像,展现歌德在一把椅子上随意晃动着读书;另一张画像描绘了他如何同另一个人一起,手舞足蹈地躺在沙发上。人们互相取乐。对此书信中没怎么提到,以后在《意大利游记》中的描述更少涉及。歌德在此书信中努力做到庄重,而对艺术体验的描述没有终点。他确实有许多打算,总是来去匆匆,参观福尔克曼的艺术指南所推荐的东西。他写道,自从我到了罗马以后,我不知疲倦地看了所有值得看的东西,并由此充实我的精神。有时他也会表露出某种见解,暗示了专注艺术的艰难。比如他向公爵夫人承认：将自然看作和重新视为艺术，这更舒服和轻松。自然那最微末的产品，自身已具备其完美的世界，我仅需用眼看……而一件艺术品的完美在外部，"最杰出之处"在艺术家很少或永远无法达到的观念里……艺术品上附有许多传统，而自然作品始终犹如上帝那最初所言。

艰难的首先是继承传统，即人们在见到艺术品之前就该知道的事。倘若人们只需要抬眼望去，就能将一切在观望中消解，那么一切就简单得多。在致卡尔·奥古斯特的一封信中，他露出了一声叹息：但愿大家别总谈艺术！……越是长久地观看对象，就越是没有把握对此说些普通的话。大家宁愿就事物本身连同其所有的组成部分进行表达，不然就保持沉默。他数小时之久地四处徜徉，观看雕塑艺术和建筑艺术作品。他感到自己就像俄瑞斯忒斯，他有一次写道，虽然没受到复仇女神的追究，但为此被艺术女神和美惠女神满城地驱赶。在此他自己没有任何发现。他十分清楚，他想看什么且必须看什么。让他印象深刻的是当时每个有教养的游客都会认出的那些作品：万神庙的立面和观景殿的阿波罗；米开朗琪罗在西斯廷教堂的壁画和朱诺·卢多维西的巨型胸像。对这座胸像，他还让人替自己做了一个巨大的石膏模型，放进自己房间。这是歌德在罗马的初恋，*而现在我拥有了她*。

歌德在到达罗马后的最初几周里，若他不穿行于城市中，或同他的艺术家朋友们欢聚一处，他就会写作他的《伊菲几妮》。他无论如何也想结束这部剧本。他开始感到压力，他必须摆脱这个甜蜜的负担，以便能全身心地投入这座永恒之城的奇妙的当下中。1786年到1787年间，他按时完成了《伊菲几妮》。

在创作高贵且极为纯洁的《伊菲几妮》的几周中，如察佩里发现的那样，歌德缠上了科斯坦扎·勒斯勒尔，一个德裔罗马的旅店主的女儿。她写给歌德的（也就是说让人替自己写的）一张纸条留下来了，其中说她想要一把扇子，而这个"最最忠实的朋友"立刻给她弄来了。这个朋友由此可以证明，较之她此前获赠的扇子，"也许还有其他更漂亮的扇子"。两人之间或许发生了什么事。但对此无人知道更多。不过蒂施拜因曾有一张画，上面的歌德显然正急忙地把第二个枕头从床上挪开；图像的右边被朱诺·卢多维西的巨型胸像占据，它似乎严肃地监视着一切。画的落款是："该诅咒的第二个吻。"这里可能涉及被蒂施拜因讥讽地记录下的一次未完成的幽会场景。歌德给公爵写道：这些奇特尔人（未婚的姑娘）比任何地方的人都羞涩……或者人们该娶她们，或者将她们嫁出去。若她们有个男人，就会开始唱弥撒曲。科斯坦扎也许正是这样一种情况。她先遇到菲利普·默勒，但未见对方有结婚意图，就抽身而退，或许被父母叫回。无论如何，在1787年夏，这个漂亮的科斯坦扎（她的一张画像被留下）在某处嫁了人。

也就是说，纠缠女孩，比希望的要困难。收到歌德消息的公爵，也许向他推荐了画家的模特，因为歌德这样回答：那些出现在画家那里的姑娘或者更多的年轻妇女，通常看上去非常可爱且让人享受。倘若法国的影响没让这个天堂变得不安全，这种方式也是一种非常惬意的快乐。对受"法国病"传染的恐惧，以后在《罗马哀歌》中也起到了作用。

歌德首次在罗马的逗留时间，是1786年11月初到1787年2月底。在这段时间里，歌德结交了众多朋友。其中有比他大几岁的安格利卡·考夫曼，一位由于其令人印象深刻的创作力而闻名的女画家，其绘画以古典主义的时代趣味为准则，并给她带来一大笔财富。她与自己同样是画家的意大利丈夫多年来住在罗马，所以能介绍歌德认识意大利的艺术家们。当歌德离开时，她给他写道："您离去的那个日子是我生命中的一个悲哀的日子。"他在安格利卡家过星期天，乘着她的马车去远足，给她诵读自己的手稿，而她给他上绘画课。她给他画过一幅肖像，可惜歌德觉得画像不怎么成功。画中人是个英俊小伙，但没有我的任何痕迹。

同屋的蒂施拜因陪他去了那不勒斯。关于蒂施拜因，歌德在写给公爵的一封信里说：这样一个纯洁、善良，但又如此聪明、有教养的人，我以前几乎没见过。当蒂施拜因其后退出共同去西西里的旅行计划时，歌德生气了。一旦歌德看重的人有别的事情时，他就会感到恼怒。蒂施拜因必须为项目申请操心，所以同经济上有保障的歌德不一样，并不总是自己时间的主人。歌德还在生气时，就蒂施拜因写道：平时同他能很好相处。时间长了他的怪癖让人讨厌。他让自己打算要做的事，处于某种不确定性中，由此他常常——其实并无恶意地——让别人受损和扫兴。蒂施拜因完成那幅伟大的歌德油画肖像时（《歌德在坎帕尼亚》，1787年），两人之间的友谊业已受损。尽管如此，歌德还是喜欢这幅画，并将它带回了魏玛。

卡尔·菲利普·莫里茨，作为自传体小说《安东·赖泽尔》的作者和《经验心理学》杂志的主编，已获名望。他摆脱了逼仄的环境，平步青云，为了实现长久以来怀有的梦想，步行来到罗马。听说歌德也在罗马，他欣喜异常。他不敢造次拜访歌德。两人在德国艺术家营地见面，一种热情的关系由此展开。"我感到自己由于同他交往而变得高贵。早已逝去之年月的最美梦想，得到了满足。"莫里茨这样给一个朋友写道。前不久刚发表了《试论德国韵律学》的莫里茨，立刻发挥了他的作用，帮助歌德对《伊菲几妮》进行诗韵加工。1786年11月底，在一次骑马共同出游时，莫里茨手臂摔伤，是一次复杂骨折。于是歌德可以向他表示自己的谢意了。他为不幸者安排护理，让艺术家朋友们分班值夜，探望病人，自己也几小时之久地陪床。对此他致信夏洛特说：

莫里茨因为他的断臂还躺在床上，当我和他在一起时，他向我讲述他的生平经历，我为他与自己的相似而感到惊讶。他就像我的一个年轻的弟弟，我们是一类人，可他受到命运的遗弃和损害，而我受到眷顾和青睐。这让我对自身能做一种特殊的反思。最后他特别对我坦陈，由于离开柏林，他让一个心爱的女友伤心了。

不仅莫里茨由于其来罗马的旅行让一个心爱的女友伤心，歌德也让他的心爱的女友夏洛特大感委屈。他三个月之久没向夏洛特透露自己的消息，以后才开始记录为她准备的旅行日记。她只能将歌德秘密出门后的长久沉默，理解为二人关系的结束，并在给歌德的第一封信中，失望和受伤地提出要回自己的信。歌德在自己的行为中，起先没发现她那粗暴和痛苦的反应的原因。他对她写道：这就是对一个朋友、一个情人所能说的一切。而他如此长久地渴望从你那里得到一句好话。自从他离开你后，他无时无刻不在思念你。他指责她。可几天后他醒悟了：你的小纸片让我感到痛苦，但最主要是我给你造成了痛苦。在此期间她收到几包旅行日记（一大部分一直放在弗劳恩普兰的房子里没打开），由此二人的关系得到某些改善——这同时也是两人之间一种无法弥补的决裂的开始。夏洛特写给他一封苦涩又甜蜜的信，对此歌德回答，希望他们的通信往来从此在他们的有生之年不再中断，在他们的关系中永远不会重现这样一段磕磕绊绊的日子。他写道，他已改变自己，他在变得更加自由，我每天都得蜕掉一层皮。

在这封充满对一种共同的将来的允诺和期待的信中，他勾画了其后的旅程。魏玛的人们希望他在1787年的复活节返回。1787年2月3日，他给赫尔德写信说：我看遍了罗马，是时候休息一下了。他做了一个已见之物及在罗马另想见识之物的清单。他想得很多，清单内容越来越丰富。倘若他真想在复活节返回德国，余下的几周时间他必须在罗马度过。可他决定去那不勒斯继续旅行。在天清气朗的夜晚，从罗马的山冈望下，可以看到维苏威火山的火沟，一派非常诱人的景色。歌德耐心等待罗马狂欢节的结束，然后和蒂施拜因一起动身。

那不勒斯以另一种方式让人心动。在罗马是艺术，在这里是大自然和让歌德着迷的、富有诗情画意的民间生活。倘若在罗马的一切都极度严肃，这里的一切则令人感到欢快和舒适。他在这里体验的生命乐趣，让他受到感染。我原谅所有在那不勒斯从欲望出发的人，感动地回忆起我的父亲，他特别对这些对象有着一种不可磨灭的印象，而我今天首次见到它们。这些对象是海湾景色、堤岸、维苏威火山、花园设施、港口、拥挤的城市、要塞、保西利普山和岩洞。他写道，倘若人们曾经看到那不勒斯一眼，就永远不会变得不幸，因为人们将不断地重新回想那里。眼下我就自己的性情来说完全静下来了，因为这里太疯狂了，我只把眼睛睁得很大，很大。他一直在路上以自然史学家的目光探索丰富的环境；敲打山石，研究其火成岩；登上维苏威火山，从上往下眺望沸腾的深渊；穿行在炽热的地表上，鞋子都被烤热了；在植物园里，他想到原始植物。他没有真的见到它，却相信在草木葱茏中的某个地方，一定能找到它。他在海岸边收集干枯的海洋生物、贝壳和石头。

在罗马，他主要身处艺术殿堂，此外深居简出。在那不勒斯则不同。他进入了上流社会。他出入因艺术和古董收藏而出名的英国公使威廉·哈密尔顿家里，特别是因为漂亮的以后成为哈密尔顿夫人的埃玛·哈特。她因为布置真人像而闻名。而她自己也大多身着轻薄衣衫。以人群的布置来展现一幅图像的这种时尚，将从此地出发，在以后几十年间征服欧洲。歌德还出入于其他豪宅。在罗马，蒂施拜因是他的一张通行证，在那不勒斯则是菲利普·哈克特。在当地他作为画家拥有显赫的地位，认识各种人。他为王室工作，介绍歌德认识那不勒斯的思想和艺术精英。歌德现在几乎不再注意自己的匿名。最终在罗马此事也无法坚持。在维也纳的皇宫里，人们也听说了歌德在罗马的事，猜测后面藏有一种外交方面的秘密使命。甚至有个密探跑来接近蒂施拜因,试图打听些什么。

不管匿名还是用真名——歌德在那不勒斯感到轻松自在,并享受着一切:那不勒斯是个天堂,人人都生活在某种迷醉的忘我里。我同样如此,我几乎认不出自己,我觉得自己完全成了另一个人。昨天我想:要么是以前的你疯了,要么是现在的你疯了。

歌德最后有些犹豫,他是否还要坐船去西西里。在那时,这意味着一次漫长的,并非毫无危险的海上旅行。动身或者留下,这个疑问让我在此逗留的时候变得不安。现在我决定已下,感觉好些了。对我的感官来说,这次旅行是有益的,甚至是必要的。西西里对我意味着亚洲和美洲,它处在一个奇妙的点上,而世界史上如此众多的精神世界指向那里。亲眼看见绝非微末小事。

直到那不勒斯,歌德一直还顺着父亲的足迹旅行。但父亲没去过西西里;儿子将超越父亲。这是一个重要动机。1787年3月28日,歌德和他的同伴,画家克里斯托夫·海因里希·克尼普,踏上了去巴勒莫的航程。半路上歌德晕船了,但还是感到情绪不错,在自己的船舱里开始写《塔索》。这是此次旅行中他唯一携带的手稿。他感到自己就像在鲸肚子里。这是他第一次较远的海上旅行。若是没见过四周被大海包围,人们就无法理解世界及自己与世界的关系。

他们在巴勒莫及其周围四处漫游,见识艺术作品,享受街道上嘈杂的生活,在茂密的花园里寻找原始植物。歌德到来的消息在上流社会传开。他受到王子的邀请,后者问他,

《维特》中含有多少真实的经历。面对这样的问题,歌德宁愿逃到海边,倾听浪涛,嗅闻海藻:北部地平线旁的黑浪,它对港湾曲面的冲击,甚至连那散发着雾气的海水的独特气味,这一切都让我想到我心目中享清福的乐园。我立刻赶去买了一部《荷马史诗》,以极大的虔诚诵读。

歌德心头萦绕着一部关于瑙西卡的悲剧的想法。这个淮阿喀亚的公主命中注定为奥德修斯动情,然后毁灭于那不幸的爱情。回顾往事时,他就此计划写道:在这个构思中没有什么是我无法从自己的经验里根据自然描绘的。在旅途中、在危险中引发倾慕,即使它们没有悲剧性的结局,这种倾慕也足够痛苦、可怕和有害;即使在……被青年人看作半神、被中年人视为吹牛者的情况下,遇到某些受之有愧的好意、某些突如其来的障碍时也是一样;这一切让我对这个计划、对这种打算产生了如此强烈的好感,甚至使我虚度我在巴勒莫逗留的时光,连同我那西西里之旅的其余大部分时间。

在西西里岛上的四个星期时间里,歌德记录下一些东西,比如瑙西卡对奥德修斯所讲的话,它们披露她自己也未完全理解的感情,并显示出糟糕的预感:你并非幻觉中的一员 / 有多少自吹自擂的陌生人来到 /说那些滑头话…… / 你是个男人,一个可靠的男人 /你的话很有意义,也很关键/犹如诗人的一首歌鸣响耳旁 / 充满心灵并将它带走。瑙西卡的故事被置入那迷人的地中海氛围:一片白光笼罩大地海洋 / 无云苍穹留下香气。以后歌德将无法重新唤回这种对瑙西卡故事曾是不可或缺、充满阳光,且在炽热中颤动的白日氛围。作品也就被搁置了。

在巴勒莫，歌德听说，闻名欧洲和被卷入"项链丑闻"的骗子卡廖斯特罗，是出生于巴勒莫的、由于某些丑事在本地也臭名昭著的男人，名叫吉斯普·巴尔萨莫。歌德多年前曾同轻信的拉法特尔就卡廖斯特罗事件有过争执，曾为作为社会堕落的象征的项链丑闻感到惊讶。获知这个消息，即他的荷马史诗的梦幻之地，同为骗子的故乡，他觉得犹如受到电击一般。他和一名熟悉当地情况的律师一起，探访这个吉斯普·巴尔萨莫的家庭，却惊讶地见到贫困但正直纯洁的人。面对他们，他心中有愧，因为自己带着一个虚假故事，溜到他们家中。以后他从魏玛匿名给这个家庭寄去了一大笔钱，以弥补自己的负疚感。

歌德和克尼普全面地探索这个岛屿，访问了阿格里真特、卡塔尼亚、陶尔米纳，以及几年前被地震摧毁的墨西拿。荒芜的景象如此让人沮丧，以至于他们决定利用下一个合适的机会，返回那不勒斯。那是在1787年5月11日，两人乘坐一条法国商船踏上航程。这次糟糕的旅行持续了四天。船只差点儿在卡普里前面的礁石上撞毁。歌德带着几分骄傲地讲述，他如何通过自己的言语让惊慌失措的乘客和船员恢复镇静。他通过让别人克服恐惧，也让自己渡过了难关。

1787年5月14日，他们在那不勒斯上岸。歌德在那里还停留了三星期。在此期间，他看够了艺术品和废墟，但还没看够色彩斑斓的生活。当然他自己得小心提防过于浪漫的幻想，给自己留出时间，寻找机会，正确地认识当地的人及其别样的生活。人们也许不久就会发觉，所谓的流浪汉绝对不比其他阶层的人更无所事事，但同时也会感到，所有人都在以自己的方式并不仅仅为了生活而工作，相反是为了享受，他们甚至在平时的工作中也想获得快乐。

他对这种乐天的沉湎于瞬间的气质非常有好感，即使他感到，这种气质对经济的发展并不怎么有利。在北部国家，人们更勤奋，也更严格地要求自己，在那里人们虽然不情愿地从事自己的事业，但效率更高。还有，倘若有人将事业变成一个玩笑，而非让自己受其磨难，而这只是为了最后能从中得到一种可疑的盈利或者好处，这难道不好吗？生命的乐趣刻不容缓，谁若仅在目的地等它，就会在半道上错过它。

在这些天里，有朋友提醒他至今未完成《戏剧使命》，催他继续。经过一番思考，他明白：在这片天空下这似乎不可能。为什么？威廉难道是个来自北方的迈斯特？另一方面，他难道不是几乎像个流浪汉，闲逛着穿越自己的生命，随意在姑娘和演员群体那里歇息，而缺乏正当的、市民般目标明确的坚毅？迷娘的歌，你知道那地方，柠檬花儿开放，难道不是歌唱南方的颂歌？这说明，这个《戏剧使命》中的威廉，特别适合这片天空。但歌德此刻没有打算写他的小说人物，也没有适度的情绪。他想让威廉变得严肃和勤奋，迷娘及其随从该从此消失，南方的诱惑该被克服。不过在那不勒斯，对这样的规划他心生疑虑，所以在一封出自那不勒斯的信中这么写：也许最后的几章中会对这种天气写些什么。

1787年6月3日歌德向罗马进发。起先他打算，在那里再待四星期，处理完自己名胜古迹清单上的参观点，然后向北，以便在秋季返回魏玛。1787年5月29日启程去罗马前，他给公爵写信时，就是这个意思。这封信意义重大。因为歌德首次清楚地表述了，他对今后在魏玛的工作的希望和想象。他写道，约翰·克里斯托夫·施密特和克里斯蒂安·戈特洛布·福格特两人已经最出色地表明他们的称职，令人满意地完成了歌德的工作。他回去后，事情完全可以这么继续下去。解脱这些至今对公务没造成损失的责任以后，他对公爵的保证是，较之今日，我将做得更多，倘若您只让我干别人无法替代我干的事，而把其他事交给别人。然后他描述，他想象的在公爵身边的未来生活中，能对他期待什么。我已经看到，这是旅行给我带来的好处，旅行给我启蒙并让我的生存变得快乐。您至今对我的照顾以及对我的关心，让我得到了许多好处，远过于我自己能做、能希望和能要求的。请您将我交予我自己，交付给我的祖国，让我重新返回自身，能与您一起开始一种新生活！我信赖地将我的整个命运交在您手中。我见到了世上如此广大和美丽的一部分，而结果是：我只想同您和您的臣民一起生活。但愿我能少被天生就不适合自己的繁文缛节所挤压；这样我的生命就能给您和其他许多人带来欢乐。人们发觉，谦虚并非歌德的特点。他有一次讲，谦虚仅是无赖。一如他自己所说，倘若获得允许，他能给别人带来礼物，给公爵、祖国，最后还有他自己。

这封信的六个星期之后，歌德又改变了主意。他请求公爵，准许他在罗马住到1788年的复活节。而对他今后的工作他也有一些其他设想。他返回后很想遍游魏玛的土地，就像一个对一切都感到新鲜的陌生人，然后才留下自己的印象。他想以此方式，仿佛获得对任职的新的资格……倘若上天支持我的意愿；我随后就用一些时间，仅仅投身于国家的管理，犹如现在仅仅投身于艺术，我已经历长久的摸索和尝试，采取行动和发生影响力的时刻到了。

当公爵批准他延长假期后，他再也不提想重新完全返回管理职责的建议。他得到了自己想要的东西。相反，他现在强调他实际做出的艺术上的努力。艺术是件严肃的事，倘若人们稍认真地对待它……这个冬天我有大量事要做，不能虚度一天、一个小时。事实上他系统地安排了他的第二次罗马之行。他纠集了一批艺术家，他们教他学习透视法绘画和素描，教他如何上色和分割画面。他学习解剖学。人体现在成了他的最伟大的艺术品。他在实际的艺术训练中越是深入，他也越清楚地知道，他不适合当画家。他在这个职业中认识到自己的局限，但他也知道，他的所作所为即使仅是模仿自然的实际尝试，也能帮助他更好地理解和获得一种对艺术的生动概念。歌德在罗马生活的最后阶段对公爵写道，他重新找到了自己；但作为什么？——作为艺术家！无论如何，他指的不是画家，而是诗人。

作为诗人的歌德在1787年夏末的罗马，觉得自己到达重获生机的创造力的一个高峰，因为9月初他完成了《埃格蒙特》。那是一个无法言说的困难任务，若缺少一种无法度量的生活上的和心绪的自由，我将永远无法完成它。设想一下，这意味着什么：拿起一部作品，它十二年之前写下，不做改变地完成。

1775年秋，在迁往魏玛前的几个星期里，他写下了这部剧本，所以《诗与真》的最后一章，描写了法兰克福时代的终结和向魏玛进发，以埃格蒙特那大胆和相信命运的话结束：时间，这太阳神的骏马犹如受到无形幽灵的鞭策，带着我们命运的轻车疾驰，我们别无他法，只能勇敢地紧握缰绳，掌控车轮，时而向右，时而向左，避开这儿的石头，那里的悬崖。到哪里去？谁知道呢！他几乎想不起，从哪里来。

自传结束时，埃格蒙特的这些话暗示着作者与自己作品人物强烈的一致性。剧本被长久搁置，直到那时，歌德做过无数次重启的尝试，他想要结束剧本，但都成为徒劳。不是因为在此期间剧本对他来说已变得陌生，而是因为剧本离他太近。有一次他对夏洛特提到一部奇妙的剧本。他在其中几乎过于清楚地认出自己的疯狂岁月。我只想尝试清除其风格中过于松散的大学生的特点。

埃格蒙特是个具有生命活力和人生乐趣的人，冲动且投入，乐于享受，自由且散漫，无忧无虑，友好且充满活力。一个自己懂得生活，也让别人乐享生活的人。歌德在《诗与真》中写道，他赋予他无法度量的人生乐趣、无限的自信，吸引所有人的才华（有魅力），所以他博得了人民的好感，还得到了一个公主暗自倾心，一个纯真姑娘特别的喜欢，以及一个精于政务者的同情，他甚至为自己争取到了他最大敌人的儿子。

这种魅力，歌德知道，他自己也具备，将此借给他的宠儿埃格蒙特，并对这种魅力加以放大，以至于它近似魔力。紧接着引用的关于埃格蒙特的句子，在《诗与真》中是关于魔力的著名思考。魔力的意义在现代语言使用中，几乎与神授的超凡能力相似。不管人们使用何种概念,在从这类或善或恶的人的生命所散发的磁力中,附有某种神秘。歌德写道,从这类魔鬼般的或者有神授的超凡能力的人身上,散发出一种可怕的力量,而它对一切生灵来说成为一种不可思议的支配力。

埃格蒙特具有这种磁力,可他过于可爱,无法深思熟虑地运用它。他尽情享受它。但他所做之事,并不那么吸引别人,遑论征服别人。他只是他自己。埃格蒙特不仅是女人们的,尤其是克莱尔辛的宠儿,而且受到了人民的爱戴。荷兰人在他们反对西班牙的解放战争中,推举他为他们的自由勇士。可在歌德的描述中,他其实不是政治人,相反,他陷入政治,最后死于政治。阿尔巴公爵逐渐逼近。政治家威廉·封·奥兰尼恩看穿了西班牙的计划,这些计划的目的是清除不可靠的荷兰贵族。奥兰尼恩警告埃格蒙特,要求他同自己一样,并将自己带到安全的地方,以便等待抵抗的有利时机。可埃格蒙特对此充耳不闻:他信任国王和他的人民,尤其信任自己。他蔑视隐秘小径、阴谋和算计。所以他掉入了阿尔巴给他挖好的陷阱。此事发生在剧本的高潮点,即第四幕。阿尔巴在此同样显示了自己是个了不起的人物,冷静,缜密,理性。阿尔巴代表了政治的魔力。他身上显现出另一种权力。在埃格蒙特身上,这种权力源自个性,然而阿尔巴身上体现的是一种权力系统——他真的将它实现了,这比他仅仅代表这种权力系统意味着更多。这个系统权力的对立双方,即个人的和超越个人的权力。

歌德在剧本的第四幕中,于双方的对立中,给自己制造了困难。在他写作的多年时间里,他不断地在这里搁笔,比如1781年年底他给夏洛特写信说:我的埃格蒙特马上就能结尾,倘若不是那不幸、可恶且不得不改写的第四幕,我会在今年结束这部延宕已久的剧本。1787年夏在罗马,这个时刻终于来到。8月1日第四幕完成。最大的困难由此被克服。但这个难点究竟在哪里?

歌德不想通过把阿尔巴这个人物简化为政治恶棍的角色,让事情变得容易。相反,阿尔巴应该让国家政治生命的领域,以完全值得尊重的、必需的,即使在埃格蒙特看来是骇人的方式,产生效果。歌德相信自己对在魏玛的生活立场负有责任。他的职务工作虽然完全不是恶魔般的,而且与人的生命无关,但是,统治国家政治领域的,是有别于私人空间和文学创作的另一种逻辑。歌德处处体验到这种差异,而这种差异必须在生活实践中得到处理。比如文学的意识看重独一无二中的活力,可以私人化地接近这种活力;在国家政治的空间里起作用的是普遍的规则,必须从总体出发观察和处理个体。文学是无政府主义的,它不允许对自己的统治,甚至不允许道德对自己的统治;而政治相反是秩序的发布和统治。尤其是,国家政治的领域由操心的精神统领。它的存在,就是为了替处于时代那可怕的骚乱中的共同体的安全和舒适,承担其操心的责任。所以当歌德逃往意大利时,他希望能有一段时间摆脱这种操心。就此他对夏洛特写道,倘若我将一直以来视之为自己的责任的东西,逐出我的情感,是为了让自己相信,人应该将他遇到的善,犹如一件幸福的掠夺品那样搁置一旁,不为某个特定的事物,相反为了整体的幸与不幸而忧虑。

眼下歌德让埃格蒙特在与阿尔巴的长篇对话中,并非作为无政府主义的诗人,而是作为一个充满活力且无忧无虑的可爱人物现身。因为他信任自己,所以他也信任他的同伴,并放弃管束他们。他对他的对手阿尔巴解释说,牧人轻易就能将一群羊赶到自己身前,公牛能毫不费力地拖动犁铧;但是面对一匹你想骑的骏马,你必须学会它的思想,你不该向它要求任何不明智的事。对此阿尔巴的回答是:世人不知道什么对他们有好处,他们就像孩子,所以公爵的意图是,为了他们自己的最大好处约束他们,倘若必要,强迫他们牺牲有害的市民,以便其他人找到安宁。这是专制主义的声音,而歌德与此针锋相对地让埃格蒙特犹如他所敬佩的尤斯图斯·默泽尔那样表明自己的理由。默泽尔在其《爱国主义的幻想》中捍卫古代社会等级的自由权利。埃格蒙特如同默泽尔那样宣称,市民希望保持古老的法律,由自己的国人统治,因为他知道自己将如何被引导,因为他能对他们的无私,对其命运的同情抱有希望。对埃格蒙特来说,统治源自习惯和日常,它紧贴生命;它并非如在阿尔巴那里,是抽象地面对生命,让生命臣服于自己。埃格蒙特虽然从政治上说明了自己的理由,但清楚的是,政治并非其本身的基本特点。

埃格蒙特不是艺术家,但是一名生命艺术家,不过最后用生命为自己的无忧无虑付出了代价。也许他之前已经让自己对生命产生厌烦——由于操心?在被处死之前的监狱里,埃格蒙特对阿尔巴的儿子费迪南德留下遗言:我生活过了,我的朋友，愿你也开心和快活地活着，不惧死亡。埃格蒙特此刻不怕死亡，因为他之前业已经历过怕死的恐惧，使得公爵认为这有失体统，并将其责备为像个女人。

1787年8月在博格黑泽别墅的花园里散步时，歌德用梦幻般的镜头构思了最后一幕：甜蜜的梦幻！你犹如纯洁的幸福不请自来，不用祈求，心甘情愿。你解开严峻思想的纽结，将欢乐和痛苦的所有图像融合在一处，内心和谐的循环畅通无阻，我们被裹在讨人喜欢的疯狂中下沉，存在停止了。作品终于杀青了，在歌德的内心里也最终能让埃格蒙特消失了，此刻他感到一阵轻松，他几乎已经不相信自己还能做成此事。歌德写道，他必须将此归功于在意大利获得的心绪的自由。

他要感谢的心绪的自由，也许还有在意大利的第二次罗马之行时所遇到的一次让人满意的爱情关系。很多事说明了这一点，当然没人知道确切细节。《罗马哀歌》中那个情人的形象福斯蒂娜，虽然在《意大利游记》中没有出现，但在关于1788年1月的记录中，歌德毫无过渡地塞入一篇出自小歌剧《维拉-贝拉的克劳迪娜》的一首诗：丘比特，调皮执拗的男孩，/你求我让你留宿几小时！/可你待了多少个白昼和黑夜，/现在发号施令，成了家里的上司。在接下去的描述中，歌德明显地尝试排除怀疑，不让别人以为这里涉及一种暧昧的隐射。所以又有了由艾克曼留下的关于巴伐利亚国王的评论，巴伐利亚国王曾以此纠缠歌德，我（歌德）该告诉他，事实（Faktum）——Faustina，福斯蒂娜——是怎么回事，因为在诗歌中如此优雅，似乎在此真的有些什么。可人们很少想到，诗人大多时候并不知道，怎么做才是对的。

但在1788年2月16日歌德致公爵的一封信中，有一个值得注意的提示。公爵对歌德提及自己的性病正在痊愈中，歌德有些取笑地讲述，他起先想到了痔疮，现在当然明白是邻居受了难。公爵也许对他描绘了将病传染给他的漂亮姑娘，而歌德回答，他也可以讲述几次优雅的散步。可以肯定的是……这样一种有克制的运动，会平复情绪并让身体保持一种美好的平衡。我在自己的生命中不止一次地经历过，相反也感到过不适，倘若我愿意让自己被人从宽阔的大街上引到节制和安全的狭窄小道上。

察佩里收集过更多的证据，比如在歌德致赫尔德信中的一句话。赫尔德想要歌德旅行笔记的手稿，而歌德扣住不给，其中提到了外阴，他不想公开。就连歌德房东科林纳夫妇所开出的餐费账单，也能被作为证据。曾有个陌生客人几次出现，同歌德一起共进晚餐：可能就是他的情人。令人印象更为深刻的证据，当然是一封书写和语法都相当糟糕的情书，在歌德的意大利文件之中被人发现。其中有："我担心，您对我生气，可我不希望这样。我完全是您的。请您爱我，倘若可以的话，就像我爱您一样。"这可能有关一个嫉妒的场景，而这样的场景在《罗马哀歌》中也曾提及。问题只是：这封信是写给蒂施拜因的。但是，书信放在歌德的文件中，而歌德出于匿名的缘故，曾让人把给他的信寄到蒂施拜因名下——不管怎样，这封情书依然可能是写给歌德的。当卡洛利妮·赫尔德向自己的丈夫提到，歌德说过，他在离开罗马前的两个星期，每天"像个孩子"那样哭，这可能与同一个情人的告别有关，而她此后在《罗马哀歌》中被称为福斯蒂娜。

1787年秋,在歌德和公爵之间发生了一点不快,因为公爵表示希望歌德做好准备,为最近也想访问意大利的公爵母亲安娜·阿玛丽娅充当导游。公爵提出这个请求,是在他们约定1788年的复活节、歌德返回的日子之后。歌德对如下前景——从意大利的艺术家生活再次被扯入宫廷氛围——不怎么兴奋,并带着这种情绪回复公爵。但尽管如此,他还是释放愿意为安娜·阿玛丽娅的旅行做准备的信号,必要的话还可以陪伴她。当公爵打消了这个念头时,歌德感到一阵轻松。1788年3月17日,歌德写信给他:我立刻用一封兴高采烈的信回复您友好、亲切的信,我要回来了!

4月24日,歌德从罗马出发。几天之前为了告别,他在一个月明之夜,重走了他经常走的路,从科尔索街向下,去古罗马城堡,它像一座仙女宫殿矗立在荒漠中。再从那里穿越广场废墟,去大斗兽场那庄严的遗址。《意大利游记》中有,我无法否认,我感到不寒而栗,加快了返程的速度。

最后他还想起奥维德的哀歌。那是当奥维德从罗马被流放到黑海时所作的。从那夜起,我心中徘徊着悲伤的图景,/那是我在罗马城中的最后之夜。

此刻,歌德觉得自己就像某个返回其流放地的人。

第十九章

返回魏玛。夏洛特·封·施泰因和克里斯蒂安娜·符尔皮乌斯。情欲。《罗马哀歌》。与席勒首次相见。与莫里茨一起重新理解艺术的独立性。艺术和其他生命的力量。回到《塔索》和安东尼奥。猎屋中的家庭幸福。

1788年4月24日歌德离开罗马,随从中有作曲家菲利普·克里斯托夫·凯泽尔,一个来自法兰克福时代的熟人。歌德曾资助他,同他一起关注小歌剧计划,并希望从他那里得到为《埃格蒙特》所写的舞台音乐。事情不了了之。但作为旅伴,凯泽尔是合适人选。

歌德在途中给公爵的书信——途中的大部分书信都是写给公爵的——不再带有如3月18日信中所表达出的狂热声调。在那封信中,歌德发出自己准备返回的信号:主人,是我,您可随意支配您的仆人。可现在他几乎不再努力掩饰上升至玩世不恭的愤懑。恼怒也表现在针对建筑和艺术的情绪恶劣的评论中,似乎他对于狂热的心业已疲惫。他指责米兰大教堂的建造者,说他们强制性地将整座的大理石山置入最最无聊的形式中。他不仅愤愤地谈论某些艺术品,也这样谈论自己。5月23日他致信公爵说:此外是因为,我非常可怕地变得粗野。虽然我的一生没多大用处,可我的安慰是,您也见证了我这样毫无改变。

这样的言论明显不符合之前的腔调,可他似乎不怎么关心这一点。他将原先声称将作为一个改变了的,更加见多识广、更加纯净的人返回,以便能比之前更好地为公爵服务。取代这一点的是,一种沮丧的情绪悄然出现。与罗马的告别的成本,远远高于我以前年月应该的付出。在致公爵的信中有这样的话。因为要路过阿尔卑斯山,他给自己买了一把锤子。他给克内贝尔写道,他将敲击岩石,为了驱散死亡的苦涩。

在阿尔卑斯山的另一边,如他预料到的一样,天气开始变坏:雨水、风暴低垂的乌云和寒冷。到达迷雾地区后,歌德自问,这里的人如何能忍受这种天气,以及鬼才知道,他们为何在此居住。他最大的愿望是立刻返回。马车行驶途中,在施瓦本山脉北部边缘的某一地方,在比贝腊赫和京根之间的某处,他为魏玛的生活写下一些良好的打算:我应该限制坏情绪。

1788年6月18日,歌德到达魏玛。第二天早晨他做的第一件事,是让人叫来他的受监护人弗里茨·封·施泰因,然后去公爵那里报到。在那里首先碰到的是太傅科内柳斯·约翰·鲁道夫·里德。里德这样描绘歌德:"他瘦了,而且被太阳晒黑了——我以前从未见到他这样!"

良好的打算起先颇有成果。歌德在宫廷表现得比以前更平易近人;"他表现得比往常更健谈,他真的带回了快活和满意",但人们也发觉,他隐藏了什么,因为他"停留在小事上,以便躲避他不愿谈及的要点"。

他在熟人圈里和在宫廷不愿提及的要点之一,涉及他和夏洛特·封·施泰因的关系。他无法和别人,也无法和她谈这一点。一部分原因是她表示拒绝并显得冷淡,因为他没说到点子上,另一部分原因是他也不知道,他们两个的关系今后该怎么继续。所以两人互相躲避对方,找不到明确答案。夏洛特抱怨这一点,要求解释。可歌德不愿意:我很愿意听你对我说的一切,我只想求你,别因为我现在的表现,过于认真地把我当作心不在焉的,甚至人格分裂的人。我也许能对你说,我的内心和我的外表不一样。情况就是这样,因为他心中被一件他不愿告诉夏洛特的事充满了。

1788年7月12日,二十三岁的克里斯蒂安娜·符尔皮乌斯,为她处于窘境的哥哥克里斯蒂安,向歌德求助。她哥哥学完法律后一直没有职位。两人都将记住这首次见面的日子,因为从这天起,他们共同的故事开始了。

克里斯蒂安娜的父母业已亡故,她和一个姑姑、一个妹妹住在魏玛的穷苦环境中。父亲曾是个小官,因为过错被免职。克里斯蒂安娜在贝尔图赫的制花厂做工。一如人们当时所说,她是个平民姑娘。歌德曾多次为他的情人画像。图像上的她显得自信和自然。浓密的头发自然鬈曲地垂下。她不像夏洛特那么苗条,更属敦实类型,有着丰满的体形,光彩四射。当歌德的母亲见到她时,仅将她称为"床上宝贝",有认可并说她可爱的意思。

最初的几个月里，两人之间的关系非常秘密。在弗劳恩普兰的宅邸中唯一的知情人，是忠实的仆人和秘书菲利普·塞德尔。克里斯蒂安娜从后门进入。当歌德不在时，克内贝尔曾住在歌德的花园别墅里。在他重新搬出以后，事情变得更简单。同往常一样，一旦涉及男人之事，公爵是第一个知情人——而这个爱情故事开始也被当作男人之事。歌德在一篇论爱之烦恼的，一首名叫《性爱》的小诗中，对此首次有所暗示。其中别的烦恼能容易地被爱的烦恼驱逐。而这些诗句其后被选入《罗马哀歌》。歌德在之后的一封信中，想让性爱为美丽的心灵提供建议，并继续写道：我不否认我已暗自屈服于它们。然后是卖俏和双关的辩解：我没做值得我炫耀的事，而我允许自己为某些事感到愉快。

1789年年初，半年之后，故事成为公开的秘密。卡洛利妮·赫尔德致信在此期间也去意大利旅行的丈夫："现在我从施泰因夫人本人那里获悉秘密，她现在为什么无法再与歌德和好相处。他把年轻的符尔皮乌斯变成他的克莱尔辛，并经常让她去自己那里，等等。"赫尔德在罗马向歌德的熟人打听了消息之后，回信说："你关于歌德的克莱尔辛的话，与其说让我感到惊讶，不如说让我觉得讨厌。一个可怜的姑娘——我无论如何不能原谅这一切！可是……以他的类型，以他在此地粗鲁的行事方式——尽管是在善良的人中生活的某种方式——只能带来这样的结果，没有其他可能。"

夏洛特的看法与之类似：歌德在意大利堕落了。他变得淫荡，当她以后拉开二人的距离，曾冷淡地这样断言。在歌德返回后的第一年中，她还缺少这种判断的镇静自若。她感到愤怒和受伤。她是个成熟的女人，年近五十，有一个成年的儿子，卡尔，还有一个未成年的、歌德几乎已将他过继的儿子弗里茨；有个丈夫，刚刚经历了一次中风，尚处于需要照顾的危险。其实她无法放弃将歌德留在自己身边，可骄傲禁止她为他去争斗。即使她想奋争，她也无法说服自己。这个平时如此沉着、礼数到家的女人，有一阵子周章失措。

在最初的几个月里，只要可能，她就尝试离开魏玛。她常常待在自己的鲁道施塔特附近的格罗斯科赫贝格的庄园里，并出去旅行。1789年5月底，当她再次启程旅行前，给歌德留下一封信，根据歌德的回信可以猜测，其中一定含有对过去几个月的令人不快的清算。也就是说，信中包含的指责，迫使歌德采取自卫立场。他写道，我犹豫着对此作答，因为在这样一种情况下做到公正和不伤人很难。但是，当他以小心的表达方式为他与克里斯蒂安娜的关系辩护时，还是有些伤人。这是何种关系？谁会由此而受损？谁有权对我给予这个可怜人的感情异议？谁有权对我同她一起度过的时光提出异议？

这只能意味着：夏洛特拒绝了他的肉体欲求，所以现在歌德对她也没什么可隐瞒的——若他现在同克里斯蒂安娜一起尽情享乐。他写得当然没有这么直接，但已足够清楚。现在对他来说也是发泄不快的机会，于是他这么继续道：不过我很愿意承认，我无法忍受你至今对待我的方式……你控制了我每种表情和我的活动；责备我的行为方式。他继续写着，开始发火，当他转到咖啡消费方面的完全不合适的警告时，还觉得自己完全有理。不幸的是你长久以来无视我关于咖啡的建议，采纳对你身体极为有害的特殊饮食。她的自怜自艾可能并不令人惊讶，是因为咖啡加强了她患疑病的倾向。在1789年6月的下一封信里，那是很长一段时间里的最后一封信，歌德收回了自以为是的语调，代之而起的是自我怜悯。回信开始于天气，结束于人类糟糕的状况。一切他都无法忍受，而为了不制订出一个让人逐渐涣散的计划，需要许多自我克制，他写道。这样的解释与充满他其余书信的、让人觉得这个男人同他的克里斯蒂安娜此刻一切顺利的快活语调，形成鲜明对比。特别是来自《罗马哀歌》的情色诗歌，是对这段时光的描绘。这些诗歌出自同克里斯蒂安娜在一起的蜜月。只有几个亲密的朋友知道某些细节。首先是克内贝尔、公爵以及维兰德。后者对风流韵事、情色和不正经都具有特别的理解力。女人们当然不是这些消息的收件人。

保守秘密也间接地影响了格申版全集最后一卷的出版。歌德于1788年11月6日写信给格申，我有理由，不想印出第一部集子中的最后的两首诗——《享受》和《探望》。

《享受》写于1767年，此前印出过，但因为涉及淫欲——若不发泄，它会更强烈——这让歌德觉得，最好先不发表这首诗，因为人们会将此与克里斯蒂安娜联系起来。诗歌《探望》相反的确产生于爱情是最初几周，描绘了睡眠中的女子，而悄悄来到她身边的情人，将两个橙子放在床上。这里没有其他的含沙射影，对歌德来说，这显然已经足够。让别人能在被描绘为一个民间纯朴姑娘情人的可爱肖像中，重现克里斯蒂安娜。另一篇情诗，歌德1788年10月31日寄给弗里茨·雅各比的《清晨的悲叹》，逃过了他的自我审查，尽管它较之《探望》，更带有能认出他与克里斯蒂安娜之情史的影射价值。情人等待着与女孩约定的秘访，听见猫和老鼠的喧闹，以及楼板的咯吱作响，遗憾的是被等的人最后没来。平时受到热烈欢迎的太阳已经升起，可这次变得真正令人讨厌，沮丧的情人只能将其热烈和充满憧憬的呼吸／与凉爽的晨风调和。

随着《清晨的悲叹》和《探访》，作者开始捕捉这几个星期的情色激荡。当歌德能将爱情游戏与罗马的浪漫史结合起来后，这种乐趣还会得到升华。当他读了卡图、蒂布尔和普罗佩尔茨后发觉，还能借助古罗马的形式和母题世界，让这一切变得高贵。1789年这一整年，朋友们都在收到关于情诗或拟古诗的信件。

这一直持续到1790年年初。4月3日他写信给赫尔德：我的哀歌也许结束了；这根神经在我身上仿佛已踪迹全无。毫不奇怪，因为他此刻远离克里斯蒂安娜，在威尼斯。《哀歌》已经写就，但他暂时还没想到要发表。赫尔德也建议别发，即使平时绝不古板的公爵也给出了同样的建议。也许他担心有人议论。免惹麻烦，也许更好。这样的事仅为享乐者所写，对大众不合适。《罗马哀歌》因而被搁置，直到四年后被席勒督促。席勒在为自己的《季节女神》杂志寻找某些有吸引力的作品。歌德为此提供了两首哀歌的删节版本。它们于1796年最终出版。

《哀歌》叙述同一名漂亮寡妇的爱情小史。它开始于对一种专注修养的讥讽。歌德带着自嘲这样吟咏：请告诉我，石头，啊！请说话，你们巍峨的宫殿。／街道请说一句话！／

守护神你怎么纹丝不动?……啊,罗马,你虽然是个世界,但若没有爱情/世界就不是世界,罗马也就不是罗马。只有当那个罗马女郎躺到他的床上时,罗马才有生机;当然之前那警觉的母亲得以丰富的情感对此表示赞赏:母亲和女儿都喜欢她们的北方来客/而这个野蛮人掌控了罗马人的胸脯和身体。第三首哀歌献给突如其来的主题。倘若事情迅速,就太好了,但不是爱情游戏,而是开辟过程。亲爱的,你可别后悔,这么快就委身于我,/请相信,我不会以为你无耻,以为你低贱。在情人的肖像画中,克里斯蒂安娜的形像显现了,尤其是在涉及头发和发型时:起先出现在我面前的,是个褐发女郎,浓密的头发/从额头披垂而下:/短短的鬈发在可爱的脖颈上盘绕,/未梳理的散发则在头顶蓬起。然后是著名的第五篇哀歌。至迟到此,不仅今天的歌德读者,而且歌德的同时代人也早就想知道,此处所及,可能是仅为虚构的罗马情人,也可能是最大程度上真实的克里斯蒂安娜:但整夜里阿摩让我另有所忙,/我虽然半受教导,但却快乐倍增。/难道我不是长了见识,当我窥见可爱的乳房模样,/手还滑到臀部?/我这才懂得大理石,我思考和比较,/用感觉的眼睛看,用观看的手感觉。/最爱的人虽然夺走我一些白日时光;/可她会把晚间时光给我作为补偿。/若非一直接吻,就理智交谈,/若她进入睡梦,我就躺着,思绪万千。/我还常常在她怀里作诗/用手指,轻轻地,/在她背上数着六步音韵。

歌德将两首《哀歌》删除,最早的第二首和第十六首,因为它们如公爵所说,含有"过于淫荡的想法"。这第二首描绘了直到最后的脱衣场景：全裸的阿摩的快乐让我们欢欣鼓舞／还有摇晃的睡床那可爱和吱吱的响声。另一首用丰富多彩的语言表达了对性病的恐惧。

《哀歌》从一开始就是为读者准备的，即使发表有些迟疑。而那些情诗则不是为发表准备的。公爵和其他一些朋友读到过。这显然纯粹是男人的事，涉及歌德用拉丁语写的对古代晚期普里阿普斯诗歌的注解。这些情诗的主题多数是普里阿普斯，这个花园之神通常被描绘成短小粗壮的大胡子男人，有一根勃起的巨大阴茎，它总是毫无遮掩地显露在外，几乎同他的人一样长。歌德的注解利用机会，语带讥讽地啰唆地谈论所有细节，比如那被希望的勃起如何总是成功，以及用熨斗处理阴毛和用烫发钳使之卷曲，这是否能有助于性爱之乐。这些诗中有属于专门写给公爵的文本资料，还有一种奥古斯丁的讽刺性改写。奥古斯丁在《上帝之国》中批评了罗马的多神教，尤其是厌恶公开暴露的习俗，有人甚至用"用一群神祇将卧室'塞满'，而在那里甚至男傧相都该退去"。歌德在此联系到一篇被归于奥古斯丁的虚构文本，其中单个神祇的在场，在前戏和同房的细节中被调整；一个进入淫荡细节的好机会。比如女神弗吉尼亚将帮助，解开姑娘的腰带……去掉讨厌的衣服，将你置入肉欲，若你躺到她身上时，分开她的大腿。在结合的时候，在你寻找入口，下身温柔地贴向躺在你身下的肉体的时候，不能缺少苏比古斯神……接着还有其他的男神和女神跑来帮助，直到精液被引导到正确的地方，也许会有新生命自那里开始。

歌德在写下这些文字的几周时间里，正准备首次当父亲。克里斯蒂安娜怀孕了。歌德承认自己的父亲身份，准备将情人接到弗劳恩普兰旁的宅邸中。魏玛社会无法接受这一点，公爵这么想，就把城门前的两栋猎屋提供给他的朋友和即将分娩的克里斯蒂安娜。住在那里，可以不引人注目。猎屋虽然实用和舒适，一如歌德多次强调的那样，但这涉及某种社会地位的降低。这一点在书信中没有提及，仅仅在以后才有所表现。那时，歌德坚决且高兴地利用机会重返弗劳恩普兰旁的宅邸。但歌德目前表现得十分愉快。他幽默地对公爵诉说他搬家的情况：我一直小心翼翼地调动自己，进入新的驻地。先是沉重的大炮，军团已进入运动状态，我掩护着后卫。沉重的大炮应该指即将分娩的克里斯蒂安娜，军团是由姑姑和克里斯蒂安娜的姐妹组成的亲朋好友，后卫该指仆人。人们就这样来到城门前。

1789年12月25日克里斯蒂安娜分娩。孩子取名奥古斯特。两天后是洗礼的日子，歌德对他的同事福格特写道：恰恰是此刻完成的一件神圣仪式，让我再次想起您半年前在困难时愿意援助我的好意。有人猜测，这个感谢与福格特对他的帮助有关，让父母双方成功避免了婚外分娩那令人难堪的惩罚。因为实际上根据有效的法律规定，克里斯蒂安娜要受到支付罚金的惩处，还会受到公开的警告和教会的处罚。在特殊情况下，甚至父亲也会被追究责任。为了避免可能的丑闻，有些事情得打理。

当克里斯蒂安娜在1788年秋秘密地迁入弗劳恩普兰旁的宅邸时，歌德有了一个没被其他人发现任何痕迹的新邻居——弗里德里希·席勒。席勒于1787年7月来到魏玛，想打听能否在这个地方住下。因为公爵几年前给了他顾问头衔,而他希望得到某个有薪金的职位;当然像歌德那样收入如此丰厚的职位,远在他的预期之外。席勒有足够的野心,想在魏玛同当地的"偶像和偶像崇拜者们"较量。首次与赫尔德和维兰德见面之后,席勒记录下:"我把自己想得过于渺小,把周围的人想得过于伟大。"但他真正的标尺是歌德,而歌德当时人在意大利。和魏玛的其他人一样,席勒也在等歌德归来,还搬进了弗劳恩普兰附近的一所房子。

二人首次见面是在鲁道施塔特的伦格费尔德家里。席勒在那里拜访夏洛特·伦格费尔德,他以后的妻子。她是封·施泰因夫人的一个教女,与歌德保持着一种家人般的关系。她成功地安排了席勒与歌德的首次正式见面。那是1788年9月7日,歌德在夏洛特·封·施泰因、她的妹妹以及未来的赫尔德夫人的陪伴下,拜访了伦格费尔德一家以及客人。对席勒来说,这次会面令人沮丧。"显然人太多,大家都急切地想同他交往,以至于我无法同他单独说话或者同他说些与众不同的事。"他在给克尔纳的一封信里这么说。歌德没在任何地方评论这次见面,此事对他在那个时刻显然不那么重要。此外对席勒,他的态度也有所保留,如他以后讲述的那样,他对席勒在公众中享有的高度威望感到震惊。《强盗》一直是他憎恶的作品,而席勒恰恰是这部剧本的作者,一个有力量但不成熟的天才,而正是这个天才,把我想努力从自己身上清除的伦理的和戏剧的悖谬,借着十足充满魅力的洪流,浇洒在祖国大地上。

席勒在首次见面时,已感到这种拒绝,而这让他感到受伤——伤口比他自己承认的更深。在以后的几个月里,席勒能从近处观察,在歌德家里客人们如何频繁进出,可他自己被挡在门外。席勒的恼怒不断增长,最后他在给克尔纳的一封信里终于发泄道:"经常待在歌德身旁,会让我感到不幸——即使面对最亲密的朋友,他也没有片刻的畅所欲言,他丝毫不能让人理解;我真的认为,他是个程度不同寻常的自私自利者。他具有迷惑别人的才能……但他懂得如何让自己总是保持自由。他善意地宣布自己的实存,但像一个神,从不表现自身……人们不该让这样一个生灵在自己周遭出现。由于不知是否应该立刻全身心地爱他的精神,把他想得伟大,我憎恨他。我把他看作一个骄傲的刻板女人——为了能在世人面前羞辱她,得让她生个孩子。"席勒在爱和恨之间被撕裂。爱歌德的作品,恨命运眷顾他的让他成功的方式,席勒这么以为。"这个人,这个歌德阻碍了我,他经常让我想起,命运严酷地对待我。他的天才受到其命运如此轻快的承负,可我直到此时此刻还不得不奋斗!"

由于歌德的插手,席勒获得在耶拿当教授的邀请,可席勒面对歌德的愤懑并未减弱。情况正相反。当席勒获悉,那只是个无薪金的教席之后,觉得自己受到了"愚弄"。他应该感到受宠还是受辱?克尔纳警告席勒:"我还是得告诉你,耶拿用你,而你无法用教授头衔获利。"克尔纳说到了点子上,因为歌德真的写信给枢密院说可以招聘席勒,特别是因为不用花费就能获利。

1789年夏席勒迁往耶拿。他尝试结束面对歌德的矛盾情感。席勒明白,他是用嫉妒情感毒害了自己。他必须找到一条克服这种情感的出路。只有当他相信自己并坚定地走自己的路时，才可能走出这种嫉妒。席勒这样为自己确定以下几年的战略：他将从耶拿出发，取得出类拔萃的教学成就，从远处眺望歌德，但同时继续努力工作，紧盯自己的目标不放，同时希望，也许什么时候他们会在一个共同的舞台上，发挥共同的作用。

在歌德那里情况则不一样。他还没觉得受到席勒挑战，他还在准备渐渐发现这个年轻人的优点。比如诗歌《希腊的群神》让他产生了好感，使得他在一次乘马车旅行的途中，以自己有时像是教训人的方式，对女性旅伴逐段讲解此诗。席勒的《论统一的尼德兰独立于西班牙统治的历史》也被他誉为有力且修辞出色的历史作品。在席勒对歌德《埃格蒙特》的书评中有许多赞美之词，但却以"一个悬空筋斗翻入一个歌剧世界"的责备结尾。歌德就此对公爵写道，对剧本的道德部分分析得很好。涉及诗学的部分，书评人想给别人留下一些什么。

歌德关注着席勒，他很难否定席勒在文学领域的杰出，可他对他保持距离，且此刻的歌德其实比以前更注意保持与他人的距离——虽然人们的期待不一样。来自意大利的书信预示着个人交往中的轻松。但事实上歌德现在表现得更加小心和克制。这里与克里斯蒂安娜起先的秘密关系产生了影响，因为这种秘密关系带来的是某种双重生活。所以卡洛利妮·赫尔德有此印象，歌德的表现是"避免任何人们能从中得出结论的表达"。

此外还有其他事情的掺和。还是目光敏锐的卡罗丽妮·赫尔德发觉:"太糟了,他一直穿着盔甲。可我有时仍能看穿!"她随后告诉自己在罗马逗留的丈夫,她相信自己发现了什么:"关于歌德,我真的有一个大发现。他或者他身上的全部,正像一个以全部身心生活着的诗人……他觉得自己是个更崇高的生灵……打那以后我知道何为诗人和艺术家,打那以后我不再要求与他建立更密切的联系。"

卡罗丽妮可能处在正确的轨迹上。因为歌德自己在回顾往事时,将这种让他对外显得僵硬的返回内心,与日渐增长的艺术家的自信联系在一起。他在《远征法兰西》中写道:在意大利,我逐渐感到自己挣脱了渺小的想象,解除了错误的希望;代替对艺术之国的渴望的,是对艺术自身的渴望;我感觉到艺术,现在希望穿透艺术。……它通过伟大的对象和观念充实我们的内心,并征服一切奋力向外的愿望……倾诉的需求变得越来越小。

也就是说,他在回顾往事时声称,重新萌发的对艺术的专注投入,使他封闭自身,变得不可亲近,甚至是沉默寡言,这种变化符合这样的准则:培养艺术家,就别多嘴!在从意大利返回的最初几个月里,他首先想最终完成《塔索》。因此,他与公爵约定,他卸下政务的期限还要延长。1788年到1789年冬卡尔·菲利普·莫里茨持续几周的访问,对这件工作有重要作用。莫里茨的论著《论美的艺术模仿》刚刚出版。莫里茨曾在罗马与歌德一起构思这部论著。对歌德来说,它和他在意大利的内心变化如此密不可分,以至于他以后甚至以摘要的方式在《意大利游记》中发表了这个文本。他称这部论著为我们交往的真正成果,并强调他对我的

《塔索》的参与。

莫里茨的论著坚定和令人信服地发展了艺术之自主性的纲领,其思想的亮点是将斯宾诺莎主义运用于艺术。斯宾诺莎宣告,上帝是整体。所以自然或者世界作为整体无法被归于一个彼岸的目的。它对处于自己之外的任何东西都毫无用处。一切意义都包含于自身,而非之外。根据斯宾诺莎主义对世界整体之观念的蓝本,莫里茨形成了艺术的观念。艺术是在细节中自成一体的整体,犹如伟大的整体,它的定义是,不臣服于他者,无用,无涉某个目的。它是一种丰富的、自成一体的语境,只对不在其外部,而仅在其内部寻找一切的人开放,不管他是创造者还是接纳者。艺术家的作品只有这样才能成功:倘若其劳作的重点完全处在被创造的作品中,而没有其他的外部考虑。讨好别人或者待价而沽,满足政治要求或者日常道德的艺术家,就会被扯出其创造的中心,失去创造的根源。类似的原理对艺术接受者同样有效。而艺术作品只有这样才能打动他:倘若确实只是艺术作品,而非外部的考虑和利益,让他发生兴趣。以莫里茨为出发点,康德将把艺术之崇高的自我关涉和无用性,称为对艺术的无功利性的喜好。

从意大利返回后,艺术之独立性的思想,在歌德那里赢得了一种重要的意义。如何能让罗马的艺术家生活转入散文情境?也就是说,事关艺术之独立要求的生活实践的重要性。去意大利旅行之前,他实现的是作为艺术家和官员的双重生存的生命艺术。歌德认识到,虽然可以从生命中激发诗学的火花,但反过来不能允许诗学统治生命,坚持这样的区域划分是如何重要。面对生命，他和莫里茨一起发展的关于艺术之自主性的思想，给他打开了哪种新的洞见？

这种新的洞见即：自主性思想由艺术内部出发得以建立，所以艺术和艺术家的本性作为本己的区域，作为本己的自成一体的世界，作为"无用的整体"，应该可以为自己存在。迄至那时，艺术家和官员的分别，受到外部的生活环境的制约，可现在它是艺术的内在本性的要求，但以这样的方式，即艺术在此尚未被贬为美丽的小事，而是得到了提升，在其内在价值中得到升华。迄至那时，说艺术其实是件无用之事，是一种伤人的指责。而自主性思想让这种伤害消失了。艺术自身是富有意义且自身封闭的圈子，正因为如此艺术不服务于任何其他目的。所有可能的目的，已在圈内聚集。意图的磁力线从外部进入艺术，而非从内部导出。哪里有伤害，哪里就有骄傲：艺术不臣服于他者！非常熟悉歌德的克内贝尔，惊奇地察觉："艺术完全占据了他的身心；他视艺术为一切人类的提升的目的。"这就是说：之前不久，歌德还没将艺术看得这么重。而眼下就他来说艺术的地位得到提升，即使它当然必须继续同其他重要的生活权利妥协。

艺术家代表了更高级的，但对世界其他事务来说是无用之人的信念。完成《塔索》意味着，他对两者，即艺术家和世俗之人安东尼奥，都能承认其权利。作品中的艺术家，仅在其作品中属于一种自主性的和更高的范畴；而世俗事务的权力和智慧也不再受到侵犯。人们不再为了统一理想而竞争。艺术家的地位由此既变得强大，也受到削弱。安东尼奥这样评价塔索：我早就认识他，他也容易让人认识，/他过于骄傲，无法掩盖自己。/ 他时而陷于自身，似乎整个世界 / 在他胸中，他在自己的世界里 / 自给自足，而周遭的一切 / 在他身上消失。他抛开一切，/ 丢掉一切，推翻一切，沉湎于自身——/ 突然，一颗不可察觉的火花 / 点燃地雷，不管是欢乐，悲哀，/ 恼怒或者愤懑，强烈地爆发：/ 然后他想抓住一切，把握一切，/ 然后他能想出的事情，就该发生；/ 需要多年准备的事，/ 应该在一个瞬间发生，/ 数年中费力也几乎无法解决的问题，/ 应该在一个瞬间了结。/ 他对自己要求不可能的事，/ 因而也如此要求别人。

在诗歌中一切均属可能，即使是不可能之事；相反在政治和生命的其他事务中，事关可能的艺术。当《塔索》那诗的王国干预了现实的其他领域，不尊重其他领域的内在逻辑时，安东尼奥就被赋予了权利。这不仅对政治领域，也对情色领域有效。公主爱塔索，但以一种非肉体的方式。这是游戏规则。只要她是塔索诗歌的隐匿的女主人公，一切就都处于最佳状态。一旦塔索真的触碰她时，即顺从自己肉身的欲望时，就意味着诗歌转入肉体化的生命。这发生在倒数第二场中。塔索对公主说：我感到自己卸下了所有苦难，/ 像神明一样自由，这一切都归功于你！他感到被自己的感情征服，情感洋溢，我的心无法阻挡地扑向你。他想拥抱她，而她将他推开。在最后的场景出现的安东尼奥，完全准备承认塔索的天才。塔索说出以下话：世人在痛苦中沉默不语，/ 神明却让我诉说我如何受难。之后安东尼奥走向塔索，伸手给他。他不仅获得表现自己宽宏大量的机会，而且也能显示自己的聪明。他洞察诗歌和实际生活的两种领域，相反塔索则始终身处在其诗歌中坠落的危险,而诗歌由此会变为疯狂。安东尼奥对塔索说:如果你感到完全失去了自己,/就把自己与别人相比!认清你自己!塔索与他诗歌的生存不一样。安东尼奥提醒他注意这点:你并非如你想的那样不幸。/振作起来!你过于迁就自己。塔索身上的诗人也许是某种整体,可他自己尚非完整的塔索。真实的生命,比诗的生命更加广博。所以塔索最后在他的对手那里,用以下的话寻找支撑——那是他的最后的话:船夫最后紧紧抱住/会让他倾覆的岩石。

艺术的自主性——歌德和莫里茨在此发现了巨大的乐趣——是艺术家之自信的升华意义上的授权形式。只要艺术的魔圈紧闭,一切目的和意义就包含其中,是斯宾诺莎的一和一切。但是,一旦这个领域敞开,就可能发生以下的事,即刚才还拥有意义和重要性的一切自我崩溃了,接着一切就取决于,除了作为个诗人,人们是否还有别的角色。然后塔索就需要他的安东尼奥,然后诗人就需要他的枢密顾问。

歌德带着升华的艺术家的自信从意大利返回,但没有塔索的妄想。换言之,他想要两者:诗的天才塔索,以及聪明的世俗之人安东尼奥。而这在情色方面则意味着:同夏洛特·封·施泰因不再仅维持无形的心灵友谊。他曾给她写道,他曾用自己内心的虚构骗她。也许他可以将这段友谊继续一段时间,但必须有一种感性上得到满足的爱情关系加入。值得庆幸的是克里斯蒂安娜的出现。他在《远征法兰西》中写道,带着自己诗的狂热,他最后也许会孤身一人,倘若在这个奇妙的时代,没有一种幸福的家庭关系,如此可爱，让我神清气爽。

1790年年初，歌德按照公爵的要求，再次启程去威尼斯，为的是陪伴安娜·阿玛丽娅，从那里出发离开意大利返回魏玛。早先的意大利旅者的快乐，这次已不复存在，更加吸引他的是家庭关系。他对公爵写道：此外我得私下承认，这次旅行给予我对意大利的爱以致命一击。……倾慕和好奇初开之花业已凋零……加上还有我对留下的爱人和襁褓中的小生命的怀念。

1791年，歌德不必进行长途旅行，可以基本不受干扰地献身于家庭关系。在城门前猎屋中与克里斯蒂安娜的共同生活，让他感到惬意。3月20日他致信克内贝尔：总体上讲，我的生活既愉快又顺利，我有一切理由对我的情况感到满意，只希望我的状态能持续下去。当时在魏玛代他当高级中学校长的伯蒂格，曾留下对歌德当时生活状况的一个不怎么恭维的描述："没有什么比他眼下的持家才能更简单的了。晚上他在一间暖气十足的房间里，头顶白色的车夫小帽，身着莫列顿双面起绒呢外衣和长毛粗呢长裤，脚踩拖鞋，袜子奔拉到腿上，坐在一张靠背椅中，而他的小儿子在他膝上不停晃悠。……另一边是多娜·符尔皮乌斯在织袜子。这就是家庭小组。"

第二十章

革命——"一切事件中最可怕的事件"。反抗普遍的政治化。歌德赞扬限制。战争中。歌德新的现实主义。返回魏玛。革命作为滑稽插曲:《市民将军》和《被煽动者》。美因茨的暴行和《列纳狐》。

歌德从意大利返回,境况有了很大的改善。公爵保留他公职的权力,免去了他的几项工作,但又提高了他的收入。枢密院里的席位空在那里,歌德可以参加会议或者缺席。其他的委员们有一阵子形式上还归他领导,在专业上则各自分工负责。他已没有多少事可干。他将自己局限在视察上,而这是他最愿意干的:了解情况,对它进行干涉和安排——然后观察,看事物和事件如何发展和成熟。不过他增加了一项新的工作,即担任新成立的宫廷剧院的"总经理"。但他没有将此视为负担。在开始阶段,他几乎以一种业余爱好的风格处理这项工作。

歌德为投身于科学和艺术赢得了时间,一如他在罗马时期给公爵的一封信中所希望的那样:请您将我当作客人收留,请您让我在您身边充实我生存的全部并享受生命;这样的话，我的力量，犹如一泓敞开、聚集且纯净的源泉，能根据您的意愿，从高处轻松地引到下游或其他地方。公爵应该给了歌德外在的保证，以及他发展自己的力量所需的合适高度。他所关注的是个人的方面——充实我生存的全部，歌德这样写道。他不愿为别人也许能做得更好的事操心，比如管理中的日常事务，相反他希望有自由空间，做他最擅长的事。这样的话，他就能充实自己的生命，同时也能装饰公爵的生命和生活空间。也就是说，将自我实现作为为公众服务的手段。

但现在让歌德的个人发展变得可能的社会秩序，受到了威胁和搅动，尽管这种影响尚未在德国，而是在相邻的大革命中的法国出现。大多数同时代的人相信，那里的事件具有世界史的意义，将在后世引起恐惧和欣赏；这些事件在发生的当口，已经发出神秘的光芒，被解释为一个新时代诞生的最初景象，也一天又一天、一周又一周地受到各方的关注，到处都是对这些事件的讨论和呼吁。1789年6月20日发生了"网球场宣誓"事件，法国时任第三等级的代表们成立了国民议会，以米拉波的话对他们的意图起誓，绝不离散，直到发布新宪法；反革命的谣言和接踵而至的7月14日对巴士底监狱的进攻；民众狂怒的私刑；第一批贵族被绑上路灯杆；国民军的组建；国王表示愿意服从法律并戴上三色帽徽；一年后（1790年7月14日）巴黎练兵场上的联盟者的庆祝，这是迄至那时的历史中最大规模的人群集会；然后是横扫大地的革命风暴；农民暴乱，让国家处于紧急状态的"巨大的恐惧"之中；贵族开始流亡，旧法国的"装饰品"奔走在通往德国的泥泞路上；国王逃亡失败，被捕，针对他的审判和死刑；雅各宾人的恐怖统治；民众的军事动员；战争，起先是革命对旧势力之联盟的反抗，然后转入进攻。

这些可怕的事件，起先在德国引起一些人的关注——在魏玛，维兰德和赫尔德特别对此积极表示关心——直至人们感到实际的影响。回顾往事时，歌德记录道，他花了多年时间，以文学的方式克服着这个一切事件中最最可怕的事件的原因和后果，他无法摆脱它，即使他避而研究植物、骨骼和颜色。但最糟糕的是：接近这个无法视而不见的对象，将他诗学的才能几乎毫无用处地耗尽。

即使这些事件对歌德来说是可怕的，他同时也能很好地感受其惊心动魄的激情。在《赫尔曼和多罗特娅》中有：谁会否认，他的心胸高尚，/他那自由的胸膛带着纯净的脉搏跳动，/当新生的太阳露出第一抹曙光，/当人们听见，人权要万民共享，/听见令人振奋的自由和让人赞美的平等！/当时人人希望，自由自在地生活；似乎/束缚许多国家的桎梏能被解脱，/还有懒汉和自私之辈手中的桎梏。/在那骚动不安的日子里不是所有的人/都翘望世界的首都，它已存在许久，/可现在它能否赢得比那壮丽的名字更多的东西？

但是，对歌德来说，什么是革命的可怕？他完全清楚他身边那令人愤怒的不公和剥削，甚至在他为此也承担责任的公国里。革命前的几年，他曾致信克内贝尔：你知道，倘若蚜虫爬在蔷薇枝上美餐，将自己吃得又肥又胖，然后就有蚂蚁跑来，从它们身上吸出滤清的汁液。事情就这样继续，而我们造成了这样的情况，即上面的人在一天里吃下的，比下面的人在一天里能贡献和提供的东西更多。贵族们的贪婪、奢侈浪费对歌德来说是革命的真正原因，所以他对革命的反对立场，不是建立在对古老制度的简单捍卫中。在他的革命喜剧《被煽动者》中，歌德让一位沉思的伯爵夫人出场，以后在与艾克曼的谈话里，他曾把她称作一个像他那样的贵族的女性代表：她坚信，人民也许可以压制，但不能压迫，下层民众的革命起义，是大人物不公正的后果。倘若出现革命的暴动，就歌德看来，问题非但无法解决，而且还会激化。代替从上而下的自私自利，随后占统治地位的就会是自下而上的自私自利，而这更将是灾难性的，因为它与没文化的粗劣和积聚的仇恨及妒忌相连。革命对歌德是一件可怕的本质事件，是政治世界中的某种自然灾难，就像火山喷发。革命后的几个月里，他并非偶然地研究起火山现象和水成论，即研究关于火和水在地球表面形成时所起作用的论争。歌德信奉水成论，即关于由大海导致的地球表面的渐变论。这种渐变吸引着他，而突变和暴力让他感到厌恶，不管在自然界还是在社会中都一样。他赞同渐变而不支持革命。但让他感到害怕的，不单单是革命的强力。

　　对他来说，可怕的是革命给他本人可能带来的后果，歌德对此不抱任何幻想。他担心在德国，那种同样保护他和让他享有特权的社会秩序，也会受损，最终还可能崩溃。这在他心中引起恐慌，犹如几年前在法国的"项链丑闻"。它曾经给他留下一种难言的印象，向他显示了社会精英和王权的腐败，让人预感到现存秩序之即将到来的崩溃。他在1789年的《四季笔记》中写道，当时他的举止已经导致他在朋友们眼里表现得犹如疯了一般。

歌德对革命的那些朋友们表示愤怒，他们依靠旧制度生活优裕，但没有由此坚持不懈，没有对赋予他们特权的那些人表示公正。赫尔德有段时间属于革命的朋友。歌德对他曾嘲讽和挑衅地说：我现在接受我那最仁慈的主人的基本原则，他给予我饭食，所以，我同意他的看法，这是我的本分。多年后，歌德还气恼地对此说：人们在自己的祖国用游戏的态度与信念打交道，而恰恰是这些信念为我们准备了类似的命运。因为他感到革命对自身的社会和物质生存造成了威胁，革命对他来说的确是件严肃的事——无论如何，对政治意见的游戏来说过于严肃。这也是革命给他带来的恐惧的第二个方面：由革命引发的普遍的政治化。

迄至那时，政治是贵族的任务；不管是战争或者和平，不管人们生活贫困或者尚可，都犹如天气一般作为命定被接受。可现在，大众将自己政治化并动员起来，这对歌德来说是可怕的：必须对大众施行打击，／他们这样才让人尊敬，／因为在判断方面，他们太糟。政治上的看法，倘若它们超越自己的经验和责任，就毫无用处。人们不该信任这类看法，即使它们是自己的：我们对公众事务的参与，大多仅仅是市侩作风。

博识的歌德可以讽刺博览群书者和那些喜欢判断但判断力不强的人，即那些舆论制造者。不是任何好奇，都可以博得他的赞赏。仅仅寻找自己的人，无法找到自己。反对外部世界的活动，是必要的，但还需要平静和仔细的观察：人只有认识世界，才能认识他自己……仔细观察，每个新的对象，都会在我们身上开启一个新的器官。这里强调的是仔细观察，由此提醒人们注意一种现实关系，它比被煽动的舆论更具世界性。

虽然歌德无法完全摆脱政治化的时代精神的影响——不管怎样他为奥古斯特买过一架玩具断头机——但他下定决心，面对骚动，在自己自然研究的平静观察中寻找庇护所。我每天更多地跟随这些科学（光学和色彩学），我明显感到以后我也许会专门从事这两种研究——虽然以后的情况并非如此。对他来说，除了自然观察，艺术和文学形成了反对被煽动的时代精神的第二个堡垒。

虽然遭遇了骚动不安的政治的时代环境挑战，歌德仍坚定地追求着自己个人主义的个性修养的目标。在他重新开始写的小说《戏剧使命》中，他让主人公威廉在一封给朋友维尔纳的信中思考了这个问题，一个市民阶层的人，是否能完成其个性的一种和谐的修养。撇开例外，威廉写道，其实只有贵族才能做到这一点。他们的自信建立在其存在上，而非在其财产和功绩上。这种自信赋予生命一种表达风格，它并非熟练和努力地，而是自然和自发地生效。这种高贵的得体成为自由的得体，行为中的平衡似乎自动地出现，通常的事物赋予庄严的优雅，严肃的事物被赋予轻快的妩媚。而市民阶层的人相反，一切东西都在自身之外，他追求财富，发展才能，赢得功绩。贵族生效，市民服务。市民永远不处于自身之中，而总是在外耽于自己追求的事物，耽于他承担的责任，即使他想从自身出发生效，也会表现得狂妄，旁人将察觉其意图并会觉得扫兴。但是，让市民成为市民，让贵族成为贵族的社会的宪法,不仅出自外部而且出自内部。在威廉·迈斯特的信中有:我不怎么关心,在此是否会有改变或会有什么改变;够了,就像现在的情况,我必须思考我自己如何,而这是我的一种不可或缺的需求,拯救和实现我自己。对我的天性的和谐的培养,恰恰是我的出身所缺乏的,对此我有一种无法抑制的倾慕。

在这个吹响针对贵族的攻击号的时刻,歌德宣告自己对贵族风格的肯定。他太清楚了,在小说中描写的市民的迟钝,同样也是他的迟钝。众多的同时代人都有对歌德在宫廷和正式场合中举止僵硬、拘泥和笨拙的描述。他会有意学习并模仿别人,因而局促不安的特征,表现得非常明显。他缺少他在世袭贵族身上欣赏的东西。歌德从自己对韦特恩-拜希林根伯爵夫人的印象中,概括出这幅典型的图像:这个小女子让我眼睛一亮。世界拥有她,或者相反她拥有世界,她懂得应付(la manier)世界,她犹如水银,瞬间将自己分成千万份,然后又缩成一个球。对自身的价值和地位充满自信,同时她行事谨慎自如,让人过目不忘。……她只生活在众人之间,由此响起她演奏的美妙音乐,可她不触碰每个音调,而是仅触碰有选择的那些。她如此轻松自如,带着一种看似的无忧无虑款待别人,以致就像仅在钢琴上不看乐谱地手指乱舞,可还是知道自己在演奏什么及为谁演奏。就生命的艺术而言,她拥有对每种艺术而言都是天才的东西。当人们到处狂热地想着改变世界的时候,歌德正在努力改变自己。他有艺术的天赋,他知道这一点,他想更好地学习的,是生命的艺术。

在这些政治事件激荡的年月里，歌德难以取舍——在对宁静和隐蔽、对一个我能关闭房屋和花园的地方的向往与在对参与、经历伟大事件的好奇及冒险乐趣之间。他一方面面对历史寻找着避难所，另一方面又有东西将他推入历史。但他不像许多同时代人那样期待进步。他在历史中并不寻找伟大的意义，而寻求证人身份和自我维护。历史吸引他，因为他想面对历史保持自身。他要从历史那里争取不可混淆的本真的生命。那首"狂飙突进诗"《致马车夫克罗诺斯》中执拗的大胆无畏，在革命战争的战场上重新复活：赶快，克罗诺斯／让马蹄隆隆踏响！／这是下山之路……赶快，哪怕颠簸，／也要快步越过树墩、根茎和石头，／向着人生疾步迈进！／／陶醉于余晖／眼中洋溢着的／一片火海，正扯动我，／带我这眼花的踉跄者，／走进地狱的阴暗大门。／／马车夫啊，吹响你的号角，／策马前进，让马蹄声／使冥府知道：一个王侯到来了。

1792年年初，普鲁士和奥地利联盟反对革命的法国的战争开始。法国国民议会在普鲁士和奥地利毫不掩饰的战争准备中，在德意志土地上流亡者的积极活动中，一定意识到了这样一种危险，以至于它先于对手做出决定，在4月20日对奥地利及与它结盟的普鲁士宣战。对在此期间成为普鲁士军团少将的卡尔·奥古斯特公爵来说，战争状态来临了。他带领他的重骑兵军团开上前线，并迫切希望，他的朋友和大臣歌德能随他出征。歌德无法也不愿离开他。意大利之行以后，他觉得自己欠公爵的人情。此外，奔向远方也吸引着他，特别是因为他和别人一样相信，击溃法军是轻而易举之事。大家都以为，法国军队处于一种混乱无序的状态。歌德在写自战场的最初一封信里说，他们将马上到达巴黎。他向克里斯蒂安娜许诺，从那里给她带回某件小东西。

事实并非如此。法国军队真的准备不足。普鲁士和奥地利军队有过利用一次快速进攻的好机会。可人们拖拖拉拉，也许是因为骄傲。当人们缓慢地向前推进时，法国军队很好地整顿了自己。歌德于1792年8月底加入的联盟军队，越过隆维一直进入凡尔登，那时大雨瓢泼：大家都咒骂雨神，仿佛雨神也是一个雅各宾人。

在三十年后写下的《远征法兰西》中，歌德描述了这次陷于泥沼中的行军的艰辛。给养部队无法通过，因而食物短缺，士兵们睡在泥潭中。歌德情况好些。他的行军床支在公爵的帐篷里。在凡尔登附近，开始有密集的炮火，联盟军还是一直突进到瓦尔米，9月20日在这里发生了持续多日的可怕的连续炮击。歌德现在已不是一名懒散的旁观者，可他在9月10日还是这样描述自己。他不顾军官们和公爵的警告，壮胆上马，闯入枪林弹雨。他追寻着死亡的危险。以后他用自己在出征期间也坚持从事的光学研究中那种平静和客观的笔触，描写了自己对这次极端情境的内在体验：在此情况下，我立刻发觉自己身上发生了某种不同寻常之事；我仔细注意到这一点，但这种情感只能以比喻的方式道出。我似乎到了一个很热的地方，同时周身充满这种炽热，使得人们同自己身处其间的要素感觉完全一样。目光未失其锐利和清晰；但世界似乎有了某种褐红的色调，而它让现实及各种对象变得更加可怕。我感觉不到任何血液的涌动，相反觉得一切都在那种灼热中被吞噬。由此可知，人们只能将这种状况称为发烧。值得注意的还有，那种令人毛骨悚然的惊恐仅通过听觉传递给我们——因为大炮的轰鸣以及子弹穿越空气时的怒吼、呼啸和撞击，其实是这些感觉的真正来源。

连续炮击在这个夜晚也没停下，同样还有大雨，人们披着一件大衣，藏身于地洞里，就像是一次仓促的落葬。应该就在瓦尔米附近的连续炮击中，歌德说出了那个名句：世界史的一个新阶段此时此地开始，你们可以说，你们曾身临其境。他在《远征法兰西》中这么描述道。此外没有其他证明。但他当时直接从事件发生地写信给克内贝尔，表达了类似的意思：我很高兴能亲眼看见这一切，倘若谈到这个重要的时代，我就可以说：我曾完全是其很小的一部分。

瓦尔米之后，军队无法前进。联盟军队开始根本没有尝试突破。撤退开始，起先军队秩序大乱。补给非常糟糕，人们宰杀筋疲力尽的马匹。痢疾四处传播。歌德也病了。道路泥泞阻塞，士兵受到追击的法国军队的射杀。那是一场灾难。可我在此还得提及，我在这种苦难中发下可笑的誓言：倘若我能解救我们，重新回家，人们将再也不会从我这里听见对限制我屋外开阔景色的邻居山墙的一声抱怨，而我现在非常渴望见到这堵山墙；此外我将永远不会埋怨德意志剧院里的不快和无聊，人们在那里总是可以感谢上帝，获得庇护，不管舞台上发生什么。歌德同逃亡的军队一起，穿过卢森堡一直到特里尔，暂时身处安全之地。这次出征将作为最最不幸的行动之一，在世界年鉴中留下一个悲哀的形象，10月中旬他这样致信福格特。

这些是外部事件。对歌德来讲，这犹如死亡与再生，他感到自己犹如重生。他这才重新意识到自己是个人，11月中旬他这样写道。经历了这些之后，他甚至允许自己有静静的喜悦：我们在这六个星期的时间里，经历了比我们一生所见更多的劳累、困苦、担忧、不幸和危险。公爵感觉不错，而我也很好地坚持了下来。

原先他想经过法兰克福回家。这样一来半道上看望母亲的时间会太短，因为他们已经十三年未见。此外，在法兰克福也有一些事需要商量，因为他受到充满敬意的邀约，请他接受一个顾问位置。但是，法兰克福在此期间被法国人占领，他无法去那里旅行。现在对他来说，这甚至正合适，因为较之在当地，可以更简单地在一封信里了结顾问的邀约。所以他以后从魏玛给母亲写了一封可以给别人看的信。其中说道，作为天生的共和党人，为这种邀请特别感到受宠若惊，其实他也很愿意在动荡不安的年代承担这样的责任；但一种伟大的责任不允许这种愿望：公爵阁下这么多年以来一直仁慈地待我，我欠他如此之多，倘若我在国家需要我的忠实服务的时候，离开我的岗位，这将是最严重的忘恩负义。这是又一次明确选择魏玛的决定。

他没有转向法兰克福，而是顺着莱茵河而下，以便能在杜塞尔多夫附近的彭佩尔福特，在朋友弗里茨·雅各比宁静安逸的庄园里，在与老朋友及听到歌德的消息后立刻赶来的熟人的舒适聚会中，从刚刚经历的噩梦中恢复。但聚会让人扫兴。他有一种陌生的感觉。回顾往事时，歌德觉得这种陌生感如此严重，他在自己叙述的这个地方，扼要重述了他至今的变化，以便解释产生陌生感的要点，而这个要点被他与现实主义的概念联系起来。歌德写道，这对他来说会变得不舒服，倘若他展现的现实主义让朋友们不怎么高兴。

现实主义在此究竟意味着什么？早年的渴望，避开了有时使人清醒，有时使人惬意的满足。我心中存在的、在早先的年月中也许过多怀有的、在不断前进的生活中试图有力克服的渴望，不再适合这个男人，不再使他满意，所以他要寻找完整和最终的满足。他对意大利这个艺术的国度产生了渴望。他去那里旅行，让渴望成了现实，他找到了艺术，在其中塑造和改变自己。早年的天才的激昂已经同某种勤奋和认识联系起来。为了出版格申版文集，他结束了多年来未完成的一些作品。这也带来了现实的益处，因为一部残篇仅是一部作品的一种可能形式。他也停止了狂热地看待自然，在此期间开始学习和研究自然。换言之：歌德感到他不仅认同现实主义的观点，而且感到自己真是这样一个现实主义者。

也许歌德甚至现实过了头。刚刚经历的战争事件，霎时间让他的感官变硬。朋友请他诵读《伊菲几妮》，这让他无法承受，我感到自己对温柔变得陌生了。

歌德在彭佩尔福特待了四个星期，返程途中还在明斯特停留，拜访了加利青侯爵夫人及其朋友。这个高贵的、天主教精神的圈子里，其实需要的还是温柔的感觉。侯爵让他回忆起克勒滕贝格小姐。青年时代的印象帮助他适应环境。人们很虔诚，而歌德也表现出入乡随俗，由此他变得轻松，也因为这里虔诚的人们表现得好客、聪明且不狭隘。人们互相理解，意见一致，即对每种可敬的对象的尊崇总是有一种宗教的感情伴随。

1792年圣诞前夕,歌德重回魏玛。歌德提前告知克里斯蒂安娜,自己即将回家。请开心吧,我亲爱的孩子,享受安宁,而此刻成百上千的人背井离乡,被夺走所有财物,在世界上到处游走,而不知去哪里。请亲吻小孩并爱我。我唯一的愿望是不久后重新拥有你。

到了自己家里,在女人和孩子身边,歌德觉得就像到达救命的河岸。这种对角落里的爱情的体验——人们通常用它来抵抗伟大的历史——在歌德首部直接与革命后果有关的剧本中也扮演了一个角色。仅仅用了三天时间,即从4月23日到26日,他就写下了独幕喜剧《市民将军》。这是一部流行的法国喜剧的续编,涉及一个滑稽的骗子和一个叫施纳普斯的理发师。歌德还让这部喜剧中的其他角色登台亮相。他想给魏玛剧院提供一些流行的快餐式的东西。因为施纳普斯喜剧已在观众中获得了巨大反响,歌德借此题材建立与观众的联系。他称这个剧本为对我那令人讨厌但不错的幽默的一个证明。他对德国公众舆论中的革命主义感到讨厌。他通过将这种革命主义升华到可笑的荒诞不经,尝试替自己保存不错的幽默。

施纳普斯从一个法国战俘那里弄到一套军装、一顶自由帽、一枚帽徽和一把军刀。他就把自己打扮成革命力量的代表,向由于过多地读报而理智受损的轻信的地主梅尔滕征收一顿由酸奶和面包组成的免费早餐,作为爱国的军税。梅尔滕的女婿格尔克从田间来到,觉得蹊跷,揍了施纳普斯。喧闹声唤来村官,整个家庭被怀疑为一个雅各宾人的藏身之地。最后，深思熟虑的地主重建了普遍秩序并让众人都满意了。施纳普斯甚至没受惩罚，因为这仅会在一个平静的小地方引起恐惧和不信任。这个家伙该去做自己被安排好的事。剧本结束于明智的地主的一个总结：在所有阶层公正地思考对方的地方，在没人受到阻碍、以他的方式工作的地方，在有用的洞见和认识普遍传播的地方……一切民族的煽动性的信念不会产生影响。我们将在宁静中表示谢意，当不幸的雷雨击打在广阔无边的田野上时，我们却在自己头顶上看见一片晴朗的天空。

剧本以警句名言收尾，但借助简短和尖锐的对话，拥有自己的幽默和节奏。革命是作为背景的一种威胁性的灾难，前台却是一部笑剧。这里讲述的是其他事情，比如格尔克和勒泽已经结婚整整十二个星期，还一直相爱。格尔克对勒泽说：您说，作为丈夫和妻子，人们就不像以前那样相爱了。这不是真的，勒泽。我们结婚已经多久了？这是歌德的心声。他同克里斯蒂安娜同居几乎已经三年，但他们还一直相爱。

《市民将军》当时属于歌德成功的剧作之一。可歌德以后不愿这么看。他曾宣称，剧本让人觉得讨厌。事实上它演出的次数比《伊菲几妮》或《塔索》更多——不管怎样，这部轻量级的笑剧在最初几年中上演了十五次。但歌德不怎么愿意承认其成功，因此这部作品没被收入"新作"系列。

受到这部剧本成功的鼓舞，歌德立刻动手写一部新剧，同样讨论革命在德国的影响。显然他在此期间确信，革命发生了两次：一次在法国，作为悲剧；另一次在德国，作为笑剧。关于未完成的残篇《被煽动者》，歌德在三十年后对艾克曼说，它在某种程度上可被视为我那个时代政治信仰的自白。

这部剧本比《市民将军》严肃一些。从当地令人压抑的农村环境中，发展出一种对抗运动。舞台上仅出现其代言人，即所谓的有教养者。那是些读报且以为自己知道法国发生了什么事的人。他们很想重演革命历史的伟大场景，并沉湎于革命的光辉中。被煽动者的领袖布雷梅·封·布雷姆斯费尔德宣称：人们多少次描画了勇敢的英雄，并将其铸成铜像！我们也将获得这样的荣誉。我们将以这种姿态面向后代。

市民将军施纳普斯的确将自己打扮成了伪君子。被煽动者们在意识形态和修辞上则给自己套上一件戏装。但骗人的效果一致。最后，和在《市民将军》中一样，理性的贵族出来操心秩序和正义。鲁莽的伯爵夫人用武器逼着一个骗人的官员交出一份文件，而它能让农民带着自己的要求，获得权力。坚毅且年轻的伯爵夫人的母亲，体现了智慧和德行。歌德让她说出他自己的政治信念：自从我发觉，世世代代的不合理性如此轻易地堆积，高尚的行为大多仅是个人的，而自私本身仿佛能遗传；自从我亲眼见到，人的天性被挤压和贬低到一个不幸的程度，但还是无法压制和消灭，我就下定决心，严格地避免自己觉得不合理的个别行为，而且在我的同人中间、在社会、在宫廷、在城里，就这样的行为大声说出我的看法。我不再会对不公正保持沉默，不再承受一种伟大外表下的狭隘，即使我会被人诋毁成一个女民主主义者，这个受憎恶的名号。

市民的宫廷参事的回答也符合歌德的政治信念。他说,伯爵夫人说得对,并以此捍卫了准则:每个人只能评判和责备自己的阶层。向上或向下的每种批评都会受到次要概念的污染,比如向上的嫉妒和向下的蔑视。人人都应该自扫门前雪——这对社会阶层的互相交往也是有效的。这里未提及的是,来自下层的压力是必要的,能引发伯爵夫人令人赞赏的洞见。她间接地承认:我平时有些满不在乎,倘若有人不公正地拥有财产。

歌德不久就将剧本搁置一旁,没有完成。即使他在里面表达了部分自己的政治信念,但它对他来说重要,是因为他觉得这种喜剧般的宫廷风格,并不太适合法国的可怕事件。11月的谋杀,王室的被捕和被处决,省区的血腥暴动,大屠杀,最终是雅各宾人恐怖政治的开始。这样一部剧本更适合耶拿的大学生骚乱,适合他们在广场上的斗殴,与士兵们的吵闹,扔石块,晚间的喧嚷和大学生们出城的游行队伍。因为大学生对城市来说,是一个重要的收入来源,这些骚乱蔓延开后,枢密院连续几天不得安宁。歌德这次也坐上了顾问席位。

公爵再次召唤他上战场,又一次作为参战的陪伴者。1793年5月至8月,歌德参加了联盟军对美因茨的包围和攻占。美因茨的革命朋友们——其中有格奥尔格·福斯特,歌德一年前还拜访过他——在法国军队的保护下建立了一个共和国。必须结束这件事,这种反抗该受到惩罚。双方都面临糟糕的场面。法国人将非战斗人员——老人、妇女和儿童——赶出城市。围攻者，同样残酷地，歌德指出，让这些无助的平民自生自灭，不提供食物和住所。整整三个星期，大多在晚上，城市受到炸弹和炮火的攻击。每个角落都燃起大火。在阳光灿烂的日子里，黑烟也笼罩在城市上空。有人从邻近地区跑来，观看这部战争剧。在一个美丽的星期天早晨，大炮的轰鸣与柔和的音调掺杂一处：双簧管为军官奏响。歌德和公爵在场。歌德对雅各比写道：在我们这里，一方面事情有些滑稽，另一方面甚是悲哀。我们扮演一个真的领袖，参与一起国家事件，我在其中按我的方式扮演杰奎斯（可参见莎士比亚的《皆大欢喜》或《温莎的风流娘儿们》）。前面是漂亮的女人和酒桶，后面是大火，就像洛特及其女儿们出场时那样。

城市不得不经历残暴。这里表现得特别残酷的，并不是胜利的军队。更糟糕的是民众中反对革命的集体迫害情绪。起先歌德觉得，人们允许法国士兵而非"俱乐部成员"自由通行，这完全在理。后者应该对在他们统治下受苦的人负责。这些人造成了很大的灾难。他给雅各比写道。但是，当集体迫害的行动在愤怒的人群中蔓延时，歌德尝试平息事件，如同以后的描述所言。也许他当时还没有这么镇定和有把握。无论如何，当时的书信说着另一种语言。他不得不经历的事是如此接近，几乎让他麻痹。在我现在的状态中，某种昏聩袭上我心头，我用平庸的表达方式谈话，知性在我身上消失了——以上确切表达了我的精神状态。

帮助他抵抗这种昏聩的，是撰写《列纳狐》，是某种对中世纪动物史诗的翻译和改编，其中反映了人类在动物界的残暴。当真实的历史中情况不断变得更血腥和更嗜血时,帮助他的是,半带绝望地关注在《列纳狐》中所表现的残酷、虚伪和恶毒之不可避免的现实。

在《远征法兰西》中,歌德描写了那些日子的氛围:我也尝试宣称整个世界没有任何价值,以此将自己从这场可怕的灾难中救出。

第二十一章

歌德身边人气聚集。爱情、友谊、科学和艺术形成生命的形式。费希特在耶拿。歌德接近哲学。与席勒友谊的强力开端,"幸运的事件"。首次"观念交换"。

返回前夕,在期待魏玛的欢乐中,在对能摆脱历史骚乱的希望中,歌德致信雅各比:我四处流浪的生活和众人的政治情绪催促我回家,我在那里能聚集起一群人,能进入那里的,只有爱和友谊,艺术和科学。

爱、友谊、艺术和科学该赋予他的生命以价值。涉及爱情,与克里斯蒂安娜的家庭关系让他幸福。在出自那个时代的押韵对句集中,在写给克里斯蒂安娜的诗《一人》中有:你认识不满足的爱之美妙的气恼吗?/它让人烤焦却催人清醒,叫人难受却让人新生。/你认识最终得到满足之爱的美妙的作用吗?/当它解放魂灵时,将肉体美好地连在一起。歌德感受到克里斯蒂安娜的关爱,但不受拘束。他为自己的小家庭骄傲,但能继续像一个单身汉那样生活。居家的约束和精神的自由,这是一种成为美好习惯的爱情关系。难以战胜的是爱慕,但甚至/习惯也与之交往/它不可征服。歌德也不需要继续隐藏这个小家庭。他们从城门前的猎屋搬出，重新迁入处于城市中心弗劳恩普兰旁修缮一新的房子。那是公爵为了感谢歌德陪伴自己远征，而在1793年夏赠给他的。1793年11月21日，克里斯蒂安娜，在两年前有过一个死胎之后，生下他们的第三个孩子，卡罗利妮。"歌德几天前终于也有了一个小女孩，"夏洛特·封·施泰因对她的儿子弗里茨说，"他对此异常高兴，因为他犹如一只蠮螉般开心。"但两周以后孩子死去了。歌德由于痛苦几乎无法自持，他摔倒在地。

从战争中返回以后，友谊得到了歌德更仔细的维护。他现在更频繁地写信给克内贝尔和雅各比，更重视社交聚会，尤其是同赫尔德和维兰德的聚会。要是外面刮风下雨，人们就该更紧密地挤在一起。他说。荷马史诗的译者福斯，他曾在1794年夏访问魏玛，几乎陶醉于歌德家里的友好聚会。"歌德问我，"他在一封信里对妻子说，"我为什么这么快就要走；我该再赠给他一天时间。……我随同赫尔德走，为的是和他一起在他的书房中抽一斗烟……有人叫我们去喝茶，看见赫尔德夫妇、歌德、伯蒂格以及克内贝尔。大家把我围住，想从我这里了解我有关荷马研究的各种各样的事。……歌德过来，同我握手，感谢有这么一个荷马。维兰德也是同样……关于荷马诗歌和时代的谈话在桌旁继续。……我还得解释荷马屋。一切显得新颖且让人满意。我们既放纵又开心。《圣经》的先知受到评论，赫尔德滑稽地扮演其捍卫者的角色，笑声不绝于耳。在此大家开怀畅饮，有施泰因酒和潘趣酒。歌德坐在我身边；他如此放松，这确实少见。午夜后我们散去。维兰德在路上拿我打趣并吻了我。"

至于歌德在其中寻找支柱的科学，也给他带来无尽的乐趣。倘若有人带着政治消息和意见来找他，他会对其讲述一些有关青蛙的内脏或者解剖蜗牛的事。即使一个羊头的肌肉他也不放过。他为一篇关于植物和动物界之形态学的长篇论文设计图表。他用尖尖的手指摘取花朵的种子薄膜，探究单子叶植物的特性。受到歌德的催促，公爵下拨钱款，在耶拿建立了一个植物学研究所，还为此聘任了植物学家卡尔·巴奇。歌德任研究所督察。与剧院经理职务相比，有段时间，他带着更大的热情投入这项工作。

歌德的新兴趣涉及光学和色彩学。1793年夏，在包围美因茨的战斗中，关于色彩学的主导思想已经得到表达，且保持到有关作品发表时，一直未变。光是我们所见到的、最简单、最无法分割和最均匀的本质。它不是组合起来的，最不可能出自有颜色的光——每种获得某种颜色的光，都比无色的光更暗，明亮不可能由黑暗组成。也就是说，明亮的光不可能含有色谱——如牛顿所说。歌德以为，颜色不是从光中，而是依靠光发展而出，亦即在光遇到另一种媒介的地方。对他来说，光是一种原始现象。

歌德在学界散发的文章，没受到多少关注。他把关于"彩影"的一篇文章寄给哥廷根大学的物理学家格奥尔格·克里斯托夫·利希滕贝格，情况同样如此。利希滕贝格恭敬且诙谐地回答他。旁人可以看出，他将歌德视为一名天真的经验主义者。他写道："我们每时每刻相信，自己感觉到某种东西，而其实这是我们单纯地推导出的。"利希滕贝格赞赏歌德的观察，但描绘了能导致其他结果的一些观察，并提到了歌德未参考的书籍。歌德十分看重利希滕贝格，开始也原谅他对自己的色彩学的保留态度，我非常希望这个男人是我事业的朋友，即使他无法被我的意见说服。不过，当歌德以后发现，利希滕贝格在自己的光学教科书里，对其研究只字不提，这个男人对他来说就此了结了。

在自然研究中，歌德不得不依靠自己。科学界表面上对他表示尊敬，但在具体问题上并不把他当回事。为了避免招惹麻烦，他在这方面，如同涉及爱情和友谊，将一个私密的朋友圈聚在自己身旁，以便专业人士不损害他以为自己亲眼所见的现象。

就艺术来说——继爱情、友谊和科学之后歌德生存的第四根支柱，歌德重拾威廉·迈斯特系列。1793年12月7日他致信肯内贝尔说：现在我考虑并决定我明年将干什么，必须用强力将自己固定在某个点上。我想，我旧日的小说将成为这个点。小说项目此后将伴随他近二十年。

为了给自己制造压力，1794年年初，他与出版商约翰·弗里德里希·戈特利布·翁格尔签下了一份报酬丰厚的合同。他承诺提供各有四卷的上下两部小说，每卷的稿费是六百塔勒银币——小说值两千四百塔勒，这在当时是异乎寻常的高额稿酬。倘若歌德想要就能得到，这显示出他对自己的市场价值有把握。这纠正了他在出自这个时期的书信中发出的抱怨，说在此期间人们几乎已将他遗忘。他要么自己也不信这一点，要么想以这部大部头小说，重新赢得读者。这该是一部内容丰富的长篇小说。在签约的那一刻，歌德正准备改编《戏剧使命》的原稿。还有许多事要做，在计划的八卷书中，只有四卷半已完成。1794年歌德的首要任务就是这部小说的写作，也出于这个原因他倾向于回到耶拿。在那里他能排除家庭和宫廷的干扰，专心致志地工作。他在旧宫殿中替自己安排了工作室。

除此之外，耶拿对他也变得更重要。那里有新朋友，首先是威廉·封·洪堡。1794年年初，他因为席勒的缘故迁来耶拿，为了让歌德对那时因为出访而逗留在施瓦本的席勒产生好感，洪堡使尽了全力。造访威廉的，还有他弟弟亚历山大。歌德对这个年轻的自然研究者和矿务局顾问的博识印象深刻。同他一小时的谈话，为他整整一周的思考提供了储备，歌德说。他很希望立刻争取让亚历山大来耶拿，不过后者已有其他打算。歌德现在积极操心大学事宜。之前已谈及建立植物学研究所。他还推动扩充和调整图书馆馆藏，并寻找有活力的年轻科学家。他将历史学家卡尔·路德维希·沃尔特曼引介到了耶拿。

他特别骄傲的是，在康德主义者卡尔·莱昂哈德·赖因霍尔德离去之后，为耶拿争取到哲学天空上的新星约翰·戈特利布·费希特。费希特在拜访康德后的短短几周时间里，写下论著《一切启示的批判》（又译《试评一切天启》），费希特在其中比大师本人更清晰地从其哲学中得出了宗教哲学的结论：道德并非建立在宗教中，而是建立了宗教。除了良心的启示，不存在任何其他启示。康德对这部著作印象如此深刻，不仅邀请作者共进午餐，而且为他介绍了一个出版商。1792年年初，在作者三十岁之时，这部著作匿名出版。出版商希望，人们会把这本书当作是康德的，因为它和康德的思想如此一脉相承。事情果真这样发生了。此书被人当成盼望已久的康德关于宗教理论的决定性结论。康德不得不出来更正。他在《耶拿文学汇报》发表声明，这篇论著所获得的荣誉，不该归于他，而该归于至今尚未出名的费希特。由此，费希特一夜之间暴得大名，对他来说，已不存在任何阻碍，他大胆对迄至那时的整个哲学进行了颠覆。他对康德的自由概念进行了极端化的沿用。1794年夏，他在耶拿演讲的第一场报告《全部知识学的基础》中，从康德"'我思'必须能够伴随我一切的表象"的定理中，得出一种绝对自我的概念。而这个自我把世界体验为其"本原行动"的惰性的抵抗，或者可能的材料。这起先给人的印象可能是古怪且完全抽象的。但费希特的报告并非如此。他那动人心弦的演说才能，让许多人陷于激动，即使他们并未理解任何东西。费希特不谈思想，他想迫使听众思考。而在此时刻，在他们头脑里应该产生思想，由此产生对思考的我的自我领会。费希特有一个著名的面壁实验：人们该首先思考墙壁，接着思考作为与之有别的自身。费希特想借此让听众摆脱其日常的自我僵化，因为尤其在科学家中间，将自己作为物来对待，是最舒服的方法。自我物化是唯物主义的秘密原则。但费希特想让这个有活力的自我变得可以体知。他习惯于这么说，人更容易受到诱导，自视为月亮上的一块熔岩，而非一个活生生的自我。

费希特有力的出场，其效果犹如一道闪电。当然，费希特为法国革命发表过两篇辩护词,属于这种过度的自由哲学的精神背景。通过费希特,"自我"(Ich)一词获得巨大的容积,可以与之相比的,只有以后尼采和弗洛伊德赋予"它"(Es)的丰富意义。值得注意的是,歌德对费希特有几分好感,而费希特对革命的同情,其实与歌德并不合拍。可歌德对此视而不见,而这是以后赫尔德在费希特由于无神论的冲突事件而被解雇时指责他的事儿。费希特哲学中让歌德颇有好感的,是对劳作、追求的大力强调,以及强大的意志和塑形冲动。他不是以其敏锐和抽象的推导,而是以对创造性自我的大胆加冕而生效。歌德愿意将认识的可能性条件纳入其观察的范围内。最初的迹象出现在色彩学中。他加强对颜色感知的生理学的观察,在这个阶段承认人们必须不断发问的原则:这里发声的,究竟是对象还是你?歌德让人从印刷厂里替他取来《全部知识学的基础》中的第一印张,立刻阅读,并给费希特写道:它没有包含什么我不懂的或者至少我以为自己不懂的东西,没有什么是不与我通常的思维方式相连的……至于我,我将欠您最大的感谢,倘若您最终让我同哲学家们和解,而我永远无法离开他们,又无法与他们取得一致。费希特并未将此视为礼貌的恭维,而是觉得自己得到了歌德真正的理解。他对妻子就歌德写道:"最近他对我如此简洁和明了地解释了我的体系,而我自己根本就无法更清晰地进行解释。"

歌德接近哲学,还有另一个具有重大影响的作用。它在歌德身上打开了一条引发这年夏天划时代事件的内在途径:与席勒的友谊。费希特让歌德有可能开始觉察席勒身上的哲学要素具有的吸引力。

自从1788年秋那次失败的会面以后,两人少有联系。歌德虽然推动了席勒受聘耶拿的事情,但席勒无法对他直截了当地表示感谢,因为经济条件不好,其实席勒甚至感到沮丧。但席勒还是对耶拿的这个岗位产生了重大影响。1789年夏,他的首个讲座成为传奇。伴随着席勒,耶拿大学开始腾飞。到了世纪末,耶拿在短时间内成为德国理想主义和浪漫主义的主要据点。几年后,拿破仑考虑,将耶拿大学提升到莱茵联盟国家中心大学的级别。席勒对耶拿的影响力做出了巨大贡献。这加强了他的自信,所以他不再需要以拘谨的方式博得歌德的好感。虽然席勒继续把一次有成效的会面放在心上——尽管第一次没成功,但此事该自然地发生,该从实际出发,而不含个人的勉强。席勒,如他当时写信给他的大姨子卡洛利妮说的那样,想摆脱对歌德的妒忌的侧视。这种目光只会麻痹并阻碍自我发展。而自我发展是最重要的。"每个人,只要他以自己全部的力量工作,对别人来说他就不会始终默默无闻。这就是我的计划。"

事情就这样发生了。对歌德来说,席勒并未湮没无闻,他学会了重视席勒。席勒对他来说不仅仅是《强盗》的作者。作为剧院的经理,歌德根本无法不为魏玛的舞台争取一个如此具有舞台效应的作者。在此期间,歌德也发现了席勒的思想性很强的诗,恰恰因为这种诗歌和他自己的类型相距甚远。而席勒的历史学论著对歌德来说则是杰作,不仅仅因其内容,而且因其风格。面对美学家席勒,歌德尚且身处矛盾中。一方面通过费希特,他对席勒著作中的哲学要素有了更好的理解；但另一方面，比如在席勒的论文《论秀美与尊严》中，拥有使歌德联系到自己并感到受伤的某些严厉的段落。这也许牵涉席勒在那篇论文中批评所谓的"自然的天才"的段落。席勒问道，人们应该更崇敬什么：是一名英才的力量，他把一种也许不利的自然引入了他的游戏；还是那位生来的天才，他无须战胜阻力就能取得他的成果，对席勒来说，更值得敬佩的是那名塑造自身的英才。即使在精神的事务中，劳绩应该比天生的特权更有价值。常被人们称为自然的宠儿，自己也有如此感觉的歌德，完全可以把这个见解套用到自己身上。也许他将关于诗人天才的那些语句套用到了自己身上，那里有言，这些天才们的全部才能就是其青春。"一旦短暂的春天逝去，人们寻找自己让人希望的果实，可那常是些臃肿和畸形的、由被误导和盲目的教育冲动制造的产物。"究竟是哪些段落让歌德觉得意指自己，我们不得而知。无论如何，可以肯定的是，《论秀美与尊严》这篇文章，尽管歌德在其他方面赞赏和引用它，在那时仍然是他们互相接近的一种阻碍。后来，歌德于1794年6月收到席勒签名的邀请信，请他加入新成立的杂志《季节女神》的编委队伍。迄至那时，聚集在席勒身边的编委人员中，有威廉·封·洪堡、费希特和沃尔特曼。他必须争取歌德。

这本杂志的规划，是席勒于1793年的施瓦本之旅中，在斯图加特同科塔商定的结果。这是一项抱负远大的事业，作为对革命法国的政治民族的回应，它该成为德意志文化民族的喉舌。在给歌德的邀请信中，这一思想得到了具体化："在德国文化中还从未达到这样的境界，即那些精英们喜欢的东西，出现在每个人的手里。倘若现在民族最杰出的作家在一个文学团体中会聚一处，那么他们也就可以把先前分散的读者统一起来。"这就是席勒所希望的自然而然的接近。席勒将歌德请上一个共同的代表性舞台。

席勒想以这份杂志贯彻其关于秀美与尊严的理想，所以文学娱乐性的内容必须有品位，而高深知识必须风趣地得到表现。单纯的娱乐和僵化的博识都应该避免。让歌德特别有好感的可能是，与歌德一样对政治感到厌烦的席勒，打算让《季节女神》对一切主题开放，但不包括政治主题。尽管歌德以后在他为《季节女神》所写的文章里，没有遵守这个原则，而席勒首先在那里发表的《审美教育书简》，同样有政治倾向，但此刻两人都对精神生活持有某种令人惬意的政治上的节制态度。

歌德没有马上回答，尽管他立刻领会到，这里有一个机会，不仅可以给予一般的文学以生命，同样也可以给予自己的创作一种新的激励。他也许期待着，有个像席勒那样的具有广泛联系和影响力的职业作家，能将他从不怎么成功的格申版全集的静谧港湾中引出，引向更广阔的文学界的大海。一次大众传播的攻势，也许能对新近出版的《戏剧使命》有所助益，即使在合同签署后，小说已无法在《季节女神》中预登载。但歌德还是有些犹豫，未做回应，也许他预感到，某种事情开始了。而两个月后，他将称其为自己生命中的"新阶段"。带着十分的小心——留下的多份信件草稿证实了这一点——他以一种外交和自白之混合体的方式拟定了自己的回复：我将满怀由衷的喜悦成为这个团体中的一员。要是在我未发表的文稿中可以找到适合这样刊物的作品，那么我将乐意地告知；而同作为事业家的如此能干的男子汉们进一步联系，肯定会使我身上某些已经陷于停滞的东西，呈现一种勃勃的生机。

这其实是歌德给席勒写的第一封信。席勒为自己的项目能赢得这样一位有名望的合作者感到高兴。但他尚未料到，就此他将赢得一个无与伦比的朋友。席勒致信克尔纳，告诉他歌德的允诺："一个精心挑选的团体真正开始了，在德国尚未有过这样的团体聚会。"同时，歌德也为这段新关系感到高兴，但他的评价显得冷静：我得说，自从这一新阶段以来，席勒对我们魏玛人变得更加友好和值得信任。

然后发生了歌德以后将称之为一个"幸运的事件"的会面。歌德感知了其象征意义和这一事件在自己生命史中的反映，在《形态学笔记》中，在关于"原始植物"的论述中，歌德描写了这次见面。友谊的"最初场景"在论述"原始植物"的章节中被叙述——这极为合适。而对《四季笔记》的补充性句子，再次独特地强调了这种有机且具象征性的关联：对我来说，这是个新的春天，一切都开心地竞相萌发，从裂开的种子和枝丫中迸发。

那是1794年7月20日，一个星期天。歌德来到耶拿，准备在接下去的几周里，为了《季节女神》编者们——当然主要是席勒面谈。可他没料到，在这个炙热的星期天下午，事前在凉爽的宫殿房间里听自然研究学会的一个报告时，就遇到了席勒。这种出人意料催生了特殊效果。报告后大家三三两两地交谈着，来到外面。歌德描述的场景是，偶然地，他发现自己突然来到席勒身边。一次交谈开始。席勒批评刚才的报告，说报告人用一种割裂的方式研究自然，缺少内在的关联和生机，这根本无法激起听众对自然之科学研究的兴趣。歌德表示赞同，但指出也许有另外的方法，去探究和描述自然现象的关联。席勒表示认同，但强调只有借助涉及经验的观念才是可能的。而经验自身始终是点状呈现的，由此出发不产生任何关联。他们不经意地陷入有争议的区域。因为歌德那时恰恰在研究此事：自然而然地产生了一种直接可以体验的对关联的现象的概观，而植物的形变对歌德来说是关于这个问题的一个范例。他的信念是，人们只需仔细观察，就会清楚返回植物的不同形式，并造成植物之变异性和稳定性的，是叶子。我忽然明白，在植物的这个我们通常称为叶子的组织中，隐藏着真实的普洛透斯（Proteus）。而后者能在一切形体中藏身和显示。向前或者往后，植物不过都是叶子。这是来自《意大利游记》中的话，但与歌德面对席勒而将叶子描绘成植物世界的一种原始现象，是如此相似。对这种原始现象有效的是，它能让人看见。

将叶子比作普洛透斯，完全是某种形象化，恰恰不仅仅是种观念。歌德从这一点出发说：难道不是吗？这种从叶子里发展而出的植物，即原始植物，是某种样式的实现。而在《意大利游记》中则这样说：一定有这样一种（原始植物）！否则我该如何认出哪种形体是植物，倘若它们不都是根据一种样式形成。

受到席勒提问的挑战，歌德也许继续展开了这个思路。在《幸运的事件》的描述中，仅有我热烈地讲述植物形态学。谈话如此热烈地进行,使得歌德忘记了一切,不由自主地来到席勒的住处。不管怎样,席勒证明自己拥有足够宽广的视野,将其激动的谈话伙伴稳稳地带到那里。然后他们坐在一起。也许夏洛特端来了冷饮。因为,如前所说,外面很热,而谈话激烈。歌德有力地继续,拿来纸张和墨水笔,用表明特征的简略笔触,在眼前勾画出一株象征性的植物。可席勒坚持其谈话的出发点,即这个问题——保证内在关联的,究竟是一种观念,还是具体某个形象、某个能体知的客体。对席勒来说,它只能是个观念,并就歌德的象征性植物的素描画,他回答,这一切并非经验,而是一种观念。这就是,歌德写道,将我们分开的关键点。……被最严峻地展现出来。即使歌德也机智果断且幽默地回应:我倒很希望这样,倘若我拥有观念,甚至亲眼见到它,而自己还不知道,差异依旧存在,两人中无人能视自己是胜者,但两人都认为自己不可说服。

这次见面总体上是一种差异的激烈交锋,为何这能成为友谊的原始场景?也许恰恰因为如此。这里涉及一种差异,而差异的两端强烈地互相吸引,似乎两人都能于对方发现自身的完整性所需的对立面。无论如何,歌德此后回顾往事时,这样解释他和席勒之间的关系:罕见的是,我们仿佛组成各自的一半,却不互相排斥;相反共同结合,互相补充。倘若在一方那里一切要求观念,而在另一方一切要求直观,那么两者都能将自己的东西给予对方,观念能变得感性,而直观变得富有精神。

在这个1794年夏日的美丽午后发生了这个事件。不过,迄至那时，潜在的相互的吸引力最终能自由地迸发，受到另一种歌德没有忘记提及的有利情况的支持：他与席勒的夏洛特有着长年的交往。夏洛特娘家姓封·伦格费尔德，是封·施泰因夫人的教女。还有对《季节女神》的共同兴趣，以及其他朋友善意的劝说——歌德主要指的是，向他推荐席勒的威廉·封·洪堡。

两天之后在洪堡家里，二人第二次正式见面。对席勒来说，这是一次更重要的相遇。他记录的友谊从这天开始。星期天的交谈涉及自然，在洪堡家周二的交谈涉及文化。在自然的题目上差异占了上风，在文化的题目上两人找到了更多的一致——即使是以不同的途径。几周后席勒对他的朋友克尔纳这样讲述："我们……就艺术和艺术理论有过一次长谈，互相交换了我们通过完全不同的途径获得的主要思想。……任何一方都能给予对方所缺少的东西，并为此获益。打这以后，这些播撒的思想在歌德那里扎根，而他现在感到一种同我结盟的需求，和我一起继续他那至今在缺少他人鼓励的情况下独自走过的路。我也为对自己如此有益的思想交换感到非常高兴。"

思想交换以那封席勒于8月23日致歌德的著名长信有力地开始。席勒开始不得不耐心等待，因为他知道，歌德以后几周将同公爵一起外出，履行外交方面的公务。歌德以动情的词句回答：没有什么比这封信更令人愉快的生日礼物了，您在这封信里以友谊之手，对我生存的总量进行了估算，您用对我的关注，鼓励我更勤勉、更活跃地运用我的力量。

生存的总量——这是热情的肯定以及对席勒这个肖像画

家的恭维。由于这幅图像，歌德觉得自己受到了善意的理解。席勒将歌德描绘成这么一个人：他可以信任自己的直观天赋，用眼思考，受对事物之可能关联的强烈"预知"的引导，但又不会陷入玄思的歧途，因为他始终借助能体知的现实，保持与世界的接触。他开始于生命那最简单的事实和要素，以便逐渐上升到人之错综复杂的形式。也就是说，他自告奋勇地从基本的自然中发展出精神。最后立起的是一幅充满智慧的自然的完美图像。但个体的生命如此短暂，无法达到目标："不过仅仅选取这样一条道路，已比走完任何其他道路，更有价值。"

这些话与作为科学家的歌德有关；至于诗人歌德，就席勒看来，他拥有一种能从无意识的源泉中创造出最佳事物的独特塑形力。"在您正确的直觉中有着一切，远比分析费力地寻找的东西更完整，而且它作为一个整体在您身上，您自己的财富就隐藏在您身上。"换言之：歌德身上生效的是无意识的天才。

这里席勒也将自己带入游戏。他将自己描绘成一个与歌德互补的天才的形象。倘若说歌德从具体的特殊进入概念的普通，那么席勒的道路则正相反：从概念上被把握的观念出发，他寻找着体现和特殊性。一方归纳地，另一方则演绎地行进。双方都有问题产生。思想可能错过具体的经验，并在抽象中逃逸，相反经验和直觉可能偶尔无法达到必要的清晰和透明。但是，倘若如此不同类型的英才互相倾听并互相帮助，就能获得互补的幸福时刻。这封信承载着一种对这种友谊顺利成功的亢奋的信任：歌德将把席勒当作意识的镜子，而席勒将从歌德身上学习对无意识和直觉的信任。这确实就是歌德以后回顾这段友谊时提到的，一个圆圈的两个半圆。

歌德对席勒的观点做了回应。在一封回信中有这么一段话，显然不无自嘲：您将很快看到，您的关注对我有多大的好处，倘若您通过更进一步的认识，在我身上发现某种晦暗和踌躇，而对此我无法掌控，倘若我非常清晰地意识到这些。歌德以此暗示，他将带着某种保留地利用席勒的透视力。过多的透明度和意识也可能是有害的。他会懂得保持自己的晦暗，因为他需要它，犹如一棵植物，将其根须插入昏暗的地下。

首次的思想交换让歌德产生新奇的激动。因此他在9月4日邀请席勒来魏玛做一次较长时间的访问。宫廷人员要离开一段时间去埃森纳赫，这是个好机会，让他们能各自给予对方宁静和时间。席勒经过一番犹豫，但提醒说，自己将无法遵守通常的作息时间表，"因为遗憾的是，我的痉挛通常迫使我整个上午睡觉，因为它在夜里不让我有任何安宁……我谨请求拥有这唯一的自由，即允许我在您那里生病"。

从9月14日至27日，席勒在歌德处度过日程安排紧密且令人无法忘记的两个星期。他们互相讲述自己的生平，描绘各自走过的不同的心路历程，谈论计划，规划席勒的《华伦斯坦》三部曲，以及他正在撰写的审美哲学著作（《论人的审美教育书简》）。歌德朗读了出自他自然研究的片段，涉及光学、解剖学和颜色学。他们还讨论了《季节女神》可能的主题。几天后，当他们非常熟悉对方之后，歌德诵读了出自他尚未发表的《罗马哀歌》中的诗句。席勒觉得它们"虽然不正经且不怎么得体",但还是将它们归入歌德所创作的"最好的东西"。歌德表示愿意首先将其发表在《季节女神》中。他们也谈论了如何改善魏玛剧院的问题。歌德请求席勒修订《埃格蒙特》,并试图让他相信,再次上演《斐耶斯科》或者《阴谋与爱情》,是迫在眉睫的事情。

谈话一天比一天更友好,他们似乎早就休戚相关,谈话似乎不会终止。席勒致信妻子说:"几天前,从我穿好衣服的11点半起一直到夜里11点,我们一直没有分开。"在晴朗的日子,歌德说服客人去散步。然后人们就能在公园和沿着伊尔姆河的路上,见到两人。他们走向花园住宅或者王宫的建筑工地。歌德总能展示什么东西,而身材高大的席勒认真地靠近,仔细端详。这个打着手势,那个双手交叉在背,身体微微前倾。

在魏玛,人们议论着两人的会面。他们的相聚,被大家视为重要事件。他们自己也非常高兴,1794年9月这段金色的日子,为一段充满希望的历史奠定了基石。

第二十二章

为《季节女神》投稿。反对时代野蛮思想的两个规划:席勒的审美教育和歌德的社交修养。"半人半马怪。"反对文学活动的共同的战役:《克赛尼恩》。席勒助产《戏剧使命》。一部反浪漫主义的著作?平淡无奇的《季节女神》的结束。

歌德至今只是偶尔为杂志投稿。在"狂飙突进"时代,他曾给短命的杂志提供几首诗,然后从自己的工作室里拿出东西,投给维兰德的《德国墨丘利》。积极地参与像《季节女神》这样的杂志,对歌德来说是新事。尤其是受到与席勒的友谊的推动,当然也是因为他有意就文学事业和文学公众的增长的意义,调整自己的坐标。在此期间歌德知道,该如何推销自己。通过《戏剧使命》建立的与出版社的良好关系显示出这一点。他开始研究之前被他拒绝的文学杂志。与席勒不同,他并不自视为职业作家,但他有时表现得像是。他涉入文学事业,不忌讳在那里用自己的《温和的克赛尼恩》树敌众多。

歌德以此开始,对开启嗜好阅读和写作狂热时代的社会变化做出了反应。而席勒称此为"墨迹斑斑的时代"。文学成为公众权力。在1750年和1800年之间，有能力阅读的人数翻了一番。到了18世纪末，约四分之一的德国民众能阅读。阅读行为逐渐变化：人们不再反复地阅读一本书——大多是《圣经》——而是一次性地阅读多本书。大量书籍涌入市场，而它们不是为了让人阅读，而是为了能被吞噬而生产。这引发了人们的道德疑虑：在教育媒介的外衣下，难道隐藏着德行堕落的深渊？那些几乎还未离开学校的年轻人，现在也加入了有受教育的权利的人做梦都想不到的激动和幻想。通过小说《维特》，歌德业已感到文学及其道德化的对手的权力。不顾所有的告诫和监视，阅读欲念犹如传染病四处蔓延。由于不缺供给，人们将阅读时间延至深夜。

在德国，文学热比其他地方更甚。这里缺少大都会和大的社会中心，人们身处斗室和小环境中，居住分散。因为缺少大都会，人们在书籍中寻找想象的交际喜悦。不管是英国那航海民族的冒险家，还是法国伟大历史事件的目击者所描绘的东西，德国公众只能在文学的叙述形式里经历。歌德早在1780年就已简洁地断定，可敬的公众仅通过小说认识一切不同寻常之事。关于粗制滥造的作品，歌德让他的威廉·迈斯特发出叹息：世人会写多少东西，大家根本就无法想象。写作的内容不一定是小说，有时也是可以从中产生一本书信集或日记集。人们想见到自己的东西被印刷，而这构成了令人印象最深刻的生存明证：在我当下所处的领域里，较之人们做事的时间，人们几乎花费同样多的时间，告诉他的亲戚和朋友他在做什么。日益增长的阅读和写作让生活和文学紧密相连。18世纪70年代的感伤主义已经开始,将生命的心灵之声转变为文学。与此相反,人们在文学中搜寻作者的生命。在"天才时代",明星崇拜开始。作家们表演自己,他们的生命现在属于他们的作品,生命自身就是一部作品。人们将歌德视为现实的维特,而在席勒那里稍感失望,因为他自身没多少强盗特征。人们体验自己读过的感情。人们爱上自己,心生嫉妒,维持友谊,为政治而激动——和书中一样。文学成为引导媒介,在生存方面也是:生命在文学的镜像里提升价值,获得密度、戏剧性和氛围。浪漫主义的年轻一代尤其善解此事,他们已经开始抱怨,自己的生命完全由文学组成。蒂克抱怨道,克莱门斯·布伦塔诺也坚信小说阅读决定我们的行动。文学和戏剧的生命力也是《戏剧使命》的重要主题,恰恰如此,不久这部小说就被视为时代代表。

在文学成为引导媒介的这个时代,《季节女神》的编委想为更好的文学趣味操心,旨在提升读者的精神水平,而非迎合他们。编委的名单是:席勒、威廉·封·洪堡、费希特、沃尔特曼,现在还有了歌德,这引发了人们巨大的期待。杂志已经赢得两千份订单,这在当时已是一个令人印象深刻的数字。出版人科塔支付最高的稿酬,让著名作家允诺参与。一切都预示着成功和一定程度的声望。

歌德以一首欢迎诗为《季节女神》鸣锣开道。席勒向他约稿,但对结果不是非常满意,因为它通过指出其批评家也属于墨迹斑斑的时代,对整个事业的崇高抱负略加讥讽。因为现在人人都阅读,许多读者仅仅 / 不耐烦地把书翻阅……/

我也该对你，我的朋友，这样要求，对写作／书写着增加数量，宣告我的意见，／而他人再来对此不断发表意见／起伏不停的波浪就此涌入无限。在同一期《季节女神》中，开始刊出席勒的《审美书简》，其中发展出通过艺术的自由游戏改善人的思想。歌德的开篇诗对此也有涉及：高贵的朋友，你希望人类的幸福……／我该说出我的想法吗？我觉得／只有生命才能造就男子汉，而语言的意义不大。

席勒不怎么喜欢读到这样的东西，因为他对艺术家的语言抱有几分信任。在《审美书简》中有这样的话："人类失去了自己的尊严，但艺术拯救了它……在真理将其胜利的亮光射入心灵的深处之前，创作力已经俘获其光芒，而人类的巅峰将熠熠闪烁，即使山谷中是潮湿的夜晚。"席勒那了不起的激情感染了歌德。我立刻非常高兴地读了席勒寄给我的手稿，我一口气就将它吞下。思考片刻后，他还是无法同意席勒对艺术那伟大的社会作用之可能性的信念。在歌德看来，席勒对艺术期待过多：遑论由此能获得自由能力的完整之人的内在转变。在席勒看来，艺术应该引起思维方式和感觉的一次革命，由此改善政治革命所耽误之事。革命仅仅袒露了放纵之人的野蛮行径。

在对革命之负面后果的诊断上，席勒和歌德意见一致，但药方不同。在第一封书信中，这种差异业已显示，而在歌德为《季节女神》所写的第一篇散文《德意志逃亡者的谈话》中，这种差异愈加明显，即使依然没有直接道明。席勒可能希望从歌德那里得到一记重锤作为开篇，而不仅仅是一系列还将继续刊登的小说的框架情节，其中描述了一小部分贵族逃亡者。在革命军队的驱赶下,他们逃入莱茵河右岸地区,为了赞同还是反对革命激烈争吵,尽管他们都是事件的受难者。人们激烈地打起架来,由此显现,在政治的被煽动者中间,良好的德行和礼貌的语言不再存在了。人们屈服于无法抵抗的刺激,去伤害别人,因为每个人都相信,自己个人的观点同时能代表人类整体的利益。那个枢密顾问、旧秩序的代言人,激动地大声呼喊,他希望看到美因茨的雅各宾党人全被绞死,而他的对手卡尔对此回应,他希望斩首机在德国也能获得丰收,并且不错过任何一个有罪的脑袋。这一小批贵族由于这次争吵几乎分裂,仅仅勉强地恢复和平。叙述有助于此。但之前人们得忍受男爵公主的告诫,在社交聚会中,人们该克制自己的狂人信念,这里需要体谅和仁慈。信念的愤怒在此不合适,倘若大家想在狭窄的空间里带着矛盾生活。男爵公主由此呼吁的不是以德行的名义的克制,这似乎标举过高,而是以最普通的礼貌的名义。

歌德在此展示,在政治纷乱的情境中,急需的不是席勒的"审美教育",而是基本的社交修养,对此不需要高深的理论纲领,而只要求一种对礼貌和体谅之有效作用的简单提醒。但歌德与席勒在以下这点上意见一致,即重要的是游戏文化,一如席勒在第十五封信中所说:"结论是,只有当人在语言的充分意义上成为人的时候,他才能游戏,只有当人游戏的时候,他才是完整的人。"歌德社交修养的模型,也是一种游戏,恰恰是一种社会游戏。人们行动,似乎就该这样。需要的是文明化的交往形式,并非无条件的真实性。没有亲密的专横、专制,没有"我身处此地,我只能这样"意义上基督教新教的确实性。若身处社会，人们需要能够以另一种方式进行交往。剂量合适的表达方式是必要的，人们以此能互相接触并越过深渊。因为我们依赖社会，就得以它塑造自己并以它为准。社会的人携带着良好风度的外套，面对混乱、无序和杂乱无章捍卫自己。

也许歌德进行应该让人倾听的讲述时，对社交修养给予了过多的妥协：您至少应该打算带着几分优雅向我们讲述您的故事？不过，那些关于无害地闹腾的家庭幽灵和嘎吱作响的家具，关于漂亮但过于忠诚的女人的故事，确实过于优雅；读者们觉得，故事完全可以更紧凑些。有结局的"童话"，语文学家们以后将其提升为一切艺术童话的典范，也无法改善总体上显得疲沓的表演。那是一架充斥象征和比喻的臆想过多的百音钟，一个高级别的纵横填字字谜。谁若不属于字谜之友，定会感到无聊，一如洪堡从柏林出发，自负地讲述的那样。对童话百般强解，这给其他人带来游戏般的娱乐：一些人将瓶子埋入沙滩，另一些人将其掘出，而这也是一种社会游戏。在此人们至少不会有杂念。歌德在此偷着乐，告诉曾求他给出一个明确解释的奥古斯特·封·戈塔王子，直到我亲眼见到九十九个前任之前，他不会给出自己的注解。

《季节女神》的启动不太顺利，因为第一批文章，如席勒的《审美书简》和歌德的《谈话》影响甚微：人们觉得席勒过于难解，歌德过于无聊。《季节女神》需要某种激动人心的东西。歌德早就允诺投给《季节女神》的《罗马哀歌》，现在该最终上场了。在此期间，歌德剔除了明显带有淫秽色彩的诗句。这让席勒感到惋惜，但也明白，它们必须被牺牲。其他的一切都应该发表出来，但歌德有些犹豫，建议删减。在第二篇哀歌中有脱衣场景，第六篇中谈及婚床是性病的策源地。席勒反对删减，最好是撤掉这两篇哀歌，事情就这样发生了。1795年秋出版的那期《季节女神》获得了最大的市场成功。歌德称其为半人半马怪：脑袋出自席勒的理论，歌德的哀歌组成身体。赫尔德说了些坏话："《季节女神》（Horen）中的o现在得换成Huren（妓女）中的u。"公爵不同意印出《哀歌》，觉得其中有"某些过于矍铄的思想"，上文已提及这一点。封·施泰因夫人的评判不让人感到意外："我对这类诗歌没感觉。"洪堡在一封给席勒的信中描绘柏林诞生了怎样的流言，说歌德在卡尔斯巴德同"两个受洗的犹太女人"交往，惟妙惟肖地向她们讲述促使他写哀歌，特别是诗句的个别情景：*而这个野蛮人掌控了罗马人的胸脯和身体。*

《季节女神》受到许多非议，但自那期"半人半马怪"之后，读者越来越少。伟大的人名，金钱，给人带来深刻印象的编者的傲然登场。所有一切都想吸引整个文学界，但也引发嫉妒。当几期之后杂志呈现颓势时，幸灾乐祸的声音也随之出现。歌德和席勒为很难教育的读者和竞争对手的恶意批评感到恼怒。歌德想出一个主意，共同针对文学现象，创作讽刺短诗《温和的克赛尼恩》，这是根据马提雅尔的典范，由六音步诗行和五音步诗行组成的简练的双行诗。1795年12月23日，他寄给席勒几篇这样的双行诗作为试验。席勒立刻感到欢欣鼓舞。涉及读者和批评，两人可以破口大骂了。针对平庸的爆发，为何不能燃起文学的焰火？他们在此获得巨大乐趣。1796年，当他们在席勒家里创作这种双行连句时，不时地朗声大笑，以至于席勒的夏洛特小心地关上了窗户。

巨大的成功感让两人情绪激昂。在席勒那里，还有另一层特殊意义。当他对歌德的爱还无法掩饰地掺杂着恨时，他进入了这样的想象，人们必须把歌德这个"骄傲的拘谨者""弄成一个孩子"。现在他可以开心地告诉他的朋友克尔纳："歌德和我共同孕育的这个孩子，有些顽皮。"歌德同样有自己的乐趣；回顾往事时他解释说，席勒帮助他获得了第二个诗意的青春。

一直到1796年初夏，二人收集起数百篇双行连句。歌德喜欢起先说好的将论战性的和警句式的诗句混编的安排，但席勒对此并不满意。他觉得这种编排整体上显得无关紧要。他建议，取出论战性的双行诗，将其余归入《温和的克赛尼恩》。论战的惩罚审判不该受到温和语调的干扰。带着论战的兴致开始的歌德，突然想让温和占据要位。不过他的异议来得太晚，由席勒主编的《1797年诗歌年刊》，带着《温和的克赛尼恩》论战性的惩罚审判，已付印刷。年刊即告售罄，还得重新印刷。出版人科塔很希望将《温和的克赛尼恩》收入《季节女神》。对席勒来说，这主要是个艺术种类问题：他不想将《季节女神》那骄傲的旗舰承受过于涉世的论战材料的负荷。

杂志跌跌撞撞地行进。对于《戏剧使命》的预印，席勒有过一些期待，但事情未果。不过，1795—1796年小说的完成，还是成为幸福的事件以及歌德和席勒之间友谊的一个高潮。通常不暴露自己隐秘的歌德，做出了异乎寻常之事。他对席勒的艺术悟性抱有如此的信任,竟然请这个朋友帮助他完成这部小说。小说的前两卷1795年年初已付印,后面几卷计划这样处理:他将把手稿寄给朋友,而后者该不吝赐教,提出批评和建议。歌德还想在同他的交谈中,讨论小说接下来的结构。也就是说,歌德指望席勒的广泛协助,而他也将不会让自己失望。席勒将这部形成中的小说当成自己的事,允诺说他将为此投入数月时间。席勒写道:"我经历了这部作品的完成,它产生在我尚且努力向上的年代里,我尚能从这个纯净的源泉中汲取养料,这本来就属于我生命中最美好的幸福;我们之间的美好关系,使它成为我的某种宗教,在此之中,将您的事业当作我的事业,将我身上一切的现实,发展为精神那最纯净的游戏。"

席勒以最美的赞赏评论第一批手稿。1796年6月底,歌德寄出手稿的最后一部分,席勒再次一口气通读整部小说。一系列详细分析和评论小说的信件,以这样一个名句开始:"适逢这个机会,我多么生动地得知……面对俊杰,除了爱,没有自由。"七年前席勒面对克尔纳坦陈自己对歌德的恨。面对俊杰,人们该如何反抗萌发的嫉妒感?席勒在此期间能给出的回答是:去爱俊杰。

朋友的这个十分精辟的句子,对歌德来说如此珍贵,以至于他十年后以"奥蒂莉的日记"为名,将其收入自己的《亲合力》,不过稍做改变:对待别人的伟大优点,除了爱,没有解救方法。乍一看去,两句话没多大的意义差别。但有些特别的是,在席勒那里是"没有自由",在歌德那里是没有解救方法。在席勒那里,一切围绕自由进行。所以他为了摆脱嫉妒和怨恨的自由而战斗,而嫉妒和怨恨不是别的什么,只是自我毒害。爱让人解脱,而自由选择爱。这在像席勒这样的人那里,几乎是一种战略。不过,歌德所说的面对俊杰,将爱作为解救方法,更多地涉及让自身天性不受到负面的损害。也就是说,一个人以爱捍卫其自由,另一人更多地捍卫其更好的天性,他通过爱返回,使其与自身一致。事关歌德以后用此方式确定的一种差异:席勒传播自由的福音,而我不想让自然的权利受到削弱。

当歌德1793年重新创作小说时,他不知道如何继续,应该给小说怎样的结局。当他已经深陷于工作之中,小说的结尾可以预见时,依旧保持着这种不确定性。1796年6月,小说完成的四个星期之前,他致信席勒:小说很好地启动。我身处一种真正诗意的情绪,因为我在各种意义上都没有确定自己想要和该要什么。

席勒十分惊讶,因为他自己的情况完全不同:他在开始创作一部作品之前,必须精确地做好规划。他无法将自己交付给诗意的情绪。席勒必须指挥诗,而歌德让自己被诗引诱。两年后,歌德将这样坦陈,他犹如梦游人写下这部小作,一如我的其他作品。

也就是说,歌德不太清楚该如何结束小说。已决定的仅是,他将不会一如早先的题目——"戏剧的使命"——所预示的那样,以迈斯特在戏剧领域的成功结束。以歌德作为魏玛剧院经理被卷入剧院日常事务中的情况来看,他觉得对他作品的主人公来说,戏剧方面的职业不再具有魅力。但在学习时代该导向何种高超技能?当前面两卷1795年年初出版时，席勒提出这个问题，而歌德对此无法回答。但是，席勒难道没有在其《审美书简》中强调艺术的游戏特点？这种思想让歌德得到启发，他将此视为对诗意的散漫的许可，而这种散漫与小说的情节进展相互游戏。威廉甚至可以，面对他的儿子菲利克斯，明确地承认作为生命准则的游戏：你是个真实的人！威廉大声道出，来吧，我的儿子！来吧，我的兄弟，让我们在世界上尽可能无目的地游戏人生。

这句话出现在小说最后一卷里。那时，威廉虽然克服了他对戏剧演出的倾慕，但显然还没克服本性中的游戏特点。从结尾来看，他其实除了游戏，其他什么都没干。一个简短的回顾揭示出了这点：威廉始于给小男孩展示世界的木偶戏。他的情人玛丽安娜将他领进真实的戏剧世界，即使离开她后，威廉也与这个世界保持联系。他没去帮父亲的生意收债，却将一群溃散的演员聚在自己身边，想让自己也成为其中一员。演出时他相信：以最温和的方式熟悉自己，这比在真实的生命中更好。人们在演出中发现自己，对这样一场演出有什么可以指责的？什么都没有，只是以这种方式，人们无法成为演员。因为，一个人若只表演自己，就是个糟糕的演员。威廉的情况正是如此，所以他告别戏剧界，但没告别游戏。这种情况持续下去，因为他最终发觉，当他以为自己在游戏的时候，别人也在游戏他。当威廉在洛塔里奥的王国里认识显然从远处观察他并将他引来的塔社时，他遇到了这个社团的一个幕后操纵者阿贝，而他喜欢稍稍地游戏命运。这个共济会类型的塔社及其网络，总体上构成了一个游戏世界，而威廉自己未经察觉地参与了游戏。即使他在此没上当受骗，被纳入这个秘密社团，这对威廉来说也是令人失望的。这些命运般的事件难道仅仅是受到引导、制作和操纵的？难道说人们仅仅同这些庄严的符号和言语游戏，威廉发问。这个问题也可以指向作者自身。背景中的这个整体构造究竟为何？

席勒提出这个问题。起先他在这件事上保持着克制，他自己也写过一部秘密团体小说，所以十分了解，这样的"构造"会受读者欢迎，而一个作家很愿意以此冒险。席勒写道："我相信自己发觉，某种针对读者弱点的屈尊感，诱发了这点。"

这个问题对席勒来说如此重要，因为它涉及自由问题。倘若威廉发现自己离开戏剧场舞台，进入洛塔里奥的勤奋的世界，仅仅是因为他来到那里？威廉·迈斯特将自己创造成什么，容或他被什么所创造——从外部（通过塔社）或者从内部（通过他善良的天性）？席勒毫不掩饰地声明，他最希望的是，威廉·迈斯特是一个自由的主人公，他的命运归功于一种自我规划和坚定的行动。他承认，有一种"健康和美好的天性"，它无需道德的制约，只需要顺势走上正确道路。但威廉无法拥有这样健康和美好的天性，只要他由塔社推动和牵引。在席勒看来，通过塔社背后的作用，歌德从其主人公身上去掉了两方面的特性，即引导自身的自由，以及无须被引导的美好天性。留下的只是一个相当可怜的、拥有幸福并受到命运即塔社的溺爱的人物。

在席勒对威廉·迈斯特这个人物的批评中，瞬间闪现出他对歌德的怨恨。他曾致信克尔纳："他的天才受到其命运的如此轻快地承负，可我直到这个瞬间还得斗争！"威廉·迈斯特难道不也是这样一个命运的宠儿,他无须斗争,所以也不知道什么叫自由?以前这个怨恨针对歌德本人,现在席勒学会去爱英杰,所以小说人物威廉·迈斯特遭到本该为歌德准备的鞭笞。

席勒不愿见到的是,歌德相当随意地处置背景中的构造,即塔社。歌德对此并非十分认真:您在塔楼里见到的一切,其实只是一项年轻人事业的圣人遗物。这项事业开始时,对大多数知情人来说是伟大而严肃的,可现在大家都不时地对此微笑。这里明确地说,不是塔楼,也不是他的自由,而恰恰是良好的天性,赋予这个完成学习时代的人物以必要的力量。因为威廉·迈斯特在此期间成了父亲,并有意识地接受和决定履行这个角色,他仅仅因此才结束学习时代。这个内在的成长的作用,是某种祛魅:他再也不像一只候鸟那样观察世界,再也不把一栋建筑当成一间快速搭成的花园小屋,不等到离开,树木就已干枯。凡是他想兴建的一切东西,都得为男孩以后发展着想,而他一旦建立的东西,就得持续几代人。……怀着父亲般的感情,他也获得了一个公民的所有美德。

歌德不时自问,是否必须结束这部小说,或者是否干脆就该继续构思,让小说没有真正的结尾。威廉作为父亲和妻儿的迁居,应该可以作为一个真实的结束。但与乏味和勤劳的特雷泽的婚姻没给他带来幸福,而娜塔莉却看来一直远不可及,歌德把故事继续梦游般地编下去,一如他通常的做法。我们刚听到威廉·迈斯特结束了他的学习时代,又见到他上路,躲入未结束和暂时:他决定离开,并带上孩子,去欣赏世界上的各种事物，这已成为他坚定的打算。事件接着还有一个转折。威廉现在可以对娜塔莉抱有希望。但一直没走到订婚那一步，而威廉又一次想越过阿尔卑斯山向南。不过，柠檬花盛开的地方，在此期间随着迷娘的消失，业已失去几分魅力。席勒批评歌德在小说最后将这个南方的女使者和浪漫主义秘密的象征剔除。迷娘死去，而威廉除了与医生一起准备解剖尸体，别无要事可干。似乎渴望的象征现在已经枯竭。席勒对这不敬神的匆忙不满：人们该顾及读者多愁善感的要求，表示些哀悼。歌德赶忙满足席勒的愿望，所以威廉能靠着特蕾泽的胸脯放声痛哭。

席勒表示满意。但他不愿接受奇妙被贬为奇异的浪漫主义批评，对此并不满意。最后，舞台的确被理性地清空，谜团被解，秘密被揭。迷娘和竖琴演奏者作为病态的，带有出自乱伦、迷信和普通癫狂之混乱来历的事件出现。对诺瓦利斯来说，小说的结尾是诗学在此受到背叛的证明："艺术家的无神论是此书的精神。"小说的主题并非学习时代，而是"争取贵族证书的朝圣"。

如此看来，威廉·迈斯特表面上的成功史，也可被解读为一种局限和失去的故事——尽管不仅仅出于作者的视角，即使威廉在遭遇特蕾泽时也不得不意识并感觉到一种失去：因为我无目的且无计划地、轻松甚至轻率地活着，友谊、爱情、倾慕和信任敞开怀抱迎接我，甚至向我挤来；可现在事情变得严肃，命运似乎带我走上另一条路。但仍然有众多提示，将威廉的历史也可看作提升和真正的满足，因为散文比诗更接近普通的知性。不管怎样，作品整体犹如沉入一道独特的双重之光。

歌德不得不对向他要求更清晰解释的席勒这样写道：毫无疑问，表面上由我道出的结果比作品的内容更浅显。这个更全面的作品的内容，应该就是诗的媒介，而威廉·迈斯特沉入其中的散文的下降，应被视为浅显的结果。如此看来，较之为了贵族头衔的预示不祥的朝圣，小说的精神有着更多内涵。

《威廉·迈斯特》在《季节女神》中的预先出版，似乎对杂志没多少帮助，因为小说的直接影响力微乎其微，尽管它以后将开创一个世纪。较多的读者期待的是类似《维特》一书中的激情，可现在他们感到失望和无聊。哲学家克里斯蒂安·加尔弗说了一句俏皮话，倘若威廉的情人玛丽安娜都在其讲述时睡着了，那么作者怎能相信，那些没爱上他的读者情况会更好。歌德致信席勒说，他在小说中放弃，浇上更多理性判断之水。对读者来说，却还有过多这样的期待。关于上帝和世界以及戏剧的无尽的讨论！谁不觉得无聊，会对演艺界的放荡——对此的描述占据了小说的很大部分——感到愤怒。夏洛特·封·施泰因对他儿子这么写道："此外，他书中的女人们都举止失礼，他不时在人的天性中体验到的高贵感情，都受到他的某些丑化，为的是在人类的天性中不留下任何神圣之物。"第六卷"一颗美丽的心灵的自白"充分地顾及神圣之物，但也无法让夏洛特满意。她不愿就这么简单地接受前情人这样宗教式的虔诚，并猜测有关的章节是他添入的，"因为这几页纸也能卖钱"。

但也有读者仅仅阅读这本书中"一颗美丽的心灵的自白"，把小说的其他部分烧掉，因为这些部分过于放荡的缘故。歌德的妹夫施洛瑟虽然没有走得这么远，但他在给自己女婿的一封信中这么说:"歌德在其仅接纳流浪的无赖的妓院里,给这颗美丽的心灵安排了一个位置,这使我无法克制我的恼怒。"

《季节女神》不得不在没有威廉·迈斯特的情况下寻求发展,这仅在短时间内获得了成功。当席勒与施莱格尔兄弟交恶以后——尤其因为奥古斯特·威廉还是一个勤奋的编委——整个事业的一根重要支柱崩断了。费希特、赫尔德、洪堡、加尔弗、比格尔,甚至还有康德,虽然都曾允诺供稿,但都没有或者仅提供了无足轻重的文字。歌德曾经非常勤奋。在《谈话》和《罗马哀歌》之后,他在《季节女神》中发表自己的《切利尼自传》的译稿,连载延续至1797年。然后他再也没有提供任何东西。杂志虽然继续持续了一年半,但起先的抱负已经消失。女人们的钟声敲响。席勒的大姨子卡罗利妮·封·沃尔措根、露易丝·布拉赫曼、弗里德丽克·布伦、阿玛丽·封·伊姆霍夫、索菲·梅兰和埃尔萨·封·雷克都轮番上场。歌德稍带讥讽地谈到《季节女神》的女人时代。1798年1月26日,席勒告诉朋友,杂志不久就将停刊,而他们的友谊在其标志中开始。"理所当然,停刊时我们将不会引起轰动。"他这么写道。真的是这样吗?这个精通轰动效果的剧作家半是讥讽、半是认真地继续说:"此外我们也可以让这份十二卷的杂志登出一篇出色的,也许能引发对《季节女神》一纸禁令的政治和宗教的文章。若您愿意写这样一篇文章,那么还有版面。"

也许歌德找不到合适的文字,而席勒也没重提旧话。《季节女神》最终悄悄停刊了。

第二十三章

《赫尔曼和多罗特娅》。生命抵抗历史。在寻找根据和基础的途中。掘宝人。叙事谣曲之夏。在"雾途"上。写作《浮士德》。旅行准备。一次焚书。与荷尔德林的一段插曲。第三次瑞士之旅。面对"经验的世界范围"的恐惧和克服。

文学的论战能像一阵纯净空气的雷阵雨那样起作用,也可能开启一个新的篇章,但好斗者很少能掌控其定位。所以人们必须给他们机会,让他们发泄自己的不满,因为在此之前他们不会安分。谁对以后的名声有几分要求,不得不迫使他的时代同人,准备好针对他们的一切并释放出来,而他通过当下、生命和影响,又随时清除这种印象。歌德在他完成诗剧《赫尔曼和多罗特娅》的三个章节的时候,给席勒这么写道。这部作品继《维特》之后,在读者中赢得了巨大成功,所以的确适合彻底清除恶毒指责的印象。

歌德于三年前,在出自萨尔茨堡1731年驱逐基督教新教徒的年鉴中,获得了这部诗剧的材料。其中记录了一个小伙子帮助了一个困境中的逃亡女孩,然后娶她为妻。为此他得克服自己的腼腆和父亲的反对。歌德将这个故事纳入革命战争和难民潮的时代语境。他使用了出自年鉴的某些细节，比如姑娘的误解，起先仅觉得自己是女仆。犹如《德意志逃亡者的谈话》中，面对逼近的法国军队，人们逃出莱茵河地区。他们经过有幸未遭战争洗劫的莱茵河左岸城镇。好奇和乐于助人的市民加入这支队伍，其中就有赫尔曼，这个"金狮"旅店店主勤奋但腼腆的儿子。他注意到一个漂亮的女孩并爱上了她。她叫多罗特娅，虽然自己身处困境，但令人感动地照顾其他受难者。父亲在家觉得赫尔曼过于谦虚，认为他缺少荣誉感，根本就不求上进。赫尔曼委屈地跑开。母亲找到他，发现他在园圃远处的一个角落里，躲在树下哭泣。母亲劝说他，鼓励他更大胆地追求那个他为自己选中的姑娘。母亲和儿子返回尚未散去的邻居聚会。母亲重提赫尔曼的选择，重新唤起父亲的恼怒，因为他不希望有个难民姑娘当媳妇。但母亲处事巧妙，父亲的抵抗逐渐减弱。药铺老板和牧师被派出，打听年轻女子的声誉。他们听到的都是好话。比如多罗特娅用武器抵抗掳掠的士兵，保护托付给她照顾的小孩。赫尔曼现在可以提出求婚。不过腼腆的他让多罗特娅以为，她被请来当女仆。当多罗特娅得到新娘的待遇时，以为别人在和她开玩笑。经过这样一些误解之后，一切终于化为皆大欢喜。两人互相倾吐爱慕之情，而父亲也同意了他们的结合。在巴黎战事中失去作为自由战士的未婚夫的多罗特娅，投入了赫尔曼的怀抱。可她还是感到历史的震撼：*就像那终于到岸的船夫，/ 大地那最坚实的土地也在动荡。*在短短几个小时中，由于真实的倾慕，成熟为男子汉的赫尔曼，说出充满激情的结束语：尽管举世动荡，／多罗特娅，我们的结合会更加坚强！我们要坚持不断，／坚守自己和坚守我们拥有的美好产业。

糟糕年代中一个挑选新娘的田园牧歌般的故事——根据荷马的典范，从中是否可以创作出一部诗史？歌德接受了这一挑战。他想证明，无需伟大的题材就能使一部作品伟大。一年前席勒发表的哀歌《散步》结束于这样的诗句："荷马的太阳，瞧！也向着我们微笑。"歌德想要以其《赫尔曼和多罗特娅》证明，荷马的太阳确实还在闪亮。

平时为他看重的语文学家弗里德里希·奥古斯特·沃尔夫，刚刚发表了他的研究成果，说荷马史诗并非出自一人之手，而是不同作者众多颂歌的一个汇编。这来得恰到好处。不存在一个荷马，只有荷马的类型。他们带着语文学蜜蜂般的勤奋，没有停息，直到一切细节变得清楚。歌德其实无法忍受有人将某个整体拆成碎片。他在其中感到针对伟大和崇高的愤懑。对他来说，碎片化、降格、夷平和汇集，恰恰符合民主的上升精神。此外，这次还有一个典范在场。因为人们无法与一个荷马比肩，但能同一类荷马争胜。由此人们利用整个学界的简化经济学原则，作为一名荷马类型的作家工作。福斯业已通过自己的《露易丝》，以荷马风格尝试那部市民和田园风光的诗体史诗。眼下歌德要超越福斯。1796年他致信席勒，说自己已经启动此事，因为我也必须做这样的事。也许他觉得这样的表达过于粗俗，便在以后出版的与席勒的通信集中，将此删除。

人们可以感到作品给他带来的乐趣，给市民关系和特点穿上荷马式的外衣。缪斯女神受到召唤，尽管人们不是同阿喀琉斯和赫克托耳，而是同药铺老板和农夫、市民打交道。喝酒人在炎热的午后阳光中，坐在市场旁的酒店里，犹如在一座奥林匹斯山上，暴躁的父亲远远地就像易怒的宙斯，而那个牧师犹如一个变得平和的忒瑞西阿斯。赫尔曼鞭打着他双驾马车前后腿直立、大发雷霆的骏马，犹如一名阿喀琉斯，最后带着升华的男子汉情感，成为女人的伟大英雄。而这意味着：多罗特娅被感动。优雅的年轻女人犹如乡村的海伦。在这个德国乡村小镇熟悉的世界里，读者该逐渐想起荷马。熟悉的事物在一种遥远的光芒中闪亮，而古代的远景移入近处。歌德胆敢同受人敬仰的古代经典玩上一出讥讽的游戏。

他轻松自如，喜悦的心情无时无刻不陪伴着他的写作。席勒无法掩饰自己的惊讶，给约翰·海因里希·迈耶尔这么写道："当我们其他人费力收集和检视，以便慢慢地创作某些还能凑合的东西时，他只要轻晃树枝，就能让最美丽的成熟果实重重砸下。不可思议，他现在在自己身上，如此轻快地收获着一种被正确利用的生命及持续不断的教育的果实。"

即使在其他方面，歌德也获得了最美丽的果实。他相当有把握，以这部作品赢得读者青睐，预计它的出版可以获得成功。

他以一种特别的稿酬谈判方式，让出版商约翰·弗里德里希·菲韦格迷惑不解：他要求将自己的酬金存放在一个密封的信封里。倘若出版商提供的数目过少，谈判告吹。要是出版商提供得过多，只需支付他的所要之数。歌德想知道，他对出版商值多少钱，其判断是否符合他的自我估价。当然他的估价不低。他要求一千金币，而这是同一时间荷尔德林以其《许佩里翁》从科塔那里得到的稿酬的二十倍。菲韦格提供的数目，恰好与歌德心目中的数目吻合，便得到了这部著作。他通过发行大量的特刊本和装饰本，做成了一笔好生意。这本小书在有教养的市民那里，成为给新婚夫妇的爱的礼物。1798年年初，歌德致信席勒说，我在《赫尔曼和多罗特娅》里满足了德国人的心愿，现在他们特别满意。这部书不仅让可爱的德国人喜欢，也让他自己感到特别喜欢。多年来，每次他阅读或朗诵这本书时，都会受到巨大的感动。

在最后的章节里，多罗特娅回想起她以前的未婚夫。他作为自由战士在革命的巴黎丧生。她重复了他留给她的激昂遗言。这些完成于1797年的诗句显示，在此期间歌德如何已经远离一种对革命的单纯的论战关系，他开始在革命中发现了某种其他的东西，一种基本的命运力量，一次摧毁一切的地震，一种分离又重组一切的、人类和超人类的自然力：现在世间的一切／都在动摇，都在分离。／即使在最稳定的国家的基本法也在解体，／财产脱离原主人，／朋友离散；爱人分飞。……常言道，人生活于地球上，犹如匆匆过客。／比之任何时候，人更像是过客。／土地不再属于我们，财产也在转移；／金银从原本神圣的形态中熔化流动；／一切都在变动，好似这个形成的世界，退回／到混沌和黑暗中解体，又重新成形。

当歌德写下这些关于不再属于一个人的土地，关于金银之熔化的句子时,他正在关注基本财富。他估计革命战争会引起通货膨胀,选择负债替自己买下一处田庄,期待通货膨胀会减少债务。正是因为革命让最坚实大地上最安全的土地摇晃,他寄希望于占有地产。他对魏玛北部十八公里处的上罗斯拉的自由地感兴趣。那个地方邻近奥斯曼施泰特,维兰德之前在那里已购置地产。这块土地自1796年起就处于拍卖状态,而在1797年年初,人们以为短时间内歌德就要竞标。事情又推迟了一年。1798年3月,他最终以一万三千一百二十五个帝国银币购得这块地产,随即将它出租。经过某些不快和损失,五年后他高兴地承担了部分损失,重新将它卖出。

当歌德因为奥斯曼施泰特与人谈判时,他在1797年5月20日用一百银币在汉堡博彩业购买了一份彩票。有块西西里亚的地产被列为头奖。他以为这样也能获得地产。他在选择彩票号码时,有过一些考虑,其结果是用他和席勒的生日进行计算后得出。尽管如此,他还是抽得一个空签。三天之后,即在1797年5月23日,他寄出自己的首篇叙事歌谣,那是为同席勒商定的叙述歌谣集而准备的。这部集子将在第二年的《诗歌年刊》中发表,那是叙事歌谣《掘宝人》。知道歌德的彩票投入的席勒,友好地对此暗示:"此外,发觉这篇小作中暗含着您恰好想生活其中的精神氛围,让我觉得好玩。"诗歌这样起首:钱袋空空,忧心忡忡,/ 我将漫长的时日消磨,/ 贫穷乃是最大的灾祸,/ 财富乃是最高的幸福。然后是可靠的神秘法术的运用:火焰圈、灵魂和鲜血的出让、药草和骨殖。但当宝藏打开,没有金矿,取而代之的是个俊童,带来一个信息,而它对掘宝人和彩票投注人一样有效:别在此地继续徒劳掘宝/白天干活,晚上请客,/平日辛苦,假日作乐/应该是你将来的咒语。

随着《掘宝人》的出现,高尚的叙事歌谣竞赛在两位朋友之间展开。席勒对此驾轻就熟,他快速写下以后如此脍炙人口的叙事歌谣,比如《潜水者》或者《担保》,还有也许是他最美丽的叙事歌谣《伊俾科斯的鹤》。是歌德给了他关于伊俾科斯的主意和题材。这个年轻歌手在去科林斯参加赛歌的路上惨遭不幸,唯一的目击者是高飞而过的鹤。比赛时它们又出现,一个杀人犯胆战心惊,不由自主地供认了罪行。歌德意欲见到一切完全自然地上演,也许更会采取一种逐渐揭露罪犯的方法,但席勒只要出人意料的效果,结果获得了歌德的掌声。

席勒的叙事歌谣,在歌德眼中是叙事诗歌这一观念的完美实现。而歌德本人对叙事歌谣之夏的贡献,尤其是《科林斯的新娘》和《神和舞女》,就他的趣味来说,不怎么合题。它们过于神秘,道德上也不怎么清晰。《科林斯的新娘》描写来自雅典的年轻人拜访柯林斯的一个友好家庭。这个家庭的女儿业已许给他为妻。年轻人进入一个对他来说陌生的世界,因为那里的人在此期间成了基督徒。这预示着不祥。新的信仰萌生,/什么爱和忠诚,/就常被当作莠草拔除。那个女儿已被送入修道院,并忧伤而死。可年轻人不知道。在黑暗的房间里,姑娘整整一夜都在他跟前出现。破晓时分母亲冲入房间,一切才真相大白:她是无法死去的死神,要将年轻人一起拖入死亡,进入爱情之死。她将和他一起被火化：一旦冒出火星，/一旦烧成灰烬，/我们就急忙去见古代神灵。那是对善待厄洛斯的旧日神灵之没落的动人的控诉，也是对一神论世界的祛魅的控诉。形形色色的古代神灵立即离去，/仅留下静寂的空屋。/不可看见的只有天堂中的一位，/十字架上的一位救世主获得敬仰。这让人想起席勒的哀歌《希腊的群神》中的诗句："那一切花朵都已落英缤纷，/受到一阵阵可怕的北风洗劫；/为了要抬高一位唯一的神，/这个多神的世界只得消灭。"

歌德讥讽地称《科林斯的未婚妻》是他的吸血鬼诗。当这些叙事歌谣在1798年夏的《诗歌年刊》中发表时，受到了普遍好评，尤其是席勒的诗。但对《科林斯的新娘》，存有激烈争议。伯蒂格说："除了关于歌德的《科林斯的新娘》，没有任何的意见分歧。一些人称其展现出所有妓院场景中最为恶心的东西，而且是对基督教的极大亵渎，而另一些人称此为歌德所有艺术小品中的最完美作品。"

批评家们已在《威廉·迈斯特》和《罗马哀歌》中发现了"妓院场景"。所以此处这些说法不会再特别惹恼歌德。叙事歌谣之夏给他带来的好处是，他趁此机会，重拾关于《浮士德》的笔记和草稿的神秘包裹。他致信席勒，我们的叙事歌谣研究，将我重新送入这片云雾，送上这条雾途。

但让歌德回到《浮士德》的，不仅仅是叙事歌谣研究及其雾途，未完成的《浮士德》已是他长时间来的心事，他不断地重新拿起，至少暂时地抚平他艺术家的良心。而且，每当出现某个生命史上重要的事件，剧本就会再次摆上书桌。1775年迁居魏玛前是这样，1786年启程去意大利之前同样如此，而现在是1797年初夏。在这样的重大变化之际，他再一次想与《浮士德》做个了断。1797年成为《浮士德》年，因为证据显示，他可能在这个夏季启动了计划已久的第三次意大利之旅。他已预先派出迈耶尔，让他打听可以探访的所有地点及名胜古迹。这次必须仔细规划和组织一切活动，而不能是一次无把握的冒险。从这次旅行材料中，该形成一部关于意大利的文化史巨著，由他和迈耶尔共同完成。

与第一次意大利之旅相比，即使这次生存的改变不再是重要方面，一种生命转折之感觉依旧十分强烈，竟然使得歌德留下一份遗嘱，确定他遗著的授权人（为此他找来同事福格特和朋友席勒）。在德国南部和意大利引起骚乱的战事，让每次旅行都变得危机重重。此外也让人想到，歌德购买房产，或许仅仅出于对家庭的考虑。因为与第一次意大利之旅时不同，歌德现在是一家之长，必须为女人及孩子操心。另外的因素是，他最近对自己的私人财产状况做了一项调查，而这并不完全令人放心。债务可观。

属于生命转折的还有一次毁作事件。在1797年7月的前两个星期天，歌德烧毁了保留至1792年的大部分书信。面对刚刚被认定为遗嘱执行人的席勒，他对此没透露半点消息。那些过于私人化的文字及某些公务文字，显然应该离开即使是朋友的视线。

又是一次蜕皮的时刻。当歌德再次取出《浮士德》的时候，带着告别、打扫和清算的情绪。但这次并非最终结束这部心灵之作的匆忙尝试；相反他情绪忧伤，尝试同自己的往事及顽念接触。在应当置于剧作之前的八行诗节《献诗》

中,他特别清晰地说出了这一点。此诗产生于这几个星期,亦即在往昔终止而又返回的时刻:你们又靠近,晃动的身影, / 当初曾在我蒙眬的眼前浮现。/ 这次我可要试着把你们抓紧? / 我的心似乎还倾慕那种妄想? / 你们跻身其间! 好吧,随你们高兴, / 你们在我身边从云雾中升起; / 笼罩在你们魅惑的气息里 / 我感到心中青春的震撼。

这首诗叫《献诗》。它究竟献给谁,将来合适的读者? 不可能。直接被呼唤的是充满剧作之人物的整个幻想世界:你们又靠近,晃动的身影! 不过,这些身影不仅仅将他引入早年《浮士德》最初构思和场景所形成的创作之沉没世界的幻境。这个创作的世界还唤醒了对当时真实世界的回忆,即快活日子的图像。那时他为朋友和爱人诵读《浮士德》的最初几幕并进行讲解。当时的圈子在此期间业已散去,有的亲友已经过世,比如妹妹科尔内利娅和朋友默茨;有的还在附近,但已变得陌生,比如赫尔德;有的已没有踪影,比如伦茨。听我诵读最初几幕的人们, / 他们再听不见以后的唱诵, / 亲密的友群,如今已散, / 最初的共鸣,已成绝响! 形成中的作品早先属于朋友圈,那是作品合适的地方。可现在匿名的公众取而代之。我的歌为陌生的众人响起。这样一来人们可以有此印象,即倾慕的对象是在此期间已经零落和故去的、当年的生命伙伴,而他们也将以这部作品回忆起自己的青年时代,似乎围绕着这部作品,往日的社交群能再次复活。可他们犹如这剧本自身,同属虚构。诗的最后一段带来一个惊人转折。即使《浮士德》在其中产生并发生作用的往日现实业已消失并且成为虚构,对作品自身来说却不是这样。这里的一切起先是虚构的，不过，倘若有人光顾它，它会使他着迷，变得越来越真实。起先的现实成为虚幻，而幻影又成为现实：我全身战栗，泪水扑簌，/ 严酷的心也感到温柔软化；/ 眼前拥有的一切，仿佛已经远离，/ 消逝的一切，却又成为现实。也许此处是一种双重的献诗，献给已从他生命中消失的昔日伙伴，也献给挤入现实的那些作品中晃动的身影。

在1797年初夏的这几个星期，往事朝他逼近，歌德书写开头部分，而它们又进入《浮士德》，首先是《献诗》，然后是《舞台序幕》，最后是《天上序曲》。那是三个开头，它们各自打开一个精神空间。《献诗》是偏重于回忆和作品的虚幻形象之间的亲密的室内剧；《舞台序幕》事关作品的戏台，它代表发生着输赢争夺的世界；歌德作为剧团团长在此发声。而在《天上序曲》中，作品的目光从高处移向世界舞台和一个叫浮士德的人，而他犹如西班牙巴洛克文学中介于上帝和魔鬼间的一个人物。

在启程前的这几个星期重要的时间里，对歌德来说，剧本从不同的维度敞开，看来比他原先的设想更加广阔，但也更加错综复杂。这将他扯入一种创作的骚动，他仿佛觉得，一个出自游戏剧、阅读剧、民间戏剧和神秘剧的怪物在他笔下生长，是恶作剧、也是形而上学，是一个神圣的玩笑。他头脑发晕，所以请教总是头脑清醒的席勒：现在我希望，您能不辞辛劳，在无法入睡的夜晚，彻底思考一下此事，向我提出您对整体的要求。作为一个真正的预言家，给我讲述和解读我自己的梦幻。歌德是梦想整个世界的法老，席勒是释梦者，犹如约瑟夫。席勒知道，只有他能胜任这个角色，因为他在夜里本来就很少睡觉,他立刻就能用聪明的见解帮助朋友渡过难关。他写道,浮士德代表"人类的双重天性",处在上帝和动物之间,是自然的一个生产事故,恰恰因为浮士德是"统一人身上的神圣性和生理性的不幸努力"的表达。对席勒来说,其结果是,历史能漫入喧闹之"刺耳耀眼却没有形状",漫入隆重的抽象中。要防止两种极端:尽管生命应该被表现得富有意义、有冲击力,但也得"服务于一种理性观念"。最佳选择是——席勒那影响深远的建议是——浮士德不仅代表学者和引诱少女者,而且他还被"引入行动着的生命"。歌德如众所周知的那样采纳了这个意见,在第二卷里让浮士德成为一个勤奋的世界漫游者。

意大利之旅启程前,对剧本的想法蜂拥而至,这让歌德十分惊讶。现在仅仅需要一个平静的月份,作品该让每个人感到好奇和惊讶——犹如一大片蘑菇从地里长出。倘若我的旅行没什么成果,那么我将我唯一的信任赋予这出闹剧。

他称他的浮士德故事为闹剧——大家得记住这一点。至于旅行,在启程日期由于紧张的政治形势被几次推迟后,还是有了结果。他终于决定动身,浮士德再次消失于阴影。1797年7月5日,他致信席勒:《浮士德》的写作时间被推后,北方的幻影将由于南方的回忆被搁置一段时日。

在旅行准备的当口,歌德收到席勒寄来的两首未署名的诗歌,请他给出评判,这是荷尔德林的《致苍穹》和《漫游者》,是荷尔德林向席勒的《季节女神》投的诗稿。荷尔德林敬仰席勒,而后者也看重这位年轻的同乡。但歌德迄至那时几乎没怎么留意荷尔德林,尽管这个出众且英俊的年轻人在耶拿住过数月。1794至1795年间冬季,两人甚至在席勒家里有过一次会面,不过这次会面是完全失败的。荷尔德林等着席勒,不耐烦中发觉房间里有个陌生人,而事后他才清楚,那是歌德。"但愿天助我,"事后荷尔德林致信一个朋友,"但愿我返回魏玛,能弥补我的……不幸。"荷尔德林受到悔恨的折磨,但已无法挽回,因为歌德保持着沉默。

可现在这两首诗等待歌德的评判,而他给出有保留的赞赏:有一个诗人的良好素质,可仅此还无法造就一个诗人。但他还是建议发表,并对这个"陌生人"建议如下:也许他最好选择和表现一种十分朴素的田园风光,那样的话别人更能看到,他如何成功地描摹人像,归根到底这是最重要的。席勒没把这则评论转给荷尔德林,因为他知道,向激情洋溢的颂歌诗人建议田园风光般的人类画像的小巧形式,这会伤害他。歌德启程后数个星期,荷尔德林在法兰克福拜访了歌德,不得不亲自听到席勒对他隐瞒的建议:他应该将自己限定在朴素的田园风光上。这对荷尔德林的创作自信是个他还得长期承受的沉重打击。

歌德几星期以来为旅行而工作,准备充分,在动身的前一个晚上,心头突然袭上一阵他自己也陌生的厌恶感。我对经验的世界感到毛骨悚然。他在7月29日致信席勒时这么说。他害怕,被经验之百万倍的九头蛇吞没。他以前没有过此种感觉。他的好奇心是无限的,力量感也是无限的,以为自己能改变一切,倘若他觉得值得这么做。与他无关的事情,他就径直或随意地丢在一边;他不操心的事,也不让别人说服自己去操心。对他来说重要和有意义的事情,他会独自做出有关决定。但现在他感到了这种可能被世界征服的感觉。早年的漫不经心已然消失。他替自己准备好一种策略。他不愿意像那些糟糕的诗人那样,在现实的挤压之前,躲入内在生命的幻象。他不允许自己这样,他要敞开心扉,但那该是种受控的开放。倘若现实让一个人分散精力,人们最后不再知道自己身处何地,那么重要的是,在社会的世界里也像在采集植物时那样活动,平静地投身于观察,即使身处原始森林的正中。歌德按部就班地行进,不让任何事情听命于偶然:所以我给自己准备好卷宗,其中有我现在能见到的各种公开出版物,让人把报纸、周刊、布道摘要、医嘱、喜剧草稿和价目表订在一起,同时也把我见到和发现的以及我即兴的评论订在一起。然后我谈论社会中的这些事务,提出我的意见,因为我立刻会知道,我消息灵通到何种程度,我的判断同消息灵通人士的判断在何种程度上契合。然后我把新的经验和教训重新收入卷宗,由此产生材料,而它们今后对我来说,必定是从内到外均足够有趣的故事。面对世界的最初的恐惧,转变为一种征服世界的奇妙的学究气。比如他在四林州湖畔,面对崇高的大山时记录道:这些巨大山石的类别在我的旅行记中不能缺席。我已经收集一些有用的卷宗文献。……一旦人们感到,自己可以概括某些东西,最终就能获得享受。绕过学究气,歌德重新发现自己对世界的欲念,现在享受起重建的轻快。

  第一个长途跋涉后的停顿站点是法兰克福。歌德将克里斯蒂安娜和奥古斯特带到那里,以便让母亲见到他们,而她也体贴入微地照顾着儿子的"床上宝贝"及自己的孙子。在法兰克福,让他感兴趣的不再是故交,而是历史的新遗迹。他站在在法国人上次炮击中被毁的外祖父的房子废墟前。不管法国人怎样在城市的市民文化中留下了破坏痕迹——而这也是革命的一个影响——人们面对瓦砾废墟,还是会知道它又将被一个新业主全部购买和重建。投机商在暗中窥伺。法兰克福将再次矗立,但以人们目前无法辨认的方式。然而此刻一切还充满回忆:孩提时代他在那里玩耍,那里曾有去接受加冕的皇帝车队经过。

矛盾的感情。一方面受一个消逝世界之魔力的吸引,可这个世界还含有自己青春年华的浓稠瞬间。那是高强度的浓稠瞬间,它们唤起创作的欲望。在自己少年时代城市的废墟里,歌德想起他的《浮士德》。他可以立即续写,城市诗意地给予他灵感。但城市也是其消遣的一个不幸之地。在这里,人们生活在收获和消耗的持续蹒跚中。……我甚至相信,发觉某种针对诗的,或至少在某种程度上是诗的生产的胆怯,而正是出于这些原因,让我觉得它们完全是自然的。诗要求,甚至命令我们聚精会神,它违逆人的意志,将人孤立,它不断地挤身而出,在广阔的世界里……犹如一个忠实的女情人令人厌烦。也就是说,城市是充满诱惑的地点。在商业意识和消遣的世界里,忠实于诗,并不容易。

克里斯蒂安娜和奥古斯特从法兰克福重新返回魏玛,而歌德往南继续行进。之前他必须安慰克里斯蒂安娜,后者非常担心歌德会在意大利消失。8月24日他写道:你完全知道,也在上次旅行中看到,我在做此类事时非常仔细和小心……我也可以向你保证,我这次不去意大利了。放弃意大利,是出于军事和政治原因,因为在1797年夏末,上意大利又发生了战事。去那里旅行,这太危险。

在下一站斯图加特,歌德尝试与席勒在那里的朋友和熟人交往。人们……满怀着爱和高兴的心情提起您,我可以这么说,带着激情。他给席勒这么写道。席勒受到感动,陷入梦幻:"但愿我十六年前就请您踏上这片土地,那会是多么美妙的经历,倘若我能唤回当地的情状和氛围,以我们目前的关系,共同思考。"但歌德所经历的不一样。他在那里遇到的人,充满激情地回忆起《强盗》时期的席勒,因此歌德致信朋友说:我以为,对我们俩来说,我们后来在有修养的情况下相遇,这有好处。

经过蒂宾根和沙夫豪森,歌德继续去往苏黎世。他在那里遇到从意大利返回的迈耶尔。与以前的访问不同,他不喜欢这次的苏黎世之行。他在一条小巷中,如前所述,遇到一个瘦削和佝偻着身体的人。那是拉法特尔。拉法特尔曾经因为歌德的缘故来到苏黎世,可现在歌德躲避见面。幸运的是拉法特尔没认出这个身体发福的歌德,而后者低着脑袋悄悄从他身边经过。这个故事结束了。

从意大利传来坏消息。人们听说,波拿巴将军让人将歌德和迈耶尔一起参观过的艺术珍品运回巴黎。倘若歌德之前没有告别他的意大利计划,那么现在他也会这么做。可他即使这次也想重新去戈特哈特隘口。在那通往意大利的关口,可以与无法到达的南方最好地告别。他回忆起1775年的首次瑞士之旅。他现在觉得,这曾是他青春时代的结束。他给席勒写道:我感到一种奇异的欲望,想重复和修正那段经历。

他当然已成为另一个人,可他还是很骄傲,作为一个上了年纪的人,还能攀上戈特哈特山峰。在戈特哈特山脚下,在乌里,创作了一首诗,被他在10月17日附入给席勒的一封信:昨日你的脑袋如此灰白,如同爱人的鬈发／她那妩媚的形态静静地从远处朝我挥手;／以前是雪花,眼下是山峰,对你尽显银灰色,／狂风呼啸的夜晚雪花围在你头顶倾泻。／青春——唉,与老年如此接近;穿越生命的联结处,／犹如一个移动的梦幻连接昨日今天。

在戈特哈特山口最高点,招待所管理人是二十年前的同一人。返回后他们重新到达出发点,去苏黎世湖畔的施塔法。他们刚刚经过的,正是威廉·退尔故事的发生地。接着又穿越吕特利草地,据说反抗暴虐的宣誓曾在那里举行,还在让人回忆起退尔跃入自由的小教堂停下休息,最后参观据说是退尔出生地的乌里。歌德在此产生了创作一部退尔作品的念头。不是戏剧,而是史诗。他给席勒写道,这是一个给他带来极大可信度的诗的题材。歌德的退尔想法在席勒身上冒出火花。他给歌德写道:"我多么希望,因为此诗的缘故,不久与您达成一致。"整整四年,歌德抓住他的退尔主题不放,之后才终于把它让给席勒。

1797年11月20日,歌德重返魏玛。这天风雨交加。克里斯蒂安娜松了一口气,用香槟酒迎接归家者。两天之后他又去看戏,之前分发了礼物,整理好收藏品、图画和石头。这次旅行不像歌德所期待的那样,成为又一次生命的重大转折,一如他每次去意大利那样。什么都没改变。当时的境况也完全可以接受。

目 录

第二十四章 ············· 457

　　诗的源泉枯竭。关于类型的思考：戏剧和史诗。《雅典娜神殿入口》——古典主义。"采集者及其同人。"反对一知半解和虚假地接近现实。戏剧改革。魏玛的舞台艺术。翻译伏尔泰的《穆罕默德》：一次补偿。围绕费希特的无神论丑闻。返回《浮士德》。

第二十五章 ············· 474

　　在浪漫主义作家中间。与谢林。重病。"重新进入生命。"对革命时代的一次清算：《自然的女儿》。党派之争。与科策布的不快。恼怒和重建与席勒的友谊。席勒之死。

阶段观察：用于公务的白马和骑马作诗 ······ 487

第二十六章 ············ 491

　　席勒死后的哀悼工作。调情。重新开始写《浮士德》。与海因里希·鲁登关于《浮士德》的伟大谈话。1806年10月14日的灾难。魏玛被洗劫和占领。恐惧和幸福中的歌德。生命变化。1808年与拿破仑相遇。

第二十七章 ············ 513

　　《潘多拉》或者歌德的双重面具：勤奋的普罗米修斯和梦幻的厄庇墨透斯。完成《色彩学》。论光的传递和受阻。反对牛顿。赞扬直观性。自然作为生命感觉和研究对象。与叔本华会面。喜欢当老师的学生。

第二十八章 ·············· 531

与卡罗利妮·亚格曼的首次较量。戏剧争执。写《亲合力》。小说作为"色彩学的第二部分"。人类关系的化学。爱情有多么自由?"意识并非充分的武器。"内在天性作为命运。与浪漫主义作家的分野。性爱的形而上学和物理学。自然作为深渊。断念。

第二十九章 ·············· 549

告别。安娜·阿玛丽娅。母亲。回顾的理由。开始自传的写作。自我反思。多少真理是可能的,又有多少创作是必需的?被叙述的时间和叙述的时间。对往日的王国和新的权力关系的回忆。思考恶魔的人。再次告别:维兰德之死。关于不朽的思考。

第三十章 ·············· 571

伟大的历史事件投下其阴影。拿破仑的没落和成问题的解放。保护"神圣的火焰"。对时代精神的献礼。哈菲斯和家长制的空气。《西东合集》。歌德和玛丽安娜。爱情之诗的相互游戏。

第三十一章 ·············· 593

《西东合集》:诗的生命力。伊斯兰教。完全宗教。诗人或者预言家。何为精神?信仰和经验。承认神圣。间接者。普罗提诺批评:现实窘境中的精神。《威廉·迈斯特的漫游时代》作为示范的检验。"渴望在行动和活动中消失。"散文和诗互不相让。究竟为何断念?

第三十二章 ·············· 617

回忆的工作。重复的反射。在纸墙之间。众人中的老年歌德。为的是永远同样地思考?反对时代精神,赞成卡尔斯巴德决议。三次马林巴德之旅。乌尔丽克和哀歌。告别。

第三十三章 ················· 636

　　写《浮士德》，一生之久。《浮士德》终于脱稿。从天堂穿越世界进入地狱，并重新返回。"我将留意让这部分风姿优雅和轻松愉快，并让人思考些什么。"什么在此让人思考？

第三十四章 ················· 662

　　歌德的助手。艾克曼和其他人。最后的版本。著作权得到贯彻。最后一次接近席勒。策尔特，长期友谊的小故事。告别：封·施泰因夫人、卡尔·奥古斯特、儿子。最后一次出游伊尔默瑙。群峰一片/沉寂……对抗"时辰的沙丘、瓦砾"。死亡。

结束语，或者成为自己所是的人 ············ 684

附录一　编年史 ················· 691

附录二　参考文献 ··············· 717

附录三　引文出处 ··············· 740

附录四　歌德作品 ··············· 860

附录五　人名索引 ··············· 872

第二十四章

诗的源泉枯竭。关于类型的思考：戏剧和史诗。《雅典娜神殿入口》——古典主义。"采集者及其同人。"反对一知半解和虚假地接近现实。戏剧改革。魏玛的舞台艺术。翻译伏尔泰的《穆罕默德》：一次补偿。围绕费希特的无神论丑闻。返回《浮士德》。

去瑞士之前歌德曾再次打开《浮士德》的书稿；让他自己也感到吃惊的是，他很快激情重燃，写成若干章节。然后他把书稿捆扎在一处，没带上旅途。从瑞士回来后他脑海里浮现出其他打算；那是《伊利亚特》续集的旧日想法，一个阿喀琉斯的故事，将把英雄的命运讲述到他最后死亡时；还有以退尔为主题的史诗，他虽然喜欢谈论它，但对此尚未写下任何一行字。

席勒那时正灵感迸发地奋力创作《华伦斯坦》三部曲。歌德在给席勒的信中抱怨，在魏玛，这个多产的我，被限定在某种舒服或不舒服的方式上——因此歌德将尽早去耶拿。他甚至要把那时住在他家的艺术顾问迈耶尔扔在家中，因为他已有经验，我只能在绝对的孤寂中工作，不仅仅是谈话，甚至家中所爱和所敬之人的在场,都会彻底干扰我诗意的源泉。

但在接下去的几个月里歌德没离开魏玛,显然诗意的源泉没有喷涌,他转而思考自己创作的特点。在与席勒的思想交换中,他想弄清几个问题。

席勒告诉他,自己的心灵如何被《华伦斯坦的军营》打动,尽管有艺术的隔阂,他在致力于一部悲剧的创作,对席勒来说,总是具有某种"攻击性"。在回信中,歌德思考自己与悲剧的独特关系:虽然我无法足够认识自己,不知道我能否创作一部真正的悲剧,但是仅仅面对此事,已心生怯意,我几乎确信,通过单纯的尝试就会摧毁自身。此时歌德处在《浮士德》的创作中,苦思冥想,他如何才能帮助作品主人公超越格蕾琴悲剧,因为他心中的一切都在奋力挣扎着,不想让剧本结束于监狱场景。席勒表示怀疑,对朋友来说,悲剧是否真的"由于其庄严的强力"而令人反感,是否并非外在的,而是技术的要求,让人产生讨厌的效果。席勒认为,比如悲剧在结构上要求一种严格的一贯性,而这可能不让歌德喜欢,因为他的创作天性想"表达一种更自由的舒适性"。歌德更喜欢叙事的风格,因而并不怎么赞同戏剧性。此外,一个悲剧作家必须不断关注作品在观众那里的影响力和印象,而这一点,席勒说,"让您不自在"。也就是说,并非悲剧自身,而是与这个艺术形式绑在一起的戏剧的要求,才让歌德有了抵触情绪。

歌德以自己关于他与悲剧之间关系的意见,表达出一个存在的观点,而席勒将此问题提到诗学层面。歌德完全认同这点,他没能坚持继续探究自己与悲剧性的关系:这显然属于他——除了少数知情者之外——宁愿不碰的题目,符合早年致席勒信中的警告,在他身上,人们必须对某种晦暗和踌躇有所准备。避免存在之直接性的歌德,建议将瑞士之旅之前开始的关于文学类型问题的谈话继续下去。这并不怎么棘手,但对他具有很大吸引力。特别是叙事和戏剧之间的差别,让他欢喜。这个问题出现在他的《阿喀琉斯之死》的规划期,因为在此期间他产生了疑虑,这个题材,即阿喀琉斯之死,是否更适合戏剧而非一篇他所计划的史诗。为了推动关于类型理论的谈话,歌德寄给朋友一篇文章的草稿,它概括迄至那时他们共同完成的思考。约二十五年后歌德将这篇修改过的文章《论叙事文学与戏剧文学》,署上他和席勒的名字发表,因为他始终觉得,那里展开的思想是二人的共同作品。

他们对这个准则意见一致,叙事文学作家把事件完全当作过去的事情来讲述,而戏剧文学作家则把事件完全当作眼前发生的事情来表现。在往来书信中,从这个准则中被引出的结论,超越在以后文章中确定的准则。

叙事文学的过去的特点产生了距离,人们可在一定程度上与这些被叙述的事件打交道,并从不同的视角观察这些事件。由于叙事者保持距离,他就允许读者在自己那一方也拉开距离。叙事者控制事件和时间,可以借助离题和时间跳跃的手法,往前以及向后。叙事的距离也是反思的一个机会。人们可以进入一个更高的层次。也就是说,叙述人在三方面拥有主权:他高踞于事件之上,他是时间的主人,他在思想上提升了自己，高于事件的主人公。

席勒将这种三重的主权解释为升华的自由。叙述者面对由他描绘的世界是自由的，同样自由的是接受者，他能进入提供给他的自主性层面。他被赋予一种自由的空间，不过也受到另一面的强烈要求：他先得在自己内在的舞台上幻想被叙述者。戏剧则不同，在那里事件由外部完成，并主动迎向他。接受者和创作者都有更多的事要做。戏剧或者图像，歌德认为，让接受者感到容易和舒适。较之费力地阅读一部完整的小说，人们想快速和兴致盎然地在舞台上得到被讲述的故事。戏剧中的想象不需自己想象某种事情的辛苦。最终的目标是区分：史诗要求更多的自主活动，而戏剧替人省却自主活动。席勒这样表述："戏剧的情节在我眼前活动，而我自己围绕着叙事活动。"

在自由和自主活动的观点下，叙事获得了一种更高的等级。歌德的剧作本来就显示出叙事的趋势。当他致信席勒时，确实采取这个评价：我们为何如此罕见地在叙事上成功？因为我们没有听众。对此席勒这么回答："倘若戏剧真的通过这样一种糟糕的迎合时代而获得辩护，对此我不怀疑，那么人们得从戏剧那里开始改革，通过挤压普通的自然模仿，为艺术争取空气和光线。"

净化戏剧艺术，途径是挤压"普通的自然模仿"——席勒这样表述对一种戏剧形式的要求，而两位朋友从此刻起将此视为共同的任务。席勒认为，戏剧恰恰因为其对现实幻想的无间距的当下性，成为"自然主义"。这是两位朋友对"普通的自然模仿"喜欢用的称呼。相反，他们认为重要的是，将纯粹的自然真理转化为艺术真理，而这意味着陌生化和升华。这是歌德刚同迈耶尔共同创立的集刊《雅典娜神殿入口》纲领性的基本思想。就是在这里，一如他所关注的戏剧改革，他也对艺术真理有了一种深入的理解，以便同自然主义的倾向划清界限。

1797年秋，当《季节女神》的结束业已可见之时，歌德制订计划，出版一种新的刊物，更像是一种集刊而非杂志。根据迈耶尔的建议，它该叫《雅典娜神殿入口》，犹如通向希腊神殿最神圣之处的前厅。读者该在温克尔曼古典主义的意义中，在此受到指点，何为艺术真理，它该如何建立在自然真理之上，又超越后者。

自然真理给歌德提供机会，将自己的解剖学和光学论文在《雅典娜神殿入口》上发表。它们被视为有助于画家和雕塑家，因为他们应该获得在自然对象方面的训练，其原则是：人们首先得认识现实，然后才理想化地超越其边界。即使歌德的科学论著几乎不旁涉其他参考资料，那么至少艺术家和对艺术感兴趣的读者，也该由此获益。

至于艺术真理，歌德寄希望于古代典范。在关于温克尔曼的论著中说，当时人们已经懂得，人作为自然生灵被置于自然的顶峰，而他的意愿是，再创造出一座顶峰……他通过以下途径让自己上升至此：他用所有的完善和美德充实自己，他呼唤选择、秩序、和谐及意义，并最终提升自己，去生产这样的艺术作品，而它在他其余的活动和产品之旁，占据一个璀璨的位置。也就是说，艺术真理绝非简单的模仿，而是升华的自然。

歌德在意大利认识的古代艺术作品，符合升华的自然的这个理想，它们该通过描绘、复制和解释等手段，获得弘扬。《雅典娜神殿入口》表现了一种艺术理想，但同时对已逝者唱出一曲挽歌。尽管拿破仑在众目睽睽之下掠夺了意大利的艺术宝藏，人们还是没明白，世界在这一瞬间失去了什么，因为这个伟大和古老的整体的许多部分被毁掉了。

《雅典娜神殿入口》的第一册1798年10月出版，在下一年的1月、4月、6月和12月，又有四册相继问世。由于停滞不前的销售状况，最后一册1800年才出版。作为对经济损失的补偿，歌德向出版人科塔提供以后让他出版篇幅较大作品的优先权。1800年秋，科塔毫无怨言地印出几乎没有任何销路的最后一册。

在与席勒关于自然真理和艺术真理的谈话中，歌德发展出一篇给《雅典娜神殿入口》的长文，书信中的家庭小像，歌德以后这样称呼这篇类似小说的文章：《收藏家及其亲友》。其中的论题是，由无幻想力之客体一直延续到无客体之幻想的，艺术家和艺术爱好者能够选择的不同方向。这让出版人感到欢喜：终于不再仅仅是教训人的论文，而是一篇既幽默又雅致的、使人愉悦的书信体小说！

一名收藏家在信中向《雅典娜神殿入口》的编者讲述——当然是虚构——父亲、叔叔和他自己如何收集画像。一个不同趣味的收藏荟萃。一个人觉得忠实自然的自然模仿最重要，对另一人来讲幻想怎么都还不够，中间是混合特点：速描者，他们总是勾画而不完成某事；点绘家，固执于细节而失去伟大的整体，还有漂浮者和放烟雾者，蜒蜓者和波动者，他们更喜欢装饰、玩耍，信任预感；相反还有骨架主义者和严肃主义者，他们在没有血肉的抽象中寻找本质。参与设计这种类型序列的席勒，在此期间特别因为施莱格尔和蒂克身边的年轻浪漫主义作家而感到烦恼，留意让这些人受到惩罚：那些幻想者，他们试图给想象力表演点什么，而根本不关心，这是否足够适合观赏。

书信体小说产生于共同的概括，当时是两位朋友的一件乐事。这个文本刚一结束，他们又开始着手进行其他的概括。歌德和席勒收集和整理，艺术家的"业余爱好"为何对艺术来说是重大危险的原因。两人坚信，对艺术有效的是：善的对立面是善意。而后者对他们的趣味来说过于泛滥。世纪末期在贵族和市民圈里，外行艺术确实大量出现——在魏玛的宫廷社会，也在耶拿的市民中间。水彩画大行其道，剪纸四处流行，到处有人作诗押韵，唱歌奏乐。尤其是戏剧大受追捧，人们想亲自登台，要表演自己。我们别忘了：歌德的《伊菲几妮》在魏玛的业余剧院获得首演。年轻的公爵也参与了演出。不过，自从歌德90年代接受魏玛剧院的经理职务后，他就非常在意专业性。业余爱好可以接近艺术，歌德懂得这点，他在自己业余从事的绘画艺术中，体验到了这点。也就是说，业余爱好是有益的，但前提是，倘若它不被人与正统艺术混淆。歌德喜欢将自己比作一个园丁，养花护树，铲除野草，与作为专业作家捍卫其身份尊严的席勒不同。歌德更愿意劝导业余爱好者，席勒则拒斥他们，尤其当他们不自量力地想扮演他同事的时候。在这个意义上，有些浪漫主义作家对席勒来说，不是别的什么，只是业余爱好者。在《季节女神》和《雅典娜神殿入口》结束后,他们失去了布道的讲台,所以,没有更多的准备,他们就留在关于业余爱好的这个"一般题目"上。

接着——席勒在此期间迁居到了魏玛——两位朋友专注于之前业已关注的魏玛剧院的戏剧改革任务。这里涉及针对自然真理和艺术真理原则的对实际戏剧工作的一种运用。人们可以回溯共同的思考,但也能反观尤其是席勒戏剧的范例。

首要原则:即使对戏剧艺术,歌德在《雅典娜神殿入口》发刊词中就画家所说的话也依然有效,他该依靠自然,研究它,模仿它,创造出与自然现象类似的东西。戏剧该以自然为准。

但其次是,以自然为准的原则应该服从形式法则,形成其特别的意义关联,形成一个自身秩序的王国。自然真理也就成为艺术真理。在《雅典娜神殿入口》发刊词中歌德这样表述这个准则:艺术家一旦把握住自然的一个对象,这个对象就已经不再属于自然,甚至可以说,艺术家在把握对象的那一刻就创造出了那个对象,因为他从对象中提取出意义重大的、有典型特征的、引人入胜的东西,甚至已赋予它更高的价值。这通过想象力的自由以游戏的形式发生,艺术真理也就是游戏的升华的自然真理。

最后一个涉及艺术技巧的原则是:艺术作品不能否认其艺术特点。艺术的理想无法让鸟儿啄向千百只惟妙惟肖地画就的鸽子。真正的舞台,席勒写道,犹如"阿刻戎河的小船,/它只能承受影子和偶像,/一旦粗俗的生命靠近,/这只轻巧的船只便有倾覆的危险，/而它只能装载来去匆匆的精灵。/假象永远不会达到现实，/倘若自然胜利，艺术必须退场"。为了防止自然的虚假胜利，歌德寄希望于某种陌生化技巧，而它借助明确的、仅仅依靠诗句就能形成的艺术性。而席勒补充道，艺术作品宣告的"只是一则寓言/懂得通过深刻的真理让人欣喜，/而虚假的艺术假扮是真，为了逗引"。清理戏剧艺术的首要任务即是：反对自然主义的斗争。

在尝试将诗句搬上舞台时，自然主义的批评以其最简单的形式发声指责：人可不是这样做作地说话，应该让角色如同在现实生活中那样讲话。歌德和席勒则相反，坚持通过节奏和韵律升华语言，要的正是这种语言的艺术性。诗句之不同寻常的语言，逼向一种首先催生意义的专业。当席勒开始将其《华伦斯坦》三部曲诗句化时，他致信歌德说："真该将一切超凡脱俗的东西，化为诗句……因为只有用凝练的书写方式来表达，平庸才能被揭示。"歌德在回信中将席勒的观察转变为原则。他解释说，大众趣味要的是舒适，所以需要散文，但一种真正的独立的作品要的是凝练的语句，由此产生的结论是：无论如何，我们必须去忘记我们的世纪，倘若我们根据自己的信念工作。

以普通的生活衡量，诗句与所有其他艺术形式一样，比如从布景到灯光、从化妆到时间上浓缩的情节，同样是人工的。席勒认为，人们该向歌剧学习。它受人喜爱，但完全是反自然主义的。在歌剧中人们喜欢崇高、古怪和奇妙，而无须将舞台事件直接与现实相比。只有一个地道的不懂艺术者会表示惊讶,倘若演员们费事地歌唱,而非简单地互相交谈。席勒写道:"在歌剧中,人们真正摒弃了那种低三下四的自然模仿。"所以人们该让戏剧进一步向歌剧靠拢。这正合歌德之意,而且他本来就喜欢歌唱剧和歌剧,而眼下他正为《魔笛》的一个续集创作歌剧脚本。席勒也携带他的《墨西拿的新娘》向歌剧要素靠近。剧本虽然艺术水平高超,但大众影响力欠佳。

自然主义是艺术的一种危险;另外一种危险是违反自然。那个自然太少,这个自然太多。作为违反自然的骇人的例子,是古典法国悲剧,莱辛曾对它竭力抨击。所以,当歌德在席勒迁往魏玛之前开始翻译伏尔泰的《穆罕默德》——一出古典法国悲剧的典范时,席勒倍感惊讶。1800年1月30日,为了庆祝公爵夫人的生日,这部悲剧举行了首演。歌德请求席勒参与演出准备。那是席勒在魏玛的第一件工作,没有给他带来特别快乐的友情相助。

歌德也并非完全心甘情愿地翻译伏尔泰。那是公爵的愿望。迄至那时歌德在宫廷剧院能自由自在地进行管理,可现在公爵也想在那里贯彻自己的喜好。也是出于对歌德的善意,公爵参与文化的革新,接触新近的哲学,与还将给他带来烦恼的费希特打交道;与新近的戏剧艺术家和席勒交往,虽然公爵对其《华伦斯坦》三部曲并不完全满意。他给歌德写道:"主人公的性格,就我看来,需要一些改善,当然可以……塑造得更加坚强。"其实这一切并不符合歌德的趣味。根据他的地位意识,他宁愿选取法国伟大的宫廷剧及其让人敬仰的崇高、鲜明的比照和清晰的轮廓、上下善恶的严格区分，而非这种以他不喜欢的莎士比亚为典范的、犹豫不定、捉摸不透、苦思冥想和混杂不清的性格。公爵之所以选取伏尔泰的《穆罕默德》，恰恰因为这个剧本似乎非常适合政治形势。

在伏尔泰笔下，穆罕默德是个在其追随者中引发一种可怕的狂热的骗子。这个母题可以同雅各宾派理论家和大众蛊惑者，甚至与拿破仑形成对应。后者也犹如一颗彗星划过欧洲政治的上空，从胜利走向胜利，将整个民族拖进非理性的狂热。用法国古典戏剧来反对新法国的胡作非为，这是公爵在这项歌德无意逃脱的事业中的关切。他坦率地解释，促使他做这件事的，是他对公爵的感激之情。歌德当时感到对公爵负有特殊的义务，因为他想弥补什么。公爵认为，在以解聘费希特而结束的曾引起令人不快的丑闻中，歌德负有连带责任。

1798年12月，在由费希特主编的《哲学评论》中登载了弗里德里希·卡尔·弗尔贝格的论文《宗教概念的发展》，其中启示的上帝受到明确驳斥，而宗教仅以伦理为据。尽管弗尔贝格的理由与他的老师康德别无二致，费希特还是非常担心，在这篇出版物之前，附上了自己的一篇论文《关于我们信仰上帝统治世界的根据》，以预防可能的泛神论的指责。其中抨击了对一个奖赏和惩罚之上帝的正教信仰，认为这是至深的非宗教。费希特宣称，上帝无法期待，他仅在我们无条件的道德决定中生存。此类解释令事情变得更糟。在萨克森选帝侯国出现一篇匿名文章，指责费希特和弗尔贝格宣扬无神论。根据这项告发，萨克森选帝侯政府对这份杂志在本地区的传播发布禁令,并要求耶拿大学的"保护人",即卡尔·奥古斯特,没收这篇论著并惩罚作者,否则的话将禁止本国学子在邻近的耶拿大学就读。这让卡尔·奥古斯特公爵非常尴尬,因为他打算让自己的儿子,即太子,迎娶沙皇的一个女儿,所以要注意自己作为革命反对者的无瑕的声誉。他发表一项训斥或敦促,要求将来公开讨论宗教问题时得小心行事,想避免轰动,尽可能悄无声息地了结此事。这样的小心,事实上对不怎么虔诚的公爵十分重要。对他来说,宗教对臣民是有益的,有教养者当然可以私下谈论任何题目,但不该将一切印出。但费希特不愿顺从这种公爵希望的对宗教的秘密批评和公开适应之间的区分,而携带着路德式的激情出场:我站在这里,我无法成为别样。他在给福格特的一封信中威胁,将在受警告的情况下递交辞呈,而其他同事将会仿效他。这时人们在得到歌德同意的情况下决定,提出警告并接受费希特预告的辞呈。

此事给费希特带来一个让他丢脸的结局。因为现在他宣布放弃预告的辞职,请求留任。在公爵的眼中,费希特证明了自己是个大言不惭者和懦夫;他写道,费希特属于那类人,他们是"具有无穷志向……但又非常狭隘、依赖其职位和收入的那类人"。

歌德也觉得费希特的炫耀举动闻所未闻,同意解聘他,但也觉得此事令人不舒服。1799年8月30日,他致信施洛瑟:至于费希特,我一直觉得可惜,我们不得不失去他,他那愚蠢的自负将他逐出这样一种生存境遇,而这是他在广阔的地球上……无法重新找到的。……他无疑是最杰出的思想家之一；但一如我为自己也为世界所担心的，我们已失去了他。歌德以后将他曾拥有的与此事有关的文字资料一并销毁。

歌德知道，公爵这次对他非常不满意。卡尔·奥古斯特让他感到，他觉得在此期间耶拿的整个发展方向，已不再合适。他本来就视费希特为一个纯粹的雅各宾党人，责怪歌德曾为聘用费希特出力。他同时挑剔，歌德过于频繁地同大学里那些成问题的人交往。公爵写信给歌德的大臣同事福格特，后者应该继续传达这种不满："我大约十次被歌德气坏了身体，对这类愚蠢和危险的事情，实在过于幼稚，还有这样的偏好，以至于腐蚀了像他一类的人，他以这样一种轻率看待事物和整个大学事业，导致耽误了他在自己经常去的耶拿能做的所有好事；他很容易知道那些闹事者在教什么，该通知我们，不时地劝说他们，并通过警告让他们守序……可他觉得这些捣蛋鬼妩媚可爱，这些人也相信自己获得了准许，倘若他们将这一切谓之正确的东西……扔出窗外……我已无法同歌德谈论这样的事，因为这时他立刻会在一种如此充满诡辩的讨论中丢失自己，而我会失去全部的耐心。"歌德，他继续写道，让自己受到这些人的阿谀奉承，所以他遂他们的心意。可现在这必须终止。

歌德从福格特那里读到这些严厉批评，但表现坦然，至少外表上。殿下的惩罚性讲话……考虑和表述得很好。但他感到自己在其他的领域里，必须履行对公爵的义务。所以有了翻译伏尔泰《穆罕默德》的事，而且是在他抱怨对自己作品缺乏感情的时刻。他并不感到工作轻松，因为他对穆罕默德的印象，与伏尔泰大相径庭。

对歌德来说，穆罕默德并非如在伏尔泰笔下，是个骗子，而是一个伟大且富有灵感的人，在其身上可以学习一种强大灵感之感染力。歌德对穆罕默德的价值判断，与18世纪关于这个伊斯兰教创立者的大范围内充满敌意的文献形成对照。那是一种论战性的传统，伏尔泰的剧本也可归溯于此。诸如莱布尼茨、莱辛和以后的赫尔德这样的启蒙作家，才主张一种对非基督教宗教的正当判断。但是，这些声音无法贯彻自身。歌德在青年时代，如前所述，曾写下颂歌《穆罕默德之歌》，穆罕默德在其中作为人类的精神领袖被讴歌，对他的比喻是河流，它从最小的开端扩展到巨大无比的洪流，最后汇入大洋这个包罗万象的神性的象征。穆罕默德——人类中受神灵鼓舞的天才。以后在《西东合集》中，这个七十岁的老者还将以挑战性的姿态强调，他有这样的想法，*充满敬畏地庆祝那神圣的夜晚，若《古兰经》完整地被人从天上带给这个先知*。让自己设身处地成为一个先知，是歌德一生都颇感兴趣的事，也许因为他不时地视自己为这样一个先知，而且是在对《西东合集》的一句补遗的意义中：*先知说，我无法创造奇迹，/ 最伟大的奇迹是我自己*。这与独特的自我评价十分相近。当然也有批评的距离。歌德那软弱的自然虔诚，与穆罕默德的坚强的宗教爱国主义相去甚远。他不喜欢穆罕默德的宗教爱国主义，犹如不喜欢任何有局限的爱国主义。和伏尔泰一样，他同样憎恶宗教的狂热。

歌德在改编时，无法像自己希望的那样，让穆罕默德这个人物夺人眼目。他依旧是个阴沉的成问题的人物。虽然不是骗子和罪犯，如在伏尔泰笔下，但也是个魔鬼般的形象。炽热的爱情在他身上散发出一种魔鬼般的狂怒。为了得到帕尔米蕾，他把全国民众扯入罪孽：爱情给我一切。仅仅爱情，/它是我的酬报，工作的唯一目的。与伏尔泰那里出于权欲行事不同，歌德笔下的穆罕默德由于狂热的爱情而肆无忌惮。歌德赋予他笔下人物的说话方式，某种温暖和谄媚之态。他用灵活的德国的无韵诗行，重现法国的六音步抑扬格诗句。最后他对自己的工作感到满意，尤其是他认为，这对贯彻魏玛戏剧理论颇有益处。他在《雅典娜神殿入口》中写道：通过诗体化让我们的悲剧剧院不再将喜剧和正剧当作必需品，我正在进一步贯彻这一理念。

宫廷为歌德的翻译作品感到欣喜异常。他的其他任何一部戏剧作品，都未曾受到这样的重视。歌德在多个社交晚会上进行诵读。贵族们就这样庆贺古典法国文化杰作的重生。在名人圈里两次诵读《穆罕默德》，具有示范性的象征，能被视为宫廷复活的一个部分，一如之前不久费希特被解聘，以及约同时发生的耶拿市民业余剧院被禁。

但在舞台上，剧本的成功并非如此辉煌。市民观众渴求接近现实，口出怨言；而爱国主义者则反感一切法国的东西；还有浪漫主义作家，对一如让·保尔所说的"非诗意的仪式舞台"也少有感觉。当歌德在1800年夏继《穆罕默德》之后开始翻译伏尔泰的《唐克雷德》时，再次处于对自己作品缺乏感情的状况，这时席勒以"此外我以为"（ceterum censeo）催促歌德，要他继续写《浮士德》。这次席勒躲在出版商科塔身后。他建议科塔，为确保歌德完成《浮士德》,用一笔丰厚的稿酬(四千塔勒),引诱作者进行写作。计谋成功。因为《雅典娜神殿入口》的失败而感到愧对科塔的歌德,重新开始写作《浮士德》,甚至情绪高涨,为此他感谢席勒策动此事。

1800年夏,歌德首先完成了瓦尔普吉斯之夜的几个场景,然后,在与《雅典娜神殿入口》相应的阶段投身于《海伦》那一幕。他向席勒报告这一胜利:我的海伦真已上场。那涉及《浮士德》第二部中,在斯巴达上演的那一幕。被帕里斯劫持的海伦获释后返回特洛伊。她的丈夫墨涅拉斯将她派出,重掌宫殿。但在荒芜的残垣断壁中,她没见到女仆和用人,而是福耳库斯,一个丑陋无比的生灵,犹如蛇发女怪或者美杜莎。在寻找绝世佳人的路上,浮士德该遭遇绝对的丑陋。歌德在此犹豫不决。我女主角的美如此地吸引我,以至于这让我感到悲哀,倘若首先得将美变为一个鬼脸。这里涉及的不仅仅是面具后藏着靡菲斯特的福耳库斯,而且原则上涉及烟雾和雾途之上经典和古希腊罗马、浮士德和魔鬼,以及形态完成和无形态的联系问题。

席勒被歌德的犹豫惊醒,写信鼓励他,其中首次明确提及把《浮士德》分成两部的计划:"您可别受这种想法干扰,亦即对出现的美丽形象进行野蛮化,是可惜的。这种情况在《浮士德》第二部中还会常现,一劳永逸的是,让您诗意的良心对此保持沉默。……有意地从纯洁进入不纯洁,而非尝试从不纯洁跃入纯洁,一如在我们这儿的野蛮人那里所司空见惯的那样。您得在您的浮士德中,处处捍卫您的浮士德权力。"

朋友的语言游戏看来让歌德喜欢。他还将数次使用他的"浮士德权力",特别当有人在他耳边叨叨絮语,要他最终结束《浮士德》时。在他1801年年初再次中断写作之前,他还勾画了一篇"中断通告",在其中清楚捍卫残篇的浮士德权力:将此剧本推荐给最出色的俊才!……人的生命是一篇类似的诗/它也许有开端,也有结尾,/可它并非一个整体。

第二十五章

在浪漫主义作家中间。与谢林。重病。"重新进入生命。"对革命时代的一次清算:《自然的女儿》。党派之争。与科策布的不快。恼怒和重建与席勒的友谊。席勒之死。

从瑞士返回后,歌德和聚在施莱格尔兄弟身边的年轻的浪漫主义作家之间出现了一种新关系。作为言辞激烈且感觉细腻的文学批评家,施莱格尔兄弟已经赢得显赫声誉。哥哥奥古斯特·威廉已被席勒争取为《季节女神》的作者,也由席勒介绍给歌德。但在1797年夏,席勒与奥古斯特·威廉断绝关系,因为他的弟弟弗里德里希针对《季节女神》发表了一篇尖刻的书评。在两人与席勒的关系暂时中断时,兄弟俩加紧争取歌德,而后者对此感觉舒畅。对歌德的众多敬意中的高潮,是弗里德里希·施莱格尔的一句名言,据此,法国革命、费希特的知识学和歌德的威廉·迈斯特,属于这个世纪最伟大的事件。尽管有这类赞词,歌德还是不怎么喜欢这个生性好动且一刻不停的弗里德里希,有一次还称他为荨麻。他同弗里德里希没有多少个人交往,但与奥古斯特·施莱格尔曾来往甚密。后者多年住在耶拿，而他的妻子卡罗利妮掌管的一栋房子，曾是首个浪漫主义作家的中心。蒂克、费希特、谢林、诺瓦利斯在此频繁出入。弗里德里希是个急性子，而奥古斯特·施莱格尔像是个稳重的学者和有经验的作家。他被视为韵律和诗歌艺术的行家。歌德曾在韵律方面向他请教，并称赞他的莎士比亚译作。在1799年的《四季笔记》中，关于自己同奥古斯特·施莱格尔的交往有这样的话：没有片刻是懒散地度过的，可以预见一种延续多年的精神上的共同兴趣。

歌德未告诉朋友席勒，他为施莱格尔1798年创办的《雅典娜神殿入口》担任顾问，而席勒斥责这份杂志有"好管闲事"和"片面"的风格。夹在崇拜浪漫主义的作家和对他们不屑一顾的席勒之间，这让歌德左右为难。他尝试抚慰朋友。或许这对施莱格尔兄弟来说也有好处，我们将等待着进行一次口头交谈。歌德还认识了年轻的蒂克。后者曾在1799年冬为他诵读了自己的《圣格诺韦娃》，一次令人难忘的经历。对此歌德以后这么说：当他开始时，钟敲八点。当他结束时是十一点，我根本没听见钟敲九点和十点。

1799年秋，浪漫主义作家圈必须决定，因为有天主教和美化中世纪的倾向，诺瓦利斯的挑衅性文章《基督世界或欧洲》，是否该在《雅典娜神殿入口》上发表。人们意见不一，因为无法取得一致，便找来歌德当裁判。他建议，不印出这个文本，以免向公众提供诽谤的借口。人们刚刚经过了围绕费希特的无神论论战，所以现在宁愿避免陷于蒙昧主义的指责。歌德害怕革命者的幽灵，如同害怕蒙昧主义者的幽灵。也就是说，诺瓦利斯的文章没在《雅典娜神殿入口》发表。

这次争论之后不久，圈内人的友好纽带崩裂。对圈内团结做出实质性贡献的卡罗利妮·施莱格尔爱上了小自己十二岁的谢林，由此产生了激烈的冲突。一边是弗里德里希·施莱格尔和他的女伴——对卡罗利妮那举足轻重的角色不满的多罗特娅·法伊特。他们也把诺瓦利斯、蒂克和施莱尔马赫拉到自己身边。另一边是谢林、卡罗利妮和她出自第一次婚姻的女儿，十六岁的天才少女，以及也对谢林怀有一丝爱慕之情的奥古丝特。中间是奥古斯特·威廉·施莱格尔。他并没狂热到有嫉妒心的程度，所以宁愿尝试居间调解。在耶拿，人们到处谈论这种捉摸不透的关系，觉得传言得到证实，即在施莱格尔家里发生着疯狂之事。1800年5月，重病痊愈后的卡罗利妮与谢林和女儿在基辛根附近的巴特博克莱特进行疗养，在几天后突然病倒的奥古丝特去世之后，传言终于成为丑闻。在耶拿流传着这样的谣言，说谢林用非专业的受自然哲学启示的治疗方法，置奥古丝特于死地。还有人说，卡罗利妮想撮合自己的女儿和谢林，以便把谢林拴在自己身边。这对卡罗利妮有些过分。她崩溃了，暂时不敢返回耶拿。她起先离开自己的情人。而后者情绪极为消沉，产生了自杀的念头。卡罗利妮建议他向歌德求助："他像父亲般爱你，我像母亲般爱你——你有多奇妙的父母！"

自从席勒于1796年介绍歌德和谢林认识后，两人之间有一种非常紧密和信任的联系。歌德对这个充满活力和自信的青年印象颇深，1798年向自己的大臣同事福格特推荐他担任一个无报酬的教授职位。用语如下：这是个思维清晰，具有活力，并能根据最新动向思考的人；此外我在他身上没有发觉任何激进主义的痕迹，相反他在任何情况下都显得沉稳和有教养。我相信，他会给我们带来荣誉并对大学有所贡献。倘若歌德称他是根据最新动向思考的人，他是想将他刻画为一个来自费希特学派的哲学家，一个研究认识之可能性的主观条件的所谓超验主义者。而这一点平时并不会让他感到别具吸引力。但在谢林身上，歌德感兴趣的是，朝着自然哲学的发展清晰显现。他自己正在寻找一种从"我"的原则到自然之创造力的过渡。歌德喜欢这一点，很愿意与谢林交谈。精神是无意识的自然，而自然是无意识的精神，这是谢林的一句名言。歌德对这种思想具有如此好感，便弄来谢林关于自然哲学的最新论著，不仅用来摘录，而且仔细阅读。但起初他保持距离。在给席勒的一封信里，他概括了阅读后的最初印象。那些从上到下的自然哲学家，或者那些通常想从下往上引的自然研究者，都无法让他满意，他仅在处于中间的直觉中，能发现自己的幸福。这种保留很快就消失。他在谢林那里不断清晰地感到他与自己观点的类似性：鲜明生动，对机械的思维方式的克服，对大自然中创造性潜能的知觉和感受。对歌德来说，谢林是从康德到费希特的序列中圆满的终结。他对席勒写道：我们要尽己所能，伴随着这第三个奇观迈入新世纪。而面对谢林他宣称：自从我摆脱自然研究的传统方式，并犹如一个单子回归自身以来，不得不在科学的精神领域四处飘浮，很少在此或在彼感到牵引力；而它选择了您的理论。我期待一种完整的统一，我希望通过研究您的论著，更期待通过与您的个人交往……来促成它。

当卡罗利妮·施莱格尔建议谢林拜访歌德，并说他"爱你"时，她做了一件正确的事。也许那不是爱，但肯定是尊敬，与此相关的还有对这个当时身处困境的年轻哲学家的个人同情。歌德用自己华丽的马车将谢林从耶拿接走，1800年12月26日到达魏玛，让他在弗劳恩普兰旁的房子里作为客人住到1月4日。和席勒一起，他们在热烈的谈话中度过圣诞夜。

三天后歌德得了重病。那是面部丹毒，脸部、眼睛和其他身体部位严重发炎，伴有暂时的失明，脖颈肿胀，不时有呼吸困难。他的脑部一并受损，意识模糊，后果还有谵妄现象以及间歇性昏迷。歌德与死神战斗。以后他说，他感到在一片自然景色中解体，完全清醒且具有感知能力，但没有对自身的意识。席勒每天陪着他，公爵也经常过来。宫廷人员和市民百姓，都表现出极大关切。歌德当时并非知道一切，但事后获悉，非常感动。度过了这场危机后，他致信母亲：我至少可以自我恭维，大家向我表示出几分爱心，赋予我的生存几分意义。

也就是说，歌德度过危机。两星期后他开始翻译狄奥弗拉斯图的《色彩学》，可以重新接待访客，口授信件。他称此为"重新进入生命"。除了席勒，感受到歌德最初生命迹象的人中，也有谢林。他经历了歌德疾病的爆发。歌德在2月1日写信给他说：遗憾的是，当我们告别时，疾病已经强力侵入，我不久就失去对自己状况的知觉。当您在这里时，我业已感到，我在逐渐失去对精神力量的完全掌控力。

歌德让人惊讶地重新恢复体力，但对所经历的死亡威胁的记忆消失得没那么快。留下的是清算意识。他整理自己的家事。他要摆脱负担，所以关注起他上罗斯拉的地产寻找买家。而这块地产除了烦恼和操心，没给他带来任何益处。他弄来给奥古斯特的证明文件，以便让他成为继承人。为了感谢得病期间所获得的关切，他建立了一个"星期三小聚会"，某种"爱的庭院"（cour d'amour）。人们可以在轻松的谈话中，伴随着小型演出和诵读及简单的茶点，享受自己还拥有的生活。他花了约三个月的时间去巴特皮尔蒙特疗养，来到邻近的哥廷根，在那里与教授们谈论自然科学，受到大学生们用喝彩表示的欢迎，其中就有克莱门斯·布伦塔诺。关于歌德病重和幸运痊愈的消息，当然也传到这里。人们到处欢迎歌德，就像与一个死而复生者打招呼。

文学创作停滞，这对歌德而言并不容易接受，尤其是，席勒那时正经历着特别多产的阶段：继《华伦斯坦》三部曲后，谢林快速完成了《玛利亚·斯图亚特》以及《奥尔良的约翰娜》，两者都在德国舞台上到处大获成功。在莱比锡，每当席勒来访，都会出现民众欢呼的场面，父亲们在人群中举起他们的孩子，让他们看到这个写作的怪才。歌德没有嫉妒朋友所获得的荣誉和当下的多产，但这让他对自己颇不满意。

重获新生的歌德感到对一种生命中重大事件的强烈需求，也想弄清社会和政治的重大事件，即让自己明白过去几年中经历的革命时代，这个随着拿破仑的飞黄腾达似乎进入某种终止的时代。美因河一线北部，自1795年起处于和平状态，普鲁士和其他国家，包括魏玛公国，保持中立，在战乱不休的欧洲大地上，享受着某种宁静。在南部战火重起，让欧洲再次紧张得呼吸困难的伟大的战争统帅，是拿破仑。1802年3月9日，歌德致信席勒：我们要耐心等待，看波拿巴这个名人，是否还会以庄严和统治的现象，让我们高兴。拿破仑能成为的庄严的现象，是对革命时代的克服。在这封信里，歌德以一种自然事件的辉煌画面来总结革命：总体上讲，这是小溪及河流中的可怕景象，它们以自然的必然性，从许多高山和山谷间涌出，互相撞击，最终引起大河的猛涨和洪水的泛滥，不管事先预知者或者全无预感者，都会在其中遭遇灭顶之灾。在这种可怕的经历中，人们看到的仅是自然，而非任何其他，不是我们的哲学家喜欢称之为自由的东西。只有拿破仑能是那个成功地让这种可怕的经历获得形态，并将自己独特的精神给予这种形态的人。

歌德写下这些话的时候，正如《四季笔记》中所说，他正在写作那部成为自己就法国革命所思所写之一切之容器的剧本。这就是话剧《自然的女儿》。创作此剧的念头出自1799年年底，但在他病后才开始认真动笔，起先费力不小，还要严格保密，甚至连席勒也对此一无所知。那是一种古老的迷信，即想要一项事业成功，就不该将它说出。他计划的是三部曲。但只完成了第一部，1803年3月完成，于4月2日以《欧根妮》的标题在魏玛剧院上演，反响不大。

让歌德受到启发的，是被称为斯特凡尼·封·博尔邦-康蒂的作家创作的《博尔邦-康蒂王子的自然的女儿的回忆录》。当时人们就知道,那是部伪作。这部让歌德喜欢的席勒称之为"童话"的作品,讲述一个贵族女子由于阴谋在宫廷走向毁灭,在糟糕时代如何艰难地保持高贵心灵的故事。歌德将这篇"童话"作为自己剧本的基础。

欧根妮,出自公爵家庭的非婚生女儿,失去权利和表面的地位,学会了放弃。她面临这样的决定,或者在无益的孤独和苦难中,在对高贵出身的骄傲意识中度过一生;或者接受一个市民阶层男人的求婚,开始一种尽管踏实但默默无闻的生活。她选择了市民的匿名生活,保存了自己的高贵心灵,起先仅在内心,但这种高贵带着向外散发的辐射力,由此形成了一种新的对外部秩序的影响力。在达到这个目的之前,她必须忍耐和保存自身。因为,倘若一种奇迹在世界中发生;/它会通过充满爱的、忠实的心灵发生。一如在伊菲几妮那里,人道因素处于隐秘状态,作为形成的和升华的自然受到遮蔽。所以,同在伊菲几妮那里一样,这部剧本有着风格细腻、庄严平衡的诗歌语言,以及总体上对剧本的充满艺术性的组织,而那精心构建的对母题和象征的编织,赋予整体某种雕塑般的特征,成为反对混乱的革命和腐败的一个正式回应。

《自然的女儿》完全出自歌德和席勒在前几年发展的魏玛戏剧理论精神。如同欧根妮在旧秩序的没落中保护其立场那样,保留戏剧的严格形式,用古典的艺术理想,与庸俗的泥潮(科策布流派)和古怪的混乱者(浪漫主义流派)针锋相对。但对歌德来说更重要的是,置身于党派之争之外。在由丈夫做主的房子里,/只住着和平,而你/在广阔的空间,在外面，只能徒劳地把它寻找。/骚动不安的猜忌、狂怒的污蔑，/发出的回响，党派之争，/它们对这个神圣的圈子全无作用！

一如《伊菲几妮》，剧本圆满地结束于神圣的圈子。歌德拒绝按舞台的需要进行安排。剧本犹如一个封闭的牡蛎、一个护身符，其魔力可以利用，但实际上并不展现。这个剧本在舞台上未获成功就不足为奇。观众惊羡其娴熟的艺术性，然后扭头就走。恰好在魏玛做客的施特尔夫人，观看了一场演出，仅仅感到一阵"高贵的厌倦"（noble ennui）。

《自然的女儿》对歌德来说，是反对历史之混乱和任何种类之党派纷争的一种逃亡。写此剧本之时，恰逢当地的党派争吵到达高峰的时刻。科策布是这种纷争的煽动者。奥古斯特·封·科策布是当时德国最成功的剧本作家。即使歌德也经常让人演出他的剧本，因为观众需要。但他自己视这些剧本为平庸的自然主义的怪胎，他和席勒共同与此划清界限。

科策布刚从俄国的一次冒险旅行中返回魏玛。他曾在过境时被人当作密探逮捕，遭送到西伯利亚，不久，这个在俄国也颇有名气的作家，在沙皇的干涉下被释放，被带到圣彼得堡。为了补偿所受的不公待遇，他获赠一笔荣誉退休金和一个带有六百个奴隶的庄园。科策布作为一个有钱人返回魏玛，受到众多议论。科策布在魏玛买了一栋房子，因为没被邀请参加歌德的小聚会，他建立了自己的圈子，访者众多，因为与在歌德那里相比，在他那里可以更轻松和愉快地交谈，餐桌上的美酒佳肴也更加丰盛。歌德为科策布的社交成就感到恼怒，对他的讥讽反应十分敏感。他虽然答应让人演出科策布的《小镇人》，但删去了那些他觉得对受他提携的施莱格尔兄弟进行污蔑的段落。为此科策布从魏玛剧院撤回了自己的剧本。当歌德将奥古斯特·威廉·施莱格尔的《游子》（1802年1月）和弗里德里希·施莱格尔的《阿拉科斯》（1802年5月）这两个失败的剧本搬上舞台时，有人猜想，他有激怒科策布派的意图。《阿拉科斯》上演时，出现了丑闻，因为这个雄心勃勃的悲剧竟然被淹没在笑声中。歌德从他在包厢中高高的座椅中转身，对着观众发怒："别笑！"对歌德来说，这是科策布的一场阴谋。

然后是科策布试图在歌德和席勒之间挑拨离间。当时已经有人开始比较这两位"莫逆之交"，议论谁更伟大，形成了赞同这个和赞同那个的派别，结果造成了一次吵架。科策布想利用此事。他在1802年3月5日计划为席勒的命名日举行一场奢侈豪华的庆典。在装饰得喜气洋洋的市政厅里要演出席勒剧作的片段，朗诵他的《大钟歌》。他本人最后将作为铸钟的大师登台，打破一个纸做的大钟模型。下面出现的该是席勒的胸像，一群身着白色飘垂长裙的少女将绕着胸像起舞，最后给它戴上月桂花环。计划的活动未等举行——其实以后也并未举行——就已在魏玛成了一个全城话题。一切都仔细地排演好，但在节日的前一个晚上，图书馆馆长拒绝提供席勒胸像，理由是，在节日庆典后，还从未有人收回一个毫无损伤的石膏像。还有更糟糕的事。当工人们来到大厅里准备搭建舞台时，发现市政厅大门紧闭。有人猜测，歌德在背后起了作用。但没人了解详情。也可能是市长的一种预防性的热心干预所致。无论如何,几名想在庆典上炫耀一番的女士,愤怒地离开了歌德的"星期三小聚会"。整个事件让席勒觉得极其尴尬。如他对歌德所承认的那样,他曾打算在这个可疑的日子告病假。而歌德提前去了耶拿,从那里出发,带着几分幽默,关注这里的事情。当一切都过去之后,席勒给他写信说:较之15日对恺撒,我更庆幸3月5日过去了……希望您回来时,会发现情绪已经缓和。

这种情绪尚未达到完全缓和。到处留下屈辱、嫉妒、敌意和幸灾乐祸的情绪,即使在两个朋友之间,事件也没有毫无痕迹地消失。他们中间有过敏感点。1802年夏,歌德为剧院的经济收入操心,又感到缺少有观看效应的剧本,这时他用相当粗暴的口吻刺激席勒,但愿他能不那么长久和拖沓地进行构思,而能顺畅和更集中精力地工作,以便您能提供,我也许可以说,在戏剧方面更有影响力的更多作品。

这个批评惹怒了席勒。有人指责他缺少戏剧影响力,而此刻《奥尔良的约翰娜》在德国舞台上正庆贺胜利!他第二天就回答:"倘若我什么时候有一部好剧本获得成功,这只能通过诗学的途径,因为庸才和纯粹的机敏时而也能例外地(ad extra)成功获得影响,而这永远不可能是我的目标,即使我想获得这种影响。这里谈的仅是最高使命自身,只有实现了的艺术,才能毫无例外地(ad intra)克服我个人的倾向——倘若这种倾向应该被克服。"席勒宣称,他无论如何不会削减对艺术的高要求,他指责歌德,说他建议自己这样做,恰恰是为了讨好观众的缘故。这是背叛艺术的明显怂恿。

恰恰在1804年年初的骚乱时代，席勒拒绝了来自柏林的担任一个不错职位的邀请，歌德对此予以高度评价。多产和友好的信任关系，经过短暂的生疏阶段，重又完全恢复。歌德将"退尔"题材让给席勒，是这种表现的一个证明。席勒从中创作出他最受欢迎的舞台剧本。让歌德高兴的是，其首演不是在有人极力要求的柏林，而是在魏玛进行。歌德带着很大的热情投入演出准备，为这部剧作的辉煌成功表现出孩童般的快活。这是他们能共同策划出的堪称是年轻人的骄傲的成果。二人之间的合作重新显得十分紧密，犹如在二人友谊的最初三年中。

席勒拿到狄德罗尚未发表的小说《拉摩的侄子》，请歌德翻译。歌德愉快地接受了。他和歌德一起讨论自己的戏剧计划。歌德尤其对《德米特里乌斯》有所期待。他有时认为，这有可能是朋友最出色的剧本，而在席勒去世后，他还试图完成它，但未成功。歌德为席勒工作，也给朋友布置工作，甚至当席勒1805年年初病重之时也是如此。他还把狄德罗小说的译本及其注释给了席勒，供他审读，还有出自《色彩学》的一捆文献，也供他研读。他不想在未获席勒评价的情况下发表它。歌德给予朋友过多的期待，这样对待席勒，正如席勒在生病和身体虚弱时对待自己那样——歌德鼓励席勒进行劳作。人们不该将对生命的权力交给死神，只要生命还在继续。但歌德预感到，他将失去朋友。歌德用"最后一个元旦"这样的话，来庆贺1805年新年。他惊骇地撕毁纸张，开始重写。可他再次写下了"最后一个元旦"。就在当日他拜访了封·施泰因夫人，告诉她这件事，并说：他预感到,他自己或者席勒将在这年离世。

如同在1801年,1805年2月8日,歌德再次患上丹毒;这次受侵袭的是眼睛,但无生命危险。自己也受病痛折磨的席勒非常担心。席勒哭了。歌德度过了危机,致信朋友:此外我情况不错,每天还骑马。所以席勒也给自己买下一匹马,但他已无法再骑。

5月1日,两位朋友在去剧院的路上,最后一次见面,只是交流了几句话。歌德重新返回,他感觉不好。席勒对这次早去早回的观剧,也感到不舒服。他又一次虚脱了。歌德在1805年4月27日写给席勒的最后一封信里,附有对《色彩学》的一段概括和对《拉摩的侄子》的注释。席勒读了此信。席勒又被折磨了几天,然后去世,那是5月9日的晚上。

一个小时不到,死讯就传到弗劳恩普兰旁的歌德宅邸。迈耶尔先得到消息,但他没有勇气将它转给歌德。他没告别就走了。歌德感到不安,发觉人们对他隐瞒了什么,不过他也许正希望这样。克里斯蒂安娜得到消息后装睡,以便不让歌德感到不安。第二天上午,她才把消息告诉他。歌德双手遮眼,退回房间。当有人问他,是否想再见一下死者,他大声说:啊,不!这种毁灭!

席勒的葬礼在5月11日举行,歌德因病未去。他无法接受朋友的死亡。歌德以后说,他未经通报且悄无声息地来到魏玛,又悄无声息地离去。葬礼中的队伍,非我所喜。

三个星期后他致信策尔特:我想到要失去自己的生命,现在我却失去了一位朋友,在他身上也失去了我生命的一半。当心爱的朋友去世时,幸亏有另一位朋友在场,来自柏林、会作曲的泥瓦工师傅卡尔·弗里德里希·策尔特。他将是歌德以后和生命最后阶段的最好朋友。

阶段观察：用于公务的白马和骑马作诗

歌德这个天才的飞人，来到魏玛，似乎必须斗胆尝试，最终在平坦的地面上发展。以后他常说，人们通过教育而学习。但他能教年轻的公爵卡尔·奥古斯特什么？他自己也不懂政务。他不知道如何治理一个国家。他只读过他的尤斯图斯·默泽尔，看重其自由保守主义的建议：维护传统，发展并小心地革新国家曾有的特点，即那所谓的地方理性——这是他想借此在新环境中找到头绪的几个准则之一，但起先情况并非如此。他本来想在现实的勤劳中训练自己，但却被卷入一种放纵的生活。在最初几年中，围绕公爵的是青春运动和激情四溢。狩猎，森林露宿，姑娘，畅饮，猎屋中的夜晚。歌德作为朋友和宫廷官员始终在场；但作为长者，他也为理性和德行操心。宫廷中人们对他有这样的期待。有些人则不相信他：这个教师自己也需要受教育。有人说，这个天才只是用自己天才的胡闹影响公爵。歌德遭遇不信任，而他自己也不完全清楚，他该扮演，尤其是想扮演什么角色。

无论如何，他不再想当一名单纯的文学家。但在魏玛拜访他，而他对其保持距离的朋友们，比如克林格尔和伦茨，提醒他的文学家身份。在此期间，大言不惭、洒脱无羁的文学事业，让他感到可疑。诗既美又善，但它无法引导生命。

谁若仅懂得文学，就对生活知之甚少。也就是说，他讨厌文学上的激愤者，即使对一个像克洛普施托克那样故作庄重和自命不凡的诗人，他也不允许有道德告诫。

歌德暂时将文学搁置一旁，即使他用诗歌，用出自瞬间和为了瞬间而写的诗歌，修饰自己的，尤其是给夏洛特·封·施泰因的书信。但其要务是，正确地学习理政，他在冬日的哈尔茨山之旅中，在白雪皑皑的布罗肯峰上曾对自己发誓。他投身于政务中。逐渐地他几乎在所有职能部门中积累了经验，从筑路到学校，从财政到军事。他还在外交政策中锤炼自己，在那里探究，在无比强大的邻居普鲁士和哈布斯堡之间巧妙穿行的可能。歌德在他首次和唯一的柏林之行中，尝试给自己戴上冷静的外交官的面具。矿山曾是他的最爱，为此他在最初几年满腔热情地投身于此，但未获经济上的成功。

在这些工作中，他探究自然的兴趣渐长。地质史吸引着他。他收集岩石、化石、矿石及其残余，进行解剖学研究，收集动物骨头和骷髅。

骑着用于公务的白马作诗，有一阵子进展顺利。不过两件事情不能互相干扰。比如当他写《伊菲几妮》时，由于一次在乡村的半道上征召新兵，纯洁的观念袭上他的心头。不同的领域应该清楚分割，这里是艺术，那里则是繁忙的生活。每个领域有自己的逻辑，要求其特殊的技巧和投入。纯净的观念涉及认真地完成任务，亦即恰如其分，而在个体中它又具有一种苦行主义的观点：纪律，自我控制，放弃，践行正直，或者保持沉默。

在魏玛度过八九年后，歌德发觉，在此期间他很好地适应了日常的要求，可他不得不担心，他身上流动的诗的血液可能会干枯。他在寻找答案：作为作家，他是否还有未来，或者作家仅属于过去？他还能完成什么，或者只能汇集未成之作？借助逃亡意大利，他不仅想认识艺术之国，他也想检验，他自己是否依旧是个艺术家？他高兴地重新找回作为艺术家的自己，不过是作为作家，而不是作为画家，尽管当画家也让他开心。但这个诗人不是受难之人，不是牺牲者，亦即不是对尘世之人感到绝望的塔索，而是一个超越艺术家塔索和世俗之人安东尼奥间对立的人；他理解对立，但不受对立的撕裂。歌德带着自信者的观念从意大利返回。

他觉得重要的是，在官场中、在科学和艺术方面，都发挥最佳的可能，将不同的工作互相连接，以便它们能互相促进。在去意大利之前，他曾短暂地失去这种内在平衡，因为他不再清楚，究竟什么是重点。他在意大利重新找到它——恰恰在艺术家领域中。返回后他坚持这一点，但面临以下任务，让它与其他工作保持平衡。与席勒的友谊在此起了决定性作用。席勒不仅大力提醒他留意艺术，而且给予他某种关于自身的意识，而歌德那时尚无此认识。迄至那时，创作几乎仅是歌德的一种业余爱好，现在他受到席勒高度的艺术理解力的激励，带着专业人士的严肃和技巧的纯熟从事创作。技术和形式成为他们反思的对象。两人获得一种自信，而这最终使得他们作为德国文学的祖师爷登台亮相。席勒贡献出有力掌控材料的观念，而歌德贡献的是自然纯净的观念。

法国大革命造成的时代断裂，成为这种艺术意志之自我维护的背景。倘若一切在进展中,那么这两位朋友的信念是,艺术必须提供方向和稳定性。席勒寄希望于文明化的自由,歌德看重纯净的自然性。两人都对艺术的游戏寄予希望:席勒在此思考的是人类,歌德想到的是艺术之友的小圈子。涉及社会的效应,后者在自己的期待和希望中显得更谦逊,歌德想的是,艺术那柔弱的帝国,对于世界进程作用甚小。

席勒的去世标志着一个重大转折。对歌德来说,这意味着对那个艺术时代、黄金时代的告别,艺术似在这个短暂的时期不仅是美妙的,而且属于他生命中最重要的事物。

第二十六章

席勒死后的哀悼工作。调情。重新开始写《浮士德》。与海因里希·鲁登关于《浮士德》的伟大谈话。1806年10月14日的灾难。魏玛被洗劫和占领。恐惧和幸福中的歌德。生命变化。1808年与拿破仑相遇。

席勒于1805年5月9日去世后的最初几天,歌德似乎处于麻痹状态。疾病——丹毒——也折磨着他。他几乎不出书房。他发明了一种亡者谈话的特殊形式来抵抗死亡,帮助自己。他开始工作,要完成席勒留下的最后一部残篇《德米特里乌斯》。它应该成为一部朋友身后的共同作品。歌德想保留共同写作的氛围,似乎朋友依旧在世。不该给予死神对生命的权力。我觉得他的失去似被替代,因为我继续着他的生命。歌德自己想象着,在柏林的德意志剧院上演《德米特里乌斯》。这可能成为最庄严的葬礼,而在这部作品中,朋友与他将共同继续生存。他以一种迸发的激情将自己从对失去朋友的绝望中救出。歌德的确能片刻间幻想着克服朋友的死亡。但是,这种情绪无法产生艺术家必需的沉思,而为了让这部里程碑式的剧本进入紧张状态,这种沉思似乎必不可少。因为席勒以《德米特里乌斯》——这个来自16世纪一个假沙皇的引人入胜的故事——完全打破了地点和情节的统一：欧亚大陆的广袤空间成为令人眼花缭乱、无法洞察情节的演出场景。席勒业已完成的单个场景，犹如从一片巨大的雪盖上突兀而起。那也可能是一块裹尸布，席勒自己曾不时这么想到。

席勒去世后，到来的是美丽的初夏，但歌德还一直待在他的后屋中，沉浸在这个由于冰雪霜冻咯吱作响的冬季剧本中。他无法长久地坚持。他中断了尝试。日记中为此只留下了一些空白页。以后歌德说，这意味着他当时所处的空洞状态。

伴随着《德米特里乌斯》计划的搁浅，包裹歌德的共同工作的虚构氛围消失了，直到现在他才明白朋友之死无法挽回。于我而言，现在他才开始腐烂。歌德感到一阵此前从未经历的悲痛。他还有负罪感，似乎是他将朋友最终悄无声息地关入墓穴。当他取回席勒临终前还研读过的他的《色彩学》手稿时，他再次受到刺激。画线的部分让他觉得，席勒来自冥府的友谊还在继续有效。席勒似乎还在证明自己的忠诚，可他自己，歌德觉得，无法在朋友身边超越死亡，甚至无法忍受片刻。

纪念席勒的下一个打算，带有戏剧演出的一次葬礼，也未成功。歌德请求策尔特写一部音乐作品，他答应了，但无法着手工作，因为歌德仅完成了粗略的提纲。歌德犹如瘫痪了。他仅为1805年8月10日在劳赫施台特举行的纪念会完成了《席勒〈大钟歌〉跋》，组织了几场出自《玛利亚·斯图亚特》的片段演出，然后是一次有场景的《大钟歌》朗诵，紧接着的《跋》的朗诵将官方纪念的高调与个人动情的语言连在一起。激昂的诗句有：他的精神有力地迈步向前，/一直走向永远的真善美之境，/把控制我们大家的凡庸平常/抛在他身后，成为空虚的假象。在朗诵关于席勒的富有感染力的激情诗句时，歌德本人也变得激昂和可爱，他越来越红光满面，/现出那从不曾离开我们的青春，/现出那一种勇气，迟早之间，/总要击败迟钝世人的抗衡。诵读《跋》的女演员阿玛利亚·沃尔夫后来回忆，歌德在排演时，在她朗诵一个有关席勒的句子时打断了她。他抓住她的手臂，蒙住自己的双眼，大声叫出：我无法，我无法忘记这个人！

席勒之死是歌德一生中的一个重大事件。他对策尔特写道：其实我该开始一种新的生活方式，但他也许已年纪过大。他和席勒有过如此庞大的计划。他们难道没有做过一切？改革戏剧舞台；批评文学家，让他们写得更好；教育艺术家，从根本上提高文化水平并让其变得更加精致——这一切突然离他如此之远。我现在每天只是直接地面对自己，做着眼前之事，而不考虑以后的结果。

较之以往任何时候，席勒对他来说，更成为与其他人的关系的标准。席勒死后的第一个来访者就生出了这样的感觉。6月初，据说受到他高度评价的古典语文学家弗里德里希·奥古斯特·沃尔夫带着自己的女儿，在他弗劳恩普兰旁的宅邸住了两个星期。二人有着热烈的谈话、快活的娱乐和一些有教益的活动。但也产生了分歧——比如关于沃尔夫以哲学睿智经常批驳的古代经典之内在的统一问题——而它们不久变得让人压抑和麻痹。因为沃尔夫在自己的领域不允许任何其他人的意见,更不用说所谓外行的。可席勒就完全不同。与席勒的差异令人兴奋。席勒的理想主义倾向,在《四季笔记》中得到了描绘,能让我的现实非常舒服地靠近,而因为两者单个地无法到达自己的目标,它们最终汇聚在一个生机勃勃的意义中。可沃尔夫的情况十分棘手,他的反驳精神尽人皆知。即使有人接受他的一个观点,几天后对他复述,也可能被他视为最大的荒谬。歌德有一次开玩笑,要设法让沃尔夫在歌德自己生日的前一天出去旅行,因为我害怕,他会在我生日那天否定我的出生。沃尔夫是个棘手的例子,但他的访问分散了因为席勒之死而产生的悲哀情绪。

席勒之死的后续影响持续了很久。歌德还将把1807—1808年对明娜·赫茨利布——耶拿出版商弗罗曼的养女——的短暂之恋,与已过去两年的朋友之死联系起来。在一篇未发表的《四季笔记》中,谈到对逝者的思念,以及那始终让人感到痛苦的席勒之死带来的损失,它要求一种替代物,对明娜·赫茨利布突然爆发的狂热,就此获得解释。而歌德还补充,它之所以没有毁灭性的作用,是因为他能将激动导入那些十四行诗的魔力中,而那些诗是他在同扎哈里亚斯·维尔纳这个臭名昭著的拐骗妇女者、浪漫主义及宗教命运剧作者的论战中完成的。为了不至于无聊,诗人习惯于,/兜底发掘他最内在的东西;/可他懂得冷却自己的伤口,/用咒语治愈这最最深邃的。明娜·赫茨利布当时十八岁,外貌漂亮,但头脑有些简单。歌德看着她长大,但对其显然完全无意卖俏的魅力有所触动。人人都喜欢她,她是淳朴之美的象征,被称为"所有玫瑰般的少女中的最美者"。她健谈,但还是让人对她有一种独特的、内向的印象，这使她更有吸引力。一种神秘笼罩在她身上。歌德爱上了她，而扎哈里亚斯·维尔纳同样在追求她。调情仅仅持续了一个冬天，但无论如何歌德对她的印象足够持久，以致影响了《亲合力》中的奥蒂莉。此外，明娜的结局类似于奥蒂莉，同样悲哀。她以后在一次不幸的婚姻中萎靡不振，陷入精神错乱。

席勒之死的直接效应还有，歌德重新开始写《浮士德》。席勒曾一直催促他，而歌德现在感到有责任最终完成此作，是因已故朋友的缘故，当然也存在外部压力。由科塔组织的八卷本作品集，需要有一部完整的《浮士德》。科塔通过协议的方式让自己获得此项允诺，因为他在经济上对此也有所指望。这一卷的发表现已确定。在巨大的时间压力下——科塔原计划在从莱比锡书展的归途中收到可以付印的手稿——歌德在1806年3月底开始依靠里默尔的支持，再次审阅1790年未完的文本。依靠在此期间收集的尚未发表的备用场景，剧本可以得到补充，以便它最终获得一个结尾，因为1790年格申版的文本只是一个残篇，中断于瓦尔普吉斯之夜和格蕾琴的牢狱场景。但在1808年的文本中，歌德也没有用尽自己的材料。所以他称剧本为《悲剧第一部》，由此《舞台序幕》《天上序曲》以及《献诗》显得特别重要：它们对全剧有效。第二部是否有一个结尾，此刻尚不明确。对作者来说，浮士德无论如何都是个如影随形的朋友。

在完成《浮士德》第一部的日子里，歌德与刚受聘来耶拿的年轻历史学家海因里希·鲁登就《浮士德》有过一次值得纪念的细谈。鲁登立刻将谈话记下，后来还发表出来。鲁登随即将最初的记录交给耶拿的朋友和熟人阅读，正因为他将记录交给别人，它才得以留存，因为他家里的手稿在1806年秋于耶拿和奥尔斯塔特战役后的洗劫中被毁。

鲁登起先重复了迄今仍然流行的阐释，这些关于1790年的《浮士德》残篇的解脱在当时就四处流传。鲁登这样描述流行的期待："在这部悲剧中，它起先看上去已经完成，整个世界史的精神已得到表现；它是人类生命的一幅真实的写照，囊括以往、当下和将来。在《浮士德》中人类被理想化了；他是人类的代表。"鲁登继续说，浮士德追求绝对，但觉得自己被痛苦地撕裂，此后充满对重新统一的渴望，他起先在知识和认识中，然后通过肉身、生命本身和爱来追求这种重新统一。在此期间，他迷失于过错和罪孽。但残篇保留了这样的暗示：浮士德将重新改过自新，与绝对精神统一。一切无可挑剔。可过了一会儿，歌德插话问道，可您自己怎么认为，年轻人？鲁登起先顾左右而言他，但还是切入正题。他认为在这个剧本中根本不存在基本理念，也没有人类的代表。这是一切，或一切全无。只有细节和个体，而歌德的剧本富有值得思考的细节和令人印象深刻的个体。只有在以下时刻，他才喜欢上了歌德的剧本："自从我决定享受个体，并完全放弃会让我扫兴的对一种基本理念和中心的追求。"更高意义的爱好者让他感到厌烦，歌德自己不时也这样表达。但从一个大胆的年轻人嘴里听到这样的见解，这并不让他喜欢。当鲁登就剧本如何形成说出自己的猜测时，歌德脸色变得更加阴沉。鲁登以为，作品并非浑然一体，而是"随意地"形成；场景是"任性地写成"，这些"单个的珍珠"后来才被拴上一根绳子,以便它们受到保存而免于"四处散落"。奥尔巴赫酒窖里的场景,也许最初在莱比锡的大学生时代就已经产生,因为它们活力四射、自由生动;而带有靡菲斯特的学生场景,同样近乎大学生的胡闹。可现在来自奥尔巴赫酒窖的浮士德,被与来自大学生场景的靡菲斯特联系起来,形成浮士德和靡菲斯特之间的场景。让学者成为拐骗者的那种活力,由此生发而出。浮士德就这样成长,而开场时意义深刻的独白,直到最后才被写下。至此,歌德宣布关于《浮士德》的谈话结束。他说,然而,我们还是在此中断吧,在整部悲剧完成前,不要再重拾这个话题。我们在此也想如此效仿。需要补充的只是,歌德在其日记中虽然记录了鲁登的拜访,但未涉及谈话主题。他是不是生气了?无论如何,同一天另一次谈话的主题被仔细记录下来,那事关土豆的坏处。

在歌德那里,历史地看待自己的生命的增长态势,属于席勒之死的持续影响。1806年4月,他致信自意大利旅行以来成为朋友的画家菲利普·哈克特:自从席勒之死在我的生命中留下巨大空缺以来,我不断被人提醒,留意对往事的记忆,我几乎激动地感到,用回忆来保存似乎要永远失去的东西,是何种重大责任。这里显示出歌德想要创作的作家自传,而它随着之后不久开始的《诗与真》的写作,有力地启动了。

不过在此之前还有其他重要事件发生,也许比席勒之死更为影响深远,即1806年10月14日的灾难:普鲁士在耶拿和奥尔斯塔特附近与拿破仑之战的失败,以及法国人对魏玛的占领和洗劫。在那些天里，歌德有失去一切的危险：生命、财产、官职和他的公爵。

自19世纪初起，魏玛依靠普鲁士在中立的德国北部享受和平。卡尔·奥古斯特通过母亲安娜·阿玛丽娅而与弗里德里希大帝有了亲戚关系，自从针对法国的第一次同盟战以来，他作为少将统领一个普鲁士军团。卡尔·奥古斯特知道，他只有聪明地利用强大邻居的矛盾，才能保持他的小公国的政治独立。1804年，他巧妙地让王子卡尔·弗里德里希与沙皇的妹妹玛丽亚·保洛芙娜订婚，对公爵来说，此后俄国也成了反对普鲁士得寸进尺以及拿破仑的进攻的后盾。歌德支持卡尔·奥古斯特的谨慎政策，以护卫一种脆弱的中立。但二人也有分歧。较之公爵，歌德更加不倾向于普鲁士，而寄希望于法国人的善意。但这在中立阶段几乎不起作用。对两人来说，作为稳定保证的古老帝国，在此期间已失去全部意义，对此歌德不抱任何幻想。经过1803年的帝国代表总决议及1806年的莱茵联邦建立，帝国已成为一片废墟，无权抱有任何政治希望。

1806年8月6日，弗朗茨二世庄严宣布，放弃德意志神圣罗马帝国的皇冠，接受奥地利皇帝的头衔，由此确认了古老帝制的外在终结。歌德在从卡尔斯鲁厄避暑归来的途中，得到这一消息。他在日记中记下：驾驭台上仆人和车夫的不和，比罗马帝国的分裂更让我们兴奋。帝国的消亡无法让人兴奋，因为这在很久之前已被确认。但歌德还是十分关心这一政治事件的发展。他不得不如此，仅仅因为自己在公国的职位。在往返卡尔斯巴德途中，他的日记经常提及政治谈话,在那气氛紧张的几个星期里,这并不让人奇怪。涉及普鲁士(由此也包括魏玛)是否能保持中立,或者被卷入一场战争。有人传说,拿破仑想把许诺给普鲁士的汉诺威还给英国。普鲁士会用对法宣战来回应这个侮辱吗?反思和讨论,歌德这样记录,并注明普鲁士军队向汉诺威方向进发。

此刻在马车驾驭座上,的确发生了一场争吵,因为歌德的仆人约翰内斯·根斯勒尔在离开卡尔斯巴德的回程路上,同车夫激烈殴打起来,导致马车不时无方向地陷于摇晃,几乎倾覆。歌德对待此事非常严肃。一天之后,他将被他视为过于粗暴、愚蠢、不讲理且暴躁的根斯勒尔交给耶拿的警察,并写道:因为在这次事件中,我发现自己由于愤怒和气恼,就要失去疗养的全部效用,而且处于以下状况,被迫进行一次不合适且不可饶恕的自救;由此我别无选择,只能在我到达耶拿时,把这个家伙送入军事监禁。也就是说,歌德暗示,他自己几乎要同他的仆人打起来。

这场不快仅暂时地分散了他对巨大的政治麻烦的注意力。事情如歌德担心的那样发生了。普鲁士放弃了其中立立场,向法国宣战,单打独斗,因为奥地利和俄国暂未表态。对歌德来说,这是过于疯狂大胆的举措。就是公爵也对普鲁士的单独行动感到惊讶,他宁愿发起一个反拿破仑同盟,但对家庭的忠诚要求他站在普鲁士一边。1806年9月17日,他同大家一道,随同普鲁士军队向法国宣战。歌德的同事福格特掌管政府事务,所以最了解战事的发展细节。歌德用以下文字向他请教:*最最衷心地感谢您——您愿意就外部形势给我一个明示,因为在情绪的巨大波动中,人们自己得费力保*

持平衡。回顾往事时,歌德关于在这几个星期担负政治重责的冷静的福格特这么写道:我当时与我忠实的且永远难忘的公务朋友兼大臣封·福格特进行了怎样充满忧虑的商谈,真的很难说清。政治上福格特与歌德想法类似:本该尽可能地保持中立,别把法国和拿破仑当成敌人。但事与愿违。战争已经降临。

如同以往,若外部形势紧张且面对最可怕的危险,歌德会深入他的自然科学研究。他在写作《色彩学》。晚上在蒂福尔特,在公爵母亲那里有音乐会。管弦乐队指挥胡梅尔在场,人们心情沉重地奏乐。从9月中旬起普鲁士军队驻扎在耶拿,歌德为霍恩罗厄-英格尔芬根伯爵,一支普鲁士步兵营的指挥官,清空了自己在旧宫殿里的房间。歌德勤勉地整理从卡尔斯巴德带回的花岗岩标本,将挑选出的一些石块寄给哥廷根的约翰·弗里德里希·布卢门巴赫教授,后者对此十分惊讶,因为歌德在此形势下显然没有其他更好的事可做。歌德还与正在写《精神现象学》尾章的黑格尔见了面,不顾后者令人扫兴的观点,进行哲学对话。一个普鲁士军官克里斯蒂安·封·马森巴赫上校将一份爱国主义小册子交付印刷。它开始于"拿破仑我爱你!",结束于"拿破仑我恨你!"这样的话。歌德因从信任他的小册子作者那里得到消息而大惊失色。他相信,这样无价值的东西,在法国军队进入时,必然给城市带来毁灭。无论如何必须阻止它发表。可歌德最终无奈地发现,他在同一个固执的作者打交道。但我始终也是个如此固执的公民……使得他(这个军官)最后让步了。一些教授和大学生担心地离开耶拿。人们藏起钱财和其他有价值的东西。为了替自己壮胆,有人吹起爱国主义的号角。有一次歌德在这样的场合完全不合时宜地朗诵了下面这首诗:我把我的事业建立在虚无之上!甚至维兰德也对歌德缺少爱国主义感到生气。还有,正好在魏玛做客的弗里德里希·根茨也对歌德的态度不满:"他是个有害的利己主义者和随遇而安者。"根茨后来这样写道:"我永远无法忘记,1806年耶拿战役两天之前,歌德秉持何种道德立场。"战役前夜,歌德还让人在剧院演出,节目单上是《街头演艺女范孔》。扮演女主角的歌唱演员玛丽安娜·安布罗施据说对歌德非常愤怒,大声叫道:"我们受到这个男人(歌德)折磨的情景,太可怕了。人们应该祈祷,而我们不得不出演喜剧。"

10月14日的战斗以普鲁士军队的惨败结束,但最后的交战一直延伸到魏玛东部的关隘。人们整天听见隆隆炮声。在弗劳恩普兰的住宅中,尽管如此,大家仍同往常一样共进午餐,但随后被不断迫近的炮声和"法国人来了!"的呼喊惊起。弗里德里希·威廉·里默尔,歌德的同事兼他儿子的家庭教师,相当准确地描绘了其后发生的事。歌德自己在日记中仅这样记下:晚上5点子弹飞过屋顶,6点半,轻装士兵进入。7点,大火洗劫可怕之夜。由于坚定和幸运,我们的家得以保存。

在这短短数语后面隐藏着的,也许是歌德迄至那时经历的最严酷考验。他的生存基点首次开始动摇。撇开他1792—1793年的战争经历不论,他至今一直成功地替自己创造出一种匀质的空间,一个通过他自己成形的个性光芒构建的世界。他有能力,或者远离或者在自己的世界里消化着干扰。魏玛附近的战役、洗劫,魏玛街道上的灾难——针对这些干扰,他已无法再捍卫自身。

事实上歌德也是幸运的,因为他在广场上碰到的一名法国轻骑兵军官,是他旧日情人丽莉·舍内曼的儿子。在这个封·蒂尔克海姆男爵帮助下,歌德将迎来最好的驻扎者米歇尔·内伊元帅及其随从。但元帅迟迟未到。所以晚上房子里冲进来了那些被称为"调羹近卫兵"的普通法国士兵,讨要吃喝,喧哗吵闹,要求见房子的主人。里默尔描述了之后的情景:"尽管他(歌德)已脱去外衣,身穿宽大的睡袍——就是那件被称为'先知袍'的睡袍,还是走下楼来,问他们想干什么……他那威严的、令人敬畏的身影,他那睿智的面容,使那些士兵也肃然起来。"但肃然没有持续多久。到了深夜,元帅一直没到,士兵们端着明晃晃的刺刀闯进主人的卧室。里默尔在次日早上才得知,歌德那时曾面临极度的危险。而歌德自己对此犹如因为感到羞辱而只字不提。里默尔是从别处得知这件事的。以后歌德也只是象征性地谈及此事,比如在12月中旬致公爵的信中,他写道:不过,我经历了某些苦难……还有某些心理的打击,只是事情眼下刚刚过去,以至于我无法描述。

在士兵骚扰步步进逼的情况下,克里斯蒂安娜表现得特别勇敢和果断。她大叫起来,将在歌德住宅中避难的几个壮汉召集到自己身边,把那些喝醉酒的全副武装的士兵赶出了歌德的卧室。克里斯蒂安娜也证明了自己掌控局势的必要能力,在危急时刻能让家里保持必要的秩序。相反,一家之主不时达到精神的极限。海因里希·福斯特描述说："在悲哀的日子里，歌德对我来说是一个最可怜的人；我看见他流泪，他叫道：'谁来拿走我的房子和庭院，让我能去向远方？'"他的生活地位真的岌岌可危，当拿破仑考虑彻底毁灭公国的时候，公国本身也命悬一线。歌德内心已对此有所准备，将来必须依靠作家稿酬和预付款生活了。在最糟糕的时刻，他致信科塔说，寄希望于后者的热心帮助。

歌德以何等的幸运躲过了灾难，这在以后的日子里得以体现。那是在了解其他人遭遇了什么之后。几栋房子遭焚毁，人们逃进森林，迈耶尔家门口停着一辆火药车，这个敏感的男人不得不整夜因担心爆炸而浑身颤抖。在赫尔德的遗孀家，因为士兵们什么都没找到，于是对手稿大发淫威。里德家的全部家具遭毁，只有一个五斗橱、一个银质茶壶幸免于难，天才的城市内库管理人守着他的公共钱箱。歌德对新来魏玛的约翰娜·叔本华这样说，这个男人在空屋里，周围散落着被撕碎的纸张，他自己坐在地上呆若木鸡，我从未见过比这更令人悲哀的场景……他看上去就像李尔王，只是李尔王疯了，而在这里整个世界都陷入疯狂……歌德年轻时代的一个熟人，画家克劳斯，整座房子及屋内保存的所有绘画珍品都被烧毁。这个绝望的老人不久死于之后的虐待。

对歌德来说，紧接着1806年秋的灾难的，是以下事件标志着其生命史的重大转折，主要体现在三个方面，一如古斯塔夫·赛布特发现的那样，歌德实施了"其个人生活环境的法律和社会的更新"。首先是财产关系。公爵虽然将弗劳恩普兰旁的房子送给了他，但这笔财产尚未脱离遗留的封建属性。公爵支付着地产税,由此拥有与田产相关的建筑权。于是歌德在一封致外出的公爵的信中,请求解除古老的约束,能在一种清晰的公民的意义上拥有房子。经过这么些天头顶的晃动和倾覆的危险之后,一旦我们脚下的明确的财产基础被夯实,对我和我家人来说将会是个节日。在接下来的信中,歌德才说出了同样涉及其生活环境的资产变化的消息:在此期间,他与克里斯蒂安娜·符尔皮乌斯正式结婚了。不仅仅因为这个决定涉及宫廷和魏玛上流社会,而且作为朋友,歌德确实也该让公爵知情。他也许已经意识到这一点,这可以自他1806年12月25日致公爵的信中通告完婚的巧妙方式上看出。他祝贺公爵的情人、女演员卡罗利妮·亚格曼为公爵生下一个儿子。然后转向自己那至今的非婚生子奥古斯特,完成了一个漂亮的过渡。他一直表现良好,殿下,我可以从远方许诺这一点,在最最不安的时刻,以一根法律的纽带连接起他的父亲和母亲,而这是他很长久以来理应得到的。一旦旧日的纽带变得松散,人们会被要求返回家庭,而现在人们恰恰喜欢内视。

婚礼是临时决定的,也近乎匆忙地举行了。刚刚度过最初的糟糕日子,歌德在10月17日致信宫廷牧师君特:一个早已有的打算最近几个日夜里在我心中成熟;我要将为我做了这么多、同我一起经历了这些考验时刻的小女友,完全地且在法典上承认为我的妻子。婚礼应该尽快,而且尽可能不事声张地举行——婚礼在两天后举办了,儿子和里默尔是婚礼证人。忠实的福格特在后方为加速官方程序操心。没有婚礼庆祝。歌德在同一天还来到宫廷,当然没带克里斯蒂安娜。

他在那里主要同法国军官打交道，因为魏玛现在正式接受法国的军事管制。他只有一次带着克里斯蒂安娜进行社交活动，那是参加之前不久迁居魏玛的约翰娜·叔本华举办的一次茶聚。她这样写信给自己的儿子阿图尔，歌德"向我介绍他的妻子，我接待了她，装作不知道她以前是谁。我想，倘若歌德将自己的姓给她，我们就也能请她喝茶"。这种豁达将给她新近建立的沙龙带来好处，由于歌德愿意在那里出现，他会吸引其他人。歌德在此通常显得快活，会坐在一个角落里画画、朗读、诵咏，不时地怂恿女士们一起歌唱。约翰娜骄傲地将这一切告诉儿子阿图尔。而他对此十分羡慕，也许不怎么羡慕合唱，但羡慕他非常愿意聆听的歌德的演说。

也就是说，歌德现在已婚。在致朋友和熟人的信中，他清算了挺过的糟糕日子，但对结婚只字不提。但报纸忙不迭地对此报道，时而带着挖苦和讥讽。在发行量较大的《总汇报》中，在1806年11月24日这天，人们可以读到："歌德在战争的隆隆炮声中和他多年的女管家符尔皮乌斯小姐举行了婚礼。许多人都抽了空签，而只有她一人中了彩。"这惹火了歌德。他给他的出版人、出版这份报纸的科塔，写了一封毫不客气的长信，但没寄出，代之以一封短信，说自己感觉受到非常不礼貌和不公正的对待。他不想同科塔决裂，因为他已经同他约定下一部报酬十分丰厚的作品的出版。这封短信因此以非常恳切的言辞结束：请您感觉一下我们关系整体中的美好，结束这种会很快葬送互相信任的有失体面的闲言碎语。

在旧秩序崩溃的时刻,被颠覆的,除去财产,还有婚礼,以及作为作家的一种新的自我理解。歌德现在比以前更强烈地显示其坚定的专业性。在我们不得不为一切担心的最糟之时,失去稿纸,是让我最感到难以忍受的恐惧,而从此时起,只要可能,我就将其送出付印。从此刻起,他真的更加毫不犹豫地将手稿交给出版人。他将《色彩学》交付出版,尽管它完全没有写完。他把在《威廉·迈斯特的漫游时代》框架中设计的《亲合力》作为中篇取出,对他来说几乎是匆忙的作为小说出版了,在此前,这几乎是不可能的事。

看到歌德如此快速地适应新环境,人们感到相当惊讶。对爱国主义者和拿破仑的反对者来说,这种速度绝对太快。歌德让他们生气了,因为他在谈话中说,被一个更伟大的对手战胜,只有那幼稚的自私自利的执拗者,才不愿正视这一点。人们以为得之于古代的自由意识和祖国之爱,在大多数人那里成为面具。他对里默尔这样说。而后者仔细地将它记下。还有关于教授的骄傲的蔑视的见解,歌德认为这彻头彻尾是可笑的,因为它纯粹是从书本上得来的某种东西。较之在毫无结果的反对立场中消耗自己,更该做的是,以最最热心的方式,保护至今为止我们文学中未被触及的智慧女神像。人们在此可以做些什么,阻止点儿什么,让这个眼下掌握德国命运的人,不失去我们已通过一种更高的精神优势从他那里夺得的尊敬。

人们确实依赖拿破仑的尊敬,因为魏玛的命运岌岌可危。公爵站到了普鲁士一边,这让拿破仑十分生气,事实上他想为此惩罚公爵。但拿破仑最终消除了瓜分魏玛的领土和完全消灭公国的意图，也许首先是因为顾及公爵与沙皇的亲戚关系，后者的妹妹是卡尔·奥古斯特的儿媳。拿破仑此刻还不想惹恼沙皇。

所以，1807年2月公爵返回，重新掌管魏玛政府。魏玛现在属于莱茵联邦，处于法国的监管之下。公国被征收高达两万法郎的占领税。福格特提出异议，指出公国每年仅有可怜的十五万法郎的收入。起先没有任何协商余地。魏玛的公使（以后的总理）约翰内斯·米勒强调公国科学及文学方面的成就也无济于事。歌德希望，魏玛文化及其精神优势或许能让胜利者不得不表示尊敬，但仅在以下方面得到实现，即在法国军官和拿破仑那里，维兰德和歌德享有一定的声誉。但这丝毫不能改变公国被强加的负担和责任。

公爵带着内心的保留，尝试适应环境。在他家，他定期将其枢密顾问置入危机情绪，也在卡尔斯巴德或者马林巴德度假时的轻松气氛中，把对拿破仑的挖苦拿来助兴。歌德此时完全认可了新的环境。他愿意为了和平的缘故，承认拿破仑的霸权。在同里默尔的谈话中，他解释：要是保罗使徒说，承认当权者，因为它是上帝的秩序，这就表达出一种骇人的文化……一种准则——若它能防止一切被征服和现在被关注者，做出一切任意的和不恰当的、会导致其自身毁灭的行为。

人们应该顺从，而不应该用无效的反对立场消耗自己，尤其对文化的发展来说，这是最佳选择。这也让歌德与爱国主义者针锋相对，而在拿破仑统治时期，后者的数量在德国上流社会不断增长。在1807年7月27日致策尔特的信中，有针对这些人的生硬话语：要是有人抱怨他和他周围人遭受的苦难，以及他失去了且担心失去什么，我会同情地倾听……要是人们悲叹据说已经失去的，但在德国没人见过的，更不用说为此操心过的一种整体，我就不得不掩盖我的不耐烦，以便不……表现为自私自利者。几句话后，歌德解释，他如何理解个体与整体的关系。对他来说，一切取决于个体能否在其中发展自身的特性。倘若有人过分地认同一种政治的整体，就会陷入集体主义的危险。在歌德看来，这针对的是新近萌发的民族运动。旧日的德国缺少一种政治的统一，他甚至觉得这种特点有积极意义。德国……在其旧宪法中允许个体尽可能培养自身，允许每个人根据他的方式任意地做正确之事，不需要整体在此证明一种特殊的参与，这是一种优势。这种面对个体而对整体之较高等级的漠不关心，也可被理解为机会——只要人们在这种较高等级的漠不关心的阴影中生存，一切就取决于人们为了自身的缘故对自己做了什么。这是歌德保守的自由主义。作为文化公民，他不想受到那种可疑的整体的干扰，而爱国主义者们却热心于此。他与这种整体保持距离，因为文化和科学有一种不同于政治的整体。作为国家公民，甚至作为国家公仆，他当然愿意给予国家所要的东西，但也仅止于此。

歌德眼下在无比强大的拿破仑形象中与之打交道的这个新整体，现在开始以超越政治的方式吸引他。1807年年初在致克内贝尔的一封信中，他称拿破仑为历史中可能处在这个如此高耸，甚至过度文明化的民族之巅的最高级现象。

眼看拿破仑彗星般地上升，欧洲屏住了呼吸。一个强大的自我高耸于世界历史之上，这近乎不可思议。在德国的理想主义哲学，尤其在赋予自我一个关键角色的费希特那里，缺少那种划时代的、远在天边又近在咫尺的拿破仑的自我，确实令人无法想象。因为拿破仑对欧洲的征服和掠夺式的进军，渗透到德国许多人的日常生活中。拿破仑远非仅是一种政治现实，他在世时已是一个神话。这既与他获得的惊羡，也同他受到的憎恶有关。一些人视他为世界精神的体现，另一些人视他为一个恶魔，一个来自地狱的怪胎。但每个人都生动地察觉一种权力，它并非通过传统和习俗被神圣化，而归功于一种神授的超凡能力的个性。拿破仑的飞黄腾达是出自虚无的政治发迹的显赫例证。旧政权的代表们视他为一个骗子，即使当他们被他战胜后。伴随着拿破仑的发迹，精神的欧洲同时受到动物磁力学、梦游症和催眠术流行的蛊惑，这并非偶然。拿破仑表现为最伟大的催眠大师，掌控着支配无意识的权力。他颠倒上下，翻转内外。在此意义上，歌德称拿破仑是普罗米修斯，他给人类掌上一盏灯，照亮一些平时被遮蔽之物。他让每个人注意自身。

拿破仑自己注意到歌德的时刻来到了。1806年10月16日，当魏玛的枢密顾问必须觐见拿破仑的时候，歌德告了病假。两年之后，在1808年9月27日和10月14日之间，拿破仑将欧洲诸侯召集到埃尔福特开会，而公爵希望歌德也到场，以便能在社交活动中借助他而引人注意。这时拿破仑对他进行了一次召见。歌德也许于9月30日，在让·拉辛的悲剧《布里塔尼库斯》上演的时候，首次见到皇帝。那是应拿破仑的指令，由法国悲剧院为欧洲君王们表演的。著名的塔尔马扮演尼禄。难道这有所指涉?无论如何,是拿破仑自己挑选了要演的剧本。这个大会准备充分,令人印象深刻地展示了拿破仑那如日中天的权力,尤其面对或要被争取或要受恐吓的俄国沙皇亚历山大。《尼禄》一剧上演的两天后,即在10月2日,一个星期天,歌德受到召见。

歌德自己对此没公开发表任何记载。在《四季笔记》中,他仅留下这样的记录:埃尔福特的大会意义如此重大,而这个阶段对我的状况的影响如此重要,以至于需要对这短短几天有一特殊描述。但这个描述并未完成,仅留下两处笔记,以后由艾克曼总结出。即使在《谈话》中,歌德也没透露多少东西,他只做出意味深长的立刻受到传布的暗示。它们也被卡尔·弗里德里希·封·赖因哈德读到。他是带有施瓦本血统的法国外交家,歌德一年前和他互称朋友。他在11月24日致信歌德:"据传皇帝曾对您说:您是个人物(Voilà un homme!)!我相信这一点,因为他有能力感觉和说出这一点。"对此歌德回答:皇帝这句用来接见我的妙语,也传到您那里了!由此您可以看出,我是个地地道道的无神论者,将戴刺冠的耶稣像在相反的意义上用到了自己身上。

拿破仑的这句话果真有如此强调的意味,或者是不经意说出的,这点不完全清楚。歌德的一篇未刊笔记,更倾向后者。在那里,皇帝招呼歌德走进,说了"你们这些人"(vous êtes un homme),而这根本无须得到如此强调的理解:事实上同时有多人受到召见,那里人来人往。拿破仑用着早餐,非常忙碌,大概还在处理政务。达鲁和塔莱朗德也在场。根据歌德的描述,谈话始于歌德翻译的伏尔泰的剧本

《穆罕默德》。皇帝说，这不是一部好剧本，因为伏尔泰将一个征服世界者搬上舞台，而对自己做出一个如此不利的描绘。然后拿破仑将话题转到《维特》，一如歌德所述，对此他一定仔仔细细地研究过。他立刻证实了这点，在细节上指出小说中一个值得批评的地方，并问：您为何这样写？这样处理不自然。歌德表现得非常放松，露出愉快的微笑，回答说，皇帝说得有道理，不过还请原谅一个诗人，倘若他使用一个不怎么容易发现的艺术手段。

关于谈话的这个观点，歌德口头上做出了一些表述，所以有人想知道，拿破仑在细节上究竟批评了什么。但歌德没透露这一点。他也让艾克曼去猜想，而后者也劳而无获。也许歌德对威廉·封·洪堡说过什么，在洪堡致妻子的一封信中说，也许是以不一致的方式将真实的故事与虚构拼接在一处。这更符合歌德使用的艺术手段的表达，而非米勒总理猜测的那样。他认为拿破仑批评了爱情狂热与受挫的职业荣誉之间的联系。艺术手段指涉某种技术的东西，比如一个叙述者或者出版人就其主人公告诉别人，他其实根本无法知道的事。而《维特》中确实存在这样的地方。

《维特》之后，谈话回到戏剧。拿破仑不喜欢时髦的命运剧。显然在此讨论中，拿破仑发表过著名的见解：现在人们要命运有什么用……政治就是命运。之后拿破仑有一阵子转向别人，而歌德也就有机会在权力的中心思考自己，回忆往事了，因为在埃尔福特首府的这个房子里，他曾和席勒以及神父助理达尔贝格一起度过快乐时光。然后拿破仑再次转向歌德，询问他个人的事情；他打听了关于公国和公爵的一些事。这可能是拿破仑此时此刻的主要关切。但在歌德的记录中，这点仅被一笔带过。接着据说是对其赞辞表达之多样性的敬佩之言。歌德也许感觉受到了拿破仑的至高肯定。他带着这种感觉返回魏玛。

但他还有两次机会同拿破仑说话，因为在诸侯大会之后，拿破仑对公国进行过一次访问。但有准确的记录，拿破仑这次与维兰德的说话时间要长于歌德。维兰德和歌德两人同时在1808年10月14日被授予荣誉勋章。

12月初歌德致信科塔：我很愿意承认，在我一生中，还未曾遇到比以此方式面见法国皇帝更崇高和更喜人之事了。略去深入会谈的细节，我可以这么讲，还从未有过一个比他职位更高的人这样接纳我。他带着特殊的信任，请允许我使用这样表达，平等地对待我，并且毫不讳言，我的本性与他相称……这让我在这特殊时段里至少获得个人的安慰，知道不管我在什么地方与他重逢，我都将把他当作我友好且仁慈的主人。

出版人科塔本来想从歌德那里得到一些关于文学创作之进展的消息，却收到这样的通告：可以遗憾地预测，由于这些事件，所有的文学创作及其他的全部事务都将中断。我会尝试重新续接这些事务，可无法一蹴而就。

第二十七章

《潘多拉》或者歌德的双重面具:勤奋的普罗米修斯和梦幻的厄庇墨透斯。完成《色彩学》。论光的传递和受阻。反对牛顿。赞扬直观性。自然作为生命感觉和研究对象。与叔本华会面。喜欢当老师的学生。

同拿破仑见面后没继续写下去的剧本,是歌德于1807年11月和12月开始创作的《潘多拉》。这项工作一直让他在卡尔斯巴德忙到1808年,然后中断。他称此为一部有些费解的小作品,但还是将其交付印刷了,尽管它尚不完整。他建议让人大声朗读剧本,以便使它获得某些效果。他受到维也纳的杂志《普罗米修斯》的启发,写了一个剧本。曾两次激发他进行改编的普罗米修斯母题,这次将再次扮演一个角色。不过,这次普罗米修斯不再是个大胆且执拗地反抗宙斯的人类塑造者,而是可靠干练的范例,对勇敢勤劳的人民来说是一种鼓舞。这个普罗米修斯要求得到有利于其事业的支持,与他的兄弟——一个沉湎于梦幻和回忆,悲哀地怀念他消失的情人潘多拉,并希望她归来的厄庇墨透斯不同。歌德并未坚持潘多拉的神话故事,相反从中改编出某种独特的东西。

在他的剧本里，潘多拉打开的盒子装的不是灾难，而是迷人又美貌的骗人图像，而受此迷惑的，恰恰就是厄庇墨透斯。他就这样成为入迷者，狂热地在回忆中折磨自己，但同时也成为诗人的保护神。与他相对的，普罗米修斯作为现实原则的铁定代表出现。在他的护佑下，农夫和牧人的工具被生产出来，但武器也被生产了出来。普罗米修斯指挥着战争的工场和手艺。在他的随从中响起一首歌，而歌德在魏玛遭劫时获得的最新印象也被编入其中：如此大胆地／来到世界，／我们得到的，／成为我们的。／有人要它，／我们就阻止；／有人拥有什么，／我们将它消耗。／有人拥有足够的／但还要更多；／野蛮的队伍／掏空一切。／这时有人开始打包！／房屋烧起，／人们收拾东西／跑到屋外。

普罗米修斯和厄庇墨透斯的设定在背景中取得了高雅的效果，占据前台的是错综复杂的情节。厄庇墨透斯的一个女儿厄庇墨莱阿爱上了普罗米修斯的儿子菲勒罗斯。菲勒罗斯从父亲那里继承了工作欲望，但没有继承他的深思熟虑。他相信自己有理由嫉妒，几乎杀死了所谓的竞争对手以及自己的爱人。愤怒的父亲判决儿子死刑：他被判处从岩石上跃入大海。但从海里腾身而起的女神厄洛斯救了他和他的情人。

剧本尚未完全展开，和解的结尾就出人意料地快速来到。歌德显然有些不耐烦了，想摆脱此剧。对于续篇《潘多拉的返回》，只留下几段笔记。诗歌精神——将过去转变成一幅图像的才能——和有用工作的伦理之间的对立，将会变得更加尖锐。

在神话舞台上，在既充满危险又让人着迷地升腾而起的普罗米修斯时代之后,人们预感到的是拿破仑的图像。当下的统领精神是政治的、现实的、有用的,但诗是可疑的,它虽然可爱,却让人麻痹,甚至可能是多余的。无论如何,潘多拉及出自其盒子的"快活的空中诞生"暂时不会重返。歌德中断了剧本。1811年6月11日他致信策尔特:可惜我觉得自己……就像一根双头神首柱,其中一个面具像普罗米修斯,另一个像厄庇墨透斯,没人会因为两个面具而……展颜微笑。普罗米修斯和厄庇墨透斯之间的争论,一直没有调和。另一件工作放在手头,要求有个收束:《色彩学》。

歌德从近二十年前开始记录自己的观察并进行小规模实验,包含有关手稿、色板和笔记的文件夹,不断膨胀。除了18世纪90年代发表的两篇短稿,他未发表过其他文章。他让人制作了一个能装下所有东西的大纸袋。他同席勒有过一些讨论,而这有助于他整理材料。1798年年初,席勒写信给他,谈论的究竟是光线及其效果,抑或是眼睛的固有特性,这点一直不清楚。由此他促使歌德一方面区分生理的(涉及眼睛的固有特性)色彩,另一方面区分物理和化学的色彩,亦即区分主观的和客观的色彩。

一旦遇到外部的混乱或者内心的不安,歌德就会逃入他的色彩学研究中。在法国的战场上,他记下自己的有关观察,在1793年被困美因茨时也是同样。他常常习惯于这样说,自然那奇妙的结果有让人平静之效。随着时间的推移,收集材料大幅增加,以至于他在1803年最后进行一次总清理,销毁了重复和无用之物。若想最终找出金属,不能善待残渣,他对席勒这样写道。席勒鼓励他最终将《色彩学》

公之于世。席勒去世后,歌德开始将部分手稿交付出版,尽管整体尚未完成。他欲给自己加压。现在提醒拖沓的作者,是耶拿出版商弗罗曼吃力不讨好的任务。歌德致信席勒说,除了从色彩学那里获得解放,他别无任何其他愿望。当1810年5月16日《色彩学》带着插图以两册八开本和一册四开本的形式出版时,这是歌德的解放日——在《四季笔记》中回顾往事,他以讥讽的语调写道——因为那被官方称为"解放日"的、以后对拿破仑的胜利,对他来说无法被视为一种解放。当爱国主义的激情在他身边燃起时,歌德投身于他关于光亮、黑暗和两者之混合的原始现象的平静观察。而这种混合是:混浊,它在我们眼前显为色彩。

歌德的色彩学的主要思想鲜明地反对牛顿的色彩理论,他认为:色彩并不如牛顿所说包含在光中,也不能通过折射被显现为光谱色。歌德说,光无法包含任何比它自身更暗的东西。色彩就是由此产生的,若光撞上黑暗,与之混合,或者光渗入一个较暗的媒介中。紧靠光产生黄色:它是蒙上阴影的光。紧靠黑暗形成蓝色:它是被照亮的黑暗。蓝色和黄色这两种基本色彩的混合,产生绿色。人们就这样最初获得这个彩色三角:蓝色、黄色和作为底下尖角的绿色。色相环的完整秩序这样才得以形成,倘若蓝色和黄色这两种基本色通过黑暗的继续掺和发生形变,在歌德那里叫作升华:这样蓝色就成为紫色,黄色就成为橙色;来自紫色和橙色的升华在红色中相遇。也就是说,人们拥有基本色的两极:黄色和蓝色,然后是向着红色及其混合方向绿色的升华。通过两极和升华的颜色圈就这样闭合:左蓝右黄,上红下绿,中间是过渡色,比如黄绿、棕色、淡红等。总有来自基本色的阴影投射或者照亮,以及重叠和混合插手其间。无论如何,基本准则必须坚持:光是一种原始现象,它无法被再次分解和归溯到任何其他东西上。不过,光自身究竟是什么,这个对其本质和实体的追问,其实不令歌德感兴趣。为什么?因为他几乎在现代科学的意义上从不研究一件事物的本质,而只研究其作用。为什么偏偏是这样?因为他认为,关于某些东西的本质,我们原则上一无所知,只知道它在起效,最终说来是对我们起效。这些作用的地点是我们的感官和精神印象的整体,而且不仅在个体上,还在多样的视角和经验之交换和调整中。个体的人是把握他所遇之自然的一个生物体,但人类整体上无论如何以潜在的方式,也是理解这个自身及外部自然的一个大生物体。在致席勒的一封信里,歌德有一次写道,自然灵巧地隐藏自身,途径是不让人产生共识。倘若共识成为可能,人类真的会统一为一个认识主体,一切纱巾将会掉落,自然于我们而言,犹如一本打开的书,可它现在尚非如此。虽然我们还无法概观和理解整个文本,但我们已能阅读。但阅读自然之书意味着:记录它对我们的作用,细化对它的感知,增强判断力,建立自然与人互相作用的联系,如此等等。我们的现实,总体上就是自然对我们的以上作用。但人们无法超越其范围,歌德在《色彩学》的前言中业已这样强调:因为一个事物的本质无法表达,我们这样做其实是徒劳的。我们察觉其作用,而这类作用的一部完整的历史,或许包含那个事物的本质。

所以歌德在其《色彩学》中不讨论光的所谓本质,而研究它与阻碍、突破和模糊的要素相互映照时产生的作用。色彩从这种映照中产生。《色彩学》的主题,也就不是光的本质,而是它的作用,或者一如歌德在前言中所强调的:光的传递,以及传递和受阻。歌德通过拒绝对本质的询问而局限于作用世界,放弃了形而上学的推想:如此奇观!不过!仅是一个奇观!……地灵啊,你离我更近,《浮士德》中这么说。新柏拉图主义的理念世界在这个伟大的开场独白中被挥别。浮士德请教的地灵,虽然强大无比,但也处在正确轨迹上——那是接地作用的轨迹——而他自己为了新的效用而解放自身。为什么靡菲斯特必须出手相助,这个问题我们以后还会讨论。

局限于作用世界,这在歌德那里表现为拒绝形而上学的推想。但被拒绝的,还有脱离直观领域的诱惑。也就是说,对现实之首先是形而上学的、然后是数学的挥发提出异议。这种观念一方面反对值得尊敬的柏拉图传统,另一方面反对由牛顿推动的、消失在非直观中的自然科学的精神。歌德那个时代还无法预料,人们能以何种巨大的能量,从他们在现代为自己构思出的非直观出发,强力地返回直观的现实。不过歌德也许非常清楚,在他看来,一种非直观的行动会变得缺少根基,无法预料,肆无忌惮,迷失方向,然后是道德上的堕落。他预感到面对自己的产品和诡计而产生的普罗米修斯式羞愧,那种人们无法继续忍受自己能启动一切的羞愧。

歌德起先根本没想与牛顿展开论争。这种转折形成于他在《色彩学》"历史部分"描绘某种原始景象的时候。那是在1790年。一个学者,宫廷参事克里斯蒂安·威廉·比特纳，将棱镜借给他。歌德没用，就想还给他。在随后一刻，他还是打开了仪器，透过镜片望向白色的墙壁。这时他恍然大悟。犹如奥古斯丁对其皈依经历的描写，那时他听从召唤："拿去读吧！" 奥古斯丁是阅读《圣经》，歌德这里却是透过棱镜的目光：我将棱镜拿到眼前，想着牛顿的理论，等待着整片白墙以不同的层次变色，会见到从那里返回眼睛的光线，会碎成无数彩光。但让我无比惊讶的是，透过棱镜注视的白墙依旧是白的，只有那沾上一块暗点的地方，展现出一种或多或少起主导作用的颜色……无须长久思考我就认识到，为了创造色彩，必须有个边界，我立刻出自本能地独自大声喊出，牛顿的学说错了！

歌德无法摆脱这次的亲眼所见。他在《色彩学》的"论争部分"讥讽地说明，既无人成功地将彩色光线重新统一于白色，也没人能用彩色粒子凑成某种白色。在牛顿依旧对此尝试的地方，据说发现了某些东西，老鼠色，灰尘色，某种石头色或者看上去犹如灰浆、尘土，或者大街污秽和诸如此类的东西。有人会希望，他继续说，所有牛顿学者必须穿上这种灰色的内衣裤，以便人们能就这个标记将他们与其他理性之人区分开。

也就是说，白色不是综合，而是一切综合的开端。白色是与另一个原始力——黑暗一起的原始。从这个两极中产生出混浊、混合、升华，即整个色彩世界。所以我们之间是如此的多彩多姿。

对歌德来说，颜色开拓了一条理解人类基本心理状态的道路。在《色彩学》的文本中，他的表达相当克制，比如在

§920中他说：但我们最好还是，别在最后将自己置身于狂想的嫌疑中。在以后的反思中，歌德表达得更清楚。比如1807年5月26日，他在日记中写道：爱和恨，希望和恐惧，也仅是我们不透明的内心之有差异的状态，通过这些，精神或者望向光明面，或者望向黑暗面。倘若我们根据光明望入不透明的内心，我们就有了爱和希望；倘若我们望向黑暗，我们就有了憎恶和恐惧。

因为《色彩学》对整体和基本原则提出了要求，刚和拿破仑见过面的歌德，喜欢将自己与伟大的皇帝做比较。正如后者踏上并照亮法国革命的阴暗大地，他也获得一项更加暗淡的遗产，即他必须阐明牛顿学说的谬误——后来面对艾克曼时歌德这样表述。同拿破仑一样，他在此也得奋力拼搏，以后还为自己以此进行工作的斗争精神辩解。在《色彩学》的前言中，也有这样好斗的言语：就是说，这里谈的不是一种漫长的围困或者一种无望的武力自卫。相反，我们认为世界那第八奇迹（牛顿的色彩学）已是一种荒芜的、摇摇欲坠的古董，并马上开始从山墙和屋顶往下毫不踌躇地将其拆除，以便阳光最终射入这老鼠和猫头鹰的老巢。

歌德自视为——也将自己扮成——反对现代科学中蒙昧者的光的捍卫者：我认出了光的纯粹和真实。他对艾克曼说，为此进行论争，我认为这是我的责任。但我十分严肃地对待那个使光变得昏暗的派别，因为它断言：暗影是光的一部分。

今天的自然科学或许会承认歌德在生理学上对色彩的观察的贡献，尤其是对所谓"后像"的发现。一旦某种颜色被展现给眼睛，眼睛的独特性就会唤醒与色彩学原理相符的互补的颜色：黄色唤醒紫色，橙色唤醒蓝色，紫红色唤醒绿色。实验很容易进行：人们若是长久地注视有关颜色，接着将目光移向一片白色，瞬间就会产生补充色。这些现象意义重大，它让我们注意视觉法则……眼睛在此完全独特地要求全部，并将色彩收入自身。

色彩视觉的主体观点依据一种丰富的细微观察得到阐释，直达色彩的细微作用。这类观察准确地说涉及色彩现象，也就是说涉及色彩之显现的作用。歌德完全希望这样理解关于自然的科学：以现象学的方式。他也这样从事现象学研究。只是人们不该在现象后面寻找任何东西，现象自身就是学说。他的一句箴言这么说。在此人们应该小心理论的结构，它们会扭曲对现实的目光。人们应该带着开放的感官，让现象作用于自身。理论通常是一种不耐烦的、喜欢摆脱现象的知性的匆忙。作为自然生灵的人，为了能成为自然认识的一个器官，当然得让自己进入最佳状态；在这条路上，自然认识是自然的自我认识，自然在人身上睁开眼睛，发觉它是什么，认识到它是什么。对此人必须让自己进入的最佳状态，对歌德来说不意味着人工机械的协助——尽管他很喜欢使用棱镜和望远镜——而意味着：观察的仔细、训练有素的感官和准确的回忆，以便能进行比较；判断力和经验交流；最后还有对秘密的敬畏。思考着的人之最美妙的幸福，另一条箴言这么说，是已探究过可探究者，并且平静地敬仰这可探究者。

歌德的自然研究处于直观领域，局限于可以直观的东西。歌德更喜欢形态学和类型学的观察方式。形态学探寻形态序列及其过渡和发展形式的关联，亦即探寻"此"如何从

"彼"中发展出来；类型学探寻秩序、类型的排列、它们的类似和差别，还有混合及联系的形式。

对歌德来说，以现象学的方式去把握和描述，认识的工作其实就已经完成，尽管仅是暂时的完成；因为我们在生活和认识中要观测的范围，就整体来讲一直是受限且有分寸的——也就是暂时的。但在这个范围之内，就我们以自己的感官接受之物而言，可以得到真理价值。换言之，歌德坚持一种我们在此不会失去听觉和视觉的科学。他以一种个性化的整体类型为准，而这是一种不被理解为处在自然事物之后，而是处在自然中的理论结构的整体。正如每个人就自身来讲都是一种整体，比如眼睛在见到颜色时，从自身出发补充整个色彩范围的全体，比如一切都追求这种整体并对此作答，那么每个个体在自然中也显现为就其自身而言的一个整体。在利多的沙滩上，歌德一眼看到一种奇特的海洋动物，惊叫出声：这个可爱而美好的东西是一种何等的生命体！与它的形态多么般配，多么真实，多么泰然自若！歌德委身于自然，以及他进行自然研究的方式，被导入他自身的中心，以及他对世界的理解。

让我们简略回溯。在"狂飙突进"时代，自然对他意味着主体和感情之强烈专横的化身。自然在卢梭的意义上是相对于传统和社会的规范的活力。涉及这个主体自然之自由无羁的迸涌。在此可能出现冲突。自然那自发性的涌流，可能在社会的现实上撞击飞溅。也就是说，自然首先是人身上创造性的自然，所以那自由喷涌的诗完全是自然而非其粗劣的制品。作为外部的自然，它也被等同于自然自身，是人从内部体知的自然：富创造性的、野蛮的、丰富的。

随着承担起官职的义务，随着接受社会的责任，随着生活的客观化，现在自然作为客观的权力更强烈地进入歌德的视野。这个如此喜欢跟随其内心自然的天才诗人，开始进入现实原则的学校。由此对自然的兴趣也有所变化。1777年冬在哈尔茨山之旅中，歌德虽然也处在探究自身的途中，但表面上他还是想探究那里的矿山。事关两者，与自己创造性的自然重新相遇，以及从外部自然获益的工作。引人注目的是：在动身去意大利之前的几年，矿物世界，即石化的自然，对歌德越来越有吸引力。此事的标志，即平时于他意味着僵化且无生命的东西，眼下正不幸地向他靠近。因此他必须解放自己。在可能的冲突变得尖锐之前，他躲开身子。在意大利，他通过南方的生活享受和艺术，在现实意义和诗学之间重获一种平衡。而在艺术中，外部的生命不会在内部，而内部的生命也不会在外部那里受损。这种为了和谐的搏斗可以在《塔索》中见到。歌德构思这个剧本的时候，尚未找到世界和诗学之间的平衡的中间音，直到从意大利返回后，他才能够结束剧本的写作。塔索虽然依旧是于其环境中受难的诗人，但现实在安东尼奥这个人物中同样获其权力。作者歌德由此超越其人物，他一方面是塔索，是诗人，但他同时也是世俗之人安东尼奥。他想将世界关系的两方面——诗歌的和现实的——都集合在他的人物中。

歌德想把时代那强大的、倾向于拆散的东西集合并联系起来：分析的知性和创造性的幻想，抽象的概念和感性的直观，艺术的实验和体验的经历及数学的算计和直觉。

在诗学和自然科学的紧张关系中,歌德要替诗学保持其真理领域中的居住权。这个柔弱的帝国,不该被现代科学那粗暴、无情且实际上已大获全胜的行进程序剔除。但在他相信必须坚持到底的抵抗战斗中,他不愿成为在反抗世俗的斗争中一开始就注定失败的塔索。他不愿捍卫针对科学的边界,相反,他想把诗学的精神置入科学。他想对一种划时代地走向现代化的科学就其自身领地上的权力要求来提出挑战。他不想抵抗,而想以自己的现象学方式来攻入对手的心脏。此刻他让自己听凭个体理想的引导。认识到应该让自己与人那形态多样的努力及其天资的协调成为一体,感性和理性、幻想力和知性应该共同起作用。天资其实处在一种原始的平衡中。使用感知的替代物,比如一架望远镜或者显微镜,虽能有所发现,但他外部的感官与他内在的判断力由此就会失去平衡。

歌德在此预感到某些在现代媒体时代才被完整展开的东西,及其反应方式的不合适,倘若远近关系由于人工手段而变得混乱。比如遥不可及的危险,被媒介当下化后,会被经历为近在咫尺的恐怖。为了确证事件的距离,歌德在阅读报纸之前,会将它们放上一阵子。对他来说,仅抽象地认识到那相互远离的生活圈具有一种同时性,这点毋庸置疑。人们生活在不同的时代里——即使人们生活在不同的地方;人们了解的远处的事情,它们总是已经过去——倘若有关消息很晚才到达。歌德对我们今天业已习惯的固有领域的界限的消失,提出了警告。

一个物理学家送给歌德一台贵重又先进的偏振设备,适合验证牛顿关于色彩形成的理论,因为它能将光分解为光谱色。歌德执拗地拒绝使用这台设备,犹如两百年前神圣的宗教法庭驳斥伽利略的望远镜。歌德通常拒绝借助一种感知替代物,而非使用我们健康的感官所能获得的关于自然的情况。他解释说,人的普通感官是能够存在的最伟大且最精确的物理设备。不过,如前所述,倘若他觉得适合,他也的确会使用设备,以便观察微观或者宏观的关系,大概他也会以聪明和利于生活的方式利用现代交际手段。

1810年5月,歌德伟大的《色彩学》著作出版。几个星期和几个月之后,除了朋友和熟人们充满敬意的鼓掌声,没有值得一提的反响。歌德带着不断增长的愤怒关注此事。这一工程持续了二十年,可公众的反响如同仅有一只老鼠问世。几名画家,特别是菲利普·奥托·伦格,受到刺激,但科学界挥手拒绝。"外行们发现不了任何新东西。"《戈塔学者报》这么写道。在文学的公众领域,人们为多余的离题感到惋惜,而在政界人们有着其他的担心——有人指责歌德为何不转向时代的热门问题。歌德觉得这一切都是一种沉默的密谋。

当然没人抵制出版此书。出版人还表示出特别的热情,尽管他担心在这本装帧精美且昂贵的著作上会损失一些钱。但事情并非如此。此书特别适合图书馆馆藏。但歌德尤其在意的科学界的成功,并未如期而至。或许,如前所述,关于色彩的生理学方面的章节获得了某些认同。歌德想将诗学的精神置入科学。但人们以对他来说并不舒服的方式,将他的《色彩学》视为一份审美的而非科学经验的文献。人们可能觉得这本论著充满思想,写得很好,深邃丰富,可惜它无论如何在科学意义上错过了真理。这就是评判。人们并没有像几十年之后自然科学的大教授埃米尔·迪·鲍里斯-雷蒙德那样不客气地批评。他称歌德的《色彩学》为"一名自学的外行之胎死腹中的游戏"——自然科学领域人们真的这么想。歌德对此非常气恼,以至于他固执地贬低自己诗学的贡献,以便提高自己自然科学的贡献。对我作为诗人所做的一切……我根本没有任何非分之想。与我同时有杰出的诗人在世,我之前也有更杰出者,而我身后还将出现。但在我的世纪里,在色彩学那困难的学科里,我是唯一一个知情达理者,为此我付出了巨大的努力,所以我对许多事情具有一种卓越的认识。

让我们进行一个小的时间上的跳跃,进入1813—1814年的冬季。围绕着歌德的《色彩学》,礼貌的沉默状况仍在持续。歌德给自己增添了一个公开秘密的保护者的角色。他必须竭力诱骗别人改变信仰,有一次他这么说。在这个冬季,真有这么一个改变了信仰的人闯入他家:年轻的阿图尔·叔本华。

叔本华刚刚完成其关于《论充足理由律的四种根源》的博士论文,暂时寄居母亲家中,后者在魏玛举办的沙龙获得巨大成功。叔本华与母亲发生了激烈争吵,因为母亲不允许他在父亲死后在她那里扮演父权替代者的角色。权力之争结束于母子俩反目绝交。1814年年初,叔本华愤怒地离家出走,而歌德将为他在贵宾留言簿中写下非常合适的告别词:你若想享受你的价值,/你就得赋予世界价值。

但之前在他们之间有过关于《色彩学》的频繁交流。叔本华将把这几个星期视为他生命中最重要的时段。二人之间也存在一些意见的分歧，而这丝毫无损叔本华对歌德的敬仰。1813年11月，歌德在约翰娜·叔本华的沙龙里首次与这个年轻的哲学家进行对话。我觉得年轻的叔本华像是一个奇特和有趣的年轻男子，他清醒地告诉克内贝尔。相反，叔本华陷入狂想。"他的名字该永世受到赞扬！"第一次见面后他在一封信中这么写道。

歌德并未把与叔本华愉快的社交往来放在心上，而这其实也不那么容易。他有一次说，他与其他人交谈，而与他，这个年轻的叔本华博士，探讨哲学。所谓探讨哲学，其实主要涉及《色彩学》。歌德与这个年轻的哲学家一起通读《色彩学》的一些段落，做些解释，而叔本华则提出自己的见解，补充认识论的东西。他们还共同进行过实验，参考色板，使用棱镜。

经过几个星期的共同工作，歌德记录下后来收入《温和的克赛尼恩》的诗句：喜欢更久地承担老师的重负，/但愿学生不想立刻成为老师。不懂得谦虚的叔本华，真的不久就俨然以无所不知者自居。从获得他赞同的歌德的色彩生理学出发，他打算发展一种有关眼睛里的色彩产生的完整理论，相信歌德做了很多富有启发性的观察，但对此并未提供一种完整的理论。而叔本华将在告别魏玛后的几个星期里发展这种理论。他认为这种理论是成功的。在歌德那里事关光的传递和受阻，而在叔本华那里，可以这么说，事关眼睛的行动和视线受阻。他完全集中于主观生理学的方面，集中探讨色彩如何自眼睛中产生，而并不关注色彩本身是什么。对叔本华来说，色彩现象是一种由被更改的光照引起的视网膜之不同活跃度的结果。在此关联中他接受了歌德的整体性想象。因为光照每次仅部分地需要视网膜的活跃度潜能，视网膜就倾向于补充视觉活动最佳值缺少的活跃度：如此就产生了互补的色彩视觉和伴随它的和谐感。叔本华在这里与歌德密切联系，但他想把歌德其余的观点搁置一边，或者让其他问题听凭生理学家和化学家来决定。这是因为他愿意同色彩打交道，仅想至少在此领域接近尊敬的大师的想法。他显然扮演着追慕者角色，可他没在歌德面前鹦鹉学舌。他们之间甚至出现过隐蔽的论争。

这次论争，始于1815年7月叔本华从德累斯顿将他在此期间完成的《论视觉与色彩》手稿寄给歌德。他希望歌德作为主编将其公之于世。歌德正好在旅途中，回复迟缓。叔本华变得不耐烦了，进行催促。叔本华写道，他知道，对歌德来讲，与其他活动相比，文学是次要之事。但于他来说正相反，"我的所思和所写，对我来说具有价值，是重要的，我个人的体验和自己所从事的事，对我来讲是次要之事"。所以他催促歌德的回复。几个星期之后，当叔本华几乎要绝望时，歌德友好但简短的回复终于到达了，而一个更详细的、进一步涉及手稿的回复令人期待。等歌德在1815年10月23日回信时，几乎又过了一个月。他说自己此刻已过于疏离《色彩学》，不想去澄清那些也许此处所涉的差异。叔本华接下来该与泽贝克教授交换意见，后者是他们的色彩事业中的共同战友。歌德将把手稿转给泽贝克。叔本华觉得，他似乎被移交给了一个仆人。这刺激了他的傲气，且统领了他1815年11月11日致歌德的那封长信的措辞。就其自我特点来说，这可能是叔本华一生所写的最重要的信。带着几乎达到无礼边界的自信，同时怀有最高的敬意，他走到他为自己选择的"代理父亲"之前。他对他鞠躬致意，但同时毫不掩饰地提出对歌德《色彩学》的猛烈批评。将自己的著作视为理论建构之新类型的歌德，不得不倾听叔本华的批评，因为歌德本人仅搜集了杰出的观察结果，但未提供正确的理论。"倘若我将您的色彩学说比作一个金字塔，那么我的理论是其顶端，是不可分割的数学顶点，整个伟大建筑由此出发展开自身，它如此重要，以至于没有它就没有金字塔。而同时，人们可以不断地从底下切割，而它一直都保持为金字塔。"叔本华可以估计，歌德也认识他的亚里士多德，所以知道一件事物（物质）的本质（观念）处于形式的隐得来希中。所以金字塔象征的目的是建议，但愿歌德将其著作视为物质，它只能被叔本华理论的精神唤醒。叔本华的自信进入亢奋，年轻的哲学家文思敏捷，下笔如有神助。他写道："我有充分把握知道，我第一次提出了真实的色彩学理论，是科学史上自古以来的第一次。"

人们可以回忆一下：对歌德来说，《色彩学》是这样的著作，他相信自己借此获得了对许多事情……卓越的认识，他在此感觉自己是精神领域的拿破仑。可现在一个三十岁不到的无名哲学家，以为是自己首先将此提升到理论高度，而且，极度放肆地说歌德仅做了一件无足轻重的小事。歌德为《色彩学》付出了半辈子的时间，而这个年轻哲学家胆敢这么写："不管怎样，我也花了几个星期时间，把它（关于色彩的论文）仅作为次要小事处理，脑袋里始终装着除了色彩之外的其他理论。"

令人惊讶的是,歌德对这样一封信的回答,是友好的洒脱且自信的讥讽。影射叔本华哲学的主观主义,他写道:谁倾向于从主体出发构建世界,就不会拒绝这样的观察,即主体在表象中仅是个体,所以需要对真理和谬误的某种关切,以便保持其特性。但没什么比根据不同比例混合的这两种成分更让人分离的了。

叔本华不愿相信,歌德以这样一句话道出他对整个事件的判断,而无任何其他言辞。叔本华在等待什么?难道他等歌德对他写道:是的,您将我散乱的观察提升为真实的理论。年轻人,看您在短短几个星期给我的生命之作戴上皇冠,真令人惊讶。要我赶紧将您的著作,您那把我的著作首先置于阳光下的著作公之于世吗?

也许叔本华等的就是这个。无论如何他希望自己的色彩论著获得"代理父亲"的祝福。但歌德不接受提供给他的角色。可他看重这个学生,虽然后者显然特别好为人师。歌德随后将手稿寄回给他,请他对那里表达的观点进行减缩,以便他不时能引用它们。他带着仁慈的淡然,对待这个头脑里滚动着如此可怕事物的年轻人。叔本华的色彩论著出版了,未附歌德的祝福。

在《四季笔记》中歌德回忆:叔本华博士作为善意的朋友来到我身边。我们意见一致地互相交换了某些想法,但最后无法避免某种分歧,就像两个朋友,他们迄至那时一起走来,互相牵手,但一个人想往北,另一个人想朝南,此后他们很快就互相不通音信了。

第二十八章

> 与卡罗利妮·亚格曼的首次较量。戏剧争执。写《亲合力》。小说作为"色彩学的第二部分"。人类关系的化学。爱情有多么自由?"意识并非充分的武器。"内在天性作为命运。与浪漫主义作家的分野。性爱的形而上学和物理学。自然作为深渊。断念。

当歌德还在分章发表《色彩学》时,他允许自己做了一次旁涉,有一次他称此为色彩学的第二部分。1808年4月11日,他开始为《威廉·迈斯特的漫游时代》写一篇起先设计为短小中篇的插叙——后来从中产生了《亲合力》。歌德时常将它称为自己至今所写的最佳作品。他在书信中带着几分骄傲提及此书。面对策尔特他强调,这部作品其实是用来与外面的朋友们再次完整地交谈。一部为神秘朋友所写的小说,为了理解它,至少得读三遍。他致信策尔特说,我放进许多东西,有些是藏进去的。但愿这个显而易见的秘密能让您快乐。

1808年夏,在卡尔斯巴德疗养期间,他口授小说的第一部分,完成情节发展的构思。与拿破仑见面的事件,意味着小说创作的第一次中断。1808年年底，剧院的危机导致第二次中断，不仅仅是《色彩学》，《亲合力》也不得不暂时被搁置一旁，因为发生了需要歌德聚精会神和全身心投入的事。

女演员卡罗利妮·亚格曼在此期间成了公爵的情妇，与作为经理的歌德进行了一次权力较量。1808年11月，费迪南多·佩尔的一出排演奢华的歌剧，计划在魏玛剧院重演。男高音奥托·莫尔哈特提交了一份证明，说他嗓子沙哑。对亚格曼，伟大的女演员、女歌手，同时也精通业务的人来说，这是此时剧院内已显现懒散的例证。而在她看来，原因是这个剧院还在由一个像歌德那样的外行领导，而他既无能力，也不细心且专业地管理剧院。亚格曼说服公爵惩罚莫尔哈特，以儆效尤。公爵以家庭监押惩罚莫尔哈特，接着要求歌德永久性地解雇歌手，将他驱逐出境，并取消尚未支付给他的报酬。歌德不愿屈服。他不愿受一个女演员背后的控制，不管她自以为如何出色。1808年11月10日，他致信公爵，请求解除他的这项工作，而它将我此外如此充满希望且感恩的状况变成地狱。卡尔·奥古斯特没有解除他的职务。

当然，出于其他原因，公爵此刻对歌德也不满意，因为对他来说，这个老朋友太喜欢拿破仑了。卡尔·奥古斯特仅带着内心的保留，将其公国归并于莱茵国家，由此处于拿破仑的最高统治之下，但他继续等待着，趁下一个最佳机会改换门庭。他对与他有亲戚关系的沙皇抱有最大希望，他相信沙皇有朝一日能结束拿破仑对欧洲的统治。但歌德不一样，对他来讲，由于拿破仑的强权，欧洲的和平完全正当。他在每个合适及不合适的场合都佩戴着荣誉勋章的十字架,把将勋章颁发给他的人称作我的皇帝。也就是说,在歌德和他的公爵之间的确存在一种政治上的差异,而这种差异作为互相生隙的缘由,卷入这次剧院冲突。

公爵夫人露易丝插手进行调解,抚平恼怒的波浪。歌德留在职位上,他的权限和责任得到明确规定,以便今后排除对其职权干涉的可能。他与公爵的关系依旧蒙有阴影。在冲突变得严重的这几个星期的书信里,歌德特别强调皇帝的赞赏,这并非偶然,人们可以在其中听出针对公爵的弦外之音。歌德虽然仍感到自己属于他的公爵,但他清楚地知道,他和皇帝有某种心灵上的一致,后者对他去巴黎的邀请始终有效。在写《亲合力》的一个瞬间,他完全可以很好地让自己思绪飘荡,为了新的关系放弃旧的关系。无论如何,他在这几个星期里为自己买了一本用于实践课的法语语法教科书。

1809年年初,结束了剧院事件后,歌德重新拿起《色彩学》和《亲合力》。两部作品的写作在以后阶段平行展开,正因为如此他有这样的感觉:小说,如前所述,是色彩学的第二部分。不过,除了它们形成的同时性,两部作品还有更深的一层关系。

当歌德心中产生关于《亲合力》的最初念头时,他正在写关于"色彩学史"这一章,那里涉及自然的魔力这个题目,在论16世纪自然学家约翰·巴普蒂斯特·波尔塔的段落里,落笔于《亲合力》动笔前不久,有如下描述:在详细分列的事物之间,比如电镀时的金属,有着如此众多的联系,它们真实，但又足够奇妙。……在较粗犷的意义中，请想一下气体蒸发及气味；在较细腻的意义中，请想一下身体形态、目光及声音的联系。还请考虑意愿、意图、愿望和祈祷的强力。有多少无限和尚未探究的同情、反感及特异反应，不是互相交织？！

人们当时根据磁学的模型想象这类联系，或者以化学的方式设想它们是摆脱旧关系后重新结合的要素的魅力。大约从1780年起，人们称这个化学过程为"亲合力"，而歌德于1796年在一份关于比较解剖学的报告中，首次使用这个表达方式，并解释说，要素之分解和复合这类过程，看上去就像倾慕的一种类型……所以化学家们把这类转变中选择的荣誉归于它们。但这其实与选择无关，而与决定有关，他清醒地继续，然后以饱含深意的见解结束：尽管我们根本不想立刻否定它们（这些决定的过程）有其应得自然之普遍的生命气息的轻微参与。

也就是说，倘若存在有机的自然参与的生命气息，人们反过来也可以将人与人之间的生命气息带入一种有机的和化学的视角。"亲合力"的表达，在化学中意味着一种自然之隐喻的人性化，而小说《亲合力》相反地尝试其对立面：一种人道的归化。在第一种情况里，自然要素至少被隐喻地赋予自由。在第二种情况下，人的自由表现为无意识的必然性。

爱情有多么自由，其中隐藏着多少自然强迫——这是小说自身接受其挑战的问题。歌德在出版广告中，这样解释小说题目：看来，作者那持续的物理学研究工作，促使他选择了这个奇特的题目。他一定发觉了，人们在自然科学里经常使用伦理学的比喻，以便将某些远离人类知识领域的东西带到近处；也许正是如此，他以一个道德案例将一个化学的比喻用语回溯到其精神的始源。

倘若化学的比喻用语被回溯到其精神的始源，这意味着什么？重新联结的化学要素没有选择。看上去就是这样。但重新建立联系的人有所选择。不过在他们身上是否仅仅看上去如此？这也许是比喻用语的始源。在两者之中，在要素的化学中，也在人类关系的化学中，都存在着必然性，或许有一种"看似的自由"。自由作为比喻，并非作为现实。

问题在小说人物中间被探讨。夏洛特反对将人类世界解体为自然王国。不过人到底比那些元素高出几级，他如果在这儿用美丽的字眼，如选择和亲合力以表示慷慨大方；他这样做，多半是要重新返回自身，而趁此机会来考虑这类说法的价值。对夏洛特来说，考虑确实周到：为人类世界保留选择的表达，躲避自然王国。但歌德不这么想。他要展示，他在一封信中说，浑浊和狂热的必然性的轨迹，如何不可阻挡地穿越快活的理性自由的王国，而这种必然性只有通过一只更高的，也许不在此生中的手，才能被彻底消灭。

小说是个实验安排，那里自由和必然之间的力量关系在情色的相互游戏中被探究。人们用两个成熟的已婚人士为例，在温柔之爱中被连接，退隐并远离世俗，生活在城堡和花园中，抛开一切责任，在一个给他们创造的，而他们也需要的环境中，自得其乐或者相互创造乐趣。小说情节的开始，是至今田园牧歌般的封闭世界敞开的时刻。丈夫名叫爱德华，希望将他多年的朋友，一个退职上尉，接到家中。妻子夏洛特表现出犹豫，并对不希望且无法预料的变化提出警告。爱德华尝试消除这种疑虑：这种事在……那些糊里糊涂生活的人那里可能会发生，而在那些富有经验、头脑清楚和相当自觉的人那里，则不可能。对此夏洛特以一个其意义被故事进展证明的可怕句子进行回答。她说，意识并非可靠的武器，对持有者来说有时是一件危险的武器。句子已经指向事件的双重性。在理性地说明对上尉的邀请后面，究竟隐藏着什么无意识的渴求？人们交流想法，理性地相互交谈，意识似乎在进行导演，但其实进行导演的，是尚未出口的感情和欲望。无论如何，爱德华坚持己见，二人最后取得一致，既邀请上尉，也邀请夏洛特的养女奥蒂莉。亲合力那起先让人幸福，而后带来灾难的影响力，由此开始。

　　隐藏在后面，并战胜参与者有意识的愿望的力量，究竟属于何种类型？那是命运之力，它们神圣地或者魔鬼般地统治着，但并非高高在上，而处在个人身上和世人之间。对歌德来说那是一种自然力，它们在明朗的理性自由的王国扯出混浊的痕迹。而在那里，人们本以为自己自愿地爱上对方，爱情完全是源于自由的一个动作。

　　政治是命运，1808年10月拿破仑对歌德这么说。那时歌德已开始写这部小说。内心的自然是命运，小说奔着这个主题而去。在爱德华和夏洛特的花园景色中，政治不起作用。虽然爱德华在第一部结束时投入一场战争，但不是因为政治的缘故，而是为了能承受与奥蒂莉的分离。爱德华渴望去冒外界的风险，用以维持内心的平衡。

不仅政治的命运之力,而且浪漫主义作家那超验和神圣的命运之力也被隐去,不像在扎哈里亚斯·维尔纳的命运悲剧中那样出现。

歌德恰恰在写小说的这个时间里,特别激烈地反对蒂克、施莱格尔和格雷斯这样的浪漫主义作家,这并非偶然。在他看来,这些人在"浑水摸鱼",放纵他们那诱使人皈依基督教的倾向。以前他乐享被施莱格尔兄弟捧上云端,可现在他已不喜欢这个倾向。1808年年初,《科学和艺术杂志》有篇文章让他气恼。文章将浪漫主义作家,尤其是作为诗人的诺瓦利斯和弗里德里希·施莱格尔,抬到比歌德还高的地位。文章里说,只有浪漫主义的诗,才是"理想的,也就是说,与天堂和尘世的二元论以及基督教相似,在上天和神圣的观念中神化为精神的统一;相反,歌德的诗如同无神论的诗,是现实主义的"。

这里作为指责出现的东西,被歌德带着不屈的恼怒当成赞扬对待。1808年3月他致信雅各比:此外,我受到这些先生们言语中对我过分的尊敬。我也许曾经想到,本该获得这样一种赞扬,但对此没抱过希望,而现在我非常开心,能作为最后的无神论者生活和死去。此后不久,歌德在约翰娜·叔本华的沙龙里开始斥责浪漫主义作家。每次都有一名文学大将军被点名。现在轮到浪漫主义作家。人们回忆起罗马帝国的末期,那时每个小店厨师和普通士兵都能当大将军。今天弗里德里希·施莱格尔是被加冕者,也可能轮到诺瓦利斯,倘若他还活着。这个可怜人太着急死去。人们该,一如我们近期文学的快速进程所需要的那样,尽可能快地捞到荣誉，但尽可能慢地被泥土覆盖。此外，歌德对诺瓦利斯心怀一种特殊的不满，自从歌德在新近由蒂克出版的诺瓦利斯的遗著中，发现对《威廉·迈斯特的学习时代》的贬低话语之后。

歌德针对新的诗人学徒的抨击，在魏玛到处流传。抨击也足够滑稽。他说，谢天谢地，文学大将军毫无危险地活着。每个人都静静地死在自己的床上，而非像古代罗马大将军们大多被处死。而他也懂得珍惜此事，早晨起来，虽然已不再是大将军，但至少脑袋还在脖子上。但这一切对浪漫主义作家少有损害，他们本来已用一条腿站在彼岸。浪漫主义的虔诚呢？他不能把这当真。那不是别的什么，仅是对一种有趣题材的寻找。天才们通常拿来处理的一般的题材业已枯竭，被弄得可鄙。席勒尚且坚持高尚；为了超过他，人们必须探手抓向神圣。

1808年夏，传来弗里德里希·施莱格尔皈依天主教的消息。为此，歌德致信告诉他这个消息的赖因哈德：施莱格尔的皈依非常值得我们费力去逐步探索，因为它既是时代的一个标志，也是因为，也许在任何其他时代，都不会出现这样一个奇特案例，即在理性、知性和世界概览的最亮光线里，一个杰出的、极具修养的天才人物，受到哄骗，去遮掩自己，扮演傀儡角色，或者若您需要另一个比喻，尽可能地通过护窗板和窗帘，将光线挡在教区住房外面，创造一个相当昏暗的空间，以便此后通过最小的洞眼（foramen minimum），引入比哄骗（hocus pocus）所需的更多的光线。

这些话都出自写作小说《亲合力》的时代。它们清楚显示，歌德虽然为人类关系那无意识地起效的化学，为自然的这种可怕而着迷，但没受他称之为哄骗的所谓超自然的强力所吸引。不过，在写《亲合力》这一年中，歌德与扎哈里亚斯·维尔纳暂时的紧密关系令人惊讶。维尔纳眼下真的是个假装虔诚的作家，但同时也是个非常感性的人。对歌德来说，他是意义双关的淫秽的例子，在那里对神圣的向往并不与德行，而是与性紧密相关。他称维尔纳的生命和活动是一种淫荡的化装舞会和妓院经济的组合。但维尔纳作为戏剧家，同样也是一名出色的天才，特别对女人奏效。作为剧院经理，歌德需要吸引力，而扎哈里亚斯·维尔纳就拥有这样的一种。

扎哈里亚斯·维尔纳作为一个雄辩术教授的儿子，在柯尼斯堡长大，同一栋房子里也住过小他几岁的E. T. A. 霍夫曼。父亲早年去世后他落到半疯的母亲的手里。后者相信，以她受到良好教育的儿子，她能送给世界一个新的基督。霍夫曼后来曾提及楼上这个女人的尖叫，而她以为自己是基督的母亲马利亚。1808年，当维尔纳那不安定的生活道路将他带到魏玛时，他已是一名成功的剧作家。他的剧本《马丁·路德或者权利的尊严》在奥古斯特·威廉·伊夫兰的导演下，已在柏林取得巨大成功。剧本连续几个星期被列在演出计划上。在基督教新教的柏林，人们对同时作为圣者、斗士和妇女宠儿的路德永远看不够。策尔特报道说，对这个剧本的"整体印象是讨厌的宗教的"。维尔纳被胜利冲昏了头脑，席勒去世后，他立刻觉得自己有资格当其继承人。作为成功的剧作家，维尔纳现在能更成功地继续他对女仆和伯爵夫人的追猎。他将自己漂亮的波兰女人，他的第三任妻子，让给柏林的一个枢密顾问，从他那里换取波茨坦政府中的一个职位。但是，当他来魏玛与歌德交往之前，已放弃这个职位。1808年1月30日，为了庆祝公爵夫人的生日，上演了维尔纳的剧作《万达，萨喀比人的女王》，一个亚马孙族女战士的奇异的爱情故事。她战胜了一个她所爱的敌对的国王，最后将他杀死。歌德不得不感到自己被狂怒的亚马孙族女战士包围，因为不久之前他从某个叫海因里希·克莱斯特的人那里收到《彭特西丽亚》的几幕剧本。一如作者在附信中所说，是"带着心灵的跪拜"寄出了剧本。彭特西丽亚也属于这类歌德无法忍受的过分紧张的女人。1808年2月1日，维尔纳剧本上演的两天后，歌德致信克莱斯特：我还无法与彭特西丽亚交朋友。她来自一个如此奇妙的民族，活动在一个如此陌生的区域，以至于我需要时间来适应两者。《彭特西丽亚》中感情的极端和绝对让他反感。但同一作者那有节制的剧本《破瓮记》，在他的允诺下得以上演。不过，由于错误的分幕和能力欠缺的导演而效果全无。他为什么一方面拒绝《彭特西丽亚》；另一方面欣赏那同样残杀男人的《万达，萨喀比人的女王》，这始终是个谜。也许在万达那里，杀死情人时大彻大悟的表情——"你们啊，这对受迷惑的人儿，/将变得平静并变得清晰"——比彭特西丽亚的疯狂更让人同情。

无论如何，歌德将克莱斯特归于那些他想与之保持距离的浪漫主义作家。在约翰娜·叔本华的沙龙中，在他针对新的诗人学徒的抨击里,他也把克莱斯特当作自己的对象。他在那里称《彭特西丽亚》为一个非自愿的讽刺滑稽作品,它讥讽的场景是:亚马孙族女人在剧中宣称,一切严酷感情已从被切下的左胸进入留下的右胸。而歌德宣称,这样的东西充其量适合意大利喜剧,甚至在那里也显得极端。

也就是说,当歌德写他的《亲合力》时,在当代文学中有一种受浪漫主义精神鼓舞的、描绘爱情狂热之奇异蠢事的复兴。但歌德讲述的故事,虽然在某种程度上也显得疯狂,但并无浪漫主义的极端,而处在一个自然研究者观察并保持距离的姿态中。

让我们再次回到小说中的原始境况。爱德华和夏洛特曾是青梅竹马的一对,但他们不够坚强,无法跟随自己的真实倾慕。他们缔结了传统的理性婚姻。通过双方爱人的死亡,他们终于获得自由,结婚后迁居到爱德华的庄园,以便能享受热切渴望的、迟到的幸福。

他们相信现在可以按自己的倾慕生活。但这里开始了第一种语义双关。这种倾慕有多么强大,其中是否仍有爱情,或者仅存回忆,也许仅是一种情感的余波?夏洛特预感到了什么,因为她在结婚前有过犹豫。爱德华被满足已愿的感情催促,但不时也有一丝无聊的疑虑袭上他的心头,可他不愿承认。所以他希望立刻把陷入困境的上尉朋友,请到家里。夏洛特对突如其来的匆忙感到惊讶。事情可以不用这么着急。可是,像爱德华那样反抗无聊之威胁的人,无法让自己等待。这种缺乏耐心和神经过敏暗示着,夫妇双方已无法满足对方,只是不愿承认这点。他们将嫩枝嫁接到枝干上,在花园里铺路,奏乐,互相朗读,但背后的空虚不断增长。

随着上尉和奥蒂莉的到来,情况发生了变化。当夏洛特受到上尉,爱德华受到奥蒂莉吸引时,新的力场已经形成。参与者反应不同。上尉和夏洛特尝试抵抗增长的倾慕。爱德华屈服于他对奥蒂莉的感情,而后者几乎梦游般地依恋情人,其实却并不清楚自己的感情。甚至她的笔迹也像他的笔迹。感情进入意识的瞬间——这是中篇小说的猎鹰——终于到来。此事发生在那个婚床上婚姻破裂的著名场景。夏洛特和爱德华并排躺在床上,但灵魂不在。爱德华只想把奥蒂莉拥在怀里,上尉则若即若离地浮现在夏洛特的心中。缺席者与在场者,这种互相交织足够奇妙、迷人而又充满欢乐。

第二天早上,这对夫妇同样羞愧且内疚地分别对自己的亲合力承认了他们的爱:夏洛特对上尉,爱德华对奥蒂莉。但夏洛特还是准备断念,以维护婚姻的忠实誓言。爱德华则不愿继续同夏洛特共同生活,也不想放弃奥蒂莉。他离家出走,让夏洛特暂时照管奥蒂莉。九个月后,夏洛特生下那双重婚姻破裂的孩子,奇怪的是,孩子具有上尉的面容和奥蒂莉的眼睛。对爱德华来说,这个孩子不是别的什么,只是他与奥蒂莉关系的一个障碍。绝望之余,他走上战场,寻找自己的毁灭。

他活了下来,视此为一种象征,即他已为自己争取到对奥蒂莉的权利。他返回,催促照看夏洛特和爱德华的孩子的奥蒂莉。这个年轻的,似乎属于一个已逝之黄金时代的姑娘,看来一半已归顺天堂,同意了同爱德华的关系,条件是夏洛特放弃他,而在此期间已有相关征兆。故事几乎到达幸福的结尾,可不幸发生了。奥蒂莉开心地划船越过湖面,而孩子从她身上滑入湖中淹死了。孩子的死起先犹如一次解脱那样起效。对爱德华来讲,这是一种命运的安排,看到与奥蒂莉关系的最后一个障碍被清除,而夏洛特也同意离婚,因为她在孩子的死亡中以为自己见到命运的一个提示:我早该这样决定了。由于我的迟疑和反抗,我害死了孩子。有些事是命运固执地安排好的。用理性、道德、责任和一切神圣的东西去阻挡它都无济于事;只要命运认为合理,此事就必然发生,即使我们觉得不合理;我们可以按自己的意志行事,但命运最终还是会插手。

这种无视一切,并将孩子也当成其牺牲品的命运之力,属于何种类型?那是爱人之间没有任何东西能阻挡的吸引力;正是这种自然力,强于任何责任和理性的文化,也强于自由。

这种吸引力量在奥蒂莉身上也许效果最纯洁。在爱德华身上,它具有欲望的形态,在奥蒂莉身上则几乎呈现出梦游般的陶醉。她想摆脱爱德华,但做不到,即使她受到负罪感的折磨,因为对奥蒂莉来说,孩子的死,不像对爱德华,并不意味着一种障碍的排除,而是一种新障碍的建立。最后事已清楚,他们不可能成为一对,但他俩依旧受制于爱情的力场,其温柔的强力被歌德这样描绘:他们之间一如既往有一种难以形容的,几乎充满魔力的吸引力。他们同住在一个屋檐下;即使没有想到对方,各自忙着不同的事情,或者被其他伙伴扯来扯去,也会互相接近。若同在一个大厅里,要不了多久,他们便会并排地站着或坐在一起。……无需一个眼神、一句话、一个手势或一次触碰，只要真待在一起就行。然后就不再是两个人了，仿佛只是一个人，完全沉浸在无意识的快乐里，对自身和世界都觉得心满意足。要是把他们两人中的一个固定在这栋房子的一端，那么，另一个便会慢慢地、自动地、无意识地向他靠拢。生命对他俩来说是个谜，其答案只有他们俩一起才能找到。

两人也同时患头痛病，她左边痛而他右边痛。吸引力如此强大，因为他们只有在一起，才成为一个人。这是对柏拉图原始全人图像的一个影射：被相互撕开的两半，在互相寻找着对方。

难道这就是生命之谜，这种对纯粹共在中的完整性的渴望，倘若欲望在满足中获得平静？这种不顾道德、律令和制度的欲望，难道就是命运般起效的内在自然？从自然出发事关寻找伟大的补充，而个体只有通过这种补充才能重新变得神圣和完整？似乎如此。在歌德的遗作《格言和反思》里，有这样的句子：谁真正严肃地沉入自身，将始终只能找到一半的自己，为了将自己构造为整体，他之后抓住一个姑娘，或者拥抱一个世界，这是一回事。如此看来，个体不是不可分者，而是已被分割，他寻找着合适的另一部分。在亲合力中显示出较强大的或者较弱小的属性，那些部分能与此相应地重新分组及合并，不总是遵循和平的进程，相反也伴有痛苦和泪水，因为在此是统一的力量，在彼会有毁灭的作用。

也就是说，有矛盾的力量参与其事，所以它们被歌德称为可怕和缠人的强力。奥蒂莉寻找保护，以躲避它们，途径是献身于神圣。因为她固执于共在的磁力场,即使通过地点转变返回寄宿学校也无法实现外在的断念。依旧是内在的断念,因为只有这样,她才能宽恕自己对孩子死亡的罪孽。与爱的力场紧密相连的断念,这意味着什么?留下的只是一种内在的枯萎。所以她通过绝食逐渐走向衰弱。而爱德华也静静地随她而亡。

人与人之间的吸引力不仅仅是一种属于不可言说的领域的暗喻,而且被歌德理解为事实。这里谈的不是一种性爱的形而上学,而绝对是性爱的物理学。在爱德华和奥蒂莉之间,存在着一种天然的强迫。对于这种强迫,夏洛特在小说的首个对话场景中就曾说:意识恰恰并非可靠的武器。因为意识与自由相连,在此撞到其边界的,也就不是自由。当然它并非完全处处都被消灭。夏洛特最终控制了欲念,上尉也是一样。但爱德华无法掌控自己而走向毁灭。在他身上,自由的痕迹几乎全被抹去。奥蒂莉的逐渐消亡不仅单纯是天然的,也是一种决心,即拒绝自然的后果。她由此摆脱爱德华,尽管吸引力继续起效。

他们最后的死以一种圣徒传说的形式被升华:在他们的墓穴上空飘浮着和平宁静,快活和相似的天使图像从穹顶上望向他们,一旦他们哪一天重新醒来,那该是个多么开心的瞬间。

这虽然是小说的结束语,但也许不是叙述者真正的解读。真正的解读在几页之前,在对被放上灵床的奥蒂莉的观察中业已出现。那里有言,她代表了如此众多的娴静的美德,它们才被大自然从其内涵丰富的深处唤出,却又被它那漠不关心的手很快抹去：这些稀有、美好、值得珍爱的美德。这个贫乏的世界既时刻带着愉快的满足拥抱其和平的发展，又怀着恋恋不舍的悲哀，因其缺失而惦念。

我们在此停一下。因为事实上奥蒂莉和爱德华并非由于他们之间的感情而毁灭，而是因为婚姻制度和忠实誓言，即给他们设限的文化和道德。如此看来，抹去他们的，恰恰不是自然那漠不关心的手，而是自然和文化间的冲突，两人由此毁灭。

一如歌德在小说的前言中所写的那样，人们必须将自然和文化在整体上视为一种自然，以便在可能的情况下将致死的冲突理解为自然中两种观点之间的一种张力，即第一种自然处在与第二种——即文化的自然——的冲突中。人类自己创造的德行和法律，然后成了由人的自然要求的，恰恰是第一种自然的自我束缚。只有当人从一个自然，即包含文化的自然出发，自然才在其导致张力的深邃矛盾中展现自己，而人会被这种张力撕碎。然后人既不会简单地赋予欲望以正当性，也不会赋予法律或者规定以正当性，相反，带着某种敬畏看到两种必然性如何在此互相碰撞。只有这样，以上所引之见解的意义才会呈现，即自然从其内涵丰富的深处创造出形态，又用漠不关心的手重新将其抹去。赫拉克利特以前曾将自然的作用描绘成一个孩子的活动，他在游戏中建造些什么，然后将其重新拆毁。

谁若愿意，可以把这对情侣在圣像中的神化理解为作者最后的话。虽然他对自然那恐怖矛盾的提示依旧存在。聪明的读者当时已经这样理解歌德。卡尔·弗里德里希·赖因哈德首次读了小说后，在1810年2月10日致信歌德说："他们的性格和事件当然不怎么有唯灵论的意味……倘若有朝一日，我们对自身的自然隐秘得到一种较深刻的认识，以至于我们有能力对此做出自己的解释，您的书随后就有可能作为对真理的一种奇妙预言矗立在那里，而我们现在对此只有一种模糊的预感。"

事关远未获得领悟的人的自然，赖因哈德准确看到这一点。他为自己设立了道德的生命形式，但还有那神秘莫测的激情。它们暂时无法在德行意义上拥有合法性，可人们预感到这里的生命最具活力。

歌德没有写捍卫婚姻的小说，为此有人指责他，但他也没写过捍卫激情的小说。对曾经作为"狂飙突进"诗人出现的作家来说，捍卫激情似乎容易理解，因为激情在诗学上绝对更加迷人，因为激情中有更多的生命。不过，难道正因为如此，激情才必须得到捍卫？难道它们自身还不够强大，可以展现自身？事情就是如此。它们无须捍卫。用某种理性化去帮助它们，这是愚蠢。同样愚蠢的是，小说人物米特勒的举动。他的出现几乎就是对他所捍卫的道德原则的讽刺，他不合时宜地来到和离去。他名叫米特勒（Mittler，调解者），但其实无法调解，因为他不认识德行王国，但他在其他人的眼里否定了激情。他也无法捍卫道德文化，因为他对生命知之甚少。

让我们最后再看一眼奥蒂莉。对爱德华，她没有停止自己的爱。可她完成了断念，这意味着：她放弃实现这种爱。不过这种放弃最终将杀死她。实现爱，意味着带着负罪感生活,而这最终也会将她置于死地。她就这样成为欲望自然和道德自然的冲突中的悲剧性人物。小说讲的就是这个。

从此刻起,"断念"的主题在歌德的创作中扮演一个重要角色。神圣的奥蒂莉不是智慧的绝笔,歌德将观察断念的更生动的形式。

这开始于小说完成后不久产生的诗歌《日记》。迄至那时,歌德仅在男人中间诵读过此诗,但没有以书面形式将它托付给别人。它在歌德生前未曾发表,也未在最终版本的文集中出现。诗歌是对《亲合力》之悲剧的喜剧式的诙谐回答。性爱的魔力也是诗歌中的主题,但更多的是以肉体和生理的方式进行,进程也不一样。我们常听,最后也相信此言 / 人心永远无法被探究竟 / 不管人们如何四处讨教 / 基督和异教徒同样有罪。/ 对此学说别太敏感:/ 因为魔鬼也现身诱惑我们 / 事本如此,美德获救。

诗歌接着叙述究竟是什么拯救了美德。一个旅行者高兴地启程回家,但因为一次马车事故被耽搁。在旅店里他身陷困境,因为一名美丽的女仆,魅力无穷,引人入胜。一切得到详尽、幽默和有趣的描绘。两人最后躺在床上。可男人无法激动起来,因为大师(Meister)躺在那里不动。与《亲合力》中婚床上婚姻破裂时的景象相反,直到旅行者试图通过想念妻子及他们初次相爱的狂热时代来刺激自己时,大师爱思特才站上自己的岗位:它突然十分平静地到场 / 以其全部的辉煌立起。/ 现在它完全听从漫游者的意愿。可现在旅行者不再渴求美丽的女仆,他想赶忙回家投入妻子的怀抱。生理学就此拯救了美德。

第二十九章

  告别。安娜·阿玛丽娅。母亲。回顾的理由。开始自传的写作。自我反思。有多少真理是可能的,又有多少创作是必需的?被叙述的时间和叙述的时间。对往日的王国和新的权力关系的回忆。思考恶魔的人。再次告别:维兰德之死。关于不朽的思考。

  席勒之死显然是一次伟大的告别。而这些告别让歌德对生命回顾和作家自传的思考逐渐成熟。其他唤醒一种清算之感的告别,有1807年4月10日公爵母亲安娜·阿玛丽娅的去世,以及1808年9月13日歌德母亲的去世。

  许多事将歌德与安娜·阿玛丽娅绑在一起。是她在1775年把歌德那开始仅设想为对魏玛的短期访问,变成与当地和公爵家庭的一种持久的关系。安娜·阿玛丽娅的、起先由维兰德作为精神中心的"缪斯宫",从一开始就吸引着歌德。受法国启蒙运动影响的安娜·阿玛丽娅,在艺术家和科学修养的标记中,追求贵族与平民的联系,在此意义上她长时间以来——起先在蒂福尔特,然后在维图姆宫和乡间避暑地埃特尔斯堡宫——致力于一种具有强大辐射力之社交的内在统一。歌德的《伊菲几妮》和其他一些较短小的剧本，在那些地方首演，而演员也是这个社交圈的成员。歌德在魏玛的最初年月里，正是在那里找到了真正的观众，而对更大多数的公众社会来说，他几乎已经消失。不是在公开的市场上，而是在由安娜·阿玛丽娅本人不定期编辑的《蒂福尔特》手写版杂志上，歌德出自这个时代的诗歌首次发表。安娜·阿玛丽娅平时看重歌德，后者以自己对意大利的渴望感染了她。在歌德之后安娜·阿玛丽娅也曾去南方旅行。1790年他在威尼斯接她，陪她回家。他为她朗读《罗马哀歌》，当然出于可以推知的原因没有读全文。他为自己的《威尼斯警句》的一个选编本附上这样的献词：请说，我这本小书献给谁？献给上天赐予我的侯爵夫人，/ 她现为我们在日耳曼尼亚创造了意大利。赞美之情溢于言表。他是在表达从她那里得到温克尔曼的书信的感谢，感谢他被允许在自己的书中发表这些书信。他在书中用以下的话再次表示对她的谢意，说公爵母亲开启了一个辉煌的时代。安娜·阿玛丽娅一直是歌德坚强的后盾。在魏玛初年中，他们联系如此紧密，以至于有人窃窃私语，说他们甚至产生了某种爱情关系，导致夏洛特·封·施泰因的几分嫉妒。在1800年的一部节日剧中——那是献给安娜·阿玛丽娅的额外创作，冠以《帕莱奥弗罗和内奥特佩》的题目——有这样的话：您在城里建立了我们的联盟。

对歌德来说，安娜·阿玛丽娅是其生命中一个完整时代的善的精神。她的死，加剧了歌德哀伤的感受，以及对一种时代转折的预感。1806年10月后还有许多变化，政治的、军事的和社会的变化。保留的和保持的东西业已消失。安娜·阿玛丽娅死后几个星期,他致信夏洛特·封·施泰因:与以前时代的差别简直太大了,旧的已经消失,新的尚未形成。在他为安娜·阿玛丽娅所写的在公国的布道坛上诵读的纪念词中,歌德暗示,阿玛丽娅也许未能经受住时代的崩溃,面对尘世力量的涌入,她无法更长久地保持自己的心。

1808年9月13日,歌德的母亲去世。他9月17日才得知噩耗。那天他刚从卡尔斯巴德的疗养地返回。日记中对死讯只字未提。在他较亲密的朋友圈里,有人感到奇怪,他不想提及此事。即使在书信中几乎也仅有只字片言。我可敬的母亲的死亡使我返回魏玛之途变得黯淡,他简短地对西尔维·封·齐格萨尔这么说。而在致一个法兰克福的熟人的信中,歌德说,世人不得不以人性的方式在其高龄时担心一种逐渐靠近的终结。

在《诗与真》中,歌德总是称他父亲为这个父亲,但称母亲为我的母亲。父亲在那里得到恭敬和批评的描绘。歌德责备父亲的迂腐和固执,但想到母亲总是充满爱。可歌德很少探望母亲,总共才去了四次——1779年在去瑞士的路上,1792年和1793年当他陪伴公爵进军法国的时候,最后是1797年在第三次去瑞士的途中。母亲没有表露出对他很少探望的失望,也没怪罪他。她孜孜不倦地、频繁地给他写信,他为母亲生动和清晰的书信着迷,甚至让人传阅这些信件并诵读。有一次他把母亲的一封信寄给夏洛特·封·施泰因,带着以下评语:带着一声早上好的问候,我把我母亲的一封信寄给我的最爱,以便让自己为生活感到开心。他很少给母亲写信,一旦提笔,就非常详细。在致母亲的信里,有富有启发意义的自我评价,比如业已引用的关于他本性的宽广和速度。他将留在魏玛,他在那封信中继续说,他勇气十足,因为他自愿在魏玛;只是为了得到一种绝对的宁静,回到您身边重新找到生命的必需和舒适,他时刻能够离开。那是1781年。母亲很愿意看到他回家。但她当时没有,以后也没有,用自己的希望和思念打扰他。她也很希望再次去魏玛看他,尽管她不喜欢旅行。可儿子没邀请她,只有一次在战时的纷乱中,他向她提供庇护所,可她当时并无接受的必要。

在魏玛,人们阅读她的书信,她享有很高的威望。安娜·阿玛丽娅主动与她建立联系。两人随后建立了友谊,互相写信,让歌德感到十分骄傲。安娜·阿玛丽娅和公爵不时也去拜访歌德的母亲。当母亲住在牡鹿沟旁时,她拥有一栋宽敞的房子。对歌德所有的朋友和熟人来说,她都是一个可爱的女主人。可歌德害怕邀请她来魏玛,更不用说接她来长住。他坚信,她会因为迁居而失去自己本来的生命力,如此他就能心安理得地与她保持距离。

他没及时告诉母亲他与克里斯蒂安娜的关系及儿子的出生。她最先从别人那里知道这些的。尽管如此,她没有对儿子表示出不满,即使她面对儿子,完全不含有贬义地称克里斯蒂安娜为"床上宝贝"。孙子不时会收到体积庞大的礼物包裹。她坚持这么一种原则,她有一次面对夏洛特·封·施泰因曾描述道:"我很爱别人……不对别人提道德要求——总是尝试看到别人好的一面——把坏的一面留给人的创造者,他最懂得磨平棱角。"

她积极参与歌德文学作品的推广工作,朗读和评论它们,骄傲地将它们寄给她在法兰克福的熟人和朋友。她也告诉歌德，关于这个著名的城市之子，人们都有哪些判断和意见。因为她社交面很广，经常去看戏，所以常常有话可说。在晚期的一封书信中，她称科塔版全集的最初几卷是"令人兴奋的"，特别赞扬叙事歌谣《科林斯的新娘》或者《神和舞女》。那些带色情内容的故事总让她喜欢。她不属于反感《罗马哀歌》的阵营。在临终前的最后一封信里，她还为奥古斯特说好话。人们不该用写信的要求"折磨"他。年轻人有其他的想法，看在她的分儿上别"施加压力"！

歌德让人详细描述她去世的状况。卡塔琳娜·伊丽莎白表现得非常勇敢，一如平时，一直到最后还证明了自己的幽默感。棺材匠来到临终者的床前，要量尺寸。她表示遗憾地告诉这名匠人，因为她业已安排好一切，他无须做任何事，可以就此离去。最后她安然去世。

在卡塔琳娜生命中的最后两年里，年轻的贝蒂娜·布伦塔诺，歌德曾有些爱上的马克西米利安娜的女儿，加强了歌德与母亲的联系。她让歌德的母亲告诉她有关歌德儿童时代的趣事，将它们写下，寄给歌德。歌德将此仔细地保存下来。满怀热忱的爱恋之情，敬仰歌德的贝蒂娜在歌德死后出了一本书——《歌德与一个孩子的通信集》。它含有更多的虚构而非真实。贝蒂娜最初记录下的歌德母亲的讲述，对歌德写作《诗与真》的准备工作很有帮助。他对少年和青年时代的回忆被激活。因此他鼓励贝蒂娜继续不懈地询问母亲：现在我希望不久又能得到您的消息，您从我可爱的母亲那里发现了什么……在进行什么谈话。

1809年10月，歌德母亲去世一年后，根据日记他开始为自传构思大纲。他找出往日的笔记和书信。在日记中，歌德大多仅记录下外在的日期。一些不怎么详尽的自我观察引人注目，比如因为其重要性还值得再次引用的话：静静回顾生命，回顾青年时代的混乱、忙碌和求知欲，发现青年如何为了获得某种满足而到处游荡。我如何特别在隐秘中、在昏暗的虚幻境况中找到一种快感。……行动、目的明确的思考和创作多么稀少，在糟蹋时间的情感和激情的阴影中，又如何浪费许多时日。我几乎未能从中得益，生命的一半就已过去，而眼下身后未留路程，相反，我呆站那里，犹如一个从河水里脱身而出的人，开始被太阳善意地晒干。

这是1779年10月的一则日记。歌德当时以为必须回顾一种处在混乱、迷茫和浪费中的生命，以及来自自己身外的失败和拯救。可当他三十年之后开始写自传时，他看到的青年时代不再处于一种暗淡之光中。他看到的自己，更像他对沮丧进行清算的三年后，在给克内贝尔的一封信中确定的那样。笼罩他的不再是巨大的混乱，他觉得内心受到护持和引导：在计划、打算和事业之最内在的地方，我保持神秘并忠实于自我，并又将我的社会、政治、道德和诗的生命，与一个隐秘的结连接在一起。

歌德没说自己清楚地认识维系其生命的神秘莫测的结，但他确信存在这么一个结，必须去找到它，倘若想要写一部传记或者作家自传。在致策尔特的一封信里有这样的话，通常在传记里，善和恶，成功和失败，会被人以虚伪的正当性，简单地并列一处。不过，要是缺少一种精神的纽带，个性会被摧毁，而它仅在对这类相反特点的生动的统一中，才能被想象。

歌德从其创造性的中心出发来生活，但他心中生发出这样的需求，想更清晰地领会，他如何以及出于什么而生活。他在寻找他那个隐秘的结。就是在这个意义中，与席勒的交往激励了他。席勒能非常出色地总结歌德的特征。歌德用以下的话感谢朋友：席勒让他注意到自己。恰恰是在与席勒结下友谊的那些年里，歌德几次尝试进行"自我描述"，这并非偶然。在一篇这样的描述里，他写道：变得更加积极、既向内又向外地持续不断的诗学的教育冲动，构成核心及我生存的基础；理解了这一点，其他一切看似的矛盾就迎刃而解了。这种教育冲动在他确实缺少天分的地方，比如在造型艺术中，变得活跃。但在其他领域里也有缺陷显现。就公务来说，他不具备足够的柔性；而就科学来讲，则不具备足够的韧性。

这项分析出自1797年。当时他在考虑可以尽可能地改善自己的哪一方面。实际公务中的柔性？遇到抵抗和阻碍时，他很容易变得没耐心，也就是说，他必须学会认可那些不服从塑形意志的东西。但这对他来说非常困难，因为他只能忍受以下这类实际的公务，倘若从中能够以某种方式产生出一部持续性的作品。这是关键点。他无法对某些公务放任自流，对他来说，它们必须引发一种轮廓固定的结果，必须获得一种形态。其实这是他对每种生命活动的希望。对他来说，一切都该成为作品。不过，这在公务所涉的生命的熙来攘往中，几乎无法成功。所以，他写道，他不得不经常望向别处，以便不对实际生活的无可名状感到绝望。歌德在魏玛的最初几年里，如前所述，精力充沛和坚韧不拔地从事公务。以后，当他考虑到他内在和外在的极限后，就放松地任其发展，以此方式为自己赢回自由的灵活性。

在科学那里，产生了同样的问题。这里事关物质，而它们很难被归拢于一部作品。科学的材料如此丰富，这能将一个人撕碎和驱散。人们如何才能从这种多样性中，从这个永不枯竭的王国中，赢得一种形态？歌德最终在此找到一个令人吃惊的简单答案。倘若那些现象无法服从统一，那么必须要有那种认识的精神，而它能将现象统一起来。他写道：自从他学会了理解，在科学那里，重要的是处理科学的精神的形成，而非对象自身……他就从没放弃这种精神上的工作，相反，他更多地对它们进行调整并更喜欢它们。

倘若歌德将诗学的教育冲动称为其生存的核心，那么他使用"诗学"这个词，不仅仅在文学的，也在"诗学"（poiesis）的原始意义上，将其理解为"做"和"塑造"。他曾写道，他别无他法，只能通过塑造对他遭遇的东西作答。一切对他产生作用的东西，对他造成这样的刺激，即发挥相反作用。

正是这种反作用的意愿，不断地让他超越自身，或者，将他驱入世界，由此保护他不受苦思冥想的自我沉沦的伤害。对他来说，自我认识仅在超越世界的曲折道路上存在。来自以后年月的一段话中有：在此我承认，很久以来，那伟大且听上去如此重要的任务——认识你自己——对我来讲不断地变得可疑，那似乎是秘密结社的神职人员的一个诡计，他们想通过无法达到的要求，让人六神无主，将他们从抵抗外部世界的行动中误导到一种错误的内省中。人只有认识世界，才能认识自己，他只能通过在世界中的自身来觉察自己。

这首先意味着：人们最初从自己所做之事中——而非从伴随着的反思中，更不用说从那种永远不能被赋形的心灵的内在世界里——认识自己。其次，人们需要他者的反应和认识。自我认识在其他人的镜子里，即在他者的镜子中，才能形成。我认识自己，因为我被认识。歌德自然在此做了一个值得一提的限定。不是每个他者都会成为他的镜子：仇敌不在考虑之列，因为我的此在受到他们的憎恶……我之所以排斥和否定他们，是因为他们无法促进我，而生命中的一切取决于此。这个观点对歌德来说至关重要。

认识和自我认识，只有当它们能服务生命和促进生命时才有权获此名称。认识是保持生命和升华生命的一个功能。倘若它埋葬生命力，它就不配被称为认识，它就成为披着认识之欺骗性外衣的敌视、毁灭自我和他者的表达。所谓"生命的艺术"，就是抵抗或者阻止这种敌视力量。知识的意志在歌德那里被统一到生命的艺术之中。所以他可以成为尼采的典范。

倘若像歌德那样对苦思冥想的内省如此不感兴趣的人要从事作家自传的写作，他就必须把注意力集中于自身，探究自己身上究竟发生了什么，而不仅是模糊不清的内心世界。但眼下什么真是真的？

在《诗与真》产生的时代，有一篇关于个体之重要性的反思。每个人于自己仅是一个个体，其实也只能对个体感兴趣。但我们始终不停地在自然、社会和文化的超个体的现实中运动，其中个人只能感觉自己是种虚无。可尽管如此，个人与最强烈的存在感紧密相连，所以他在那超个人的、社会及历史的世界中央，依旧对个人的痕迹提出要求。我们仅爱有个性者，所以有对已逝者，甚至不重要者的肖像、自白、回忆、书信和逸事的巨大兴趣。隶属于此的还有自传。在另一篇做准备的笔记中，有这样的话：不能责怪书写历史者，说他只关注结果；但由此……单个人会失去自身。所以人们阅读传记，因为人们与有活力者一起生活。

不过尽管有这样的好奇，面对作为真实地活着的人的个体，对传记的兴趣不仅仅是平和且友好的。人们阅读传记，也为了体验被贬者。出于怨恨精神的传记，对歌德来说是一件恐怖之事。他决定，不为这种兴趣提供服务。所以他也就放弃了将自己的传记写到直接的当下——在1809年的最初框架里他还曾有这种打算。考虑到活着的人，比如公爵或者封·施泰因夫人，他必须与此拉开距离。不该有泄密之事。1810年5月18日，他在与里默尔一起去卡尔斯巴德的途中，讨论了其他的顾虑。因为其重要性，他在日记中将此录下。每个写下其自白的人，处在一种可怜的危险境地之中；因为人们会认可病弱和罪孽之事，而从不会忏悔自己的德行。

必须在自我控诉的西拉险礁和自我褒奖的卡律布迪斯漩涡之间找到一条道路。存在着两种不真诚：人们要么自我贬低，要么变得高傲，两者都得避免。当卢梭自负地作践自己时，同时开始了这两种不真诚。没人该在真诚方面超过他，所以他如此强烈地控诉自己，但却隐藏起把亲生孩子送进孤儿院这一特别令他难堪的事实。卢梭的《忏悔录》对歌德来说是个警告,不能像那个不真实的天才那么干。对他来说,卢梭对真实的强调完全是可疑的。歌德将关于人的真理置于得体的律令下,一如他就此最喜爱的说法表达的那样。它保持了某种顾忌,因为人们也可能借助所谓的真理走得离别人太近,最终伤害、侮辱和贬低他们。然后还需要小心,因为仅有透视法的真理才存在。鉴于透视法和出于得体和小心的顾忌,在歌德那里就形成了一种姿态。他在日记中称此为:更高意义上的生命之反讽的观点。

歌德赋予作家自传《诗与真》这个题目。在一部作家自传里,有多少真理是可能的,又有多少创作是必需的?在以后的一封信里(起先写给巴伐利亚国王,然后一字不差地给策尔特),歌德解释了其著作的题目。那是他最认真的努力,他写道,将在我生命中占据要位的本真的基本真实——一如我认识的那样——尽可能地描绘和表达出来。这种基本的真实首先不是外部的事实。虽然尽可能忠实地重现它们,这不言而喻。为了传达它们,歌德利用辅助手段,研究编年史和历史书籍,展开询问,利用书信和日记。基本的真实是内在的逻辑,即自己生活的内在关联,一如在写作的瞬间他眼前呈现的那样。他也称其为结果。他眼下领会的自身,是受制于影响力和反作用力的发展后果中的个性。基本的真实是个性,是前者让后者成为这样的一种个性。因为人们无法犹如一个历史学家那样从外部接近这种发展,只能从内部、从回忆的视角出发,想象力也参与其事。想象力不是别的什么,只是文学创作的能力。它唤醒以往,由此可以显示其中什么是真理。

为了避免误解，歌德在与公国总理米勒的一次谈话中，将基于回忆的写作与纯粹的虚构区分开。应米勒的请求，也是为了描绘安娜·阿玛丽娅时代蒂福尔特的生活，他回答说：这并不十分困难……人们只需要完全忠实地描绘那些状况，一如它们当时在诗学的目光前显现的那样，诗与真，并无虚构在场。

虚构是一种自由的发明，诗在这个关联中是回忆里被反映的现实。在一个人身上继续存活的过去之事，会被诗的眼睛看到。一件事情的真相有时仅在回忆里出现。有些印象和经历，它们需要时间来发展自己，并在这种发展了的时间中才成为真实。一个人在经历和行动中塑造的东西、回忆的创作有能力想起的东西，这就是基本的真实。

往事的基本的真实如何与当下联系起来、它如何在其有效范围内不时地在当下也变得清晰，展现在厌世（taedium vitae）的问题中。歌德在《诗与真》的第三部和暂定的最后一部中，在与维特主题的关联中，讨论了这个问题。1812 年，当他口授与此有关的段落时，他完整地意识到，这种厌世，一方面是他生命感觉中一个持久的，即使大多是下意识的母题；另一方面也是一个既来自内部也来自外部的时代现象。

诗歌犹如确能使生命变得轻松的力量——歌德带着对诗歌的这样一种赞扬，开始他对自己生命那较沉闷阶段的描绘。在第八卷里，那个奇妙的段落已被论述，其中关于诗有这样的描绘：犹如一个气球，它将我们及我们身上所负的重荷，带上云霄。诗能暂时地将人从尘世的重荷中解脱，能允许世人对尘世的迷径获得鸟瞰的视角。相反，倘若自由的目光不再可能，就会产生一种生命苦难。生命的重荷虽然一直都有，但只有当世人缺少内在的灵活性来保持平衡时，它们才有压抑之效。但是，诗必须对抗的这类压抑和重负，还不意味着歌德称为厌世的情绪的低落。厌世不是产生于巨大的生命负担和迷宫般的环境。问题不是重负和多样性，而是空洞和单调。也就是说，有威胁的不是过多，而是虚无。这里不存在疯狂地手舞足蹈的绝望，而只有使人麻痹的无聊。这是生命中业已规定的死亡，是它让自杀仅表现为形式上的事件。在这里，世人才到达厌世的谷底。歌德在《诗与真》中描述了他多么讨厌此类事情，为了逃避这样的空洞，他如何激励自己做出惊人的激昂举动，如何给自己准备一把匕首，如何思考史上伟大英雄壮观的自杀，比如奥托皇帝自己持剑刺破胸膛，或者塞内加在浴缸里割断自己的动脉。但他知道：那些是经历过一种积极的、重要的生命的人物，陷入某种矛盾，并对生命感到绝望。他们对某些行动感到绝望。但厌世是对行动的缺乏感到绝望。那些人的生命过多，而厌世之人的生命太少。歌德讲述了他如何将自己从深处带出——通过工作。他决定生活，为了能带着欢快去工作，他必须完成一件创作任务。他这样描述这次转变，似乎每种其他的工作都有这样的效果，能驱走患疑病的鬼脸。

当歌德1812年11月将这些关于厌世的思想作为自身经验和时代现象来展现时，发生了一件事。他从一个绝望且为了理性费力挣扎的朋友策尔特那里，得到了其女婿自杀的消息。往事和当下，被叙述的时间和叙述的时间，就这样互相交织。

另一个同样重要的连接，有关宗教问题。它在自传的多处显现，不仅是在这种连接于被叙述的生命里起作用的地方，而且也在歌德当下感到需要对某些宗教题目进行思考的地方。比如他在1811年与新结交的年轻朋友祖尔皮茨·布瓦塞里——后者是古代德国艺术的大收藏家和虔诚的天主教徒——详细地就天主教教会的精神世界进行讨论，并受到启发，去阅读夏多布里昂的《基督教真谛》。这给歌德带来对天主教日常生活及圣礼秩序的一种友好的观察方式。歌德的批评针对基督教新教的贫乏——新教教徒圣礼太少——而把对天主教生命秩序的辩护显然根本不合适地置入关于莱比锡时代的那卷。无论如何，在这些思考里，歌德那时对宗教和宗教实践的主题想说的话得到了表达：如果需要宗教，那就该是一种鲜明的、直观的和庄重的宗教，并拥有一种生命实践上有效的仪式性。

在《诗与真》产生的年月里，也发生了他与老朋友雅各比的争论。歌德因此感觉受到额外的挑战，促使他去阐明与宗教的关系。而这种挑战也在自传中留下了痕迹。

雅各比将自己的论著《论上帝的事物及其启示》寄给歌德。他在其中发展了自己的思想：无论如何不能从自然出发来领会上帝。"人以精神让自己凌驾于上帝之上，由此启示了上帝。"雅各比写道。这是一种同歌德完全相反的立场。他甚至有此印象，朋友的这篇论著含有直接针对他的锋芒。他非常生气地写信给早年的朋友克内贝尔：倘若有人不想知道，精神和物质，灵魂和肉体……是且一定是宇宙中必然的双重成分……谁若无法把自己提升到理解这个观念，他就……该早已放弃思考。他继续写道，雅各比多年来以其信仰事务折磨他，所以雅各比就命该如此——若他灰白的脑袋带着悲叹入土。

1805年5月，席勒去世后不久，雅各比最后一次拜访歌德。此后两人再也没有见面。当关于雅各比的虔诚之作的最初恼怒过去之后，歌德在给他的一封友好的信中，成功地对自己与宗教的关系做了一次精辟的描述。1813年年初，他致信雅各比：基于我天性的多种多样的方向，就我自身来说，我无法满足于一种思维方式。作为诗人和艺术家，我是多神信仰者；相反，作为自然研究者，是无神论者——二者如此截然不同。倘若我为了个人，作为一个道德的人，需要一个神，那么对此我已有考虑。然后在遗著《箴言集》中，有简明扼要的总结：我们是/研究自然的无神论者，/写诗的多神信仰者，/道德的一神论者。

以这样的观点，歌德在他的作家自传里，把对其环境的描写也归入宗教事务。他讲述了这个男孩如何很早就发展出一种泛神论的自然观，有关古代的众神天空的这种泛神论如何将他置入诗意的激动，然后《旧约》中严格且唯一的上帝这种一神论又如何塑造了他对道德法则的观念。

对以往的每种描述，歌德在致策尔特的关于作家自传的一封信中说，都带有写作时代中的某些精神。当下的经验与被描述的过去的结合，不管我们怎么看，对氛围或者厌世的描绘有效，也对与宗教事务打交道有效——甚至对历史和政治也有效。

歌德写作《诗与真》前三卷的年代，正是一个政治上激荡的年代。1811年，当拿破仑在欧洲的权力达到高峰，而歌德与他见面后骄傲地佩戴荣誉勋章时，自传中回忆旧帝国的儿童时代的第一卷问世了。含有莱比锡和斯特拉斯堡岁月、写作带有塞森海姆之田园牧歌的第二卷时，欧洲在拿破仑进攻俄国的行动前屏住气息。等第二卷发表时，拿破仑的进攻已遭惨败。处理《葛茨》和《维特》之创作的第三卷，于1813年写成。那时，联合起来的欧洲势力制服了拿破仑，而在德国，一场民族运动正趋苏醒。当这一卷在1814年初夏出版时，拿破仑已被流放到厄尔巴岛。

当拿破仑在欧洲的权力展开并达到其高峰之时、当旧帝国消亡之后，歌德描绘了一次辉煌的皇帝加冕活动。这是他在法兰克福作为孩子经历的。那个世界同样已经消失，如同他首次初恋的世界。一切都仅活在回忆中，被童话般的美丽所笼罩。但书中也闪现出讥讽，因为与那个姑娘，那第一个格蕾琴，恋爱并不顺利，与旧帝国有关的事情也一样。关于在韦茨拉尔的法院时代的描述，将此表现得很清楚。歌德在此让读者感受到旧秩序的残余，这种病入膏肓的、只有通过一个奇迹才能维持躯体的生命力的可怕状态。这也是针对浪漫主义关于历史的多愁善感而发，针对那些幻想回归旧帝国的爱国主义者而发。

在魏玛，当有人抱怨法国驻军带来的沉重负担时，歌德描绘了以前法国人如何在法兰克福牡鹿沟旁的家里驻扎，父亲的愤懑以及男孩的乐趣，因为趁此机会，剧院的世界向他敞开。《诗与真》中的这一段是对法国文化的一篇爱情宣言，写于反法情绪四处蔓延的一个历史瞬间。

第三卷里处理了"狂飙突进"时代的青年运动，包含一个对解放战争的隐蔽解读。与青年的勇气连在一起的审美意识努力向前——在论及"狂飙突进"时有此言论。还带着对当下的一瞥：从中产生出一种由作用和反作用组成的，半是幻想、半是真实的世界，而我们以后在其中经历了最激烈的狂妄自大和煽动挑唆。

当时和今日，这类自由运动对他来说都是教书匠、文学家和报章作者之修辞，仅通过阅读获得的激动并非真实生活的一种力量。他以类似的方式评判爱国主义，指责它言之无物且抽象空洞。1807年7月，普鲁士崩溃后，他致信策尔特说：一个整体听说业已消失。但在德国，其实没人见过它，因而更少有人曾为此操心；倘若有人为此哀叹，那我得藏起我的不耐烦，以免显得无礼。

在歌德死后才出版的自传第四卷关于恶魔的反思，写于1813年4月，拿破仑在俄国的灾难性惨败之后。在自传那被叙述的时间里，恶魔现象被与埃格蒙特的形象连在一起，而在叙述的时间里，对歌德来说，它首先与拿破仑密切相关。歌德以恶魔的概念，通过拿破仑的形象，试图寻找由恐怖和惊羡混杂而成的魅力的痕迹。

歌德小心翼翼地接近这个形象。他写道，它似乎出现在通往可怕的事物的不可理喻的边界上。这是带有非宗教形态的某种宗教，携带着它的吸引力。通过这种吸引力，它对大众奏效。它深入非理性的深渊，比一切理性更强大。能突变为善，也能突变为恶。它进入历史，突然得犹如出自虚无。它像一个偶然，可人们又发现一种必然性。它与天意相似，因为它指向关联。

这是对这个形象最初的观察,而自传作者表明,对与这些观察连在一起的埃格蒙特的观察,也许不那么合适,事实上他在此谈到的,也许完全是另一个人。作者指出,我要抢在自己前面,因为我不知道,我是否能再次有机会说出某些其实我很久以后才让自己确信的事。也就是说,在他的埃格蒙特时代以后确信的事。接踵而至的,是未提及名字的对拿破仑形象的密集描绘。这种恶魔般的东西会最可怕地显现——倘若它在某人身上以压倒性的优势出现。……值得推荐的不总是那些最杰出的人物,而这既不取决于精神,也不取决于才华,同样很少由于心地善良。但一种可怕的力量从他们身上迸发,他们会对一切生灵产生一种令人难以置信的暴力……所有统一的道德力量无法反对他们;人类光明的部分,徒劳地想让别人怀疑他们是受骗者和骗子,但大众会被他们吸引。很少或者根本没有人像他们那样具有时代性。除了他们与之开始斗争的宇宙自身,他们无法被任何其他东西克服。以下这个奇特但可怕的箴言也许正是产生于这类见解:无人反对上帝,除了上帝自己(nemo contra deum nisi deus ipse)。

一个恶魔般的人,迄至那时只能被宇宙自身克服,这被用来清晰地指称拿破仑。拿破仑在俄国不是被对手,而是被冬天和巨大的空间制服。以后面对艾克曼,歌德还会在此清晰地强调,恶魔不该仅被看成是消极的,是魔鬼。比如靡菲斯特完全没有恶魔般的形象。恶魔般的人也在积极意义上拥有巨大的能量。所以歌德甚至把公爵也归入恶魔般的生灵,他充满无限的活力和焦虑，以至于他自身的王国对他来说太小，甚至最大的王国对他来说也可能太小。此处引述的在与艾克曼的谈话中，歌德也对这样的问题——即他身上是否也有某种恶魔般的东西奏效——做出回答：在我的本性里没有它，但我臣服于它。说这话的是个年迈的男人，年轻男子那诱人的魅力也许已经完全不再受他关注。火山内部一片寂静，就像歌德本人。

1812年年底，歌德决定将叙述结束于迁往魏玛。他明白，关于之后的事情，他只能详细地描述那些特别的多事之秋，比如他伴随公爵的对法国的远征；或者那些他在其中再次成功地完全属于自己的岁月，比如意大利之旅。在完成自传第三卷之后和结束第四卷之前，他立刻开始写《意大利游记》，它发表于1816年和1817年，连贯地延续《诗与真》前面三卷的发表顺序——1811年、1812年和1814年。尽管那是政治上的骚动时代——科塔一直到1814年法国远征结束还在等待着歌德交付第三卷——这部作品仍在读者那里唤起巨大兴趣。也许是因为人们喜欢让自己回忆旧时代，也许也一同回忆自己的青年时代。无论如何，这是歌德在读者那里所期待的反响。就一本书来讲，没有什么比赢得这样一名读者更值得期待了，倘若他因此而感到有必要，去阅读自身生平。赖因哈德在读了《诗与真》后，即刻致信歌德，并描绘自己青年时代的经历。歌德对他这么写道：以我处理事情的方式，一定会产生这样的作用，即每个读这本小书的人，会激动地回顾自身及其年轻的岁月。

席勒的去世、安娜·阿玛丽娅的去世和母亲的去世，这些告别为回顾往事提供了契机,由此最终带来了作家自传。当歌德写第三卷时,又经历了一次告别,而它结束了一个完整的时代。1813年1月20日,维兰德告别人世。

三十七年,多于半个人生,他们一起生活在相隔不远的地方。歌德曾经怀着年轻人的自负,充满讥讽地嘲笑年长他十五岁且已经闻名天下的维兰德是个柔弱之人,却自以为能对古代的大力士吹毛求疵。但在迁居魏玛之前,他已真诚地表示过歉意。在魏玛,他迅速征服了维兰德的心。维兰德称他为一个"出色的人",并承认自己完全"爱上了"歌德。与维兰德的友谊纽带虽然从未像与赫尔德的那样紧密,但两人之间不曾有过由亲到疏的戏剧性变化。这与同赫尔德的关系不一样。他们稳定地互有好感。维兰德毫不嫉妒地欣赏歌德,歌德尊敬维兰德,无保留地信任他。歌德在维兰德身上看到的,是一个拥有伟大的自由思想、机敏以及坚定的基本准则的人。在一篇出色的悼词中,在共济会会员的一次聚会上首次被诵读,歌德用以下名句悼念死者:这个有才智的男人喜欢炫耀他的意见,但是,我可以让所有同人作证,但他的信念从不摇摆。如此一来,他赢得了众多朋友,并与他们保持着友谊。这个评语针对的是轻浮、不可靠和单纯有才智的世俗之人。维兰德爱自由胜过一切,并为了自己的创作而利用自由。歌德对他评价特别高的是:维兰德宽以待人,提携别人,即使面对带有值得批评之瑕疵的朋友,他也证明了自己的勇气。歌德对此有亲身体验,因为他以自己那软弱的革命剧本,在维兰德这个更佳的革命者那里无法获得重视,而维兰德也让他感到了这一点。歌德在其悼词中明确赞扬维兰德伟大的政治知性。歌德充满敬意地注意到，他（维兰德）以何种注意力关心快速变化的日常事务，以何种明智成为一个德国式的、勤于思考且富有同情心的男人。

还有其他一些赞美之词，比如维兰德对一种高贵的德国文风的贡献，其叙事诗的美丽、优雅和妩媚，其自由的非教条的哲学思考。但歌德对维兰德高于一切的赞赏，是他的大度，一种少有的优点，能真诚地为别人的成功欢呼。只有一个智者，一个带着快活和善意关注同伴的人才能做到这一点。歌德对维兰德的悼词具有一种挽歌式的语调，但也包含某些明亮的东西，大概有些许他所赞赏的在维兰德身上的严肃的快活。

歌德这次也没有参加葬礼，没有同被放在灵柩上的死者告别。在葬礼的那天，他对法尔克说，我为什么要让一个变形走样的面具，毁坏我对我男友和女友们面容曾有的可爱印象？……死神是个非常平庸的肖像画者。就我而言，我想对我全部的朋友在记忆中保持一幅充满灵性的图像……所以我请您，倘若必须去那里，也支持我一下。……葬礼中的队伍，非我所喜。

在与法尔克的这段长篇谈话里，歌德表达了对不朽的思考，而这是人们尚未从他那里听到过的话：在自然中永远和无论如何都不会出现这类崇高的精神力量的没落；大自然从不如此挥霍地处理其资本。维兰德的灵魂是个天然宝藏，一件真正的珍宝。

以后在给策尔特的信中，歌德将再次让人感受到关于一个强大的灵魂不可摧毁的思想。让我们继续活动，直到我们，之前或者之后，被世界精神唤回以太！但愿这永恒的活力，不要拒绝赋予我们在类似事务中业已考验自己的新工作！

歌德坚信，活动的大自然中有着内在的、死亡的隐得来希尚未耗尽的目标确定性。一种无法耗尽的隐得来希，倘若道理无误，应该获得一个持续的活动场所。当然不是人人都能抱有希望。人们自己得拥有什么值得持续的东西。

第三十章

伟大的历史事件投下其阴影。拿破仑的没落和成问题的解放。保护"神圣的火焰"。对时代精神的献礼。哈菲斯和家长制的空气。《西东合集》。歌德和玛丽安娜。爱情之诗的相互游戏。

在写作《诗与真》的第二和第三卷时,政治事件骤然发生,面对它们歌德不得不寻找一种淡然的姿态。歌德获悉莫斯科大火时,他致信赖因哈德:莫斯科遭遇大火,对我来说没有任何关系。世界史将来或许有话可说。当然事实上他没有这么镇定。在书信的草稿中是这么写的:我们的想象力无法理解它,而我们的知性也无法安置它。

歌德内心激荡,他曾站在拿破仑一边,所以无法冷静地甚至庆贺胜利般地接受他灾难性的失败。当拿破仑从俄国逃出,1812年12月15日乘着夜幕悄无声息地穿过魏玛,在埃尔福特通过法国公使向歌德转达问候时,公爵讥讽地说,现在天堂和地狱都向他抛出橄榄枝,以此影射拿破仑和奥地利女皇玛丽亚·路德维卡,拿破仑的一个死敌,她也托人向歌德问好,因为之前她在卡尔斯巴德发现歌德非常健谈。

经过了针对俄国的冬季进攻的惨败后，1813 年是决定性的一年。拿破仑重组军队。普鲁士改换阵营，年初向法国宣战。公爵暂时还得巧妙躲藏。魏玛再次经历了法国人的驻扎，然后是俄国人和哥萨克人，接着又是法国人。从西部和东部，不幸降临魏玛。《西东合集》成为歌德的逃亡之所。

1814 年在德国土地上进行的战争，具有一种新的历史特征。从柏林发出了针对普鲁士和莱茵联盟各国的呼吁，呼吁组成志愿军。伴随着法国革命开始的情感的民族化，也影响到奋起反对拿破仑的国家。爱国主义的动员和符合信念的扩充军备，将以前不顾民众意见的内阁战争变成人民战争。精神上在"狂飙突进"运动中已获准备的民族意识，眼下在政治上也获得突破。民族、祖国和自由现在是人民准备以死来争取的价值。在 1806 年关于普鲁士失败的公开声明中，保持平静被称为公民的首要责任。相反，1813 年人们清晰地呼唤作为普鲁士人和德国人的新的民族情感。这是一种新的政治的声音，它要求积极地参与，以对一种未来宪法的瞻望引诱世人。不仅民族的情感被唤起，人们还——至少在修辞上——欢迎民主的要求，而这通过普鲁士的改革与其说得到了满足，不如说仅被唤醒。在反对拿破仑的解放战争的数月里，一种系统地推行的旨在动员的政治宣传首次出现。伟大的费希特在这件事上起先以《对德意志民族的演讲》登台亮相，自愿作为随军宣讲师出现在普鲁士大本营中。倘若人们接受他的申请，他可能就是第一个政治委员，而同时他私下想着保留返回纯粹概念之世界的退路。两者都没能成功，因为 1814 年 1 月，这个勇敢的男人就死于解放战争的伤员带回的神经系统病毒。在这些时日里，不仅有爱国主义的兴奋，人们还采取行动，建立了志愿者协会。其后十分出名的吕措义勇军就是由德意志各邦国志愿者组成的游击队。军事上毫无意义，但以其黑、红、黄的制服而颇具象征性。

在这个受部队驻扎干扰的多事之秋，歌德早在4月中旬就几乎逃亡般地离开了魏玛。同前一年一样，他这次也去马林巴德附近的特普利茨疗养。出于安全考虑，他改换了装束，但还是被志愿兵认出，不得不以箴言诗为他们的武器祝福。在德累斯顿，他从远处望见正在视察防御工事的拿破仑。在克尔纳家做客时，他遇到了这家的儿子，年轻的特奥多尔·克尔纳。他已参加吕措义勇军，因其士兵歌曲而出名。大家谈论当下的起义和反对拿破仑战争中的强烈感情。歌德起先沉默不语，然后嘟哝道：只能晃动你们的锁链，这个男人对你们来说太强大，你们无法打碎它们。

战争的喧闹一直传到平时静谧无声的特普利茨，人们在夜里甚至看到天边的火光……倘若有任何一个不幸的地方燃起火焰，自己身边到处都是嘈杂的逃亡者、伤员和失魂落魄者，人们就会逃向远处。

8月歌德重返魏玛。他不想丢下克里斯蒂安娜一个人太久。1813年10月16日，莱比锡各民族的会战以拿破仑的失败结束。这天在歌德的书房里发生了一件奇特的事。挂在他书桌旁的一个拿破仑石膏像无缘无故地掉到地上，但并没有出现很严重的破损。这个雕像以后也仍保持着它的醒目位置，即使皇帝被流放以后。

歌德不信任祖国的集体精神。当这年年底胜利的联盟军向法国进军时，他致信克内贝尔说，他从未见到德国人如此紧密地团结在一起——除了在反对拿破仑的仇恨中。我只想看到他们将开始做什么，倘若此人被赶过莱茵河。倘若大众投身于政治的和军事的狂热，人们不该放弃，而是应该坚持要求留在家里的科学和艺术界的朋友们，保存那神圣的、即使仅藏在灰烬下的火焰，下一代人会非常需要它。

歌德希望，和其他人一样也报名参加志愿军的儿子奥古斯特能留在家里。他说服公爵，给奥古斯特找到一个没有危险的职位，在法兰克福的大本营里当书记官。这不符合儿子的意愿，奥古斯特担心会被别人视为逃避者和懦夫。事情也就这样发生了。当奥古斯特从法兰克福重返魏玛时，他受到别人的鄙视，遭到讥讽和侮辱。几乎发生决斗事件。又是父亲出来阻止此事。这一切让儿子深受伤害，无法完全克服。他觉得自己受到妨碍，无法证明自己的多种才华，始终仅作为一个强大无比的父亲的儿子，无法从其阴影中走出。但父亲很开心，能让儿子完好无损地回家，还不时把他当成秘书使唤。

即使战胜拿破仑并不让他高兴，爱国主义的爆发也不适合他，歌德还是足够勤奋，莱比锡战役后的几天，就建议出版商印出简装版《赫尔曼和多罗特娅》。他预感到，此刻赫尔曼最后的话会非常合适：现在或将来若有敌人来犯，/ 我就武装自己，拿起武器。……啊，就放心地挺起胸膛迎击敌人。/ 倘若人人都像我这么想，武力就能奋起 / 反对武力，而我们大家都为和平高兴。

期待没有落空。首次出版时已受读者欢迎的叙事诗《赫尔曼和多罗特娅》这次也很畅销，在读者那里的反响不断增强。歌德非常开心，甚至在谈话中暗示，他可能会有灵感写个续篇。但事情没这么发生。1814年年初，伊夫兰从柏林向歌德询问，是否愿意为战胜拿破仑的庆祝仪式写一部节日剧。据说就在这个夏天，沙皇、奥地利皇帝和普鲁士国王将在柏林会面，也就是说，事情很急。

歌德起先表示拒绝，但没忘记指出，他完全懂得即兴诗，比如他为哈勒的浴场管理部门写过某些合适的东西，但这又是一种不恰当的注解，因为人们在柏林希望要的是某种高尚的作品，而非浴场的戏谑。不过几天后歌德还是产生了对此委托的兴趣，说这项委托如此讨人喜欢，让人无法拒绝。他有了一个主意，但眼下还不想泄露。能够争取到歌德，伊夫兰大喜过望："民族的第一人为这个崇高的事件动笔写作，没有比这更加崇高的庆典了。"对伊夫兰来说这是一个梦幻般的联系：德国人中最伟大的诗人，为德国人最伟大的节日创作。

伊夫兰希望的，肯定是一部与时事联系更加紧密的剧本，有别于歌德几个星期后提供的东西：《埃庇米尼德斯的苏醒》。这部节庆剧本令人诧异，因为作者带着自己的问题上场，代替庆祝的理由。这是一个私人的而非官方的版本。为了让私人因素表现为某种客观的因素，剧本穿上了古代的外衣，象征性地被译成密码。当这个剧本迟到一年后在柏林上演时，柏林的大众将题目《埃庇米尼德斯的苏醒》（*Epimenides*）改成《他—究竟—怎么做的—这事》（*Ja-wie-meet-er-das*）。歌德使用了一个关于上帝的宠儿的古代寓言。此人睡过了一段完整的生命时日,但没有因此受罚,而受到提升视力的奖赏。在倒数第二幕中,埃庇米尼德斯表现出后悔和充满自责:我为自己的休息时间感到羞愧,/与你们一起受难是赢利:/因为就你们感受到的苦难来讲,/你们也比我伟大。然后牧师回答:别指责神灵的意志/倘若你赢得某些岁月:/它们让你保持平静,/以便你能纯净地感受。

剧作的上演不断被推迟。起先是皇帝聚会落空,然后是伊夫兰去世。但人们还是在1815年3月为反法联盟进入巴黎的周年纪念日上演了该剧。这么一部令人费解、满是箴言且情节平淡乏味的剧本,注定无法受到观众欢迎。尽管如此,歌德还是松了一口气,因为他了却了自己的义务和责任,现在可以转向他真正关心的事务和主题了。

1814年年初,联军齐步踏进巴黎,将拿破仑流放到厄尔巴岛。将拿破仑视为秩序权力来欣赏——作为战争精神的体现,他觉得拿破仑更是可怕的——的歌德,把对一种新的和平秩序的希望与改变了的权力关系联系起来。对他来说,最重要的莫过于和平。此时,他又感觉到最初的轻松。回顾往事时他说,外部的事件,战争和驻军,还有绝望和粗野的氛围,对他造成重负,还让他分心。就连与公爵的关系,现在也重又变得轻松,因为他们之间涉及拿破仑的对立已不复存在。我们在当地生活于惬意的宁静和日常的舒适中。他感到一片春天的苍穹,他致信策尔特说,也许他将重新启动自己那已被放下的《魔笛》,即自传第二卷。他找出意大利之旅的素描,整理当时的日记和书信,以便出版。就是这种重新沉入美丽的往事,也让他感到生命的活力。他曾被《埃庇米尼德斯的苏醒》扯出这项工作，但这里也事关生命精神的苏醒。我们大家都重获新生，/ 伟大的渴望得到满足。埃庇米尼德斯这样大声叫出。

不过，歌德真正感到自己获得重生，是几星期之后的事。1814年5月中旬，他从科塔那里收到由约瑟夫·封·哈默尔新译的14世纪波斯诗人哈菲斯的《诗集》。哈菲斯对他来说绝不陌生，单篇诗歌的翻译他之前已经读过。赫尔德就发表过一些。歌德早在1773年为了计划中的《穆罕默德》就开始了解阿拉伯和波斯文化。对他来讲，这个世界连同《旧约》属于一个文化圈。他也把《旧约》当作诗篇来读，同样还有《古兰经》。早在18世纪70年代早期他就研究过这种文化。从所罗门王的《雅歌》到哈菲斯的情诗，对他来说不是一条漫长的路，更不用说从亚伯拉罕和雅各布的小说到出自《一千零一夜》的童话。那里到处弥漫着父权制的空气。当他为了写《诗与真》唤醒自己对此的回忆时，他给罗赫利茨就亚洲的世界开端写道，他是如何称呼它的：因此赢得我的文化缠绕过我整个的生命，时而以意想不到的形象出现。

两年半后，在一种由阅读哈菲斯引起的、一直持续到1814年夏的高昂创作情绪中，歌德创作了三十多首诗歌，起先被收在《致哈菲斯的诗》这一题目下。这年年末，当越来越多的诗歌被添加进去之后，歌德想称其为《德国诗集》。当他下一年初夏制作目录时，诗歌数量已经过百。到了1815年年底，他将诗歌分成不同的"书"。那是为新收诗歌准备的框架，其数量到1819年夏正式出版时还会增长。它最后成为歌德的范围最广、拆分成组、自成一体的诗集。其中有些他之前已发表在科塔的《1817年戏剧小册子》中,以便测试其效应。结果令人失望,所以他又写下关于《更好地理解〈西东合集〉的笔记和论文》(以下简称《笔记和论文》)。它不仅含有对波斯和阿拉伯文化圈的解释,而且他还在其中发展了自己关于宗教及其与诗学之关系的一些原则性思考。

回顾1814年初夏对哈菲斯的阅读时,歌德在《四季笔记》中写道,面对这些强烈的印象,他不得不表现得有创造性,因为否则他在这个强大的现象前就会无法坚持。他听凭自己沉湎于刚被唤起的诗歌的创作欲望,因为他希望,从这个自我呈现和暗自有威胁的现实世界,逃进一个观念的世界。与有威胁的世界的母题建立联系的,是诗集的首篇:北方、西方、南方在分崩,/帝座破碎,邦国震动,/逃吧,遁入纯洁的东方,/领略族长国家的风光,/在爱情、美酒、歌唱之中,/吉塞使你返老还童。

吉塞在阿拉伯传说中是找到生命之源的少年,他身着绿衣,唇边有绿色绒毛,坐在水边,完全身处春天般万物生长和丰饶多产的颜色中。

1814年夏在《西东合集》创作的日子里,接着在1815年的夏天,歌德身上发生了一些事,以后在与艾克曼的谈话中,他称此为重复的青春期。他在那里这样描绘那几个月创造性的高昂情绪:当诗集中的篇章……完全将我征服时,我有足够的创造力,常常每天能写两三首诗;在空旷的田野上,在马车里,或者在客栈中,对我来说都一样。

哈菲斯诗歌中吸引和激励歌德的,是在翻译中可以感到的轻松愉快的语调,日常的和崇高的,感性的和精神的,思想和幻觉，智慧和幽默，讥讽和臣服，在其中交替出现又紧密相连。歌德在《笔记和论文》中写道，这个东方的诗人喜欢将我们从地面举上天空，然后又让人从那里栽下，或者相反。爱情、歌唱、饮酒和祈祷，在此是永不枯竭的，所以也是循环往复的主题。

涉及哈菲斯，歌德在《笔记和论文》中还特别强调了一些特征。哈菲斯一方面是教师和学者，严格地处理神学和语法问题。所以诗歌与此形成一个对比。哈菲斯的创作显然与他平时所想不一样。这些诗歌时而是轻快的、讥讽的，时而是色情的、调情的，所以它们是个范例，说明诗人恰恰无须思考和经历他所道出的一切。人们应该记住这一点，以便别去尝试，用1814年秋在法兰克福的盖尔布米勒开始的，然后在下一个夏天继续的爱情故事，代替文学故事，在其中实现自己的假面舞会。歌德在此情境中也没有经历在诗歌中所表达的一切。二人，玛丽安娜和他，对此都十分清楚。他致信策尔特说，他替自己找到了某种创作方式，这允许他，在爱情中如此愚蠢，似乎永远年轻。

1814年7月25日，歌德启程去威斯巴登。没去波希米亚的浴场，他这次想往西去疗养地，因为战事几年前这是不可能的。对歌德来说，这是享受和平的一种方式。策尔特也决定去那里疗养。也就是说，两个朋友能在那里会面。还应该顺访近处的法兰克福，实现早就计划好的与祖尔皮茨·布瓦塞里的相聚，这位年轻的朋友想给他看自己古代德国艺术品收藏中的几个物件，歌德已经答应对此写些什么。有许多理由上路。这是一次特别轻松的启程，在旅行第一天的早晨，歌德已经在马车里带着美好的预感写下一首诗。它其后被收入《西东合集》第一部中的《现象》：倘若福玻斯和雨墙/相交一处，/会有一道彩色虹影/在天际出现。//我看到同样的环形，/横亘雾中，/它虽呈白色，/却总是在天穹。//因此你，快活的老者，/不用悲伤，/尽管马上白发苍苍，/你还将恋爱。

8月4日，歌德在威斯巴登接待约翰·雅各布·封·维勒默及其养女玛丽安娜·容的来访。维勒默是法兰克福一个成功的银行家，戏剧和绘画艺术的资助人，也是剧本和道德哲学论著的作者。他身材高大魁梧，有女人缘。玛丽安娜·容作为一个年轻的姑娘，曾是一个特别有天赋的舞蹈演员。男人们排着队爱上她，其中也有克莱门斯·布伦塔诺，想娶她为妻。1800年，刚刚丧妻的维勒默将这个十五岁的姑娘作为养女接到自己家里；在法兰克福有这样的传言，他从她的母亲、一个不成功的女演员那里，将姑娘买下。玛丽安娜与维勒默的女儿们一起长大。当这个长着一头黑色鬈发的美人与维勒默一起在威斯巴登拜访歌德时，她二十九岁。歌德和维勒默从青年时代起就认识。每当歌德去法兰克福时，通常都会去拜访维勒默，后者会不时地借给他钱。这个成功的银行家自信，但也怀着敬意接待歌德。他有一次对歌德的母亲说，他从来没读过像《威廉·迈斯特的戏剧使命》这样打动他的小说。以后，当他把玛丽安娜接到自己身边时，歌德的母亲满意地说，维勒默显然在极力模仿威廉·迈斯特。维勒默与他养女的棘手关系，在他多年来与歌德的通信中，自然没被提及，尽管维勒默其他时候表现得相当坦诚。他虽然在事业上获得一些成功，他写道，"但我精神的羽翼被剪掉了"。

在出自 1808 年的这封信里，他不管怎样给出一个也许涉及玛丽安娜的说明："将来由于一个愚蠢的希望而被错失——八年的经验就此教导我，它永远不会实现。"恰恰八年前他把玛丽安娜接到家中，而他对她的期待，远远多于对一个养女的期待，以至于他会谈到永远不可能实现的"愚蠢的希望"。

歌德 9 月中旬拜访了维勒默，在美因河上游法兰克福城门前的盖尔布米勒。当他在 10 月 12 日再次访问盖尔布米勒时，他对克里斯蒂安娜这样汇报：晚上在枢密顾问维勒默妻子那里做客：我们的这个尊贵的朋友现在正式结婚了。她非常友好，且同以往一样善良。这个两次成为鳏夫的维勒默，在 1814 年 9 月 29 日十分匆忙地与玛丽安娜结婚了。与歌德的见面是否给了他勇气迈出这一步？通过歌德在这类事情上的非传统性，是否让他感觉自己受到了鼓励？也许他们三人一起谈论过此事，而歌德的赞同是否促使玛丽安娜表示同意？没人知道详情。事实就是，在 9 月首次见面后，婚礼匆忙地举行了。

10 月 12 日婚礼以后三人首次见面，歌德与玛丽安娜，这个新婚的维勒默夫人，单独待在一起。玛丽安娜后来为歌德的宾客题词留念册所写的诗，注明了这个日子，说明这天对她来说非常重要，而一切由此开始。这首诗优雅地使用歌德喜用的用语"既长久又辽阔"，进行语言游戏。"我属于小人物，/你称我为可爱的小妞。/倘若你永远这么叫我，/我会一直幸福地自夸，/愿我一生保持这样/既长久又辽阔，/既辽阔又长久。//人们视你为最伟大的人，/人们敬你为最杰出的人，/一旦有人见你，定会爱上你，/但愿你只留在我们这里，/没有你，我们觉得时间/长久辽阔和辽阔长久。"

玛丽安娜具有为吉他演奏即兴作诗和吟唱的才能，而这点在朋友中间早已为人熟知。现在歌德也有机会见识，并为此着迷。在盖尔布米勒最初的几天，谈话及玛丽安娜的吉他演奏和歌唱，对他来说经久难忘。在以后的书信里他还会不断回忆此事。1814年10月18日，是各民族会战的周年纪念日。周围的山冈上到处火光冲天，燃烧的火球滚入山谷。玛丽安娜次日送给他一张卡片，上面用红色标出火点。在见到这些山丘全景图上的红色小点时，我很愿意思念描画它们的可爱小手。他致信维尔默说。

10月20日歌德启程返回魏玛。他从魏玛写信给法兰克福的克里斯蒂安·海因里希·施洛瑟，他青年时代的朋友和妹夫的年轻亲戚，说他在那里心头腾起欢乐的一道新光。他感觉如此熟悉、如此激动，以至于很愿意留一半时间在魏玛，另一半时间住在法兰克福，以便重获青春，恢复以前的活力。

过了一年，他在5月24日动身。他在威斯巴登停留数个星期，从那里出发，顺着莱茵河往下一直到科隆旅行，陪同他的是海因里希·弗里德里希·卡尔·封·施泰因男爵。然后在海德堡的祖尔皮茨·布瓦塞里处做了一次较长时间的停留。这个夏天，这一年的高峰，也许完全就是他一生中的一个高峰，是在法兰克福的几个星期，在维勒默处于市中心的家里和盖尔布米勒度过。当歌德几乎游荡了五个月后返回魏玛时，人们为他清新的状态和青春焕发的外表感到惊讶。"歌德看上去……欢乐且健康，"迈耶尔写道，"十年来，甚至更久以来，我没见过他这样了。"

在这几个月中产生了为《西东合集》所写的众多诗篇。在法兰克福的几个星期里，主要写下之后被归入《苏来卡之书》中的那些诗歌。那是一次真实的诗之对话的产物，因为玛丽安娜用自己的诗句与他的诗歌作答，而歌德以后将其收入诗集，却未注明那是她的。

也许歌德已经预感到要来临之事。在1815年5月24日启程的那天，创作了一些诗行，其中进行情色对话的伙伴有了名字。一切还是一场诗歌的游戏——事情始终如此，但还是意味更多。所谓的现实无法脱离诗意。玛丽安娜和歌德也许恰恰享受了这种飘浮状态，而这也赋予他们那种令人振奋的自由，在爱情中互相触碰，但无意互相占有。《苏来卡之书》中带有情色色彩的对唱是基于个人经历的文学创作，不会更多，也不会更少。

可是你，你这样长久将我等待，/送我以火热的青春之秋波，/现在爱我，将来使我快乐，/这一点，我要赋诗报答，/我要永远叫你苏来卡。//既然苏来卡是你的芳名，/我也应该有个名字，/如果你赞美你的爱人，/哈台木！就用这个名字。在诗之对话的优雅的游戏中，哈台木这个名字比"歌德"更合辙押韵。在那座山峰的森严的岩壁上，/你像晨曦一样害羞，/哈台木再次感到/春天的气息和夏天的火焰。

在盖尔布米勒的这个秋天，还产生了以下这组应和诗。起先是哈台木：不是机会使人盗窃，/它本身是最大的盗贼，/因为它从我心里/盗走我残存的爱。//我一生的全部欢欣，/都被它盗去交给了你，/使我变穷，我的生命，/现在只能指望着你。苏来卡的回答是：你的爱情使我异常欢喜，/我并不去责骂机会，/它虽对你进行盗窃，/这种掠夺使我欣慰！//为何要去掠夺？/你对我是出于自由选择；/我倒是非常乐意相信——/对了！盗窃你的，是我。

一如歌德在1815年5月对策尔特所说，诗集的每一首诗，充满了整体的意义……倘若它该对想象力或者感情发生作用，必须先从一首之前被阐述的诗歌入手。比如这句箴言被塞到苏来卡的口中：尘世凡人的最高幸福/只在于保持自己的个性。这句箴言大多被肯定地引述，还出现在另一种启示中，倘若人们将哈台木的回答加上：这种说法，可以允许！可是我另有看法：/我觉得人间全部幸福/只统一在苏来卡身上。//她把她的时间用在我身上，/我才感到一个有价值的我；/若她掉头而去，我就立刻失去自身。享受个性，这一点常常无法做到。一旦爱上别人，个性对一个人来说显然不够，因为爱人缺席了。只有爱人才让自我变得有价值。倘若爱人离去，我就失去自身。对相爱的人来说，个性也是某种最好双方一起、而非独自享受的东西。

在诗集的其他地方，明确地对诗和生命的关联进行了清晰的反思。苏来卡说：我永远不愿失去你！/爱情会赋予爱情力量。/但愿你能用强烈的热情/为我的青春增光。/哦！听人赞扬我的诗人，/多么迎合我的心意。/因为生命就是爱情，/生命的生命就是精神。

这种被爱的感情，在诗的镜像中有所不同。在那里意味着更多：多么迎合我的心意。这里谈的不是诗和才智领域中现实的缩减和逃逸，不是替代和贫乏的纯净化，而是生命的一种升华，而它将此诗提升到这个美妙的用语：精神是生命的生命。

这可以在精神作为生命之创造性中心的意义上得到理解,也可以指向那种可疑的意义双关,而它在关于银杏树叶的名诗中得到表达:从东方托付给我的花园的／这棵树的叶子,／含有一种神秘的意义,／它使识者感到欣喜。∥它是一个鲜活的生灵,／自己实现分离,／还是选择两者在一起,／被人看成一体?∥为了回答这样的问题,／我发现了真正的含义;／你有没有在我的诗章里／感到与我既是一体,而又成双?这是对柏拉图关于两个一半的神话的影射,因为两者最初曾为一体,所以此后互相寻找。但此处所涉,不仅仅是由两个人组成的这个统一,也与在自身内部重合的统一有关:在我身上作诗者,与在外部现实关系中的生活者并非一回事。由此,这个修辞反问"你有没有在我的诗章里／感到与我既是一体,而又成双?"指的是,在1815年夏末和初秋写诗的几个星期里,爱情在文学和生命之间疾驰,在飘浮中留存。

玛丽安娜为在盖尔布米勒庆贺歌德的生日,想出丰富多彩的主意。布瓦塞里在日记中记下了此事。一大早音乐家们在美因河上的一条船里奏乐。诗人就这样被唤醒。玛丽安娜的花园被人根据《西东合集》的趣味,用橙子、海枣、无花果和葡萄装饰一新。窗户之间被束在一起的芦苇,象征着棕榈树,下面是按色相环秩序放置的花环。女士们戴上用最精致的印度麦思林纱做成的头巾。人们在一个长条桌旁用餐。维勒默敬上一瓶1749年的莱茵葡萄酒。玛丽安娜伴着吉他,演唱自己谱曲的歌德诗篇。演讲既隆重又风趣。歌德也被玛丽安娜戴上头巾,与诗句相符:来吧,爱人,来吧,给我围上头饰／只有你亲手裹的头巾才美丽。大家欢聚一堂，直到夜幕降临，最后作为高潮，歌德诵读了他的《东方之歌》。

歌德和玛丽安娜互相交换的便笺和书信带有数字顺序，指向哈默尔译哈菲斯版本的页码和行数。由此产生出作为私密告白的引文拼贴。歌德的一封密信解密后是这样的：我受伤的心灵／对你唇上的风趣拥有权力，／我离去，保持这种权力，／愿上帝保佑。／你是我来自上界的／纯净生灵……玛丽安娜在一封加密的信中这样说："要求我向你敞开我的心灵，／要求我聆听你……我只想用我全部的生命／与你的爱做交易。"

有一首收入诗集的诗，清晰地指涉这场带有解密的告白游戏：我从女主人那里／收到密码通信，／对此我很享受，／因为是她发明了这项艺术。／这是在情场之中／爱的充盈，／一如我与她之间／温存而忠实的意志。

维勒默平时嫉妒地呵护着比自己年轻得多的漂亮妻子，但为她能与歌德交往感到骄傲，以至于即使心生妒意，无论如何也不表现出来。当歌德有段时间保持着克制，没有回复众多信件，以至于玛丽安娜为此病倒后，维勒默几乎恳求般地邀请歌德来访。他写道，他在市中心有个空房间："但愿歌德能来！以便永恒的感情无须沉默，爱能给予它能给的一切。"

在法兰克福和盖尔布米勒住了几个星期后，歌德重新去海德堡旅行，以便在布瓦塞里及其绘画收藏处再待几个星期。玛丽安娜在丈夫的陪同下，在那里再次拜访他。那是9月23—26日，也是二人最后一次见面。趁此机会，玛丽安娜交给歌德她的两首最美的关于从东向西的风儿的诗歌。这些东风诗,是她在途中写下的。第一段为:这种飘动是什么意思?／东风是否给我带来喜讯?／它的翅膀迅疾地扑击,／治愈了我重伤的心。最后一段则是:啊!真正的内心信息、／爱的气息、新鲜的生命,／于我只有出自他的嘴里,只有是他的呼吸才行。

她9月26日的告别礼物是一首名为《西风》的诗:西风,你的湿润的羽翼,／使我觉得多么羡慕,／你能给他传递消息,／报告我的别离的痛苦!最后一段是:对他说,但要婉转地说:／他的爱乃是我的生命;／只有在他身边才能给我／这两种快乐的感情。

1815年10月7日,歌德返回魏玛。最后几个星期几乎一直陪伴他的祖尔皮茨·布瓦塞里又送了他一段路。布瓦塞里在日记中写下:"他非常疲惫,没睡好。不得不逃离。"这经常被解释为,歌德似乎在逃避玛丽安娜,犹如以前逃避弗里德丽克。但突然的离去也许另有原因。9月底公爵在海德堡探访了歌德,歌德和他一起去了曼海姆,卡罗利妮·亚格曼曾是公爵的情妇,现在是封·海根多夫夫人,也在那里逗留。然后歌德在布瓦塞里的陪同下,去了邻近的卡尔斯鲁厄,受公爵的委托拜访宫廷,又从那里返回海德堡。他在海德堡收到的一封信,一定让他很迷惑。在10月6日的日记中有简短记录:信件。决定离去。布瓦塞里日记中的记录也许可以给予我们更多启示:"歌德突然要走;告诉我,我要写遗嘱……亚格曼从曼海姆催他,还有其他女人,他应该去那里签字和表态。他为公爵担心。"然后才是那个上文引用过的句子:"不得不逃离。"也就是说,他躲避再次与公爵和卡罗利妮会面,但面对公爵,他没提突然离去的理由,仅对公爵写道,他的恶魔揪着他的头发,扯着他经过维尔茨堡回家,所以公爵不该对他生气。所收书信中的消息或者指令,让他陡然回忆起自 1808 年以来,关于魏玛剧院他和亚格曼之间爆发的争执。这场争执导致两年后歌德遭到解聘,不再担任剧院的经理。

尽管有启程前的恼怒,但他此刻还是没有丢下他的《西东合集》,他将诗集分为十三部节。他在这天写下的告别信,是寄给雅各布·维勒默的,但他首先想到的应该是玛丽安娜——倘若歌德谈到他的渴望,然后又说——对我的处境来说,这已太多。在这种处境中,无法否认有一种矛盾,而我不想将它唤醒,而宁愿让它结束。

带着宁愿结束这种矛盾的说法,他说明了为何返程时没选择绕道法兰克福。也许之前他们曾约定他会返回,因为维勒默一家带着不断增长的失望在等待。

陪歌德一直走到维尔茨堡的布瓦塞里,在第一篇旅行日记中写下:"不会再被公爵或者亚格曼赶上的安全感,显然让他变得平静。"在这方面他平静了,在另一方面却心情忧伤。他在半路上记下苏来卡致哈台木的胆怯的提问:当我刚刚再次跟你相会,/想用歌和吻将你安慰,/你就悄悄地陷入沉思,/有什么使你烦闷的心事?哈台木的回答是:啊,苏来卡,你要我讲?/我只有怪你,不会赞扬!

歌德从魏玛还将三首《西东合集》中的诗寄到法兰克福,那是更加痛苦和忧郁的诗。其中一首题为《崇高的形象》,召唤太阳神赫利俄斯:壮丽地行驶在天路之上,/怀着征服宇宙的信心，/他向着上下四方眺望。//他见到最美的女神哭泣，/云的女儿，天的孩子，/他好像单独为她照耀；/见不到任何晴朗的空间，//他陷入痛苦和战栗之中。

另一首题为《余韵》，其后插入，接着前一首诗：当诗人时而自比为君主，/时而自比为太阳，/口气多么豪壮；/可是当他在暗夜里悄悄行路，/他却藏起忧郁的面庞。最后还有一首反思的诗，题为《书本》，已经让人看出一种距离的保持。它这样开头：书本中最奇妙的书/乃是爱情之书；/我曾仔细阅读：/只有几页是欢娱，/全篇却都是痛苦，/其中有一节叙述别离。/叙述重逢，只有一小章，/乃是片段。

不再有重逢的一小章。虽然歌德在1816年再次去西南方旅行，但这次访问的是巴登—巴登，他也还想在海德堡再次停留。最初没提到盖尔布米勒。但是，当计划要付诸实施时，发生了数月来已有预兆的事：6月6日，克里斯蒂安娜经过几天痛苦的抽搐后去世。

虽然夫妻双方在最后几年里与其说是一起生活，不如说是各自独居，但歌德还是让克里斯蒂安娜参与了——尽管不是全部——许多事，一如给她的书信所示，其中含有歌德旅行和与他人会面的详细描述。比如歌德对她讲述了自己上次的旅行，当然没提到他对玛丽安娜的感情。歌德和克里斯蒂安娜之间的来往信件，语调始终非常亲切。克里斯蒂安娜呵护他，替他管理家政，陪伴他外出——若他有此要求。歌德在她去世后才真正意识到，她是如何地不可替代。克里斯蒂安娜全身心地照料他，料理一切家务。但她也懂得在自己的朋友和熟人圈里进行自己的社交生活。她具有喜爱社交的天性，善于烹饪，喜欢美食，也非常钟情葡萄酒。看戏是她的偏爱，也有歌德愿意倾听的自主判断。他有一次开玩笑地说，他操心魏玛剧院，其实只是因为她的缘故。歌德明确鼓励她维持自己的这项爱好。

她的病最早于1815年初夏出现，伴有昏迷、胃痉挛和血压降低的征兆。第二年年初，她进入生命的最后时段。当克里斯蒂安娜去世时，歌德也病倒了。正像席勒去世时那样，歌德当时也没走出自己的病房。1816年6月5日，歌德在日记中写下：我妻子生命垂危。……我的儿子、助手、顾问，是这场纷乱中唯一的支持。第二天：睡得不错——也许还称得上很好。我妻子的生命接近结束，她的身体在进行最后的可怕的挣扎。中午时分，她离世了。我心中、身外一片空虚和死寂。

但次日晚上，歌德已邀请里默尔来自己家里，和他一起进行了几次色彩学实验。只有工作才能抵抗痛苦和绝望。几个星期后，即在1816年7月20日，歌德还是由迈耶尔陪同，再次启程往西旅行。他想去巴登—巴登，此前再拜访一次维勒默一家。但两小时后旅行告终，马车倾覆，中轴断裂。迈耶尔额部受伤，歌德完好无损。他把事故当作不祥之兆，便启程返回。这可能成为一个转折，因为此后他完全放弃了任何较远的旅行。唯一的例外是多年后有规律地对波希米亚浴场的探访。

在维勒默夫妇和歌德之间还有几次书信往来，其中表达了他对盖尔布米勒的渴望，以及玛丽安娜对哈台木的思念。有一次她引用了在他著作中发现的一句诗：难道你没有也被弄垮？／从你的希望中没有任何东西到达！去盖尔布米勒的邀请变得愈加急切，有时她听上去几乎已经绝望。但在他的书信里已很少有东方的警句作祟。感情的源泉似乎已经枯竭。这一阶段歌德给他们的最后一封信写于1817年10月，他在信中忧伤地回忆起1814年秋在盖尔布米勒的最初访问。然后他几乎沉默了一年多。"最忠诚的朋友，不知因为哪个敌意的天才（或者一个无动于衷的、或许厌烦的恶魔），从您那里不再有任何友好的问候来到我们这里。"维勒默有一次几乎绝望地这么写道。玛丽安娜在此期间已为二十首歌德的诗歌谱上了曲子，在家庭聚会中伴着吉他歌唱。对歌德的沉默，她感到非常不安，甚至开始生病，还一时失声。维勒默给歌德写信诉说此事，稍带责备。终于在1818年11月，歌德回信了。他对《西东合集》创作年代和诗的爱情游戏的回忆重新复活，因为1818年夏，作品终于准备付印，他在阅读校样时再次深深地沉浸在当时的情绪中。此刻又产生了其他几首《西东合集》的诗。当歌德回复维勒默夫妇时，同时寄去最初的一些清样。"对我来说是多好的清凉剂，"玛丽安娜写道，"通过您的精神变得高尚，每个如此渺小的事件、每个自然说出的语句，都进入一种更高层次的生命。我为熟悉者感到惊讶，内心如此高兴，这属于我。对了，我能在某种意义上将它占为己有。"

歌德将不会再见到玛丽安娜，但他们此后的书信往来更加频繁。他们的信坦诚且清晰，情调不再迷醉，而是略带哀婉。她写道："我对自己是个谜；谦恭而又骄傲，害羞而又狂热。一切对我来说就像是个让人幸福的梦，人们在其中重新相认，自己的形象被美化了，变得高贵。"歌德不时地以爱恋的口气回答，一首诗接着一首诗。新辟的系列中被添入《西东合集》印刷版的第一首诗，是这样的：爱人啊，唉！自由的歌 / 却被关进了僵硬的书本中，/ 它们曾在纯净的天空，/ 快活地飞来飞去。/ 时间能毁灭一切，/ 只有诗歌可以保留！/ 每一行都要永垂不朽，/ 就像爱情一样永恒。

他们就这样继续，互寄东方的护身符和祝福信物——真丝围巾、玫瑰油、银杏树叶。她有一次寄给他一双拖鞋，绣上了苏来卡的名字，还有饰以花朵的背带。他用一首诗回谢。这样的情形又持续了一段时间。直到随后的几年，书信的语调才重新变得沉稳和清醒。他们更多的是互相通告自己和身边发生了什么事。歌德去世前的一年，浏览了这些书信后对她这么写道：尤其是那些指向我生命中最美好日子的信件，在我眼前特别闪亮。他把它们归拢一处，用包裹寄给她，请求在他去世后再打开。放入包裹的有这首诗：为我爱人的双眸，/ 为写就它们的纤指，/ 曾经，带着最最热切的渴望 / 如此等待，收到它们 / 这些信件应该交给 / 涌出它们的胸膛 / 始终充满爱意地准备着，/ 成为最美的时代的证物。

第三十一章

《西东合集》:诗的生命力。伊斯兰教。完全宗教。诗人或者预言家。何为精神?信仰和经验。承认神圣。间接者。普罗提诺批评:现实窘境中的精神。《威廉·迈斯特的漫游时代》作为示范的检验。"渴望在行动和活动中消失。"散文和诗互不相让。究竟为何断念?

《西东合集》已不仅仅是《苏来卡之书》中奇妙的、文学的、爱情的角色游戏,一如歌德在预告文本中所写:即使在这里,不时也有一种精神的意义展露,而尘世之爱的纱巾似乎遮掩了更高层次的关系。

与更高层次意义的游戏,不仅仅在爱情那里有,也存在于旅行的其他站点,一如他对诗集的称呼,诗人自视为一个旅人。预告中同样这么说:一个与其说带着明确目标,不如说自由无羁地处在路途中的旅人,让我仅骑在我的马鞍上!/你们留在茅屋里,留在帐篷中!/我要快乐地骑马远行,/在我的头巾上只有星星照着。也是这样一个旅人,他好奇和惊讶地探究着东方的风俗习惯,观察异者,以便从中学习以及——为了更好地认识自己。

东方，一如诗人想象的那样，对他来说是诗歌的迦南，因为犹如他预料的那样，诗歌在此渗透日常生活。诗的生命力，在爱情之后，是《西东合集》的第二个主题。

何为诗？《西东合集》的诗人给出的答案是：作诗乃是一种傲慢，/谁也不要责骂我！/要有热血，像我一般/自由而且快活。在赞美和颂扬，在爱，也在憎恨的时候，是傲慢。人们必须认识他的敌人，自由的敌人。那些是教条主义者，是道德信徒，是目光短浅者，他们不懂得美，只看重有用性：最后不可缺少的是，/诗人要有一些憎恨；/凡是不可忍受的、丑恶的，/不让它和美好的并存。有一整本书是献给憎恨的艺术的——那本《不满之书》。不满首先涉及嫉妒，针对一切比自己更美、更成功、更崇高、更开心、更丰富、更幸福、更勇敢和更强大者的怨恨。必须说出不满，以便能摆脱它，然后就能不受自己糟糕感情的妨碍，平静地走自己的路。但在此之前，如上文所述，不满必须被说出，比如：真主愿意赐予穆罕默德/保护和幸福，有谁感到不高兴，/让他去拿一根粗绳，/在家中最坚固的屋梁上扎紧，/自己去上吊！绳子吊得很坚牢，/他就会觉得他的怒气全消。

简言之，不满针对妨碍作诗的一切感情和立场。嫉妒无法作诗，因为属于作诗的是自由或者正直，一如《西东合集》中所说。但正直和嫉妒互相排斥。嫉妒是压抑的，作诗是升华的生命。作诗是强烈的瞬间的表达，让生命的精神焕发活力，即使处于痛苦和悲哀中，也可以将声音和形态赋予提升者和压抑者。作诗犹如生命，没有目标和目的，以自身为轴旋转：你的诗像星空一样旋转，/无论始终，永远相同。诗是对以自身为轴旋转之生命的模仿，不过是一种提升了的模仿，因为它在美中超越。诗的美具有某种庆贺的喜悦，即使它出自绝望和悲哀。

但作诗常常与兴高采烈、狂喜和迷醉相近。《西东合集》中有专门一章献给它，那是庆贺尘世和酒精带来的醉意的《酒保之书》，这一章同时针对先知的禁令。从中可以看出，对歌德来说，诗人，特别是有醉意的诗人，时常比先知更加崇高——在第八章里业已提及此事。饮酒者，不管怎样，/ 能更清醒地面对真主。为何更清醒？因为诗人见到的真主，不仅仅是道德的立法者：我独自畅饮 / 我的葡萄酒；/ 没人给我设置规矩，/ 我可以进行独立思考。这一切以游戏的方式说出，具有讥讽和轻佻意味，但这一切都是重要的，即使最严肃的宗教主题，《古兰经》和先知的意义，在《西东合集》中也都受到诗的沾染。

宗教，特别是伊斯兰教，对诗人来说究竟有多严肃？预告中有言，诗人不拒绝这样的怀疑，他自己是个穆斯林。他在调情？右边先知，左边先知，/ 中间俗人。年轻的歌德曾这样作诗。他一直是个享受现世者，即使在《西东合集》中。不过他仅在注脚和文章里表达了，在西方和东方的宗教性里，哪些观点更接近他。简言之，不是那些必须被启示、被相信的，而是那些与自己直接体验相连的内容。写作《西东合集》的两年前，歌德在《诗与真》的第四卷中就自己的儿童时代——在第三卷已有涉及——表达了那种直接经验。普遍的自然的宗教实际上用不着什么信仰：因为这种宗教是相信着一个伟大、创造、安排和主宰一切的神灵，仿佛隐藏在大自然之后，以便使我们领悟它，而这种信念深入每一个人的心。

这是背后的一种信念，它不受任何质疑。这个信念又足够地不确定，以至于它能避开任何怀疑。而所谓的启示情况就不同了。人们无法在自己的经验中找到它，人们只能相信或者不相信它。这涉及一些特别的事件，比如耶稣受难，他的重生，或者他能行走在水上并让死者复生。对这类使人幸福的事件的信仰，需要不断排除怀疑和怀疑者，需要一个信徒的同类组织，他们互相支持，由此让自己不受怀疑的侵蚀。因为不信者或者怀疑者通过他们事实上的生存攻击信徒，这种信仰就催逼着要传教，甚至煽动狂热。

这一切在所谓的自然宗教那里是多余的。这种宗教的信念一方面过于不定，不足以引怀疑上身；一方面又如此显然，针对它们的怀疑无法造成任何结果。这种宗教不别致，而是自然的。在这种宗教里谈论的仅是伟大的本质，它隐藏在自然的整体中，恰恰不在一个人身上，而在一种没有边际且独一无二的事件中，甚至显示在具有启示性的书面文献里。

《圣经》或者《古兰经》对歌德来说是诗意的史书，处处有得到贯彻的智慧，但也带有受时代制约的愚蠢。其中弥漫着一种能给诗歌插上翅膀的精神。但对有严格戒律的信徒来说，诗的精神是可疑的，因为它自由自在，并让人恣意妄为。信徒们越是严格地臣服于道德统治，自由的诗的精神就越是他们的眼中钉。诗的空中精灵该被带回地上，这是一种信仰的要求。这种信仰希望通过对别人的惩戒，让自己对自己的苛求获得补偿。

对歌德来说，伊斯兰教其实是某种带有诗意的东西。可伊斯兰教又不希望自己是富于诗意的。它想建立一个道德政体，而穆罕默德——以其心灵的童话而言，其实是个诗人——无论如何想当一名先知。由此先知就成了诗人的敌人，即使他自己其实是个诗人。在对诗的反感中，穆罕默德表现得非常坚定，他禁止一切童话。怎么不会！他的学说无论如何不该被视为童话。它该是绝对真实的，所以它不能是属于诗的。它必须否定诗，这个对它来说是危险邻居的同样的原始性。作为发明艺术的诗，通过其纯粹的生存损害了宗教的绝对真理的资格，因而宗教不愿被人想起其被发明的特点。诗允许他者有效，但宗教毫无顾忌地希望自己有效。这产生出教条主义的语调。

简言之，歌德对《古兰经》感到不快，如果不允许他带着诗意看待它的话。戒律、惩罚规则和天堂允诺的无尽的冗词和重复，让他感到厌烦。他承认，这本圣书总是重新回答他。但这不是他在这件事上最后的话。就在文本的同一个段落里，有这样的说明，对他来讲《古兰经》最后不需要尊崇，因为伊斯兰教业已证明，它能在道德上改变人，并形成一种社会关系。歌德在此进行历史的思考。歌德写道，穆罕默德的一个伟大功绩是，为一个散落的荒漠民族提供了一种扩张的动力和一个统一的道德印记。只有通过引领的精神原则，对大众的感觉和趣味进行适应，它才能完成。在此，统一的道德机器一定是必需的，需要的还有顾及朴素性情的、一种彼岸的赏罚允诺，而这种允诺在基督教中同属必需。

但不管怎样，与先知不同，诗人有不同的事业。先知关注精神的道德管理和统治，诗人关注精神那自由的、个性的张扬。事关个性的自由。歌德带着巨大的保留对待自由的那集体主义的想象。较之一个党派想征服另一个的时候，人们永远不会更多地听见别人谈论自由。那时人们唯一着眼的不是其他，而是暴力，是影响力和财富如何从一只手交到另一只手里。

不过对歌德来讲，伊斯兰教并非局限于道德、政治和军事政体。它的精神——哈菲斯对他来说是这方面的权威——超越了这些领域。或者如他所称，这种精神，这种上天引导者的存在，究竟属于哪种类型？

以宗教的方式看，它是严格的一神论。精神在其现象中可以是多样的——诗与此打交道，但作为活跃的原则，精神是"一"和"一些"。这符合人类对本体和自我存在的体验。对唯一之神的信仰总有提升精神的效果，它让人想起他自身内部的统一性。歌德以为，这在伊斯兰教中比在基督教中保持得更彻底，后者以其对三位一体的认可，靠近了多神教。

诗歌《可爱的孩子，珍珠链》最初为《苏来卡之书》准备，其中从哈台木的视角出发，对基督教"多神教"和十字架进行了抨击。对基督教的耳朵来说，这是挑衅，甚至是亵渎。根据他天主教朋友布瓦塞里的建议，歌德剔除了这首诗，此诗发表于他去世后。在这首诗里，爱人挂在脖子上的十字架，被哈台木称为魔鬼的物件——符咒，它被作为木头上的惨象归为异教的多神论，而先知将它排除：只有通过"一"这个概念/他才征服了整个世界。不过，因为他恋爱了，哈台木最终让步，容忍了爱人胸脯上的十字架。由此他背上了叛教重负。这是诗的精神的一次胜利，无论如何，这种精神克服了宗教之教条主义的边界,即使是在色情的特殊情况下。

"精神"在歌德的理解中恰恰不是道德的严肃论,相反,一如他在《笔记和论文》中所述:对世界本质的概观,讥讽,才能的自由发挥。在一封解释《西东合集》的写给策尔特的信中,歌德以淡然的晚年的散文风格,这样表达了他对"精神"的理解:无条件地臣服于上帝那深不可测的意志,愉快地概览在两个世界之间飘浮着的、活动的、始终呈圆形和螺旋形复归的地球运转、爱情和倾慕,一切现实者被澄清,又被象征性地分解。老夫还想要什么?

臣服并不意味着决定论和悲观主义,而是在一切行动中的泰然自若:付出最佳努力,即使没有把握,不知有何结果。上帝的意志指的不是我们能领会的东西,而恰恰是那无法领会者。表面上的偶然,其实具有一种关联,只不过我们无法在细节上将此阐明。歌德倾向于将这种关联感觉为一种善意。呈圆形和螺旋形复归的地球运转这个表述,并非徒劳的说法,相反,它一方面让人想起同样作为生命体之基本节奏而循环往复的死亡与生成,另一方面内部含有对过高评价进步的警告。人的本质无法改变,即使其技术和社会手段的范围、干涉度不断扩大增强,从而引发巨大的改变。但这种概观之愉快和讥讽出自何种源泉?它们是一种精神的柔和作用。这种精神通过让事物变得透明,从而使事物变得轻快。经验的东西受到认真对待,但通过将它与一种精神的现实联系起来而使它变得透彻,歌德说这具有象征性。

什么东西在此显现?在《西东合集》里,是爱情的精神穿透一切,到处显现,尤其在《苏来卡之书》的最后一首诗里,使人着迷地表现出来：尽管你隐身藏形，千变万化，/最亲爱的人，我会马上认出你。……从柏树最纯洁和蓬勃的朝气中，/最美的人，我会马上认出你。/在运河清纯、生动的水里，/最迷人的人，我清楚地认出你。//每逢山头映照晨曦的红光，/立刻，最让人开颜者，我就迎接你，/当我的上空出现清澄的苍穹，/最使人开心者，那时我就呼吸你。//我由内外感官获得的知识，/都要通过你这教化一切者，去认识。/每逢我呼唤安拉的一百个名字，/每个圣名的回声都向着你。

诗歌的亢奋指向一个情人，同时涉及一种宇宙的原则——这是以一种诗意之多神论形象出现的情色的泛神论。仅仅缺少道德问题中的一神论，我们在此期间已认识的一篇箴言随后就会让人满足：我们是/研究自然的无神论者，/写诗的多神信仰者，/道德的一神论者。

对这三种特征都有效的是：它们不是对任何一种教义的信仰之事，而是经验之事。这让歌德远离信仰社群；在那里个体并非在自己内部，而是在外部的启示中，用语言来表示信仰神圣。只有两种真正的宗教：一种完全不拘形式地认识存活在我们身上和身边的神圣，并向其祈祷；另一种则以最美丽的形式认识和祈祷。处于它们中间的是偶像崇拜。

神圣，它必须在我们身上存活，倘若它必得是一种真正的宗教。它首先建立在经验中，而非仅在信仰和观点中。不拘形式或是以最美丽的形式——这是另一个重要差别。涉及那最美丽的形式，歌德出于自己的偏爱毫无隐讳。他欣赏对古代神灵和半神的生动描绘，还有庙宇和圣典器具，颂歌和神灵故事。基督教与古希腊罗马的形式财富无法比肩。他珍视神圣家庭的图像,所以让自己的《威廉·迈斯特的漫游时代》开始于此。对歌德来说,这个精神的内容必须以某种方式得到体现,而这在超越基督教徒时,常常变得十分困难。关于圣人头顶上的光轮及鸽子和那些中古时代画像上主人公嘴里挂出的铭带,歌德只能报以严厉的讥讽。他几乎憎恶十字架和对受折磨的身体的描绘,也对画上的拿撒勒人表面上的虔诚表示愤怒。

但是,对圣人的不拘形式的认可表示什么?这种认可,在没有认可的专门形式,甚至没有对圣人进行祈祷的地方,也可以找到。而且,这种认可凭借以下方式实现自己,比如符合日常的责任和工作的要求。其结果是对日常工作的一种神圣化,一如在诗集《古代波斯宗教的遗训》中所述:现在是一篇神圣的遗言,/ 为了纪念兄弟的好意:/ 每天保持繁重的劳作 / 除此之外,无需任何启示。以下的段落描绘从葬礼、田间劳作一直到建造房屋和灌溉工作的基本活动。因为这种日常的劳作和活动,生命得到维持和丰富,并表现为间接的礼拜仪式。人们做着自己的工作,履行自己的责任,追寻自己的目标,倘若人们倾心于此,就显示出某种崇高,即创造的生命的精神。歌德是这么想的,所以他也坚持间接的神圣。

间接,对歌德来说这是思考上帝、绝对和超验时的一个中心主题。紧接着对普罗提诺和新柏拉图主义的研究,歌德在 1805 年后表达了他的间接的神学和哲学的基本原则,而它们从此刻起对他来说有决定性作用。

普罗提诺的基本意义首先由哲学家赫尔曼·施米茨看出。歌德于 1805 年表述,但以后才发表的普罗提诺批评,则是这样:人们不能指责新旧时代的理想主义者,倘若他们如此活跃地要求牢记太一。一切源自那里,一切又重新回到那里。因为这种赋予活力并规定秩序的原则,在现象中如此受到逼迫,以至于它几乎无法解脱自身。可是我们在另一边重新缩减自己,倘若我们将这塑形者和更高的形式自身,逼回在我们内外感官前消失了的一种统一。

这个太一,就是平时被称为"上帝"或者规定一切的"绝对精神"之类的东西。现在歌德决定性的见解是,这个太一在经验的现实中受到逼迫。以这样的表达,唯物主义和泛神论的整个新时代的戏剧得到暗示:精神无法在自然中,最终也无法在人身上继续被找到。即使精神摆脱内外感官,指的也是数学的抽象和形而上学之玄思的非直观,并且无济于事。代替重新在现实中把握精神,精神重又受到逼迫,回到抽象和非直观中。歌德对此提出自己的异议。歌德的箴言是,精神也能在剩余的自然中被预感,即使无法把握。前提当然是清除一种柏拉图和普罗提诺式的、一直暗流涌动地影响当下的偏见,即从观念到现实的过渡,始终是一种缩减,类似于神圣的创始者面对其造物,始终拥有较高的地位。所以歌德在他的一篇普罗提诺批判中这样继续说道:一种精神的形式无论如何不会被缩减,倘若它在现象中呈现,前提是,它的呈现是一种真实的生育,一种真实的繁殖。被生育者不比生育者价值更低,而有活力的生育的优势是,被生育者有可能比生育者更加出色。

歌德在此暗示的,不是别的什么,而只是对自然进化的一种思考,这种进化超越对生命的维持,是追寻生命升华的原则。也就是说，精神在现实中不缩减自身，相反，它将现实从沉闷中逐出，将"闭锁于自身"推入明亮——直到这种不知不觉地渗透整体的精神，最终在人类的精神中发觉自己。精神不在自然中减少，相反，它在自然中呈现，作为有创造力的原则，最终在人身上解放自己。这个过程是生动的生育事件，一种升华的事件。这最终是关于自然中生成的上帝的思想。

在这种思想关联上，什么是"间接"？对歌德来说，超验者从来无法直接地——处在某种特别的启示的路上——把握，而只是内在地在经验的事件中代表一种深度的经验的体知。超验者是作用者，所以只能在其作用上被把握。它在外部是推动的，在内部是折磨人的生灵的原则，是个谜，较之在理论中，人们在生命实际的实践中，能更好地寻其踪迹。

但是这种实际的生命自有其狡诈。它直接进入社会的罗网。个人身上存有的经验、观点、意愿和希望，从来不会纯粹地被表达。有着自然的抵抗，首先有社会的媒介，观念因此而被打碎、转移和扭曲。这种在社会中的窘境是由嫉妒、竞争、不满、无动于衷、过分的忙碌以及——歌德尤其强调的是——流言所造成。*我害怕讨厌的闲话中 / 的那种尴尬, / 须知世事如烟，转瞬即逝, / 哪怕刚见，业已消失; / 我因而坠入了让人惊恐的 / 灰线之网。*

随着年岁的增长，歌德越来越将社会视为这样一种虽非唯一的灰线之网。人们很容易被缠其中，受到欺瞒。以后人们将称此为"异化"。人们必须伪装自己，更糟糕的是，人们会被套上面具，最终不再知道自己究竟是谁。最后可能发生这样的事，荒谬的世界进程不断挤到最佳和最开心者之间。

这类社会批评当然有久远传统，但引人注目的是，歌德对社会的不满，在那个特定的历史时刻不断增强，那是法国革命之后，社会被当作观念和真理之地而发现的时刻。是黑格尔——歌德将他聘到耶拿，并与他保持颇为友好的关系——在最高水平的哲学层面让这个被如此理解的社会显得高贵。自黑格尔以来有了哲思的这个新类型。之前占据要位的是一目了然的二元论：这里是人，那里是存在，不管是神圣的或者自然的。自黑格尔以来被新发现的社会的世界，挤入这种两极之间。社会（连带其历史）现在成为一种绝对，其中含有一切其他的矛盾和对立面。在黑格尔看来，社会是客观的精神。迄至那时社会仅是现实的，现在它成了一个真理。存在的古老的形而上学消失在这种新的社会的形而上学中，而古老的宗教的观点——信仰、爱情、希望——被扯向社会及其进步。自由仅通过社会产生——黑格尔的时代精神这样宣称。而歌德觉得，他必须捍卫他那针对社会的自由。有一次歌德致信迈耶尔说，最佳的思想，将由于瞬间、世纪，由于地区和其他的特点而变得模糊，受到干扰并被转移方向。对他来说，恰恰是社会骗取了一个人的最爱。

但歌德没有停留于哀诉。他对自己个性的创造性力量非常自信。在《温和的克赛尼恩》中他留有以下诗句：继续以你们的方式／给世界蒙上一层蛛网！／我在我有活力的圈子里／懂得如何赢得生命。

倘若歌德相信必须从社会那里夺得自己社会生命的真理，那么这个压抑、扭曲且扁平化的社会，对他而言是那种窘境的一部分，而根据他的普罗提诺批评，那些生动的原则就是陷入这个窘境。他对保持活力、接受激励、干涉社会关系的意愿和欲念，与此信念并不矛盾。由于职业的关系，他承担了众多社会和政治责任。不管他如何热爱和实践静心养性的生活方式，他的确具有一种积极的天性。我天性的需求，他在魏玛几年后写信给克内贝尔说，迫使我从事丰富多彩的工作，即使在一个极小的村庄或者在一个荒芜的小岛上，仅仅为了生活，我也会如此地忙碌。

社会对歌德来说完全是个考验的场地，但也是这样一个领域，他必须针对它捍卫和保存自己。恰恰因为他如此做好了接受的准备，如此敏感，对世界如此开放，他才会留意不让自己被圈入非理性状态。面对世界那过度的纠缠不休，就有了自我保存的严酷的自私自利。歌德称后者为不可或缺的、鲜明且利己的原则。个人，倘若他不想在社会的喧嚣中消亡，必须具有内在的一致。有一次谈及石头时，他称这种一致为针对自己的吸引力。而这种利己的原则赋予一个人某种不近人情的、坚实的且捉摸不透的东西。歌德心里不禁想起这种原则与矿物世界的类似之处，以至于他在晚年的小说里，完成《西东合集》后，他重新专注且不间断地开始写作，让那个代表利己原则之无情和严酷观点的主人公，即那个孟坦（曾经的雅诺），作为山峰和石头般的男人登台亮相。

《威廉·迈斯特的漫游时代》（以下简称《漫游时代》）是出自歌德生命的最后十年的伟大小说，正如在普罗提诺批评中暗示的，此处也有由于社会的现实而产生的生动的原则之窘境的问题，以及可能的坚持和抵抗是伟大的主题。在这部小说中，一些模型得到演示，精神的生活如何捍卫自身，它又怎样可能变得僵化。其中描述的还有乌托邦，对此不清楚的是，它们该被当作精神的实现还是对精神的背叛，它们是否意味着一个梦幻或者噩梦。在思绪纷繁的连续情境之间，被塞入众多故事，而它们只能松散地与主要情节联系起来，总体上囊括了如此广阔的一个空间，以至于主要情节由此几乎成为框架，而整部小说也几乎失去其封闭性。插入的短篇小说形成一个带有模糊的内在关联的中篇系列，其中有众多对社会乌托邦的描绘，那是膨胀为论文的观察；还有书信；此外加上一个主要人物，看上去局限于旁观者的角色，一个穿插于传奇和框架情节之间的爱情故事，一个名副其实的大杂烩。在这里，就连秩序的原则也受到挤压，倘若不是已经消失。甚至有段插话也指出了这一点。不清楚的是，开口的是真实的作者还是虚构的叙述者。插话首先提到这个大杂烩，然后就小说的写作这么讲：倘若我们不该在这件事上再次止步不前，一如许多年来经常发生的那样，我们就别无选择，只能提供我们所拥有的东西，告诉别人留下了什么。这部具有过去匆忙的形象的作品的读者，必须自己补充那些尚未完全形成的东西，即内在的关联。不过，这种让人无言以对的坦率插话，仅在《漫游时代》1821年的总体上较简单的第一个版本里出现，在第二个和1829年的最后一个版本里则缺席了。这属于歌德的晚年风格：他径直赋予自己自由，让作品的多相性保持原状，不做自我辩解。开放的形式，在诗歌、箴言、小说、观察和书信中互相转换，这是不言而喻的。他快活地放弃了封闭的形式。写下的作品维护着其权利，犹如发生的事件。他有一次写信给赖因哈德坦然地这么说。

《漫游时代》的写作，一如那段插话所承认的那样，的确多次止步不前。当歌德1796年准备结束《学习时代》时，想到了一个续集。他留下一些篇章，作为可以用于续集的框架，比如威廉开始漫游的任务。起先他写下几篇能在续集中找到入口的短篇小说，但面对席勒，他又指出，他要把小说中理想主义的东西锁入一个首饰盒，希望能用此做些什么——一旦最终意识到自己的深思熟虑。换言之，他已经为《漫游时代》收集和写了一些东西，但歌德还不清楚什么是主导的观念。为数众多的中篇和短篇小说写成于1807年，而玛卡莉章节和几篇社会乌托邦的初稿，直到19世纪20年代才加入其中。在1810年和1819年间，小说几乎没增添新东西，只是在《西东合集》出版以后，他又重新开始工作，顺利地结束了第一个版本。1821年歌德公开了这部著作，但没有真正结束的感觉。反响不大，歌德简洁而又辛辣地说道：第二部不比第一部更令人满意，但我还是希望，能够很好地理解这部的读者有足够的事要做。可能是这样，但只有很少这样的读者。这无法阻挡歌德为下一个扩展和改编的版本做准备。在1829年出版了《漫游时代》的最终版本。即使在这个最终版本中，歌德依旧保持了不同章节的多相性和开放的形式，甚至还由于《玛卡莉的文献》和《在漫游者意义上的观察思考》的标题下插入箴言和反思，其开放性得到加强。面对米勒总理，歌德曾以谈话的方式这么说，想系统地构造和分析整体，这是愚蠢的，因为只涉及一个联动装置。他不觉得这样一种联动装置的特点是缺陷，相反，他认为这是小说特殊的接近生活的标志。他给罗赫利茨写信时这么说：但这样的小书犹如生命自身，在整体的复合中有着必然和偶然，前定和结束，时而成功，时而失败，它由此而包含某种无限，且它完全无法用明智和理性的语言来把握和囊括。

对待这样一本书的合适的方式，是关注其中出现的细节。作为提示，让我们满足于仅仅突出一些细节，而它们能很好地反映歌德最后生命阶段的特征。

首先是歌德自己所说的"小说的联动装置"这一特点。如前所示，它展现在小说形式中，反映小说处理的问题。因为它描绘了在散漫的现实中，精神的原则如何陷入在普罗提诺批评中提及的窘境。小说恰恰在这里如此接近生命，以至于它不能被归入一部匀质的著作。这部小说是不一致的，犹如生命，它包含必然和偶然，它不像人们所希望的那样漂亮得一目了然和井井有条，但正因为如此，它有着某种无限的特点。这是没有结束的无限，始终可以增添其他新的东西。一种无限者，它只能从外部遭遇结束，但这种结束只是中断而非完成。倘若生命无法达到这样一种完成，那么如何可能在社会和生活环境的纷乱中成为一个人物——一如《西东合集》中所说。小说彻底研究了几种可能性和不可能性。

一个年轻的男子接纳了一个寡妇及其孩子，努力开始一种生活，一如在关于约瑟和马利亚的逸事中所描述的那样。最后这三人真的犹如一个神圣的家庭，犹如人们从古老的画像那里所见，或者从拿撒勒的图像上，尽管歌德其实对此没讲什么好话。所以，这个通过委身于典范找到他穿越生命之纷乱的圣约瑟第二，是否仅是一个尽管优雅但仅属于已逝者的权力的例子，这一点悬浮不定：生命属于有活力者，谁生活着，就得对变化有准备。约瑟第二躲避着变化——一旦他了解自己和他的家人并忍受下来。威廉感到自己被置入一种奇妙的古代氛围，觉得自己坠入一场梦幻，在自己跟前见到活动的系列形象。即使在他身上也涌动这一种愿望，消失在这类形象中。在与雅尔诺的见面中，他犹如被人从流动的梦幻中唤醒。而雅尔诺是歌德从《学习时代》以来就熟悉的玩世不恭者，雅尔诺现在叫孟坦了。

约瑟与他崇拜的形象相似；孟坦像他研究和收集的石头。他宁愿选择缄默的存在而非世人的闲言碎语。石头坚硬且持久，但人可变又脆弱。石头不可穿透，人透明且易受伤。孟坦爱石头而非人，对后者他不理不睬。我想躲开世人。他们无可救药，他们阻碍我们去自助。

我们在这本小说中首先遇到的两个人物，就代表着两种极端。约瑟第二按其典范生活，在那里找到自己的中心点。孟坦使自己摆脱一切可能的影响，犹如石头一样不可渗透。他体现了最严酷形式的利己原则。还是孟坦，他指责《学习时代》中被宣扬的全面教育的理想。人们应该更专业化，他宣称，而非格调高雅地四处乱转和偷吃零食。人们需要的不是准备全面地接受，而是对某种功能的锤炼。需要的不是教育，而是培训，社会——还有个人——由此获益，因为人们不会在散漫中失去自身。现在片面的时代到来，他宣告说，并要求全面地受到激励的威廉，把你变成一个部件并期待着，人类在普遍生活中将会怎样善意地给你一个职位。

偏偏是这个离群索居的孟坦，要求社会机械论的有用性。

这有其合乎逻辑的考虑。石头的爱好者从自我物化转变为自我石化。毫不奇怪,曾在人类的心里寻找真正的宝藏的威廉,很难承受孟坦的话。此外,孟坦的情况与小说中其他人物的情况类似。他们各自不同,没被评判,仅仅推行自己的原则。因而在小说的进程中孟坦重新变得温和,他的愤世嫉俗转变成怀疑和小心。但他依旧代表一种严酷的现实主义,排斥一切浪漫主义和多愁善感。

即使在下一站伯父的庄园,情况也不怎么让人高兴。值得注意的是,威廉和他的儿子费利克斯在那里起先被拘禁。伯父习惯于这样接待他的客人,而不久真相大白,那里有效的生活规则仅意味着某种拘禁。这些生活规则的精神,类似于功利主义和反诗意的设定,犹如孟坦。在工作室的门上,这样的箴言引人注目:通过真实,从有利变为美。也就是说,这里占据要位的是有利和有用。美必须穿过这个针眼,此外它没有任何其他机会。技术管理员说,您在整个府邸里找不到稍微带点宗教、传说、神话、传奇或寓言意味的画;我们的主人只想促进让人回忆起真实的东西的想象力。他常说,我们瞎说的够多了,不该再通过外界的刺激手段,来提升我们精神上这种危险的特性。

伯父在这里推行一个社会改革项目。没有任何浪费,一切的投入为的是提高产量,让人取得报酬和进行劳作。伯父自视为慈善家。人们拆除了游乐园和花园,取而代之的是种植果树和开辟菜圃。伯父没放弃他的财产,但他想让它服务于社会,因为只有这样,有钱人才被看重,他宣称,而别人也由此得以分享。目的是这样的享受,而它们也能获得,可能的话还提升了劳动能力。星期天在一片寂静中度过：人人独处，致力于一种规定的观察。人是种有局限的生灵，星期天用于思考我们的局限。工作日人们受限于自己的责任，星期天人们思考这种局限。这样人们就不会受到诱惑，放荡不羁，至少在这一天。那个将被费利克斯爱上的聪明的赫西莉发觉，这里有些不对头。这是一种干净的生活，她叫出，我每隔八天就要心灰意冷一次。

伯父的庄园是威廉拜访的第一个实现了的社会乌托邦。相对来说，它是自由的。接踵而来的将更有限制性。它们的共同点是，有利性和有用性在其中拥有特权。个人在里面仅是组织中的一个部件，更恰当的说法是：一套机械装置中的一个轮子或一颗螺丝。你什么都不是，你的人民就是一切。小说的社会规划所共有的东西，是其十分清醒且极度乏味的原则：渴望在行动和活动中消失。

幻想、神秘、渴望、忧愁、高傲和疯狂的每种类型都被置入小说，主要框架情节对此进行了描述。威廉·迈斯特作为社会乌托邦的旁观者在那里四处游荡，断念者在这个井然有序的荒漠中作祟出没。有一次，《迷娘歌》断断续续地响起来了——犹如来自远方：你知道那地方，柠檬花儿开放，/在绿荫深处——在马乔列湖边聚集起一批断念者。女人们拥抱在一起，男人们互相搂着脖子，月神是这最崇高、最纯洁的眼泪的证人。但人们很快就重新回到大地上。理智慢慢恢复，人们各自松手分开，默默无言，怀着奇特的感情和心愿，但其希望已经破灭。

我们在此与勤奋者和一本正经者打交道，尽管有浪漫的风景，但一切都毫无用处，读者还是成为诗之没落的见证人。天堂犹如受到魔杖的一击，对朋友们来说完全变成了荒漠。业已指责《漫游时代》是对诗的背叛的诺瓦利斯，会对散文对诗歌的完胜感到吃惊。

人们并不十分清楚，歌德是否赞同行动和活动中渴望的消失，或者仅仅认为，在蒸蒸日上的机械和新的客观性的时代，这一点不可避免。小说自身对此没有给出足够的解释，它是否批评这种祛魅或者它自己也是这方面的一种症候。在梦幻和噩梦之间疾驰的，还有流亡者的想法及其美国的迁移计划。小说中将有反对浪费时间的行动，设立电报机，日日夜夜地提醒每个人钟敲几点。每个人的有用性将通过时间的分配，通过对每个小时的集中精力得到最佳的促进。甚至警察也该根据粗暴的准则关心时间管理：令人讨厌的人将被排除，直到他领会应该如何调整自己，让自己变得可以让人忍受。迷娘和同伙们在这里肯定不会得到容忍。统治应该巡回地得到贯彻，统治者到处行走。对一些人来说当权者刚走开，对另一些人来讲当权者已紧贴到自己身上；每个人以这种方式轮流地享受自由和严厉。平等也被注意到。在民主和多数原则问题上，人们让自己保持隐蔽状态：对于多数票，我们完全有自己的想法；我们当然在必然的世界进程中让其奏效。不过在更高的意义上我们对它没有多少信任感。但我不能允许自己对此继续发泄。而其他有些纪律化的项目得到了更详细的处理。烧酒酒店和外借图书馆应该消失：酒精消费和小说应该受到限制。当然，一部像《漫游时代》那样的小说，人们可以猜想，在这些理性倡导者那里不会引起反感。

这样，小说的世界里不仅充斥着断念者，以及那些没什么可以放弃的人。那里有费利克斯，威廉的儿子，他代表新鲜的生命力和生活乐趣，他恋爱了，经历隶属于此的愚蠢并为此受难。但小说故事不管怎样快活地继续着。那里还叙述了一个老人对一个年轻女人的爱，是歌德的亲身经历。甚至有两次出现相当激烈的冲突，因为父亲和儿子对同一个女人献殷勤。这里可以并非小题大做地提请注意，歌德1816年曾激烈反对儿子与奥蒂莉联系，为的是将这个有魅力的、既聪明又年轻的女人留在自己身边。涉及结婚打算时，奥蒂莉有一次致信母亲："歌德让我感到害怕，他比以前更经常地问结果会怎样？"当奥蒂莉最终嫁给她不爱的奥古斯特时，仅仅是因为她狂热地崇拜他的父亲，想过一种在他身边的日子。她与奥古斯特的往来书信，理智而又客观，那是散文；写给公公的则是诗歌。无论如何，围绕着奥蒂莉的故事非常适合《漫游时代》的小说框架。

书中的人物，还有超越整个故事框架及小说世界的玛卡莉，在小说的第一版中是尚未升起的中心星辰。歌德发明了她，为的是创造一种对应力量，防止小说受到勤奋精神的过度支配，避免渴望在行动和活动中消失。玛卡莉是出自《学习时代》附有精神上升华的美丽心灵的续篇。一方是孟坦，另一方是玛卡莉。一个被吸引到石头那里，另一个被吸引到天体那里。一个往下，直到地球的中心点，另一个向上，越过我们太阳系的边界。孟坦要把诗的思想飞翔、哲学的玄思拖下来接触地面，所以他坚持有用性和有利。他是超越性的一个敌人，因为他禁止自己做某些事，他心里充满针对那些允许自己放任者的怨恨。玛卡莉完全相反。她生活在对宇宙关联的观察中。她的身体虽然已经处于生病的衰败中，但她令人不解地快活着，并用这种快活感染了每个来访者，与她见面的人会奇妙地感到轻松和明朗。叙述者带着讥讽的眨眼，强调这种童话般的现象，通向她的大门会自动开启。她天性爽朗，而孟坦则显得封闭。玛卡莉渗透一切，一切又渗透她。她完全是透明且透气的。她内心收敛，但不坚固和僵直。歌德在其档案中保存了几篇特别充满智慧的箴言和反思，包括业已详细引述的关于普罗提诺和有活力的原则的窘境的话语。玛卡莉确实超越了这类窘境。但正因为如此，她显得不太真实。她在存在之更高的秩序中，在天体有规律的运行中，在吸引和排斥的游戏中，在进入时间和无限的摆动中，在天体的音乐中生活和活动。玛卡莉准备着，去那里消失和隐没，她似乎为了摆脱尘世，为了穿透生命那最近的和最远的空间而出生。

在这个天堂般的纵情欢乐的高峰，叙述者重又转向地上的芸芸众生，说：我们就此结束让我们对这种天上的诗作和宽恕所抱的希望，重新转向那地上的童话。

小说两个版本的副标题都是断念者。什么是断念？放弃去实现什么，尽管人们原本希望这个，而许多因素也促使他这么做。这可能是一种关系、一种行动、一种占有。断念与牺牲相连。人们不仅可以放弃已有的东西，也可以放弃对此的追求。倘若有对断念的追求，人们只需要在某种意义上参与断念。在根本就不存在这种参与的地方，人们也无法和无须进行断念。

不过，人们该为何断念？对此歌德在《诗与真》写于19世纪20年代的第四卷中，紧接着关于斯宾诺莎的一篇观察，几乎是纲领性地写道：我们肉体和社会的生命……一切都号召我们该断念。为什么？为了防止一种更大的损失。倘若有人不断追求新事物，依恋最终会夺走他的时间的事物，他就会不断地感到失望。所以合适的是，永久地在整体中听天由命，避免一切局部的心灰意冷。这可能意味着放弃，但仅在内心中放手有时已经足够，一种人们似乎不再有的拥有。如此世人就让自己变得能够抵抗失望，因此奏效的是，用海德格尔的话来说，放弃什么，并不意味着不再接受任何东西，而是保持给出的姿态。

放弃实现和未实现的盈利，还有这种放弃的意志力，它们都可以丰富个性。遇到损失的危险，断念者能更好地保存自身。谁若是不坚决地断念，将不得不绝望地放弃。断念者保持其独立性，而有时这会是他的唯一所有——虽然有可能显得太少。

当然，断念最炽热的核心是对情色的断念。所以《漫游时代》中真正的断念者是威廉和娜塔莉。他们在《学习时代》的最后相识，决定放弃实现爱情联盟——除了保持书信联系。究竟为什么？为了保持情色的张力。而这种张力在性的满足中是否不久就会消失？断念是否是为了让欲念和渴望保持清醒？对威廉和娜塔莉来说，可能是这样。但对小说中成问题的社会规划却无效。一如我们听到的那样，在那里渴望该在行动和活动中消失，通过让人们满足于实际的日常要求。

就是威廉在此期间也摆脱了他青年时代的梦幻。艺术世界，尤其是戏剧，曾经让他感受到富于变化的生命及他那无常的天性；塔社群体和漫游者联盟、教育省、伯父的庄园——那是秩序井然的当下世界，给予每个人有用的位置。这也是断念。它为整部小说定下基调。

究竟为何需要这种散文式的剧烈疗法？奇怪的是，歌德在他的小说里对此没有给出令人满意的答案。也许人们更应在自己的生命中去寻找解释。

第三十二章

回忆的工作。重复的反射。在纸墙之间。众人中的老年歌德。为的是永远同样地思考?反对时代精神,赞成卡尔斯巴德决议。三次马林巴德之旅。乌尔丽克和哀歌。告别。

当歌德1816年初夏从出事的马车中跨出,对他来说确实是一次断念。马车原本该带他去盖尔布米勒,去拜访玛丽安娜·维勒默,他将车祸视为凶兆,以后放弃了再去看望玛丽安娜,而且此后有一阵子也不再给她写信。他还把未完成的《西东合集》搁置了几年,忧伤地沉湎于对以前氛围的回忆中,半是绝望地企盼这种氛围的复归。可我们欢快地伸手,向着/幼发拉底河,/在流动的元素里,/来回游荡。他当时其实没有心情去游荡。当他1818年收到《西东合集》的校样时,犹如收到命运的一件礼物,因为那种迷人的氛围短暂地再次被营造出来。但此外他比之前更加注意,不让人发觉他内心的活动,在社交中保持矜持和距离。夏洛特·布夫,守寡的凯斯特纳夫人,即韦茨拉尔的洛特,也发觉了这一点。1816年9月,她为拜访她的姐夫里德而在魏玛停留,有一次还受到歌德的邀请。她告诉自己的儿子："我重新认识了一个老人，倘若我不知道他就是歌德，或尽管知道，他也没给我留下让人舒服的印象。你知道，我对这次重见或者这个新的相识没怀有多少期待。所以我非常落落大方。而他以其冷淡的方式，尽了最大的可能，来对我表现得友好。"夏洛特由她的女儿陪同，而这次见面使后者同样产生了冷漠的印象。她描述道："可惜他进行的所有谈话，如此平常、如此表面化，以至于我胆敢这么说，与其说是我在听他说话，不如说是我在说，因为从他嘴里听不见他内心的或者出自他心灵的东西。"

歌德前不久在《诗与真》的第三卷里描述了他对韦茨拉尔及维特之爱的回忆。那个早已陷落的世界重回他眼前。也许正因为如此，他害怕与残存事物的相遇。倘若夏洛特对他感到失望，那么他对她也是同样。她的在场对回忆图像产生了一种近似于麻木的作用。没有任何重复反射的魔力，而这种反射对他来说显然只有在文学塑形的回忆中才会重现。他称这样一种过程为重复反射，而与之类似的过程出现在所谓的"光幻视的色彩"那里——倘若色彩在刚才还炽热但现在变得冷却的镜片中显现，同时在面对面放置的镜子里得到增强，并获得其浓度。对于歌德，在以文学方式处理的回忆中，情况同样如此。细想一下，重复的……反射不仅让以往保持活力，甚至将其提升到一种生命的更高层次中，人们必须这样思考光幻视的现象。回忆形象的升华在文学的媒介中存在，但在多年后个人的相遇中则没有。他们有一阵子共坐一处，但感觉枯燥。以后，托马斯·曼才成功地赋予这次失败的重逢以某些文学的魅力。

歌德在发表《诗与真》的前三卷之后，继续写他的自传，面对当下世界的陌生感不断增强。他致信策尔特说：我以你了解的、我自己的方式继续生活，很少见人，通过整理和修订往日的各类纸稿，其实仅活在以往中。生病的席勒曾经抱怨歌德，说他坐在写满字的纸壁之间。歌德现在自己不时也有这样的感觉。他对策尔特重又写道，我几乎在绝对的孤寂中度过我的冬天，如此勤奋地口授，以至于我全部的生存似乎都处于纸上。他诉诸纸上的，是反射的反射，即对他以前写过的东西的反射。回顾往事时，他为自己的洒脱感到惊奇。他对布瓦塞里写道，人们很强烈地感受到以前努力的严肃和勤奋，人们认识自己身上曾有的，现在却丢失了的优点……还有，这个世纪在正确和错误的道路上朝着所有方向往远处行进，以至于一个如我那样无辜地一步一步挪动的幼稚之人，在自己面前扮演了一个奇妙的角色。他曾经容忍席勒将他归于"幼稚者"，可现在他首次主动将这个称号用在自己身上。他觉得自己犹如一个梦游者在到处闲逛，他知道，他以前也只能这样行动。人们需要洒脱，行动者必须肆无忌惮——以后他将这么宣称。如若不是这样，他无论如何将被视作无所作为。行动和创造，意味着自我收缩、自我封闭，然后才能创造出拥有自己的广阔的东西。所以他很喜欢阅读旧日的文字和手稿。他阅读自身，在此他感到内心的广阔。他宁愿回忆自身而非被回忆，因此对贝蒂娜·封·阿尔尼姆的询问默不作声。也许他不能原谅她，她在争吵中称克里斯蒂安娜为"肥胖的血肠"。

克里斯蒂安娜去世后，弗劳恩普兰旁的大房子变得孤独。

顶楼上住着奥蒂莉和奥古斯特,常有争执和吵架。歌德能很好地容忍孙子的吵闹,别人的可不行。歌德弄错了——当他就年轻的夫妇这么写的时候——他们互相合适,即使他们不怎么相爱。他们不仅不相爱,也完全不相配,所以无法给家里带来安宁。有时根本无法忍受,歌德就会搬到他的花园住宅里。他还经常躲往耶拿,即使那里已碰不到席勒、谢林或者洪堡兄弟。

他有一次向米勒总理透露,他所希望的弗劳恩普兰旁住房里的生活应该是怎样的。但愿有可能,最终邀请一群人,人数时多时少,每天在我家里聚会。每个人可以随意地进出,可以随意带来客人。屋子该从七点开始敞开大门,上灯,茶水和点心该准备充足。人们奏乐,游戏,诵读,开玩笑,一切都随心所欲。我自己则根据自己的精神状况,现身或是暂离。我不时地离场,而这不会造成干扰……这样的话,永远备有茶水,一如在某些房间里永远灯火通明。

一栋大门敞开的房子,犹如在旅店般来去自由,不间断的社交,人们无须总是在场且始终是中心。奇特的仅是,这里涉及永远的茶水,也许葡萄酒更合适,因为它在这栋房子里储备充足,楼下的主人那里和楼上的年轻人处都有。但生活并不轻松和愉快,茶和酒都帮不了忙。在此期间,在规定的用餐时,一切都相当拘谨地进行。总有许多人拥入,来访者的潮流没有间断。人们满怀期待,而歌德摆开接见仪式,有时随意,有时炫耀,胸前挂着勋章,双手背在身后,提出几个问题,用他著名的嗯嗯声作答。令人难忘的是他警觉、关注的大眼睛。通常人们不会被邀请入座。但有时歌德会冒火,然后响起他那响亮的、缓慢流动的嗓音,话语犹如挂在绳子上的珍珠倾泻而下。说话人和听讲人之间的张力会突然消失。但这种情况不多见。有时歌德也完全默不作声。里默尔、迈耶尔、艾克曼,那些忠实的助手,得在有些他虽然无心说话、但也不想独处的夜晚陪他。然后大家都坐在葡萄酒酒杯前——沉默无语。

不过,要是他哪天健谈,人们就得对这一惊人的景象有所准备。因为他并不怎么看重观点,他喜欢拿观点做游戏,也许是为了让谈话对象不知所措,甚至为了惹恼别人。对米勒总理,歌德在他面前特别喜欢扮演靡菲斯特(在艾克曼那里他更喜欢当浮士德),他曾这么说:唉,难道我活了八十年,为的是永远一样地思考?相反,我每天试图思考特别的新东西,为的是不感到无聊。人们必须不断地改变和更新自己,重获青春,以免变得顽固不化。

他不得不扮演的公开的官方角色,并没有轻易让他变得年轻。作为诗人他有一个公众的灵魂,作为官员他则是个公众人物,一如他自己所称。1815年的维也纳大会将魏玛升格为一个大公国,给它带来了客观的领土扩张的可能性。公爵现在可以称自己为"殿下",而歌德也被提升为"国务部长",尽管他已不属于国务院,而仅在幕后发挥咨询作用。他不愿受到日常事务的烦扰,而公爵也仁慈地准许朋友卸去负担。工资涨了,但官职的责任减少了。歌德负责"魏玛和耶拿科学和艺术下属机构的最高监督",但这是一种并不十分费时费力的大学监督工作。而自1817年年初起,他也不再领导魏玛剧院。与海根多夫夫人,即以前的卡罗利妮·亚格曼的紧张关系，经过 1808 年的危机后未获缓解。她仍然认为歌德不是一个合适的剧院经理，觉得他在日常事务中过于散漫。另外她希望更积极地迎合观众的流行口味。在一出法国通俗剧中，应该由一只驯服的长毛狗演主角。面对歌德明确表达的意志，她坚持了自己的想法。歌德此后让人传话出去，倘若戏剧演出取决于狗，他将不会继续参与，也许将退出剧院经理的位置。公爵接着免除了他的职务。他想阻止友好关系受到进一步损害。

但在一些较小的官方事务方面，歌德继续代表魏玛政府。没有任何一个大臣、一个受加冕的头面人物，在访问魏玛时会错过去歌德弗劳恩普兰旁的家里拜访他，让他有戴上拿破仑授予他的勋章的机会。这样的接待花费可观，所以他提出申请减免税负，而这也得到了批准。与稿费加在一起大约每年有一万塔勒银币的收入，他仅需支付不到一百五十塔勒的税。但他还是觉得必须节省，所以对他作为注册市民向法兰克福市支付的款项感到恼怒。他又提出申请，退出了法兰克福的市民协会。他的名字从市民名单中被删除，为此他爽快支付了三十个十字币。

法兰克福是德意志联盟的驻地和会议地点。这是维也纳大会上重新组织和设立的德意志及非德意志公国联盟那没什么实权的邦联组织。歌德的朋友卡尔·弗里德里希·封·赖因哈德几十年任职于变化不定的法国政府，是法国驻联盟的代表，可以继续为歌德提供有关政治大局的消息。在德意志联盟中，人们对市民的爱国主义的德意志统一运动没什么好评，而众所周知的是，歌德对此同样评价不高。在《论艺术与古代》的第二卷中——这是歌德生命最后十年中写作的家庭祈祷书——他在1817年针对《新—德意志—宗教—爱国的艺术》发表了一篇尖锐的檄文。它不仅对拿撒勒人画派的天主教的绘画,而且对整个爱国主义的假面本质和多情善感的中世纪崇拜展开了抨击。他感到愤怒——每当他的《葛茨·封·贝利欣根》被民族主义宣传利用。歌德虽然有一段时间因为他年轻的朋友祖尔皮茨·布瓦塞里而热心于中世纪的绘画和雕塑,他也曾为科隆大教堂的修缮说话,但从他的角度出发,这与政治和爱国的倾向毫无关联。他热爱古代的东西,若它富有活力,但不希望它仅仅因为政治目的而在艺术上获得新生。所以他充满感情地描述了传统的"宾根的圣罗库斯节庆",但没有为此而作为天主教世界的鼓动者出场。这个神圣的节日让他感到着迷,犹如以前罗马的狂欢节。放纵和虔诚的疯狂,两者都可以从美的角度来注视。

魏玛大公对政治上的新现象特别关注。大公颁布了维也纳大会的联邦文件所允诺的宪法,它赋予邦议会中特权等级的代表以税收分配权纳税的权利,以及新闻自由的权利。歌德不是这种革新和通往君主立宪制道路的变革之友。他觉得人们的权利在公国中未受损害。较之民主的安排,他宁愿要一种家长制的统治,拥有一批不谋私利、顾及人民利益的统治精英。他赞同没有封建特权的自由的基本财产,赞同行业自由。他的政治和社会愿望及想象,局限于此。他不怎么看重新闻自由,对他来说,新闻自由是对蛊惑人心者和无知者的特许证书,是对普遍政治化的一种鼓励。自18世纪90年代以来,当歌德写作针对革命的剧本时,他对"被煽动者"

的恼怒一直没有改变。可现在恰恰在魏玛，因为自由主义的新闻法，有多份爱国主义和民主主义的报纸发刊，比如海因里希·鲁登的《娜美西丝》和洛伦茨·奥肯的《伊西丝》。那里针对反动的、权威的精神展开激烈的论战，抨击哈布斯堡和俄国在德国的统治地位，认为这是民族的不幸。由此魏玛在爱国主义者那里享受着整个德国境内进步的自由国家的声誉。但魏玛对梅特涅和其他大部分的地方王侯们来说是眼中钉，而在耶拿，当有人建立起"大学生协会"时，人们称大公为"老学生"。

1817年10月，大公国考虑在瓦特堡举行一次国庆，纪念宗教改革和莱比锡各民族会战中战胜了拿破仑，趁此机会发生了首次焚书行动，有人把被视为俄国间谍的科策布的书付之一炬。一年半后，即1819年3月23日，大学生协会会员、神学院学生卡尔·路德维希·桑德用刀刺杀了科策布，梅特涅以此为由，用"卡尔斯巴德决议"来反对所谓的"蛊惑人心的阴谋颠覆"。政治上不安宁的大学受到监督，到处实行了严厉的新闻检查，魏玛也不例外。警察大规模地采取措施并实施迫害。新近觉醒的政治生活虽然无法被"卡尔斯巴德决议"扼杀，但它现在必须施展计谋并有想象力地绕过重获稳定的独裁政体，开辟自己那间接的道路。1819年8月的最后几天，歌德在卡尔斯巴德疗养，在温泉旁有机会与梅特涅和其他有影响力的要人会面，得到莫大恭维和满足。"卡尔斯巴德决议"完全得到他的赞同。他对卡尔·奥古斯特写道：

尊敬的陛下肯定马上就会了解到这次商谈的结果，我谨希望成果会完全符合我的预感。

卡尔斯巴德和特普利茨多年来都是歌德钟爱的疗养地，他在那里踏入上流社会的疗养生活，而这对他颇具吸引力。君王、大臣、高等贵族，或独身或已婚的漂亮女人，富裕的市民，特别是有名望的艺术家和科学家，都在那里见面。早上是矿泉水浴，晚上是香槟和舞会。华贵的服装，闲聊，散步。公园里还有一个疗养所的乐队。1812年在特普利茨，歌德在和两个皇后的闲聊之间，还为贝多芬留下见面的时间。后者虽然嘲笑过歌德的贵族头衔，但还是放下身段，为他在钢琴上演奏了几个曲子。歌德印象深刻，即使这些乐曲对他来说有些过响和过于热情。事后他说，他之前还从未遇到这样一个冷酷无情的天才艺术家。他们还通了几次信，但止于礼貌地交往。策尔特可以松口气了。

1820年歌德从卡尔斯巴德去新开的、还面临其伟大时代到来的马林巴德疗养地。他致信卡尔·奥古斯特说，我仿佛身处北美森林，人们在那里用三年时间就能建成一座城市。这个正在建设的城镇被视为有利可图的热门投资场所，建筑热潮汹涌。当地最辉煌的房子属于布勒西克家族。骑士封地拥有者弗里德里希·莱贝雷希特·封·布勒西克用一个匿名合伙人克勒贝尔斯贝格伯爵的钱，让人建起这个温泉疗养地。而克勒贝尔斯贝格期待着最终能同骑士封地拥有者的女儿——已经两次嫁人的阿马莉·封·莱韦措——结为夫妇。漂亮的阿马莉年仅十五岁时就嫁给了莱韦措，同他生下两个女儿。这第一个莱韦措不久就离开了她。她嫁给第二个莱韦措，第一个的堂兄。他宁愿把自己半辈子的财富花在她身上，也不偿还债务，最后战死在滑铁卢。因为第一个莱韦措还活着，笃信天主教的克勒贝尔斯贝格得等到他死后，才能迎娶阿马莉。1806年歌德在卡尔斯巴德认识阿马莉，在日记中称她为潘多拉。这在他那里代表对高贵的娱乐的联想。当时他计划写一部同名的节庆剧。那时，阿马莉的第一个女儿乌尔丽克已经出生。而作为母亲的阿马莉当时与歌德1821年夏初次遇到的乌尔丽克年纪相仿。他的"潘多拉"回来了。

在一篇几年前写下的《西东合集》中，有如下诗句：你说，你被岁月夺去了很多：/ 感官游戏的真正的快乐……从你的行为里 / 涌不出欢乐，你缺少一种冒险的勇气！/ 可现在我不知道留给你的还有什么是独特的？令人费神的哀伤和低落的自信，在此诗中不再拥有决定权：留给我的很充分！留有理念和爱！情况就是如此。歌德身上本来就不缺理念，现在又有爱情的加入。

短暂的拜访之后，紧接着在1820年夏天，歌德首次在马林巴德停留了较长时间，下榻豪华的布勒西克酒店。阿马莉和她的女儿们也在那里。起初，七十二岁的歌德作为一个老爷爷，不停地出没于这个家庭圈，在凉台上聊天，或者同大女儿、十七岁的乌尔丽克在周围闲逛，收集和敲击石头。一堆漂亮的石头被收集到一处，晚餐前被展放到桌上。有一次歌德将一板巧克力塞到中间，因为对乌尔丽克来说，所有的石头看上去都一样，没什么特别之处。乌尔丽克的母亲阿马莉也经常围着歌德转悠，散发魅力。她才三十出头，一如歌德向公爵所说的那样，是一个历经岁月和命运的磨难，非常漂亮地挽救了自己的妩媚的女人。

在马林巴德第一个夏季的书信中，起先更多地谈及石头而非女人。在弗劳恩普兰旁歌德住宅中的人，还无须将此视为危险信号，即使在一封给奥古斯特的信中，他说：向女人和孩子们问好，也向乌尔丽克，若她也在场。凑巧的是，这边的酒店里也有一个相当可爱的乌尔丽克，所以我以这种或那种方式总会想到她。

在布勒西克酒店里，可爱的乌尔丽克是个身材高挑、苗条，长相漂亮的年轻女子，平时住在斯特拉斯堡的一个女子寄宿学校里，而到了夏天来这里同母亲和妹妹一起生活。她读过伏尔泰，但对歌德的名字完全陌生。当然她现在听说了他的名望。歌德让人把墨迹未干的一册《漫游时代》寄到马林巴德。乌尔丽克开始读了起来，觉得有些无聊。她产生了这样的感觉，故事之前还有她不知道的故事，便向歌德打听。歌德向她讲述了《学习时代》中的一些情节，但让她明白，那本关于到处闲逛的艺术家小伙子的书，也许对年轻姑娘不合适。与此相比，《漫游时代》不含任何有害因素。这完全正确。尽管如此，乌尔丽克不再继续阅读，白天宁愿散步，晚上则去跳舞。根据日记，歌德参加过布勒西克酒店大厅里举行的舞会。在这个夏天少一些，到了第二年夏天多一些，以后则越来越频繁。

弗劳恩普兰旁住宅里的日常生活，常常气氛不佳。与此相比，马林巴德之夏的这几个星期充满阳光，灯火辉煌且欢快热闹——也处在花一般年轻姑娘的荫庇下。给儿子的信经常隐瞒大多数情况，但还是让人感到歌德的心满意足。我的生活方式非常简单：早晨在床上喝酒，白天泡三次温泉，晚上在井泉旁喝酒，中午集体用餐，就这样周而复始。葡萄酒终于也到了。布勒西克酒店不缺葡萄酒，但歌德想展示他最心爱的一种葡萄酒。因为歌德经常和乌尔丽克在一起，有人开始窃窃私语。马林巴德的一个客人在1822年夏天这么写道："晚上大部分时间，他在莱韦措一家的陪伴下度过，他在大女儿的边上显得非常优秀，乌尔丽克·莱韦措不是用歌唱，就是用幽默的谈话让他开心，至少有片刻时间忘记烦恼——这烦恼是他以前因为同一个叫符尔皮乌斯的有名女管家的不幸婚姻而不得不忍受的。"

在马林巴德的第二个夏天，他在乌尔丽克面前真的无法再将自己当作爷爷。他发觉自己恋爱了。这个夏天他创作出以下诗句：但愿我能逃脱自己；/ 满是克制！/ 啊！我为什么总是朝着那里奋争 / 那个我不该去的地方。它们被潦草地写在一张便笺的背面，一如以下诗句：唉！谁又重新痊愈了！/ 什么是无法忍受的痛苦？/ 伤口犹如小蛇 / 盘绕内心。

第二个夏天的离去对歌德来说已是一次沉重的告别，而他对乌尔丽克的感情进一步加强。当下毫不明白自己，/ 对告别感到惊心。半道上在埃格尔，他在作曲家托马舍克的贵宾留言簿里写下一首诗，题为《离别后爱情痛苦的合唱》，以后的题目是《风鸣琴》，影射浪漫主义作家们喜爱的这种乐器，它经常在花园里被成双地校准音调，奏出一种美妙的乐声。我曾以为，我没有痛苦 / 可我如此忧心忡忡，/ 眉头紧锁 / 最深的头脑里一片空白 / 直到最后泪如泉涌，/ 吐出一声带着压抑的道别。/ 她的道别是快活的镇定，/ 但现在也许和你一样在哭。

"并非没有爱。"乌尔丽克后来这么说。诗歌也暗指了这种不平等的关系。姑娘没怎么感到别离的痛苦,压抑的道别和快活的镇定让人得出这么个结论。姑娘显得轻松,歌德,这个恋爱的男人则心里沉重。经过第二个夏天,他为自己、为整个故事感到不安。他半是为明年感到高兴,半是为弗劳恩普兰旁住宅里昏暗的冬日感到害怕:白天让我感到厌烦,/无聊的是夜晚点灯时分。

真的有昏暗的月份。1823年2月中旬,歌德病危。也许是一次心肌梗死。他有一阵子昏迷不醒。强烈的下腹疼痛把他拴在椅子上,只能坐着过夜。米勒总理是个忠实的探访者,记录下歌德有耐心的、但时而绝望的话语。死神站在我身边的每个角落里,他有一次害怕地继续说,啊,基督上帝,你把多少苦痛堆在你可怜的人身上,可我们还得在你的神庙中为此褒扬和赞美你!歌德埋怨上帝和医生:尽管使用你们的技艺,这一切都好,但看来你们无法救我。

他挺过了危机,身体仍然拥有足够的抵抗力。有些人觉得他比生病前更活泼。就连歌德自己也感到惊讶,多么成功地重新让自己精神的本质按自己的意愿自由自在地行动着。伴随着春天的到来,他的生命意志苏醒。歌德带着几分感动审阅了好心的来信和对他健康的祝福。一如他曾发觉的那样,即使生着病,他也是个公众人物。在有些地方,有人甚至宣布了他的死亡。人们给这个康复者献上了一场《塔索》的庆祝演出。他那戴着桂冠的胸像被放在舞台上。

奥古丝特·楚·施托尔贝格伯爵夫人,以前的"古斯琴",现在是丹麦大臣伯恩斯托夫的虔诚的遗孀,为以前所爱的笔友的心灵安康担心,给他来信。她觉得著名的诗人身处险境,他必须摆脱"世上一切渺小的、虚荣的、属于尘世的、不好的东西"。此信在歌德得病之前已到达。他恼怒地将它丢在一旁。由于疾病和痊愈，他情绪缓和了些，回复了一封漂亮而详细的信：长命百岁意味着经历许多，被爱的、被恨的人，无所谓的人，王国，首都——对了，还有我们年轻时种植和培育的森林和树木。我们经历自身，完全能充满谢意地认出自身，倘若我们还留有肉体和精神的一些赠品。……我一生正直地对待自己和别人，在一切尘世的喧闹中总是目视最高点……因此我们不必为将来操心！在我们父亲的王国中有许多省份，而既然他为这里的我们提供了一个如此开心的居住之所，那么在彼岸一定也为我们做了安排。

但歌德真的很少想到彼岸，相反他想着明年夏天。他几乎等不及要与乌尔丽克在马林巴德相见。1823年6月26日，他动身了。这次他不住在布勒西克酒店，因为公爵在那里下榻，而是住在对面的"金色葡萄"中——同样是个高级酒店。那里距他与乌尔丽克曾几小时长谈的露台只有几步之遥。夜晚又是舞会或约会，白天收集和敲打石头。这次又加上了气象学。他们观察云朵的形成，欣赏其流逝的饱满形态。这种云朵的形态对他来说如此具有象征意义，以至于他以后在那部长篇哀歌中，明确地将此与乌尔丽克联系起来。多么轻盈和纤巧，明亮和柔嫩地织就，/犹如爱神撒拉弗，从庄重的云之合唱中飘出，/一个苗条的形体从光亮的薄雾中升起，/似乎与对面蓝色天穹旁的她相似；/你可见到她欢快地翩翩起舞/最可爱形象中的最可爱者。

但夏天尚未过去，他们还会散步，一起用餐和跳舞。歌德召集社交游戏，而这类游戏逐渐变得容易为人接受。他的想法是，人们该围绕着某个词编出一个故事，比如用"长袜松紧带"这个词。姑娘们脸红了，而歌德毫不拘束地大谈着"长袜松紧带勋章"。

8月中旬歌德表示出他求婚的意图。公爵当起了媒人。也许其中掺杂了某些恶意，但他还是装出一副严肃相。他用一个了不起的条件作为诱饵。王宫对面的一栋新房子将提供给这对"新人"居住，而乌尔丽克，倘若她比丈夫活得久，将得到一笔高额养老金。也就是说，一切都安排妥当。

乌尔丽克后来回忆说，这次求婚出人意料，开始她仅把它当作玩笑。然后她母亲让女儿自己决定，而她如她自己所说根本无须长久思考。"我喜欢歌德，"她对母亲说，"他就像是我父亲。若他完全独自一人生活，我相信自己对他有用，那么我就会嫁给他；可他还有一个已经结婚的且和他住在一起的儿子，已有一个我会被排挤的家，倘若我想要替代它的位置。"按乌尔丽克的话说，歌德自己从未同她谈论此事。求婚也就没有明确地被拒绝。一直到这年年底，对歌德来说事情无果。

从内心来讲，他在启程离去时，已同乌尔丽克告别，但起先仅是在诗歌里、在长篇哀歌中。那是他在旅途中用潦草难认的笔迹录在一本袖珍日历上的。到家后誊到精致的纸上，然后让人用红色皮革做成封面，有一阵子珍藏在身边，犹如一件圣物，仅让很少的几个被挑选者读过。艾克曼是其中之一，还有里默尔和威廉·封·洪堡。后者就此对他夫人写道："我就这样开始了阅读，我可以真心地说，我不仅被这篇诗歌打动了,而且感到非常惊讶,使得我几乎无法描述。他不仅写作出了他至今最美的诗歌,而且也许超越了所有的诗作。"

那是 1823 年 11 月,歌德再次病倒。洪堡心中担忧,告别时在歌德的额头上吻了一下,害怕无法再见他。歌德被击倒了。他不仅得克服这个爱情故事的必然结局,还有家庭的烦恼。奥古斯特担心他的遗产权,对父亲口出恶言,而奥蒂莉几次昏迷,躲回自己的屋子,整天闭门不出,然后离家出走,不辞而别了。家中弥漫着一种冰冷的气氛,来访者也能感到。只有策尔特理解这些,以自己那无忧无虑、大呼小叫的方式奋力抵抗。他如此描绘在弗劳恩普兰旁对完全无人照看的歌德的造访:"(我)来到魏玛,来到门前。我在车里待了一分钟,没人过来迎接。我走进房门。一个女人从厨房里探出脑袋,看到我,又缩了回去。施塔德尔曼过来,垂着脑袋,耸耸肩。我问他,他没回答。我还站在门边,我该掉头离开吗?这里怎么死寂一片?主人在哪里?眼神模糊。奥蒂莉在哪里?去了德绍。乌尔丽克呢?在床上。……宫廷参事走过来:父亲——身体不舒服;病了,病得不轻。——他死了!——不,没死,但病得很重。我走近些,大理石雕像站在那里看着我。我上了楼。宽敞的台阶似乎在往后退。我会找到什么?我找到了什么?一个看上去带着爱的人,体内带有对青年时代所有折磨的全部的爱。倘若是这样,他会摆脱它吗?不!他该保留它,他该像碳酸钙那样发热,但他该有疼痛,犹如厄塔山上我的海格立斯。无药可救。疼痛自身该是滋补和药剂。事情就是这样。事情也这样发生了,爱着的心灵,摆脱了神灵之子,精神焕发,英俊潇洒。经过困难,但神的果实在此,他还活着并将继续活下去。"策尔特知道如何能帮助歌德。因为只有美丽的疼痛才能抵抗普通的疼痛,他用自己那镇定的低沉嗓音,多次给歌德诵读哀歌。

《马林巴德哀歌》,如前所述,大部分诗句产生于返回魏玛的途中。放在前面的题词,是出自《塔索》的诗句:别人在苦难中默不作声,/一个神灵却让我说出我的苦痛。洪堡在探访歌德后发觉,歌德其实觉得自己不再与女孩紧密相连,而与由此在他身上萌发的"情绪,与他将她围绕起来的诗"密切相关。那是关于恋爱,但首先是关于变老的一篇诗作。没有提及年龄的差异,但提及恋爱之人无法跨越的门槛。残酷而甜蜜的最后一吻,它割断/用情丝编成的美妙的情网。/匆忙前行,脚步迟滞,避开门槛,/似乎有持火剑的天使在后面追赶;/眼睛不乐意地紧盯阴暗小径,/回眸张望,大门已闭。

哀歌悲叹已逝的短暂幸福——白天难道没有插翅疾驰/好像一分一分地向前追赶!——悲叹年龄的门槛,但也悲叹变老,一种感情的突然僵直,因为外表的老迈是一方面,另一方面是对这种内在的令人惊讶的体验:这时只能不露声色,似乎/这颗心从未敞开。此刻不再事关失去情人,而事关失去一种感情,二者有着很大的差别。它以前曾经决定《维特》伤感的主题,也正因为如此,歌德将哀歌与一年后写下的《致维特》(以及献给波兰女钢琴家玛丽亚·西马诺夫斯卡题为《和解》的告别诗)一起归拢在《热情三部曲》中。哀歌诅咒禁闭的大门和禁闭的心灵。但又奋起反抗,一种逃脱再次出现,因为自然的世界依旧存在,一个唯一的伟大建议,给人众多允诺,富有魅力、生气勃勃:碧绿的大地,/不是伸向河畔的牧场和丛林? / 超越尘世的苍穹不是还隆起在上,/ 时而变幻无穷,时而无影无形?而现在,受到大自然呼吸的感染,情人的形象重新活跃,其中映射的心灵为它自己的延续感到高兴。是诗歌对自己提出了疑问,何为诗歌、何为现实,由此也对自身提出质疑。回答近乎倔强无畏,一切要归功于个人,而非诗之情感的鬼魅:倘若爱情让爱着的人振奋,/ 这大功已在我身上绝妙地完成;// 而且全通过她!肯定没有给自身罩上幻影,感情升华到情色的祈求和被爱的虔诚:更是神赐的安宁,给你们世人幸福 / 而非理性——我们这么读到——/ 可我将此与在最爱之人身旁的 / 爱情那快活的安宁相比。可惜在爱人形象中的幸福的安宁不能持久,我们这么读到,这里已小心地指出一种慢慢扩大的距离。应该让它停止。只有你在的地方,一切始终如儿童般的天真,/ 所以你是一切,你无法被克服。也许并非如此。时间证明自己更加强大。(他)千百次地回想她的影像。/ 它时而停留,时而消逝,/ 间或模糊,间或显现于至纯之光中;/ 犹如潮汐,往返来回!/ 这如何能给虔诚者带来最小的安慰?

诗歌的最后两段发生了一个戏剧性的转变。突然间一切变成虚无,就是大自然也不再给予安慰。一切对我,我的自身对我都已失去,/ 虽然我曾是神灵的宠儿。这是表达之感恩的、《塔索》母题的最后一声回响。然后哀歌以此诗句收束:他们逼我触碰赠予极乐的嘴唇,/ 又将我拉开,让我毁灭。

在马林巴德的这个最后的夏天,歌德还认识了享誉欧洲的波兰女钢琴家玛丽亚·西马诺夫斯卡。她在马林巴德举办了一次公开的音乐会,但她在一天晚上,也单独为歌德进行了演奏。她是个优雅且富有教养的女子,三十多岁,守寡。用歌德的话来说,人们不知该如何做,是着迷地注视她,还是紧闭双眼,以便能更好地聆听。《热情三部曲》中献给她的第三首诗,以如下两行结束:感受到了——啊,愿此永久留存——/音调及爱情的双重幸福。

1823年10月,玛丽亚·西马诺夫斯卡来魏玛拜访。歌德为她举行了一场盛大的欢迎会,以示尊敬。另一天又邀请了她和几个朋友一起用餐。当她告别离去后,歌德突然感到一阵惊悸。他请求米勒总理去追赶她,把她再次请回来。此后发生了以下的事:西马诺夫斯卡与她的姐妹一起返回。伟大的告别场景,歌德竭力控制着自己。"但一切幽默的努力,"米勒说,"都毫无用处,无法阻止泪水盈眶,他无言地拥抱她和她的姐妹,他那焦灼的目光长久地追着她们,直到她们穿过屋门前敞开的长廊,消失不见。"

这是一个男人的告别。他明白,自己此刻真的老了。

第三十三章

写《浮士德》,一生之久。《浮士德》终于脱稿。从天堂穿越世界进入地狱,并重新返回。"我将留意让这部分风姿优雅和轻松愉快,并让人思考些什么。"什么在此让人思考?

歌德虽然尚未完全放弃对乌尔丽克抱有的希望,不管怎样,他在 1823 年 12 月底致信其母亲说:但愿没有任何东西!没有任何东西!会阻挡满足和成功!……带着渴望、希望和期待。但这只是反抗绝望的最后一次振奋。他带着经受过考验的姿态直面心灰意冷:新的计划,新的工作。由此他要保存青春活力并证明自己——即使在这性爱的失望瞬间。当他重新找回自己之后,他向比自己年轻三十五岁的朋友祖尔皮茨·布瓦塞里描绘了他面对年迈之忧伤的方法:请原谅,我最亲爱的朋友,倘若我对您来讲表现得过度兴奋,但因为上帝及其自然力多年来对我放任自流,所以除了用充满活力的劳作去表达我充满谢意的认可,我没有其他更好的事可做。我要证明自己,值得获赐这种幸福……我日夜思考和行动,只要有可能。"日夜"不是陈词滥调,因为甚至在有些夜间的时光里,虽然因为注定的高龄我无法入睡,但我并非陷于模糊和一般的胡思乱想,而是仔细思忖,明天该做什么?我次日早晨确实就能开始做……别人在某段时间耽误的事。人们往往有理由相信或者误以为会有明日复明日。

他首先精力充沛地投入的是三件事。1824年1月,他让人誊写席勒的书信,为计划出版二人的往来书信做准备。他还在科塔那里探讨出版作者最终审定的作品全集的可能性。这两个打算,也让完成第三件事变得十分迫切,即继续并在可能的情况下完成《浮士德》第二部。

他现在再次沉浸在席勒的书信中,特别关注朋友对《浮士德》的鼓励和提醒,由此他再次感到,自己对完成作品负有责任。他现在开始同科塔商谈新的著作版本,而从科塔那里他也知道,就是出于经济的原因,他也多么希望这个作者最终审定本能包含《浮士德》的续篇,并成为完整的作品。

《浮士德》现在的确成为歌德的一个生命主题,始于玩皮影戏和阅读一本破碎的古代民间故事书的儿童时代。他在那里认识浮士德,这个与魔鬼签约者、一个童话人物,滑稽又可怕,这是真正的对儿童的恐吓,特别是他最后要被魔鬼带走。在莱比锡的大学时代,这个形象在歌德脑海里作祟,奥尔巴赫酒窖里的画像展现的是一个骑坐在酒桶上的浮士德,令人足够印象深刻。也许他当时已经勾画出相应的场景,年轻的大学生觐见伟大的戈特舍德的第一个学校的场景。从莱比锡返回法兰克福后,歌德病重卧床,研读炼金术的著述,在同克勒滕贝格小姐一起做流行的实验时,他感到自己特别接近术士浮士德的神秘氛围。浮士德对他来说首先是个古代德国的人物,犹如"葛茨"。1772年,当杀害儿童的女凶手苏珊娜·玛格丽塔·布兰特在法兰克福被处死时,他产生了一个念头,将这个有魔力的学者的故事与格蕾琴悲剧联系起来。在法兰克福的朋友和熟人圈中,经过《葛茨·封·贝利欣根》和《维特》之后,人们紧张地等待着《浮士德》,因为有传说,它马上就会出版。《哥廷根缪斯年鉴》的编者海因里希·克里斯蒂安·博伊厄在1774年10月拜访歌德后有这样的记录:"他的《浮士德博士》几乎已经完成,在我看来,是他所有作品中最伟大且最独特的。"在魏玛的最初几年里,歌德经常喜欢诵读手稿。他去世五十年后,人们在驼背宫女格赫豪森的遗物中,发现了18世纪70年代完成的几个场景的抄件,它们其后被称为《原始浮士德》。当时肯定还有更多的场景设计,其中包括海伦那一幕。

歌德无法摆脱浮士德的题目,恰恰因为如此,他不停地犹豫着,无法完成它。但每次有作品要出版时,他总是给自己压力。格申版的情况就是这样。他为此结束了《埃格蒙特》《伊菲几妮》,最后还有《塔索》。他还想完成《浮士德》,但徒劳无功。1790年,让读者感到失望的是,他出版了《浮士德——一部残篇》。为了第一部科塔版作品集,他最终成功地写出了一个临时的结尾:1808年作为科塔版作品集的第八卷,《浮士德——悲剧第一部》出版。

此刻第二部的多个场景也已完成,有海伦一幕的场景,也有结尾场景,但主要是对场景顺序的多个概览。歌德自从写作《浮士德》以来,在对材料热情的接近和陌生化的离开之间不停地发生变化。一会儿是北方的鬼魅,他觉得自己被它们远远推离,然后浮士德的世界犹如一堆海绵体,又出现在他眼前——倘若他向它靠近。他自己也感到惊讶,经过一个厌恶的阶段后,他又如何快速地进入素材,能无明显中断地继续写作。当他有一次把新写下的纸张归拢时,他写道,但愿没有人发觉手稿的时代差异,无论如何奇特,我与过去的自己如此相像,而我的内心由于年月和事件没受多少苦。这句话写于1788年,以后也有类似的表达。

无间断和统一,这也展现在1808年的悲剧第一部中。而对歌德从1825年起开始奋力写作的第二部来说,已不再如此。氛围发生了变化,还有人物性格。浮士德不再是古代德国的书斋学者,也不再是热情的恋人,他作为独立自信、通晓世事的主人公登台亮相。他不再是个性格多变的人,相反扮演一个相当清晰,当然也有变化的角色。他的重要性显而易见。一个皇帝竭力讨好他,学者书斋的氛围荡然无存。在海伦一幕中,他是个举止高贵的德国骑士、一名北方的统帅,然后他又成了参谋本部的随军观战者,最后作为伟大的企业家,建造大坝。就连靡菲斯特也在改变。他早就不再是真正的古代德国的魔鬼,而成了一个社交名人,一个举止高贵的玩世不恭者,一个同时负责粗活和技术活的同事,然后又成为一名性格狡诈的企业顾问,到了最后,他又表现为一个同性恋者、一个好色之徒。打赌在这个阶段完全被人忘记。也就是说,悲剧第二部的发生地是个完全不同的世界。海伦一幕甚至该作为独立的剧本脱颖而出。但他还是将它塞进《浮士德悲剧》中,但在1827年,歌德将它单独预先交付印刷,题目是《海伦——古典和浪漫的幻象》。

在写作《浮士德》第二部时，海伦一幕成为出发点。从中间开始，即从1826年完成的第三幕起，歌德展开剧本的开头，即皇宫场景，尤其是将《古典的瓦尔普吉斯之夜》作为海伦那幕的前因。最后一幕中的有些段落之前已经完成，但还缺少过渡，即第四幕。歌德在去世前的一年里，还在为此工作。1831年7月22日，他在日记中这么写道：完成了主要工作。最后的世事。所有誊清稿已装订。面对艾克曼，他说：我以后的生命……可以视为纯粹的礼物，现在从根本上来讲，我是否或者还做什么，已完全没有差别。他告诉朋友和熟人其著作将被密封，直到他死后才能启封。我们不知道作品是否真的被密封了——无论如何没有留下此事的任何痕迹。歌德在1832年1月24日曾再次打开包裹。对浮士德的新的冲动，鉴于较大规模地展开了主要母题，而为了结束我曾过于简练地处理了它们。

朋友和熟人鼓励他在有生之年发表作品。就连威廉·封·洪堡也表达出这个意思。1832年3月17日歌德致信洪堡，那实际上是歌德写的最后一封信：毫无疑问这将给我带来无限的欢乐——倘若能给我那些珍贵的、完全为人充满谢意地承认的、散布四处的朋友们，在有生之年献上并传达这个非常严肃的玩笑，并听取他们的回应。但日子就是这样荒诞和混乱，使得我确信，我那长久以来为了这栋奇特建筑坚持的正直努力，会得不偿失，被冲到岸边，犹如废墟中的一具残骸躺在那里，然后被时光的浅层垃圾所掩盖。混乱的、关于商业的、令人迷惑的学说统治着这个世界。

倘若令人迷惑的学说统领着这个世界，那么关于这部伟大作品的学说的情况如何？它是否也同样令人迷惑？里面究竟有没有一个中心学说、一个基本理念？对此歌德做了自相矛盾的表述。一方面他宣称，知性在此拥有较大的权力。由此他暗示比喻的优势。但比喻通常很容易被知性化解。它们可以是综合的，但因此是理性的。它们确实适合猜谜的朋友，他们热衷于清楚的答案；也适合文学家，他们以后也将在此发现有足够的工作要做。在假面舞会的场景中，明确地指向比喻的特点，而对人物的解答同时被给出。人人宣告，自己是谁。黑罗尔德大喊。整个假面舞会虽然含沙射影，但并无意义变得模糊的机会。犹如歌德以宫廷诗人的身份在魏玛组织并为此赋诗的节庆，在这些诗歌中，宫廷里如德行和罪孽这样的事件，大多也得到比喻的描绘。这一切轻松愉快且优雅得体，但也恰恰相当神秘。

另一方面，歌德强调他的《浮士德》续篇的不可测量性。自每个被解答的问题中都会产生一个新的问题。人们该追寻细小的提示，然后甚至会发现比他所投入的更多的东西。情况确实如此。人们在里面真的发现了许多，也许有太多的东西。歌德在《浮士德》第一部中容忍了这种情况。倘若一名阐释者向他靠近，这对作者来说是某种恭维。他只有这样才会恼怒，倘若猜谜的朋友在释谜时忘记了艺术作品的神秘的美。歌德赞赏审美的享受和一种放松的、游戏的姿态。此外德国人是奇特的人！他对艾克曼说，他们用自己到处寻找和到处安放的深邃的思想和观念，将生命变得沉重而非轻松——唉！但愿你们终于有这样的勇气，委身于印象，让你们受到鼓舞、受到感动，得到提升……但别一直想着，一切都是空洞的，倘若那里没有抽象的思想和观念！……其实那里也可以有漂亮的东西，倘若我愿意把一种如此丰富、色彩缤纷且最为多样的生命，一如我在《浮士德》中展现的那样，穿上一根唯一的畅通无阻的观念的细线！

在剧本中有着如此众多的观念，人们为何必须满足于唯一的观念。追踪这个观念，显然符合歌德的意思。他曾对席勒的话——"我确实非常好奇，民间寓言如何紧靠整体的哲学部分"——这么回答：我将留意让这部分风姿优雅和轻松愉快，并让人思考些什么。

让我们关注这部最终完成的、可能让人快乐但也确实让人思考些什么的伟大剧本。

浮士德和靡菲斯特。至于魔鬼，其实在歌德的世界观里没有他的位置。他不规定恶的独立权力，他习惯于这么说。而当康德将"极端的恶"引入其哲学时，歌德宣称，现在这个柯尼斯堡的智慧男人弄脏了他的哲学家大衣。对歌德来说，没有魔鬼。众所周知，人们不得不信魔鬼犹如信上帝。但歌德既不相信一个超越尘世的上帝，也不相信魔鬼。歌德一生都是个斯宾诺莎主义者。对他来说有效的是："神或自然。"上帝，以其全部的财富和创造性的力量而成为自然。人能够也应该发现这种在他身上存有的创造力。所以劳作是对自然的真正的礼拜仪式，而这种创造的冲动绝对不会结束。这也是歌德对于不朽的想象。这个年近八十岁的老人对艾克曼说：关于我们继续存在的信念，对我来说出自劳作的概念；因为倘若我一直到生命结束无休止地活动，自然就有义务赋予我的生命另一种形式，倘若现在的形式无法继续容纳我的精神。

倘若人作为"生成的自然"参与"能生的自然",他就完成了他的使命。自然作为创造性的过程意味着两极和升华,这是歌德辩证的话语。对立造成一种张力,它激发有活力者升华,而非在二元论中僵化。光和黑暗就是这样的两极,它们共同产生了色彩的世界,而善和恶的情况同样如此。善会变得更好,倘若它经受过恶的烈火的考验。一如人们可以想象的那样,天主在《天上序曲》中对靡菲斯特解释说:我从不憎恶跟你一样的同类。/在一切否定的精灵里面,/促狭鬼最不使我感到烦累。/世人的劳作过于容易松弛,/他不久就会喜爱自己绝对的宁静/因此我喜欢给他派个同伴,/他提供刺激和鼓舞,必须作为魔鬼进行创造。

靡菲斯特使世人脱离松弛,并让他保持活力。也就是说,靡菲斯特的原则属于人,就此来讲靡菲斯特也属于浮士德。浮士德和靡菲斯特虽然各自作为独立的形象出现,但最终形成了一个人,一如歌德自己所说,他是一个集体名词,由同样姓名的多人组成。浮士德坦率地道出这种矛盾的统一,而这将他与靡菲斯特联系起来:我心中活着,啊!两个灵魂,/一个想同另一个分离;/一个以粗俗的爱的欲望,/用其攀附的器官,抓住世界;/另一个奋力挣脱尘俗/来到崇高先辈们的原野。个人那棘手的统一此刻不妨碍分别地关注其单个极点,以便追寻它们能为整体的提升贡献什么。

天主说,靡菲斯特将作为伙伴被派给世人,以便他们不在过早的宁静中松弛。怎样来产生赋予活力的效果?——通过否定的精神,通过批判。靡菲斯特是个否定的精灵。他否定什么?在《天上序曲》中,我们可以观察到他第一次重要的否定:天使赞美宇宙和天主的崇高作品。大家欢呼,只有靡菲斯特表示不满。作为否定的精灵,他也是宇宙的批判性的评论人。他对什么不满?不是别的什么,而是人身上的一个起决定性作用的结构错误:关于太阳和世界,我无话可说,/我只见到世人如此抱怨。/这种世界小神,总是本性难改,/还像创世首日那样古怪。/他也许能更好地生活,/倘若你没把天光的敞亮给他;/他称其为理性并使用它/只是比任何野兽更野蛮。

靡菲斯特勾画他的人类学。人获得一些天光,人们称此为理性。可他拥有的太少,无法真正保持理性;人拥有的又太多,无法与他动物性的存在取得一致。也就是说,动物的理性包含一种结构错误。动物性和理性互相妨碍。靡菲斯特犹如持怀疑态度的现代人类学那样说明自己的理由,而这种人类学将人称为"偏心的生灵""缺陷生灵",或者甚至称为"进化的错送的邮件",因为在人身上,直觉和理性无法取得平衡,其著名的结果就是:死亡恐惧,自我摧残,毁灭环境,侵略。靡菲斯特警告说:小心,兽行/甚至会壮丽地呈现自身。人会坠入兽行,整个文化都会这样,用靡菲斯特的话来说,人会比任何野兽更野蛮。这也是弗里德里希·席勒的观点,而歌德的这种思想很有可能受到了席勒的启发。

靡菲斯特许诺,鉴于人那棘手和冒险的结构能够引入一种改善。其途径是,他示范性地在浮士德身上减轻处于天和地、精神和物质之间的人的矛盾的负担,并将他完全带回地上。他要证明,人将会拥有一种更好的生命,倘若他不再受到敞亮天光的迷惑,而是无条件地享受大地的赠予。靡菲斯特描述了他想让浮士德摆脱的罪恶:他向苍天要求最美的星辰,/向大地要求最大的快乐,/远近的一切/都无法满足他那十分激动的心。

应该如何描绘这样的人——若他的渴求超越他生活在内的生理范围?人们最好将他描绘为元物理学家。

但此处必须立刻清除可能的误解。浮士德不是苏格拉底形而上学意义上的形而上学家。在第一篇自白到如今,唉!哲学中,他表现为这样的人,他对哲学和神学的答案均不满意,甚至感到厌恶。但在这个问题(我从何处掌握你,无限的自然?)上,在让他超越纯粹的生理享受的欲求的意义上,他还是个形而上学家。他想领会,是什么东西将世界最内在地绑在一起,他想同时为被领会者所把握。意欲领会并被整体精神所把握——这让浮士德成为形而上学家。所以在《天上序曲》中,上帝和魔鬼谈到了他,然后产生了两个著名的赌约中的第一个:靡菲斯特和天主之间的赌约。以后接着有浮士德和靡菲斯特之间的赌约。

靡菲斯特向天主提出的赌约,可以这样表述:靡菲斯特说,他能让像浮士德这样一个顽固的形而上学家也变成一个一维的生灵:他该吃土。靡菲斯特要以浮士德的例子证明,倘若能帮他去掉形而上学的胡诌,将他造就成一名清醒的现实主义者,人们将会得到更好的服务。与其处于天地之间成问题的飘浮状态,不如紧靠大地。天主要证明,别人最终无法让浮士德脱离他的精神的源泉,无法让他觉得天光会暗:一个好人,深处其昏暗的冲动中,/总会意识到正确的路。

这里出现了约伯框架情节的一个饶有深意的转变,《天上序曲》中有对此的暗示。上帝和撒旦两次都同意做一桩买卖。在约伯故事中,撒旦通过给约伯带去巨大不幸,想证明他能摧毁约伯对上帝的信任。在浮士德故事里,靡菲斯特反过来想证明,他能通过给浮士德带去尘世的幸福,引诱浮士德脱离上帝。在约伯那里是不幸,在浮士德那里是尘世的幸福,本该导致这样的结果:他们放弃精神的维度,背叛超越性。

在后形而上学时代,人们会觉得对靡菲斯特相当熟悉,他离人们平时所理解的恶十万八千里。他完全就是现实原则的体现。这种原则要求的,也是靡菲斯特想引导的:人们该放弃对超越性的要求,为触手可及的享受操心。靡菲斯特将对浮士德说:我长时间来/治疗了你乱七八糟地幻想的毛病。靡菲斯特的说话腔调,犹如今天的实证论者、社会学家或者心理学家。在认识的领域里,他赞同简约的原则:谁想认识和描写有活力者,/先得把精神扫地出门,/然后他手里就握有部分幸福,/可惜,只缺少精神的纽带!……之后情况就会变好,/倘若你们学习对一切进行缩减/再适度地加以分类。

如同对知识进行缩减,浮士德在感官的享受上也该成为减缩主义者。靡菲斯特想把他变成一个追求欲望满足的粗鲁生灵——对他自己有利,一如他的主张。靡菲斯特作为现实原则的代表,将自己当作医生,为与世界相处有问题的人提供服务。倘若人们进一步观察第二个赌约,即浮士德和靡菲斯特之间的赌约,事情就会更加清楚。

浮士德绝望了。他觉得自己仿佛被关在一个地牢里,在认识上、在生活中,他都没能成功地把握无限的自然。他想自杀,因为不管怎样,似乎在死亡的大门后有可能会打开一个众神的高地，但同样也可能是，人们在虚无中消散。那里是形而上学的无把握性，这里是生理的确定性。他选择留在此地。他没服下毒药。起先是复活节的钟声鼓舞他，然后是靡菲斯特。后者向浮士德允诺一种有血有肉的入世生活，丰富的生命体验、充裕的现实享受。我此时此地为你服务，靡菲斯特说，而且，倘若我们在对面重见，你该服务于我。这是歌德起先影射的流行的魔鬼契约。但事情没有这样发生，而是成为一次豪赌，这具有一种完全不同的意义。其语句是：一旦我面对此瞬间说，／请停留一下！你如此美丽！／你就可以将我置入缧绁。

让我们从浮士德的立场出发观察这场豪赌。他在其对经历的渴望中，同时显示出充满独特的骄傲：他的欲望该大于世界。他想证明，世界过于狭小，无法让他满足。但为了避免误解，人们同时必须补充，这里事关一个用靡菲斯特的视角看待和展示的世界。那是一个缩减为形迹可疑的贪欲客体的世界。靡菲斯特将世界作为欲念量子提供给浮士德。而浮士德想证明，这样一个物化为欲念对象的世界无法满足他。靡菲斯特将世界转变为一种可以消费的对象，而浮士德要证明，他不仅仅是个消费者，他要证明自己形而上学之愿望的不可满足性。但靡菲斯特打赌，形而上学的愿望会得到解决——一旦人们勤奋地消费他规划中的世俗对象。浮士德要证明的是，没有任何瞬间能满足他的追求，而靡菲斯特想把他放上懒床。靡菲斯特向浮士德提供通常的乐趣。他应该认识到，他只是一个和人在一起的人，即一个世界消费者。

靡菲斯特，这个我们开始作为否定精神认识的人，将通过这次打赌成为创造性原则。在浮士德和靡菲斯特之间，恰恰有着那种正反相对、导向升华的张力。只有在与靡菲斯特的竞争中，浮士德才真的成为浮士德博士。怎么会这样？

浮士德向上奋争，靡菲斯特向下撕扯。最后的结果是，欢庆胜利的，既非"纯粹"向着天空飞升的浮士德，也非"纯粹"朝着大地撕扯的靡菲斯特。相反，"向上"和"向下"互相奋争运动的结果，是"向外"的运动。后果既不是垂直的超越性，也不是纯粹的内在，而是第三者，即一种内在的超越性。受到靡菲斯特的鼓动，浮士德成为一个渴望体验的、水平面上的越界者。有东西催促浮士德"向外"，进入饱满的生命。靡菲斯特的魔衣帮助这个渴望体验的浮士德在当地进行一项实践。垂直的欲望将被一种引人入胜的水平面所替代，从中产生出某种完全是创造性的东西。在细节上，游戏的机械性在靡菲斯特和浮士德之间这样得到表现：靡菲斯特提供具体的享乐，浮士德从中制造出某些高雅的东西。让我们以格蕾琴为例。靡菲斯特将她作为性爱客体提供给浮士德，但浮士德爱上了她。性爱变成了情色，欲望变成了热情。其他事情也根据这个模式发生。靡菲斯特供给——浮士德从中创造出更多。

在形而上学者浮士德和现实主义者靡菲斯特的共同游戏中，出现了现代的企业秘密。我们成为所谓的见证人，看到当时垂直向上的努力如何折入水平面，由此成为闻所未闻的强劲的历史。现代不再想向上发展，因为它发现，天堂是空的，上帝已死。但以前引导世人发明上帝的泛滥的激情——因为只有上帝宽容得下人类的财富——这种志向远大的激情在现代被世俗化了,导致以下令人惊讶的结果:人们可以小看世人,但他能做成大事。当时与上帝有关的激情,成为探究世界和征服世界的激情。这恰恰意味着"向外"的运动。代替接近上帝的愿望,人们绕行大地。现代不再意味着宇宙,而是全球。伴随着浮士德和靡菲斯特之间的赌约,以及由此产生的有活力的事件,我们眼前发生这么一件事:形而上学的狂怒,影响广泛地转变成以文明征服世界的一种推动力。依靠靡菲斯特的帮助,浮士德赢得女人们的青睐,整顿了国家财政,创造了面包和游戏,变为成功的元帅,最后成为一个阔绰的殖民者。他让人建造大坝,围海造田。在靡菲斯特的学校里,浮士德成为一名有生理倾向的形而上学家,他不超越世界,而是使人着迷地在其中上升,所以能被人要求:他该立定脚跟,环顾四周;/ 世界对勤奋者不会沉默,/ 他又何须进入永恒飘浮。

歌德为自己描绘出现代都能对人做些什么,比如它可以在实验室里制造人。人造人的场景是歌德对人造人技术的思想贡献。不是浮士德自己,而是他的学生瓦格纳,最终成功地在试管中完成某种可怕之事。钟声敲响,多么可怕,/ 震动这乌黑的石墙。——这样的话开启了实验室里的场景,而处于实验关键阶段的瓦格纳轻声嘟哝:一个人将被造成。歌德最初的想法是,让浮士德自己完成这个作品,然后把此事推给瓦格纳,但浮士德和靡菲斯特应该在场,特别是,作品必须成功。这个化学的小人……瞬间挣脱闪亮的试管,作为能动的体态匀称的侏儒站起。但在最终的版本里,浮士德还处在昏迷中,只有靡菲斯特在场,当然不仅作为证人,而且充当助手。与第一稿相比,决定性的改变是,人造的人不是一个完整的人,相反只有一半来到世上。他被留在梨状瓶中。但人造人毕竟已是人,心中萌发出对他的制造者的爱。被制造者想受到出生者一样的对待,他要被爱。爱也是他能够存在的一个条件。所以人造的人对他的制造者瓦格纳说:爸爸!你好吗?这不是玩笑。/来吧,把我温柔地抱在你的怀里。但这不可能,玻璃横亘在中间,由此人造的人得学习第一课:这是一切事物的特性/自然物总是觉得宇宙不够宽阔,/人工的产物,需要封闭的空间。人造的人留在梨状瓶中,人造物暂时仅能在人造的环境中生存,但在《古典的瓦尔普吉斯之夜》中,会飞的玻璃瓶中的人,可以陪伴浮士德和靡菲斯特旅行,进入古希腊。

歌德在这样一个历史的瞬间,处理了造人的炼金术之梦。在他那个时代的自然科学里,人类首次成功地合成尿素,即从一种无机的材料中形成一种有机的物质。这提供了大胆想象的契机,是否有制造复杂的组织,最后甚至人工地制造人类生命的可能性。所以歌德在1828年写下的人造人的插曲中,不仅涉及巴拉塞尔士的炼金术,而且涉及当代的尝试。瓦格纳宣称:人们对自然的神秘大加赞赏,/而我们敢凭借理性进行实验,/自然一向把它们有机地组成,/我们却使它们结晶。

但歌德从耶拿的化学家约翰·沃尔夫冈·德贝赖纳这个专业的信息提供者那里得知,关于造人的最新思想仅是毫无根据的幻想。他感到一阵轻松,所以没把这个项目交给浮士德,而是给了对科学方面虽有所了解、但还是有些愚蠢的瓦格纳。他被允许说出今天这个专业的门外汉一直还相信并提出的思想：可我们今后会嘲笑偶然，/将来，能杰出地思考的头脑，/也许会由一名思想家创造出来。

当歌德在《古典的瓦尔普吉斯之夜》的最后，将人造的人重新交还给自然要素时，故事闪现出了讥讽。人造的人必须重回自然那进化的事件中，他在那里肯定得从头学起。被制造者就这样学习"被出生"。玻璃瓶破碎，人造的人在大海这个多产的原始液体中消失。此刻，你根据永恒的法则活动，/通过千百种形态，/成为人，你还需要时间。

即使人造的人是瓦格纳的一件产品，他也属于浮士德的形而上学和靡菲斯特的物理学互相合作的领域。另一个例子是纸币的发明，同为浮士德和靡菲斯特在其征服世界进程中策划出的一个现代的想法。让我们回忆一下：在第一个瓦尔普吉斯之夜中，炼金术和魔术的实践还扮演了一个重要角色。浮士德在那里被人灌下液体黄金，一种魔汤，让他青春不老，由此成为善于勾引女人的男子，其结果是他能征服格蕾琴。但直到有关纸币的一幕中，才达到真正现代的魔术水平，即从对将来的期待中，亦即从虚无中创造价值的水平。事情表面上看非常简单，但人们必须先有这么个主意。皇宫缺钱，国家债务迅速增长。怎么办？浮士德和靡菲斯特的主意是：地下也许藏有黄金宝藏，部分是天然的，部分是被埋藏的。皇帝应该把属于他的地产，当作促进货币流通的保障和等价物。也就是说，让人印钞票。在纸币上写着：每个想要它的人得知晓，/这张纸价值一千克朗。/帝国境内埋有无数宝藏，/可为纸币提供担保。/丰富的宝藏现在准备就绪，/一旦发掘出土，即可兑现。此外，这里涉及的方法，是1923年通货膨胀后引入的所谓"地产抵押马克"的基础，因为这种方法就是建立在德意志帝国的地产的计算单位基础上。

当时的皇帝在这种情况下，已经觉得纸币是最佳办法。货币流通得到提高，地产为此提供担保。此外，以这种方式，钱币变得具有罕见的流动性。人们无须搬运黄金或者硬币这类"现钱"的沉重模型。怀里放一张票子多么轻巧，/跟情书配在一起也很适宜。/神父可以正当地夹在经典里，/士兵可以更快地向后转身，/能很快地减轻他的腰包。一方面是幻想：人们必须得有能力想象纸币代表的实际价值。另一方面是信任：价值基础有其正确性。所以一个更高权威的证明——在这个例子里是皇帝——是必需的。皇帝自己也受到鼓舞：只是快点，只是快点！……愿时间就在这兴高采烈中度过！/而圣灰星期三如其所愿地来到。/无论如何，我们要庆贺，/比那疯狂的狂欢节更快活！一如可以期待的那样，狂欢节转变为通货膨胀。

当然，浮士德没料到会这样。曾经一度负责公国财政的歌德，受到财政技术革命的启发。这项革命带动英国的银行进行以下过渡，将流通货币的数量不再仅仅建立在黄金和已完成的、新创造的价值上，而是建立在对将来实际新创造价值的期待上，而增加的流通性应该有助于此。浮士德着眼的也是这一点：通过提高货币流通促进生产。但事与愿违，被释放的仅是消费，直到没有什么再能被消费了。最后引起的是通货膨胀，盾的纸上幽灵。只有那个傻瓜，才不上现代魔术的当。你们瞧，这真的值钱吗？他这样评论那预示不祥的纸张，毫不迟疑地逃走，买入价值稳定的实物。在钱币消失前，他购买了房屋和庭院。今天晚上我就要在地产上享受人生！

还有别的现代的幽灵，被浮士德和靡菲斯特唤醒。人们在宫廷中无聊至极，想找乐子。浮士德：我们先让它（宫廷）富起来／然后我们让它快活。有人想见海伦和帕里斯，一个光的游戏，一场幻想剧。就连这个故事也结局不妙。

浮士德请靡菲斯特帮忙。靡菲斯特建议他，去母亲王国。这是怎样的一个王国，什么是母亲？当艾克曼有一次问歌德时，歌德只是用明亮的眼睛瞧了艾克曼一眼，然后引用了自己的一句诗：母亲！母亲！——听起来多么奇妙。剧本中的场景还是透露出某些东西。因为紧接着纸币一幕，它可以被视为从虚无中进行创造的续篇，当然是用别的手段，不是用纸，而是用图像。当靡菲斯特将浮士德送入母亲王国时，他向浮士德提示了想象力的内在工场。就是在那里，人们也可以从虚无中创造出什么，一如从纸币中，而这还会被别人当作真实经历。浮士德对靡菲斯特说：你将我送入虚空，／让我在那里将艺术当作力量增强。想用自己那光的游戏娱乐宫廷的浮士德，将依赖在虚空中使用的想象力。不过，来自虚无的一种价值创造在那里如何实现？这起先听来神秘莫测。

但人们仅需要回忆一下，倘若想象力被发挥，会发生什么事，事情又会如何发生，倘若人们替自己设想人物或事件，倘若人们想象这些人或事，而这种纯粹的想象中的人或物时而变得如此真实，以至于它们战胜了本来的现实。比如法国小说家巴尔扎克曾对那些惹恼他的人威胁地说：等着吧，我们将在我以后的小说中再见！被设想者的篡权甚至可能在政治层面发生，这被我们称为意识形态的统治。但也可能在政治之外日常地发生——就是在这里，歌德让他的浮士德预知一些在今天的媒介时代才形成的事情，即每个人不再是在"第一"现实中，而是在幻想和一种充满幻想的现实中，度过他一生的大部分时间。世界几乎仅仅成为被放在一个人眼前的东西。

也就是说，浮士德从靡菲斯特那里学会将想象的魔力付诸实践。他为宫廷人员提供了一场演出，作为光的游戏，他给众人演示了对海伦的劫持。问题只是，他在最后迷惑了自己。他无法再分清现实和幻想。叫着谁认出她，谁就不能缺少她，他尝试拥抱虚拟的海伦。此刻发生的事，一方面是平庸的，浮士德试图拥抱海伦，犹如拥抱一个电影人物，而这不会有好结果。另一方面这个场景在媒介理论上十分有趣，因为它提醒我们注意，媒介现实的本体论地位相当模糊，我们不十分清楚，像海伦或者今天的圣母——她们在存在和不存在之间——究竟是否存在。

靡菲斯特想帮助浮士德摆脱形而上学的乱七八糟地幻想的毛病，也让他卷入幻想的其他更现代的形式。这在战争场景中清楚显现。

由于通货膨胀引发的经济危机，王国有陷于无政府主义的危险。内部和外部的矛盾变得尖锐化，发生了战争。靡菲斯特对此非常简练和讥讽地说：战争、贸易和海盗行为／三位一体，互不分离。浮士德和靡菲斯特扮演皇帝的顾问和助手的角色，而这位皇帝不得不抵抗一个敌对国的皇帝。他们作为生产幻象的专家提供有用的服务。他们建立起幽灵部队,作为某种幻影恐吓敌人,使得他们落荒而逃。人们完全可以将此理解为有效的战争宣传的譬喻,对虚假事实的一种媒介的欺骗。借助图像的战争行动——这同样是歌德一个相当大胆的预言。

如前所述,靡菲斯特在这一切事件中扮演着浮士德式勤奋的主谋。浮士德剧本同其他许多剧本一样,恰恰是对这种勤奋的一首高昂赞歌,而这种勤奋出自从形而上学的需求到此岸意志的、反向行进的趋势,最后该获得胜利:谁若总是不断努力向上,/我们就能将他拯救。不过,这种勤奋表面看来尚非毫无保留地是正面的,因为恰恰因为靡菲斯特属于这种勤奋的前提。靡菲斯特不仅体现否定的刺激性原则以及对此岸毫不顾忌的意志,而且表现出这种勤奋时而灾难性的后果。众所周知,歌德曾在其他场合这样描述靡菲斯特勤奋的参与:行动者总是丧尽天良,没人比观察者更有良心。

在最后一幕中,大企业家浮士德想补全他的地产,但还有一个小教堂及菲勒蒙和包喀斯的小屋没被囊括在内。我大好的领地还不纯粹,浮士德说,而靡菲斯特的助手们立刻到场,使用暴力完成清理工作。小教堂和草屋在大火中被焚毁,两个老人死于非命。浮士德通过他勤奋的努力证明自己有理,难道他用《天上序曲》中的话——人在奋斗时,难免失误——原谅了自己?不,浮士德对此感到不满,在他庞大的田产和统治区域中,有一个他还无法支配的微小盲点:违抗彻底统治意志的一种令人讨厌的残余。要求越是彻底,留下的残余就越是令人难受。那几棵树,不属于我,/破坏我的一统天下。

浮士德对主持公道厌倦了，想立刻了断此事。他交代靡菲斯特：去，把他们给我弄走！靡菲斯特尖声吹起口哨，他的谋杀助手登台，要把菲勒蒙和包咯斯烧死。一个残酷的场景，也许保尔·策兰在其《死亡赋格曲》中影射的就是这个。带来死亡的浮士德，也是来自德国的一位大师，他"来到屋前，星星闪烁，他用哨子唤来他的猎犬／他……让人在地里挖个坟墓"。

歌德没有将正面和负面清楚地分给浮士德和靡菲斯特，即无意表示，浮士德意味着善，靡菲斯特即为恶。情况并非如此。两人之间的关系更是海因里希·海涅在其《冬天的童话》中以一个追踪主人公的阴暗的伙伴为例所描写的类型。受到询问时，这个拿着一把斧头的影子解释说："你精神里设想的／我就去实行，我就去做。……我是／你思想的行动。"而靡菲斯特也是浮士德思想的行动。浮士德的勤奋抛出一个阴影，靡菲斯特就是这个阴影。他让勤奋和成功与罪孽关联的纠葛变得显而易见。从格蕾琴悲剧一直到菲勒蒙和包咯斯。歌德的世界游戏显示，成功的生命如何经过或长或短的因果链，在这里摧残生命，在那里造成恶果。世界上发生的事并不正当，而对浮士德的世界发迹有效的是：他的道路由尸体铺成。倘若在这里的行动和那里作为恶行的结果之间的因果链足够简短的话，我们就称之为罪责；倘若这个因果链较长的话，就称之为悲剧；在更长的肇事链条中，罪责和悲剧能够稀释为纯粹的不快。没人能躲开这样的不快，倘若他意识到，不管他愿不愿意，一个活下来的人就是幸存者，而其他人得忍受苦难并死去。靡菲斯特首先促使他人进行世界消费，其次代表这个世界之深不可测的罪责关联,即不管路途短长,一种行动会不幸地突变为一种恶行。

歌德有一次说,他不具备悲剧的才能,他的天性是进行平衡。他称自己的剧本为一部"悲剧",但以浮士德的拯救结束,并在格蕾琴悲剧之后的第二部的开头,让浮士德进入睡眠,一个遗忘的梦境。这让一些浮士德阐释者此后无法安睡。什么是遗忘?遗忘是艺术,在那里可以找到其实不存在的新的开端。歌德是这类新开端的大师。倘若浮士德在悲剧第二部中重新苏醒,将就是这样一个新开端;当太阳升起,浮士德在形成中的白天瞌睡时,齐声的合唱响起:拔去他那苛责的灼热的毒箭,/安抚他那饱受恐怖的惊魂。

真的不错。但在随后一幕中,我们成了一种使人毛骨悚然的自我欺骗的证人。浮士德这个成功且有权势的人,现在心怀忧虑:谁一度落到我的手中,/全世界对他就毫无作用;/永恒的黑暗笼罩住他,/太阳不升也不落下,/外部感觉虽属完全,/内心却被黑暗侵占。浮士德以为,还能使出最后的力气,再次抵抗忧愁这个幽灵。但忧愁让他瞎了眼睛。他还是不愿失去勇气:黑暗逼来,好像越来越深沉,/可是心中却有光明在闪耀。

大多数阐释者赞美这种内心的光明。但歌德毫不含糊地展示,浮士德在此如何悲惨地结束——在他以后升天之前——这种受到众多赞美的内心的光明,没能阻止一种糟糕的误解:浮士德听见铁锹的撞击声,并且以为人们在为他那围海造田、给人造福的项目工作——我为千百万人开创空间——事实却是,有人在为他挖坟墓。

在这个充满讥讽的场景里也发生了这样的事,那个在此期间几乎已被遗忘的赌约终于被想到。陷于误解的浮士德——似乎是在为千百万人完成一项世纪杰作,但被挖掘的只是他的坟墓——沉湎于回光返照的幻觉:我想看看这样一种热闹场面,/ 与自由的人民一起站在自由的土地上。受到这个幻觉的鼓舞,他说出这句话:对这样一个瞬间我也许能说,/ 请停留一下,你如此美丽!他现在打赌输了,或者"也许"这个虚拟式拯救了他?对此有人写下了整座图书馆的文献。但歌德自己对此有过不同的表述。有一次他谈到靡菲斯特的一个诡计,有一次谈到对浮士德的一种赦免。不管怎样,浮士德在最终结束之前的暂时停顿相当可怜。一个人沉湎于他的伟业,未曾发觉人们如何为他的终结在工作。

当歌德写这个大企业家的没落场景时,他一方面为技术的大项目着迷,另一方面对圣西门主义的工业宗教感到厌恶。在那样的宗教里,个人将为集体而牺牲,美将为利益而牺牲。至于现代技术,他替自己购买了第一条铁路的模型,将它当作一个崇拜对象向人展示。他和艾克曼谈起巴拿马运河的建造,谈起挖掘苏伊士运河的可能性,以及莱茵河与多瑙河的连接。我很想经历这三件大事,他说,也许值得为了它们的缘故再坚持五十年。对歌德来说,这些是他在其中能见证人类发明精神和企业家之勤奋的巅峰的项目。就这点而言,他对圣西门主义者也孕育着的这类想象表示欢迎,并且承认,在这个派别的顶峰显然也站着很聪明的人。但是,他们那社会主义的方法和将一切生命目标置于物质的富裕和技术的进步之下的做法,以及他们集体主义的观念,对他来说是一种恐怖。这个被他憎恶的集体主义，在浮士德那极度狂热的话语中也曾响起：为千百万人开创空间。人民也许会获得自由，但个人不会。因为他的浮士德过深地陷入圣西门主义，歌德不得不借助尖刻的讥讽将他送入坟墓。因此，当他1832年听说圣西门主义组织的暴力解体时感到一阵轻松。他就圣西门主义者曾这么说，这些傻瓜以为，可以明智地扮演先知的角色。没发觉逼近死神的，沉湎于想象，以为不会在万古中消失的浮士德，难道不也属于这类傻瓜？

无论如何，在倒数第二个场景中庆贺胜利的是靡菲斯特，他不再表现为一个小丑、催命鬼和发起人，而成为代表虚无和毁灭的深不可测的形象。巨大徒劳之令人恐惧的地平线开启。靡菲斯特不再是滑稽的，相反是宇宙的虚无主义者。当那些鬼怪挖掘坟墓时，靡菲斯特宣告：自然力与我们结盟，/目标是毁灭。靡菲斯特姿态依旧，尽管他也是一个滑稽人物、夜的有威胁性的同谋、虚无的占位者，或者一如浮士德所称，混沌之奇妙的产儿。

靡菲斯特有众多矛盾的面目。一会儿鼓动无条件地反形而上学的此岸性，一会儿代表有威胁的虚无和大宇宙的徒劳。今天我们对此有其他的名称，比如熵，它似乎规定了宇宙的终结，让整个生命进程结束在巨大的徒劳中。也就是说，靡菲斯特不折不扣地是对存在的这个作为意义秩序的质疑。浮士德知道这一点，歌德也许和他一样，也知道这一点——在昏暗的瞬间。在《森林和山洞》的场景中，浮士德在独白中用以下话语请教他的天才，那个崇高的精神：你给我这种喜悦，/使我离神灵越来越近，/另外又送个伙伴给我，我已经/

少不了他，尽管他冷酷嚣张，使我自卑自贱，用一句话，/ 就把你的恩赐化为乌有。

歌德对自然的理解足够深邃，能把握那个可消解一切有意义的秩序的可怕事物。他让靡菲斯特宣告黑暗的优先权：太初是黑暗，它替自己生出光明，所以一切都将返回黑暗。世界出自虚无，又将重新返回虚无。靡菲斯特关于黑暗之优先权的观念，虽然在剧本中被反驳，但它影子般的在场——恰恰通过靡菲斯特这个小丑，他同时又是虚无的占位者。也许歌德有意在海伦幕的幻影最后，让靡菲斯特走出福耳库斯的面具，作为幕后的重要人物崛起，似乎他是这整场戏的主导，这可能意味着：一切都是游戏而非其他，是个美丽的假象，亦即某种与虚无错合的东西。

但是，倘若靡菲斯特式的表演艺术家插手其间，让现实变为假象，以至于世人再也无法明白什么在上演，那么这真的如此糟糕吗？

在彩色的余晖中我们获得人生。第二部第一幕中对太阳升起的赞美里有这样的话。被描绘的是作为一种中间世界之生灵的人。在可怕的事物侵入之前，不管作为纯净的光芒或者彻底的黑暗，作为完美的存在或者绝对的虚无，混合的关系、折射、间接、余晖，都在护卫我们。我们需要一个假象、欺骗和自我欺骗的世界，由此，当靡菲斯特共同作用于我们的生命所需的那个领域时，他也是一个魔术家、一个幻想家、一个导演艺术家。

《浮士德》涉及严肃的玩笑，歌德在他给威廉·封·洪堡的最后一封信里这么说。属于这个严肃的玩笑的，也许有最后的升天。场景庄严，但庄严并非全部。靡菲斯特躲在那里，想从天使们那里夺走浮士德的不朽。令人气恼的是，天使们的臀部看上去太令人垂涎，靡菲斯特变得好色，卑鄙的情欲，荒唐的色情，竟然／害苦了老奸巨猾的魔鬼。由此他错过关键的时刻，他应该出手的时刻。现在没有任何东西能阻挡他升天。升天通过发生在错误时刻的色情，才变得可能。

第三十四章

歌德的助手。艾克曼和其他人。最后的版本。著作权得到贯彻。最后一次接近席勒。策尔特，长期友谊的小故事。告别：封·施泰因夫人、卡尔·奥古斯特、儿子。最后一次出游伊尔默瑙。群峰一片／沉寂……对抗"时辰的沙丘、瓦砾"。死亡。

完成《浮士德》是歌德最后岁月的一项主要事业。另一项是准备作家最终审定版。显而易见，这个版本还会在科塔那里出版。但在此期间发生了恼人之事，作者和出版人之间的信任关系受到科塔的过错的负面影响。

1823年夏，在卡尔斯巴德的最后一次逗留时，歌德在一家书店里发现在维也纳出版的、其作品的所谓"原始版本"，而他本人对此一无所知。但这并非涉及通常的盗版，而是由科塔自己促成的本该用来清除盗版的重印，一如他后来悔恨地承认的那样。科塔没有告诉歌德，也没有支付稿酬。他表示道歉并做了隐晦的说明。歌德数月之久没有回复。然后在1824年1月14日回信，说此事重新唤醒了他心中痛苦的感觉，对此一个德国作家在其一生不得不经常回忆。谁平时努力工作，就会得到报酬，但一个为了祖国的……教育做出贡献的作家并没有得到——他不得不发现自己以多种方式受到伤害——被骗去其不停工作的微薄的酬报。

歌德在他整个作家生涯中，不得不同盗版和再版打交道，一直毫无成就。为了作家最终审定版，他现在动用了一切手段，试图结束这种胡作非为，至少在他身上。他态度坚决，让人感到他在自己作家生命的最后阶段，想测试一下他在公共意义上的分量。他与有影响力的朋友赖因哈德商讨。他利用自己与政治界的关系给大臣和公使们写信，比如致信梅特涅，也致信执政君主，强调他对德国精神生活的贡献，从最高的角度出发解释，谁是歌德，人们为何应该为其著作提供不可或缺的保护。

1825年是他做出这类努力成效显著的一年，他首先尝试说服法兰克福的德意志联邦，因为它不对此类事情负责，然后他尝试赢得三十九个邦国的支持，赋予他某种特权，针对重印，保护他作家审定版的著作权。在著作权尚未对人人有效的情况下，他想由此成为德国第一个成功地为自己的作品赢得保护权的作家。歌德在大量辩诉中，始终说明自己事业的理由，也总是提到对整个德国文学有重要意义的事业，比如在他致法兰克福的德意志联邦的信中。

终于到了1826年1月，德意志联邦的全部代表批准允诺这个著作的保护权，他将此视为一场让他整整一年屏住呼吸的战役的胜利。著作的保护权自身对他来说，意味着最佳勋章。对将来的出版家和作者来说，在经济上也颇有吸引力。

作家最终审定版拥有著作的保护权的消息，在1826年莱比锡书展上也成为话题。接下来几个月里发生的事,几乎像一场拍卖。三十六家出版社为歌德的作品出价,最高的出价来自汉诺威的一家出版社,高达十一万八千塔勒。

歌德与科塔谈判,但开心地告诉他,自己那极高的市场价值。维也纳重版事件所带来的不信任尚未完全消失。科塔当然发出有高度兴趣的信号,但歌德让他有一阵子坐立不安。科塔那一方放弃了争夺对一个将来版本的优先购买权,他不想再次惹怒歌德。歌德的儿子奥古斯特,连同他自己一起展开了与科塔的谈判。奥古斯特想答应出价最高者,但歌德对科塔这个奋斗至今的出版人保持着几分忠诚。科塔平时举止正派,此外作为席勒的出版人,他在歌德那里享有特别的声望。最后在祖尔皮茨·布瓦塞里的大力帮助下,经过了一些挫折后,1826年2月,双方终于在六万塔勒价格的出版合同上取得一致。对双方来说,这都是一个值得庆祝的时刻。科塔将此归为他一生中一次"最重要的经历",而歌德则写信给他说,由于我们的思想达到的平静无法用语言和符号来表达,所以请阁下允许我,用一般的话道出最有意义的事。多年来,直至这几个小时间我才感受到一种真正的满足,因为我此时确凿地知道,我的文学创作的成果已到您手中;不可能有比这更有效的相互信任的证明。事情将逐步表明,除了完成对我们双方都是光荣和有利的这些我的生命的成果,我不可能有别的事业。

为了完成这项事业,即收集、确认、整理并为自己作家生涯的成果做好印刷准备,歌德为自己打造了一个合作团队。其中有约翰内斯·约翰,作为书记员和复写人提供必要的协助；约翰·克里斯蒂安·舒卡特，负责将歌德的资料整理归档并建立内容丰富的目录。其中还有经过长期考验的约翰·海因里希·迈耶尔，这个"艺术迈耶尔"负责整理艺术史论著的文本；费德雷克·索雷特，魏玛宫廷的教师，作为有学问的神学家和实际的自然研究者，投身于歌德自然科学论著的出版，此外，他还是歌德最后几年的一个重要谈话伙伴。自1819年起，弗里德里希·威廉·里默尔也加入合作者队伍。几年前他经历了与自己教授的歌德之子奥古斯特的绝交事件。文理中学的教师、图书馆馆员兼作家里默尔，以其百科全书式的知识也成为团队不可或缺的一员，他也证明自己是哲学和文化史方面的一部活字典——他主要为歌德的《浮士德》第二部提供建议。

自1824年起，合作团队中的首要人物是约翰·彼得·艾克曼。他出生于最为贫穷的环境中，但不管怎样最后获得了汉诺威军事管理部门书记员的职位。他通过广泛自学的方式，培育了自己最为看重的文学修养。他的伟大典范是歌德，他读过他能得到的歌德的一切作品，并且非常熟悉它们。他想成为作家，能向人展示几首诗歌和一部关于歌德的诗学论著。为此他一直在寻找一个出版社。这个平时腼腆的年轻人足够大胆，去拜访歌德并求他居间介绍。那是在1823年6月10日。歌德立刻感到，能利用这个仰慕者做些什么。翌日他就将艾克曼的论著寄给科塔，并附言，这个年轻人让他感到特别信任，歌德有意让他担任某些前期工作。

艾克曼立刻如愿以偿。歌德接受了他，在他根本还没表达留下的意图时，就给他提供了住房。歌德称赞他的诗歌和论著,并交给他第一个任务:由艾克曼来收集歌德1772—1773年间匿名发表在《法兰克福学者通讯》上的书评。从这一天起,艾克曼以自己的全部精力为歌德服务了多年。而后者信任他,用认可和赞赏鼓励他,但只付给他很低的报酬。艾克曼不得不做私人教师,住在简陋的房子里,多年无法同未婚妻相聚,因为歌德付给他的钱,远远不够他成家。歌德待他苛刻,但设法给他弄了耶拿大学的一个名誉博士学位,给他在发型、衣着和外出举止方面出谋划策。艾克曼博士本该仪表堂堂,以良好的形象示人。虽然没能完全做到,因为他身上沾上了某些拘谨和僵硬的东西——但只是面对歌德才表现得如此。除此以外,他表现得充满自信。他知道,他对歌德的重要性超过了其他的同事。歌德对他寄予厚望,以至于他把出版遗著的任务交给了他和里默尔。艾克曼最大的功绩是,让在生命最后数年中变得沉默寡言的歌德开口说话。他的认真、非凡的记忆力、对歌德作品真切的熟悉程度、聪明的好奇心和在歌德身边练就的风格,使得《歌德谈话录》这本著作变为可能。尼采曾夸张地说,这是"存在过的最出色的德语书"。

1826年年初,歌德刚与科塔就作者最后编订的版本达成一致,他的另一个打算也基本成形:发表与席勒的往来书信。早在1806年12月19日,席勒去世一年半以后,科塔首先向歌德建议,在科塔出版的刊物《有教养阶层的晨报》上发表几封歌德和席勒的书信。歌德对此未做反应。1823年7月11日,即十七年后,歌德对他的出版人表现出他刚刚重读席勒书信后异乎寻常的快乐,称这个集子是我也许拥有的最珍贵的宝藏。大约一年后,他在《论艺术与古代》中发表了几封席勒的信。这只是出于趣味的一次尝试——现在他打算发表全部的往来书信。为此他必须首先赢得歌德致席勒书信的拥有人——席勒的遗孀夏洛特——的同意。复杂的谈判持续多时,首先涉及报酬。歌德最终同席勒的遗产继承人取得一致(在此期间夏洛特去世),双方各得一半版税,而这也是歌德一开始就建议的。经过多次反复,《歌德和席勒书信集》于1828年和1829年间在科塔出版社出版,共有六卷,八开本。

在歌德准备书信往来集的这一年,这位老朋友离他如此之近,几乎比席勒在世时更让他感到亲切。艾克曼描绘了他们曾在一起的一个场景:桌上是信封,歌德从中抽出信纸阅读,中断阅读,倒上葡萄酒,让人送上晚餐,但一口不沾,在屋里来回踱步,沉湎于回忆中。"对席勒的思念,"艾克曼这么说,"在他心中如此活跃,谈话……实际上仅是献给他的。"就在这种情况下他道出对席勒勇敢无畏的敬意,对他对残酷的感知,比如当他想将阿尔巴公爵称为埃格蒙特之恐惧的见证人;对他转变的能力,每隔八天,他就成为另一个人,一个完美的人;对他对伟大的感知;即使席勒自己剪指甲,他也比这些大人先生更伟大;如此等等,赞美的言辞没有尽头。当然也有批评,比如说席勒滥用了自己的精力,他长于理论,但也许过于偏重。而根本的问题是:用诗学的思考代替朝气蓬勃并虔诚地投身于写诗,这是否过多地浪费了时间?问题接着问题。不过,当歌德想起席勒时,总是充满振奋和活跃的情感。

在这几年里,席勒在歌德的精神里变得如此伟大,以至于歌德在《浮士德》第二部中,用海格立斯的形象美化朋友。浮士德在《古典的瓦尔普吉斯之夜》中问喀戎:难道不该提及海格立斯?而后者回答:唉!别激起我的思念……我曾亲眼见到／众人交口称赞的勇士／／他就像一个天生的国王。这种敬意符合歌德的话:席勒看上去……拥有绝对的崇高的天性。在他致策尔特最后几封信中的一封里,歌德甚至谈及席勒天生就有的基督倾向,说他触碰任何粗鄙之物后都会让它变得高贵。

在此期间还有一个席勒头盖骨的奇异插曲。席勒的遗骸本该在1826年,他去世二十年后埋到公国墓地。席勒的(有人以为的)头盖骨暂时被放在公爵图书馆里;歌德未经人同意将头骨带回家,一直到1827年年底,整整一年保存在自己的书房里。这十分令人惊讶,因为歌德憎恶任何死亡祭拜。他不喜欢送葬的队伍,他说。但他偏偏能容忍死人的头盖骨放在自己身边。还有,他受头盖骨的激励,还写下一首诗。在这个时间段里产生的"八行诗节"没有标题,但流传了下来。艾克曼在提及与歌德的谈话时,也许不应该将其命名为《在观察席勒头盖骨时》。诗歌开始于头盖和骨头在阴沉的藏骨室的零乱无序。这里,可能不同属一处的东西被放在一起。然后头盖骨进入视野。它没被直接提及,诗中小心地谈到一个形体。但一切指向它:神秘的容器!放送出隐晦的话语,／我从腐物中虔诚地将你这个最宝贵的宝取出,／把你握在手里有何用处?犹如人们相信把耳朵贴近一个贝壳,就能听见大海的呼啸一样,这个沉思者在见到这个形体或者容器时,即这个头盖骨,也感到自己被推到另一片大海边上。那片大海，涨着大潮将上升的形体冲刷。整个自然史及其无尽的比喻在沉思者眼前朦胧升起。犹如被这段伟大历史冲到岸边，现在这个头盖骨躺在他面前，他从中获取信息：人在一生中能更多地获得什么？／除了上帝自然向他显示／一如它将固体缩小为精神／一如它将精神产物稳固地守护。在观察席勒的头盖骨时，歌德离自己的死期也已不远，他表达了自己对精神产物的持久力的信仰。但即使精神也总是自然，即上帝自然。

人们预感到已故朋友在歌德当下生命中的强度，所以不会对歌德处于出版往来书信集前的紧张期待而感到惊奇。歌德在1824年10月30日致信策尔特说，这将是赠给德国人——我甚至允许自己说——这是赠给人类的伟大礼物。这种类型的两个朋友，他们总是互相提升，途径是他们暂时地互相获益。我对此感到特别惊奇，因为我再次体验到自己曾经的此在。

当二人的往来书信发表时，起先影响不大，当它最终引起反响时，意见不一。歌德不得不发觉，他与席勒共同给它打上了烙印的时代，在此期间已成过去；但它其实还未远去，无法被视为某种珍贵的东西。占统治地位的，要么是论战性的划清界限，要么是容易使人感到无聊的英雄崇拜。比如伯尔纳所见的歌德和席勒，在"自私自利的踏出的路上"游荡；而范尔恩哈根·封·恩泽则相反，把往来书信当作"最丰盈的生命"的礼物，充满谢意地接受。

歌德没生气。时代毕竟已经改变，它们当下已离他而去，但人们不该受到迷惑，他的影响力还会持续到更好的时代到来。他在给策尔特的信里,表达了他极度失望的感受:年轻人过早地激动,然后在时代的旋涡里被扯走;财富和速度是这个世界所欣赏和人人都追求的;火车、快速邮政、蒸汽轮船和一切可能的交际手段的便利性,是有教养者的追求,他们要超越自己,过度负担,因此处于平庸状态。一如在他晚年书信里经常出现的,接着是固执的自我确认:让我们尽可能坚持这样的信念,我们原本从那里走来,即我们将也许和少数人一起,成为一个时代的最后一批不会很快就返回的人。

卡尔·弗里德里希·策尔特,这封著名且常被引用的信的收信人,是柏林一个有经验的泥瓦工师傅、建筑商兼作曲家,在席勒去世后成为歌德最好的朋友。策尔特是生命力的一个奇迹。他开办一家城里最成功的建筑行业公司,出身手工业,掌管着一个大家庭,生活富裕,在城里颇具影响力,举止粗鲁且坚定,带有柏林人的刻薄和天生的智慧,善解人意,聪明,不易受惊,诚实到近乎粗暴。但他有时也表现温柔且情感细腻。细微的心灵震动和棘手的数学问题都向他提出挑战。他热爱音乐,如他学其他东西那样,也是从基础开始学习音乐。他跟随宫廷作曲家卡尔·弗里德里希·克里斯蒂安·法施这个弗里德里希大帝的音乐老师学习作曲手艺。到了夏天,他凌晨3点动身去波茨坦的法施那里,然后中午时分赶回柏林的建筑工地。策尔特自18世纪90年代起带着歌曲和合唱曲作品登台亮相。毫不奇怪,有刻薄的精灵,比如施莱格尔兄弟,对这个会作曲的泥瓦匠师傅打趣说笑。但知识分子中追名逐利者嫉妒的风言风语,无法迷惑这个精力充沛的人。他在1791年决定参与建立柏林的歌唱学院,而学院不久后就成为德国具有引领作用的市民音乐机构,是无数其他歌唱爱好者合唱团和男声合唱协会的典范。德国人在19世纪就成为一个歌唱的民族,策尔特为此做出了诸多贡献。

策尔特比歌德年轻十岁,他起先从远处欣赏歌德,为他的几首诗歌谱曲,为此受到歌德的高度赞赏——倘若我的诗歌促使您谱曲,我也许可以这么说,您的曲调唤醒了我的某些诗歌。当欣赏变成衷心的敬仰时,最终他们互相走进了对方的内心,而且歌德也希望这一点。两人带着增长的相互信任开始交往,甚至互相分担日常的忧愁和欢乐。在最后的二十年里,除了策尔特,歌德从未向其他任何人如此毫无保留地敞开心扉。他这一边的恩赐姿态已经完全消失,而策尔特则经常出谋划策,支持他的朋友。丰富的生活经历并未让他愤世嫉俗,他依旧保持着好奇心,任凭自己激动,始终准备着学习新事物。他并非天才,但稳妥地开展工作,作为一家之长,作为建筑企业家,作为作曲家,作为音乐活动的组织者和一段时间里市政府的成员。策尔特是一个合乎歌德心意的人,总是积极活动并向外发出影响力,内敛,同时又博学多才。

与其他人的通信经常中断或是完全停止,但在与策尔特的交往中,书信的连续性不断变得频繁,而歌德为之乐此不疲。有一次他致信给他说:祝您身体健康,不久再给我写些什么,别让停顿如此之长。此外人们终究会不知不觉地休息着,进入永恒的生命。

这段友谊史中一个重要时期是1812年11月。绝望的策尔特告诉朋友他女婿自杀的事。女婿虽然之前给他带来烦恼,但他依旧对他寄予厚望。"请您对我说一句让人复原的话。我必须振作起来,但我已不是几年前的我。"他这么写道。对此歌德作答,并突然转入以"你"相称:你的信,我亲爱的朋友,告诉了我,你全家遭遇的最大不幸,也让我感到非常压抑,甚至压垮了我,因为它以非常严酷的对生命的思考击中了我,而我只能依靠你才能重新站起。他向朋友描述了自己的自杀倾向——在与《维特》的关联中,在第九章中业已谈及——他非常熟悉这种厌世(taedium vitae),但他通过积极工作保护自己避免遭遇一起沉船事件。接着是极度欢快的奇妙话语:所有的船夫和渔民故事就是这样。人们在夜晚的风暴过后重新靠岸,渔网晒干,而到了明天,一旦辉煌的太阳再次从金光闪闪的浪尖上升起,大海又有了可怕的胃口。

在此获得安慰的策尔特,在他那一边也提供安慰。对于1830年歌德儿子的去世,策尔特对歌德写道:我亲爱的朋友,我们的兄弟情义经受过足够的考验。我们必须经受,并保持宁静和沉默!——唉!我们要亲眼看到你紧紧地靠着我们,虽然不是我们的一部分。这是唯一的安慰。

策尔特首次访问魏玛是在1802年,此后又有过十一次,都是应歌德急切的请求而前往。可歌德自己没被引诱到柏林去。策尔特是他在那里的前哨站,他总能清楚地告诉歌德,在那里的剧院、宫廷以及城市的社交生活里都发生了什么事。歌德对传言并非偏听偏信,但容易接受美食。在这方面策尔特也能提供服务,他常给歌德寄滕尔托弗的小萝卜、腌鱼,时而还有鱼子酱。他是个有钱人。歌德回赠以野鸡、葡萄酒和他最新的著作。策尔特会仔细地解读它们,不时地进行批评。这是一个转化于司空见惯和不同寻常之间的生命共同体。策尔特只比歌德多活了两个月。朋友去世后,他的生命力逐渐消失。但他辛辣的幽默一直维持到他生命的最后时刻。歌德去世后,策尔特致信一个熟人:"至今我离他三十六里路,现在我每天都离他越来越近,他逃不脱我。"

歌德未受潜在反应的干扰而放弃发表他和席勒的往来书信,也没有放弃发表他和策尔特的往来书信。自19世纪20年代起两位朋友写信时已经知道,后人将读到它们。书信的语调是信任且亲密的,特别是歌德的书信让人看出,他不时地在对今后的读者说话。比如他对施莱格尔的毁灭性批评。他在那里写道,施莱格尔兄弟,虽然具有这么多美好的才能,在其一生中曾经是,现在也是不幸的人;较之自然的馈赠,他们想象得更多,超出自己能力地发挥影响力;因此他们在艺术和文学领域造成了许多灾难。他写下这些句子,表示对奥古斯特·威廉·施莱格尔就他与席勒的往来书信提出的批评感到生气。策尔特对朋友时常是一针见血、毫无顾忌的言论并不在意。不过,他自己保持着标准音调,继续无拘无束地讲述自己的日常生活和工作。

策尔特一直到最后都陪伴着歌德。老朋友中只有威廉·封·洪堡和克内贝尔在世,其他人均已离世。夏洛特·封·施泰因1827年1月6日去世,享年八十四岁,那时她的身体极为虚弱,几乎已无听觉和视力,但精神上保持清醒,直到最后。"可惜我对这个世界如此的陌生。"她写信给自己心爱的儿子弗里茨。弗里茨在歌德的家里度过儿童时代。天气晴朗时,施泰因夫人会坐在屋前橙子树下的长凳上。很少来探望她的歌德，有一次坐到她身旁，想和她说一会儿话。之后她写信给他："亲爱的枢密顾问先生，昨天坐在我的长凳上之后，您感觉怎样？我责备自己，没能让人给您拿一张椅子来……您别费力回答我，口头告诉我您健康就已让我高兴。"

到了最后，夏洛特唯一在意的是不给别人增添负担。她留下遗嘱，送葬的队伍不要经过弗劳恩普兰旁的房子，否则会打扰"枢密顾问"。从未参加过葬礼的歌德，这次也远远地离开。日记中没有记录，书信中也没有提及。

一年之后，1828年6月1日，卡尔·奥古斯特去世。他当时正在柏林拜访他的普鲁士亲戚，作为骑兵团将军进行一次礼节性视察。这已经让他感到困难，而其他庆祝活动也十分费力。策尔特从柏林写信说："公爵不得不……观看人们替他安排的大型歌剧演出，你们该感到满意，倘若能重新见到完整无缺的他。"卡尔·奥古斯特很久以前已感不适，因而在其后的数年里，延长了在波希米亚浴场的疗养时间。但他还是觉得自己足够年轻，有时毫无顾忌地称他年长一些的朋友"老头儿"。他鼓励在此期间过着退隐生活的歌德重上旅途并活动自己。又一次为了吸引歌德出门，他向歌德描绘花园里缤纷的花朵，精细地直呼其名："金合欢就像被修剪过，刺毛铁苋美丽无双，而樱桃就要爆出。在贝尔韦德也有许多值得欣赏！"对这样鼓动人心的书信，歌德不厌其烦地、礼节性地，当然也带着狡诈地眨巴着眼睛调皮回答：尊敬的陛下花团锦簇的催促，紧接着还有一束漂亮的花朵，通过您夫人的恩惠到达我处，对我迟疑不决的状态产生了一个如此让人幸福的影响，以至于我今天就决定尝试一下，看我究竟能在什么程度上加入漫游者和散步者的行列。这个实验应该在离开经常有人光顾的房间有些距离的地方进行。

1817年的危机——那是歌德退出剧院的时候——早已克服，经受过考验的友谊重新沿着平静的轨道行进。较小的干扰常有。1823年夏，公爵在乌尔丽克那里作为婚姻介绍者出现，是否仅仅与他的朋友开了一个玩笑，我们不得而知。这位更倾向于普鲁士的公爵对梅特涅亲王没什么好感。每当歌德为他说好话时，公爵都会生气。不过，恰恰是梅特涅决定性地参与了此事，让歌德为自己的作者编订最终版取得版权。当歌德对公爵兴奋地谈起与此有关的出自梅特涅之手的最美妙的文件时，公爵没有附和一句话，相反大谈气压计和图林根森林的新雪。

1825年9月3日是公爵即位五十周年的纪念日，歌德大张旗鼓地忙碌起来。除了官方的庆祝活动，他在自己的房子里也准备了一个庆典，似乎要以此表明，公爵虽然属于广大世界，但也属于他个人。卡尔·奥古斯特非常理解这一点，对他写道："对9月3日在你那里的一切，表示最衷心的感谢，我亲爱的老朋友，那是为了表示对我的敬意而组织的。"

两个月后，歌德从政五十周年纪念活动也开始进行。人们记下的不是任职的日期，而是以歌德到达魏玛的日期为据。公爵发自内心，同时又情绪激昂地表示感谢："这是我第一个公国仆人，我永世的青年朋友的庆祝就职纪念……我尊敬地视他为我政府里最增添光彩的人物之一。"

这个节庆过后，差不多又过了三年，卡尔·奥古斯特突然在柏林的公务旅途中去世。歌德的反应与人们在此期间所预期的一样。当总理米勒带给他这个消息时,他大叫出声,不该让我经历这样的事,然后陷入沉默,让人觉得,当着他的面不该再提此事。甚至在6月15日的日记中,也仅有简短的记录。消息干扰了庆祝。在接下来的几天里,没有任何与此有关的说明,直到6月19日:给总理的便笺,拒绝参与创作讣告。为了安娜·阿玛丽娅的死,歌德写过一篇详细的讣告。现在却什么都不写。这始终是个谜,即使当时已经有人猜测,这种克制与继任公爵、太子卡尔·弗里德里希的尚不清晰的关系有关。无论如何,歌德选择避人耳目,在官方的哀悼仪式开始之前,就躲到多恩堡的宫殿里。从那里能远眺萨勒河谷的迷人风景。但这次他显然从最高官方那里获得了许可,因为在7月3日的日记里他记录下:多恩堡逗留的福利。他以前曾在这里写他的《伊菲几妮》,与公爵一起住过一段时间。一个回忆之地。米勒总理有过一段漂亮的描写,说歌德如何在那里为所欲为。他在谈话中起身说道:让我独自一人赶往那里,寻找山谷下面的石头;因为经过这样的谈话,对这个老灰背隼合适的是重新与原始元素打交道。米勒接着说:"我们长时间地目送他开心地离去,他裹上自己灰白的大衣,庄重地走下山谷,一会儿在这块石头,一会儿在那块石头,或者在单株的植物那里停留,用他那矿物锤试探地敲打身前的东西。山上已经抛下长长的暗影,他在暗影中犹如一个幽灵般消失。"

1830年11月10日,歌德得到儿子在罗马去世的消息。米勒总理又是死讯传达者。从他那里流传下来歌德的第一个反应是,我一直知道,我生下了一个会死之人(non ignoravi, me mortalem genuisse）。

奥古斯特年初去了意大利，带着这种感觉，似乎这样能挽救他的生活。他简直无法忍受待在家里，他与奥蒂莉的关系糟糕透了。奥古斯特启程后，她写信给阿图尔·叔本华："奥古斯特将返回，就像一片带来灾难的云彩威胁着我……即使我想到，我近期不会再见到奥古斯特，我也不会有最轻微的激动。"奥蒂莉为能摆脱丈夫而感到高兴，奥古斯特也觉得自己得到了解脱。不得不始终扮演一个伟大的父亲的儿子，这已成为他的噩梦。他想最终找到自己，希望能在意大利获得成功。几个星期后他向奥蒂莉报告自己最初的成就："没有任何丰裕或者好奇能将我从我的家庭扯出，最严峻的困厄催促我，为我的生存做最后的尝试。最近在魏玛见到我的有些人，可能无法理解，但我当时的举止是一种绝望的假面。我想，你现在可以观察我！我的情绪进入了何种宁静，我重新感到自己多么坚强。"

但父亲的影子依旧追着他。因为和父亲一样，他也希望且认为自己应该写下自己的意大利游记。他身处监视中，必须写信回家，证明自己。歌德带着批评的目光读信，犹如一个检查官。奥古斯特写道，他终于变得心情愉快。可父亲不信他，歌德在安康的宣告中发觉一种强制的、言不由衷的语调。太多的刻意为之。他对糟糕的结果有所准备，歌德以后写道。糟糕的事到来了。短短几天后，奥古斯特死于脑膜炎。此外解剖还显示，肝脏肿大。奥古斯特是个酒鬼。

得到儿子死讯后的一个星期里，平时每天要写多封信的歌德，没再动笔。11月25日他患上了肺出血。人们以为歌德挺不过去，但几天后他身体恢复了。他致信策尔特：我目前健康且意识清楚。有幸！他胜利地到处散布他康复的医生报告，但抱怨新的病痛。这项考验真正奇妙且重要之处是，他致信策尔特说，我得将所有的累赘——我相信……我将此传给了一个年轻的生灵——此后独自拖带下去，以后甚至得更困难地承付。这个八十一岁的老人现在必须重新独自打理家务。他的枕头底下现在是通往柴屋的钥匙，他检查着购物清单，不得不同用人们生气。但这一切似乎也让他获得生机。对周围人来说，他重新显得有力，变得年轻。1830年12月，当亨丽埃特·封·波鲁-马可尼把她对自己的女友丽莉·封·蒂尔克海姆的回忆交给他时，也有这样的印象。丽莉，是歌德以前的女友。他致信亨丽埃特说，我带着感动，将您珍贵的信纸放到唇边。他一直保持着这种生命的活力。

1831年8月，一个充满阳光的夏末的日子，歌德想躲开八十二岁生日庆祝。和往常一样，他感到自己完全没这么老，也不想让人不断提醒自己的年龄。1831年8月26日，星期五，清晨他让人套上马车上路。晨雾还笼罩在田野上，预示着那将是个阳光灿烂的好日子。最后一次去伊尔默瑙，为的是再次——也许是最后一次，容或他预感到这点——看一下活动和回忆的地方。葬礼中的队伍，非我所喜，他常常这么说，但他更不喜欢的是生活的人群。所以他将两个孙子，沃尔夫冈和瓦尔特，都放进了马车。仆人克劳泽在场，歌德这次不想带奥蒂莉。

为何是伊尔默瑙？他在那里尝试过重开银矿，那曾是政府第一个二十年里最重要的项目。一个美丽又痛苦的回忆。

他曾经常来这里，以后也曾将小奥古斯特带在身边。第一次是在1776年的5月，他同年轻的公爵一起在这里度过疯狂的几个星期。大家在周围四处游走，在自由的天空下客串画家，兴高采烈地畅饮，搞恶作剧，将一个店主的葡萄酒桶滚下街道。但也曾发生非常严肃的事。他们真的也曾做成一些事业。组织过股票持有人大会，新聘任的公使馆参赞甚至壮胆进入坑道。然后是在1784年矿山首次盛大的开工仪式上，歌德讲话中断了，这是一个糟糕的信号，因为采矿的进展不妙。发生过多次事故，最糟糕的是在1796年10月，灾难性的透水夺去了人的生命，摧毁至今完成的一切。三年后，对歌德来说整个企业已经无力回天。留下一段坑道，持续到1812年，但歌德已不再关心此事。从歌德最后一次来伊尔默瑙到现在，已过去三十年。尽管矿山建设以失败告终，但此地对他一直非常重要。他在这里认识了石头，学习了恐惧和爱，他在这里成为矿物学家。在附近的施瓦本施泰因山上，他完成了《伊菲几妮》的第四幕。伊尔默瑙的附近也与魏玛时期的第一次恋爱相连。夏洛特·封·施泰因在这里首次拜访他。赫尔曼石旁的山洞，在基克尔汉峰西北山坡旁的一块岩石中，成了他缄默的爱情幸福的象征。

在给策尔特的一封信里，歌德描述了这最后一次出游，也许考虑到自己的后事。但熟悉本地的管理官员约翰·克里斯蒂安·马尔还保留着第二篇叙述。他曾陪伴歌德走过杂草丛生的旧日小径和新铺之路。

在旅行的第二天，8月27日，他把孩子们交给仆人照看，同马尔一起去基克尔汉峰朝圣。在那里的峰顶上，在环形碉楼那里，有着奇妙的全景。啊！他大叫出声，但愿好心的公爵卡尔·奥古斯特能再次见到这样的壮美！然后他向马尔打听那个该在附近的森林小屋。那里吸引着他。马尔描述了下面的情景。"他真的精力充沛地穿过圆形山顶上长得高高的野生橘丛，一直走到众所周知的由木头和板壁组成的双层猎屋前。一段陡峭的楼梯通往屋子第二层。我自告奋勇领他上去；可他以年轻人的兴奋拒绝……并说：您别以为我无法上楼；我的情况还相当好。在走进楼上房间时，他又说：我曾在这个小屋……住过八天，当时还在墙上写下一首小诗。我真想再见此诗。"他们上楼，当时已经非常出名的、但尚未录入作者编订版中的铅笔写下的诗句，还历历在目：群峰一片／沉寂……歌德第一次重新在此诵读诗句。"眼泪流过他的面颊。"马尔写道。

这是最后一次去伊尔默瑙郊游的沉默的高峰。生日欢快地过去。和孩子们一起用早餐。一个小型管乐队来到，奏起《众生感谢上帝》。姑娘们身穿白衣，头戴鲜花，朗诵起诗歌。当一切都过去之后，歌德举起事先准备好的那个酒杯，那是1823年马林巴德之夏的阿马莉·封·莱韦措送给他的礼物，上面印有女儿们名字的大写花体首字母。他对阿马莉，而非乌尔丽克，写道：今天……我把那个杯子拿到面前，它带我回到了某些年份，让我忆起最美丽的时光。

在歌德给策尔特的报告里，这种强烈的内心活动继续着，但同样清楚的是他的意图，将整体置入自然和人类世界的基本事件中。在一个孤寂的木板小屋里，在长满针叶林的最高峰，我查看了铭文，他这样写道，并继续说，经过这么多年还能看到，持久和消失者。成功者走到前面使人开心，失败者被遗忘并融化。世人都按自己的类型生活，从挖煤工一直到瓷器工场主。铁被熔化，褐煤被人从矿洞里运出……沥青被烧熔……事情就这样从古老的花岗岩开始，继续展开……总体上以无比奇妙的方式利用着形式最多样的地表、矿山表面和深处。

歌德最后的半年活动频繁，一如以往，一直到生命的最后阶段，他都充满好奇。他再次拿起黑格尔的著作阅读，致信策尔特：自然不会无缘无故地做任何事；这是一句古老的腓力斯人的话，自然永远充满活力地生效，多余且浪费，以便无限者始终在场，因为没有什么可以保持原状。我甚至以此相信，自己接近了黑格尔的哲学。也就是说，自然并非有用且具有目的，只有那些市侩这么想。他们也这么思考艺术。似乎他们也要将艺术变得对自己有用。荒谬。真正的艺术家相信的完全是另一回事，他对策尔特写道。他搞艺术，一如它从自身出发所是的那样，而非艺术家甚至观众想要的那样。可是当下不领会这点，因为它留意的仅是经济和有用性。当下被那些急功近利的庸俗的人控制，众生都焦灼不安（verlizoferisch）[1]，一如在歌德给侄子尼古勒维乌斯的一封信稿中所说。一如眼下难以压抑蒸汽车的发展，在道德领域也很少有这样的可能，去压抑商业的活跃、纸币的流行，为了偿还债务的债务的膨胀，而这一切都是可怕的自然要素。

---

[1] "velizoferisch"这个词是歌德杜撰的，由拉丁语"velox"(快速)和"Luzifer"(魔鬼)组成。歌德以此批判现代社会的"焦躁不安"，并由此批判"匆忙"，褒扬"慢速"。——译者注

当下是推动一个人并不让他得到安宁的世界,是对收敛内在、聚集内心的艺术而言,对不用作匆促应用之沉潜而言的坏时代。它对一个人自己提出要求。在这封书信的草稿中继续写着:*我不得不认为,我们这个不让任何事物成熟的时代的最大灾难是,人们在下一个瞬间就吞下之前流逝的那个……没人还能开心或者受难,除了替余者打发时间。*

在歌德最后的一封信里——1832 年 3 月 17 日致威廉·封·洪堡,写于他去世前五天——对当下的这种恼怒再次且最后一次闪现。关于商业且使人混乱的学说笼罩着这个世界,但他又坦然地继续,*但我没什么更紧要的事可做,除了尽可能处理我目前的身边的事,清理我的财产,如同您,亲爱的朋友,在您的城堡中设法做的一样。*

歌德的生命此刻走到了尽头。日记中的最后一次记录,是在 1832 年 3 月 17 日,那是一个星期五:*由于不适,整天在床上度过。*前一天他还乘马车出行,也许受了凉。强烈的胸部疼痛,发烧,下半身胀痛。家庭医生弗格尔受到了惊吓:"他显得有些错乱,但尤其让我感到惊讶的是目光的黯淡和眼睛的迟钝。它们平时总是带着独特的活力,明亮地闪动。"中间有段时间他的病情有所好转,歌德饶有兴致地与来访者交谈,重新开起了玩笑。这种状况没持续多久。3 月 20 日早晨,弗格尔被人叫来:"一个悲惨的场景发生在我眼前! 最最可怕的恐惧和不安,将这个长久以来习惯于以最从容不迫的姿态行动的高龄老人,急迫地一会儿赶到床上——他在那里通过不停改变体位徒劳地尝试减轻痛苦—— 一会儿赶上床边的躺椅上。由于寒战,他的牙齿咯吱作响。不断聚集到胸部的疼痛,压迫得这个受难者时而呻吟,时而大声叫唤。他面容扭曲,脸色灰白,眼睛深深地陷入青黑色的眼窝里,黯淡,混浊;目光显露出最让人毛骨悚然的对死亡的恐惧。"

又过了一天,3月22日,开始了一阵平静。歌德能坐在躺椅上,说些人们无法再明白的话。他有时抬起手臂,在空中比画。是个字母,据说医生认出是个"W"。不过,医生并没有亲耳听见那句流传甚广的话:多些光。

那是中午12点,歌德舒服地倚靠着躺椅左侧。

结束语,或者成为自己所是的人

歌德想完成自己。这让他直到最后都不得安宁。去世前不久,他结束了《浮士德》的写作,同样还有《诗与真》。1829年他出版了《威廉·迈斯特的漫游时代》第二版,为的是至少在表面上结束它。对于"作者最后编订的版本",出版人还有一些工作要做,但他甚至相信,他对自己遗作的整理贡献甚多,甚至是完成了大部分的工作。

尽管歌德在细节上的寻求结束了,但生命只有在最后才获得圆满的观念让他非常反感。每个生命的瞬间都不该从一种终极目的出发,而该在其自身中获得价值和意义。他拒绝一种带有神学色彩的生命见解。他不愿服务于历史的总体目的,也不愿将自己的生命置于一种设定的目标之下,即使他1780年为自己的生命之作使用了金字塔的图像。他想完成这项工作,直到塔尖。但他自己有准备,可能做不到这一点。不管怎样,值得进行一次尝试。无论如何,他想完成许多业已开始的事。这是他对自己通常具有开端和结尾之作品的确定的责任。

结果是一方面,持续不断的积极活动是另一方面。歌德在此无法设想一种结束。对于持续不断的信念,他在1829年

2月4日对艾克曼说，出自活动的概念。倘若他一直到最后都无休止地工作，那么自然就有责任赋予他的生命以另一种形式，因为目前的形式无法再承担创造的精神。也就是说，留存着一种对创造性的焦虑。作为八十二岁的人，他说，他总是不断向前奋争，所以忘记自己写了什么，不得不重新寻找自己，而此刻他觉得自己是某个陌生者。他虽然年迈时尽力收集自己的著述，可能的话，要求别人返还自己的信。他想让自己的东西放在身边，可他也愿意听任别人挖空心思地想出一种封闭性、一种内在关联。他怀疑，是否有这样一种关联，并宣称，他的作品所拥有的意义和重要性，可以各自独立代表自身，从自身出发获得理解。他寄希望于创造性的瞬间，而生命对他来说就是这类瞬间的一个序列。这些瞬间会在单部作品中映现。总体上讲它们能产生一篇宏大的自白，但就生命来说依旧有效的是，其意义不是到了最后才被阐明，相反来自每个运动的瞬间。

但人们不仅自主活动，人们也被外部所推动。许多事作用于他，他接受，改变，对此作答。此外，还有事物下意识地影响他。他不害怕这类影响，因他并非是为原创性的缘故而追求原创性。创造性的行动，对他来说是一种个人与大众的联系。临终前不久，歌德对索勒特说，他是名叫歌德的一个集体名词。他觉得自己完全可以成为时代精神的一种媒介。他想作为个人坚持自己，一如《浮士德》中所说，将赋予人类的东西融入自身。

创造性行动中使人幸福的事件，不管它如何以主观的方式被经历，对他也意味着某种客观的东西，对此的一个标记,即道出了某种真实。对于诗人太过谦恭的、对自己纯粹主观性的回溯,他并不怎么看重。表达自身,这对他来说不够,他想以探究自然的方式诗意地领会世界,并在其中找到方向。在他身上,一切都向外、向着客观的形体奋争,内在化不是他的风格。一如他又一次写道,他只有在绕过世界的途中才能理解自己。世界对他来说足够神秘。他不在错误的地点,比如在混浊的内心世界,探寻秘密。

他有一次致信席勒,说自己对此感到满意,即倘若他跟随自己的自然,就能最靠近一件事情的自然。歌德非常信任自己的本能、直觉和有时梦幻般的自信。倘若一个主体借助哲学的强力,在认识论上将自己从世界里解脱出来,似乎自己不属于这个世界,又让他觉得不合情理。所以他觉得整个康德主义其实是可疑的,即使他对这个柯尼斯堡伟人表示尊敬。歌德过于不耐烦,并渴望世界,无法在分析认识论的工具那里停留,即使席勒曾不时地向他传授这个。他不愿意认识这个认识,而想认识世界。黑格尔针对康德的话——害怕弄错自身可能是某种错误——完全符合歌德的意思,他想吃饭而不仅仅研究菜单。

思考着离开世界,一如哲学家们不时出于方法论的原因所做的那样,对他来说简直不可能。歌德始终处在外面的世界中,不管他如何集中于自身,他的思想完全是客观的。自身的创造力,对他来讲是某种自然观察自身以及通过诗歌创造自己的东西。每次他都从客体出发来思考主体。属于这种关联的还有,歌德在最后几年的书信中完全不用"我"字。

但这没能保护他不被在1820年左右崭露头角的一代青年

文学家误称为"伟大的自私自利者""国王的奴仆""为自己谋利者",青年们误认为他对受苦受难者的命运无动于衷。伯尔纳有惊人之语,说歌德没有使用他的"火舌"来捍卫人民的权利。最终少了一个没心没肺的贵族老爷!有人在歌德去世时这么说。

有些东西粘在歌德的图像上:市侩,只顾自己漂亮的小花园,在那里躲避历史的风暴,自私自利,仅为自己的事操心。奥特加-加塞特在大危机的1932年,就将这么评价歌德。还有卡尔·雅斯贝尔斯也将在1947年针对歌德,或多或少也针对他的钦佩者,指责他们逃避世界和无责任心。我们经历了恶毒当道的情境,雅斯贝尔斯说,恐怖的叫声同属于此,又说,"我们不再有阅读歌德的意愿"。但其他人的感觉不同,他们阅读歌德,作为在大困苦和绝望中的生存手段。但恰恰在歌德身上显示出艺术的这种温柔的挑战,即使艺术表现为痛苦和恐怖,也保持着一种独特的兴高采烈,而这与其艺术特征相关。对某些人来说,这是一种令人恼怒的事,他们尝试让艺术接近一种虚假的严肃。但歌德坚持自己:我们拥有艺术,为的是不在现实中走向毁灭。倘若我们被糟糕地戏弄,我们总是还拥有这种游戏,我们可以在其中漫游,带着从容不迫的快速/从天堂穿过世界,到达地狱。

对海涅来说,歌德是地球上"天堂诗歌的总督"。他从青年德意志的作家同人的角度出发,解释青年作家们对歌德的愤怒:歌德犹如一棵大树,将所有人罩在自己的阴影下,让他们渐渐枯萎。对虔诚者来说他太不信神,对道德学家来说他太色情,对民主主义者来说他太有贵族气。海涅写道:

它的树梢冒得如此之高，让人无法将雅各宾人的小帽挂上。

除了艺术，别无其他！这是赞成自由和民族统一、要求文学的政治责任心的年轻一代的指责。在政治层面不时地对这类倾向表示同情的海涅，称此为夜莺的一种服兵役的义务，并以此捍卫歌德——即使他对歌德也有一丝讥讽。他写道，歌德犹如古代雕塑家皮格马利翁。后者创造出一个异常美丽的女人塑像，并爱上了她，尽管他知道塑像无法与他生儿育女。这就是艺术实际上的无用性。海涅警告社会有用性的特权，并带着惊恐描绘，倘若这种思维方式欢庆胜利，将来写着诗歌的纸张会被用作纸袋，用来盛放咖啡、鼻烟，或者用来包装面粉。

歌德本人觉得新近的德国文学不值一提。晚期浪漫主义作家对他来说过于激昂和多愁善感，其他人又过于虔诚和乖巧，另有一些则过于现实或者政治上过于激进。歌德曾说，在德国与他同时代的文学界中有一个世界，要么是蓝色的云雾，要么是野战医院。相反，他称赞那些他在最后几年里热心阅读的作家：法国的巴尔扎克、司汤达、雨果，英国的司各特和拜伦，以及意大利的曼佐尼。这些作家展现给他的是丰满的生命和伟大的激情。这是能传世的文学。青年一代的德国作家完全有理由觉得自己受到年迈大师不公平的对待，有些人对他进行报复。斯图加特的门策尔，当时属于最有影响力的作家中的一员在完成了一部杰作后，在其《文学报》上对歌德的逝世不置一词。歌德对他来说不值一提。

那个时代对歌德不怎么有利，他预感到了这一点，也在给洪堡的最后一封信里提及此事。他感到随着1830年"七月革命"而发生了新近的时代的变革。工业的胜利进军,机器的时代,人口迁居的增长,交际的增速和密集化,城市的发展,大众挤入政治和公众领域。一个新的时代的确已经开始。经济、社会有用性和倾向实际的现实主义精神欣欣向荣。各种艺术、文学和哲学失去了威望和权威,它们无论如何仅是一件美丽的小事。

但新时代不仅让歌德害怕,同时他也喜欢其活力和能量,《浮士德》第二部证明了这一点。但这种发展的阴暗面也属此剧主题。歌德不委身于任何幻觉:不仅菲勒蒙和包喀斯,还有诗歌那柔弱的帝国都将完全陷入窘境,而具体、实际和有用的感知,将欢庆它们的胜利。他也预感到,现代化带来的隐忧会增长,因为技术带来轻松,但也带来新的恐惧、新的风险。在浮士德针对自然力建造堤坝时,产生了充满风险的社会,其中忧虑作为预防措施无处不在:谁哪天落到我手中 / 世界的一切对他都毫无用处……不管是欢乐还是折磨 / 他都将它推到明天。

涉及《浮士德》第二部的最严肃的戏谑,歌德起先在自己周围没发现有善解人意的读者。事实上过了半个世纪,这个剧本才获得首演的机会。至于他自己身后的荣誉,情况与他担心的差不多,时光那薄薄的瓦砾盖住了他。1849年歌德的百岁诞辰几乎毫无声息地过去,而十年后席勒的生日成了一个民族的节日。那是在1848年革命失败以后,在这个使人振奋的自由诗人星光下的,自由和民族的市民运动的首次大规模力量聚合。

歌德根本不适合这类庆祝。他不相信这些可爱的德国人——一如他讥讽的称呼,他与他们保持距离。至于自由,他从未在政治层面以修辞的方式要求过它,但他经历了它。外部的环境让他获益。但对经历过的自由有效的是,为了拥有它,首先必须重新获得它。歌德创造性地利用了他的自由。他是个自由的范例,展现出一个人能走多远——倘若歌德将以下这一点作为其生命的任务:成为自己所是的人。

此刻我回忆起一位青年朋友对我的一个带有恭维色彩的指责,他说,你的生活比你的作品更好。倘若真是这样,我求之不得。

歌德致赖因哈德
1811 年 1 月 22 日

附录一 编年史

1749

8月28日:12点和13点之间,约翰·沃尔夫冈·歌德出生于美因河畔法兰克福牡鹿沟旁的房子里。父亲约翰·卡斯帕尔·歌德(1710—1782);母亲卡塔琳娜·伊丽莎白(1731—1808),娘家姓特克斯托。

1750

12月7日:科尔内利娅·歌德出生(1777年去世)。四个弟妹中,有两个男孩和两个女孩。赫尔曼·雅各布六岁早夭,其余的两个孩子死得更早。

1753

圣诞节:皮影戏。祖母的礼物。

1755

祖母去世后牡鹿沟旁的房子改建。

1756—1763

七年战争。法兰克福两次被法国人占领。父亲和法国的城防司令托朗克伯爵。家中的法兰克福的画家。
歌德首次接触法国戏剧。

1763

歌德聆听七岁的莫扎特的一场音乐会。与一个"格蕾琴"的交往。被可疑的朋友利用。令人不快的后果。

1764

约瑟夫二世在法兰克福加冕为神圣罗马帝国皇帝。高潮和之后的厌烦。进入书籍的逃亡。

1765

9月30日:启程去莱比锡学习法学(直至1768年8月)。
丰富的社交活动,文学的尝试,书信。几乎不认真地学习专业。

1766

与安娜·卡塔琳娜(卡辛)·舍恩科普夫的爱情。与宫廷教师恩斯特·沃尔夫冈·贝里施的友谊。

1768

与贝里施的后任恩斯特·特奥多尔·朗格尔的友谊。受宗教方面的影响。在约翰·米夏埃尔·施托克那里学习铜版雕刻。在亚当·弗里德里希·厄泽尔那里学习绘画。躲避与莱辛的见面。
3月:在德累斯顿。画廊。
7月:大咯血。
8月28日:与卡辛不告而别。
诗歌《安内特》和《恋人的脾气》。

1769

缓慢的恢复。尝试虔诚。从事炼金术和魔法。在亨胡特兄弟会。与"美丽的灵魂"苏珊娜·封·克勒滕贝格交往。完成在莱比锡开始的剧本《同谋犯》。

1770

3月:到达斯特拉斯堡,为的是在那里完成学业。
登上斯特拉斯堡大教堂的塔楼。

9月：与约翰·戈特弗里德·赫尔德的友谊的开始。

10月：首次到塞森海姆。与弗里德丽克·布里翁的浪漫故事的开始。

1771

6月：认识雅各布·米夏埃尔·莱因霍德·伦茨。

歌德的博士论文被否决。

8月：通过几个提纲的答辩，歌德成为法学硕士。在法兰克福未被承认为"博士"。返回法兰克福。开始律师生涯。《浮士德》的计划。

10月：用一篇演讲在牡鹿沟旁的房子里举行莎士比亚纪念日活动。

11月到12月：《葛茨·封·贝利欣根》首个文本。

与约翰·海因里希·默尔克友谊的开始。

1772

默尔克接手领导《法兰克福学者通讯》。歌德作为书评人频繁地合作。

1月：谋害儿童的女凶手苏珊娜·玛格丽塔·布兰特被处死。自2月起经常拜访达姆施塔特的感伤主义圈子（卡洛利妮·弗拉克斯兰德，赫尔德的未婚妻，露易丝·封·齐格勒，弗朗茨·米歇尔·洛伊森林，默尔克）。歌德作为"漫游者"。崇拜者的人数增长。

5月至9月：在韦茨拉尔帝国皇家最高法院实习。爱上夏洛特·布夫，与她的未婚夫约翰·克里斯蒂安·凯斯特纳的友谊。

9月：不告而别，步行从韦茨拉尔返回法兰克福。拜访索菲·封·拉罗舍及其女儿、以后嫁给布伦塔诺的马克西米利安娜。爱上马克西米利安娜。

1773

6月：经过一次改动后，《葛茨·封·贝利欣根》出版。创作几部笑剧和颂歌。《普罗米修斯》诗歌的残篇。《浮士德》的场景。民歌风格的诗歌。

妹妹科尔内利娅嫁给朋友约翰·格奥尔格·施洛瑟。第一次阅读斯宾诺莎。在布伦塔诺家的嫉妒场景。

1774

动笔写作《青年维特的痛苦》，4月完成。

在法兰克福对约翰·卡斯帕尔·拉法特尔的访问。友谊的开始。夏天与拉法特尔和巴泽多顺着莱茵河而下旅行。

两个先知。"中间俗人。"与荣格-施蒂林和哲学家约翰·格奥尔格·雅各比见面。友谊的开始。

《维特》在读者那里取得巨大的国际性的成功。牡鹿沟旁的房子里，来访者和好奇者蜂拥而至。就是文学界的权威人士也来拜访，比如克洛普施托克。

晚秋：克内贝尔夫妇来访。歌德被介绍给旅途中在法兰克福停留的魏玛王子卡尔·奥古斯特和康斯坦丁。

开始写《埃格蒙特》。

1775

与安娜·伊丽莎白(丽莉)·舍内曼的爱情。同时与奥古丝特(古斯琴)·施托尔贝格伯爵夫人的书信和心灵友谊的开始。

4月：与丽莉订婚。

5月至7月：身着维特式服装，与施托尔贝格兄弟一起去瑞士旅行。半道上在卡尔斯鲁厄与卡尔·奥古斯特见面。在埃门丁根探望妹妹并与伦茨见面。在苏黎世的拉法特尔那里。在戈特哈特山上。

9月：卡尔·奥古斯特在此期间成为公爵，在去卡尔斯鲁厄的路上，邀请歌德去魏玛。

秋天：解除婚约。

歌德准备去魏玛旅行。无望地等待允诺的马车，因此决定去意大利旅行。途经海德堡。送他去魏玛的马车来到。

11月：到达魏玛。

11月11日：第一次与夏洛特·封·施泰因见面。

在瓦尔德克林务所里的圣诞节。

1776

4月：歌德从卡尔·奥古斯特那里获赠公园里的花园住宅。与年轻的公爵的疯狂活动。漫游，骑马，射箭，击剑，打牌，跳舞,与姑娘调情,甩响鞭。克洛普施托克责备的信。歌德拒绝警告。

4月:伦茨来访(至12月1日)。与其他的"狂飙突进"的朋友接近:克林格尔和考夫曼。

5月:首次到伊尔默瑙的矿山。

6月:歌德成为在枢密院拥有职位和投票权的枢密参事,年薪一千二百塔勒。

即兴诗。

1777

《威廉·迈斯特的戏剧使命》开始。

6月:妹妹科尔内利娅去世。

11月至12月:独自一人,隐匿身份,马上的哈尔茨山之旅。拜访普莱辛,一个绝望的《维特》读者。在哈尔茨考察银矿。登上布罗肯峰。"神的判定。"诗歌《冬游哈尔茨山》。

1778

1月:克里斯特尔·封·拉斯贝格在伊尔姆河里自杀身亡,口袋里揣着《维特》。

庆祝公爵夫人露易丝的生日,上演《情感的胜利》。

5月:首次且唯一一次去柏林旅行。与公爵一起,身负外交使命。巴伐利亚王位继承引发的战争威胁。

重启《埃格蒙特》。

1779

征兵,创作《伊菲几妮》。
8月:雅各比的《沃尔德玛》被钉上十字架。与雅各比的反目。
与公爵去瑞士旅行前,歌德焚毁以前的字纸。纯净的旅行。
11月:第二次到戈特哈特山上。
12月:旅途中在斯图加特访问卡尔高等学校,席勒是那里的学生。

1780

1月:修缮一新的魏玛剧院重新开放。开始创作《托夸多·塔索》。
8月:布兰科尼伯爵夫人造访。在她和夏洛特·封·施泰因夫人之间的迷茫。
9月:伊尔默瑙。登上基克尔汉峰。"群峰一片/沉寂……"
开始自然科学研究。解剖学。矿物学。
致拉法特尔的信:削尖生命的金字塔。

1781

与拉法特尔生疏的开始。宗教的争执。
由于浪费与公爵关系紧张。

1782

因为一个可能的公国联盟,担负起在萨克森和图林根宫廷的外交使命。父亲去世(5月25日)。

歌德搬入弗劳恩普兰旁的房子,起先是租用。获得贵族头衔。继续创作《戏剧使命》。

10月:与雅各比和好。

共济会成员那里的高度神圣。

1783

歌德把弗里茨·封·施泰因接到身边,负责他的教育和训练。在卡塞尔与福斯特见面。就斯宾诺莎与雅各比的通信往来。

1784

魏玛剧院的节庆演出。不再作为兼职的剧院经理。

3月:歌德发现颌间骨。

4月:伊尔默瑙矿山隆重开工。歌德中断的演讲。

在耶拿遭遇大水时组织灾难救助。

因为财政危机大规模削减军费。

去哈尔茨山旅行。在不伦瑞克公爵那里的秘密谈判。深入研究石头。

1785

就斯宾诺莎继续与雅各比通信。雅各比在未获作者同意的情况下发表诗歌《普罗米修斯》,歌德生气了。歌德与伊尔默瑙的偷税情况斗争。接着写作《戏剧使命》。

1786

深入的自然科学研究。职务中的不快。因为准备新的作者编订的格申版全集,对数量众多的未完成稿不满意。自我怀疑。悄悄地准备意大利之旅。夏洛特·封·施泰因夫人也不知情。7月底去卡尔斯巴德。

9月3日从那里出发,以菲利普·默勒的化名去意大利。行李中是未完成的手稿(《埃格蒙特》《伊菲几妮》《塔索》《浮士德》《戏剧使命》)。

10月底:到达罗马。与约翰·海因里希·威廉·蒂施拜因、约翰·海因里希·迈耶尔、卡尔·菲利普·莫里茨、安格利卡·考夫曼相识。

写给生气的封·施泰因夫人的旅行日记。《伊菲几妮》变成诗行。

1787

歌德受到奥地利秘密警察的注意。卡尔·奥古斯特发往意大利的第一封信:他准许歌德无期限的假期。

2月:去那不勒斯的旅行。认识画家菲利普·哈克特、汉密尔顿及其情人(以后的妻子)埃玛。登上维苏威火山。
希望在那不勒斯发现原始植物。
3月:坐船去西西里岛。参观帕拉第奥建筑,察看王子的建筑艺术和园林艺术的愚蠢。参观卡廖斯特罗(真名叫巴尔萨莫)的家。计划写作悲剧《瑙西卡》。
5月:乘船去那不勒斯。
6月:返回罗马。艺术课。继续写作《埃格蒙特》。与一个罗马女子——"福斯蒂娜"的爱情绯闻。为魏玛朋友圈详细描述旅行和艺术。

1788

4月24日:离开罗马。
6月18日:到达魏玛。受到封·施泰因夫人的冷淡接待。
7月:与克里斯蒂安娜·符尔皮乌斯爱情的开始。
9月7日:在伦格费尔德家里,与席勒的第一次失败的见面。
卡尔·菲利普·莫里茨连续多个星期拜访歌德。
席勒的嫉妒。
写作《塔索》并研读康德的《纯粹理性批判》。

1789

席勒在耶拿,对歌德爱恨交织。与威廉·封·洪堡的友谊的开始。

8月：完成《塔索》。
11月：依公爵所愿，与克里斯蒂安娜一起迁入城外的猎屋。
12月25日：儿子奥古斯特出生。舒适的家庭生活。

1790

格申版著作集（含有《浮士德》未完成稿以及《塔索》《伊菲几妮》和《埃格蒙特》的最终版本）出版。
3月：去威尼斯旅行，从那里接回安娜·阿玛丽娅。
自然科学研究。

1791

歌德领导重建被焚毁的王宫。魏玛宫廷剧院第一次在劳赫施台特访问演出。
歌德参与的隆重的开演仪式。
朋友默尔克自杀。
《伟大的魔术师》。报酬寄给巴尔萨莫-卡廖斯特罗家庭。
"艺术迈耶尔"经常来魏玛。

1792

6月：返回弗劳恩普兰旁的住宅。
8月至11月：和公爵一起进攻革命的法国。顺便探访法兰克福的母亲、彭佩尔福特的雅各比一家、杜伊斯堡的普莱辛，以及明斯特的加利青侯爵夫人。战争冒险后的令人喜悦的日子。同时从事色彩学研究。无法再容忍《伊菲几妮》。

1793

重新拿起《戏剧使命》，现在其题目是《威廉·迈斯特的学习时代》。几天之内，歌德写出了反对革命的剧本《市民将军》。
5月至7月：参加围困美因茨。
叙事诗《列纳狐》。

1794

费希特遵照歌德的希望成为耶拿的教授。
6月："幸福的事件。"歌德和席勒成功的会面。友谊的开始。
9月：席勒在歌德弗劳恩普兰旁的住宅度过两个星期。深入的工作交流，许多计划。将形成中的《学习时代》的部分章节寄给席勒。
《罗马哀歌》结束。准备向《季节女神》投稿。

1795

与亚历山大·封·洪堡相识。
8月：伊尔默瑙矿山的首次坑道塌陷。
准备一次意大利旅行，由于南方的战事没有成行。
为《季节女神》所写的《童话》，包含《德意志逃亡者的谈话》。

12月：歌德关于《温和的克赛尼恩》的主意，针对文学事业的论战性诗句。席勒兴奋的赞同。共同的写作。

1796

4月：魏玛，经席勒改编的《埃格蒙特》上演。和席勒一起愉快地写作《克赛尼恩》。完成《学习时代》。与席勒通过书信讨论此书的高潮。
9月：开始写《赫尔曼和多罗特娅》。
10月：伊尔默瑙矿山的坑道塌陷和水灾。该项目的终结。

1797

卡罗利妮·亚格曼，女演员和后来的公爵情妇，走上魏玛舞台。起先受到歌德的看重。将《色彩学》第一篇草稿寄给席勒。
5月：一次意大利旅行的新计划。
歌德和席勒互相鼓励，进行叙事歌谣创作。回归《浮士德》的工作。大规模的焚烧：歌德烧毁至1792年留存的书信，遗嘱中确定席勒为遗著管理者。启程去瑞士（从8月到11月），中断工作。在法兰克福接待荷尔德林来访，觉得他无法理解。歌德在苏黎世的街上躲开拉法特尔。
从瑞士返回后：叙事诗《阿喀琉斯之死》开始，但不久中断。

1798

《季节女神》的终结。施莱格尔兄弟讨好歌德,他乐意接受,但在他们和席勒之间进行调和的尝试并无结果。出版《雅典娜神殿入口》。

10月:改建的剧院开放,上演席勒的《华伦斯坦的军营》。歌德继续写《浮士德》。

1799

3月:费希特由于无神论争议被解聘。购买马匹和一驾华丽的马车。歌德经常邀请席勒一同出游。

8月:致策尔特的第一封信。给席勒介绍魏玛的一处房子。

12月:席勒迁往魏玛。

1800

1月:歌德翻译伏尔泰的《穆罕默德》,在魏玛上演获得巨大成功。

新年前夜:和席勒及谢林一起为新年干杯。重要的谈话。

1801

1月3日:患重病(面部丹毒)。歌德与死神斗争。两个星期后渐渐痊愈。重新写作《浮士德》。与谢林有关自然哲学的交流。在巴特皮尔蒙特疗养，与哥廷根友好的自然科学家进行专业会谈。黑格尔的首次拜访。创作《自然的女儿》，计划是个完整的多幕剧剧本。

1802

歌德让人演出施莱格尔兄弟的剧本。没有成功。科策布发出讽刺言论。歌德申请退出剧院领导层。公爵不同意。和席勒一起拟定纯净的戏剧的原则：魏玛戏剧理论。

1803

4月：《自然的女儿》首演。失败。与赫尔德的不快。卖出上罗斯拉的地产，损失重大。重新出版《耶拿文学汇报》。里默尔成为奥古斯特的家庭教师兼歌德的秘书。
12月：赫尔德去世。施特尔夫人令人厌倦的拜访。

1804

5月：席勒在柏林，在那里得到诱人的职位邀请。歌德尝试把席勒留在魏玛，获得成功。友谊的纽带更加紧密。

1805

歌德根据席勒的提议，翻译狄德罗的小说《拉摩的侄子》。

席勒生病，5月9日去世。歌德也患了重病；他逐渐恢复，尝试完成席勒的《德米特里乌斯》，没有成功。为8月10日在劳赫施台特的一次纪念会写下《席勒〈大钟歌〉跋》。

1806

8月：与鲁登关于《浮士德》的长篇谈话。
10月14日：耶拿战役。普鲁士战败。魏玛被法国人占领。歌德陷入生命危险。勇敢的克里斯蒂安娜。毫发无损地逃脱。
10月19日：歌德悄悄与克里斯蒂安娜举行婚礼。
处理财产和遗产事宜。

1807

写作《色彩学》。
5月：《威廉·迈斯特的漫游时代》的第一章。为科塔版全集准备的《浮士德》第一部结束。
创作《潘多拉的返回》。

1808

《浮士德》第一部出版。从为《漫游时代》准备的中篇小说中取出《亲合力》，在之后几个月里扩展为小说。
在歌德导演下，克莱斯特的《破瓮记》上演。失败。
10月2日：在埃尔福特的诸侯会议期间与拿破仑首次见面。

11月：由于同卡罗利妮·亚格曼意见不一，歌德再次请辞剧院经理职务。公爵再次挽留。

1809

写作《色彩学》。
10月：《亲合力》发表。
草拟作家自传的纲要。

1810

5月：致祖尔皮茨·布瓦塞里的第一封信。友谊的开始。
《色彩学》出版。反响不佳。
夏天在卡尔斯巴德与奥地利女皇玛丽亚·路德维卡交往。
10月：歌德请贝蒂娜·布伦塔诺告诉自己，他的母亲都讲了什么。

1811

写作《诗与真》，在此期间嫁给布伦塔诺的贝蒂娜到访魏玛。
与克里斯蒂安娜的争吵。歌德与贝蒂娜关系的破裂。
10月：《诗与真》第一部发表。

1812

拿破仑进攻俄国的军队驻扎在魏玛。

5月至9月在卡尔斯巴德和特普利茨。再次与女皇玛丽亚·路德维卡交往。在特普利茨与贝多芬见面，后者于7月21日为歌德演奏。

9月：传来莫斯科大火的消息。

10月：《诗与真》第二部发表。

拿破仑在逃亡途中，经过魏玛，托人向歌德问好。

1813

1月：维兰德去世。与法尔克长谈，关于不朽。

由于战争骚乱，提前在4月去卡尔斯巴德。

10月：拿破仑在莱比锡附近遭遇毁灭性的惨败。

歌德阻止奥古斯特作为志愿军参战。

阿图尔·叔本华的颜色实验和关于《色彩学》的谈话。

1814

5月：《诗与真》第三部发表。

歌德阻止奥古斯特与一个返回的"志愿军"决斗。后者指责前者为胆小鬼。

为柏林的和平庆祝节写下《埃庇米尼德斯的苏醒》。

6月：阅读哈菲斯诗歌。

7月至10月：去莱茵河、美因河及内卡河的旅行。与布瓦塞里和来自法兰克福的熟人见面。创作第一批收入《西东合集》中的诗。

8月4日:与约翰·雅各布·封·维勒默及玛丽安娜·容见面。
9月15日:首次到盖尔布米勒的维勒默的家。在此期间玛丽安娜已经与维勒默结婚。
与维勒默一家庆祝莱比锡各民族会战的周年纪念日。返回魏玛。继续写《西东合集》中的诗歌。
计划在科塔那里出版一部新的全集。

1815

写作《意大利游记》。
5月至10月:去莱茵河、美因河和内卡河旅行。
与布瓦塞里详谈德国的艺术纪念碑。
8月28日:在盖尔布米勒庆祝生日。与玛丽安娜的浪漫故事和诗的唱和。
9月:最后一次到法兰克福。与玛丽安娜告别。他将不会再见到她。
研究云朵。歌德正式被任命为魏玛大公国的"国务部长"。

1816

6月6日:克里斯蒂安娜去世。
7月20日:启程去巴登—巴登疗养,拜访维勒默一家。离开魏玛后不久马车倾覆。没受伤的歌德中断旅行。
9月:夏洛特·凯斯特纳,来自韦茨拉尔的"洛特",拜访歌德。
12月:《浮士德》的提纲。第二部。

1817

4月13日：与亚格曼——在此前成为封·海根多夫夫人——的冲突升级，原因是舞台上的一条狗。歌德被解除剧院经理的职务。

奥古斯特·封·歌德与奥蒂莉·封·波格维施结婚。

10月：瓦特堡节日。第一次焚书行动。公爵身处压力之下，歌德为青年爱国主义者感到愤怒。

1818

关于形态学和色彩学的自然科学研究。长孙瓦尔特·沃尔夫冈出生。

夏天在卡尔斯巴德写作有助于理解《西东合集》的《更好地理解〈西东合集〉的笔记和论文》。

3月：雅各比去世。

8月：《西东合集》出版。

科策布由一个耶拿大学生桑德谋杀（3月），导致关于压制民主和爱国主义运动的卡尔斯巴德决议（9月）。

在柏林禁止上演《埃格蒙特》。

写作《四季笔记》和《远征法兰西》。

1820

夏天在卡尔斯巴德。重新拿起《漫游时代》。研究云朵的形成。
9月：次孙沃尔夫冈·马克西米里安出生。

1821

5月：《漫游时代》第一版问世。
研究形态学。
夏天在马林巴德和埃格尔。遇到阿马莉·封·莱韦措和她十七岁的女儿乌尔丽克。
为杂志《论艺术和古代》写稿。

1822

夏天又到马林巴德。与莱韦措一家交往。歌德爱上乌尔丽克。和她一起跳舞、参加社交活动和收集石头。
10月：年轻的菲利克斯·门德尔松－巴尔托迪来访。
耶拿的大学生骚乱。

1823

2月：严重的心肌梗死。生命危险。
3月：完全恢复。歌德似乎变得年轻，为马林巴德的夏天感到高兴。

6月：约翰·彼得·艾克曼的首次访问。歌德请他留下。为拜伦感到兴奋。与他通信。

7月到9月：马林巴德和埃格尔。与莱韦措一家交往。歌德通过卡尔·奥古斯特向乌尔丽克求婚。没有正式的回复，但乌尔丽克拒绝了。歌德还抱有希望。与波兰钢琴家玛利亚·西马诺夫斯卡的相识。

9月：回家途中歌德在马车里录下几首《马林巴德哀歌》的诗句。

10月：玛利亚·西马诺夫斯卡来访。痛苦的告别。

1824

3月：为第一部小说的新版写诗《致维特》。与给西马诺夫斯卡的告别诗和《马林巴德哀歌》一起，组成《热情三部曲》。

准备出版与席勒的往来书信。

为拜伦之死悲伤。

10月：海因里希·海涅来访。

1825

研究建造巴拿马运河的计划。

3月：魏玛剧院失火。

弗朗茨·舒伯特寄来为诗歌谱写的曲子，没有得到回复。

11月：歌德任职五十周年纪念。

1826

歌德开始有规律地阅读圣西门主义的报纸《地球》。关于世界文学的观念。对德国当下文学的蔑视。

歌德在德国政府那里争取到作家著作权的保护,获得成功,科塔为"作家最后审定版"支付六万塔勒稿酬。

贝蒂娜·封·阿尔尼姆来访。

歌德将席勒(可能的)头盖骨拿回家一年,直到它被埋在公国墓穴里。歌德把棺材的钥匙保留在自己家里。

草拟《漫游时代》的漫游章节,完成《五十岁的男人》。

12月:亚历山大·封·洪堡来访。

1827

阅读雨果,给瓦尔特·司各特写信。

决定将《古典的瓦尔普吉斯之夜》剔除。

1828

7月:卡尔·奥古斯特公爵在从柏林返回的途中去世。

歌德退隐到多恩堡宫殿。

12月:与席勒的往来书信发表。

1829

奥古斯特与奥蒂莉之间的不和。歌德徒劳地尝试平息矛盾。
《漫游时代》第二版出版。
7月至8月：歌德最后一次住在花园住宅。
8月：魏玛剧院首演《浮士德》。
帕格尼尼为歌德演奏。

1830

公爵夫人露易丝去世。
4月：奥古斯特·封·歌德和艾克曼一起去意大利。
歌德热切地关注着巴黎"七月革命"事件。
11月：歌德得知儿子的死讯（10月26日）。
大咯血。再次拿起《浮士德》第二部。
就身后发表书信集达成与策尔特的协议。

1831

1月：遗嘱。
3月：附一首诗，把信寄回给玛丽安娜·维勒默。
8月：结束《浮士德》第二部。据说被密封（后被重新启封）。
8月26日至31日：在仆人和孙子的陪同下最后一次去伊尔默瑙。在基克尔汉峰上重见刻写的文字"群峰一片／沉寂……"
9月：《诗与真》第四部分结束。

1832

1月：奥蒂莉诵读《浮士德》第二部。
2月：致信布瓦塞里,详细解释彩虹。
3月14日：最后一次散步。
3月16日：导致死亡的疾病的开始。
3月17日：最后一封信,致威廉·封·洪堡。
3月22日：中午12点左右,歌德去世。

附录二 参考文献

歌德著作集

WA Goethes Werke (143 Bände in 4 Abteilungen; Sophienausgabe bzw. WeimarerAusgabe).Hg.im Auftrage der Großherzogin Sophie von Sachsen. Weimar 1887–1919

MA Johann Wolfgang Goethe : *SämtlicheWerke nach Epochen seines Schaffen*. Münchner Ausgabe (21 in 33 Bänden). Hg. Karl Richter, Herbert G.Gopfert, Norbert Miller, Gerhard Sauder, Edith Zehm. München, Wien 1985–1998 (Hauser Klassiker)

FA Johann Wolfgang Goethe: *Sämtliche Werke. Briefe, Tagebücher und Gespräche*. Frankfurt a.M. 1985–99

HA Johann Wolfgang von Goethe: *Werke*. Hamburger Ausgabe in vierzehn Bänden. Hg. Erich Trunz. Munchüen ^{12} 1981

Tgb Johann Wolfgang Goethe: *Tagebücher*. Historisch-kritische Ausgabe (Fünf Bände). Stuttgart, Weimar 1998–2007

歌德书信集

WA s.o.; IV. Abteilung (53 Briefbände)

GBr JohannWolfgang von Goethe: *Briefe* (Vier Bände; Hamburger Ausgabe). Hg. Karl Robert Mandelkow, Bodo Morawe. München ³1988

BranG Briefe an Goethe(Zwei Bände; Hamburger; Ausgabe). Hg.Karl Robert Mandelkow. München ³ 1988

BrEltern Johann Caspar Goethe, Cornelia Goethe, Catharina Elisabeth Goethe: *Briefe aus dem Elternhaus*. Hg. Ernst Beutler. Frankfurt a.M. 1997

BW Christiane Goethes Ehe in Briefen.Der Briefwechsel zwischen Goethe und Christiane Vulpius 1792–1816. Hg. Hans Gerhard Gräf. Frankfurt a.M. 1989

BW Rcinltard Goethe und Reinhard. Briefwechsel in den Jahren 1807–1832.Wiesbaden 1957

BW Reichardt J. F. Reichardt – J.W. Goethe Briefwechsel. Hg. Volkmar Braunbehrens, Gabriele Busch-Salmen, Walter Salmen. Weimar 2002

BW mit einem Kinde Bettine Brentano: *Goethes Briefwechsel mit einem Kinde*. Hg. Waldemar Oehlke. Frankfurt a. M 1985

BW Willemer Johann Wolfgang Goethe. *Briefwechsel mit Marianne und Johann Jakob Willemer.* Hg. Hans-J. Weitz. Frankfurt a.M. 1965

歌德谈话集和其他生平材料

Gespräche Goethes Gespräche. Biedermannsche Ausgabe (Fünf Bände). Hg. Wolfgang Herwig. Zürich 1965–87

Unterhaltungen Kanzler von Müller: *Unterhaltungen mit Goethe*. Hg. Ernst Grumach. Weimar 1956

Gräf Goethe über seine Dichtungen. (Neun Bände in drei Abteilungen).Hg. Hans Gerhard Gräf. Frankfurt a.M. 1904

Grumach Goethe. *Begegnungen und Gespräche* (Band Ⅰ-Ⅵ, XV). Hg.Ernst Grumach und Renate Grumach. Berlin 1965 ff.

Steiger Goethes Leben von Tag zu Tag. Eine dokumentarische Chronik von Robert Steiger (Acht Bände). Zürich, München 1982–96

其他来源材料

VB Goethe in vertraulichen Briefen seiner Zeitgenossen (Drei Bände). Zusammengestellt von Wilhelm Bode. Hg. Regine Otto, Paul–Gerhard Wenzlaff. Berlin, Weimar 1979

Die ästhetische Prügeley. Streitschriften der antiromantischen Bewegung Hg. Rainer Schmitz. Göttingen 1992

Die Horen. Eine Monatsschrift herausgegeben von Schiller. Tübingen 1795ff. Nachdruck Weimar 2000

Karl August Böttiger: *Literarische Zustände und Zeitgenossen. Begegnungen und Gespräche im klassischen Weimar*. Hg. Klaus

Gedach, Rene Sternke. Berlin 1998

Carl W.H. Freiherr von Lyncker: *Ich diente am Weimarer Hof. Aufzeichnungen aus der Goethezeit*. Weimar 1997

Ich bin mehr Herz als Kopf. Sophie von La Roche. Ein Lebensbild in Briefen. Hg. Michael Maurer. München 1983

Ottile von Goethe. *Goethes Schwiegertochter. Ein Porträt.* Hg. Ulrich Janetzki. Berlin 1982

Goethe und die Romantik. Briefe mit Erläuterumgen. Hg. Carl Schüddekopf und OskarWalzel. Weimar 1898–99

Goethe und die Antike (Zwei Bände). Hg. Ernst Grumach. Potsdam 1949

Goethe über die Deutschen. Hg. Hans–J. Weitz. Frankfurt a.M. 1982

Das klassische Weimar. Texte und Zeugnisse. Hg. Heinrich Pleticha. München 1983

Treffliche Wirkungen. *Anekdoten von und über Goethe.* Hg. Anita und Walter Dietze. Zwei Bände. München 1987

Mit Goethe auf Reisen. Schilderungen, Berichte, Beobachtungen 1770–1831. Hg. JostPerfahl. München 1993

Goethe aus der Nähe. Texte von Zeitgenossen, ausgewählt und koninientiert von Eckart Kleßmann. Darmstadt 1995

Goethe, unser Zeitgenosse. Hg. Siegfried Unseld. Frankfurt a.M. 1998

Willst du staunen, Flegel? Anekdoten von Goethe. Hg. Thomas

Wieke. Berlin 1999

Goethe und die Religion. Aus seinen Werken, Briefen, Tagebüchern und Gesprächen zusammengestellt von Hans-Joachim Simm. Frankfurt a.M. 2000

Goethe und Lenz. Die Geschichte einer Entzweiung. Eine Dokumentation. Hg. Matthias Luserke. Frankfurt a.M., Leipzig 2001

参考资料

Goethe-Handbuch (Drei Bände). Hg. Julius Zeitler, Stuttgart 1916–18

Goethe-Handbuch (Vier Bände). Hg. Bernd Witte u.a. Stuttgart, Weimar,1996–98

Gero von Wilpert: Goethe-Lexikon. Stuttgart 1998

Effi Biedrzynski: *Goethes Weimar. Das Lexikon der Personen und Schauplätze*. Zürich 1993

Rose Unterberger: Die *Goethe-Chronik*. Frankfurt a.M., Leipzig 2002

Siegfried Seifert(Hg.) *Goethe-Bibliographie 1950–1990* (Drei Bände), München 2000

Hermann Hettner: *Literaturgeschichte der Goethezeit*. Hg. Johannes Anderegg. München 1970 (1876)

M. Kronenberg: *Geschichte des Deutschen Idealismus* (Zwei Bände). München 1909–12

H.A. Korff: *Geist der Goethezeit* (Vier Bände). Darmstadt 1966

Gerhard Schulz: *Die deutsche Literatur zwischen Französischer Revolution und Restauration* (Zwei Bände). München 1983–89

Gert Ueding: *Klassik und Roniantik. Deutsche Literatur im Zeitalter der Französischen Revolution 1789–1815*. München 1987

传记和专著

Albert Bielschowsky: *Goethe. Sein Leben und seine Werke* (Zwei Bände).München 1905–06

Wilhelm Bode: *Goethes Leben* (Neun Bände). Berlin 1920–27

Nicholas Boyle: *Goethe. Der Dichter in seiner Zeit* (bisher zwei Bände).München 1999 ff.

Georg Brandes: *Goethe*. Berlin 1922

Carl Gustav Carus: *Goethe. Zu dessen näherm Verständnis*. Dresden 1949(1847)

Karl Otto Conrady: *Goethe. Leben und Werk*. München 1994, Düsseldorf 2006

Richard Friedenthal: *Goethe. Sein Leben und seine Zeit*. München 1963

Friedrich Gundolf: *Goethe*. Berlin 1916

Viktor Hehn: *Gedanken über Goethe*. Darmstadt 1921

Kurt Hildebrandt: *Goethe. Seine Weltweisheit im Gesamtwerk*. Leipzig 1941

Albert Meier: *Goethe. Dichtung – Kunst – Natur*. Stuttgart 2011

Heinrich Meyer: *Goethe. Das Leben im Werk*. Stuttgart 1947, Neuausgabe 1967

Richard M. Meyer: *Goethe*. Berlin 1913

Karlheinz Schulz: *Goethe. Eine Biographie in 16 Kapiteln*. Stuttgart 1999

Georg Sinimel: *Goethe*. Leipzig 1923

Emil Staiger: *Goethe*. Drei Bände. Zürich–Freiburg I, Br. 1957

Karl Vietor: Goethe. *Dichtung –Wissenschaft – Weltbild*. Bern 1949

著 作

Aufklärung und Rokoko. Hg. Otto F. Best. Stuttgart 1976

Aurelius Augustinus: *Vom Gottesscaat*. Hg.Wilhelm Tinime. Zürich, München 1955

Johann Gottlieb Fichte: *Schriften zur Wissenschaftslehre*. Werke I. Hg. Wilhelm G.Jacobs. Frankfurt a.M. 1997

August von Goethe: *Auf einer Reise nach Süden*. Tagebuch 1830. Erstdruck nach den Handschriften. Hg. Andreas Beyer, Gabriele Radecke. München 1999

Oliver Goldsmith: *Der Pfarrer von Wakefield*. Zürich 1985

Heinrich Heine: *Sämtliche Schriften*. Hg. Klaus Briegleb. München 1968–76 (Hanser Klassiker)

Georg Wilhelm Friedrich Hegel: *Phänomenologie des Geistes*. Hg. Johannes Hoffineister.Hamburg 1952

Johann Gottfried Herder: *Werke* (Drei in vier Bänden). Hg.

Wolfgang Pross. München 1984–2002 (Hanser Klassiker)

Friedrich Hölderlin: *Sämtliche Werke und Briefe* (Drei Bände). Hg. Michael Knaupp. München 1992–93 (Hanser Klassiker)

Wilhelm von Humboldt: *Werke* (Fünf Bände). Hg. Andreas Flitner, Klaus Giel. Darmstadt 1979

Friedrich Heinrich Jacobi: *Über die Lehre des Spinoza in Briefen an Herrn Moses Mendelssohn*. Hg. Marion Lauschke. Hamburg 2000

Johann Heinrich Jung-Stilling: *Lebensgeschichte*. Frankfurt a.M. 1983 (1777–1817)

Immanuel Kant: *Werke* (Zwölf Bände). Hg. Wilhelm Weischedel. Wiesbaden 1957

Friedrich Gottlieb Klopstock: *Ausgewählte Werke* (Zwei Bände). Hg. Karl August Schleiden. Nachwort von Friedrich Georg Jünger. München, Wien 1981 (Hanser Klassiker)

Jakob Michael Reinhold Lenz, *Werke und Briefe in drei Bänden*. Hg. Sigrid Damm. München 1987 (Hanser Klassiker)

Justus Möser: *Patriotische Phantasien*. Hg. Siegfried Sudhoff. Stuttgart 1970

Karl Philipp Moritz: *Werke in zwei Bänden*. Hg. Heide Hollmer, Albert Meier. Frankfurt a.M. 1999

Friedrich Nietzsche. *Sämtliche Werke. Kritische Studienausgabe in 15 Bänden*. Hg. Giorgio Colli, Mazzino Montinari. München 1980

Novalis. *Werke, Tagebücher und Briefe Friedrich von Hardenbergs*

(Drei Bände). Hg. Hans-Joachim Mähl, Richard Samuel. Kommentar Hans Jürgen Mimes. München 1978-1987 (Hanser Klassiker)

Friedrich Wilhelm Joseph Schelling: *Ausgewählte Schriften* (Sechs Bände). Hg. Manfred Frank. Frankfurt a.M. 1985

Friedrich Schiller: *Sämtliche Werke*(Fünf Bände), Hg. Peter-Andre Alt, Albert Meier und Wolfgang Riedel. München, Wien 2004 (Hanser Klassiker)

Friedrich Schiller: *Briefe*. Hg. Gerhard Fricke. München 1955 (Hanser Klassiker)

Briefwechsel zwischen Schiller und Körner(Vier Bände) .Hg. Ludwig Geiger. Stuttgart, Berlin 1892

Schiller und Lotte. Ein Briefwechsel (Zwei Bände). Hg. Alexander von Gleichen-Rußwurm. Jena 1908

Der Briefwechsel zwischen Friedrich Schiller und Wilhelm von Humboldt (Zwei Bände). Hg. Siegfried Seidel. Berlin 1962

Friedrich Schlegel: *Dichtungen und Aufsätze*. Hg.Wolfdietrich Rasch. München 1984 (Hanser Klassiker)

Friedrich Schlegel: *Kritische Schriften*. Hg. Wolfdietrich Rasch. München 1964 (Hanser Klassiker)

Arthur Schopenhauer: *Gesamnelte Briefe*. Hg. Arthur Hübscher. Bonn 1978

Arthur Schopenhauer: *Gespräche*. Hg. Arthur Hübscher. Stuttgart 1971

Mruch de Spinoza: *Die Ethik*. Übersetzung, Anmerkungen und

Register von Otto Mensch. Hamburg o.J.

Anne Germaine de Staél: *Über Deutschland*. Hg. Monika Bosse. Frankfurt a.M. 1985

Sturm und Drang. Hg. Erich Loewenthal und Lambert Schneider (Drei Bände) Heidelberg 1972

Heinrich Wilhelm Tischbein: *Aus meinem Leben*. Hg. Kuno Mittelstadt. Berlin 1956

Karl August Varnhagen von Ense: *Werke* (Fünf Bände), Hg. Konrad Feilchenfeldt. Frankfurt a.M. 1987–94

Zacharias Werner: *Wanda*. Tübingen 1810

Christoph Martin Wieland: *Werke* (Fünf Bände) Hg. Fritz Martini und Hans Werner Seiffert. München 1964–68 (Hanser Klassiker)

研究文献

Theodor W. Adorno: *Zum Klassizismus von Goethes Iphigenie*. In: Theodor W. Adorno: *Noten zur Literatur IV*. Hg. Rolf Tiedemann. Frankfurt a.M. 1974

Hans Urs von Mlthasar: *Prometheus. Studien zur Geschichte des deutschen Idealismus*. Heidelberg 1947

Wilfried Barner u.a. (Hg.): *Unser Commercium. Goethes und Schillers Literaturpolitik*. Stuttgart 1984

Walter Benjamin: *Goethes Wahlverwandtschaften*. In: Walter Benjamin: *Illuminationen*. Frankfurt a.M. 1977

Ernst Beutler: *Essays um Goethe*. Frankfurt a.M. Leipzig 1995

Pierre Bertaux: *Gar schöne Spiele spiel' ich mit dir! Zu Goethes Spieltrieb*. Frankfurt a.M. 1986

Hans Christoph Binswanger: *Geld und Magie. Eine ökonomische Deutung von Goethes »Faust«*. Stuttgart 1985, Hamburg 2005

Ernst Bloch: *Das Prinzip Hoffnung*, Kapitel 48–49. Frankfurt a.M. 1959

Hans Blumenberg: *Gegen einen Gott nur einen Gott: In: Arbeit am Mythos*. Frankfurt a.M. 1979

Hans Blumenberg: *Goethe zum Beispiel*. Frankfurt a.M. 1999

Wilhelm Bode: *Goethes Liebesleben*. Berlin 1914

Wilhelm Bode: *Goethes Schweizer Reisen*. Leipzig 1922

Wilhelm Bode: *Der weimarische Musenhof*. Berlin 1920

Michael Boliler: Die Freundschaft von Schiller und Goethe als literaturso- ziologisches Paradigma. In: *Internationales Archiv für Sozialgeschichte der deutschen Literatur* 5 (1980)

Karl Heinz Bohrer: Einsame Klassizitat. Goethes Stil als Vorschein einer anderen Moderne. In: Karl Heinz Bohrer: *Großer Stil. Form und Formlosigkeit in der Moderne*. München 2007

Dieter Borchmeyer: *Goethe. Der Zeitbürger*. München 1999

Bernard von Brentano: *August Wilhelm Schlegel*. Frankfurt a.M. 1986

Walter H. Bruford: *Die gesellschaftlichen Grundlagen der Goethezeit*. Frankfurt a.M., Berlin, Wien 1975 (1936)

Reinhard Buchwald: *Führer durch Goethes Faustdichtung*. Stuttgart

1983

Christa Burger: *Goethes Eros*. Frankfurt a.M. 2009

Jacob Burckhardt: *Das Zeitalter Friedrichs des Großen*. Hg. Ernst Ziegler. München 2012

E.M. Butler: *Deutsche im Banne Griechenlands*. Berlin 1948

Ernst Cassirer: *Goethe und die geschichtliche Welt*. Hamburg 1995

Benedetto Croce: *Goethe*. Zürich, Leipzig, Wien 1918

Sigrid Damm: *Cornelia Goethe*. Berlin 1987

Sigrid Damin: *Christiane und Goethe. Eine Recherche*. Frankfurt a.M.1998

Sigrid Damm: *Goethes letzte Reise*. Frankfurt a.M., Leipzig 2007

Claude David: Goethe und die Französische Revolution. In: *Deutsche Literatur und Französische Revolution*. Göttingen 1974

Friedrich Dieckmann: *Geglückte Balance. Auf Goethe blickend*. Frankfurt a.M. 2008

Jörg Drews: *Sichtung und Klarheit. Kritische Streifzüge durch die Goethe-Ausgaben und die Goethe-Literatur der letzten Fünfzehn Jahre*. München 1999

K.R. Eissler: *Goethe. Eine psychoanalytische Studie*. Zwei Bände. Frankfurt a.M. 1986

Wilhelm Emrich: *Die Symbolik von Faust II*. Königstein 1981

Michael von Engelhardt: *Der plutonische Faust. Eine motivgeschichtliche Studie zur Arbeit am Mythos in der Faust-Tradition*. Frankfurt a.M. 1992

Wolf von Engelhardt: *Goethes Weltansicht. Auch eine Biographie.* Weimar 2007

Dietrich Fischer–Dieskau: *Goethe als Intendant.* München 2006

Wilhelm Flitner: *Goethe im Spätwerk.* Hamburg 1947

Manfred Frank/AnselmHaverkamp (Hg.):*Individualität. (Poetik und Hermeneutik*,13) München 1988

Sigmund Freud: Eine Kindheitserinnerung aus Dichtung und Walhrheit. In: *Sigmund Freud: Werke* Band. X. Frankfurt a.M. 1969

Wolfgang Frühwald: *Goethes Hochzeit.* Frankfurt a.M., Leipzig 2007

Arnold Gehlen: *Der Mensch. Seine Natur und seine Stellung in der Welt*, Wiesbaden 1986 (1940)

Melitta Gerhard: Wahrheit und Dichtung in der Überlieferung des Zusammentreffens von Goethe und Schiller im Jahr 1794. In: *Jahrbuch des Freien Deutschen Hochstifts* 1974

Dagniar von Gersdorff: *Goethes Mutter. Eine Biographie.* Frankfurt a.M., Leipzig 2001

Dagniar von Gersdorff: *Marianne von Willemer und Goethe. Geschichte einer Liebe.*Frankfurt a.M., Leipzig 2003

Dagmar von Gersdorff: *Goethes späte Liebe. Die Geschichte der Ulrike von Levetzow.* Frankfurt a.M., Leipzig 2005

Dagmar von Gersdorff: *Goethes Enkel. Walther, Wolfgang und Alina.* Frankfurt a.M., Leipzig 2008

Use Graham: »Zweiheit im Einklang«. Der Briefwechsel zwischen

Schiller und Goethe. In: *Goethe–Jahrbuch* 95 (1978)

Herman Grimm. *Goethe. Vorlesungen*. Zwei Bände. Winterbach 1989 (1876)

Klaus Günzel: »*Viele Gäste wünsch ich heut'Mir zu meinem Tische!*« *Goethes Besucher im Haus am Frauenplan*. Weimar 1999

Rosemary Haas: *Die Turmgesellschaftin*»*Wilhelm Meisters Lehrjahren*«. *Zur Geschichte des Geheimbundromans und der Romantheorie im 18. Jahrhundert*. Bern, Frankfurt a.M. 1975

Jürgen Habermas: Exkurs zu Schillers Briefen über die ästhetische Erziehung des Menschen. In: *Der philosophische Diskurs der Moderne*. Zwölf Vorlesungen. Frankfurt a.M. 1988

Bernd Hamacher. *Johann Wolfgang von Goethe. Entwürfe eines Lebens*. Darmstadt 2010

Klaus Heinrich: *Der Staub und das Denken (Über die* »*Wahlverwandtschaften*«). Frankfurt a.M., Msel 2009

Dieter Henrich: Der Begriff der Schönheit in Schillers Ästhetik. In: *Zeitschrift für philosophische Forschung II* (1957)

Erich Heller: *Enterbter Geist*. Frankfurt a.M. 1954

Arthur Henkel: *Entsagung. Eine Studie zu Goethes Altersroman*. Tübingen 1954

Christopher Herold: *Madame de Staël. Herrin eines Jahrhunderts*. München 1960

Jochen Horisch: Glück und Lücke in Wilhelni Meisters Lehrjahre. In: Jochen Horisch: *Gott, Geld und Glück. Zur Logik der Liebe in den Bildungsromanen Goethes, Kellers und Thomas Manns.* Frankfurt a.M. 1983

Eva Hoffmann: *Goethe aus Goethe gedeutet.* Tübingen 2009

Ricarda Huch: *Entpersönlichung.* Leipzig 1921

Wilhelm G. Jacobs: *Johann Gottlieb Fichte. Eine Biographie.* Berlin 2012

Michael Jaeger: *Fausts Kolonie. Goethes kritische Phänomenologie der Moderne.* Würzburg 2005

Michael Jaeger: *GlobalPlayer Faust oder Das Verschwinden der Gegenwart. Zur Aktualität Goethes.* Berlin 2010

Karl Jaspers: Unsere Zukunft und Goethe. In: *Die Wandlung. Eine Monatsschrift. Zweiterjahrgang, Siebentes Heft.* Heidelberg 1947

Alfred Jericke: *Goethe und sein Haus am Frauenplan.* Weimar 1959

Matthijs Jolles: *Goethes Kunstanschauung.* Bern 1957

Peter Kaeding: *Die Hand über der ganzen Welt. Johann Friedrich Cotta, der Verleger der deutschen Klassik.* Stuttgart 2009

Gerhard Kaiser: *Ist der Mensch zu retten? Vision und Kritik der Moderne in Goethes Faust.* Freiburg 1994

Dirk Kemper: *Ineffable. Goethe und die Individualitätsproblematik der Moderne.* München 2004

Walter Killy: Jugend vor zweihundert Jahren. In: *Von Berlin bis Wandsbeck. Zwolf Kapitel deutscher Bürgerkultur um 1800.* München 1996

Heinz Kindermann: *Das Goethebild des 20.Jahrhunderts.* Darmstadt

1962

Ludwig Klages: *Goethe als Seelenforscher*. Bonn 1971 (1932)

Jochen Klauß: *Weimar. Stadt der Dichter, Denker und Mäzene.* Zürich 1999

Eckart Kleßmann: *Das Leben der Caroline Michaelis–Bohmer–Schlegel–Schelling 1763–1809.* München 1979

Eckart Kleßmann: *Goethe und seine lieben Deutschen. Ansichten einer schwierigen Beziehung.* Frankfurt a.M. 2010

Arthur Köstler: *Der Mensch, Irrläufer der Evolution. Eine Anatomie der menschlichen Vernunft und Unvernunft.* Bern, München 1978

Max Kommerell: *Jugend ohne Goethe*. Frankfurt a.M. 1931

Helmut Koopmann: *Goethe und Frau von Stein. Geschichte einer Liebe*. München 2003

Reinhart Koselleck: *Kritik und Krise. Eine Studie zur Pathogenese der bürgerlichen Welt.* Frankfurt a.M. 1973 (1958)

Reinhart Koselleck: *Goethes unzeitgemäße Geschichte*. Heidelberg 1997

Ekkehart Krippendorff: *Wie die Großen mit den Menschen spielen. Versuch über Goethes Politik*. Frankfurt a.M. 1988

Ekkehart Krippendorff: *Politik gegen den Zeitgeist.* Frankfurt a.M. 1999

Ekkehart Krippendorff: *Goethes Bürgerethik*. In: *Ma'at–Konfuzius–Goethe*. Frankfurt a.M., Leipzig 2006

Eugen Kühnemann: *Herder*. München 1912

Norbert Leithold: *Graf Goertz. Der große Unbekannte. Eine Entdeckungsreise in die Goethezeit.* Berlin 2010

Wolfgang Leppmann: *Goethe und die Deutschen. Vom Nachruhm eines Dichters.* Stuttgart 1962

Ottokar Lorenz: *Goethes politische Lehrjahre.* Berlin 1893

Niklas Luhmann: *Liebe als Passion. Zur Codierung von incimität.* Frankfurt a.M. 1982

Georg Lukàcs: *Goethe und seine Zeit.* Berlin 1950

Golo Mann: *Friedrich von Gentz. Gegenspieler Napoleons – Vordenker Europas.* Frankfurt a.M. 2011 (Zürich 1947)

Herbert Marcuse: *Die ästhetische Dimension.* In: *Triebstruktur und Gesellschaft.* Frankfurt a.M. 1995

Peter von Matt: *Versuch, den Himmel auf der Erde einzurichten* (Wahlverwandtschaften). In:Peter von Matt: *Das Wilde und die Ordnung.* München 2007

Doris Maurer: *Charlotte von Stein. Eine Biographie.* Frankfurt a.M. 1997

Hans Mayer: *Goethe.* Hg. Inge Jens. Frankfurt a.M. 1999

Peter Merseburger: *Mythos Weimar. Zwischen Geist und Macht.* Stuttgart 1998

Rolf Michaelis: *Die Horen. Geschichte einer Zeitschrift. Supplementband zum Nachdruck der Zeitschrift.* Weimar 2000

Norbert Miller: *Der Wanderer. Goethe in Italien.* München 2002

Norbert Miller: *Deutsches Künstlertum in römischer Landschaft.* In: *Italienische Landschaften der Goethezeit.* Rom 2007

Norbert Miller: *Die ungeheure Gewalt der Musik. Goethe und seine Komponisten*. München 2009

P.J. Mobius: *Über das Pathologische bei Goethe. (1898) Mit einem Essay von Bernd Nitzschke*. Nachdruck München o.J.

Katharina Momnisen: *Kein Rettungsmittel als die Liebe. Schillers und Goethes Bündnis im Spiegel ihrer Dichtungen*. Göttingen 2010

Katharina Mommsen: *Goethe und der Islam*. Frankfurt a.M. 2001

Wilhelm Mommsen: *Die politischen Anschauungen Goethes*. Stuttgart 1948

Adolf Muschg: *Der Schein trügt nicht. Über Goethe*. Frankfurt a.M., Leipzig 2004

Ursula Naumann: *Geträumtes Glück. Angelica Kauffmann und Goethe*.Frankfurt a.M., Leipzig 2007

Oskar Negt: *Die Faustkarriere. Vom verzweifelten Intellektuellen zum gescheiterten Unternehmer*. Göttingen 2006

Günter Niggl: *»In allen Elementen Gottes Gegenwart«. Religion in Goethes Dichtung*. Darmstadt 2010

Norbert Oellers, Robert Steegers: *Treffpunkt Weimar. Literatur und Leben zur Zeit Goethes*. Stuttgart 1999

José Ortega y Gasset: *Um einen Goethe von innen bittend*. In: *Werke III*, Stuttgart 1978

Manfred Osten: *»Alles veloziferisch«. Goethes Entdeckung der Langsamkeit*. Frankfurt a.M. 2003

Bruno Petzold: *Goethe und der Mahayana–Buddhismus*. Wien 1982

(1936)

Helmuth Plessner: *Die Stufen des Organischen und der Mensch. Einleitung in die philosophische Anthropologie*. Berlin, New York 1975 (1928)

Uwe Pörksen: Raumzeit. *Goethes Zeitbegriff, abgelesen an seinen sprachlichen und zeichnerischen Naturstudien*. Mains 1999

Helmut Prang: *Johann Heinrich Merck. Ein Leben für andere*. Wiesbaden 1949

Ruth Rahmeyer: *Werthers Lotte. Goethes Liebe für einen Sommer*. Frankfurt a.M., Leipzig 1999

Walter Rehm: *Griechentum und Goethezeit, Geschichte eines Glaubens*. Leipzig 1936

Marcel Reich-Ranicki: *Goethe noch einmal*. Stuttgart, München 2002

Heinrich Rickert: *Goethes Faust*. Tübingen 1932

Wolfgang Rothe: *Goethe, der Pazifist. Zwischen Kriegsfurcht und Friedenshoffnung*. Göttingen 1998

Rüdiger Safranski: *Schopenhauer und Die wilden Jahre der Philosophie. Eine Biographie*.München 1987, 2010

Rüdiger Safranski: *Schiller oder Die Erfindung des Deutschen Idealismus*. München 2004

Rüdiger Safranski (Hg.): *Schiller als Philosoph. Eine Anthologie. Ausgewählt und mit einem Essay versehen*. Berlin 2005

Rüdiger Safranski: *Romantik. Eine deutsche Affäre*. München 2007

Rüdiger Safranski: *Goethe und Schiller. Geschichte einer Freund-*

schaft. München 2009

Martina Maria Sam:*Rudolf Steiners Faust-Rezeption*. Basel 2011

Hans-Jürgen Schings: *Agathon-Anton Reis-Wilhelm Meister. Zur Pathogenese des modernen Subjekts im Bildungsroman.* In: Wolfgang Wittkowski (Hg.) *Goethe im Kontext. Kunst und Humanität, Naturwissenschaft und Politik von der Aufklärung bis zur Restauration*. Tübingen 1984

Hans-Jürgen Schings: *Fausts Verzweiflung*. In: Goethe-Jahrbuch 115 (1998)

Heinrich Schipperges: *Goethe-seine Kunst zu leben. Betrachtungen aus der Sicht eines Arztes*. Frankfurt a.M. 1996

Hannelore Schlaffer: *Wilhelm Meister: Das Ende der Kunst und die Wiederkehr des Mythos*. Stuttgart 1980

Heinz Schlaffer: *Faust zweiter Teil. Die Allegorie des 19.Jahrhunderts*. Stuttgart 1981

Karl Schlechta: *Goethes Wilhelm Meister*. Frankfurt a.M. 1953

Alfred Schmidt: *Goethes herrlich leuchtende Natur*. München 1984

Jochen Schmidt: *Die Geschichte des Geniegedankens in der deutschen Liteatur, Philosophie und Politik 1750-1945* (Zwei Bände). Darmstadt1985

Jochen Schmidt: *Goethes Faust. Erster und zweiter Teil. Grundlage Werk - Wirkung*. München 1999

Hermann Schmitz: *Goethe Altersdenken im problemgeschichtlichen Zusammenhang*. Bonn 1959

Albrecht schöne: *Goethes Farbentheologie*. München 1987

Albrecht Schöne: *Gotterzeichen – Liebeszauber – Satanskult. Neue Einblicke in alte Goethetexte*. München 1993

Albrecht Schöne: *Schillers Schadel*. München 2002

Christoph Schrempf: *Goethes Lebensanschauung in ihrer geschichtlichen Entwicklung*. Stuttgart 1932

Hans-Joachim Schrimpf: *Das Weltbild des späten Goethe*, Stuttgart 1956

Gerhard Schulz: *Exotik der Gefühle. Goethe und seine Deutschen*. München 1998

Annette Seemann: *Anna Amalia, Herzogin von Weimar*. Frankfurt a.M., Leipzig 2007

Gustav Seibt: *Goethe und Napoleon. Eine historische Begegnung*. München 2008

Friedrich Sengler: *Die>Xenien< Goethes und Schillers als Teilstück der frühen antibürgerlichen Bewegung*. In: *Internationales Archiv für Sozialgeschichte der deutschen Literatur* 8 (1983)

Friedrich Sengle: *Das Genie und sein Fürst. Die Geschichte der Lebensgemeinschaft Goethes mit dem Herzog Carl August*. Stuttgart 1993

Peter Sloterdijk: *Mephistopheles oder: Der Geist, der stets verneint, und der Wille zum Wissen*. In: Peter Sloterdijk: *Kritik der zynischen Vernunft*. Frankfurt a.M. 1983

Eduard Spranger: *Goethe. Seine Geistige Welt*. Tübingen 1967

Wolfram von den Steinen: *Das Zeitalter Goethes*. Bern 1949

Gustav Stresemann: *Goethe und Napoleon*. Berlin 1924

Humphry Trevelyan: *Goethe und die Griechen*. Hamburg 1949 (1941)

Erich Trunz (Hg.): *Goethe und der Kreis von Münster*. Münster 1971

Hans Tümmler: *Das klassische Weimar und das große Zeitgeschehen. Köln*, Wien 1975

Hans Tümmler: *Goethe als Staatsmann*. Göttingen 1976

Johannes Türk: *Die Immunität der Literatur*. Frankfurt a.M. 2011

Siegfried Unseld: *Goethe und seine Verleger*. Frankfurt a.M.1991

Johannes Urzidil: *Goethe in Böhmen*. Zürich 1965

Paul Valéry: *Rede zu Ehren Goethes*. Jena 1947

Walther Victor: *Goethe in Berlin*. Berlin 1955,1983

David E. Wellbery: *Spude dich Kronis. Zeitsemantik und poetologische Konzeption beim jungen Goethe.*In: *Seiltänzer des Paradoxalen*. München 2006

Wiederholte Spiegelungen. *Weimarer Klassik. Begleitpublikation zur Ständigen Ausstellung des Goethe–Nationalmuseums (Zwei Bände). Mit 25 Essays zu Goethe.*München 1999

W. Daniel Wilson: *Das Goethe–Tabu. Protest und Menschenrechte im klassischen Weimar*. München 1999

Ludwig Wittgenstein: *Vermischte Bemerkungen*. In: Ludwig Wittgenstein: Werke Band 8. Frankfurt a.M. 1984

Ralph–Rainer Wuthenow: *Das erinnerte Ich. Europäische Autobiographie und Selbstdarstellung im 18. Jahrhundert*. München 1974

Roberto Zapped: *Das Inkognito. Goethes ganz andere Existenz in Rom*. Münche 1999

Leopold Ziegler: *Zwei Goethereden und ein Gespräch*. Leipzig 1932

Rolf Christian Zimmermann: *Das Weltbild des jungen Goethe*. München 1979

Theodore Ziolkowski: *Das Wunderjahr in Jena*. Stuttgart 1998

Theodore Ziolkowski: *Vorboten der Moderne. Eine Kulturgeschichte der Frühromantik*. Stuttgart 2006

附录三　引文出处

译者注：以下引文出处中的缩略标题，指向前面"参考文献"（自 719 页起）中的版本。以下德语引文用斜体，汉语翻译均用楷体。引文前的页码，均指这个中译本的页码。引文的译文和原文，由于上下文连接的关系，偶尔会有变动。另外，涉及歌德和席勒的合作，作者主要参考了自己的另一本书《歌德与席勒——两位文学大师之间的一场友谊》

14　这也许给以后出生的一些人带来好处 *welches denn manchem der Nachgeborenen*: MA 16, 13.

15　法衣似的睡袍 *talarähnlichetn Schlafrock*: MA 16, 41 f.

一种牢不可破的平和及永恒的持续感 *das Gefühl eines unverbrüchlichen Friedens*: MA 16, 42.

从不露出丝毫暴躁的痕迹 *zeigte keine Spur von Heftigkeit*: MA 16, 42.

16　不经选拔 *ohne Ballotage*: MA 16, 79.

下级职位 *subalternen Ämter*: MA 16, 79.

他让自己和最高职位者平起平坐 *Dadurch hatte er sich zum Gleichen* :MA 16, 80.

17 "缺少某种倾慕" "俊男" ohne bestimmte Neigung / ein schöner Mann: BW mit einemKinde, 438.

我父亲对 Meinem Vater war: MA 16, 34.

对外代替他的父亲身份 äußerlich Vaterstelle zu vetreten: MA 16, 75.

我根本不会不…… Es wollte mir gar... MA16, 76.

18 某种 eine Art von: MA 16, 76.

事实上是 So wahr ist es: MA 16, 77.

应付那种让其他人感到满足的事 Mit dem, was andern Leuten genügt: BW mit einem Kinde, 419.

美丽、瘦削 schönen, hagern: MA 16, 15.

19 尽管有这些危险 Setze bei viele Gefahr: MA I.I, 18.

我宁愿 ich wollte sie hätten: MA 16, Ⅲ.

20 我父亲……生性 Mein Vater war überhaupt: MA 16, 17.

我该走同样的路 ich sollte denselben Weg: MA 16, 34f.

缓慢地构思 langsamer Konzeption: MA 16, 736.

21 神秘的候补官员 geheimer Referendar: MA 16, 736.

我……拟就文件 Die Ausfertigtung ward von mir: MA 16, 736.

从父亲那里我得到形体 Vom Vater hab ich die Statur: MA 13.1, 228.

折磨孩子 plage den jungen: BrEltern, 884 (1.7.1808).

22 我们自己是被拿破仑…… wir sind selbst vom Napoleon... BrEltern, 838 (15.2.1806).

上帝赋予我的天分 Meine Gabe die mir Cott gegeben:

BrEltern, 867 (6.10.1807).

高度地好奇 *im höchsten Grad begierig*: BW mit einem Kinde, 420.

以炽热的目光 *sah mit glühenden Augen*: BW mit einem Kinde, 421.

23 我总是认为 *Ich meine immer*: BrEltern, 402f. (23.5.1776).
我因此感到 *Wie ich mich nun*: MA 16, 621f.
神圣地发誓 *Heilig geschworren*: BrEltern, 473 (16.5.1780).
不那么好的葡萄酒 *minder guten Weine*: BrEltern, 477 (14.7.1780).
缺了烟草 *ohne ein prißgen Taback*: BrEltern, 854 (16.5.1807).
您也许胖了 *Sie haben also wohl zugenommen*: BrEltern, 808 (24.9.1803).
光屁股 *Nacktärsche*: zit. nach BrEltern, 257.

24 因为上帝的仁慈 *Doch da mir Gott die Gnade gethan*: BrEltern, 476 (19.5.1780).

25 他领着母亲走 *Er führte seine Mutter*: Gespräche, 1, 676.
他写下这一切 *daß er dies alles gemacht habe*: BW mit einem Kinde, 420.
分享和经受 *teilten und bestanden*: MA 16, 250.

26 不幸 *Das Unglück*: MA 16, 15.
若能成为母亲无可争议的宠儿 *Wenn man der unbestrittene Liebling der Mutter gewesen ist*: Freud X, 266.
直接与街道 *unmittelbar mit der Straße*: MA 16, 14.
人们感到自由 *Man fühlte sich frei*: MA 16, 14.

27 偶然和任意 *Zufall und der Willkür*: MA 16, 21.

某种倾慕 *Eine gewisse Neigung*: MA 16, 21.

28 一片美丽肥沃的平原 *in eine schöne fruchtbar Ebene*: MA 16, 16.

尽管外面 *wenn es auch draußen*: MA 16, 152.

29 消化 *zu verarbeiten*: MA 16, 38.

闪电炽热 *Die Blitzeglüh'n*: MA I.I, 81.

这我没想过 *Das sei ferne*: MA I.I, 23.

这对我们恰恰不是荣誉 *Das wäre uns eben keine Ehre*: MA I.I, 23.

30 非常无味的东西 *welche sehr lahme Dinge*: MA 16, 37.

让我感到非常不安 *beunruhigte mich sehr*: MA 16, 37.

可爱的情书 *artigen Liebesbrief*: MA 16, 184.

我蒙蔽了自己 *So mystifizierte ich*: MA 16, 187.

31 我不否认 *ich kann es nicht leugnen*: MA 16, 240f.

痛哭和狂怒 *Weinen und Rasen*: MA 16, 242.

我为了一个姑娘 *daß ich um eines Miädchens*: MA 16, 242.

有能力进入 *einzudringen*: MA 16, 243.

最拥挤的人群 *größten Gewühle*: MA 16，244.

32 暴躁的性情；但一旦我没什么要说，我也可以听之任之……数百年 *cholerische Temperamente aber wo ich nichts zu sagen habe ... Hundert Jahre* :WA IV, 1, 2 (23.5.1764).

您可别招惹他 *Attachieren Sie sich nicht*: VB 1, 6 (29.5.1764).

我听说，他 *Ich erfuhr, dass er*: VB 1, 6 (16.7.1764).

此外他 *im übrigen hat er mehr*: VB 1, 7 (18.7.1764).

我们一直是 *Wir waren auch immer*: zit. nach Bode 1, 174.

他喜欢一个派别 *er mag eine Partei nehmen*: VB 1, 12 (3.10.1766).

33 普通的对象 *gemeinen Gegenständen*: MA 16, 261.

34 漫游 *Wanderungen*: MA 16, 263.

难道我不是看见他 *Und sah ich ihn nicht*: MA 16, 264.

35 满不在乎；背道而驰 *kein Gewissen; Impietät*: MA 16, 265.

开心地迁往……萨克森 *Zieh froh ins muntre Sachsen*: zit. nach Bode 1, 180f.

我不乏主动 *Ich ermangelte nicht*: MA 16, 267.

36 但愿是个莱比锡人 *Sei nur ein Leipziger*: zit. nach Bielschowsky 1, 43.

37 母鸡，鹅 *Hühner, Gänse*: WA IV, 1, 15 (21.10.1765).

要是你见到他 *Wenn Du ihn nur sähst*: VB 1, 9 (12.8.1766).

我在这里大出风头 *Ich mache, hier große Figur*. WA IV, 1, 14 (20.10.1765).

38 我比……更有 *Ich habe etwas mehr*: WA IV, 1, 81 f. (18.10.1766).

法律学 *Die Pandeckten*: WA IV, 1, 117 (14.10.1767).

我意志消沉 *Ich lasse mich hängen* : WA IV, 1, 117 (14.10.1767).

犹如一只鸟儿 *So wie ein Vogel*: WA IV, 1, 13 (21.8.1765).

39 孤独，孤独 *Einsam, Einsam*: WA IV, 1. 44 (28.4.1766).

你知道 *Du weißt*: WA IV, 1, 45 (28.4.1766).

尘土落地 *Es sinkt der Staub*: WA IV, 1, 46 (28.4.1766).

40 谁开启大地的怀抱 *Wer schließt den Schloss der Erden auf*: zit. nach Aufklärung und Rokoko, 157.

你们的笑话若该让世界欢喜 *Soll euer Witz die Welt entzücken*:

zit. nach Aufklärung und Rokoko, 164 f.

41 让两个勇敢的民族 *dass sich zwei tapfere Völker*: zit. nach Aufklärung und Kokoko, 73.

紧接着，这个有名望的老人 *Worauf der ansehnliche Altvater*: MA 16, 292.

如此的时刻逐渐来到 *Und so rückte*: MA 16, 319.

42 通过……转变为……自我教育 *Selbstbildung durch Verwandlung*: MA 16, 843.

依据自然 *nach der Natur*: WA Ⅳ, 1, 113 (2.10.1767).

该让我 *Man lasse doch*: WA Ⅳ, 1, 89 (11.5.1767).

他睁开双眸 *tue die Augen auf*: WA Ⅳ, 1, 8 (12.10.1765).

43 倘若歌德不是我的朋友 *Wenn Goethe nicht mein Freund wäre*: VB 1, 11 (3.10.1766).

非常温柔地，带着一个……完全正直的意图 *sehr zärtlich mit den vollkommen redliche*: VB 1, 11 (3.10. 1766).

仅仅依靠我的心 *nur durch mein Herz*: WA Ⅳ, 1, 60 f. (1.10.1766).

44 小舍恩科普夫 *Die kleine Schönkopf*: La petite Schoenkopf merite ne pas etre oubliée entre mes connoissances....Elle est mon oecoaome, quand il s' agit, de mon linge, de mes hardes, car elle emend tres bien cela, et elle sent du plaisir de m'aider de son savoir, et je l'aime bien pour cela. WA Ⅳ, 1, 86 (11.5.1767).

45 正直的人 *Ehrlicher Mann*: MA 1.1, 123 .

非常愉快地去经历 *Es sei sehr angenehm zu erleben*: C'est une chose tresuellsd a voir, digne de l'observation d'uii connoisseur,un uel s'efforcant a plaire...et de voir uell cela moi immobile dans un coin, regardé de lui faisant quelque galanteries, sans dire une seule fleurette, regardé de l'autre comme un stupide qui ne sait pas vivre, et de voir a la fin apportés a ce stupide des dons pour les uells l'autre feroit un vojage a Rome. WA Ⅳ, 1, 62 (8.10.1766).

她以最热烈的……请求我 Sie hat mich unter den heftigsten: WA Ⅳ, 1, 101 (Anfang Oktober 1767).

46　恋爱之眼 Verliebte Augen: WA Ⅳ, 1, 102 (Anfang Oktober 1767).

在……卧室 Im Schlafgemach: WA Ⅳ, 1, 102 (7. Oder 9.10.1767).

爱情是悲叹 Liebe ist Jammer: WA Ⅳ, 1, 127 (2.11.1767).

47　我别无他法 Ich kann mir nicht helfen: WA Ⅳ, 1, 130f. (3.11.1767).

这只……手 Diese Hand: WA Ⅳ, 1, 132 (7.11.1767).

啊，贝里施 Ha Behrisch: WA Ⅳ, 1, 134 (10.11.1767).

48　我的血流得 Mein Blut läuft: WA Ⅳ, 1, 134 (10.11.1767).

我替自己……一支鹅毛笔 Ich habe mir eine Feder: WA Ⅳ, 1, 135 (10.11.1767).

我找到她的包厢 Ich fand ihre Loge: WA Ⅳ, 1, 137 f. (10.11.1767).

我见到她 Ich sah wie sie: WA Ⅳ, 1, 138 (10.11.1767).

又一支新的鹅毛笔 Wieder eine neue Feder: WA Ⅳ, 1, 139 (10.11.1767).

得写满这张纸 Aber das Blatt muss: WA Ⅳ, 1, 139 (10.11.1767).

49　想象力喜欢 Die Einbildungskraft gefällt: WA Ⅳ, 1, 128

(2.11.1767).

明天我该怎么办 *Was werde ich morgen tun?:* WA IV, 1, 139f. (10.11.1767).

这种强烈的欲求 *Dieses heftige Begehren*: WA IV, 1, 141 (11.11.1767).

昨日把 *Gestern machte das*: WA IV, 1, 141 (11.11.1767).

我的信 *Mein Brief hat*: WA IV, 1, 143 (13.11.1767).

爱情的猛烈 *die Heftigkeit der Liebe*: WA IV, 1, 145 (20.11.1767).

50 这让她高兴 *Es vergnügt sie*: WA IV, 1, 146 (20.11.1767).

我们从爱情 *Wir haben mit der Liebe*: WA IV, 1, 159 (26.4.1768).

出色的小剧本 *Ein gutes Stückchen*: WA IV, 1, 113 (12.10.1767).

值得痛骂 *ist es wohl scheltens wert*: MA 1, 1, 289 f.

51 毫不奇怪 *Kein Wunder, dass er Dich*: MA 1.1, 291.

通过这妒忌，我看出 *Ich seh'an diesem Neid*: MA l. 1, 291.

孩子，我替你惋惜 *Kind,ich bedaure Dich*: MA 1.1, 291.

他对我强加指责 *Wirft er mir etwas vor*: MA 1.1, 292.

因为他没有痛苦 *Da er kein Elend hat*: MA 1.1, 293.

这样对待他 *Begegn'ihm*: MA 1.1, 293.

52 你爱安米妮吗 *Liebst Du Aminen*: MA 1.1, 307 f.

这样一点小小的乐趣 *So eine kleine Lust*: MA 1.1, 309.

侮辱人的、让人气馁的 *krankenden und demütigenden*: MA 16, 309.

我不知疲倦地 *Ich ermündete nicht*: MA 16, 310f.

我们分手了 *wir haben uns getrennt*: WA IV, 1, 158 (26.4.1768).

53 但不是我 *Doch nicht ich*: WA IV, 1, 159 (26.4.1768).

正直的男人 *rechtschaffnen Mann*: WA IV, 1, 157 (März 1768).

受一种恶癖的侵袭 *von jener bösen Sucht*: MA 16, 307.

坏脾气 *böse Laune*: MA 16, 307.

可怕的争吵 *schrecklichen Szenen*: MA 16, 307.

54 鉴赏力 *Den Geschmack*: WA IV, 1, 178 (9.11.1768).

55 或者全是责备 *Entweder ganz getadelt*: WA IV, 1, 179

他的理论影响 *Seine Lehre wirkte*: MA 16, 334f.

我首次以 *Es war das erste Mal*: MA 16, 346.

56 我真的……她 *ich hatte sie wirklich*: MA 16, 308.

我天天 *Und ich gehe nun*: WA IV, 1, 160 (Mai 1768).

57 他的讲话 *Sein Vortrag*: MA 16, 359.

高声欢呼着迎接我 *empfing mich mit großem Jauchzen*: WA IV, 1, 191f. (13.2.1769).

58 对我来说如此必要的磁针 *Magnetnadel, die mir um so nötiger*: MA 9, 937.

有人将生命的要则 *Der Eine setzte die Hauptmaxime*: MA 9, 937.

59 开朗、自由和活泼 *Heiter, frei und lebhaft*: MA 9, 937.

在复活节前 *vor Ostern*: WA IV, 1, 184 (30.12.1768).

以施洗者圣约翰命名的年轻男人 *Johannismännchen*: WA IV, 1, 185 (30.12.1768).

法国人如何 *wie sich das französische*: WA IV, 1, 184 (30.12.1768).

见到的不是个……精力充沛 *anstatt eines rüstigen*: MA 16,

362f.

某种沾沾自喜的自恋 *gewissen selbstgefälligen*: MA 16, 369.

机械模仿 *Nachäfferei*: MA 16, 375.

过于浅薄 *allzu oberflächlich*: MA 16, 376

60 昏暗的家庭背景 *düsterem Familiengrunde*: MA 16, 309.

这次总算过去了；绿帽子；吊死 *Für diesmal wärs vorbei / Hahnrei /gehangen*: MA 1.1, 385.

某种酸涩 *in etwas herben*: MA 16, 309.

天堂的 *himmlischen*: MA 16, 359.

信仰英雄 *Glaubenshelden*: MA 16, 144.

一个上帝 *Dass ein Gott:* MA 16, 145.

61 在广袤的 *unter den ausgebreiteten*: MA 16, 152.

普通的、自然的 *allgemeine, natürliche*: MA 16, 150.

信念，即 *Überzeugung, dass*: MA 16, 150.

这样一种 *eine solche*: MA 16, 150.

形态；作品 *Gestalt / Werken*: MA 16, 48.

自然产物该 *Naturprodukte sollten*: MA 16, 48.

62 几乎可以把这个意外事件 *fast möchte man diesen Zufall*: MA 16, 51.

有直接联系 *in unmittelbarr Verbindung*: MA 16, 48.

他们向 *Sie wendeten sich*: MA 11.1.2, 139.

虔诚的无聊 *fromme Langeweile*: MA 11.1.2, 140.

一种枯燥的 *eine Art von trockener*: MA 16, 47.

63 我失去了无忧无虑的 *Ich hatte jene bewusstlos*: MA 16, 244.

美丽和繁茂的 *schönen belaubten*: MA 16, 244.

一颗可怜和受伤的 dass ein armes verwundetes: MA 16, 244.

变得神圣和 zu heiligen und: MA 16, 245.

热烈和幸福的感情 flammendes, beseeligendes Gefühl: MA 11.1.2, 140.

64 倘若没有……幸运 wenn es nicht glücklich: MA 16, 245.

眼睛 Das Auge war: MA 16, 246.

图像狩猎 Bilderjagd: MA 16, 301 und 302.

既没……美丽的 weder von schönen: MA 16, 302.

65 最悲哀的事件；将荒谬神化 allertraurigste Fall / das Absurde vergöttern: MA 13.1, 378.

盲从的疯狂 bigotte Wahn: MA 11.2, 181.

充溢 Fülle: MA 16, 312.

必须习惯于 muss gewohnt sein: MA 16, 313.

……同样…… Und so ist: MA 16, 314f

自己的宗教 eigene Religion: MA 16, 376.

66 "秩序的规则" Ordensregel: Wittgenstein 8, 568.

昏暗的疑虑 düstre Skrupel: MA 16, 317.

快活的时刻 heiteren Stunden: MA 16, 318.

奇特的出于良心的恐惧 seltsame Gewissensangst: MA 16, 318.

我……回应他的好意 Ich erwiderte seine Neigung: MA 16, 360.

我……在人性上 das was ich menschlicher: MA 16, 359.

67 衣着打扮上 Punkto der Kleidung: WA IV, 51, 30 (8.9.1768).

加入聚会 gehe in die Versammlungen: WA IV, 51, 34 (24.11.1768).

爱；友好；崇拜 *Liebe / Freundschaft /Verehrung*: WA Ⅳ, 51, 33f. (24.11.1768).

我那火热的头脑 *Mein feuriger Kopf*: WA Ⅳ, 51, 34 (24.11.1768).

还过于依恋世界 *noch zu sehr durch die Anhänglichkeit*: WA Ⅳ, 51, 33 (24.11.1768).

68 这里怎么一片黑暗 *was soll die Finsternis hier*: WA Ⅳ, 51, 36 (17.1.1769).

坦诚 *Offenherzigkeit*: WA Ⅳ, 51, 29 (8.9.1768).

心事 *Herzensangelegenheiten*: WA Ⅳ, 51, 29 (8.9.1768)

如此冷静 *kalt ruhig*: WA Ⅳ, 51, 29 (8.9.1768).

我心灵的故事 *Die Geschichte meines Herzens*: WA Ⅳ, 51, 37 (Mitte Oktober 1769?).

您瞧 *Sehen Sie*: WA Ⅳ, 51, 36 (17.1.1769).

可是忧虑！ *Doch Sorgen!*: WA Ⅳ, 51, 36 (17.1.1769).

69 我对待我的心 *Auch halt ich mein Herzen*: MA 1.2, 200.

她最喜爱的 *ihre liebste*: MA 16, 363.

70 我几乎想不起 *Ich erinnere mich kaum*: MA 5, 422.

亨胡特兄弟会的 *eine herrnhutische*: MA 5, 400.

什么是信仰？ *Was ist denn Glauben?*: MA 5, 396.

被带到一个不在场 *zu einem abwesenden*: MA 5, 396.

为了……一种外在的形式 *um eine äußere Form*: MA 5, 403.

71 最使我…… *Was mir am meisten*: MA 5, 519f.

为自己……感到高兴 *Sie erfreute sich*: MA 16, 364.

和解的上帝 *versöhnten Gott*: M.A 16, 364.

一个无神论者 *als einen Heiden*: MA 16, 675.

也比我以前 *Als frühert da*: MA 16, 675.

贝拉基主义 *Pelagianismus*: MA 16, 677.

辉煌壮丽 *Herrlichkeit*: MA 16, 677.

72 很难理解、目光狡黠 *unerklärlicher, schlaublickender*: MA 16, 365.

神秘的化学和炼金术的书籍 *mystisch chemisch–alchemischen Bücher*: MA 16, 365.

灵丹妙药 *Kleinod*: MA 16, 365.

自然，即使 *die Natur, wenn auch*: MA 16, 366.

73 非常有趣 *sehr vergnügt zu*: MA 16, 366f.

使人相信能 *woran man hätte hoffen können*: MA 16, 368.

74 自己恼怒的事 *die Sache seiner Grillen*: WA IV, 1, 246 (26.8.1770).

心里 *so von Herzen*: WA IV, 1, 245f. (26.8.1770).

带着如此少的情感 *mit so wenig Empfindung*: WA IV, 1, 218 (12.12.1769).

75 我会……拥有十个房间 *ich kriege 10 Zimmer*: WA IV, 1, 226 (23.1.1770).

三十年后 *Dreißig Jahre später*: vgl. Brief der Mutter an Goethe, BrEltern, 778 (7.2.1801).

大大敞开你的小屋的空间 *Mache den Raum deiner Hütte weit*: Jesaja 54, Vers 2 und 3.

76 过度充溢地生气勃勃 *Munterkeit im Überfluss*: WA IV, 1, 232 (13.4.1770).

当我……右边 *Wie ich so rechter Hand*: WA IV, 1, 235f. (27.6, 1770)

每当雾霭从我心爱的山谷升起 *Wenn das liebe Tal um mich dampft*: MA 1.2, 199.

多么幸福 *Welch Glück*: WA Ⅳ, 1, 236 (27.6.1770).

花的锁链 *Blumatketten*: WA Ⅳ, 1, 236 (27.6.1770).

不断运动 *immer in Bewegung*: WA Ⅳ, 1, 236 (27.6.1770).

我学习什么？ *Was ich studiere?*: WA Ⅳ, 51, 43 (11.5.1770).

77 对此根本无法述说 *Es lässt sich gar nichts*: WA Ⅳ, 51, 42 (29.4.1770).

被拉扯 *Weggerissen*: WA Ⅳ, 51, 42 (11.5.1770).

现在我才 *Erst ietzo*: WA Ⅳ, 51, 42 (11.5.1770).

一旦我们被感动 *wenn wir gerührt sind*: WA Ⅳ, 51, 43 (11.5.1770).

78 最蹩脚的德语 *jämmerlichste Deutsch*: zit. nach Bode 1, 354 (Fußnote Ⅰ), 79.

我独自一人登上 *Ich erstieg ganz allein*: MA 16, 404.

79 很少有人能 *Wenigen ward es gegeben*: MA 1.2, 415.

蚂蚁；羸弱的欣赏者；总感到眩晕 *Ameisen / schwachen Geschmäckler / wird's ewig schwindeln*: MA 1.2, 415.

自由，愉快 *freie, gesellige*: MA 16. 405.

80 一个男人，带着许多 *ein Mann, der durch viel*: WA Ⅳ, 1, 246f. (26.8.1770).

风信标 *Wetterfahne*: WA Ⅳ, 1, 262 (Juni 1771?).

您……给我写信 *Schreiben Sie mir*: WA Ⅳ, 2, 213 (5.12.1774).

81 他以其一贯幽默的 *mit seiner fortgesetzten hummoristischen*: MA 16, 403.

某种敏感习性；平衡 gewisse Reizbarkeit / Gleichgewicht: MA 16, 404.

最重要的事件 bedeutendste Ereignis: MA 16, 433.

82 尝试用仁慈教育；不管歌德如何 mit Schonung zu bilden... wie man wollte: MA 16, 437.

对这样一位可敬之人 einem so werten Manne: MA 16, 436.

83 歌德确实是个 Goethe ist würklich: VB 1, 20 (21.3.1772).

因为没有一种倾向是 denn es ist keine Neigung: MA 16, 445.

各个声部；鸣响和震荡 vieltönig / klang und summte: MA 16, 445.

很大的倾慕和尊敬 große Neigung / Mißbehagen: MA 16, 437.

指责和非难；广博的知识 Schelten und Tadeln / ausgebreiteten Kenntnisse: MA 16, 436.

84 "迟到的理性" spätere Vernunft: Herder 1, 370.

唉，我的朋友！ O meine Freunde: MA 1.2, 206.

一切高贵的灵魂 alle edlen Seelen: MA 1.2, 414.

85 我坐在这里 Hier sitz ich: MA 1.1, 231.

86 幸福的情境 glückliche Lage: MA 16, 440f.

玩牌 Karten zu spielen: MA 16, 438.

87 那些依靠自己的 welche auf ihre eigne: MA 16, 401.

88 根基 Das Element: MA 16, 400.

梦游人；别人不能 Nachtwandler / den man nicht: MA 16, 401.

89 "自由的本质"……尽管他并不追求它 freies Wesen ...

ohne dass er sie suchte: Jung–Stilling, 255f.

神的教育学；自以为是 *göttliche Pädagogik / anmaßlich*: MA 16, 726.

既非可喜 *weder erfreulich*: MA 16, 726.

觉察 *das Gewahrwerden*: MA 16, 725.

省悟 *Ein solches aperçu*: MA 16, 726.

科学中的一切都取决于 *Alles kommt in der Wissenschaft*: MA 10, 639.

91 天才的精神运作 *genialische Geistesoperation*: MA 16, 725.

赢得了他的喜爱 *gewann ihn lieb... kennen*: Jung–Stilling, 258.

92 也去衷心地爱戴那些……男人 *auch solche Männer herzlich zu lieben*: Jung–Stilling, 276.

你走了 *Du gingst*: Fassung von 1775 (Mir schlug das Herz...) FA 1, 1, 129.

我走了 *Ich ging*: Fassung von 1789 (Es schlug mein Herz...) MA 3.2, 16.

那是些令人难堪的日子 *Es waren peinliche Tage*: MA 16, 532.

93 悬而未决的状态 *in so schwebenden Zuständen*: MA 16, 498.

恰在此刻 *In diesem Augenblick*: MA 16, 466.

她的天性，她的身材 *Ihr Wesen, ihre Gestalt*: MA 16, 489.

这样一种青年的 *Eine solche jugendliche*: MA 16, 530.

一个姑娘……的理由 *Die Ursachen eines Mädchens*: MA 16, 531.

755

过早的倾慕 *frühzeitige Neigungen*: MA 16, 496.

94 高贵的心灵 *Das fürtreffliche Herz*: WA IV, 1, 61 (1.10.1766).

风信标 *Wetterfahne*: WA IV, 1, 262 (Juni 1771?).

如此美妙 *so schön*: WA IV, 1, 259 (Juni 1771?).

不会感到一丝一毫的 *dass man um kein Haar*: WA IV, 1, 259 (Juni 1771?).

小女孩……离去 *die Kleine fährt fort*: WA IV, 1, 261 (Juni 1771?).

没考虑 *Nicht gerechnet*: WA IV, 1, 261 (Juni 1771?).

95 双重角色 *doppelte Rolle*: MA 16, 496.

青年人的冲动；最轻率的尝试 *der jugendliche Trieb / die lässlichsten Versuche*: MA 16, 497.

从这个虚构的世界 *aus dieser fingierten Welt*: MA 16, 461.

96 多么美妙 *Wie herrlich leuchtet*: MA 1.1, 162.

现在天使感觉 *Jetzt fühlt der Engel*: MA 1.1, 158.

我很快就来 *Ich komme bald*: MA 1.1, 159.

小小的花环，小小的花束 *Kleine Blumen, Kleine Blätter*: MA 1.1, 159.

97 我的心儿狂跳 *Mir schlug das Herz*: Fassung von 1775, FA 1, 1, 128f.

98 满意地 *mit Zufriedenheit*: an Charlotte von Stein, siehe Fünfzehntes Kapitel; WA IV, 4, 67 (25.9.1779).

99 更加色彩斑斓 *viel buntscheckiger*: MA 16, 512.

屈辱 *gedemütiget*: MA 16, 512.

但绝对不会 *aber keineswegs*: MA 16, 513.

这样，我们 So waren wir denn: MA 16, 524f.

100 可我至今一直把它们 Aber ich habe sie bisher: WA IV, 2, 2 (Herbst 1771).

业绩 Von Verdiensten: MA 1.2, 411.

101 巨人般的步子；最伟大的漫游者 gigantischen Schritten / größten Wandrers: MA 1.2, 411.

我最强烈地感到 ich fühlte aufs lebhafteste: MA 1.2, 412.

法国人，你想 Französgen, was willst du: MA 1.2, 412.

我呼唤自然 Und ich rufe Natur: MA 1.2, 413.

他与普罗米修斯比赛 Er wetteiferte mit Prometheus: MA 1.2, 414.

莎士比亚的戏剧 Schäckespears Theater: MA 1.2, 413.

102 真正的知识 das eigentliche Wissen: MA 16, 505.

每个人自己 Was Jeder bei sich: MA 16, 506.

居家的、真诚的 häuslichen, herzlichen: MA 16, 506.

歌德先生 Der Herr Goethe: VB 1, 29 (4. Und 5.7.1772).

103 "伏尔泰先生的几分恶作剧" einigen Bosheiten des Herrn von Voltaire: Metzger: VB I, 17 (7.8.1771)

104 以至今为止 so kann mir nunmehro: WA IV, 51, 44 (28.8.1771).

105 贱民……差点儿拿石头砸死我 der Pöbel hätte mich fast gesteinigt: zitiert nach der ersten Fassung. Geschichte Gottfriedens von Berlichingen mit der eisernen Hand, MA 1.1, 408.

"不端正的"……unanständigen, nur zur Verbitterung: MA 1.2, 919.

106 你在这个案件中 *Du hast dich in diesem Falle*: zit. nach Bode 2, 36.

一个热衷吵架的怨妇 *zanksüchtigen aufgebrachten Weibs*: MA 1.2, 558.

当那被掩盖的深奥的法律学识 *Nachdem sich die verhüllte tiefe Rechtsgelehrsamkeit*: MA 1.2, 564.

这篇登记在册的骂人的话恰好 *Eben das Register von Schimpfwörten*: MA 1.2, 568f.

107 一个粗鲁和善良的自救者 *eines rohen, wohlmeinenden Selbsthelfers*: MA 16, 445.

108 除了皇帝不臣服于任何人 *niemand ab dem Kaiser*: MA 1.1, 404.

巨像般伟大 *Kolossalischer Größe*: MA 1.2, 414.

神秘点 *geheimen Punkt*: MA 1, 2, 413.

对于我们懂得珍惜的劳绩 *Von Verdiensten die wir zu schätzen wissen*: MA 1.2, 411.

109 我最切身地感到 *ich fühlte aufs lebhafteste*: MA 1.2, 412.

爱上了 *verliebt*: MA 16, 605.

西洋景 *Raritäten Kasten*: MA 1.2, 413,

在自己身上发出声响；全部实力；闲散的斯特拉斯堡的 *in sich selbst summen / alle Stärke / zerstreute Straßburger*: WA Ⅳ, 2, 7 (28.11.1771).

别总是对我空话连篇 *mich nur nicht immer mit Worten*: MA 16, 604.

110 我这样不间断地 *und so hielt ich mich*: MA 16, 604.

想象力 *Einbildungskraft*: MA 16, 605.

111 你是这样的一个可怜虫 *Du bist von jeher der Elenden*: MA 1.1, 494f.

一个错误让我 *Ein Fehler der mich*: MA 1.1, 493.

你啊，上帝将她 *Gott machtest du sie*: MA 1.1, 508.

112 她的肤色；一种不舒服的感觉；不存在最起码的 *dass Ihre Haut / unangenehmen Eindruck / nicht die mindeste*: MA 16, 769.

我怎能争取一种幸福 *Wie kann ich aber eine Seligkeit*: zit. nach Bode 1, 330.

被一块磁石 *durch einen Magneten*: MA 16, 249.

生理和道德力量 *physischer und moralischer*: MA 16, 250.

那种青春期的兴趣 *Jenes Interesse der Jugend*: MA 16, 250.

我正直地承认 *Aufrichtig habe ich zu gestehen*: MA 16, 770.

113 有人说它 *Man sagt sie mache*: WA Ⅳ, 1, 236 (17.6.1770).

折磨 *kujonierte*: MA 1.1, 398.

难道普遍的不幸 *Wird dadurch das allgemeine Übel*: MA 1.1, 398.

114 谁……陌生的市民 *Wer fremde Bürger*: MA 1, 1, 398.

他们发生什么不幸 *dass ihnen was zu leide*: MA 1.1, 441.

最高贵的德国人 *edelsten Deutschen*: WA Ⅳ, 2, 7 (28.11.1771).

乐善好施是一种高贵的德行 *Die Wohltätigkeit ist ein edle Tugend*: MA 1.1, 397.

115 其胆囊犹如一个恶性肿瘤 *dessen Galle wie ein bösartiges Geschwür*: MA 1.1, 492.

上帝才会考虑 Nur dann reflektiert Gott: MA 1.1, 431.

贫穷、贞洁和顺从 Armut, Keuschheit und Gehorsam: MA 1.1, 393.

这是一种极大的快乐 es ist eine Wollust: MA 1.1, 395.

唯独你是自由的 du allein bist frei: MA 1.1, 416.

强大的对手 mächtigen Nebenbuhler: MA 1.1, 435.

伟大的全部感情 alles Gefühl von Größe: MA 1.1, 403.

无上欢愉 das Übermass von Wonne: MA 1.1, 462.

116 如若他们那建造妥帖的被赐福的国土 wenn ihr wohl gebautes Gesegnetes Land: MA 1.1, 462.

我们要……崇山峻岭的恶狼 Wir wollten, die Gebürge von Wölfen: MA 1.1, 462f.

这才是生活 Das ware ein leben: MA 1.1, 463.

要是我……没在诸侯中 Hab ich nicht unter den Fürsten: MA 1.1, 618.

在露天；民众如何跑来 Unter freiem Himmel / und das Landvolk all herbei: MA 1.1, 618.

欺诈的时代就要到来 Es kommen die Zeiten des Betrugs: MA 1.1, 509.

117 所有戴假发者 Und allen Perrückeurs: WA IV, 2, 10 (Dezember 1771).

直到我……您的声音 bis ich Ihre Stimme: WA IV, 2, 11 (Ende1771).

118 我……贬低他 Ich setzte ihn: WA IV, 2, 19 (Mitte Juli 1772).

这……让我恼怒 Das ärgert: WA IV, 2, 19 (Mitte Juli 1772).

许多德意志的强大 *Es ist ungemein viel Deutsche Stärke*: MA 1.1, 958.

适时放到篱笆上 *Bei Zeit auf die Zäun*: MA 16, 606.

一部全新的剧本 *ein ganz erneutes Stück*: MA 16, 606.

119　闲逛；每种高超技能的本质 *herumspaziert / das Wesen jeder Meisterschaft*: WA IV, 2, 17 (Mitte Juli 1772).

120　倘若你大胆地 *Wenn du kühn*: WA IV, 2, lGf. (Mitte Juli 1772).

写作是忙碌的懒惰 *Schreiben ist geschäftiger Müßiggang*: MA 1.1, 475.

虽然已经写下 *Zwar steht geschrieben*: WA IV, 2, 127 (Ende November 1773).

121　人身上有 *Denn in dem Menschen*: WA 1.2, 421.

一条裂痕 *Ein Riss*: WA IV, 2, 104 (15.9.1773).

若他……在世界上 *Wenn er einmal in der Welt*: VB 1, 51 (17.10.1773).

122　一个狡诈的无赖在此 *Hier macht ein listiger Schurke*: zit. nach Bode 2, 22.

123　嫉妒 *eifersüchtig*: MA 16, 586.

124　一个伶俐的青年 *Ein flinker Jung*: MA 1.2, 177.

在……不停的呼唤声中……被砍掉 *unter beständigen Zurufen... abgesetzt*: zit. Beutler, 98.

你听到吗？市民 *Hörst du die. Bürger schlürpfen*: MA 1.1, 187.

第55道试题　*55 These*: An foemina partum recenter editum

trucidans capite plectenda sit ? Quaestio est inter Doctores controversa. MA 1.2, 556,übersetzt im Kommenta MA 1.2, 916.

125 作为罪人 *Als Missetäterin*: MA 1.2, 183.

主的裁判 *Gericht Gottes*: MA 1.2, 188.

她被审判了 *Sie ist gerichtet*: MA 1.2, 188.

我的朋友们必须原谅我 *meine Freunde müssen mir verzeihen*: WA IV, 2, 8 (28.11.1771).

成为博士 *Doktor zu sein*: WA IV, 2, 1 (Ende August 1771?).

126 独特的男人 *eigne Mann*: MA 16, 540.

我如此开心 *Ich war so vergnügt*: WA IV, 2, 12E (Ende 1771).

这样一个人；爱上 *Das ist ein Mensch / verliebt*: VB 1, 23 (Marz 1772).

"激情和天才" *Enthusiasmus und Genie*: VB 1, 18 (30.12.1771).

127 天生是个正派的 *von Natur ein braver*: MA 16, 541.

否定的，摧毁性的 *verneinend und zerstörend*: MA 16, 541.

奇妙的镜子；完全明白 *Wunderber Spiegel / der ganz erkennt*: FA 29, 176.

适时放到篱笆上 *Bei Zeit auf die Zäun'*. MA 16, 606.

129 默尔克、洛伊森林和我 *Merck, Leuchsenring und ich*: zit. nach Bode 2, 52f.

130 歌德出口成章 *Goethe steckt voller Lieder*: VB 1, 24 (13.4.1772).

你如何第一次 *Wie du das erstemal*: MA 1.1, 208.

将希望的目光 *werfe den hoffenden Blick*: MA 1.1, 210.

131 一滴泪追着 *und eine Träne quillt*; MA 1.1, 213.

您以多种方式 *Sie machen auf mehr als eine Art*: VB 1, 28 (6.6, 1772).

那我也想告诉您 *So will ich Euch auch sagen*: WA IV, 2, 18 f. (Mitte Juli 1772).

"漫游者" *Wanderer*: MA 16, 555.

我……唱出这一半胡言 *Ich sang diesen Halbunsinn*: MA 16, 556.

谁未被你……抛弃 *Wen du nicht verlässest*: MA 1.1, 197.

132 我现在生活在 *Ich wohne jetzt*: WA IV, 2, 15 (Mitte Juli 1772).

当他将箭 *Wenn er die Pfeile*: WA IV, 2, 16 (Mitte Juli 1772).

那里山丘上 *Dort auf dem Hügel*: MA 1.1, 200.

吞吐风暴的神 *Sturmatmende Gottheit*: MA 1.1, 199.

133 痛打它 *Schlagt ihn tot*: MA 1, 1, 224.

我们这些……警察帮手 *Wir als Polizeibediente*: MA 1.2, 309.

贝尼希努斯·普费伊弗尔先生 *Herr Benignus Pfeufer*: MA 1.2, 337.

可怜的废话 *das armselige Gewäsch*: MA 1.2, 391.

134 由于所有这些理论 *dass er sich durch alle Theorie*: MA 1.2, 398.

狂怒的暴风雨 *Sind die wütenden Stürme*: MA 1.2, 399.

135 艺术恰恰是 *Und die Kunst ist gerade*: MA 1.2, 400.

玻璃墙 *gläserne Mauern*: MA 1.2, 400.

越来越柔顺 *immer weicher und weicher*: MA 1.2, 400.

贡物 *Tribute*: MA 1.2, 402.

136 我们完全相信 *Wir glauben überhaupt*: MA 1.2, 363.

啊，我们……的守护神 *Lass, o Genius*: MA 1.2, 350f.

138 法规和法律不断遗留 *Es erben sich Gesetz*: MA 6.1, 588, 1972–1975.

"法兰克福的报章写手" *Frankfurter Zeitungsschreiber*: VB 1, 29 (1S.7.1772).

在那里我发现……他 *Daselbst fand ich ihn*: VB 1, 36 (Herbst 1772).

139 您知道，我从不匆忙 *Sie wissen, dass ich nicht eilig*: VB 1, 36 (Herbst 1772).

不再自由 *nicht mehr frei*: VB 1, 38 (Herbst 1772).

140 被吸引，着了迷 *eingesponnen und gefesselt*: MA 16, 577.

普遍的好感 *allgemeines Gefallen*: MA 16, 576.

靡菲斯特；业余爱好 *Mephistopheles / Liebhaberei*: MA 16, 588 f.

就这样，他们 *So lebten sie*: MA 16, 578.

特性……能让他 *Eigenschaften, die ihn*: VB 1, 39 (18. n.1772).

让洛特幸福 *Lottchen so glücklich*: VB 1, 40 (18.11.1772).

为了他的安宁 *dass er zu seiner Ruhe*: VB 1, 40 (18.11.1772).

他、小洛特和我 *Er, Lottchen und ich*: VB 1, 32 (10. Und

n.9.1772).

141 若我……片刻 *Ware ich einen Augenblick*: WA Ⅳ, 2, 21 (10.9.1772).

独自一人 *Ich bin nun allein*: WA Ⅳ, 2, 22 (10.9.1772).

但她更愿意 *Doch war es ihr lieb*: VB 1, 33 (10. Und n. September 1772).

142 他是具有人们称为天才特性的人 *Er besitzt, was man Genie*: an Hennings: VB 1, 36f.(Herbst 1772).

144 妈妈 *Mama*: z.B. WA Ⅳ, 2, 163 ff. (Mai / Juni 1774).

亲爱的上帝啊 *lieber Gott*: WA Ⅳ, 2, 35 (10.11.1772).

145 这将如何收场 *was das sei*: MA 1.2, 409.

我对这样的 *Ich ehre auch solche*: WA Ⅳ, 2, 30f. (10.10.1772).

胆怯的追求 *ängstliche Bestreben*: WA Ⅳ, 2, 40 (20.11.1772).

这样的消息 *Die Nachricht war*: WA Ⅳ, 2, 33 (Anfang November 1772).

该诅咒的教士 *Wenn der verfluchte Pfaff*: WA Ⅳ, 2, 33f. (Anfang November 1772).

没有一个牧师 *Kein Geistlicher*: MA 1.2, 299.

146 坐月子 *in den Wochen liegt*: WA Ⅳ, 2, 73 (7.4.1773).

这对我来说 *Es kostete mich*: WA Ⅳ, 2, 76 (10.4.1773).

私下里 *Und unter uns*: WA Ⅳ, 2, 81 (14, 4.1773).

我就这么幻想着 *Und so träume ich denn*: WA Ⅳ, 2, 91f. (Juni 1773).

147 我不知道 *Ich weiß nicht*: WA Ⅳ, 2, 76 (10.4.1773).

我漫游于荒漠 *Ich wandre in Wüsten*: WA IV, 2, 75 (April 1773).

我可怜的生存 *Meine arme Existenz*: WA IV, 2, 82 (31.4.1773).

刺杀的 *erschießerlich*: WA IV, 2, 4.3 (Dezember 1772).

能否成功地 *gelingen möchte*: MA 16, 618.

最后嘲笑自己 *so lachte ich mich zuletzt selbst aus*: MA 16, 618.

148　可憎的模仿 *abscheuliche Nachahmung*: MA 1.1, 970.

最美和最有趣的巨著 *das schönste interessanteste Monstrun/lebhaften Dank*: MA 1.1, 962.

最初的几页 *Gleich auf den ersten Seiten*: MA 1.1, 960.

149　一个为演出写作的剧本 *Und ein Drama fürs Aufführen*: WA IV, 2, 106 (15.9.1773).

众神给我 *Die Götter haben mir*: WA IV, 2, 97 (Juli 1773).

150　他们想与我分享 *Sie wollen mit mir teilen*: MA 1.1, 671.

那个实现了我的影响力的区域 *Der Kreis den meine Wirksamkeit*: MA 1.1, 671.

你是我的精灵 *Und du bist meinem Geist*: MA 1.1, 671f.

宙斯请往下瞧 *Sieh nieder Zeus*: MA 1.1, 675.

151　请遮盖你的天空 *Bedecke dein Himmel*: MA 1.1, 229.

这里坐着我 *Hier sitz ich*: MA 1.1, 231.

我不知……更可怜 *Ich kenn nichts ärmers*: MA 1.1, 230.

是谁帮助我 *Wer half mir*: MA 1.1, 230.

152　不管人们 *Ob man nun wohl*: MA 16, 681.

最坚实的基础 *sicherste Base*: MA 16, 680.

我就愿意 *so mochte ich gern*: MA 16, 680f.

153 这个歌德 *Dieser Goethe*: Werthes an Jacobi: VB 1, 71 f. (18.10.1774).

有人坐着，有人站着 *teils sitzend, teils stehend*: zit. nach Mommsen, Islam, 72,

可轻易领会的 *etwas Begreifliches*: VB1, 64 (27.8.1774).

154 穆罕默德，难道你没看见 MAHOMET *Siehst du ihn nicht*: MA 1.1, 517.

最神圣的充溢 *Die Fülle der heiligsten*: MA 1.2, 441f.

真正的诗 *Die wahre Poesie*: MA 16, 614.

155 他身上的神性 *das Göttliche, was in ihm ist*: MA 16, 671.

粗野世界；等同起来 *rohe Welt / gleichstellen*: MA 16, 671.

巨人服 *Titanengewand*: MA 16, 681.

尘世事物增长 *Das Irdische wächst*: MA 16, 672.

天才……一切 *Alles was das Genie*: MA 16, 673.

156 他以为，世界 *Er meint, die Welt*: MA 1.1, 547.

157 如在荒诞中得知 *Vernehmet wie im Unding*: MA 1.1, 662.

世上 *Mir geht in der Welt*: MA 1.1, 657.

萌芽的自然；异己装饰；享受大地 *aufkeimenden Natur / fremden Schmuck / der Erde genießn*:MA 1.1, 661.

158 巨人服 *Titatiengewand*: MA 16, 681.

159 我对创作的欲望 *Meine Lust am Hervorbringen*: MA 16, 554.

只有当我 *nur wenn ich es mir*: MA 16, 554.

160 果实 *Früchte*: WA Ⅳ, 2, 127 (Ende November 1773).

最近的生活；文学的使用 *nächstes Leben / dichterischen*

Gebrauch: MA 16, 621.

饰有蓝边的可爱晚礼服 *blau gestreiftes Nachtjäckchen*: WA IV, 2, 92 (Juni 1773).

总告解；我通过这部作品 *Generalbeichte / ich hatte mich durch diese Komposition*: MA 16, 621.

161 歌德去安慰她 *Goethe habe sie... zu trösten*: A côté de cela il a la petite Madame Brentano à consoler sar l' odeur de l'huile, du fromage et des manières de son mari; Gespräche 1, 88 (14.2.1774).

倘若您知道 *Wenn Sie wüßten*: WA IV, 2, 140 (21.1.1774).

自杀的古怪念头 *Grille des Selbstmords*: MA 16, 618.

病态的装腔作势 *hypochondrische Fratzen*: MA 16, 618.

162 整体从各方聚集 *das Ganze schoß*: MA 16, 619.S. 701

庄严的 *imposant*: MA 16, 614.

我们这里 *Wir haben es hier*: MA 16, 617.

我几乎没有必要 *Auch hatte ich kaum*: MA 19, 491.

163 厌恶生命；一切症候 *taedium vitae / Dass alle Symptome*: MA 20.1, 294 (3.12.1812).

情感的巨人间 *Titan der Empfindung*: Gundolf, 169.

一种于宇宙间扩张的生命盈余，同瞬间的限制的冲突 *Widerstreit einer kosmisch expansiven Lebensfülle*: Gundolf, 163.

外部事物的回归 *Wiederkehr der äußeren Dinge*: MA 16, 611.

164 参与 *Teil nehmen*: MA 16, 612.

可爱的允诺 *so holde Anerbietungen*: MA 16, 612.

永恒……的概念 *Der Begriff des Ewigen*: MA 16, 612.

165 你若想 *Willst du dich*: MA 9, 127.

麻痹性的想象力 *paralysierende Einbildungskraft*: MA 16, 613.

我要享受眼前 *Ich will das Gegenwärtige*: MA 1.2, 197.

166 得知她已经订婚 *wenn sie von ihrem Brautigam spricht*: MA 1.2, 226.

我全身就会一阵震颤 *Es geht mir ein Schauder*: MA 1.2, 260.

我担心 *Ich fürchte, ich fürchte*: MA 1.2, 279.

167 迟钝和冰冷的意识 *stumpfen kalten Bewußtsein*: MA 1.2, 273.

我没有了想象力 *Ich hab keine Vorstellungskraft*: MA 1.2, 240.

神圣的活力 *heilige belebende Kraft*: MA 1.2, 266.

心,唯独它是一切 *Herz, das ganz allein*: MA 1.2, 259.

现在我 *Und nun hab ich*: WA Ⅳ, 2, 156 (26.4.1774).

168 对话 *Zwiegespräch*: MA 16, 610.

一丁点儿幸福 *keinen Tropfen Seligkeit*: MA 1.2, 267.

我从窗口遥望 *Wenn ich zu meinem Fenster hinaus*: MA 1.2, 266.

169 自身欠缺 *sich selbst ermangelnden*: MA 1.2, 268.

将人夹在中间的墙壁 *die Wände, zwischen denen man gefangen*: MA 1.2, 203.

被重新带回迟钝…… *wieder zu dem stumpfen*: MA 1.2, 273.

170 我自己 *Wie ich mich nun aber*: MA 16, 621f.

人们很难因受诱惑而自杀 *Zum Selbstmord wird man schwerlich*: HA 6, 531.

喜欢 *Vergnügen*: VB 1, 74 (26.10.1774).

171 我返回自身 *Ich kehre in mich selbst zurück*: MA 1.2, 203.

没有什么比以下这种论调 *kein Argument in der Welt*: MA 1.2, 234

172 你问，是否 *Du fragst, ob Du mir*: MA 1.2, 200.

唉，我的朋友 *O meine Freunde*: MA 1.2, 206.

这样互相 *Dieses wechselseidge*: MA 16, 554.

173 我读到的您所有的作品 *Alles was ich von Ihnen gelesen habe*: BranG 1, 55 (3.10.1775).

174 我被选中留下 *Zum Bleiben ich*: MA 13.1, 134.

我最先寄给你们 *Ich schick Euch ehstens*: WA Ⅳ, 2, I68 (16.6.1774).

陌生的激情 *fremde Leidenschaften*: WA Ⅳ, 2, 159 (Mai 1774).

包含太多，不可能不……指向他们的东西 *zu viel von ihr enthält, um nicht auf sie*: Bran G 1, 36 (Anfang Oktober 1774).

书已写成 *Es ist getan*: WA, Ⅳ, 2, 200 (Oktober 1774).

175 但愿你们能千百遍 *Könntet ihr den tausendsten Teil*: WA Ⅳ, 2, 207 (21.11.1774).

必须是维特 *Werther muss*: WA IV, 2, 208 (21.11.1774).

176　要是作为哥哥 *dass wenn der Bruder*: MA 16, 587.

177　尽管很久以来我 *Obgleich ich seit langem*: zit. nach Damm, Cornelia, 92.

新世界；想象力的领域 *neue Welt / im Felde der Einbildungskraft*: MA 16, 586.

乱伦的欲望 *inzestuöses Verlangen*: siehe Sechstes Kapitel; MA 16, 250.

178　只要她感到……有趣的事 *Alles, was sie interessantes*: MA 2.2, 447f.

害羞……豪猪皮 *Verschämtheit...Stachelschweinshaut*: zit. nach Damm, Cornelia, 115.

宫廷顾问 *Docter und Hoffrath*: BrEltern, 4.27 (16.10.1778).

179　每阵风儿，每一滴水 *Jeder Wind Jeder Wassertropfen*: zit. nach BrEltern, 232.

她厌恶 *Ihr ekelt*: zit. nach BrEltern, 233.

委身于一个男人的想法 *Der Gedanke, sich einem Manne*: 28.3.1831; MA 19, 444f.

我们有整栋房子 *Wir haben ein ganzes Hans*: siehe Viertes Kapitel; WA IV, 1, 226 (23.1.1770).

180　这类废话 *solch einen Quark*: MA 16, 706.

181　浪漫的青春活力 *Romantische Jugendkraft*: WA IV, 2, 187 (21.8.1774).

一个举棋不定 *ein unbestimmter*: WA IV, 2, 171f. (1.6.1774).

似乎我们的关系 *als wenn unser Verhältnis*: MA 16, 706.

文学的宿营；乐于担保 literarische Einquartierung / Verbürgungslust: MA 16, 706f.

182 某些人通过这些内容 gewisse Menschen Über diese Materie: MA 1.2, 384.

183 魔术般；晦暗 zaubert / Düsterheit: MA 1.2, 385.

在所有作者中 Unter allen Schriftstellern: VB 1, 51f. (4. N.1773).

我不是基督徒 Ich bin kein Christ: BranG 1, 17 (30.11.1773).

为难；做党派之争 schikanieren / Parteisache machen: BranG 1, 17 (30.11.1773).

你该成为一个 Du sollst Einer werden: BranG 1, 17 (30.11.1773).

184 您能帮助我吗？Wollen Sie mir helfen? MA 1.2, 863.

微微凸起的额头 Diese sanftabgehende Stirne: M.A 1.2, 457.

一出美妙的戏剧 Es wäre ein herrliches Schauspiel: MA 1.2, 490.

185 有感觉，在他该接近或者该离去的时候 fühlt, wo er sich nähern oder entfernen soll: MA 1.2, 462.

用……相貌 mit der Miene: zit. nach Bode 2, 289.

一位如此和谐……的同感人 einen so harmonischen Mitempfinder: BranG 1, 35.

186 他进入一个邻国 Er trat in ein benachbart Land: MA 1.1, 243.

表面事物；扯淡 Scheinding / Scheißding: WA IV, 2, 262 (Mai 1775), s.a. S. 333.

187 犹如去以马忤斯 Und, wie nach Emmaus: MA 1.1, 247.

坐立不安 *Ging auf und nieder*: BranG 1, 33 (26.8.1774).

188 我希望你此时没忘 *Ich hoffe du vergissest in dieser Epoche*: BranG 2, 132 (28.12.1812).

189 最最异乎寻常的现象 *eine der außerordentlichsten Erscheinungen*: Grumach 1, 308 (23.12.1774)

这个歌德是个粗鄙的家伙 *Dieser Goethe ist ein ordinärer Kerl*: zit. nach Leithold, 68

190 请救救我 *rette mich*: WA Ⅳ, 2, 249 (25.3, 1775).

是的，我最好的人 *Ja meine beste*: WA Ⅳ, 2, 231 (etwa 18.–30.1.1775).

狂欢节的歌德 *Fastnachts Goethe*: WA Ⅳ, 2, 233 (13.2.1775).

一个可爱的金发女郎 *einer niedlichen Blondine*: WA Ⅳ, 2, 233 (13.2.1775)

捕获几次脉脉秋波 *von ein paar schönen Augen*: WA Ⅳ, 2, 233 (13.2.1775).

讨人嫌 *unausstehlich*: WA Ⅳ, 2, 233 (13.2.1775).

始终忠实于自身而生活的人 *der immer in sich lebend*: WA Ⅳ, 2, 233f. (13.2.1775).

啊，最亲爱的 *Obeste*: WA Ⅳ, 2, 243 (10.3.1775).

191 别人会怎么评价 *was von dem gehalten werde*: WA Ⅳ, 2, 234 (13.2.1775).

在水池旁 *auf diesem Bassin*: WA Ⅳ, 2, 278f. (8.8.1775).

不协调 *Das Unverhältnis*: WA Ⅳ, 5, 179 (11.8.1781).

192 我告诉你们 *Ich sag euch*: MA 1.2, 124.

他在路上……的欲念 Seine Lust in den Weg: M.A 1.2., 122.
被驯服 zahm gemacht: MA 1.1, 267.

193 何助于我 Was hilft mir nun: MA 1.1, 271.
她道德生存的创造者；责任和道德感 Schöpfer ihrer moralischen Existenz / Pflicht und Tugendgefühle: Grumach 1, 371 (3.12.1830).

194 严肃的感觉的预感 Ahnung der ernsten Gefühle: MA 16, 770.
我……欣赏这个……天才 Ich bewundere das Genie: Grumach 1, 358 (4.8.1775).
我和歌德 Ich habe mit Goethen: Gespräche 1, 153 (31.7.1775).

195 尽管我相当伤心 Wenn mirs so recht weh ist: WA IV, 2, 270f. (25.7.1775).
房间里 Hier in dem Zimmer: WA IV, 2, 273 (3.8.1775).
我又一次可悲地失败 Ich bin wieder scheißig: WA IV, 2, 278 (8.8.1775).
不幸的是 Unglücklicher Weise: WA IV, 2, 289 (14–19.9.1775).
最终正式请求丽莉 endlich förmlich um Lili: Grumach 1, 370 (8.1.1776).

196 我的心最终将 Wird mein Herz: WA IV, 2, 293 (18.9.1775).
躲开丽莉 vor Lili flüchten: MA 16, 823.
不是为了任何人 keinem Menschen zu Liebe: WA IV, 2, 298 (Oktober 1775).

197 最初时刻 Die ersten Augenblicke: WA IV, 2, 302 (18.10.1775).
我为去北方整理行李 Ich packte für Norden: Tgb I, 1, 13

(30.10.1775).

204 将内在的创作才能 *inwohnende dichterische Talent*: MA 16, 716.

梦游般 *nachtwandlerisch*: MA 16, 717.

漫步穿越森林田野 *Durch Feld und Wald*: MA 16, 716.

205 世间事务 *Weltgeschäfte*: MA 16, 718.

我就……有了这样的想法 *so trat mir ... der Gedanke entgegen*: MA 16, 718.

他儿子闪亮的辉煌 *abglänzende Herrlichkeit seines Sohnes*: WA IV, 3, 14 (5.1.1776).

206 犹如一次雪橇旅行 *Wie eine Schlittenfahrt*: WA IV, 3, 1 (22.11.1775).

我在这里自然疯狂至极 *Ich treib's hierfreilich*: WA IV, 3, 15f. (5.1.1776).

我每天……学习 *Ich lerne täglich*: WA IV, 3, 12 (31.12.1775).

关于我的家政，我无话可说 *Ich kann nichts von meiner Wirtschaft*: WA IV, 3, 1 (22.11.1775).

207 但他受人溺爱，有人追随他 *aber er wird gehätschelt, man rennt ihm nach*: zit. nach Leithold, 108.

这个歌德是个男孩 *Dieser Goethe ist ein Knabe*: zit. nach Leithold, 86.

208 "揶揄的杰作" *Meisterstück von Persiflage*: MA 1.1, 990.

这真该死 *Das ist was verfluchtes*: WA IV, 2, 217 (23.12.1774).

209 这是他的一种精神需求 *Es ist ein Bedürfnis seines Geistes*:

Grumach 1, 308 (23.12.1774).

维兰德是且一直是 *Wieland ist und bleibt*: WA Ⅳ, 2, 238f. (März 1775).

自您那上次的 *Seit ihrer letzten*: zit. Nach Bode 3, 88.

与我无关 *ohne mein Zutun*: WA Ⅳ, 2, 255 (9.4.1775).

210 可以确定的是，他不愿 *Es ist gewiss, dass er nicht mehr will*: zit. nach. Leithold, 119.

211 妈妈与杰出的天才 *Maman steht mit dem Genie par excellence*: zit. nach Leithold, 128.

他终日悲哀 *Er ist ständig traurig*: zit. nach Leithold, 128 (1.5.1778).

国家喜剧 *Staatskomodie*: VB 1, 163 (7.2.1776).

大家分成两派 *Das Ganze teilt sich*: VB 1, 163 (15.2.1776).

212 我心上有许多 *Ich habe erstaunlich viel*: VB 1, 169 (8.3.1776).

213 正如我对您 *Und wie ich Ihnen*: WA Ⅳ, 3, 14 (Anfang Januar 1776?).

我所有的愚蠢 *Aber all meine Torheit*: WA Ⅳ, 3, 18 (15. Oder 16.1.1776).

亲爱的夫人 *Liebe Frau, leide dass*: WA Ⅳ, 3, 24 (28.1.1776).

我心中想，该死 *Es geht mir verflucht durch Kopf und Herz*: WA Ⅳ, 3, 25 (29.1.1776).

但愿我的妹妹 *O hatte meine Schwester*: WA Ⅳ, 3, 34 (23.2.1776).

抚慰者 *Besänftigerin*: WA Ⅳ, 3, 20 (Januar 1776).

214 你有理由 *Du hast recht*: WA Ⅳ, 3, 54f. (1.5.1776).

可我对您的爱 *Doch da meine Liebe für Sie*: WA Ⅳ, 3, 55 (2.5.1776).

再无丽莉的消息 *Von Lili nichts mehr*: WA Ⅳ, 3, 50 (10.4.1776).

我的心灵和头脑 *Mein Herz mein Kopf*: WA Ⅳ, 3, 50 (10.4.1776).

关于这……对我的重要性 *Ich kann mir die Bedeutsamkeit*: WA Ⅳ, 3, 51 f. (April 1776?).

但愿出于你的手 *Möchte 's von deiner Hand*: WA Ⅳ, 3, 53 (16.4.1776).

你为何赋予我们 *Warum gabst du uns*: MA 2.1, 20.

215 说吧,命运将 *Sag was will das Schicksal*: MA 2.1, 23.

滴注节制 *Tropftest Mäßigung*: MA 2.1, 23.

要是我想……我的心 *Wenn ich mein Herz*: WA Ⅳ, 3, 74 (1776).

有人说,洛特 *Man sagt, dass Lotte*: zit. nach Leithold, 151.

216 我看到 *Ich seh nun*: WA Ⅳ, 3, 114 (7.10.1776).

黑暗 *finsternis*: Tgb Ⅰ, 1, 27 (7.9.1776).

美妙的夜晚 *Herrliche Nacht*: Tgb Ⅰ, 1, 26 (3.9.1776).

夜里发疯般的 *nachts fieberhaft*: Tgb Ⅰ, 1, 35 (2.1.1777).

没睡 *Nicht geschlafen*: Tgb Ⅰ, 1, 35 (6.1.1777).

217 公爵是 *Der Herzog ist einer*: VB 1, 223 (9.1.1778).

我诚实地对您说 *Ich sage Ihnen aufrichtig*: VB 1, 220 (3.11.1777).

218 过度的激昂 *allzu groß Hitze*: WA Ⅳ, 3, 57 (4.5.1776).

信手；下面；多么喜欢；也许在围绕你的 *sudelt / Drunten / wie Lieb / Gehab dich wohl*: WA Ⅳ, 3, 7 f. 23.–26.12.1775).

219 几乎爱上了 *geradezu verliebt / zu venichten*: vgl. VB 1, 145 (10. N.1775).

我们近来在此遇见的歌德 *Goethe, den wir seit neun Tagen*: VB 1, 146 (16.11.1775).

一个英俊的巫师 *Ein schöner Hexenmeister*: Wieland Ⅳ, 623f.

220 充满活力的圈子；什么都可以做；无人监督地肆无忌惮 *lebenvollen Zirkel / alles erlaubt / Unbewacht ausgelassen*: Gespräche 1, 220 (25.1.1813).

引领友谊的天才 *freundschaftich leitenden Genius*: Gespräche 1, 222 (25.1.1S13).

歌德在这里造成 *Goethe verursacht hier*: an Luise von Döring; VB 1, 180f. (10.5.1776).

221 只是大家别对我在这里的情况 *nur muss man über meinen hiesigen Zustand*: WA Ⅳ, 3, 30(19.2.1776).

魏玛执政 *Wirtschaft in Weimar*: Zimmermann; VB 1, 189 (19.6.1776).

野蛮的猎人；喝得酩酊大醉 *wilder Pursche / er besäuft sich*: VB 1, 191 (14.7.1776).

什么不可避免的后果 *was wird dann der unfehlbare Erfolg sein*: BranG 1, 58 (8.5.1776).

222 您自己已有感觉 *Sie fühlen selbst*: WA Ⅳ, 3, 63f. (21.5.1776).

您……我友谊的表示 *Sie haben den Beweis meiner Freundschaft*: BranG 1, 59 (29.5.1776).

公爵……此刻走来 *Da...kam der Herzog*: WA IV, 4, 296 f. (21.9.1780).

223 由此您 *Und somit können Sie*: WA IV, 3, 46 (25.3.1776).

我的情况足够有利 *Meine Lage ist vorteilhaft*: WA IV, 3, 21 (22.1.1776).

亲爱的兄弟 *Lieber Bruder, wir habens*: WA IV, 3, 17 (15.1.1776).

224 我留在这里 *ich bleibe hier*: WA IV, 3, 81 (9.7.1776).

习俗 *Die Convenienzen*: Grumach 1, 403.

225 我在这里自然 *Ich treib's hier freilich*: WA IV, 3, 15 (5.1.1776).

唉，我已厌倦欢闹 *Ach! Ich bin des Treibens müde*: MA 2.1, 13.

我尝试了宫廷 *Den Hof hab ich probiert*: WA IV, 3, 38 (8.3.1776).

226 他的文学事业 *Seine literarische Laufbahn*: Grumach 1, 413 (18.6.1776).

我的写作生涯 *Meine Schriftstellerei*: WA IV, 4, 221 (14.4.1780).

227 在家的无所事事 *das untätige Leben zu Hause*: WA IV, 3, 28 f. (14.2.1776).

228 损害；过度要求；未被满足的激情 *untergraben / übertriebene Forderungen / unbefriedigten Leidenschaften*: vgl. MA, 16, 616f.

很久以来有一种不舒服的感觉 *von jeher eine unangenehme*

Empfindung: WA Ⅳ, 7, 243(12.7.1786).

我爱他犹如爱我的灵魂 *den ich liebe wie meine Seele*: WA Ⅳ, 2, 127 (Ende November 1773).

229 奇妙的小东西 *das kleine wunderliche Ding*: WA Ⅳ, 3, 49 (5.4.1776).

230 说得够多了 *Haben genug*: Lenz 3, 306.

231 你是第一个 *Du bist der Erste Mensch*: Lenz 3, 440 (Ende April 1776).

穿越污泥；我们依旧是动物 *durch Kot / dass wir auch Tiere*: Lenz 3, 416 (Ende März 1776).

我们的士兵为何而战 *Wofür ficht unser Soldat*: Lenz 2, 794/798.

232 我有一份文稿 *Ich habe eine Schrift*: Lenz 3, 400 (Marz 1776).

状况的缺陷 *Die Gebrechen jenes Zustandes*: MA 16, 634.

233 昨天夜里伦茨的愚蠢 *Lenzens Eselei von gestern Nacht*: WA Ⅳ, 3, 54 (25.4.1776).

最终歌德将伦茨领出 *Goethe beföderte Lenz schließlich hinaus*: Gespräche 1, 198.

我在这里被……吞没 *Ich bin hier verschlungen*: Lenz 3, 427 (14.4.1776).

234 我到乡下去 *Ich geh aufs Land*: Lenz 3, 472 (27.6.1776).

罗特是个叛徒 *Rothe ist ein Verräter*: Lenz 2, 411.

235 伦茨的蠢事 *Die Lenziana*: MA 8.1, 309 (2.2.1797).

236 逐出天堂 *ausgestoßen aus dem Himmel*: Lenz 3, 517 (29.

Oder 30.11.1776).

封·施泰因夫人 *Die Frau von Stein*: Lenz 3, 495 (Mitte September 1776).

我们可以相互认为对方什么都不是 *Wit können einander nichts sein*: WA Ⅳ, 3, 103 (1776).

我把伦茨送到您那里 *Ich schick Ihnen Lenzen*: WA Ⅳ, 3, 105f. (10.9, 1776).

237 我犹豫 *ich hatte Bedenken*: WA Ⅳ, 3, 106 (12.9.1776).

我太幸福了 *Ich bin zu glücklich*: Lenz 3, 494 (Mitte September 1776).

我还是步入水中 *Da bin ich noch ins Wasser*. WA Ⅳ, 3, 117 (3.11.1776).

238 在……降入我胸膛 *Wo in mein Herz*: Lenz 3, 205.

人不该要求 *der Mensch soll nicht verlangen*: Lenz 2, 382.

唉,八个星期来 *Ach die acht Wochen*: WA Ⅳ, 3, 119 (8.11.1776).

各种各样的东西 *allerlei Zeugs*: WA Ⅳ, 3, 118 (6.11.1776).

伦茨得走 *Lenz wird reisen*: WA Ⅳ, 3, 123 (Ende November 1776).

239 对一种我未意识到的罪行 *eines mir unbewußten Verbrechens*: Lenz 3, 516 (29.11.1776).

240 这整个事件如此撕扯 *Die ganze Sache reißt*: WA Ⅳ, 3, 124 (1.12.1776).

241 克林格尔是我们的肉中刺 *Klinger ist uns ein Splitter*: WA Ⅳ, 3, 111 (16.9.1776).

242 这是个少有的忠实、坚毅且粗野的家伙 *Das war ein treuer, fester, derber Kerl*: Unterhaltungen, 202.

天才酒宴……被用作 *Geniegelag ... gemacht wurden*: Bottiger, 75.

243 我赞美众神 *Ich preise die Götter*: WA IV, 3, 125 (2.12.1776).

但请您完全按自己的心意行动 *Handeln Sie aber ganz nach Ihrem Herzen*: WA IV, 3, 265 (14.12.1778).

244 是一种对生活的调剂 *es ist auch eine Zerstreutung*: WA IV, 4, 38 (22.5.1779).

但愿我有能力 *Möchte ich doch im Stande sein*: WA IV, 4, 46 (13.7.1779).

您在我的心中地位既没有下降 *Sie sind weder in meiner Achtung gesunken*: WA IV, 5, 50(11.2.1781).

人们该尽自己的能力 *Man soll tun was man kann*: WA IV, 4, 290f. (14.9.1780).

245 人做的每一样事 *Jedes Werk was der Mensch treibt*: Tgb I, 1, 82 (14.7.1779).

一切的狂妄；美的力量 *alles anmaßliche / schöne Kraft*: Tgb I, 1, 83 (14.7.1779).

我……安排自己 *Ich richte mich ein*: WA IV, 5, 222 (14.11.1781).

246 现在 *Nun ist's*: VB 1, 214 (13.6.1777).

丝毫没有 *nicht das geringste*: VB 1, 223 (9.1.1778).

以一种枯燥 *mit einer Trockenheit*: VB 1, 253 (2.1.1780).

对我作用甚佳 *Gute Wirkung auf mich*: Tgb I, 1, 81f. (13.7.1779).

247 他轮流 *Er war wechselsweise*: MA 2.2, 22.

沥青，它将精神的翅膀 *Pech, das die Flügel seines Geistes*: MA 2.2, 31.

248 维尔纳自鸣得意的是 *Werner tat sich was zu Gute*: MA 2.2, 47.

他喉咙发紧 *so stockte es ihm*: MA 2.2, 53.

249 德国的舞台 *Die deutsche Bühne*: MA 2.2, 29.

250 黑暗和让人心碎的日子 *Dunkler zerrissner Tag*: Tgb I, 1, 44 (16.6.1777).

我无法告诉你们她的痛苦的故事 *Ich kann euch die Geschichte ihres Leidens*: zit. nach Damm, Cornelia, 243.

我不想抱怨 *Ich will nicht klagen*: zit. nach Damm, Cornelia, 244.

251 幸福；我们……强烈的痛苦 *Glücklich / die uns heftigen Schmerz*: WA IV, 3, 161 (28.6.1777).

众神，将一切……给予 *Alles gaben Götter*: MA 2.1, 34 (WA IV, 3, 165; 17.7.1777).

我的心和意识 *Mein Herz und Sinn*: WA IV, 3, 186 (12, 11.1777).

我有了很大改变 *Ich bin sehr verändert*: WA IV, 3, 188 (16. N.1777).

我……奇特地处在昏暗中 *Ich bin in wunderbar dunkler*: WA IV, 3, 189 (29.11.1777).

最奇特的是 *das wunderbarste*: MA IV, 478.

252 一种奇特的感觉 *Mir ist eine sonderbare Empfindung*: WA

Ⅳ, 3, 192 (4.12.1777).

心灵中纯粹的静谧；阳光闪现 *reine Ruh in der Seele / Sonnenblicke*: Tgb Ⅰ, 1, 52 (29.1.1.1777).

太阳带着 *die Sonne ging*: Tgb Ⅰ, 11, 53 (30.11.1777).

夜晚悄悄地 *Die Nacht kam leise*: Tgb Ⅰ, 1, 53 (30.11.1777).

我……瞧见灯火通明的 *Ich sah die lange und wohlerleuchtete*: MA 14, 480f.

253 自然消失了 *Freilich verschwanden*: MA 14, 481.

犹如秃鹫 *Dem Geier gleich*: Tgb Ⅰ, 1, 53 (1.12.1777).

犹如秃鹫 *Dem Geier gleich*: MA 2.1, 37f.

冒险；挺过 *Abenteuer / bestanden*: WA Ⅳ, 3, 190 (4.12.1777).

254 就像每封信中 *er glich seinem Briefe völlig*: MA 14, 483.

人们……才能从一种痛苦的 *man werde sich aus einem schmerzlichen*: MA 14, 485f.

255 阴郁的幻象；清澈的现实 *trübes Phantom / klaren Wirklichkeit*: MA 14, 486.

今后已经不再有任何义务 *von jeder weiteren Pflicht*: MA 14, 487.

我……已经 *Ich hatte mir*: MA 14, 479.

我可以 *So viel kann ich*: WA Ⅳ, 6, 14 (26.7.1782).

又在身后合拢 *Hinter ihm schlagen*: MA 2.1, 38.

哈尔茨山之行的第三个理由 *Und nun das dritte Mot Ⅳ für die Harzreise*: vgl. dazu Schöne, Götterzeichen.

最可爱的感恩祭坛 *Und Altar des lieblichsten*: MA 2.1, 41.

256 我要向您透露 *Ich will Ihnen entdecken*: WA Ⅳ, 3, 200

(10.12.1777).

稳固标志 *Befestigungszeichen*: WA Ⅳ, 3, 199 (10.12.1777).

人是什么 *Was ist der Mensch*: Tgb Ⅰ, 1, 54 (10.12.1777).

我……百般的疏离中 *bin aber in viel Entfremdung*: Tgb Ⅰ, 1, 50 (8.10.1777).

离我越来越近, *wird mir immer näher*: Tgb Ⅰ, 1, 50 (8.10.1777).

谁未被你……抛弃 *Wen du nicht verlässest*: MA 1.1, 197.

上帝待我犹如 *Mit mir verfährt Gott*: WA Ⅳ, 3, 199 (10.12.1777).

257 我沉默无言 *Ich war still*: WA Ⅳ, 3, 201 (11.12.1777).

你带着未经探索的胸怀 *Du stehst mit unerforschtem Busen*: MA 2.1, 41.

258 在冬日的哈尔茨山之旅中 *Auf einer Harzreise im Winter*: MA 10, 49.

259 人是什么 *Was ist der Mensch*: Tgb Ⅰ, 1, 54 (10.12.1777).

260 钢笔尖 *die Stahlfedern*: MA 2.1, 176.

情感 *Empfindsamkeiten*: MA 2.1, 201.

请您……对我说些什么 *Sagen Sie mir doch etwas*: VB 1, 224 (12.2.1778).

261 我们一直工作到夜里 *Wir haben bis in die Nacht*: WA Ⅳ, 3, 207 f. (19.1.1778).

262 在平静的悲哀中 *In stiller Trauer*: Tgb Ⅰ, 1, 60 (18.1.1778).

这个星期我花了许多时间在冰上 *Diese Woche viel auf dem Eis*: Tgb Ⅰ, 1, (30.1.1778).

我感觉并不好 *Ward mirs nicht wohl*: Tgb Ⅰ, 1, 61 (23.2.1778).

263 我是个男孩，热情乖巧 Ich war ein Knabe warm und gut: WA IV, 3, 214 (17.3.1778).

通过由此产生的洞口 durch die hiermit erlangte Öffnung: Gespräche 1, 222 (25.1.1813).

整天胡闹 Tags über Torheiten: Tgb I, 1, 62 (14.4.1778).

264 世界……喧嚣声中；我觉得……目标 im Larm der Welt/ Und ich scheine dem Ziele: an Charlotte von Stein; WA IV, 3, 223 (14.5.1778).

钟表构件；隐藏的齿轮 Uhrwerk / verborgnen Rädern: an Charlotte von Stein; WA IV, 3, 225 (19.5.1778).

没有……下流笑话和蠢事 keine Zote und Eselei: WA IV, 3, 225 (19.5.1778).

265 信任……的花朵 Blüte des Vertrauens: WA IV, 3, 224 (17.5.1778).

傲慢 stolz: Grumach 2, 81 (14.2, 1787).

平时我的心灵 Sonst war meine Seele: an Charlotte von Stein; WA IV, 3, 224 (17.5.1778).

266 在多重异化中 in viel Entfremdung: Tgb I, 1, 50 (8.10.1777).

267 定居下来 sich festsetzen: MA 2.2, 673.

一件不愉快的、让人憎恶的 ein unangenehmes verhaßtes: MA 2.2, 674.

令人懊恼的结果 Ende des Verdrusses: MA 2.2, 674.

较紧密的联盟；面对……苦难 näheres Band / vor den Beschwerden: MA 2.2, 675.

268 极其人性化 *verteufelt human*: an Schiller; MA 8.1, 874 (19.1.1802, auch 3.1, 764).

以为自己见到了阿波罗 *man glaubte einen Apollo*: Grumach 2, 115.

269 过于粗糙 *Viel Zu nachiässig*：WA IV, 4, 47 (21.7.1779)

我的心灵……获得解放 *Meine Seele löst sich*: WA IV, 4, 12 (22.2.1779).

剧本在这里 *Hier will das Drama*: WA IV, 4, 18 (6.3.1779).

被测量和检验 *gemessen und besichtigt*: WA IV, 4, 20 (8.3.1779).

我走进我……的旧城堡 *steig ich in meine alte Burg*: WA IV, 4, 21 (8.3.1779).

270 现在我同……人 *Jetzt leb ich mit den Menschen*: WA IV, 4, 14 (2.3.1779).

一场悦耳的音乐会 *ein schön Konzert*: WA IV, 4, 17 (5.3.1779).

271 欠缺具有创造性 *Das Unzulängliche ist produkt IV*: Gespräche 2, 677.

这么想，而国王怎么会？ *Wie? Sinnt der Konig*: MA 3.1, 166, V. 192–196.

272 啊，请听我说 *O höre mich*: MA 3.1, 193g.1190–1203.

我要劝你 *Und lass dir raten*: MA 3.1, 194, V. 1232–1238.

魔咒已除 *Es löset sich der Fluch*: MA 3.1, 197,V.1358–1364.

273 席勒就不满这个场景 *nahm er an dieser Szene Anstoss*: MA

8.1, 877ff. (22.1.1802, auch 3.1, 764 ff.).

人们应该想到，随着每一次呼吸 *Man bedenke dass mit jedem Atemzug*: MA 20.2, 1321 (15.2.1830).

274 啊！我的灵魂，请保持安静 *O bleibe ruhig, meine Seele*: MA 3.1, 202, V. 1526–1531.

我将忧虑称为高尚 *Die Sorge nenneich edel*: MA 3.1, 205 f., V. 1640–1660.

275 人的日子 *Des Menschen Tage*: MA 13.1, 186.

行动者总是丧尽天良 *Der Handelnde ist immer gewissenlos*: MA 17, 758.

你几乎说服了 Fast MA 3.1, 206, V. 1665.

276 请看我们 *Sieh uns an*: MA 3.1, 220, V. 248–250.

声音；真理 *die Stimme / Der Wahrheit*: MA 3.1, 214, V. 1938 f.

那么走吧 *So geht*: MA 3.1, 220, V. 2151.

请多保重 *Lebt wohl*: MA 3.1, 221, V. 2174.

277 利己的原则 *das selbstische Prinzip*: MA 13.1, 357.

分散精力 *Verzettelung*; BW Reinhard, 198.

纯粹的中间效果 *Reine mittlere Wirkung*: Maximen und Reflexionen; MA 17, 749.

生活在恐惧中 *lebt in der Angst*: Hegel, 462.

278 请你仅在宁静中保持 *Halte dich nur im Stillen*: MA 13.1, 204.

内在丰富 *Reich an innerem*: MA 19, 549.

279 温和之感 *dem zarten Sinn*: MA 14, 465.

《伊菲几妮》上演过 *Iph.gespielt*: Tgb Ⅰ, 1, 78 (6.4.1779).

280　在家整理 *Zu Hause aufgeraumt*: Tgb, Ⅰ, 1, 85 ff. (7.8.1779).

281　混乱；目的明确的思考 *Verworrenheit / Zweckmässigen Denkens und Dichtens*: Tgb Ⅰ, 1, 86f.(7.8.1779)

282　让我们从早到晚 *Lasse uns von Morgen zum Abend*: Tgb Ⅰ, 1, 87 (7.8.1779).

他最近为我们 *Er hat uns neulich einen neuen*: Grumach 2, 498 (2.11.1784).

谁愿意……劳作 *Wer täig sein will*: MA 17, 876.

283　渴望消失 *die Sehnsucht verschwindet*: MA 17, 471.

一会儿做出一个罐子 *Bald ein Krug*: Tgb Ⅰ, 1, 83 (14.7.1779)

一切触动柔美心灵的东西 *Was alles zarte, schöne Seelen*: MA 2.1, 68.

284　狂妄的味道 *Geruch von Prätension*: WA Ⅳ, 5, 122 (7.5.1781).

285　那么事情无法避免 *so sei es unausbleiblich*: Grumach 2, 48 (31.10.1779).

我觉得非常奇妙 *es kommt mir wunderbar vor*: WA Ⅳ, 4, 58 f. (7.9.1779).

286　很抱歉 *Es tut mir leid*: Grumach 2, 140 (16.10.1779).

见拉法特尔 *Lavatern zu sehn*: WA Ⅳ, 4, 69 (28.9.1779).

拉法特尔的在场 *Die Gegenwart Lavaters*: Grumach 2, 199 (29.11.1779).

287　流泉疗法 *Brunnen Kur*: an Charlotte von Stein; WA Ⅳ, 4, 150 (30.11.1779).

倘若有人再次 wenn man wieder einmal: WA. Ⅳ, 4, 150 (30.11.1779).

我在拉法特尔这里 Hier bin ich bei Lavatern: an Karl Ludwig von. Knebel; WA Ⅳ, 4, 148 (30.1.1779)

在这里我才明白 Erst hier geht mir recht klar auf: WA Ⅳ, 4, 150 (30.11.1779).

举止赢得人心 herzgewinnendes Betragen: Grumach 2, 220 (17.1.1780).

歌德最杰出的 unter Göthens meisterhafteste: Grumach 2, 220 (17.1.1780).

288　我现在如此纯洁 Da ich jetzt so rein: WA Ⅳ, 4, 66 (25.9.1779).

二女儿 Die Zweite Tochter: WA Ⅳ, 4, 66f. (25.9.1779).

她对我解释……意图 Sie klärt mich über die Absicht auf: MA 9, 941.

现在我可以重新 dass ich nun auch wieder: WA Ⅳ, 4, 67 (28.9.1779).

289　就是在那里，我也 Auch da wurde ich: WA Ⅳ, 4, 67 (28.9.1779).

善良的生灵；显赫的市民地位；她需要的一切 gute Kreatur / stattlichen bürgerlichen Rang/ alles was sie brauchte: WA Ⅳ, 4, 68 (28.9.1779).

在……感觉中 so ist doch in dem Gefühl: WA Ⅳ, 4, 68 (28.9.1779).

我觉得她如此漂亮；最后可以这样讲她 Sie kommt mir so

schön vor / Am Ende ist von ihr zu sagen: WA Ⅳ, 4, 92/93 (23.10.1779).

290 你关于美的问题 Deine Frage über die schöne: WA Ⅳ, 4, 298 f. (20.9.1780).

美丽的夫人 Die schöne Frau wird: WA Ⅳ, 4, 274 (27.8.1780)

现在我才感到 Erst jetzt spür ich: WA Ⅳ, 4, 276 (28.8.1780).

欲望 den Verlangen: WA Ⅳ, 4, 281 (6.9.1780).

291 您的信 Ihr Brief hätte nicht schöner: WA Ⅳ, 4, 321 (16.10.1780).

群峰一片 Über allen Gipfeln: MA 2.1, 53.

崇高赋予心灵 Das Erhabene gibt der Seele: WA Ⅳ, 4, 70 (3.10.1779).

292 若我是独自一人 War ich allein gewesen: WA Ⅳ, 4, 78 (14, 10.1779).

现在意大利不再吸引我 Auch jetzt reizt mich Italien nicht: WA Ⅳ, 4, 120 (13.11.1779).

这样的真理 Solche Wahrheit, Glauben: WA Ⅳ, 4, 148 (30.11.1779).

293 他就是人类的鲜花 er ist die Blüte der Menschheit: WA Ⅳ, 4, I53 (7.12.1779).

我一直……的上帝 Mein Gott dem ich immer. WA Ⅳ, 4, 73f. (8.10.1779).

294 生命之最纯洁的共同享受 reinsten Zusammengenuss des Lebens: WA Ⅳ, 4, 147 (30.11.1779).

干枯和冷却 *Eintrocknen und Einfrieren*: WA IV, 4, 150 (30.11.1779).

永恒生命之希望 *Verheißung des ewigen Lebens*: WA IV, 4, 115 (2.11.1779).

295 根据我的感觉 *nach meiner Empfindung*: WA IV, 4, 115 (2.11.1779).

296 我每天承担的工作 *Das Tagewerk das mir aufgetragen*: WA IV, 4, 299 (etwa 20.9.1780).

我的大地 *Musst mir meine Erde*: MA 1.1, 230.

正如你……节日 *Wie du die Feste*: WA IV, 5, 56 (19.2.1781).

我眼前日渐散去 *vom Geiste fallen mir täglich*: WA IV, 5, 88 (18.3.1781).

297 人格化的力量 *personifizierte Kraft*: GBr 1, 698 (Anm. 257).

愚蠢同力量 *Und doch sind Narr mit Kraft*: WA IV, 5, 88 (18.3.1781).

受限的自我；斯维登堡的精神宇宙 *Beschränktes Selbst / Schwedenborgischen Geisterun IV ersum*: WA IV, 5, 214 (14.11.1781).

愚蠢无聊和令人作呕 *das albene und ekelhafte*: WA IV, 5, 214 (14.11.1781).

但对这类精灵我该说什么 *Was soll ich aber zu Geistem* WA IV, 5, 214 (14.11.1781).

请你相信我，我们的道德 *Glaube mir, unsere moralische*: WA IV, 5, 149 (22.6.1781).

298 古老的时代……我们一幅图像 *Dass aus alten Zeiten uns ein Bild*: WA IV, 5, 147 (22.6.1781).

天堂鸟 *Paradiesvogel*: WA Ⅳ, 5, 148 (22, 6.1781).

特有的宽容 *Ausschließliche Intoleranz*: WA Ⅳ, 6, 37 (9.8.1782).

299 歌德在魏玛完全是现实的 *Goethe ganz real in Weimar*: BranG 1, 75 (16.8.1781).

针对伟大的上帝……的亵渎 *Lästerungen gegen den großen Gott*: WA Ⅳ, 6, 36 (9.8.1782).

确实无疑的非基督徒 *dezidierter Nichtchrist*: WA Ⅳ, 6, 20 (29.7.1782).

所以让我听见你作为人的声音 *Drum lass mich deine Menschen Stimme*: WA Ⅳ, 6, 20f. (29.7.1782).

自然理应获得衷心的谢意 *Großen Dank verdient die Natur*: WA Ⅳ, 6, 65 f. (4.10.1782).

300 人于自身 *Das was der Mensch an sich*: WA Ⅳ, 6, 65 (4.10.1782).

在此我承认 *Hierbei bekenn☐ ich*: MA 12, 306.

紧缩身体 *zusammenschrumpft*: WA Ⅳ, 6, 65 (4.10.1782).

301 没有热情和坦诚的话 *Kein herzlich, vertraulich Wort*: WA Ⅳ, 7, 250 (21.7.1786).

我觉得歌德更老 *Ich fand Goethe älter*: VB 1, 320 (August 1786).

他的步态 *Sein Gang war*: zu Eckermann, MA 19, 287 (17.2.1829).

302 千万个念头 *tausend und tausend Gedanken*: WA Ⅳ, 4, 246 (30.6.1780).

纷乱汹涌的混沌 *uneinig tobendes Chaos*: MA 2.2, 488.

303 地基 *Grundfeste*: MA 2.2, 504.

每个人 *Und so wird jeder*: MA 2.2, 504f.

这个自以为是的花花公子的性格 *den Charakter dieses aufgeblassenen Gecken*: VB 1, 243 / 248(10.11.1779).

304 当一个人变老且他的世界变得狭窄时 *Wenn man älter und die Welt enger*: WA Ⅳ, 6, 62 (2.10.1782).

你没还给我钱 *dass du mich nicht bezaltest*: Brand1, 81 (17.10.1782).

互相倾慕 *wir liebten uns*: MA 14, 328.

305 人类的激情主义者；特别公正 *Homo temperatissimus / äußerst gerechter*: nach Lavaters Reisetagebuch; MA 2.2, 875.

非常近，尽管其精神 *Sehr nahe obgleich sein Geist*: an Knebel; WA Ⅳ, 6, 387 (11.11.1784).

可恶的异端邪说 *abscheuliche Irrlehre*: MA 2.2, 874.

308 意志无法被 *Der Wille kam nicht*: Spinoza, Ethik, 33.

310 我们无法思考 *Wir können uns nicht denken*: MA 2.2, 480.

在他眼前 *vor seinem Blicke*: WA Ⅳ, 7, 63 (9.6.1785).

圈子；谦逊固执地 *Kreis / bescheiden trotzig*: MA 2.2, 482.

越来越单纯 *immer einfältiger und einfältige*: MA 2.2, 482.

自然的仁慈 *Gnade der Natur*: MA 2.2, 482.

311 自然的彻底性 *Die Konsequenz der Natur*: WA Ⅳ, 7, 36 (2.4.1785).

内心振奋 *Erbauung*: WA Ⅳ, 7, 182 (20.2.1786).

一次爆炸的导火索 *zum Zündkraut einer Explosion*: MA 16, 681.

312 值得我根据别人的意见来称呼自己 *Wenn ich mich nach*

jemand nennen soll: Jacobi, 22.

坚定的斯宾诺莎主义者 *entschiedener Spinozist*: Jacobi, 331.

隐瞒 *Verhehlen*: Jacobi, 331.

313 我的大地 *Musst mir meine Erde*: MA 1.1, 230.

诗歌《普罗米修斯》*Das Gedicht Prometheus*: MA1.1, 870f.

赫尔德觉得好玩 *Herder findet lustig*: WA Ⅳ, 7, 93 (11.9.1785).295

315 只有两种本质上互相有别的哲学 *Es gibt nur zwei voneinander wesentlich verschiedene Philosophien*: zit. nach Kronenberg 2, 276.

只有这两种哲学的体系……是可能的 *Es sind nur diese beiden philosophischen Systeme (...) möglich*: zit. nach Kronenberg 2, 276.

316 他没有证明上帝的此在；请原谅我 *Er beweist nicht das Dasein Gottes / Vergib mir*: WA Ⅳ, 7, 62, 63 (9.6.1785).

我……就你的小书 *dass ich dir über dein Büchlein*: WA Ⅳ, 7, 110 (21.10.1785).

我……极其无知 *Ich kam höchst unwissend*: Unterhaltungen, 107.

317 自然拥抱人类世界，又被世界拥抱 *Umfangend umfangen*: MA 1.1, 233.

麻木不仁 *Denn unfühlend*: MA 2.1, 90.

直观的……概念 *der anschauende Begriff*: WA Ⅳ, 5, 25 (27.12.1780).

既非寓言也非历史 *Weder Fabel noch Geschichte*: WA Ⅳ, 5,

24 (27.12.1780).

318 倘若人们现在以为 *Wenn man nun nimmt*: WA IV, 5, 24 (27, 12, 1780).

将骨头当作文本 *die Knochen als einen Text*: WA IV, 5, 217 (14.11.1781).

319 我欣喜异常 *Ich habe eine solche Freude*: WA IV, 6, 259 (27.3.1784).

我找到了 *Ich habe gefunden*: WA IV, 6, 258 (27.3.1784).

一个专业学者 *Einem Gelehrten von Profession*: WA IV, 7, 41 (8.4.1785).

320 这类现象……一劳永逸地 *die Phänomene ein für allemal*: zit nach Heller, 44.

人就其自身 *Der Mensch an sich selbst*: MA 20.1, 185 (22.6.1808).

你这个老迈的形而上学家 *Was machst du alter Metaphysikus*: WA IV, 7, 206 (14.4.1786).

相反……你 *Dagegen hat dich aber*: WA IV, 7, 213f. (5.5.1886).

321 他现在是枢密顾问 *Er ist als jetzt Wirklicher Geheimer Rat*: VB 1, 283 (11.7.1782).

322 赫尔德的新著 *Herders neue Schrift*: VB 1, 301 (1.5.1784).

歌德频繁地拜访我 *Goethe besucht mich fleißig*: VB 1, 310 (20.12.1784).

最最卓绝的幸福之一 *Eine der vorzüglichsten Glückseligkeiten*: WA IV, 6, 232 (Ende Dezember 1783).

323 此在的金字塔；插入云端 *Pyramide meines Daseins / in die*

Luft zu spitzen: WA IV, 4, 299 (etwa 20.9.1780).

324 让歌德重回这里 *Ihn wieder her zu kriegen*: BranG 1, 72 (17.6.1781).

一个恶毒的天才 *ein böser Genius*: WA IV, 5, 169 (8.7.1781).

我求您，别为我担心 *Ich bitte Sie, um meinet willen unbesorgt*: WA IV, 5, 178f. (11.8.1781).

325 您还记得 *Sie erinnern sich*: WA IV, 5, 179 (11.8.1781).

那是多么幸福 *Wie viel Glücklicher war es*: WA IV, 5, 180 (11.8.1781).

326 是不负责任的，倘若我 *Unverantwortlich..., wenn ich zu einer Zeit*: WA IV, 5, 180 (11.8.1781).

所以请您相信 *Indes glauben Sie mir*: WA IV, 5, 180 (11.8.1781).

我的本性推动着我 *Mein Wesen treibe ich*: WA IV, 5, 220 (14.11.1781).

327 我……安排好自己 *Ich richte mich ein*: WA IV, 5, 222 (14.11.1781).

一如我在父亲家里 *Wie ich mir in meinem Väterlichen Hause*: an Knebel; WA IV, 6, 97 (21.11.1782).

大型茶会；了却社交的义务 *großen Tee / Pflichten gegen die Sozietät*: WA IV, 96f. (21.11.1782).

只是在……的最深处 *Nur im innersten*: WA IV, 6, 97f. (21.11.1782).

328 我早就知道 *Mir war es lang bekannt*: MA 3.1, 445, V. 697.

我是否该向你说 Und soll ich dir noch einen Vorzug: MA 3.1, 456, V. 1109–1114.

他拥有 Er besitzt: MA 3.1, 452, g943–950.

329 凡是合意的，都获得准许 erlaubt ist was gefällt: MA 3.1, 453, V. 994.

凡是合适的，都获得准许 erlaubt ist was sich ziemt: MA 3.1, 453, V. 1006.

你想确切知道 Willst du genau erfahren: MA 3.1, 453f, V.1013–1022.

啊，亲爱的洛特 Ach liebe Lotte: WA IV, 8, 206 (21.2.1787).

情感 Empfindungen: WA IV, 9, 124 (1.6.1789).

330 你已将我永远 Du hast mich ganz auf ewig: MA 3.1, 515, V. 3282.

这是两种男人 Zwei Männer sind's: Mh 3.1, 472, V. 1704–1706.

331 今天在嬉戏中 Heute in dem Wesen und Treiben: WA IV, 4, 292 (14.9.1780).

我从这些喷泉 Ich entziehe diesen Springwerken: WA IV, 4, 291 (14.9.1780).

到处闲逛的宫廷中的马 Possierlicherweise hatte das Hofpferd: Gespräche 1, 390.

333 我们的读者长时间以来 Unser Publikum hat schon lange: MA 2.2, 958.

我们……这个微小洞口 Lassen Sie uns also die geringe Öffnung: MA 2.2, 753.

他似乎在头脑中熟记演讲 Er schien seine Rede gut im Kopfe: MA 19, 682.

334 他在这类业务中就有用 in Geschäften ist er brauchbar: MA 4.2, 516.

335 人们使用这个词 Man bedient sich des Wortes: WA IV, 6, 160 (6.5.1783).

匆忙是秩序的敌人 Eile ist eine Feindin: MA 2.2, 651.

你就弄错了 Wie irre bist du: MA 2.2, 75.

其实我天生就是作家 Eigentlich bin ich zum Schriftsteller geboren: WA IV, 6, 39 (10.8.1782).

我……一个靠财产生活的人 Ich bin recht zu einem Pr IV atmenschen: WA IV, 6, 58 (17.9.1782).

336 由于严肃的事情 dass man von ernsthaften Sachen: WA IV, 6, 222 (7.12.1783).

请您现在享受我的现状 vergnügen Sie Sich an meinem Dasein: WA IV, 6, 222 (7.12.1783).

她将他在世界上孤立起来 sie habe ihn in der Welt isoliert: Tum'as isole dans le monde jen'ai absolument rien a dire a qui que ce soit'je parle pour ne pas me taire et e'est tout. WA IV, 6, 343 (22.8.1784).

我刚才还想埋怨你 Eben wollt ich mich gegen dich beklagen: WA IV, 7, 100 (25.9.1785).

他总觉得, finde immer: WA IV, 7, 231 (25.6.1786).

337 生理的道德的痛苦 physisch moralischen Übeln: WA IV, 8, 327 (25.1.1788).

因为我打算 *Da ich mir vornahm*: WA Ⅳ, 8, 83 (12.12.1783).

338 一段孤独的长途跋涉 *einen langen einsamen Weg*: WA Ⅳ, 8, 40 (3.11.1786).

这段距离 *diese Entfernung*: WA Ⅳ, 8' 23 (18.9.1786).

等你回来的时候 *wenn du wiederkommst*: WA Ⅳ, 7, 243 (12.7.1786).

339 请您别拒绝……的证明 *Versagen Sie mir ein Zeugnis*: WA Ⅳ, 8, 86 (12.12.1786).

340 我终于可以张口说话 *Endlich kann ich den Mund auftun*: WA Ⅳ, 8, 39f. (3.11.1786).

我当下逗留的时间 *Die Dauer meines gegenwärtigen Aufenthalts*: WA Ⅳ, 8, 40 (3.11.1786).

保存他的爱 *Liebe erhalten*: WA Ⅳ, 8, 42 (3.11.1786).

一种奇特的感觉 *Mir ist's eine sonderbare Empfindung*: WA Ⅳ, 3, 192 (6.12.1777)

341 计谋，通过它，我 *Tic, durch den ich meine Existenz*: MA 8.1, 208 (9.7.1796).

总体上讲此刻我 *Im Allgemeinen bin ich in diesem Augenblicke*: WA Ⅳ, 8, 12 (2.9.1786).

342 枢密顾问 *Der Hr. Geheime Rat*: Grumach 2, 73 (8.9.1786).

343 我什么不能丢下 *Was lass ich nicht alles*: MA 3.1, 19 (5.9.1786).

冲动和烦躁 *Der Trieb und die Unruhe*: MA 3.1, 39 (11.9.1786).

344 我将作为一个崭新的人 Ich werde als ein neuer Mensch:

WA Ⅳ, 8, 43 (4.11.1786).

这事关 *Denn es geht*: WA Ⅳ, 8, 37 (1.11.1786).

人们可以说 *Man muss so zu sagen*: WA Ⅳ, 8, 90 (13.12.1786).

可我能说的是 *Was ich aber sagen kann*: WA Ⅳ, 8, 41 (10.11.1786).

我就这样 *In meiner Figur*: MA 3.1, 79 (23.9.1786).

我无法告诉你 *Ich kann dir nicht sagen*: MA 3.1, 82 (25.9.1786).

345 约翰·雅各布·福尔克曼 *Johann Jakob Volkmamr*: Historisch–kritische Nachrichten von Italien. 3 Bände. Leipzig 1770/71.

我同……人聊天 *ich rede mit den Leuten*: MA 3.1, 12 (3.9.1786).

四处闲逛也 *Auch was hin und her wandelt*: MA 3.1, 40 (11.9.1786).

北极熊 *nordischer Bär*: MA 3.1, 44 (11.9.1786).

什么是白天 *doch was Tag sei*: MA 15, 51 (17.9.1786).

倘若人们……站在上边 *Wenn man ... oben auf dem Rande*: MA 3.1, 57 f. (16.9.1786).

346 我总是不停地转悠 *Ich gehe nur immer herum*: MA 3.1, 75 (21.9.1786).

一种伟大……的壮美 *das herrliche eines großen*: MA 3.1, 71 (19.9.1786).

当然这不同于 *Das ist freilich etwas anderes*: MA 15, 103 (8.10.1786).

感谢上帝，对我来说，威尼斯 *So ist denn auch Gott sei Dank Venedig*: MA 3.1, 89 (28.9.1786).

347 在这次旅行中 *Auf dieser Reise*: MA 3.1, 107 (5.10.1786).

我研究的远比……多 *Ich (...) studiere mehr*: WA Ⅳ, 8, 89 (13.12.1786).

一件伟大且值得敬畏 *Es ist ein großes, respektables*: MA 3.1, 92 (29.9.1786).

348 今天……第一次 *Heut hat mich zum erstenmal*: MA 3.1, 99 (1.10.1786).

旅行的第一阶段 *Die erste Epoche meiner Reise*: MA 3.1, 127 (12.10.1786).

我对什么都没兴趣 *Ich habe keinen Genuss*: MA 3.1, 133 (17.10.1786).

我要把握自己 *Ich will mich auch fassen*: MA 3.1, 137 (19.10.1786).

返回时 *Auf der Rückkehr*: MA 3.1, 144 (25.10.1786).

我根本就不脱外衣 *Ich ziehe mich gar nicht mehr aus*: MA 3.1, 153 (27.10.1786).

晚安 *Nun gute Nacht*: MA 3.1, 157 (28.10.1786).

我现在才开始 *Ich fange nun erst an*: MA 3.1, 157 (29.10.1786).

349 我有了第二个生日 *ich zähle einen zweiten Geburtstag*: WA Ⅳ, 8, 77 (2.12.1786).

我经历了一次新的青春 *ich lebe eine neue Jugend*: WA Ⅳ, 8, 173 (6.2.1787).

自从我到了罗马以后 *Seitdem ich in Rom bin*: WA Ⅳ, 8, 93 (14.12.1786).

350 更舒服和轻松 *dass es nämlich bequemer und leichter*: WA

Ⅳ, 8, 97f. (12–23.12.1786).

越是长久地观看对象 *je länger man Gegenstände*: WA Ⅳ, 8, 292 (17.11.1787).

艺术女神和美惠女神 *Musen und Grazien*: WA Ⅳ, 8, 134 (13.1.1787).

在罗马的初恋 *erste Liebschaft in Rom*: MA 15, 183.

甜蜜的负担 *süßen Bürde*: MA 15, 124 (19.10.1786).

351　也许……更漂亮的扇子 *vielleicht noch schönere Fächer*: MA 15, 150.

这些奇特尔人 *Die Zitellen*: WA Ⅳ, 8, 314 (29.12.1787).

姑娘或者更多的 *Die Mädgen oder vielmehr*: WA Ⅳ, 8, 170 (3.2.1787).

352　您离去的那个日子 *der tag Ihrer abreis*: BranG 1, 95 (10.5.1788).

画中人是个英俊小伙 *Es ist immer ein hübscher Bursche*: MA 15, 428 (27.6.1787).

这样一个纯洁、善良 *So einen reinen, guten*: WA Ⅳ, 8, 83 (12.12.1786).

平时同他能很好相处 *Es war sonst mit ihm gut leben*: MA 15, 639 (April 1788).

353　我感到自己由于同他交往 *Ich fühle mich durch seinen Umgang*: VB 1, 321 (23.11.1786).

莫里茨因为他的断臂 *Moritz der an seinem Armbruch*: WA Ⅳ, 8, 94 (16.12.1786).

这就是对一个朋友 *Das war also alles was du einem Freunde*: WA Ⅳ, 8, 79 (9.12.1786).

354 你的小纸片让我感到痛苦 *Dein Zettelchen hat mich geschmerzt*: WA IV, 8, 93 (13.12.1786).

苦涩又甜蜜的信 *bitter süßen Brief*: WA IV, 8, 115 (6.1.1787).

不再中断 *nicht wieder unterbrochen werde*: WA IV, 8, 116 (6.1.1787).

磕磕绊绊的日子 *stockende Zeiten*: WA IV, 8, 117 (6.1.1787).

更加自由；我每天都会蜕掉一层皮 *um vieles freier / täglich werfe ich eine neue*: WA IV, 8, 116 (6.1.1787).

我看遍了罗马 *Durch Rom hab ich mich durchgesehn*: WA IV, 8, 162 (3.2.1787).

倘若在罗马的一切都极度严肃 *Wie in Rom alles höchst ernsthaft ist*: MA 15, 231 (5.3.1787).

我原谅所有 *Ich verzieh es allen*: MA 15, 224ff. (27.2.1787).

355 我就自己的性情来说 *Ich bin nun nach meiner Art*: MA 15, 227 (27.2.1787).

356 甚至有个密探跑来接近蒂施拜因 *Ein Spitzei hatte sich sogar an Tischbein herangemacht*: vgl. Zapperi, 63ff.

那不勒斯是个天堂, *Neapel ist ein Paradies*: MA 15, 254 (16.3.1787).

动身或者留下，这个疑问 *Der Zweifel ob ich reisen*: MA 15, 277 (26.3.1787).

鲸肚子 *Wallfischbauch*: MA 15, 283 (2.4.1787).

若是没见过四周 *Hat man sich nicht ringsum*: MA 15, 287f. (3.4.1787).

357 黑浪 *die schwärzlichen Wellen*: MA 15, 300 (7.4.1787).

在这个构思中 *Es war in dieser Komposition*: MA 15, 369 (1787).

你并非 *Du bist nicht einer* von: MA 3.1, 232.

一片白光 *Ein weißer Glanz*: MA 3.1, 232.

358 由于某些丑事 *wegen mancherlei schlechter Streiche*: MA 15, 314 (13. Und 14.4.1787).

墨西拿……荒芜的景象, *wüsten Anblick von Messina*: MA 15, 383 (13.5.1787).

人们也许不久 *Man würde alsdann im Ganzen*: MA 15, 409f. (28.5.1787).

359 北部国家；将事业变成一个玩笑 *nordischen Länder / Scherz aus dem Geschäft*: MA 15, 410 (28.5.1787).

在这片天空下 *unter diesem Himmel*: MA 15, 268 (22.3.1787).

也许……会对这种天气 *vielleicht lässt sich von dieser Himmelsluft*: MA 15, 268 (22.3.1787).

360 较之今日，我将做得更多 *mehr werden als ich oft bisher war*: WA IV, 8, 225 (27.–29.5.1787).

我已经看到，这是旅行给我带来的好处 *Schon sehe ich, was mir die Reise genützt*: WA IV, 8, 225f. (27.–29.5.1787).

对任职的新的资格 *zu jeder Art von Dienst*: WA IV, 8, 242 (11.8.1787).

361 艺术是件严肃的事 *Es ist eine ernsthafte Sache um die Kunst*: WA IV, 8, 261f. (28.9.1787).

重新找到了自己 *selbst wiedergefunden*: WA IV, 8, 357 (17.3.1788).

那是一个无法言说的困难任务 *Es war eine unsaglich schwere Aufgabe*: MA 15, 516 (3.11.1787).

362 犹如受到无形幽灵 *Wie von unsichtbarn Geistern*: MA 3.1, 276f.

奇妙的剧本 *wunderbars Stück*: WA IV, 5, 285 (20.3.1782).

我只想……过于松散 *Ich will nur das allzuaufgeknöpfte*: WA IV, 5, 285 (20.3.1782).

无法度量的人生乐趣 *die ungemessene Lebenslust*: MA 16, 821.

363 一种可怕的力量；成为 *ungeheure Kraft / und sie üben*: MA 16, 822.

364 我的埃格蒙特马上就能结尾 *Mein Egmont ist bald fertig*: WA IV, 5, 239 (12.12.1781).

倘若我将一直以来视之为自己的责任的东西 *wenn ich das, was ich solang für meine Pflicht*: WA IV, 8, 148 (27.1.1787).

365 牧人轻易 *Leicht kann der Hirt*: MA 3.1, 306.

为了他们自己的最大好处 *sie selbst zu ihrem eignen Besten*: MA 3.1, 307.

古老的法律 *seine alte Verfassung*: MA 3.1, 306.

我生活过了 *ich habe gelebt*: MA 3.1, 326.

366 甜蜜的梦幻 *Süßer Schlaf*: MA 3.1, 327f.

心绪的自由 *Freiheit des Gemüts*: MA 15, 518 (10.11.1787).

丘比特，调皮执拗的男孩 *Cupido, loser eigensinniger Knabe*: MA 15, 566 (Januar 1788).

我该告诉他， *ich sollte ihm sagen*: MA 19, 316 (8.4.1829).

367 现在当然 *und sehe nun freilich*: WA Ⅳ, 8, 346 (16.2.1788).

可以讲述几次优雅的散步 *von einigen Spaziergängen erzählen*: WA Ⅳ, 8, 347 (16.2.1788).

更多的证据 *Es gibt weitere Anhaltspunkte*: vgl. Zapperi.

外阴 *Pudenda*: WA Ⅳ, 9, 9 (Ende Juli oder Anfang August 1788).

我担心，您对我生气 *Ich fürchte, Ihr seid zornig*: zit. nach Zapperi, 221.

像个孩子 *wie ein Kind*: zit. nach Zapperi, 231.

368 您友好、亲切的信 *Ihren freundlichen, herzlichen Brief*: WA Ⅳ, 8, 355 (17.3.1788).

我无法否认，我感到不寒而栗 *Ich darf nicht leugnen, dass mich ein Schauer*: MA 15, 653 (April 1788).

从那夜起 *Wand'let von jener Nacht*: MA 15, 654.

369 主人，是我 *Herr hie bin ich*: WA Ⅳ, 8, 358 (17.3.1788).

大理石山 *Marmorgebirg*: WA Ⅳ, 8, 373 (23.5.1788).

370 此外是因为，我非常可怕地变得粗野 *Denn übrigens bin ich ganz entsetzlich verwildert*: WA Ⅳ, 8, 374 (23.5.1788).

与罗马的告别 *Der Abschied aus Rom*: WA Ⅳ, 8, 374 (23.5.1788).

敲击岩石 *an den Felsen pochen*: WA Ⅳ, 8, 376 (24.5.1788).

他瘦了 *Er ist magerer geworden*: Gespräche 1, 433.

371 他表现得比往常更 *er zeigte sich mehr als gewöhnlich*: Gespräche 1, 431.

我很愿意听……一切 *Gerne will ich alles hören*: WA Ⅳ, 9, 3 (Mitte Juli 1788).

372 性爱 *Eroticon*: WA IV, 9, 57 (16.11.1788).

性爱为美丽的心灵 *Erotica den schönen Herzen*: WA IV, 9, 102f. (6.4.1789).

我没做 *Ich habe nichts getan*: WA IV, 9, 114 (10.5.17789).

我……获悉秘密 *Ich habe nun das Gehemnis*: VB 1, 392 (8.3.1789).

你关于歌德的克莱尔辛 *Was Du von Goethens Klärchen*: VB 1, 395 (28.3.1789).

373 我犹豫着 *Ich zauderte*: WA IV, 9, 123 (1.6.1789).

这是何种关系 *Welch ein Verhältnis ist es*: WA IV, 9, 124 (1, 6, 1789).

不过我很愿意承认 *Aber das gestehe ich gern*: WA IV, 9, 124 (1.6.1789).

不幸的是你长久以来 *Unglücklicher Weise hast du schon lange*: WA IV, 9, 125 (1.6.1789).

374 制订出一个……计划 *einen Plan zu machen*: WA IV, 9, 127 (8.6.1789).

我有理由 *Ich habe Ursachen*: WA IV, 9, 49 (6.11.1788).

375 真正令人讨厌；热烈和充满憧憬的呼吸 *ganzverhasse / heißen, sehnsuchtsvollen Atem*: MA 3.2, 24.

情诗 *Eroticis*: an Karl August; WA IV, 9, 117 (12.5.1789).

拟古诗 *Späßen im Antikern Stil*: an Knebel; WA IV, 9, 111 (8.5.1789).

我的哀歌也许结束了 *Meine Elegien sind wohl zu Ende*: WA IV, 9, 199 (3.4.1790).

请告诉我，石头 Saget Steine mir an: MA 3.2, 39.

376 母亲和女儿 Mutter und Tochter: MA 3.2, 41.

亲爱的，你 Lass dich, Geliebte: MA 3.2, 43.

起先出现在我面前的 Einst erschien sie auch mir: MA 3.2, 45.

但整夜里 Aber die Nachte: MA 3.2, 47.

过于淫荡的想法 einige zu rüstige gedanken: MA 3.2, 450.

377 快乐让我们欢欣鼓舞 Uns ergötzcn die Freuden: MA 3.2, 79.

被希望的勃起；阴毛 immer die gewünschte Versteifung / die Schamhaare: MA 3.2, 571.

用一群神祇将卧室 das Schlafgemach mit einem Schwarm von Gottheiten: Augustinus 306.

姑娘的腰带 den Gürtel des Mädchens: MA 3.2, 586.

378 我一直小心翼翼地调动 Ich manövriere mich immer sachte: WA IV, 9, 163 (20.11.1789).

恰恰是此刻 Eine in eben diesem Momente: WA IV, 9, 171 (27.12.1790).

有人猜测 Es gibt die Vermutung: Damm, Christiane, 139f.

379 偶像和偶像崇拜者们 Göttern und Götzendienern: BW Schiller/Körner 1, 85 (23.7.1787).

我把自己想得过于渺小 Ich habe mich selbst für zu klein: BW Schiller/Körner 1, 138（10.9.187）

显然人太多 Freilich war die Cesellschaft zu groß: BW Schiller/Körner 1, 254 (12.9.1788)

一个有力量但不成熟的天才 *ein kraftvolles, aber unreifes Talent*: MA 12, 86.

380 经常待在歌德身旁 *Öfters um Goethe zu sein*: BW Schiller/Körner 2, 16 (2.2.1789).

这个人，这个歌德 *Dieser Mensch, dieser Goethe*: BW Schiller/Körner 2, 37 (9.3.1789).

我还是得 *aber soviel muss ich*: BW Schiller/Körner 1, 295 (30.12.1788).

特别是因为 *besonders da diese Akquisition*: WA IV, 9, 65 (9.12.1788).

381 剧本的道德 *sittliche Teil des Stücks*: WA IV, 9, 37 (1.10.1788).

避免任何……表达 *vor jeder Äußerung*: VB 1, 359 (18.8.1788).

382 太糟了 *Es ist mir schlimm* VB 1, 365 (17.10.1788).

关于歌德，我真的 *Über Coethe habe ich wirklich*: VB 1, 390f. (2.3.1789).

返回内心 *Zurückziehen ins Innere*: WA I, 53, 386.

在意大利，我……感到 *In Italien fühlt' ich mich*: MA 14, 463.

真正成果；参与 *das eigentliche Resultat /Antheil desselben*: WA I, 53, 386.

384 艺术完全占据了他的身心 *Die Kunst hat ihn ganz eingenommen*: Gespräche 1, 452.

我早就认识他 *Ich kenn' ihn lang*: MA 3.1, 483f., V. 2117–2134.

385 我感到自己卸下了所有苦难；无法阻挡地扑向 *Ich fühle*

mich von aller Not / unaufhaltsam dringt: MA 3.1, 514f. (V. 3272–3273 / V. 3281).

世人在痛苦中 Und wenn der Mensch in seiner Qual: MA 3.1, 519, V. 3432f.

386　如果你感到完全失去了自己 Und wenn du ganz dich zu verlieren: MA 3.1, 519, V.3419f.

你并非如你想的那样不幸 Du bist so elend nicht: MA 3.1, 518, V. 3405f.

船夫最后紧紧抱住 So klammert sich der Schiffer: MA 3.1, 520, V. 3452f.

倘若……没有一种幸福的 hätte mich nicht ein glückliches: MA 14, 463.

387　此外我得私下承认 Übrigens muss ich im Vertrauen gestehen: WA IV, 9, 197f. (3.4.179.).

总体上讲，我的生活 Mein Leben im Ganzen: WA IV, 9, 253 (20.3.1791).

没有什么比……更简单的了 Nichts ist einfacher: Böttiger 67f.

388　请您将我当作 Nehmen Sie mich als Gast auf: WA IV, 8, 357f. (17.3.1788).

390　一切事件中最最可怕的事件 dieses schrecklichste aller Ereignisse: MA 12, 308.

接近这个无法视而不见的对象 die Anhänglichkeit an diesen unübersehlichen: MA 12, 308.

谁会否认 Denn wer leugnet es wohl: MA 4.1, 592.

你知道，倘若蚜虫 *Du weißt aber wenn die Blattläuse*: WA IV, 5, 312 (17.4.1782).

391　她坚信 *Sie hat sich überzeugt*: MA 19, 493 (4.1.1824).

392　犹如疯了一般 *wie wahnsinnig*: MA 14, 14.

我现在接受……基本原则 *ich nehme jetzt die Grundsätze*: Grumach 4, 52.

人们在自己的祖国 *dass man im Vaterlande*: MA 14, 512.

必须对大众施行打击 *Zuschtagen muss die Masse*: MA 9, 137.

我们对公众事务的参与 *Unser Anteil an öffentlichen Angelegenheiten*: MA 17, 860.

反对……的活动；人只有认识 *Tätigkeit gegen / Der Mensch kennt*: MA 12, 306.

393　我……跟随 *Indes attachiere ich mich*: an Jacobi; WA IV, 9, 270 (1.6.1791). 370

和谐的修养 *harmonischen Ausbildung*: MA 5, 290.

高贵的得体；妩媚 *vornehmen Anstand / Zierlichkeit*: MA 5, 289.

394　在此是否会有改变 *ob sich daran etwas ändern wird*: MA 5, 290.

这个小女子让我眼睛一亮 *Diese kleine Wesen hat mich erleuchtet*: an Charlotte von Stein; WA IV, 5, 76f. (11.3.1781).

395　我……房屋和花园的地方 *wo ich doch Haus und Garten*: WA IV, 10, 6 (18.8.1792).

赶快，克罗诺斯 *Spude dich Kronos*: MA 1.1, 260f.

396 小东西 *Krämchen*: WA IV, 10, 13 (2.9.1792).

大家都咒骂雨神 *Alles schilt auf den Jupiter Pluvius*: WA IV, 10, 11 (27.8.1792).

懒散的旁观者 *müßigen Zuschauer*: WA IV, 10, 15 (10.9.1792).

在此情况下 *Unter diesen Umständen*: MA 14, 384.

397 仓促的落葬 *voreilige Bestattung*: MA 14, 385.

……此时此地 *von hier und heute*: MA 14, 385.

我很高兴能 *Es ist mir sehr lieb*: WA IV, 10, 25f. (27.9.1792).

可我在此还得 *Und so will ich denn hier*: MA 14, 401.

这次出征 *Dieser Feldzug wird als eine der unglücklichsten*: WA IV, 10, 33 (15, 10.1792).

398 犹如重生；意识到 *wie neugeboren /gewahr zu werden*: WA IV, 10, 40 (14.11.1792).

我们在这六个星期的时间里 *Wir haben in diesen sechs Wochen*: WA IV, 10, 32 (10.10.1792).

公爵阁下 *Des Herzogs Durchl.*: WA IV, 10, 44 (24.12.1792).

399 展现的现实主义 *Realismus zum Vorschein*: MA 14, 464.

我心中存在的……渴望 *Das Sehnsüchtige das in mir lag*: MA 14, 462.

感官变硬 *verhärteten Sinn*: MA 14, 465.

温柔的感觉 *dem zarten Sinn*: MA 14, 465.

好客；聪明 *gesellig, klug*: MA 14, 490.

每种可敬的对象 *jede Verehrung eines würdigen Gegenstandes*: MA 14, 494.

400 请开心吧，我亲爱的孩子 *Sei vergnügt, mein liebes Kind*:

WA IV, 10, 40 (14.11.1792).

我那令人讨厌但不错的幽默的一个证明 *ein Zeugnis meines ärgerlich guten Humors*: MA 14, 512.

爱国的军税 *patriotische Contribution*: MA 4.110.

401 恐惧和不信任 *Schrecken und Mißtrauen*: MA 4.1, 129.

在所有阶层 *wo alle Stände billig*: MA 4.1, 129.

您说 *Sie sagen*: MA 4.1, 95.

402 某种程度上可被视为我……政治信仰的自白 *gewissermaßen als mein politisches Glaubensbekenntnis*: MA 19, 493 (4.1.1824).

人们多少次描画了勇敢的英雄 *Wie oft hat man diese wackern Helden*: MA 4.1, 164.

自从我发觉 *Seitdem ich aber bemerkt habe*: MA 4.1, 160f.

403 每个人只能 *Ein jeder kann nur*: MA 4.1, 161.

我平时有些满不在乎 *Ich habe es sonst leichter genommen*: MA 4.1, 160.

404 在我们这里，一方面事情有些滑稽 *Bei uns geht es von der einen Seite lustig*: WA IV, 10, 87 (7.7.1793).

这些人……很大灾难 *Das Unheil das diese Menschen*: WA IV, 10, 101 (27.7.1793).

在我现在的状态中 *Mich wandelt in meiner jetzigen Lage*: an Voigt; WA IV, 10, 84f. (3.7.1793).

405 半带绝望地关注……不可避免的现实 *sich an die unvermeidliche Wirklichkeit halb verzweifelnd hinzugeben*: MA 14.21.

从这场可怕的灾难中 *Aber auch aus diesem gräßlichen*

Unheil: MA 14, 513.

406 我四处流浪的生活 *Mein herumschweifendes Leben*: WA IV, 10, 104f. (19.8.1793).

你认识……美妙的气恼 *Kennst du den herrlichen Gift*: MA 4.1, 774.

难以战胜的 *Schwer zu besiegen*: MA 4.1, 774.

407 歌德……终于 *Goethe hat nun auch*: VB 1, 453 (25.11.1793).

歌德问我 *Goethe wandte sich zu mir*: Grumach 4, 63 (J.H. Voß an Ernestine Voß, 6.6.1794).

408 光是……最简单 *Das Licht ist das einfachste*: MA 4.2, 361 (15.7.1793).

感觉到 *etwas zu empfinden*: BranG 1, 137 (7.10.1793).

409 我非常希望这个男人 *ich wünschte sehr dass dieser Mann*: WA IV, 10, 145f. (Februar oder März 1794).

现在我考虑并决定 *Jetzt bin ich am Sinnen und Entschließen*: WA IV, 10, 131 (7.12.1793).

412 究竟是对象 *Ist es der Gegenstand*: MA 17, 827.

我以为自己不懂的 *das ich nicht verstände*: WA IV, 10, 167 (24.6.1794).

最近他对我（解释了）我的体系 *Neulich hat er mir mein System*: Grumach 4, 88 (zit. in einem Brief von W.v. Humboldt an Schiller, 22.9.1794).

413 每个人，只要他以自己全部的力量工作 *Wenn jeder mit seiner ganzen Kraft wirkt*: Schiller und Lotte 184 (25.2.1789).

414 某些严厉的段落 *Gewisse harte Stellen*: MA 12, 87.

一旦短暂的春天 *Ist aber der kurze Frühling*: Schiller Ⅴ, 458 Fußnote.

还从未达到 *So weit ist es noch nicht*: Schiller Ⅴ, 868.

415 我将满怀喜悦 *Ich werde mit Freuden*: WA Ⅳ, 10, 166 (24.6.1794).

416 一个精心挑选的 *Überhaupt lässt es sich zu einer auserlesenen*: BW Schiller/Körner 3, 126 (4.7.1794).

我得说 *Noch muss ich sagen*: an Charlotte von Kalb; WA Ⅳ, 10, 169 (28.6.1794)

对我来说，这是个新的春天 *für mich war es ein neuer Frühling*: MA 14, 34.

417 我忽然明白 *Es war mir nämlich aufgegangen*: MA 12, 930.

一定有这样一种 *Eine solche muss es denn doch geben*: MA 15, 327.

418 用表明特征的简略笔触；这一切并非经验；我倒很希望这样 *und ließ, mit manchen charakteristischen Federstrichen / Das ist keine Erfahrung / das kann mir sehr lieb sein*: MA 12, 88 f.

两人中无人 *keiner von beiden*: MA 12, 89.

罕见的是 *Selten ist es aber*: MA 14, 581.

419 我们……就艺术 *Wir hatten ... über Kunst*: BW Schiller/Körner 3, 133 (1.9.1794).

您在这封信里以友谊之手 *in welchem Sie, mit freundschaftlicher Hand*: MA 8.1, 16 (27.8.1794).

420 这样一条道路 *aber einen solchen Weg*: MA 8.1, 14

(23.8.1794).

在您正确的直觉中 In Ihrer richtigen Intuition: MA 8.1, 13 (23.8.1794).

421　有多大的好处 Wie groß der Vorteil: MA 8.1, 17 (27.8.1794).

我的痉挛通常迫使我 denn leider nötigen mich meine Krämpfe: MA 8.1, 22 (7.9.1794).

虽然不正经且不怎么得体；最好的东西 zwar schlüpfrig und nicht sehr dezent... besten Sachen: Schiller und Lotte, 556.

422　几天前 Vor einigen Tagen: Schiller und Lotte 2, 556.

424　可敬的公众 das ehrsame Publikum: WA IV, 4, 311 (11.10.1780).

世人会写多少东西 Wieviel die Menschen schreiben: MA 17, 310.

在……领域里 In der Sphäre: MA 17, 310.

425　因为现在人人都读 Jetzt da jeglicher liest: MA 4.1, 660.

高贵的朋友 Edler Freund: MA 4.1, 660f.

426　人类失去了自己的尊严 Die Menschheit hat ihre Würde verloren: Schiller V, 594.

寄给我的手稿 Das mir übersandte Manuskript: MA 8.1, 33 (26.10.1794).

427　无法抵抗的刺激 dem unwiderstehlichen Reiz: MA 4.1, 441.

斩首机在德国也 daß die Guillotine auch in Deutschland: MA 4.1, 444.

仁慈 Schonung: MA 4.1, 449.

以德行的名义 im Namen der Tugend: MA 4.1, 448.

社交修养 *gesellige Bildung*: MA 4.1, 448.

才是完整的人 *ist nur da ganz Mensch*: Schiller V, 618.

428 我们依赖社会 *die wir von der Gesellschaft abhängen*: MA 4.1, 452.

您……向我们讲述您的故事 *Sie werden uns doch Ihre Geschichten*: MA 4.1, 454.

直到我……九十九个前任 *als bis ich 99 Vorgänger*: WA IV, 10, 352 (21.12.1795).

429 必须被牺牲 *aufgeopfert werden mussten*: MA 8.1, 36 (28.10.1794).

半人半马怪 *Centaur*: MA 8, 1, 93 (20.7.1795).

《季节女神》（Horen）中……的现在得换成（Huren）妓女中的 u *die "Horen" müssten nun mit dem u gedruckt werden*: VB 2, 41f.(Böttiger an Schulz, 27.7.1795).

过于矍铄的思想 *zu rüstige gedanken*: MA 3.2, 450.

我对这类诗歌 *ich habe für diese Art Gedichte*: MA 3.2, 451.

两个受洗的犹太女人 *zwei getauften Jüdinnen*: Schiller und Humboldt 1, 177.

430 歌德和我……的这个孩子 *Das Kind, welches Goethe und ich*: BW Schiller/Körner 3, 229 (1.2.1796). 405

431 属于我生命中最美好的幸福 *zu dem schönsten Glück meines Daseins*: MA 8.1, 187.

适逢这个机会，我多么生动地 *Wie lebhaft habe ich bei dieser Gelegenheit*: MA 8.1, 187.

对……伟大优点 *Gegen große Vorzüge*: MA 9, 439.

432 传播……福音 *predigte das Evangelium*: MA 12, 97.

小说很好地启动 *Der Roman rückt gut*: MA 8.1, 169.

这部小作 *dieses Werklein*: WA Ⅳ, 24, 202 (16.3.1814).

433 你是个真实的人 *Du bist ein wahrer Mensch*: MA 5, 570.

以最温和的方式熟悉自己 *mit sich selbst auf die gelindeste Weise*: MA 5, 190.

喜欢稍稍地……命运 *gern ein wenig das Schicksal*: MA 5, 555.

434 同这些庄严的符号 *Also mit diesen würdigen Zeichen*: MA 5, 549.

我相信自己发觉 *Ich glaube zu bemerken*: MA 8.1, 204.

他的天才……如此轻快地承负 *Wie leicht ward sein Genie*: BW Schiller/Körner 2, 37 (9.3.1789).

435 您在塔楼里见到的一切 *alles was Sie im Turme*: MA 5, 549.

他再也不……观察世界 *Er sah die Welt nicht mehr*: MA 5, 504.

他决定离开 *Sein Entschluss sich zu entfernen*: MA 5, 570.

436 艺术家的无神论 *Künstlerischer Atheismus*: Novalis Ⅱ, 801.

争取贵族证书的朝圣 *die Wallfahrt nach dem Adelsdiplom*: Novalis Ⅱ, 807.

因为我无目的 *da ich ohne Zweck*: MA 5, 535.

437 毫无疑问 *Es ist keine Frage*: MA 8.1, 209 (9.7.1796).

更多理性判断之水 *mehr Wasser des Raisonnements*: MA 8.1, 181 (25.6.1796).

此外……他的女人们 *Übrigens sind seine Frauens*: VB 2,

79 (25.10.1796).

因为这几页纸也能卖钱 weil diese Bogen auch bezahlt: VB 2, 52 (6.12.1795).

438 使我无法克制我的恼怒 Ich kann noch nicht meinen Verdruss: VB 2, 145 (10.3.1799).

女人时代 weibliches Zeitalter: MA 8.1, 467 (16.12.1797).

理所当然……我们 Wir werden, wie sichs von selbst versteht: MA 8.1, 505 (26.1.1798).

439 对以后的名声有几分要求 auf einigen Nachruhm Anspruch: MA 8.1, 283 (7.12.1796).

440 荣誉感；上进 Ehrgefühl / höher hinauf: MA 4.1, 568.

就像那终于到岸 So scheint dem endlich gelandeten: MA 4.1, 629.

441 荷马的太阳 Und die Sonne Homers: Schiller I, 234.

因为我也必须做这样的事 weil ich so etwas auch: MA 8.2, 245 (7.7.1796).

442 男子汉情感 Mannesgefühl die Heldengröße: MA 4.1, 617.

当我们其他人费力收集 Während wir andern mühselig sammeln: Schiller Briefe, 466f.

443 在《赫尔曼和多罗特娅》 In Herrmann und Dorothea: MA 8.1, 485 (3.1.1798).

巨大的感动 große Rührung: MA 8.1, 49.

一切／都在动摇 denn Alles bewegt: MA 4.1, 628.

444 最坚实大地上最安全的土地摇晃 der sicherste Grund des festesten Bodens zu schwanken: MA 4.1, 629.

让我觉得好玩 *Übrigens belustige es mich*: MA 8.1, 351 (23.5.1797).

钱袋空空 *Arm an Beutel*: MA 4.1, 863.

445　别在此地继续……掘宝 *Grabe hier nicht mehr:* MA 4.1, 864.

一切完全自然地 *ganz ins Natürlich*: MA 8.1, 398 (22.8.1797).

新的信仰萌生 *Keimt ein Glaube neu*: MA 4.1, 866.

446　一旦冒出火星, *Wenn der Funke sprüht*: MA 4.1, 871.

古代神灵 *Und der alten Götter*: MA 4.1, 867.

那一切花朵 *Alle jenen Blüten*: Schiller I, 167f.

没有任何的意见分歧 *Über nichts sind die Meinungen geteilter*: VB 2, 116 (18.10.1797).

我们的叙事歌谣研究 *Unser Balladenstudium*: MA 8.1, 360 (22.6.1797).

448　你们又靠近 *Ihr naht euch wieder*: MA 6.1, 535.

他们再听不见 *Sie hören nicht*: MA 6.1, 535.

我的歌……响起 *Mein Leid ertönt*: MA 6.1, 535.

449　我全身战栗 *Ein Schauer fasst mich*: MA 6.1, 535.

现在我希望 *Nun wünschte ich aber*: MA 8.1, 359 (22.6.1797).

450　人类的双重天性 *Duplizität der menschlichen Natur*: MA 8.1, 360 (23.6.1797).

刺耳耀眼却没有形状 *Grelle und Formlose*: MA 8.1, 360f. (23.6.1797).

服务于一种理性观念 *zum Dienst einer Vernunftidee*: MA 8.1, 361 (23.6.1797).

引入行动着的生命 *handelnde Leben geführt*: MA 8.1, 363 (25.5.1797).

现在仅仅需要一个平静的月份 *Es käme jetzt nur auf einen ruhigen Monat an*: MA 8.1, 369 (1.7.1797).

《浮士德》的写作时间被推后 *Faust ist die Zeit zurückgelegt*: MA 8.1, 370 (5.7.1797).

451 但愿天助我 *Der Himmel helfe mir*: an Neuffer; Hölderlin II, 554 (November 1794).

良好素质 *gute Ingredienzchen*: MA 8.1, 365 (28.6.1797).

感到毛骨悚然 *Es graut mir schon*: MA 8.1, 381 (29.7.1797).

百万倍的九头蛇 *millionfachen Hydra*: MA 8.1, 393 (17.8.1797).

452 所以我给自己准备好卷宗 *Ich habe mir daher Akten gemacht*: MA 8.1, 398f. (22.8.1797).

这些巨大山石的类别 *die Rubrik dieser ungeheuern Felsen*: MA 8.1, 423 (25, 9.1797).

453 又将被……全部 *dass das Ganze wieder*: MA 8.1, 392 (17.8.1797).

在……持续蹒跚中 *in einem beständigen Taumel*: MA 8.1, 384 (9.8.1797).

在上次旅行中 *und hast auch auf der letzten Reise*: WA IV, 12, 252 (24.8.1797).

454 人们……提起您 *Ihrer ... erinnert man sich*: MA 8.1, 408 (31.8.1797).

但愿我十六年前 *Was hätte ich vor 16 Jahren*: MA 8.1, 412 (8.9.1797).

对我们俩来说……这有好处 *Für uns beide war es ein Vorteil*: MA 8.1, 424 (25.9.1797).

我感到一种奇异的欲望 *ich fühlte ein wundersames Verlangen*: MA 8.1, 432f.(14.10.1797).

455 昨日你的脑袋 *War doch gestern dein Haupt*: MA 8.1, 437 (1.10.1797, im Brief vom 17.103797).

带来极大可信度 *viel Zutrauen einflößt*: MA 8.1, 434 (14.10.1797).

我多么希望 *Wie sehr wünschte ich*: MA 8.1, 443 (30.10.1797).

457 多产的我 *produkt IV es Ich*: MA 8.1, 455 (29.11.1797).

我只能在绝对的孤寂中 *dass ich nur in einer absoluten Einsamkeit*: MA 8.1, 463 (9.12.1797).

458 攻击性 *angreifendes*: MA 8.1, 460 (8.12.1797).

虽然我无法足够认识自己 *Ich kenne mich zwar nicht selbst*: MA 8.1, 462 (9.12.1797).

庄严的强力；一种更自由的舒适性；让您不自在 *ihrer pathetischen Gewalt / mit einer freieren Gemütlichkeit / geniert Sie*: MA 8.1, 464 (12.12.1797).

459 某种晦暗和踌躇 *eine Art Dunkelheit und Zaudern*: MA 8.1, 17 (27.8.1794).

叙事文学作家把事件 *Dass der Epiker die Begebenheit*: MA 4.2, 126.

460 戏剧的情节 *Die dramatische Handlung*: MA 8.1, 473 (26.12.1797).

我们为何……在叙事上成功 *Warum gelingt uns das Epische*: MA 8.1, 475 (27.12.1797).

倘若戏剧真的 Wenn das Drama wirklich: MA 8.1, 477 (29.12.1797).

461 再创造出一座顶峰 abermals einen Gipfel: MA 6.2, 355.

462 世界在这一瞬间 Was die Welt in diesem Augenblicke: MA 6.2, 26.

家庭小像 Ein kleines Familiengemälde: MA 6.2, 1003,

463 幻想者；给想象力表演点什么 Imaginanten / der Einbildungskraft etwas vorzuspielen: MA 6.2, 123.

464 他该依靠自然 Dass er sich an die Natur halten: MA 6.2, 13.

艺术家一旦 Indem der Künstler: MA 6.2, 17.

阿刻戎河的小船 acherontschen Kahn: Schiller 1, 212.

465 只是一则寓言 Nichts als eine Fabel: Schiller 1, 212.

真该将一切 Man sollte wirklich alles: MA 8.1, 450 (24.11.1797).

独立的作品；无论如何 selbstständiges Werk / Auf alle Fälle: MA 8.1, 452 (25.11. 1797).

在歌剧中 In der Oper: MA 8.1, 478 (29.12.1797).

466 主人公的性格 Der Charakter des Helden: BranG 1, 325 (31.1.1799). 441.

468 具有无穷志向 mit aller ihrer unendlichkeit: zit. nach MA 6.3, 1300.

至于费希特 Was Fichten betrifft: WA IV, 14, 172 (30.8.1799).

我大约……被歌德 Über Göthen habe ich wohl: zit. nach MA 6.2, 1300.

469 殿下的惩罚性讲话 Serenissimi Strafrede: MA 6.2, 923 (26.12.1798).

缺乏感情 Ermangelung des Gefühls: MA 8.1, 802 (25.7.1800).

470 充满敬畏地……那神圣的夜晚 ehrfurchtsvoll jene heilige Nacht: MA 11.1.2, 215.

我无法创造奇迹 Wunder kann ich nicht tun: WA I, 6, 476.

471 爱情给我一切 Für alles tröstet mich: MA 6.1, 143, V. 567 f.

我们的悲剧剧院……不再将当作必需品 Die Notwendigkeit unser tragisches Theater. MA 6.2, 692.

非诗意的仪式舞台 Unpoetischen Zeremonialbühne: zit. nach MA 6.1, 923.

少有感觉 In Ermangelung des Gefühls: MA 8, 1, 802 (25.7.1800).

472 我的海伦 Meine Helena: MA 8.1, 812 (12.9.1800).

如此地吸引我 Nun zieht mich aber: MA 8.1, 812 (12.9.1800).

烟雾和雾途 Dunst und Nebelweg: MA 8.1, 360 (22.6.1797).

您可别受 Lassen Sie Sich aber ja nicht: MA 8.1, 812f. (13.9.1800).

473 最出色的俊才 Den besten Köpfen: MA 6.1, 1050.

475 没有片刻 Kein Augenblick ward müßig: MA 14, 62.

好管闲事；片面 naseweise / einseitige: MA 8.1, 600 (23.7.1798).

也有好处 Was noch allenfalls zu Gunsten: MA 8.1, 604 (28.7.1798).

当他开始时，钟敲八点 Als er anfing, schlug es acht Uhr: Grumach 4, 541.

476 他像父亲般爱你 Er liebet Dich väterlich: Kleßmann, Caroline, 229.

477 这是个思维清晰 Es ist ein sehr klarer: WA IV, 13, 168 (29.5.1798).

想从下往上 *die von oben herunter*: MA 8.1, 588f. (30.6.1798).

我们要尽己所能 *Wir wollen das möglichste tun*: MA 8.1, 517 (23.9.1800).

自从我摆脱 *Seitdem ich mich von der hergebrachten*: WA IV, 15, 117 (27.9.1800).

478 我至少可以自我恭维 *Wenigstens darf ich mir schmeicheln*: WA IV, 15, 173 (1.2.1801).

重新进入生命 *Wiedereintritt ins Leben*: an Reichardt; WA IV, 15, 176 (5.2.1801).

遗憾的是，当我们告别时 *leider war, als wir Abschied nahmen*: WA IV, 15, 174 (5.2.1801).

480 我们要耐心等待 *Wir wollen erwarten*: MA 8.1, 888 (9.3.1802).

总体上讲这是……可怕景象 *Im Ganzen ist es der ungeheure Anblick*: MA 8.1, 887 (9.3.1802).

容器 *Gefäss*: MA 14, 60.

迷信 *Aberglauben*: MA 14, 66.

481 倘若一种奇迹 *Denn, wenn ein Wunder*: MA 6.1, 323, V. 2854f.

在由丈夫做主的房子里 *Im Hause, wo der Gatte*: MA 6.1, 303 f., V. 2179–2184.

484 3月5日 *Der fünfte März*: MA 8.1, 888 (10.3.1802).

更多作品 *damit Sie mehr Produktionen*: MA 8.1, 909 (5.7.1802).

倘若我什么时候有一部好剧本 *soll mir jemals ein gutes Theaterstück*: MA 8.1, 912f. (6.7.1802).

485 他预感到 *es ahne ihm*: Grumach 5, 539.

486 此外我情况不错 *Übrigens geht es mir gut*: MA 8.1, 1001 (25.P4.1805).

啊，不！*O Nein*: Grumach 3, 589.

未经通报且悄无声息地 *Unangemeldet und ohne Aufsehen*: Grumach 5, 565.

我想到要失去自己 *Ich dachte mich selbst zu verlieren*: MA 20.1, 98 (1.6.1805).

491 抵抗死亡 *dem Tode zu Trutz*: Tag- und Jahres-Hefte; MA 14, 130.

我觉得他的失去 *Sein Verlust schien mir*: MA 14, 130.

最庄严的葬礼 *Herrlichste Totenfeier*: MA 14, 130.

492 空洞状态 *hohlen Zustand*: MA 14, 131.

于我而言，现在他才 *Nun fing er mir erst an:* MA 14, 131.

悄无声息地关入墓穴 *geprägnglos eingschlossen*: MA 14, 131.

来自冥府的友谊 *Freundschaft vom Totenreiche*: MA 14, 131.

歌德请求策尔特写一部音乐作品 *Goethe bat Zelter um eine Musik dazu* MA 20.1, 98 (1.6.1S05).

493 他的精神 *Indessen schritt sein Geist*: MA 6.1, 91.

我无法，我无法…… *Ich kann, ich kann...nicht*: MA 6.1, 904.

其实我该开始一种新的生活方式 *Eigentlich sollte ich eine neue Lebensweise*: MA 20.1, 98 (1.6.1805).

我现在每天只是 *Ich sehe also jetzt nur jeden Tag*: MA 20.1, 98 (1.6.1805).

494 席勒的理想主义倾向 Schillers ideeller Tendenz: MA 14, 132.

因为我害怕 Denn mir war angst: Gespräche 3.1, 674, Fußnote (5.4.1824).

对逝者的思念；损失；替代物 Sehnsucht nach dem Abgeschiedenen / Verlust / Leidenschaft: MA 14, 678.

诗人习惯于 Der Dichter pflegt: MA 9, 20.

所有玫瑰般的少女中的最美者 Lieblichste aller jungfräulichen Rosen: Bode, Goethes Liebesleben, 350.

496 在这部悲剧中 In dieser Tragödie: Gräf II, 2, 125f.

自从我决定 seitdem ich mich entschlossen habe: Gräf II, 2, 141.

随意地 Auf das Geratewohl: Gräf II, 2, 150.

497 然而，我们还是在此中断 Wir wollen indes für dieses Mai abbrechen: Gräf H, 2, 152.

土豆的坏处 Schädlichkeit der Kartoffel. Tgb III, 1, 248 (19.8.1806).

自从……巨大空缺 Seit der großen Lücke: GBr 3, 20 (4.4.1806).

498 仆人……的不和 Zwiespalt des Bedienten: Tgb III, 1, 244 (7.8.1806).

499 反思 Reflexionen: Tgb III, 1, 243 (6.8.1806).

过于粗暴；在这次事件中，我发现自己 äußerst rauh/ Da ich mich nun in dem Fall sah: WA IV, 19, 169 (8.8.1806).

最最衷心地感谢 danke aufs verbindlichste: WA IV, 19, 180 (23.8.1806).

500 怎样充满忧虑的商谈 *Welche sorgevolle Verhandlungen*: MA 14, 180.

管弦乐队指挥胡梅尔 *Kapellmeister Hummel*: MA 14, 180.

令人扫兴的观点 *trüben Ansichten*: MA 14, 180.

在法国军队进入时 *Beim Einrücken des französischen Heeres*: MA 14, 181.

固执的作者；但我始终也是 *Beharrlichen Autor / Ich aber blieb*: MA 14, 181

501 我把我的事业 *Ich ha' mein Sach*: MA 6.1, 93 (vgl. Auch Grumach 6, 148).

我永远无法忘记 *Ich werde nie vergessen*: Grumach 6, 149 (21.11.1813).

太可怕了 *Es ist doch entsetzlich*: Grumach 6, 150.

晚上5点 *Abends um 5 Uhr:* Tgb Ⅲ, 1, 263 (14.10.1806).

502 尽管他已脱去外衣 *Obgleich schon ausgekleidet*: Grumach 6, 153.

不过，我经历了某些苦难 *Aber erlitten habe ich etwas*: WA Ⅳ, 19, 248 (Mitte Dezember 1806).

在悲哀的日子里，歌德对我来说 *Göthe war mir in den traurigen Tagen*: Grumach 6, 163.

503 在最糟糕的时刻 *Schlimmsten Augenblicken*: WA Ⅳ, 19, 244 (9.12.1806).

比这更令人悲哀的场景 *nie ein größes Bild des Jammers*: Grumach 6, 157.

其个人生活环境的法律和社会的更新 *rechtliche und*

gesellschaftliche Modernisierung seiner Lebensumstände: Seibt, Goethe und Napoleon, 36.

504 将会是个节日 *Es wird ein Fest*: WA IV, 19, 248 (Mitte Dezember 1806).

他一直表现良好 *Er lässt sich noch immer gut an*: WA IV, 19, 251 (25.12.1806).

最近几个日夜里 *Dieser Tage und Nächte*: WA IV, 19, 197 (17.10.1806).

505 向我介绍他的妻子 *stellte mir seine Frau vor*: Grumach 6, 166.

歌德在战争的隆隆炮声 *Göthe ließ sich unter dem Kanonendonner*: zit. nach Frühwald, 47.

非常不礼貌；请您感觉 *sehr unschicklich / fühlen Sie*: WA IV, 19, 253 (25.12.1806).

506 最糟之时 *In den schlimmsten Stunden*: MA 20.1, 142 (26, 12.1806).

幼稚的自私自利……教授的骄傲 *kindisch egoistische ... Professorenstolz*: Grumach 6, 181.

未被触及的……不失去 *Das bis jetzt noch umangetastete... verliere*: Grumach 6, 210.

507 保罗使徒说 *Wenn Paulus sagt*: Grumach 6, 172.

要是有人抱怨 *Wenn Jemand sich über das beklagt*: MA 20.1, 155 (27.7.1807).

508 德国 *dass Deutschland*: MA 20.1, 155 (27.7.1807).

最高级现象 *die höchste Erscheinung*: WA IV, 19, 258 (3.1.1807).

509 普罗米修斯 *Prometheus / Licht / einen jeden aufmerksam*: Gespräche 3, 2, 22 (8.3.1826).

510 埃尔福特的大会 *Kongress zu Erfurt*: MA 14, 207.

据传皇帝曾对您说 *Von Ihnen soll der Kaiser gesagt haben*: BW Reinhard, 77.

皇帝这句……妙语 *Also ist das wunderbar Wort des Kaisers*: BW Reinhard, 78f.

511 征服世界者；仔仔细细；您为何这样；不怎么容易发现 *Weltüberwinder von sich selbst / durch und durch / warum habt ihr das getan / nicht leicht zu entdeckender*: MA 14, 578.

命运剧；现在人们；回忆往事 *Schicksalsstücke / Was will man jetzt / Vergangenheit zu gedenken*: MA 14, 579.

其赞辞表达之多样性 *Mannigfaltigkeit seiner Beifallsäußerungen*: MA 14, 580.

512 我很愿意承认 *ich will gerne gestehen*: WA IV, 20, 225f. (2.12.1808).

所有的文学创作 *dass alle literarischen Arbeiten*: WA IV, 20, 226 (2.12.1808).

513 有些费解的小作品 *etwas abstruses Werkchen*: WA IV, 22, 76 (17.4.1811).

勇敢勤劳的人民 *wackern arbeitstreuen Volk*: MA 9, 157, V. 163.

支持 *Parteilichkeit*: MA 9, 15S, V. 218.

514 如此大胆地 *So geht es kühn*: MA 9, 180f., V. 915–930.

515 可惜我觉得自己 *Leider komme ich mir*: MA 20.1, 263

(26.6.1811).

这点一直不清楚 *es sei nicht immer klar*: MA 8.1, 527 (16.2.1798).

516 不能（善待）残渣 *Man darf die Schlacken*: MA 8.1, 937 (22.5.1803).

别无任何其他愿望 *hege keinen andern Wunsch*: MA 8.1, 642 (31.10.1798).

解放日 *Befreiungstag*: MA 14, 215.

517 我们这样做其实是 *Denn eigentlich unternehmen wir*: MA 10, 9.

518 光的传递 *Taten des Lichts*: MA 10, 9.

一个奇观 *Welch Schauspiel*: MA 6.1, 547f., V. 454 11.461.

519 我将棱镜拿到眼前……等待着 *ich erwartete, als ich das Prisma*: MA 10, 909f.

老鼠色，灰尘色 *mäusefarben, aschfarben*: MA 10, 442.

520 但我们最好还是 *Doch wir tun besser*: MA 10, 263.

爱和恨 *Lieben und Hassen*: Tgb III, 1, 315 (25.5.1807).

牛顿学说的谬误 *Irrtum der Newtonischen Lehre*: MA 19, 105 (2.5.1824).

也就是说 *Es ist also hier die Rede*: MA 10, 12.

我认出了光的纯粹 *Ich erkannte das Licht in seiner Reinheit*: MA 19, 492.

521 这些现象 *Diese Phänomene*: MA 10, 45.

人们不该……寻找任何东西 *Man'suche nur nichts*: MA 17, 824.

理论通常是……匆忙 *Theorien sind gewöhnlich Übereilungen*: MA 17, 797.

思考着的人之最美妙的幸福 *Das schönste Glück des denkenden*: MA 17, 919.

522 一种何等的生命体 *Was ist doch ein Lebendiges*: MA 15, 108 (9.10.1786).

524 他外部的感官 *sein äußerer Sinn wird*: MA 17, 352.

525 最伟大且最精确的物理 *Der größe und genaueste physikalische*: MA 17, 846.

外行们发现不了任何新东西 *Kenner werden nichts Neues finden*: zit. nach HA 13, 619.

526 一名自学的外行之胎死腹中的游戏 *totgeborene Spielerei eines autodidaktischen Dilettanten*: MA 10, 996.

对我作为诗人所做的一切 *Auf Alles was ich als Poet*: MA 19, 297 (19.2.1829).

你若想享受你的价值 *Willst du dich deines Wertes*: MA 9, 127.

527 年轻的叔本华 *Der junge Schopenhauer*: WA Ⅳ, 24, 44 (24.11.1813)

他的名字该永世受到赞扬！*Gepriesen sei sein Name in alle Ewigkeit!*: Schopenhauer Briefe, 27.

他与其他人交谈 *Mit Andern unterhalte er sich*: Schopenhauer Gespräche, 27.

喜欢更久地承担 *Trüge gern noch*: MA 9, 92.

528 我的所思和所写 *was ich denke, was ich schreibe*: Schopenhauer

Briefe, 16.

529　倘若我将您的色彩学说比作一个金字塔 *Vergleiche ich Ihre Farbenlehre einer Pyramide*: Schopenhauer Briefe, 19.

我有充分把握知道 *Ich weiß mit vollkommner Gewißheit*: Schopenhauer Briefe, 20.

不管怎样，我也 *Auch ich habe es*: Schopenhauer Briefe, 22.

530　谁倾向于 *Wer selbst geneigt ist*: WA Ⅳ, 26, 154f. (16.11.1815).

减缩 *ins Kurze*: WA Ⅳ, 26, 235 (28.1.1816),

叔本华博士 *Dr. Schopenhauer trat*: MA 14, 252.

531　《色彩学》的第二部分 *zweiten Teils der Farbenlehre*: an Reinhard; WA Ⅳ, 21, 195 (21.2.1810).

外面的朋友们 *auswärtigen Freunden*: MA 20.1, 211 (1.6.1809).

我放进许多东西 *Ich habe viel hineingelegt*: MA 20.1, 211 (1.6.1809).

532　解除……这项工作 *von einem Geschäft zu entbinden*: WA Ⅳ, 20, 210 (10.11.1808).

533　有着如此众多的联系 *Es gibt so viele Bezüge*: MA 10, 624.

534　就像倾慕的一种类型 *wie eine Art Neigung*: MA 12, 206.

看来，作者 *Es scheint, dass den Verfasser*: MA 9, 285.

535　不过人到底 *Aber der Mensch ist doch*: MA 9, 318.

穿越快活的理性……的王国 *Durch das Reich der heitern Vernunft*: MA 9, 285.

536　这种事在……可能会发生；意识 *Das kann wohl geschehen / Das Bewußtsein*: MA 9, 292.

爱德华渴望 *Eduard sehnte sich*: MA 9, 401.

537 理想的 *Idealistisch*: zit. nach Tgb Ⅲ, 2, 1095.

此外, 我 *Übrigens bin ich nur zu sehr*: WA Ⅳ, 20, 26 (7.3.1808).

人们该 *Man soll sich*: Grumach 6, 457.

538 针对新的……抨击 *Diatribe gegen die neuen*: Tgb Ⅲ, 1, 430 (17.4.1808).

每个人都静静地死在自己的床上 *Es stirbt ein Jeder ruhig auf seinem Bette anstatt*: Grumach 6, 453.

一般的题材 *Die gemeinen Stoffe*: WA Ⅳ, 20, 27 (7.3.1808).

施莱格尔的皈依 *Durchaus ist aber diese Schlegelsche Konversion*: WA Ⅳ, 20, 93f. (22.6.180)

539 一种淫荡的化装舞会和妓院经济的组合 *eine lüsterne Redouten- und Halb Bordellwirtschaft*: WA Ⅳ, 20, 27 (7.3.1808)

540 与彭特西丽亚 *Mit der Penthesilea*: WA Ⅳ, 20, 15 (1.2.1808).

你们啊, 这对受迷惑的人儿 *Du betörtes Menschenpaar*: Zacharias Werner, Wanda, 85.

543 我早该这样 *Ich hätte mich früher*: MA 9, 500.

他们……一如既往地有一种难以形容的 *Nach wie vor übten sie eine unbeschreibliche*: MA 9, 517.

544 谁真正严肃地沉入自身 *Wer in sich recht ernstlich*: MA 17, 880.

可怕和缠人的强力 *die ungeheuren zudringenden Mächte*: MA 9, 507.

545 意识……并非可靠的武器 *Das Bewusstsein ... ist keine hinlängliche Waffe*: MA 9, 292.

在他们的墓穴上空飘浮着和平 *Friede schwebt über ihrer Stätte*: MA 9, 529.

娴静的美德；被大自然 *Stille Tugenden, von der Natur erst kurz*: MA 9, 526f.

546 一种自然 *Eine Natur*: MA 9, 285.

547 他们的性格和事件当然不怎么有唯灵论的意味 *Spiritualistisch freilich sind ihre Charaktere und Ereignisse nicht*: BW Reinhard, 110f.

548 我们常听 *Wir hören's oft*: MA 9, 37.

它突然……到场 *Auf einmal ist er da*: MA 9, 42.

550 请说，我……献给谁 *Sagt, wem geb ich*: MA 3.2, 151.

一个辉煌的时代 *Einer glänzenden Epoche*: MA 6.2, 196.

我们的联盟 *Und unsern Bund*: MA 6.1, 345.

551 与以前时代的差别 *Der Unterschied gegen vorigen Zeiten*: WA Ⅳ, 19, 337 (24.5.1807).

无法更长久地保持自己的心 *ihr Herz nicht länger gehalten*: MA 9, 932.

我可敬的母亲的死亡 *Der Tod meiner teuren Mutter*: WA Ⅳ, 20, 169 (21.9.1808).

以人性的方式 *menschlicher Weise*: WA Ⅳ, 20, 166 (19.9.1808).

带着一声早上好的问候 *Mit einem guten Morgen*: WA Ⅳ, 5, 184 (26.8.1781).

552 宽广和速度 *Weite und Geschwindigkeit*: WA Ⅳ, 5, 179 (11.8.1781).

必需和舒适 *um das notdürftige und Angenehme*: WA IV, 5, 180 (11.8.1781).

我很爱别人 *Ich habe die Menschen sehr lieb*: BrEltern 549 (14.11.1785).

553 令人兴奋的 *herzquickend*: BrEltern 882 (3.6.1808).

施加压力 *Daumenschrauben*: BrEltern 884 (1.7.1808).

现在我希望 *Und nun hoffe ich*: WA IV, 20, 4 (9.1.1808).

554 静静回顾生命 *Stiller Rückblick aufs Leben*: Tgb I, 1, 85ff. (7.8.1779).

在计划……最内在的地方 *Im innersten meiner Plane*: WA IV, 6, 97 (21.11.1782).

555 仅在……的生动的统一中 *die nur in der lebendigen Vereinigung*: MA 20.1, 17 (29.5.1801).

更加积极、既向内 *Immer tätiger nach innen*: MA 4.2, 515.

以某种方式 *auf irgendeine Weise*: MA 4.2, 516.

望向别处 *Die Augen wegkehren*: MA 4.2, 516.

556 自从他学会了理解 *Seitdem er hat einsehen lernen*: MA 4.2, 516.

发挥相反作用 *tätig dagegen zu wirken*: MA 4.2, 519.

很久以来 *Dass mir von jeher*: MA 12, 306.

557 仇敌不在考虑之列 *Widersacher kommen nicht in Betracht*: MA 12, 307.

每个人于自己仅是一个个体 *Jeder ist selbst nur ein Indiuiduum*: MA 9, 935.

558 我们仅爱有个性者；*Wir lieben nur das Individuelle*: MA 9, 935.

不能责怪书写历史者 *Dem Geschichtsschreiber ist nicht zu verargen*: HA 9, 843.

被贬者 *Das Heruntersetzende*: MA 9, 936.

每个写下其自白的人 *Jeder der eine Confession schreibt*: Tgb IV, 1, 146 (18.5.1810).

559 反讽的观点 *Ironische Ansicht*: Tgb IV, 1, 145 (18.5.1810).

最认真的努力 *ernstestes Bestreben*: MA 20.2, 1320 (15.2.1830).

回忆；文学创作的能力 *Rückerinnerung / dichterische Vermögen*: MA 20.2, 1320 (15.2.1830). 531

560 这并不十分困难 *Es wäre nicht allzuschwer*: Unterhaltungen, 138.

犹如一个气球 *Wie ein Luftballon*: MA 16, 614.

561 行动的缺乏 *Mangel von Taten*: MA 16, 617.

创作任务 *Dichterische Aufgabe*: MA 16, 618.

562 新教教徒 *der Protestant*: MA 16, 312.

人……启示了上帝 *Der Mensch offenbaret Gott*: GBr 3, 588 (Anm. 956).

倘若有人不想知道 *Wem es nicht zu Kopie will*: WA IV, 22, 321f. (8.4.1812).

563 若他灰白的脑袋 *wenn sein graues Haupt*: WA IV, 22, 323 (8.4.1812).

基于我天性的多种多样的方向，就我自身来说 *Ich für mich kann, bei den mannigfaltigen*: WA IV, 23, 226 (6.1.1813).

我们是／研究自然的 Wir sind Naturforschend: MA 17, 863.

时代中的某些精神 etwas von dem Geiste der Zeit: MA 20.2, 1320 (15.2.1830).

564 可怕状态 monstrose Zustand: MA 16, 565.

565 审美意识 Der ästhetische Sinn: MA 16, 569.

倘若有人（哀叹）整体 Wenn aber die Menschen über ein Ganzes: MA 20.1, 155 (27.7.1807).

可怕的事物 Ungeheuren: MA 16, 820.

偶然；天意；关联 Zufall / Vorsehung / Zusammenhang: MA 16, 820.

566 我要抢在自己前面 Und so will ich denn ... mir selbst vorgreifen: MA 16, 821.

最可怕地 Am furchtbarsten aber: MA 16, 822.

567 充满无限的活力 voll unbegrenzter Tatkraft: MA 19, 424 (2.3.1831).

在我的本性里 In meiner Natur liegt es nicht: MA 19, 424 (2.3.1831).

完全属于自己 ich mir noch ganz selbst angehöre: WA IV, 23, 136 (12.11.1812).

以我处理事情的方式 Bei der Art, wie ich die Sache behandle: BW Reinhard, 173.

568 出色的人 herrlichen Menschen: VB 1, 145.

有才智的男人 Der geistreiche Mann: MA 9, 959.

569 以何种注意力 mit weicher Aufmerksamkeit: MA 9, 957.

快活 Heiterkeit: MA 9, 951.

我为什么要……可爱印象 *Warum soll ich mir die lieblichen Eindrücke*: Gespräche 2, 768.

这类崇高的精神力量的没落 *Von Untergang solcher hohen Seelenkräfte*: Gespräche 2, 770.

让我们继续活动 *Wirken wir fort*: MA 20.1, 981f. (19.3.1827). 541

571 莫斯科遭遇大火 *Dass Moskau verbrannt ist*: WA IV, 23, 151 (14.11.1812).

我们的想象力 *Unsere Einbildungskraft*: BW Reinhard, 477.

573 只能晃动你们的锁链 *Schüttelt nur an Euren Ketten*: Gespräche 2, 795.

天边的火光 *Die Feuerzeichen am Himmel*: an Christiane; WA IV, 23, 349 (21.5.1813).

但并没有出现很严重的破损 *blieb weitgehend unbeschädigt*: vgl. Gespräche 2, 836.

574 团结在一起，除了在……仇恨 *Verbunden gesehen als im Hass*: WA IV, 24, 43 (24.11.1813).

现在或将来若有敌人来犯 *Und drohen diesmal*: MA 4.1, 629, V. 313–318.

575 即兴诗 *Gelegenheitsgedichte*: WA IV, 24, 277 (18.5.1814).

讨人喜欢 *schmeichelhaft*: WA IV, 24, 284 (20.5.1814).

没有比这更加崇高的庆典 *Es gibt keine höhere Feier*: zit. nach MA 9, 1162.

576 我为自己……感到羞愧 *Doch schäm' ich mich*: MA 9, 228, V. 873–880.

我们在当地生活 *Wir leben hier am Ort*: WA IV, 24, 195

(13.3.1814).

启动 *flott*: WA IV, 24, 199 (15.3.1814).

我们大家都获重生 *Und wir sind alle neugeboren*: MA 9, 230, V 942f.

577 亚洲的世界；缠绕过 *asiatischen Weltanfänge / Es schlingt sich*: WA IV, 22, 252 (30, 1.1812),

578 表现得有创造性；在这个……现实世界 *produktiv verhalten / aus der wirklichen Welt*: MA 14, 239.

北方、西方、南方 *Nord und West und Süd*: MA 11.1.2, 9.

返老还童；当诗……将我 *wiederholte Pubertät / Als mich ... die Gedichte*: MA 19, 610.

579 将我们从地面举上天空 *uns von der Erde in den Himmel*: MA 11.1.2, 168.

诗人恰恰无须 *Dass der Dichter nicht geradezu*: MA 11.1.2, 164.

某种创作方式；在爱情中 *Dichtart / in Liebesangelegenheiten*: MA 20.1, 403 (11.3.1816).

580 雨墙 *Wenn zu der Regenwand*: MA 11.1.2, 15.

但我精神的 *aber meinem Geist*: BW Willemer, 7 (11.12.1808).

581 晚上在枢密顾问维勒默妻子 *Abend zu Frau Geheimerätin Willemer*: WA IV, 25, 58 (12.10.1814).

我属于小人物 *Zu den Kleinen zähl ich mich*: BW Willemer, II (12.12.1814).

582 我很愿意思念 *Noch sehr gern gedenke ich*: BW Willemer, 15 (28.12.1814).

重获青春，恢复以前的活力 *verjüngt und zu früherer*

841

Tatkraft: WA IV, 25, 93 (23.11, 1814).

歌德看上去……欢乐且健康 Goethe ist ...froh und wohl: Gespräche 2, II24.

583 可是你 Aber dass du: MA 11.1.2, 67f.

你……害羞 Du bschämst: MA 11.1.2, 80.

你的爱情使我异常欢喜 Hochbeglückt in deiner Liebe: MA 11.1.2, 69.

584 充满了整体的意义 durchdrungen von dem Sinn: MA 20.1, 383 (17.5.1815).

最高幸福 Höchstes Glück: MA 11.1.2, 76.

可以允许 Kann wohl sein: MA n.1.2, 77.

我永远不愿失去你！ Nimmer will ich dich verlieren: MA 11, 1.2, 80.

585 这棵树的叶子 Dieses Baums Blatt: MA 11.1.2, 71.

来吧，爱人，来吧 Komm Liebchen, komm: MA 11.1.2, 73.

586 《东方之歌》 orientalischen Gedichten: Gespräche 2, 1065.

我受伤的心灵 Mein wundes Herz: BW Willemer, 339.

要求我向你敞开我的心灵 Dir mein Herz zu eröffnen: BW Willemer, 346.

我从女主人那里 Mir von der Herrinn Sufie: MA 11.1.2, 91.

但愿歌德能来 wenn Goethe kommt: BW Willemer, 63 (23.7.1817).

587 这种飘动是什么意思 Was bedeutet die Bewegung: MA 11.1.2, 85.

你的湿润的羽翼 um deine feuchten Schwingen: MA 11.1.2,

87f.

他非常疲惫 *Er ist sehr angegriffen*: Gespräche, 2, 1119.

信件。决定离去 *Briefe. Entschluss*:Tgb V, 1, 304 (6.10.1815).

歌德突然要走 *Goethe will plötzlich fort*: Gespräche 2, 1118f.

588 恶魔；头发；经过维尔茨堡；生气 *Dämon / Schopfe / über Würzburg / zürnen*: WA IV, 26, 97 (8.10.1815).

这已太多 *Doch das ist schon zu viel*: BW Willemer, 29 (6.10.1815).

不会再被公爵……的安全感 *Die Sicherheit, nicht mehr vom Herzog*: Gespräche 2, 1120.

当我刚刚再次跟你相会 *Kaum dass ich dich wieder habe*: MA 11.1.2, 83.

壮丽地行驶在天路之上 *Fährt prächtig auf der Himmelsbahn*: MA 11.1.2, 86.

589 口气多么豪壮 *Es klingt so prächtig*: MA 11.1.2, 87.

书本中最奇妙的书 *Wunderlichstes Buch der Bücher*: MA 11.1.2, 31.

590 我妻子生命垂危 *Meine Frau in äußerster Gefahr*: Tgb V, 1, 375 (5.6.1816).

睡得不错 *Gut geschlafen*: Tgb V, 1, 375 (6.6.1816).

难道你没有也被弄垮 *Bist Du denn nicht auch zu Grunde gerichtet*: BW Willemer, 43 (20.8.1816).

591 最忠诚的朋友 *Teuerster Freund*: BW Willemer, 74 (30.10.1818).

多好的清凉剂 *wie viel Erquickliches*: BW Willemer, 78

(Dezember 1818).

我对自己是个谜 Ich war mir selbst ein Rätsel: BW Willemer, 92 (Oktober 1819).

592 爱人啊，唉！ Liebchen, ach: MA 11.1.2, 33.

尤其是那些……信件……在我眼前特别闪亮 so leuchten mir besonders gewisse Blätter: BW Willemer (10.2.1832).

为我爱人的双眸 Vor die Augen meiner Lieben: BW Willemer (29.2.1832).

593 即使在这里 Auch hier dringt: MA 11.2, 210.

诗人自视为 Der Dichter betrachtet sich: MA 11.2, 208.

让我仅骑在我的马鞍上 Lasst mich nur auf meinem Sattel: MA 11.1.2, 11.

594 作诗乃是一种傲慢 Dichten ist ein Übermuth: MA 11.1.2, 19.

最后不可缺少的是 Dann zuletzt ist unerlässlich: MA 11.1.2, 14.

有谁感到不高兴 Ärgert's jemand: MA 11.1.2, 55.

你的诗……旋转 Dein Lied ist drehend: MA 11.1.2, 25.

595 饮酒者 Der Trinkende: MA 11.1.2, 96.

我的葡萄酒 Meinen Wein: MA 11.1.2, 95.

不拒绝这样的怀疑 lehnt den Verdacht nicht ab: MA 11.2, 208.

普遍的自然的宗教 Die allgemeine, die natürliche Religion: MA 16, 150.564.

597 在对……反感中 In seiner Abneigung: MA 11.1.2, 150.

无尽的冗词和重复；总是重新回答；尊崇 *grenzenlose Tautologien / immer von neuem anwidert /Verehrung*: MA 11.1.2, 148.

598 人们永远不会 *Wie man denn niemals*: MA 11.1.2, 181.

这种上天引导者 *das Vortwaltende des oberen Leitenden*: MA 11.1, 2, 170.

对唯一之神的信仰 *Der Glaube an den einigen Gott*: MA 11.1.2, 153.

木头上的惨象；只有通过"一"这个概念 *Jammerbild am Holze / nur durch den Begriff des Einen*: MA 11.1.1, 103.

叛教重负 *Renegatenbürde*: MA 11.1.1, 104.

599 对世界本质的概观 *Übersicht des Weltwesens*: MA 11.1.2, 170.

无条件地臣服 *Unbedingtes Ergeben*: MA 20.1, 601 (11.5.1820).

600 千变万化 *In tausend Formen*: MA 11.1.2, 93f.

我们是 *Wir sind*: MA 17, 863.

只有两种真正的宗教 *Es gibt nur zwei wahre Religionen*: MA 17, 840.

601 现在是一篇神圣的遗言 *Und nun sei ein heiliges Vermächtnis*: MA 11.1.2, 112.

他的间接的神学和哲学的基本原则 *Grundsätze seiner Theologie und Philosophie des Indirekten*: vgl. Hermann Schmitz, Goethes Alterdenken.

602 人们不能（指责）理想主义者 *Man kann den Idealisten*: MA 17, 835.

一种精神的形式 *Eine geistige Form*: MA 17, 836.

603 我害怕……那种尴尬 *Mich ängstigt das Verfängliche*: MA 18.1, 19.

604 最佳和最开心者之间 *dass zwischen das Beste*: WA IV, 29, 222 (Ende Juni 1818).

由于瞬间、世纪 *durch den Augenblick, das Jahrhundert*: WA IV, 45, 249 (23.4.1S29).

继续以你们的方式 *Fahrt nur fort*: MA 13.1, 14.

605 我天性的需求 *Das Bedürfnis meiner Natur*: WA IV, 5, 228 (3.12.1781).

不可或缺的、鲜明 *unentbehrliche, scharfe*: MA 13.1, 357.

606 插话 *Zwischenrede*: MA 17, 116.

倘若我们不该 *Wenn wir also nicht*: MA 17, 117.

过去匆忙的形象；完全形成 *vorüber eilender Gestalt / vollkommen ausgebildet*: MA 17, 117.

写下的作品维护着其权利 *Das Gedichtete behauptet sein Recht*: BW Reinhard 108.

607 理想主义；首饰盒；一旦最终 *idealistisch / Schatullchen / wenn man endlich*: MA 8.1, 388.

第二部不比 *Der zweite Teil wird nicht mehr*: WA IV, 35, 76 (7.9.1821).

系统地……分析整体 *das Ganze systematisch konstruieren*: Unterhaltungen, 183.

608 这样的小书 *Mit solchem Büchlein aber*: WA IV, 46, 166 (23.11.1829).

关注其中出现的细节 *Teilnahme an hervortretenden Einzelheiten*: WA Ⅳ, 46, 167 (23.11.1829).

609 生命属于有活力者 *Das Leben gehört den Lebendigen*: MA 17, 261.

我想躲开世人 *Die Menschen wollt' ich meiden*: MA 17, 266.

现在……的时代到来 *Ja es ist jetzo die Zeit*: MA 17, 270.

610 在人类的心里 *im menschtlichen Herzen*: MA 17, 271.

通过真实，从有利 *Vom Nützlichen durchs Wahre*: MA 17, 298.

技术管理员说，您 *Sie finden, sagte der Kustode*: MA 17, 297f.

因为只有这样，有钱人才 *denn nur insofern werden die Vermögenden*: MA 17, 301.

611 人人独处 *jeder bleibt einsam*: MA 17, 316.

这是一种干净的生活 *Es ist ein sauberes Leben*: MA 17, 317.

渴望在行动和活动中消失 *die Sehnsucht verschwindet*: MA 17, 471.

你知道那地方 *Kennst du das Land*: MA 17, 469.

女人们拥抱在一起 *Die Frauen warfen sich*: MA 17, 470.

612 天堂犹如 *Nun war das Paradies*: MA 17, 470.

通过时间的分配 *durch Einteilung der Zeit*: MA 17, 633.

令人讨厌的人 *wer sich unbequem erweist*: MA 17, 634.

平等 *Gleichheit*: MA 17, 635.

对于多数票 *Wegen der Majorität*: MA 17, 635.

613 歌德让我感到害怕 *Goethe ängstigt mich*: Ottilie, 184f.

渴望在行动和活动中消失 *die Sehnsucht verschwindet im Tun und Wirken*: MA 17, 471.

直到地球的中心点；越过我们太阳系的边界 *bis zum Mittelpunkt der Erde / Über die Grenze unseres Sonnensystems hinaus*: MA 17, 672.

614 她……而出生 *sie scheint nur geboren*: MA 17, 677.

让我们……天上的诗作 *Indem wir nun diese ätherische Dichtung*: MA 17, 679.

615 我们肉体和社会的生命 *Unser physisches sowohl als geselliges Leben*: MA 16, 713.

一切局部的心灰意冷 *um allen partiellen Resignationen*: MA 16, 714.

617 可我们欢快地 *Aber uns ist wonnereich*: MA 11.1.2, 18.

618 我重新认识了一个老人 *Ich habe eine neue Bekanntschaft von einem alten Mann gemacht*: VB 2, 662.

可惜他进行的所有谈话 *Leider aber waren alle Gespräche*: VB 2, 660.

细想一下 *Bedenkt man nun*: MA 14, 569.

619 我以……我自己的方式……生活 *Ich führe meine eigene Art zu leben*: MA 20.1, 463 (25.10.1816).

我……度过我的冬天 *Meinen Winter bring ich beinahe*: MA 20.1, 685 (5.2.1822).

人们很强烈地感受到以前努力 *Man fühlt wohl das frühere*

Bestreben: WA IV, 28, 99 (27.5.1817).

620 他们互相合适 *sie passten zusammen*: WA IV, 29, 198 (8.6. 1818).

但愿有可能，*Sollte es nicht möglich sein*: Unterhaltungen, 80f. (2.10.1823).

621 唉，难道我活了八十年 *Ey, bin ich denn darum 80 Jahr altgeworden*: Unterhaltungen, 189 (24.4.1830).

624 尊敬的陛下 *Ew. Königlichen Hoheit sind die Resultate*: WA IV, 32, 5 (3.9.1819).

625 我仿佛身处 *Mir war es als befänd ich mich*: WA IV, 33, 1 (28.4.1820).

626 你被岁月夺去了 *Die Jahre nahmen dir*: MA 11.1.1, 197.

历经岁月……妩媚 *die ihre Anmut, durch manche Jahre*: WA IV, 35, 44 (16.8.1821).

627 向女人和孩子们问好，*Grüße Frau und Kinder*: WA IV, 35, 54 (22.8.1821).

我的生活方式非常简单 *Meine Lebensweise ist sehr einfach*: WA IV, 36, 83 (29.6.1822).

628 晚上大部分时间，他在莱韦措一家的陪伴下度过 *Die Abende bringt derselbe größtenteils in Gesellschaft der Familie Levetzow zu*: VB 3, 113f.

但愿我能逃脱自己 *Könnt ich vor mir selber fliehn*: MA 13.1, 72.

唉！谁又重新痊愈了 *Ach! Wer doch wieder gesundete*: MA 13.1, 72.

当下毫不明白自己 *Die Gegenwart weiß nichts von sich*: MA 13.1, 73.

629 白天让我感到厌烦 *Der Tag ist mir zum Überdruß*: MA 13.1, 73.

死神站在；啊，基督上帝 *Der tode steht / O du christlicher Gott*: Gespräche 3, 469.

尽管使用你们的技艺 *Treibt nur eure Künste*: Gespräche 3, 468.

让自己精神的本质，按自己的意愿 *Geistiges Wesen, wie es konnte und wollte*: an Reinhard; WA IV, 37, 7(10.4.1823).

世上一切 *von allem was die Welt*: BranG 2, 338 (15.10.1822).

630 长命百岁意味着经历许多 *Lange leben heifit gar vieles überleben*: WA IV, 37, 19 (17.4.1823).

多么轻盈和纤巧 *Wie leicht und zierlich*: MA 13.1, 136.

631 我喜欢歌德 *ich hätte Goethe sehr lieb*: Gespräche 3, 549.

我就这样开始阅读 *So fing ich an zu lesen*: VB 3, 170.

632 来到魏玛，来到门前 *komme nach Weimar, fahre vor*: MA 20.1, 780f. (21.11.1823).

633 别人在苦难中 *Und wenn der Mensch in seiner Qual*: MA 13.1, 135.

情绪 mit der Stimmmung: Gespräche 3, 626.

最后一吻 *Der Kuss der letzte*: MA 13.1, 136.

不露声色 *Und nun verschlossen*: MA 13.1, 136.

碧绿的大地 *Ein grün Gelände*: MA 13.1, 136.

634 为它自己的延续 *An seiner eignen Dauer*: MA 13.1, 137.

倘若爱情 *Wenn Liebe je*: MA 13.1, 137.

神赐的安宁 *Dem Frieden Gottes*: MA 13.1, 137.

只有你在的地方 *Nur wo du bist*: MA 13.1, 138.

他……回想她的影像 *Er wiederholt ihr Bild*: MA 13.1, 139.

一切于我 *Mir ist das All*: MA 13.1, 139.

他们逼我 *Sie drängten mich*: MA 13.1, 139.

635 感受到了 *Da fühlte sich*: MA 13.1, 140.

但一切幽默的努力 *Aber die Anstrengung*: Gespräche 3, 612.

636 但愿……满足 *Möge sich dem Erfüllen*: WA IV, 37, 299f. (31.12.1823).

请原谅，我最亲爱的朋友 *Verzeihen Sie, mein Bester*: WA IV, 41, 208f. (22.10, 1826).

638 他的《浮士德博士》几乎已经完成 *Sein „Doktor Faust" ist fast fertig*: VB 1, 71.

639 奇特，我与我自己……如此相像 *merkwürdig wie sehr ich mir gleiche*: MA 15, 619.

640 完成了主要工作 *Das Hauptgeschäft zu Stande gebracht*: MA 18.1, 542.

我以后的生命 *Mein ferneres Leben*: MA 19, 456f.

毫无疑问 *Ganz ohne Frage. Würd es mir*: WA IV, 49, 283 (17.3.1832).

641 人人宣告 *Verkünde jede*: MA 18.1, 129, V. 5406.

不可测量性 *Inkommensurabeles*: zu Eckermann; MA 19, 347 (3.1.1830).

851

此外德国人 *Die Deutschen sind übrigens*: MA 19, 571.

642　我将留意 *Ich werde sorgen*: MA 8.1, 364 (27.6.1797).

关于我们继续存在的信念 *Die Überzeugung unserer Fortdauer*: MA 19, 278 (4.2.1829).

643　我从不憎恶跟你一样的同类 *Ich habe deinesgleichen nie gehasst*: MA 61, 544. (V. 337–343).

我心中活着，啊！两个灵魂，*Zwei Seelen wohnen, ach*: MA 6.1, 565 (V.1112–1117).

644　关于太阳和世界 *Von Sonn, und Welten*: MA 6.1, 543 (V. 279–286).

偏心的生灵 *Exzentrisches Wesen*: vgl. Plessner, Stufen.

缺陷生灵 *Mängelwesen*: vgl. Gehlen, Der Mensch.

进化的错送的邮件 *Irrläufer der Evolution*: vgl. Köstler, Der Mensch.

小心 *Gib nur erst Acht*: MA 6.1, 598 (V. 2297f.).

645　他向苍天要求 *Vom Himmel fordert er*: MA 6. 1, 54.3 (V. 304–307).

到如今，唉 *Habe nun, ach*: MA 6.1, 545 (V. 354).

我从何处掌握你 *Wo fass} ich dich*: MA 6.1, 547 (V. 455).

他该吃土 *Staub soll erfressen*: MA 6.1, 544 (V. 334).

源泉；一个好人 *Urquell / Ein guter Mensch*: MA 6.1, 544 (V. 324; 328f.).

646　乱七八糟的幻想毛病 *Vom Kribskrabs der Imagination*: MA 6.1, 630 (V. 3268f).

谁想认识和描写有活力者 *Wer will was lebendig's*: MA 6.1,

587 (V. 1936–1945).

647 众神的高地 *Götterhöhe*: MA 6.1, 554 (V. 713).

在虚无中 *Ins Nichts*: MA 6.1, 554 (V. 719).

对面 *drüben*: MA 6.1, 580 (V. 1658).

一旦我面对此瞬间说 *Werd ich zum Augenblicke sagen*: MA 6.1, 581 (1699–1701).

649 他该立定脚跟 *Er stehe fest*: MA 18.1, 330 (V. Ⅱ 445– Ⅱ 447).

钟声敲响 *Die Glocke tönt*: MA 18.1, 177 (V. 6819f.).

化学的小人 *chemisch Menschlein*: M.A 18.1, 810.

650 爸爸 *Nun Väterchen*: MA 18.1, 179 (V. 6879f.).

这是一切事物的特性 *Das ist die Eigenschaft der Dinge*: MA 18.1, 179 (V. 6882).

人们对自然的神秘大加赞赏 *Was man an der Naturgeheimnisvolles pries*: MA 18.1, 178 (V. 6857–6860).

651 可我们今后会嘲笑偶然 *Doch wollen wir des Zufalls lachen*: MA1 8.1, 178 (V. 6868–6870).

活动 *Da regst du dich*: MA 18.1, 227 (V. 8324–8326).

得知晓 *Zu wissen sei es*: MA 18.1, 149 (V. 6057–6062).

652 怀里放一张票子 *Ein Blättchen ist im Busen*: MA 18.1, 150 (V. 6104–6108).

只是快点，只是快点 *Nur gleich, nur gleich*: MA 18.1, 118 (V. 5047, 5057–5060).

盾的纸上幽灵 *Papiergespenst der Gulden*: MA 18, 154 (V. 6198).

653 瞧，这 *Da seht nur her*: MA 18.1, 152 (V. 6165).

今天晚上我就要在地产上享受人生 *Heut Abend wieg ich mich*: MA 18.1, 153 (V. 6171).

我们先让它富起来 *Erst haben wir ihn reich gemacht*: MA 18.1, 154 (V. 6191f.).

母亲 *Die Mütter*: MA 18.1, 155 (V. 6217).

你将我送入虚空 *Du sendest mich ins Leere*: MA 18.1, 156 (V. 6251f.).

654 谁认出她 *Wer sie erkannt*: MA 18.1, 168 (V. 6559).

战争、贸易和海盗行为 *Krieg, Handel und Piraterie*: MA 18.1, 321 (V. II 187f.).

655 谁若总是不断努力向上 *Wer immer strebend sich bemüht*: MA 18.1, 346 (V. II 936f.).

行动者总是 *Der Handelnde ist immer*: Maximen und Reflexionen; MA 17, 758.

我大好的领地 *Mein Hochbesitz*: MA 18.1, 320 (V. II 156).

那几棵树 *Die wenig Bäume*: MA 18.1, 323 (V. II 241 f.).

656 主持公道 *gerecht zu sein*: MA 18.1, 323 (V. II 272).

去，把他们给我弄走 *So geht und schafft sie mir*: MA 18.1, 324 (V. II 275)

保尔·策兰在其《死亡赋格曲》中 *Paul Celan in seiner "Todesfuge"*: vgl. dazu Schöne, Götterzeichen.

你精神里设想的 *was du ersonnen im Geist*: Heine IV, 591f.

657 拔去他那苛责的灼热的毒箭 *Entfernt des Vorwurfs glühend bittre Pfeile*: MA 18, I, 105 (V. 4624f.).

谁一度落到我的手中 *Wen ich einmal mir besitze*: MA 18.1, 330 (V. II 453–II 458).

黑暗逼来 *Die Nacht scheint tiefer*: MA 18.1, 331 (V. II 499f.).

我为……开创空间 *Eröffn' ich Räume*: MA 18.1, 334 (V. II 563).

658 这样一种热闹场面 *Solch ein Gewimmel*: MA 18.1, 335 (V. II 579f.).

对这样一个瞬间我也许能说 *Zum Augenblicke dürft' ich sagen*: MA 18.1, 335 (V. 11 581f.).

这三件大事 *Diese drei großen Dinge*: MA 19, 539 (21.2.1827).

这个派别的顶峰 *An der Spitze dieser Sekte*: MA 20.2, 1496 (28.6.1831).

659 这些傻瓜以为 *Die Narren bilden sich ein*: MA 20.2, 1496 (28.6.1831).

自然力与我们结盟 *Die Elemente sind mit uns verschworen*: MA 18.1, 334 (V.II 549f.).

你给我这种喜悦 *Du gabst zu dieser Wonne*: MA 6.1, 629 (V. 3242–3247).

660 它替自己生出光明 *die sich das Licht gebar*: MA 6.1, 571 (V. 1350).

在彩色的余晖中 *Am farbigen Abglanz*: MA 18.1, 108 (V. 4727).

严肃的玩笑 *Ernsten Scherze*: WA IV, 49, 283 (17.3.1832).

661 太令人垂涎 *gar zu appetitlich*: MA 18.1, 342 (V. II 800).

卑鄙的情欲 *Gemein Gelüst*: MA 18.1, 343 (V. II 838 f.).

662 痛苦的感觉；祖国的……教育 schmerzlichen Gefühle / Bildung ... des Vaterlandes: WA IV, 38, 19 (14.1.1824).

663 对整个德国文学 für die ganze deutsche Literatur: WA IV, 39, 81 (11.1.1825).

屏住呼吸 im Atem erhalten: WA IV, 40, 198 (25.12.1825).

664 平静 Da sich die Beruhigung: WA IV, 40, 282 (3.2.1826).

665 特别信任 viel Zutrauen: WA IV, 37, 63 (11.6.1823).

666 存在过的最出色的德语书 beste deutsche Buch, das es gibt: Nietzsche 2, 599.

我也许拥有的最珍贵的宝藏 Größten Schatz, den ich vielleicht besitze: WA IV, 37, 62 (11.6.1823).

667 对席勒的思念 Das Andenken Schillers: MA 19, 129f. (18.1.1825).

对残酷的感知 Sinn für das Grausame：MA 19, 130 (24.2.1825).

每隔八天 Alle acht Tage: MA 19, 131 (24.2.1825).

倘若席勒自己 ja wenn Schiller: MA 19, 188 (17.1.1827).

668 难道不该提及海格立斯 Von Herkules willst nichts erwähnen: MA 18.1, 197 (V. 7381–7387).

席勒看上去 Schiller erscheint: MA 19, 252 (3.10.1828).

基督倾向 Christus–Tendenz: MA 20.2, 1395 (9.11.1830).

席勒头盖骨的奇异插曲 die bizarre Episode um Schillers Schädel: rekonstruiert von Albrecht Schöne.

阴沉的藏骨室 ernsten Beinhaus: MA 13.1, 189.

神秘的容器 Geheim Cefäss: MA 13.1, 189.

669 这将是……伟大礼物 Es wird eine große Gabe sein: MA

20.1, 818 (30.10.1824).

踏出的路上 *ausgetretenen Wege*: MA 8.2, 127.

最丰盈的生命 *Reichsten Lebensgewinnes*: MA 8.2, 72.

670 年轻人过早地 *Junge Leute werden viel zu früh*: MA 20.1, 851 (6.6.1825).

让我们尽可能 *Lass uns soviet als möglich*: MA 20.1, 851 (6.6.1825).

671 倘若我的诗歌促使您谱曲 *wenn meine Lieder Sie zu Melodien*: MA 20.1, 8 (26.8.1799).

祝您身体健康 *Leben Sie wohl*: MA 20.1, 103 (16.6.1805).

请您对我说一句让人复原的话 *Sagen Sie mir ein heilendes Wort*: MA 20.1, 289 (15.11.1812).

672 你的信，我亲爱的朋友 *Dein Brief, mein geliebter Freund*: MA 20.1, 294 (3.12.1812).

所有的船夫 *Und so sind nun alle die Schiffer*: MA 20.1, 294 (3.12.1812).

我们的兄弟情义 *Unsere Brüderschaft*: MA 20.2, 1400 (13, 11.1830).

673 至今我离他三十六里路 *Bisher war ich von ihm 36 Meilen entfernt*: zit. nach Unseld, 611.

施莱格尔兄弟 *Die Cebrüder Schlegel*: MA 20.2, 1558 (20.10.1831).

可惜我对这个世界如此的陌生 *Ich bin leider wie fremd auf der Welt*: zit. nach Maurer, 287.

您感觉怎样 *Wie befinden Sie sich*: BranG, 2, 411

(11.7.1825).

674 公爵不得不 *Der Großherzog musste*: MA 20.2, 1128 (13.-15.6.1828).

美丽的金合欢 *die Speciosa Accacien*: zit. nach Sengle, 491.

尊敬的陛下 *Ew. Königlichen Hoheit*: WA IV, 39, 220 (13.6.1825).

675 最衷心的感谢 *Schönsten Dank*: zit. nach Sengle, 493.

庆祝即位纪念 *Das Dienstjubelfest*: BranG 2, 414 (8.11.1825).

676 不该让我经历这样的事 *Das hätte ich nicht erleben sollen*: Unterhaltungen, 348.

让我……消失 *Lasst mich ... entschwand*: Unterhaltungen, 29f.

我一直知道 *Non ignoravi*: Gespräche 3.2, 680 (15.11.1830).

677 奥古斯特将返回……威胁着我 *Augusts Rückkehr droht mir*: Ottilie, 90.

没有任何丰裕或者好奇 *Nicht Üppigkeit oder Neugier*: Ottilie, 89f.

678 我目前 *Noch ist das IndIViduum*: MA 20.2, 1407 (1.12.1830).

真正奇妙 *Das eigentliche wunderliche*: MA 20.2, 1403 (21.11.1830).

您珍贵的信纸 *Ihr teures Blatt*: WA IV, 38, 31f. (7.12.1830).

680 但愿……这样的壮美 *Ach! Hätte doch dieses Schöne*: Gespräche 3.2, 810 (August 1831).

他真的精力充沛地 *Wirklich schritt er rüstig*: Gespräche 3.2, 810f. (August 1831).

今天……我把那个杯子拿到面前 *Heute ... stelle ich jenes Glas vor mich*: WA IV, 49, 50(28.8.1831).

在一个孤寂的木板小屋里 *Auf einem einsamen Bretterhäuschen*: MA 20.2, 1530 (4.9.1831).

681 自然不会无缘无故地做任何事 *Die Natur tut nichts umsonst*: MA 20.2, 1513 (13.8.1831).

难以压抑蒸汽车 *So wenig man die Dampfwagen*: GBr 4, 159 (Ende November 1825).

682 混乱的学说 *Verwirrende Lehre*: WA IV, 49, 283 (17.3.1832).

他显得有些错乱 *Er schien einigermaßn verstört*: Gespräche 3.2, 865 (16.3.1832).

一个悲惨的场景 *Ein jammervoller Anblick*: Gespräche 3.2, 873f.

690 此刻我回忆起 *Ich erinnerte mich dabei*: an Reinhard; WA IV, 22, 20 (22.1.1811).

附录四 歌德作品

注释：斜体的原文是诗歌题目或首行诗句

Achilleis《阿喀琉斯》459

Äolsharfen（*Ich dacht ich habe keinen Schmerz*）风鸣琴（我曾以为，我没有痛苦）628

An Johann Georg und Rahel d'Orville（*Was hilft mir nun*）致约翰·格奥尔格和拉埃尔·奥尔维勒 192

An Schwager Kronos（Spude dich Kronos）致马车夫克罗诺斯（赶快，克罗诺斯）395

An Werther（Trilogie der Leidenschaft I）致维特（热情三部曲 I）633

Arm an Beutel, krank am Herzen（*Der Schatzgräber*）钱袋空空，忧心忡忡（掘宝人）444

Aufgeregten, Die《被煽动者》391，402，623

Aus meinem Leben. Dichtung und Wahrheit《诗与真》*siehe* Dichtung und Wahrheit 3，12，14，15，17，23，25，

28, 31, 40, 41, 45, 53, 55, 57, 60, 61, 64, 65, 69, 81, 83, 89, 92, 93, 95, 99, 102, 103, 118, 120, 123, 126, 139, 146, 147, 152, 155, 156, 159, 160, 163, 164, 168, 177, 178, 193, 194, 196, 201, 202, 208, 232, 235, 250, 313, 362, 497, 551, 553, 557, 559, 560—564, 567, 571, 577, 595, 618, 619, 684

Aussöhnung (*Trilogie der Leidenschaft* Ⅲ) 和解（热情三部曲Ⅲ）633 起

Bedecke deinen Himmel Zeus (*Prometheus*) 宙斯请遮盖你的天空（普罗米修斯）85, 131, 151, 311, 313

Bei Betrachtung von Schillers Schädel (Im ernsten Beinhaus war's) 在观察席勒头盖骨时（庄重的尸骨存放处）668

Bekenntnisse einer schönen Seele (Wilhelm Meisters Lehrjahre)《一个美丽的灵魂的自白（威廉·迈斯特的学习年代）》69

Besuch, Der 探望 374

Braut von Corinth, Die《科林斯的新娘》445, 446, 553

Brief des Pastors zu⋯ an den neuen Pastor zu⋯《某地教士写给某地新教士的信》122, 183

Briefwechsel zwischen Goethe und Schiller《歌德和席勒书信集》666 起

Bürgergeneral, Der《市民将军》388,400—402

Campagne in Frankreich《远征法兰西》254,279,382,386,396,397,405

Claudine von Villa Bella《维拉-贝拉的克劳迪娜》366

Clavigo《克拉维戈》149,180

Colloquium Pater et Filius《父子间的对话》19

Das Göttliche(*Edel sei der Mensch*)神性(高尚的人)317

Das Jahrmarktsfest zu Plundersweilern《普伦德尔斯威勒的年集》159

Das Tagebuch(*Wir hören's oft*)日记(我们常听)548

Der Besuch 探望 374

Der Bürgergeneral《市民将军》388,400—402

Der ewige Jude《万劫流浪的犹太人》186

Der Gott und die Bajadere 神和舞女 445,533

Der Sammler und die Seinigen《收藏家及其亲友》462

Der Schatzgräber(*Arm an Beutel, krank am Herzen*)掘宝人(钱袋空空,忧心忡忡)444

Der Triumph der Empfindsamkeit《感伤主义的胜利》259—261,262,268

Dem Geier gleich(*Harzreise im Winter*)犹如秃鹫(冬游哈尔茨山)250,252,253,255,257

Des Epimenides Erwachen《埃庇米尼德斯的苏醒》575起

Dialog zwischen Vater und Sohn, *d.i.* Colloquium Pater et Filius
《父子间的对话》19

Dichtung und Wahrheit《诗与真》3,12,14,15,17,23,25,28,31,40,41,45,53,55,57,60,61,64,65,69,81,83,89,92,93,95,99,102,103,118,120,123,126,139,146,147,152,155,156,159,160,163,164,168,177,178,193,194,196,201,202,208,232,235,250,313,362,497,551,553,557,559,560—564,567,571,577,595,618,619,684

Die Aufgeregten《被煽动者》391,402,623

Die Braut von Corinth 科林斯的新娘 445,446,553

Die Laune des Verliebten《恋人的脾气》50 起

Die Leiden des jungen Werthers《青年维特的痛苦》2,6,7,8,47,49,68,76,83,84,139,141,145—147,159—161,165,167,169,170,172,174—176,178,180,189,190,192,194,200—203,211,247—249,252,260—262,317,321,336,357,424,437,439,511,564,633,638

Die Mitschuldigen《同谋犯》60 起

Die natürliche Tochter, *zuerst unter dem Titel Eugenie*《自然的女儿,起先的题目是《欧根妮》480 起

Die Wahlverwandtschaften《亲合力》52，431，495，506，531—534，539，541，548

Egmont《埃格蒙特》120，197，226，263，337，361，369，381，422，638

Ein Fastnachtsspiel vom Pater Brey《布赖教士的讽刺滑稽剧》156，159，297

Elegie（*Trilogie der Leidenschaft* Ⅱ），gen. *Marienbader Elegie* 哀歌（热情三部曲Ⅲ），也称马林巴德哀歌 633，635

Elisium an Uranien（*Wie du das erstemal*）仙境致乌拉妮（你如何第一次）130

Epilog zu Schillers Glocke 席勒《大钟歌》跋 492

Epimenides Erwachen, Des《埃庇米尼德斯的苏醒》575 起

Eroticon 性爱 297

Eugenie, d.i. Die natürliche Tochter《欧根妮》，即《自然的女儿》480 起

ewige Jude, Der《万劫流浪的犹太人》186

Farbenlehre《色彩学》89，258，320，478，485，486，492，500，506，515—520，525—529，531—533

Fastnachtsspiel vom Pater Brey,Ein《布赖教士的讽刺滑稽剧》156，159，297

Faust《浮士德》2，12，21，27，73，83，123，124，138，206，226，337，341，439，446—450，453，457，458，

471—473, 491, 495—497, 518, 637, 639—642, 661, 662, 665, 668, 684, 685, 689

Fels-Weihegesang an Psyche 致普绪舍的岩石典礼 130—131

Ganymed 《酒保》317

Geschichte Gottfriedens von Berlichingen mit der eisernen Hand siehe Götz von Berlichingen mit der eisernen Hand 《铁手骑士贝利欣根的故事》, 参见《铁手骑士葛茨·封·贝利欣根》

Götter, Helden und Wieland《神灵、英雄和维兰德》157, 208, 230

Göttliche, Das（*Edel sei der Mensch*）神性（高尚的人）317

Götz von Berlichingen mit der eisernen Hand《铁手骑士葛茨·封·贝利欣根》2, 81, 83, 94, 101, 105, 107, 108, 110, 114, 117—119, 126, 127, 134, 138, 142, 147, 148, 152, 159, 170, 172, 177, 180, 183, 200, 229, 564, 623, 638

Gott und die Bajadere, Der 神和舞女 445, 553

Hanswursts Hochzeit oder Der Lauf der Welt《小丑的婚礼，或者世界的行进》191

Harzreise im Winter（*Dem Geier gleich*）冬游哈尔茨山（犹如秃鹫）250, 252, 253, 255, 257

Heidenröslein（*Sah ein Knab′ ein Röslein stehn*）野玫瑰 86

Herrmann und Dorothea《赫尔曼和多罗特娅》390, 439, 441, 443, 553, 574

Hochzeitlied an meinen Freund(*Im Schlafgemach, fern von dem Feste*)致我的朋友的婚礼曲（在远离庆典的卧室）46

Ich dacht ich habe keinen Schmerz(*Äolsharfen*)我曾以为，我没痛苦（风鸣琴）628

Im Schlafgemach, fern von dem Feste(*Hochzeitlied an meinen Freund*)在远离庆典的卧室（致我的朋友的婚礼曲）46

Iphigenie auf Tauris《陶里岛上的伊菲几妮》268, 269, 273, 279, 280, 281, 337, 350, 351, 353, 401, 463, 482, 488, 550, 638, 679

Italienische Reise《意大利游记》346, 348, 349, 366, 368, 382, 417, 567

Jahrmarktsfest zu Plundersweilern, Das《普伦德尔斯威勒的年集》159

Laune des Verliebten, Die《恋人的脾气》50 起

Leben des Benvenuto Cellini, Florentinischen Goldschmieds und Bildhauers《切利尼自传》438

Leiden des jungen Werthers, Die《青年维特的痛苦》2, 6, 7, 8, 47, 49, 68, 76, 83, 84, 139, 141, 145—147, 159—161, 165, 167, 169, 170, 172, 174—176, 178, 180, 189, 190, 192, 194, 200—203, 211, 247—249,

252，260—262，317，321，336，357，424，437，439，511，564，633，638

Liebesschmerzlicher Zwiegesang unmittelbar nach dem Scheiden, d.i. Äolsharfen 离别后爱情痛苦的合唱，即风鸣琴 628

Lila 丽拉 268

Lilis Park 丽莉的花园 192

Mahomet（Stück von Goethe）《穆罕默德（歌德剧本）》155 起

Mahomet（nach Voltaire）《穆罕默德（译自伏尔泰）》466 起，469 起，511，517

Mahomets Gesang《穆罕默德之歌》257，470

Maifest（*Wie herrlich leuchtet*）五月节：自然照耀着我 / 多么美妙）96

Märchen（zur Fortsetzung der Unterhaltungen deutscher Ausgewanderten）《童话〈德意志逃亡者的谈话〉》426

Marienbader Elegie, d.i. *Elegie* 马林巴德哀歌，即哀歌 633，635

Maximen und Reflexionen《格言与反思》282，520，544

Mir schlug das Herz（*Willkommen und Abschied*）我的心儿狂跳（欢迎与离别）96—97

Mitschuldigen, Die《同谋犯》60 起

Morphologische Hefte《形态学笔记》416

natürliche Tochter, Die, *zuerst unter dem Titel Eugenie*《自然的女儿》,起先的题目是《欧根妮》480 起

Noten und Abhandlungen zu besserem Verständnis des West-östlichen Divans《更好理解〈西东合集〉的笔记和论文》62,63,578

Oden an meinen Freund(*Zwoote Ode*)致我的朋友的颂歌 47

Pandora《潘多拉》513 起,626

Poetische Gedanken über die Höllen fahrt Jesu Christi 关于基督地狱之旅的诗的思想 29

Prometheus(*Bedecke deinen Himmel Zeus*)普罗米修斯(宙斯请遮盖你的天空)85,131,151,311,313

Propyläen《雅典娜神殿入口》461,462,464,471,472,475,476

Rameaus Neffe. Ein Dialog von Diderot《拉摩的侄子:狄德罗的一篇对话》485 起

Rede bei Eröffnung des neuen Bergbaues zu Ilmenau《伊尔默瑙新矿井启动仪式上的讲话》333

Reineke Fuchs《列纳狐》404 起

Römische Elegien《罗马哀歌》351,366,367,369,372,374,375,421,428,438,446,550,553

Sankt-Rochus-Fest zu Bingen《宾根的圣罗库斯节庆》623

Sammler und die Seinigen, Der《收藏家及其亲友》462

Satyros oder der vergötterte Waldteufel《萨蒂罗斯或被神化的森林鬼》156—159,297

Schatzgräber, Der（*Arm an Beutel, krank am Herzen*）掘宝人（钱袋空空，忧心忡忡）444

Sesenheimer Lieder 塞森海姆之歌 96

Shakespeare-Rede, *d,i.* Zum Schäkespears Tag《莎士比亚演讲》100 起,108

Spude dich Kronos（*An Schwager Kronos*）赶快,克罗诺斯(致马车夫克罗诺斯)395

Stella《丝苔拉》191

Tag-und-Jahres-Hefte《四季笔记》391,416,475,480,494,516,530,578

Tagebuch, Das（*Wir hören'oft*）日记（我们常听）548

Tagebuch der italienischen Reise für Frau von Stein 1786《1786年致封·施泰因夫人的意大利之旅日记》343

Torquato Tasso《托夸多·塔索》9,327,330,337,356,382—385,401,629,633,634,638

Trilogie der Leidenschaft 热情三部曲 633—635

Triumph der Empfindsamkeit,Der《感伤主义的胜利》259—262,268

Über allen Gipfeln / Ist Ruh（*Wandrers Nachtlied*）群峰一片/

沉寂……（漫游者的夜歌）4，291，680

Über den Dilettantismus《论业余爱好》463 起

Über epische und dramatische Dichtung《论叙事文学与戏剧文学》459

Über Kunst und Altertum《论艺术与古代》622，667

Unterhaltungen deutscher Ausgewanderten《德意志逃亡者的谈话》426，440

Venezianische Epigramme《威尼斯警句》550

Von deutscher Baukunst《论德意志建筑艺术》79

Wahlverwandtschaften, Die《亲合力》52，431，495，506，531—534，539，541，548

Wanderers Sturmlied（*Wen du nicht verlässest Genius*）漫游者的暴风雨之歌（谁未被你这个守护神抛弃）131，256

Wandrers Nachtlied（*Über allen Gipfeln / Ist Ruh*）漫游者的夜歌（群峰一片 / 沉寂……）4，291，680

Was hilft mir nun（*An Johann Georg und Rahel´d Orville*）嗡嗡的钟声何助于我 192

Wen du nicht verlässest Genius（*Wanderers Sturmlied*）谁未被你这个守护神抛弃（漫游者的暴风雨之歌）131，256

Werther siehe Die Leiden des jungen Werthers《维特》，参见《青年维特的痛苦》

West–östlicher Divan《西东合集》1301，470，571，572，578，580，583，585，588，591，592，593—595，599，

605, 607, 608, 617, 626

Wie du das erstemal（*Elisium an Uranien*） 你如何第一次（仙境致乌拉妮）130

Wie herrlich leuchtet（*Maifest*） 自然照耀着我 / 多么美妙（五月节）96

Wilhelm Meisters Lehr und Wanderahre《威廉·迈斯特的学习和漫游时代》11, 12, 283, 506, 538, 601, 605—607, 609, 612, 613, 615, 627, 684

Wilhelm Meisters theatralische Sendung 《威廉·迈斯特的戏剧使命》247—249, 263, 282—283, 335, 337, 359, 393, 410, 415, 423, 425, 430

Willkommen und Abschied（*Mir schlug das Herz*） 欢迎与离别（我的心儿狂跳）96—97

Wir hörcn's oft（*Das Tagebuch*） 我们常听（日记）548

Xenien《克赛尼恩》423

Zahme Xenien《温和的克赛尼恩》278, 423, 429, 430

Zueignung （Faust vorangestellt）献诗（置于浮士德之前）447

Zum Schäkespears Tag《莎士比亚演讲》100 起, 108

附录五　人名索引

Aischylos 埃斯库罗斯　149

Alexander（Zar）沙皇亚历山大　510

Ambrosch, Marianne 安布罗施　501

Anhalt-Dessau, Leopold von 安哈尔特-德绍　264

Anna Amalia von Sachsen-Weimar-Eisenach geb. Prinzessin von Braunschweig-Wolfenbüttel 萨克森—魏玛—爱森纳赫的安娜·阿玛丽娅　23，24，178，205，207，210，211，212，216，224，233，235，238，242，286，368，387，498，549—552，560，567，676

Aristoteles 亚里士多德　529

Arnim, Bettine von, geb. Brentano 阿尔尼姆　16，144，619

Asseburg, Amelie von 阿塞堡　342

Augustinus 奥古斯丁　377，519

Balsamo, Giuseppe, siehe Cagliostro, Alessandro di 巴尔萨莫，参见卡廖斯特罗　297，358

Balzac, Honoré de 巴尔扎克 653，688

Basedow, Johann Bernhard 巴泽多 156，186

Basilius Valentinus 巴西里乌斯·瓦伦廷纳斯 72

Batsch, Karl 巴奇 408

Batty, George 巴蒂 283

Beaulieu–Marconnay, Henriette von 波鲁–马可尼，亨丽埃特·封 678

Beaumarchais, Pierre Augustin Caron de 博马舍 180

Beethoven, Ludwig van 贝多芬 625

Behrens, Johann Bernhard Jakob 贝伦斯 168

Behrisch, Ernst Wolfgang 贝里施 44–48，50，52，53，56，57，59，80，199

Berlepsch, Emilie von 贝尔勒普施 260

Bernstorff, Auguste Gräfin von, siehe Stolberg, Auguste Gräfin zu

Bertuch, Friedrich Johann Justin 贝恩施托尔夫，奥古丝特伯爵夫人，参见施托尔贝格，奥古丝特·楚·贝尔图赫伯爵夫人 189，195，196，214，251

Blumenbach, Johann Friedrich 布卢门巴赫 500

Bodmer, Johann Jakob 博德默尔 153

Böhme, Johann Gottlob 伯麦 38

Böhme, Maria Rosine 伯麦 38

Börne, Ludwig 伯尔纳 669，687

Böttiger, Karl August 伯蒂格 242，387

Boie, Heinrich Christian 博伊厄 638

Bois-Reymond, Emil du 鲍里斯-雷蒙德 526

Boisserée, Sulpiz 布瓦塞里 562，579，582，585，586—588，598，619，623，636，664

Brachmann, Louise 布拉赫曼 438

Branconi, Antonia von 布兰科尼 289—291

Brandt, Susanna Margaretha 布兰特 123起，638

Breitkopf (Familie in Leipzig) 布赖特科普夫（莱比锡的一个家庭）50，57

Breitkopf, Theodor 布赖特科普夫，特奥多尔 59

Brentano, Bettine, siehe Arnim, Bettine von 布伦塔诺，贝蒂娜，参见阿尔尼姆，贝蒂娜·封 16，144，553，619

Brentano, Clemens 布伦塔诺，克莱门斯 425，479，580

Brentano, Pietro Antonio 布伦塔诺，皮埃特罗·安东尼奥 160

Brion (Familie) 布里翁（家）93

Brion, Friederike 布里翁，弗里德丽克 78，80，92—96，98，103，180，193，195，199，202，230，288，289，340

Brion, Johann Jakob (Friederikes Vater) 布里翁，约翰·雅各布（弗里德丽克的父亲）93

Brösigke, Friedrich Leberecht von 布勒西克 625

Brun, Friederike 布伦 438

Büchner, Georg 毕希纳 239

Bürger, Gottfried August 比格尔 218，263，438

Büttner, Christian Wilhelm 比特纳 518

Buff, Charlotte, gen. Lotte, verh. Kestner 布夫，夏洛特，又称洛特，婚后姓凯斯特纳 137—141，144，146，147，160—162，174，175，224，321，617

Buff, Heinrich Adam (Vater) 布夫，海因里希·亚当（父亲） 139

Bury, Friedrich 布里 349

Byron, George, gen. Lord Byron 拜伦 688

Cäsar 恺撒 117

Cagliostro, Alessandro di, d.i. Balsamo, Giuseppe 卡廖斯特罗，也称巴尔萨莫 206，297

Calderõn de la Barca, Pedro 卡尔德隆 65

Carl August, Herzog von Sachsen-Weimar-Eisenach siehe Karl August 卡尔·奥古斯特，萨克森—魏玛—爱森纳赫公爵 188起，675

Catull 卡图 375

Celan, Paul 策兰 656

Chateaubriand, Francois-René Vicomte de 夏多布里昂 562

Clauer, Johann David Balthasar 克劳尔 28

Clodius, Christian August 科洛迪乌斯 40，55

Cotta, Johann Friedrich 科塔 414，425，430，443，567，577，578，637，638，662，664，665，666

Dalberg, Karl Theodor von 达尔贝格 269

Daru, Pierre-Antoine-Bruno Comte de 达鲁 510

Diderot, Denis 狄德罗 82

Döbereiner, Johann Wolfgang 德贝赖纳 650

Dostojewski, Fjodor 陀思妥耶夫斯基 135

Dürer, Albrecht 丢勒 107

Eckermann, Johann Peter 艾克曼 162，179，366，391，402，510，520，567，578，621，631，640—642，653，658，665，666—668，685

Einsiedel-Scharfenstein, Friedrich Hildebrand Freiherr von 艾因西德尔 206，218，233，238

Engelbach, Johann Konrad 恩格尔巴赫 92

Erman, jean Pierre 埃尔曼 265

Ernst II. Ludwig, Herzog von Sachsen-Gotha 萨克森—哥达公爵 218，219，317

Fabricius, Katharina 法布里丘斯 76

Fahlmer, Johanna, verh. Schlosser 法尔默尔，约翰娜，婚后姓施洛瑟 205，209，214，250，251，285，303

Falk, Johannes Daniel 法尔克 569

Fasch, Karl Friedrich Christian 法施 670

Faust, Johann Georg 浮士德，约翰·格奥尔格 115

Fichte, Johann Gottlieb 费希特 314, 315, 410—414, 425, 438, 466—469, 471, 474, 475, 477, 509, 572

Flachsland, Karoline, verh. Herder 弗拉克斯兰德，卡洛利妮，婚后姓赫尔德 83, 118, 121, 128起, 367, 381起, 413

Forberg, Friedrich Karl 弗尔贝格 467起

Forster, Georg 福斯特 403

Franz II. (Kaiser von Österreich) 弗朗茨二世（奥地利皇帝） 498

Freud, Sigmund 弗洛伊德 25, 26, 412

Friedrich II, gen. der GroBe 弗里德里希二世，又称弗里德里希大帝 148, 210, 217, 221, 264, 498

Fritsch, Jakob Friedrich Freiherr von 弗里奇 223—224, 334—335

Frommann, Friedrich Johannes 弗罗曼 498

Füssli, Johann Heinrich 菲斯利 182

Gallitzin, Adelheid Amalia Fürstin von, geb. Gräfin Schmettau 加利青，侯爵夫人 399

Garrick, David 加里克 100

Garve, Christian 加尔弗 170, 437起

Gedike, Friedrich 格迪克 265

Gehlen, Arnold 格伦 300

Gellert, Fürchtegott Christian 盖勒特 40—41, 55, 129

Gensler, Johannes 根斯勒尔 499

Gentz, Friedrich 根茨 501

Gleim, Johann Wilhelm Ludwig 格莱姆 129

Görres Johann Joseph 格雷斯 537

Görtz, Caroline Gräfin von 格尔茨,封·卡洛利妮伯爵夫人 210,211,215

Görtz, Johann Eustachius Graf von Schlitz, gen. von Görtz 格尔茨,约翰·欧斯塔齐乌斯·封·施利茨伯爵,又称封·格尔茨 188—189,207—209

Göschen, Georg Joachim 格申 337,374

Goethe, August (Sohn) 歌德,奥古斯特（儿子）378,393,452,453,553,574,613,620,632,664,665,677,679

Goethe, Christiane, geb. Vulpius (Ehefrau) 歌德,克里斯蒂安娜,娘家姓符尔皮乌斯 18,23,329,371—376,378,381,386起,396,400起,406起,453,455,486,502,504起,552,573,581,589起,619

Goethe, Cornelia, geb. Walther, verwitw. Schelhorn (Großmutter) 歌德,科尔内利娅,娘家姓瓦尔特（祖母）18

Goethe, Cornelia, verh, Schlosser (Schwester) 歌德,科尔内利娅,婚后：施洛瑟（妹妹）21,25,28,36,38,44,109,111,113,121,176—180,193,194,239,250,448

Goethe, Friedrich Georg (Großvater) 歌德，弗里德里希·格奥尔格（祖父） 15

Goethe, Hermann Jakob (Bruder) 歌德，海尔曼·雅各布（弟弟） 25

Goethe, Johann Caspar (Vater) 歌德，约翰·卡斯帕尔（父亲） 15—17，20，100—103，121，138，181起，197，205，355起，378

Goethe, Karoline (Tochter) 歌德，卡洛利妮（女儿） 407

Goethe, Katharina Elisabeth, geb. Textor (Mutter) 歌德，卡塔琳娜·伊丽莎白（母亲），娘家姓特克斯托 14，16，21—24，75，178，191，251，324—326，336，371，398，452，551起，580

Goethe, Ottilie, geb. von Pogwisch (Schwiegertochter) 歌德，奥蒂莉，娘家姓封·波格维施（媳妇） 613，620，632，677

Goethe, Walther (Enkel) 歌德，瓦尔特（孙子） 678

Goethe, Wolfgang (Enkel) 歌德，沃尔夫冈（孙子） 678

Goldsmith, Oliver 哥尔德斯密斯 95，169，200

Gottsched, Johann Christoph 戈特舍德 41，116，637

Goué, Siegfried von 古埃 138，145

Gretchen Jugendfreundin in Frankfurt a.M. 格蕾琴（法兰克福青年时代的女友） 31，63，198

Großmann, Gustav Friedrich Wilhelm 格罗斯曼 24

Hackert, Philipp 哈克特　355，497

Hafis 哈菲斯　577

Hamann, Johann Georg 哈曼　173，187，242

Hamilton, William 哈密尔顿，威廉　355

Hamilton, Emma, geb. Harte 哈密尔顿，埃玛，娘家姓哈特　355

Hardenberg, Friedrich von, siehe Novalis 哈登贝格，弗里德里希·封，参见诺瓦利斯

Harte, Emma, verh. Lady Hamilton 哈特，埃玛，婚后姓哈密尔顿夫人　355

Hederich, Benjamin 黑德里希　149

Hegel, Georg Wilhelm Friedrich 黑格尔　101，277，315，500，604，681，686

Heidegger, Martin 海德格尔　615

Heine, Heinrich 海涅　656，687

Heinse, Johann Jakob Wilhelm 海因泽　152，156

Helmont, Johan Baptist 赫尔蒙特　72

Heraklit 赫拉克利特　546

Herder, Johann Gottfried 赫尔德，约翰·戈特弗里德　79，81—87，95，99，100，107，117—121，132，128-132，156，157，173，183，186，203，211，223，231，232，235，236，242，260，282，301，309，313，314，319，320—322，324，344，354，367，372，375，390，407，

412, 429, 438, 448, 470, 503, 568, 577

Herder, Karoline, geb. Flachsland 赫尔德，卡洛利妮，娘家姓弗拉克斯兰德 118, 121, 128—131, 503

Herzlieb, Minna 赫茨利布 494

Hesse, Andreas Peter von 黑塞，安德雷阿斯·彼得·封 128

Hesse, Friederike von geb.Flachsland 黑塞，弗里德丽克·封，娘家姓弗拉克斯兰德 128

Heyne, Christian Gottlob 海尼 34

Hölderlin, Friedrich 荷尔德林 443, 450起

Höpfner, Ludwig Julius Friedrich 赫普夫纳 153

Hoffmann, Ernst Theodor Amadeus 霍夫曼 539

Homer 荷马 41, 138, 165, 169, 172

Horn, Johann Adam 霍恩 32, 35, 37, 43, 57

Hufeland, Christoph Wilhelm 胡费兰 268

Hugo, Victor 雨果 688

Humboldt, Alexander von 洪堡，亚历山大·封 410

Humboldt, Wilhelm von 洪堡，威廉·封 410, 414, 419, 425, 428, 429, 438, 511, 620, 631—633, 640, 660, 673

Hutten, Ulrich von 胡腾 107

Iffland, August Wilhelm 伊夫兰 539, 575

Imhoff, Amalie von 伊姆霍夫 438

Iselin, Isaak 伊泽林 194

Jacobi, Helene Elisabeth, gen. Betty 雅各比，娘家姓贝蒂 125

Jacobi, Friedrich Heinrich, gen. Fritz 雅各比，弗里德里希·海因里希，又称弗里茨 151，152，181，187，188，205，219，228，284起，301，303—305，311—316，320—322，338，374，398，404，407，537

Jacobi, Johann Georg 雅各比，约翰·格奥尔格 96，181

Jagemann, Karoline, später von Heygendorf 亚格曼，卡罗利妮，以后称封·海根多夫 504，587，588，621

Jaspers, Karl 雅斯贝尔斯 684

Jerusalem, Wilhelm 耶路撒冷 138，145，146，162，174

John, Johannes 约翰 664

Jung-Stilling, Johann Heinrich, d.i.Jung, Johann Heinrich 荣格-施蒂林 88—92，102

Kätchen, siehe Schönkopf, Anna Katharina 卡辛，参见舍恩普夫，安娜·卡塔琳娜

Kalb, Johann August Alexander von 卡尔布 196，198，204，206，233，235，302，331

Kanne, Christian Karl 坎内 75

Kant, Immanuel 康德 79，84，187，202，273，383，410，411，438，686，477，642

Karl August, Herzog, ab1815 Großherzog von Sachsen-Weimar-

Eisenach 卡尔·奥古斯特公爵，自1815年起萨克森—魏玛—爱森纳赫大公 8, 188, 189, 196, 207, 208, 210, 211, 217, 218, 220, 263, 286, 395, 468, 469, 498, 507, 532, 624, 625, 674, 675

Karl Friedrich, Erbgroßherzog von Sachsen-Weimar-Eisenach, Sohn von Karl August 卡尔·弗里德里希，萨克森—魏玛—爱森纳赫大公的儿子 498, 676

Karl VII., Kaiser des Heiligen Römischen Reiches, Wittelsbacher 卡尔七世，神圣罗马帝国皇帝 16 起

Kauffmann, Angelika 考夫曼，安格利卡 352

Kauffmann, Christoph 考夫曼，克里斯托夫 242

Kayser, Philipp Christoph 凯泽尔 369

Keller, von (Familie von Stedten) 凯勒 219

Kestner, Johann Christian 凯斯特纳，约翰·克里斯蒂安 138—146, 149, 160, 162, 174, 175, 224, 321

Kestner, Charlotte, gen. Lotte, geb. Buff 凯斯特纳，夏洛特，又称洛特，娘家姓布夫 137—141, 146 起, 174, 178, 222, 309, 617

Kircher, Athanasius 基歇尔 72

Klebelsberg zu Thumburg, Franz Graf von 克勒贝尔斯贝格 625

Kleist, Heinrich von 克莱斯特 540

Klettenberg, Susanna von 克勒滕贝格，苏姗娜·封 69—74,

80, 88, 102, 185, 637

Klinger, Friedrich Maximilian 克林格尔　22, 173, 181, 241, 242, 245, 255, 278, 487

Klopstock, Friedrich Gottlieb 克洛普施托克　28, 40, 129, 166, 170, 184, 187, 189, 193, 206, 221, 222, 227, 231, 488

Knebel, Karl Ludwig von 克内贝尔　188, 209, 249, 310, 322, 327, 334, 370, 372, 374, 384, 387, 390, 397, 407, 508, 527, 554, 562, 574, 605, 673

Kniep, Christoph Heinrich 克尼普　356

Körner, Theodor 克尔纳　379, 380, 573

Kotzebue, August von 科策布　481—483, 624 起

Kraft, Johann Friedrich 克拉夫特　243, 244

Kraus, Georg Melchior 克劳斯　218, 503

La Roche, Maximiliane von, verh. Brentano 拉罗舍, 马克西米利安娜·封, 婚后姓布伦塔诺　144, 160—162, 176

La Roche, Sophie von 拉罗舍, 索菲·封　121, 143—145, 160, 161, 208, 231

Langer, Ernst Theodor 朗格尔　57, 66—69, 74, 76, 77, 80, 102

Lassberg, Christel von 拉斯贝格　261 起

Laukhard, Friedrich Christian 劳克哈特　78

Lauth, Anne Marie 劳特　79, 80, 92

Lavater, Johann Kaspar 拉法特尔 156，167，179，181—187，194，216，219，231，233，242，250，263，284—287，289，290，292—301，304，318，322，358，454

Leibniz 莱布尼茨 443

Lengefeld, Charlotte von, verh. Schiller 伦格费尔德，夏洛特·封，婚后姓席勒 379，418—419，430，667

Lenz, Jakob Michael Reinhold 伦茨 22，92，149，173，181，193，194，208，226，228，230—241，245，250，255，278，288，448，487

Lersé, Franz 莱尔泽 81，91

Lessing, Gotthold Ephraim 莱辛 39，54，99，116，145，148，170，187，311，312，313，466

Leuchsenring, Franz Michael 洛伊森林 129，156

Levetzow, Amalie von 莱韦措，阿马莉·封 625，626，680

Levetzow, Ulrike von 莱韦措，乌尔丽克·封 626—628，630—632，636

Lichtenberg, Georg Christoph 利希滕贝格 408

Limprecht, Johann Christian 林普雷希特 75

Lindau, Peter, gen. Peter im Baumgarten 林道，又称树园里的彼得 243起

Lobstein, Johann Friedrich 洛布施泰因 82

Loder, Justus Christian 洛德 318

Luden, Heinrich 鲁登 495—497, 624

Luise, Herzogin von Sachsen-Weimar-Eisenach geb. Prinzessin von Hessen-Darmstadt 露易丝，萨克森—魏玛—爱森纳赫—公爵夫人，娘家姓黑森—达姆施塔特公国公主 196, 207, 210—212, 215, 238, 260, 268, 269, 286, 466, 533, 540

Lukian 卢奇安 149

Luther, Martin 马丁·路德 107

Macpherson, James (Verf. der Gesange des Ossian) 麦克弗森,《莪相集》的作者 86, 138, 162

Mahr, Johann Christian 马尔 679

Mann, Thomas 曼, 托马斯 618

Manzoni, Alessandro 曼佐尼 688

Maria Ludvica, Kaiserin von Österreich 玛丽亚·路德维卡, 奥地利皇后 571

Maria Paulowna (Schwester des Zaren, Schwiegertochter Karl Augusts) 玛丽亚·保洛芙娜（沙皇的妹妹, 卡尔·奥古斯特的儿媳） 498, 507

Marie Antoinette, Königin von Frankreich, geb. Erzherzogin von Österreich 玛丽·安托妮瓦特, 法国王后, 娘家姓奥地利大公夫人 77

Martial 马提雅尔 429

Massenbach, Christian von 马森巴赫　500

Mendelssohn, Abraham 门德尔松，亚伯拉罕　25

Mendelssohn, Moses 门德尔松，莫泽斯　265，311—313

Menzel, Wolfgang 门策尔　688

Merck, Johann Heinrich 默尔克　44，117，118，126—129，133，140，144，147，153，161，180，195，197，206，216，217，223，225，231，246，319，324，326

Mereau, Sophie 梅兰　438

Merz, Ernst Karl Friedrich 默茨　448

Metternich, Clemens Wenzel Nepomuk Lothar Graf von 梅特涅　624，665，675

Metz, Johann Friedrich (Arzt) 梅茨（医生）　72起，123

Meusel, Johann Georg 莫伊泽尔　219

Meyer, Johann Heinrich 迈耶尔　442，447，454，457，461，486，503，582，590，604，621，665

Michaelis, Johann David 米歇尔斯　34

Mieding, Johann Martin 米丁　283

Möller, Johann Philipp, d.i. Goethe, Johann Wolfgang 默勒，即歌德　338，341

Möser, Justus 默泽尔　108，189，267，365，487

Moors, Ludwig 莫尔斯　32，35，37，43，94，105，106

Morhardt, Otto 莫尔哈特　532

Moritz, Johann Friedrich 莫里茨，约翰·弗里德里希　75

Moritz, Karl Philipp 莫里茨,卡尔·菲利普 352,353,382—384,386

Mozart, Wolfgang Amadeus 莫扎特 28

Müller, Friedrich Theodor Adam Heinrich von (Kanzler) 米勒,弗里德里希·特奥多尔·亚当·海因里希·封(总理) 316,511,560,607,620,621,629,635,676

Müller, Johannes 米勒,约翰内斯 507

Münch, Anna Sibylla 明希 146,180起

NapoleonBonaparte 拿破仑 22,174,267,413,462,467,479,480,497—500,503,506—512,515,516,520,529,531,532,536,564—566,571—576

Newton, Sir Isaac 牛顿 320,408,516,518—520,525

Ney, Michel 内伊 502

Nicolai, Christoph Friedrich 尼古拉 195,217,265

Nietzsche, Friedrich 尼采 11,70,412,557,666

Novalis d.i. Friedrich von Hardenberg 诺瓦利斯,即弗里德里希·封·哈登贝格 436,475,476,537,538,612

Obermann, Familie in Leipzig 奥伯曼(莱比锡的家庭) 50,57

Oeser, Adam Friedrich 厄泽尔,亚当·弗里德里希 53—55

Oeser, Friederike 厄泽尔,弗里德丽克 57,59

Ohlenschlager, Johann Adam 奥伦施拉格尔 78

Oken, Lorenz 奥肯 624

Ortega y Gasset, José 奥特加-加塞特 687

Ossian, d.i. Macpherson, James 莪相，即麦克弗森 86，138，162

Otho, Kaiser 奥托，皇帝 561

Ovid 奥维德 149，270，368

Paer, Ferdinando 佩尔 532

Palladio, Andrea 帕拉第奥 346

Paracelsus 帕拉塞尔苏斯 72

Peter im Baumgarten, d.i. Lindau, 树园里的彼得，即林道 243起
 Peter 彼得 243起

Pfeufer, Benignus 普费伊弗尔 133

Pindar 品达 132，138，152

Plessing, Victor Leberecht 普莱辛 251—255，262

Plessner, Helmuth 普勒斯纳 300

Plotin 普罗提诺 601，602，605，608，614

Pogwisch, Ottilie von, verh. Goethe (Schwiegertochter) 奥蒂莉·封·波格维施 613起，620，632，677起

Pogwisch, Ulrike von 乌尔丽克·封·波格维施 626

Porta, Johann Baptist 波尔塔 533

Properz 普罗佩尔茨 375

Ramler, Carl Wilhelm 拉姆勒 265

Recke, Elsa von 雷克 438

Reinhard, Karl Friedrich von 赖因哈德 510, 538, 546, 547, 567, 571, 607, 622, 663

Reinhold, Karl Leonhard 赖因霍尔德 410

Richardson, Samuel 理查森 129

Ridel, Kornelius Johann Rudolf 里德 370

Riedesel, Freiherr zu Eisenach Baron von 里德泽 148

Riemer, Friedrich Wilhelm 里默尔 241, 495, 501, 502, 504, 506, 507, 558, 590, 621, 631, 665, 666

Riese, Johann Jakob 里泽 32, 35, 37, 38, 41

Rochlitz, Johann Friedrich 罗赫利茨 577, 608

Roesler, Costanza 勒斯勒尔 351

Rousseau, Jean Jacques 卢梭 129, 238, 522, 558

Roussillon, Henriette von 鲁希隆 121, 128

Runge, Philipp Otto 伦格 525

Salzmann, Johann Daniel 萨尔茨曼 44, 80, 91, 94, 109, 114, 125, 193

Sand, Karl Ludwig 桑德 624

Saussure, Horace Bénédict de 索绪尔 292

Schelling, Friedrich Wilhelm Joseph 谢林 277, 309, 315,

475—479

Schiller, Friedrich 席勒，弗里德里希 13, 108, 165, 170, 173, 235, 236, 268, 273, 322, 341, 375, 378—381, 410, 412—439, 441—447, 449—451, 454, 455, 457—460, 462—466, 471, 472, 474—486, 489—495, 497, 511, 515—517, 549, 555, 563, 567, 590, 607, 619, 620, 637, 642, 644, 664, 666—670, 673, 686, 689

Schiller, Charlotte, geb. Von Lengefeld 席勒，夏洛特，娘家姓伦格费尔德 379, 418, 430, 667

Schlegel, August Wilhelm 施莱格尔，奥古斯特·威廉 474—476, 479, 483, 673

Schlegel, Auguste 施莱格尔，奥古丝特 476起

Schlegel, Friedrich 施莱格尔，弗里德里希 474, 476, 483, 537, 538

Schlegel, Karoline 施莱格尔，卡罗利妮 475, 476, 478

Schleiermacher, Friedrich 施莱尔马赫 476

Schlosser, Christian Heinrich 施洛瑟，克里斯蒂安·海因里希 582

Schlosser, Hieronymus 施洛瑟，希罗尼穆斯 179

Schlosser, Johann Georg 施洛瑟，约翰·格奥尔格 43, 105, 121, 122, 123, 126, 176, 177, 178, 179, 194, 239, 250, 304, 437, 468

Schlosser, Johanna, geb. Fahlmer 施洛瑟，约翰娜，娘家姓法尔默 205, 209, 214, 250, 251, 285, 303

Schlosser, Cornelia, geb. Goethe (Schwester) siehe Goethe, Cornelia 施洛瑟，科尔内利娅，娘家姓歌德（妹妹），参见歌德，科尔内利娅

Schmidt, Johann Christoph 施密特 360

Schmitz, Hermann 施米茨 601

Schöne, Albrecht 舍内 256

Schönemann, Elisabeth, gen. Lili, verh. von Türckheim 舍内曼，伊丽莎白，又称丽莉，婚后姓封·蒂尔克海姆 189—196, 214, 289, 502, 648

Schönkopf, Anna Katharina, gen. Kätchen 舍恩科普夫，安娜·卡塔琳娜，又称卡辛 43—46, 48—50, 52, 55—57, 59, 68, 74, 75, 94, 180

Schopenhauer, Adele 叔本华，阿德勒 677

Schopenhauer, Arthur 叔本华，阿图尔 526—530, 513

Schopenhauer, Johanna 叔本华，约翰娜 503, 505, 527, 537, 540

Schröter, Corona 施勒特尔 216, 259, 268

Schubart, Christian Friedrich Daniel 舒巴特 173

Schuckardt, Johann Christian 舒卡特 665

Schütz, Georg 许茨 349

Schultheß, Barbara 舒尔特海斯 194

Scott, Sir Walter 司各特 688

Seibt, Gustav 赛布特 503

Seidel, Philipp 塞德尔 285,338,372

Seneca 塞内加 561

Shakespeare, William 莎士比亚 65,84,100—102,108,109,138

Sokrates 苏格拉底 117

Soret, Frédéric 索勒特 685

Spinoza, Baruch de 斯宾诺莎 188,202,304—316,383,386,615

Stadelmann, Carl Wilhelm 施塔德尔曼 632

Stael, Anne Louise Germaine Baronne de 施特尔夫人 482

Starkey, George 斯塔基 72

Stein, Charlotte von, geb. von Schardt 施泰因,夏洛特·封,娘家姓:封·沙尔特 184,212—216,220,222,223,236—238,244,248,251,252,254,256,257,261,263,269,278,285,286,288—292,301,302,305,309,319,322—324,328,329,335,336,338,340,341,343,345,349,353,354,362,364,371—373,379,386,407,437,488,550,551,552,673,674,679

Stein, Gottlob Friedrich Konstantin von, gen. Fritz 施泰因,戈特洛布·弗里德里希·康斯坦丁·封,又称弗里茨 370,

407,673

Stein, Heinrich Friedrich Karl von 施泰因,海因里希·弗里德里希·卡尔·封 558

Stein, Josias von 施泰因,约西阿斯·封 212,220

Stein, Gottlob Karl Wilhelm Friedrich, gen. Karl 施泰因,戈特洛布·卡尔·威廉·弗里德里希,又称卡尔 373

Stendhal, d.i. Henri Beyle 司汤达 688

Stock, Johann Michael 施托克 53,56

Stöber, Elias 施特贝尔 102

Stolberg, Auguste Gräfin zu, verh. Gräfin Bernstorff 施托尔贝格,奥古丝特伯爵夫人,婚后姓贝恩施托尔夫 189,195,196,214,251,263,629

Stolberg, Christian Graf zu 施托尔贝格,克里斯蒂安伯爵 193

Stolberg, Friedrich Leopold Graf zu, gen. Fritz 施托尔贝格,弗里德里希·莱奥波德伯爵,又称弗里茨 193,196,231

Sulzer, Johann Georg 苏尔策 134起

Szynianowska, Maria 西马诺夫斯卡 633起

Talleyrand-Périgord, Charles Maurice Duc de 塔莱朗德 510

Textor, Johann Jost (Onkel) 特克斯托,约翰·约斯特(舅舅) 40,123

Textor, Johann Wolfgang (Groß-vater) 特克斯托,约翰·沃尔夫冈(祖父) 16起,104

Theophrast 狄奥弗拉斯图 478

Thoranc, François de Théas Graf von 托朗克 19起

Tibull 蒂布尔 375

Tieck, Ludwig 蒂克 425，537，538

Tischbein, Johann Heinrich Wilhelm 蒂施拜因 349，351，352，354，355，356，367

Türckheim, Bernhard Friedrich Baron von 蒂尔克海姆，伯恩哈德·弗里德里希男爵 502

Türckheim, Elisabeth von, gen. Lili, geb. Schönemann 蒂尔克海姆，伊丽莎白·封，又称：丽莉，娘家姓：舍内曼 189—196，214，289，502，678

Unger, Johann Friedrich Gottlieb 翁格尔 409

Valentinus, Basilius, siehe Basilius Valentinus 瓦伦廷纳斯 72

Varnhagen von Ense, Antonie Friederike, geb. Rahel Levin 范尔恩哈根·封·恩泽 669

Veit, Dorothea 法伊特 476

Vieweg, Johann Friedrich 菲韦格 442

Vogel, Carl (Hausarzt) 弗格尔 682

Voigt, Christian Gottlob 福格特 360，378，397，468，469，477，499，500，504，507

Volkmann, Johann Jakob 福尔克曼 345

Voltaire 伏尔泰 217，221，466，467，469，470，471，511，627

Voß, Johann Heinrich 福斯 221，407，441，503

Vulpius, Christian 符尔皮乌斯，克里斯蒂安 371

Vulpius, Christiane, verh. Goethe (Ehefrau) 符尔皮乌斯，克里斯蒂安娜，婚后姓歌德（妻子） 18，23，329，371—376，378，381，386起，396，400起，406起，453，455，486，502，504起，552，573，581，589起，619

Wagner, Heinrich Leopold 瓦格纳 22，173，181，209

Wedel, Otto Joachim Moritz 韦德尔 218，285

Weiße, Christian Felix 魏瑟 226

Welling, Georg 韦林 72

Werner, Zacharias 维尔纳 494，495，537，539，540

Weyland, Friedrich Leopold 魏兰 92

Wieland, Christoph Martin 维兰德 100，144，148，170，187，197，208，209，211，214，215，219，225，230，233，242，246，287，324，374，379，390，407，408，423，444，501，507，512，549，568，569

Willemer, Johann Jakob von 维勒默，约翰·雅各布·封 580—582，585，586，588，590，591

Willemer, Marianne von, geb.Jung 维勒默，玛丽安娜·封，娘家姓：荣格 579—583，585—591，617

Winckelmann, Johann Joachim 温克尔曼　54，271，461，550

Wittgenstein, Ludwig 维特根斯坦　66

Wolf, Friedrich August 沃尔夫，弗里德里希·奥古斯特　441，493

Wolff, Amalia 沃尔夫，阿玛利亚　493

Wolff, Christian 沃尔夫，克里斯蒂安　312

Woltmann, Karl Ludwig 沃尔特曼　410，414，425

Wolzogen, Karoline von 沃尔措根　438

Young, Edward 沃恩格　129

Ysenburg von Buri, Ludwig 伊森布格·封·布里　32

Zachariä, Just Friedrich 扎哈里亚　36

Zapperi, Roberto 察佩里　351，367

Zelter, Karl Friedrich 策尔特　163，264，273，320，486，487，492，493，507，515，531，539，554，559，561，563，565，569，576，579，584，599，619，625，632，668—674，678—681

Ziegesar, Silvie von 齐格萨尔　551

Ziegler, Luise von 齐格勒　121，128

Zimmermann, Johann Georg 齐默尔曼　212

Zöllner, Johann Friedrich 策尔纳　265